判例百选系列

行政法判例百选

第二版

章剑生　胡敏洁　查云飞　主编

法律出版社
LAW PRESS·CHINA
北京

图书在版编目（CIP）数据

行政法判例百选／章剑生，胡敏洁，查云飞主编.
2 版. --北京：法律出版社，2024（2024.11 重印）.
ISBN 978－7－5197－9338－8

Ⅰ. D922.105

中国国家版本馆 CIP 数据核字第 2024L2G056 号

行政法判例百选（第二版）
XINGZHENGFA PANLI BAIXUAN（DI－ER BAN）

章剑生　胡敏洁　查云飞 主编

责任编辑 郑怡萍
装帧设计 汪奇峰

出版发行 法律出版社
编辑统筹 法律教育出版分社
责任校对 王　丰
责任印制 刘晓伟
经　　销 新华书店

开本 787 毫米×1092 毫米　1/16
印张 34.75　**字数** 751 千
版本 2024 年 8 月第 2 版
印次 2024 年 11 月第 2 次印刷
印刷 固安华明印业有限公司

地址：北京市丰台区莲花池西里 7 号（100073）
网址：www.lawpress.com.cn
投稿邮箱：info@lawpress.com.cn
举报盗版邮箱：jbwq@lawpress.com.cn

销售电话：010－83938349
客服电话：010－83938350
咨询电话：010－63939796

书号：ISBN 978－7－5197－9338－8
定价：78.00 元

凡购买本社图书，如有印装错误，我社负责退换。电话：010－83938349

主编简介

章剑生

1964年5月生，浙江省海宁市人，法学博士。现为浙江大学光华法学院教授、博士生导师。中国法学会行政法学研究会副会长、中国法学会行政法学研究会行政法案例专业委员会副主任、浙江省法学会行政法学研究会会长、浙江省法学会案例研究法学会顾问。代表性专著:《现代行政法基本理论》(第2版上下卷)《现代行政法总论》(第2版)和《现代行政法专题》等;代表性论文:《行政诉讼原告资格中"利害关系"的判断结构》(载《中国法学》)、《"有错必纠"的界限》(载《中国法学》)、《行政诉讼履行法定职责判决论》(载《中国法学》)、《违反法定程序的司法审查》(载《法学研究》)、《行政行为说明理由》(载《法学研究》)等。

胡敏洁

1979年5月生，山西省晋城市人，法学博士。现为浙江大学光华法学院教授、博士生导师。光华法学院法律与社会政策研究中心主任，中国法学会行政法学会常务理事，浙江省法学会案例研究法学会会长，浙江省法学会行政法学研究会副会长。代表性专著:《福利权研究》《福利行政法论》;代表性论文:《给付行政范畴的中国生成》(载《中国法学》)、《论政府购买公共服务合同中的公法责任》(载《中国法学》)、《我国行政给付义务类型化及其法律拘束》(载《中国法学》)等。

查云飞

1986年3月生，江苏省常州市人，德国明斯特大学法学博士。现为浙江大学光华法学院副教授、硕士生导师。代表性论文:《人工智能时代全自动具体行政行为研究》(载《比较法研究》)、《算法的行政法属性及其规范》(载《法制与社会发展》)、《行政裁量自动化的学理基础与功能定位》(载《行政法学研究》)等。

二版自序

自19世纪法国设立行政法院以来，诸多经典理论均来源于行政法院所作判例，因而法国行政法长期遵循判例法发展路径，直至后期才出现行政法法典化趋势。受法国行政法影响的德国行政法，更端赖于行政法院的设立及其所作判例。尤以1875年在北德设立的普鲁士高等行政法院为代表，该法院通过判例将警察权限缩至危险预防的狭窄领域，从而发展了干预行政项下的危险预防教义学，从判例中奠定了比例原则的内在结构，还通过判例申明了听证程序的规范含义等。因而，现代德国行政法的内在形成始终被两条线所牵引，一条线是以迈耶、柯尔曼、福斯特霍夫等为代表的学者所作的教义构建工作，另一条线则为行政法院所作的经典判例，两条线相辅相成，共同促进行政法教义学的丰满与完善。

在欧亚大陆的另一端，具有古老文明传统的中国于近代走上了法学继受之路，即使是改革开放之后的行政法学理论体系，也依然无法回避“本土与外来的交织”这一现实。尽管理论界不乏“此疆尔界”的主体意识，但为回应接入全球后迅速面临的诸多新挑战，以立法论为导向，行政法学不得不持续继受域外行政法学理论。然而外来的制度和学说多少存在“水土不服”的现象。但是，法院不得拒绝裁判，所处理的都是生根于本土、原汁原味的本国案件，其背后的历史成因、利益纷争和社会影响等与制度来源国的状况存在天壤之别。是挑战亦是契机，通过判例，我国法院创造性地将诸多域外理论本土化，从而持续进行着行政法学的本土构建。因此，无论是比较法上行政法学的发展路径，还是作为继受法国家的本土化使命，通过判例构建学科体系可能都是一条必经之路。在此意义上，理论界给予判例更多关注，以判例为研究对象或者从判例中提炼基础性命题，不断为行政法学的本土化构建作出努力。上述努力已见成效。我国行政法学界围绕判例已经达成一定的共识，即在制定法体系中，判例遵循属于法治的应有之义。正是基于法治的内生需要，判例不仅拥有了论证意义上的内在说服力和法权威意义上的事实约束力，还有着规范意义上的拘束力。此种拘束力的光谱折射行政法的全领域。

“科学立法”需要依托扎实的判例研究予以保障。在立法层面，判例研究能为我国相关法律的出台及其废、释、改提供有力的论据。以《中华人民共和国民法典》颁布为契机，近年来，部门法学中逐渐兴起了法典化浪潮，行政法学界亦憧憬并着手起草相关法典。法典化并非简单将特定领域已制定的单行法予以汇编，而是需要运用一定的立法技术，将散存的单行法、判例、学说等体系性地加以整合，通过提取公因式成立总则部分，并根据领域特点妥善安置各分则内容。无论是采用通则式、实体式还是程序式的法典编纂进路，法典化的前提都有赖于对判例的高度重视和成熟研究，脱离判例的立法工作注定是缘木求鱼。即便法典编纂完毕，基于其生生不息、不断成熟的动态特性，持续的判例研究仍不可或缺，判例不仅能解释法典、发展法典，更能为将来的再法典化提供智识资源。

基于上述认识，我们在经历了相对静默的“疫”三年之后，启动了《行政法判例百选》第二版的增补。此次增补可谓“大修”，除删除了三则“过时”的旧判例之外，增补了二十四则新判例，全书判例由第一版中的九十五则增至现有的一百一十六则。增删之余，亦调整了部分判例的位置，使彼此之间的逻辑排布更为紧凑、合理。同时考虑到行政公益诉讼的日益重要性以及建立行政法自有方法论体系的必要性，添加了“行政公益诉讼”“行政法方法论”两个新栏目，以进一步充实本书内容。

最后，本书端赖于诸多行政法学界同仁协作而成，再次为作出判例的法官和参与本书编写的作者奉上最诚挚的感谢和敬意！

章剑生　胡敏洁　查云飞
2023 年 6 月 8 日

一版自序

2011 年,时任全国人大常委会委员长吴邦国同志宣布,以宪法为统帅,以宪法相关法、民商法、行政法、经济法等多个法律部门的法律为主干,由法律、行政法规、地方性法规与自治条例、单行条例等三个层次的法律规范构成的中国特色社会主义法律体系已经形成。自 1979 年国家法制复兴以来,以“有法可依”为要旨的大规模法制定活动取得初步成效。基于这样的前提,以法适用为要旨的法解释逐渐成为法学教学和研究的重心,以满足行政、司法的需要。法解释以法规范为对象,判例成为法解释不可或缺的一种法资源。

判例,即法院生效裁判所构成的先例。在中国,就判例对类似案件处理产生的效力不同而言,可以分为指导性案例和非指导案例。指导性案例由最高人民法院统一发布。非指导性案例是除指导性案例以外的其他案件。法院每一个生效判决,客观上对自己和下级法院今后处理类似案件都有一种外在的拘束效力。也就是说,任何一级法院对于类似案件的处理,若无充分的说理,不得背离上级法院和自己以往的先例。确立这样一种规则的理由,大致与民间“人不能言而无信”这样朴素的道理相当。若这样的规则被确立,那么法的安定性、法的可预测性这两大法律价值就可以获得一种制度性担保。

关注判例的意义大致是:(1)类案同判,统一法律适用。最高人民法院《关于案例指导工作的规定》第 7 条规定:“最高人民法院发布的指导性案例,各级人民法院审判类似案例时应当参照。”最高人民法院《关于统一法律适用加强类案检索的指导意见(试行)》第 9 条又规定:“检索到的类案为指导性案例的,人民法院应当参照作出裁判,但与新的法律、行政法规、司法解释相冲突或者为新的指导性案例所取代的除外。检索到其他类案的,人民法院可以作为作出裁判的参考。”通过上述规定,最高人民法院分别建立了指导案例和类案检索两个与判例相关的制度。近年来一些地方法院“类案异判”严重影响了国家法制统一,动摇社会民众对法治的信仰,关注判例在相当程度上可以消除或者减少“类案异判”的现象。(2)以例释法,推进法学发展。一方面,促进域外法理本土化。中国作为一个继受法国家从日本引进了“行政指导”,从美国引进了“正当法律程序”,从德国引进了“不确定法律概念”“判断余地”,从法国引进了“公务”“公产”等。所以,中国行政法学理论体系其实是一个“混血儿”。因法律在相当程度上是一种“地方性知识”,域外法理需要通过判例才能完成本土化。这也是继受法国家法制发展难以绕开的路径。另一方面,借助判例中的裁判理由,理解制定法的含义。对此,末弘严太郎曾说:“无视判例是不可能理解现行法律。”法官将法规范运用于个案处理过程,同时也是抽象法规范具体化的过程,由此形成的裁判理由包含了法官对法规范的判断,它们本身也构成了制定法内容的一部分。更为严重的是,一旦出现制定法漏洞时，法官不可能坐等立法机关“供货”，无论我们主观上是否承认，在这种情况下承认通过判例发展法律，便是更优的一种法治策略。

基于上述考虑，我们组织编写了“判例百选系列”之一的《行政法判例百选》。我们坚信，一国行政法的思想不只是源于某些“天才”人物的创造，也不只是源于逻辑推断出来的知识（那种认为通过逻辑推理可以获得绝对真理的“法律形式主义”），也不只是从异国他乡搬运进来的条条框框（那种认为法律可以脱离特定时空的“法律普适主义”）。研究中国法的判例，或许正是中国行政法思想的基本源泉。

章剑生　胡敏洁　查云飞

2020 年 9 月 9 日

凡　例

- 《中华人民共和国宪法》，简称《宪法》。
- 其他全国人大及其常委会制定的法律，简称《××法》，如《中华人民共和国行政诉讼法》，简称《行政诉讼法》。法规和规章，简称《××条例》或者《××规定》等，如《中华人民共和国政府信息公开条例》，简称《政府信息公开条例》。
- 最高人民法院《关于适用〈中华人民共和国行政诉讼法〉的解释》，简称《行诉解释》。
- 最高人民法院《关于审理行政协议案件若干问题的规定》，简称《行政协议规定》。
- 最高人民法院《关于行政诉讼证据若干问题的规定》，简称《行政诉讼证据规定》。
- 最高人民法院《关于审理行政案件适用法律规范问题的座谈会纪要》，简称《适用法律座谈会纪要》。
- 最高人民法院《关于贯彻执行〈中华人民共和国行政诉讼法〉若干问题的意见（试行）》（已失效），简称《行诉若干问题》。
- 最高人民法院《关于执行〈中华人民共和国行政诉讼法〉若干问题的解释》（已失效），简称《行诉若干解释》。
- 最高人民法院《关于适用〈中华人民共和国行政诉讼法〉若干问题的解释》（已失效），简称《行诉适用解释》。

目 录

行政法原则

行政行为

行政程序

政府信息公开

行政征收与补偿

行政复议

行政诉讼

■ 受案范围

审　理

■ 规范性文件审查

■ 行政协议

001 公序良俗在行政法中的适用

北雁云依诉济南市公安局历下区分局公安户口行政登记案 | 山东省济南市历下区人民法院(2010)历行初字第4号行政判决书

于 洋 上海财经大学法学院

■ 事实概要

原告“北雁云依”出生于2009年1月25日,其父姓名为吕晓峰,其母姓名为张瑞峥。原告父母酷爱诗词歌赋及中国传统文化,遂从四首中国古典诗词中提取寓意,自创以“北雁”为姓,“云依”为名,并以“北雁云依”为姓名办理了新生儿出生证明和计划生育服务手册新生儿落户备查登记。然而,2009年2月,其父吕晓峰前往济南市公安局历下区分局燕山派出所为女儿申办户口登记时,被民警告知拟被登记人员的姓氏应当随父姓或者母姓,否则不予办理户口登记。原告父母不服,遂将燕山派出所告上济南市历下区人民法院,认为燕山派出所不予登记的行为侵犯了公民姓名权,主张依据《婚姻法》第22条及《民法通则》第99条第1款之规定,请求法院确认燕山派出所拒不为“北雁云依”办理户口登记的行为违法。法院审理过程中发现该案涉及法律适用问题,于2010年3月11日裁定中止审理,报请有权机关作出解释。最高人民法院请求全国人大常委会对《民法通则》第99条第1款和《婚姻法》第22条的规定进行解释,第十二届全国人大常委会第十一次会议于2014年11月1日作出解释,认为公民享有姓名权,但是应该受到《民法通则》第7条有关公序良俗原则的限制。2015年4月21日,历下区人民法院恢复审理。

■ 裁判要旨

Ⅰ.公民选取或创设姓氏应当符合中华传统文化和伦理观念。仅凭个人喜好和愿望在父姓、母姓之外选取其他姓氏或者创设新的姓氏,不属于全国人民代表大会常务委员会《关于〈中华人民共和国民法通则〉第99条第1款、〈中华人民共和国婚姻法〉第22条的解释》第2款第3项规定的“有不违反公序良俗的其他正当理由”。

Ⅱ.公序良俗指社会公共秩序和社会善良风俗,要求公民从事民事活动应当遵守公共秩序,符合善良风俗,不得损害社会公共利益,不得违反国家的公共秩序和社会的一般道德。

Ⅲ.“存在其他正当理由”要求选取父母姓氏之外其他姓氏的行为,不仅不应违背社会公德、不损害社会公共利益,还应当具有合目的性。这种行为通常情况下主要存在于实际抚养关系发生变动、有利于未成年人身心健康、维护个人人格尊严等情形中。

■ 评　析

Ⅰ 以往判例观点

在本案之前,已有不少子女更改姓氏,不随父亲姓氏也不随母亲姓氏的案件,司法观点对此存在较大分歧,但大多数法院采用“驳回原告诉讼请求”的裁判方式。分歧的根源是对《民法通则》(已失效)第99条第1款“公民享有姓名权、有权决定、使用和依照规定改变自己的姓名,禁止他人干涉、盗用、假冒”,以及《婚姻法》(已失效)第22条“子女可以随父姓,可以随母姓”的不同理解。在律某与沈阳市公安局苏家屯分局不履行法定职责纠纷上诉案[辽宁省沈阳市中级人民法院(2005)沈行终字第252号行政判决书]中,法院认为“《婚姻法》第22条‘子女可以随父姓,可以随母姓’在习惯上以及正常情况下,在正常的自然家庭关系中,姓只能为父姓或母姓,改的范围不能超出这两者,才能保持其传承性,亦符合人们对子女姓氏传承的普遍认知”。同时,从便于户籍管理的角度认为“姓只能为父姓或母姓亦有利于建立科学的适合社会经济发展的户籍管理制度”,故认可被告沈阳市公安局苏家屯分局不予变更的行为。而在耿海景诉荥阳市公安局京城路派出所不履行法定职责案[河南省荥阳市人民法院(2013)荥行初字第14号行政判决书]中,法院则认为“《婚姻法》第22条不是强制性规范,并非强制规定子女必须与父或母一方的姓氏保持一致,选择第三姓并不违反法律规定和公序良俗”。由此判决被告依法为原告办理户籍登记。由此可见,在本判例之前,法院对行政机关拒绝为公民更改父母姓氏之外姓氏的做法存在认知分歧,裁判不统一。

Ⅱ 公序良俗在行政法中适用的学理框架

“公序良俗”是民法的基本原则。《民法典》第8条规定:“民事主体从事民事活动,不得违反法律,不得违背公序良俗。”公序良俗在行政法中的适用本质上是“民法规范在行政法中的适用”问题。当前,对这一问题尚未形成成熟的学理框架,学者认为,“民法规范在行政法中的适用”大多指民法规范在行政法裁判中的适用。这里所说的“民法规范”指规定在民法制定中的法律规范(泛指法律规则和原则),但不包括民法法规中包含的个别公法规范,例如,《物权法》(已失效,现为《民法典》物权编)中的征收征用条款、登记条款等。(王贵松:《民法规范在行政中的适用》,载《法学家》2012年第4期)学界大多认同民法规范在行政诉讼中的适用,由于行政法可能存在漏洞,客观存在的行政争议需要得到解决,而行政法与民法具有一定的共通性,表现为都是权利义务关系,权利义务的种类大部分共通,法律原因上具有很大的相似性,法律关系的主体、目的、客体及规范的对象上也具有很大的共通性等([日]美浓部达吉:《公法与私法》,黄冯明译,中国政法大学出版社2003年版,第72-104页)。“而且民法的产生早于行政法,其规定相对成熟完备。在行政法相对独立时,民法的某些规定就被视为共通的规定,而不再规定在行政法中。在发生争议时,这些规定当然可以直接适用于行政法。”(王贵松:《民法规范在行政中的适用》,载《法学家》2012年第4期)

在民法规范在行政诉讼中的适用方式上,学界大多认为应进行区分适用,常见的区分方式有直接适用与类推适用两种。在行政诉讼中直接适用的大多是技术性规定、以“诚实信用为代表”的一般原则、蕴含共同法理的一般法律制度。类推适用主要针对行政法本身没有相关规范,需要适用相应的民法规范,通过比照适用来解决行政争议。“于类推适用私法规定时,必须注意有关于‘行政法律关系’究竟能否接受相当之‘私法制度’,能接受至何种程度。”[陈敏:《行政法总论》(第7版),2011年自版发行,第46页]对于民法在行政法中适用的界限与程度则没有统一的认知。需要注意的是,无论是上述何种适用方式,“均应以行政法规范存在漏洞为前提,并遵守合理的规制和界限,否则也会破坏民主与法治原则。”(王贵松:《民法规范在行政中的适用》,载《法学家》2012年第4期)同时,在适用的过程中,要运用法律解释等方法。近年来,由于行政协议案件与一并审理相关民事争议的案件的特殊性,民法规范在行政诉讼中具有大量的适用空间。行政协议与民事合同具有紧密的关系,所以在民法规范的适用上(尤其是合同法规范)相对宽松,但在适用的过程中要注意行政协议所独有的公法特性。而一并审理相关民事争议案件在审理的过程中对民法规范的适用与民事案件的审理无异,可以正常适用。

Ⅲ 本判例的规范性逻辑

《民法通则》第99条第1款规定:“公民享有姓名权,有权决定、使用和依照规定改变自己的姓名,禁止他人干涉、盗用、假冒。”《婚姻法》第22条规定:“子女可以随父姓,可以随母姓。”原被告双方对上述两个条款的适用存有分歧。历下区人民法院层报至最高人民法院,最高人民法院向全国人大常委会提出法律解释议案。全国人大常委会对此作出立法解释,认为公民享有姓名权,但应当受到《民法通则》第7条有关公序良俗的限制,进而指出公民依法享有姓名权。公民行使姓名权,还应当尊重社会公德,不得损害社会公共利益。公民原则上应当随父姓或者母姓。有下列情形之一的,可以在父姓和母姓之外选取姓氏:(1)选取其他直系长辈血亲的姓氏;(2)因由法定扶养人以外的人扶养而选取扶养人姓氏;(3)有不违反公序良俗的其他正当理由。少数民族公民的姓氏可以从本民族的文化传统和风俗习惯。作为民法基本原则的“公序良俗原则”,在本案中的表现形式是“立法解释”。

根据《行政诉讼法》第63条的规定,人民法院审理行政案件,以法律和行政法规、地方性法规为依据。由于立法解释与法律具有同等效力,历下区人民法院首先基于《民法通则》、《婚姻法》、立法解释的相关规定,构建起裁判的大前提。而后结合案情指出本案争议的焦点是原告法定代理人吕晓峰提出的理由是否符合全国人大常委会关于此问题的立法解释第2款第3项规定的“有不违反公序良俗的其他正当理由”。法院对“公序良俗”这一民法基本原则的适用,事实上采用的是直接适用的方式。那么何为“公序良俗”,在本案中具体应如何适用,对此需要借助于法律解释的方法阐述其在本案中的内涵。法院认为,该项规定设定了在父母姓氏之外选取其他姓氏的两个必备要件,一是不违反公序良俗,二是存在其他正当理由。其中,不违反公序良俗是选取其他姓氏时应当满足的最低规范要求和道德义务,存在其他正当理由要求在符合上述条件的基础上,还应当具有合目的性。“公序良俗”指社会公共秩序和社会善良风俗,要求公民从事民事活动应当遵守公共秩序,符合善良风俗,不得损害社会公共利益,不得违反国家的公共秩序和社会的一般道德。随意选取姓氏甚至自创姓氏,则会造成对文化传统和伦理观念的冲击,既违背社会善良风俗和一般道德要求,也不利于维护社会秩序和实现社会的良性管控。"存在其他正当理由"要求选取父母姓氏之外其他姓氏的行为,不仅不应违背社会公德、不损害社会公共利益,还应当具有合目的性。这种行为通常情况下主要存在于实际抚养关系发生变动、有利于未成年人身心健康、维护个人人格尊严等情形中。仅凭个人喜好愿望并创设姓氏,具有明显的随意性,不符合正当理由。由此,法院驳回原告的诉讼请求。

Ⅳ 本判例的意义

本判例在审理的过程中,通过送请有权机关作出解释的方式,明确了《民法通则》第 11 条第 1 款与《婚姻法》第 22 条的内涵,统一了法院对于公民更改姓名行为的认知,回应了多年来公民个性充分张扬、语言文字变迁、婚姻家庭关系裂变、信息时代等环境变迁,给行政机关规制姓名变更所带来的挑战。在随后的国家立法中,全国人大常委会作出的立法解释被《民法典》第 1015 条所吸收。虽然与《婚姻法》第 22 条"子女可以随父姓,可以随母姓"中的规定相对比,《民法典》第 1015 条规定"自然人应当随父姓或者母姓",将"可为模式"修改为"应为模式",但是同时亦规定了"但书"条款,将不违背"公序良俗"等作为例外选取姓氏的情形予以规定。本判例入选指导案例,发挥着统一法律适用标准、指导下级法院审判工作等的功能。同时,作为最高人民法院发布的 10 起弘扬社会主义核心价值观典型案例之一,本案从"公序良俗"角度体现和弘扬了社会主义核心价值观的价值目标、价值取向、价值准则,充分发挥了司法裁判对社会价值的重要示范引领作用。

参考文献

陈敏:《行政法总论》(第 7 版),2011 年自版发行。

[日]美浓部达吉:《公法与私法》,黄冯明译,中国政法大学出版社 2003 年版。

王贵松:《民法规范在行政法中的适用》,载《法学家》2012 年第 4 期。

002 行政正当程序原则

田永诉北京科技大学拒绝颁发毕业证、学位证案 | 最高人民法院指导案例 38 号

梁君瑜 武汉大学法学院

■ 事实概要

原告田永就读于被告北京科技大学。1996 年 2 月 29 日，田永在考试过程中携带与考试内容相关的纸条，被监考老师发现。被告遂依该校出台的校发（94）第 068 号《关于严格考试管理的紧急通知》（以下简称第 068 号通知）中的相关规定，于 1996 年 3 月 5 日认定田永的行为属作弊行为，并作出退学处理决定。同年 4 月 10 日，被告填发了学籍变动通知，但退学处理决定和变更学籍的通知未直接向田永宣布、送达，亦未给田永办理退学手续，而田永也继续以该校大学生的身份参加正常学习及学校组织的活动。1996 年 9 月，被告为田永补办了学生证，此后每学年均收取田永交纳的教育费，并为田永进行注册、发放大学生补助津贴，安排田永参加大学生毕业实习设计。1998 年 6 月，田永所在院系向被告报送田永所在班级授予学士学位表时，被告有关部门以田永已按退学处理、不具备北京科技大学学籍为由，拒绝为其颁发毕业证书。被告的部分教师为田永一事向原国家教委提出申诉，被告在接受国家教委高校学生司的复查建议展开复查后，仍坚持原结论。田永为此提起行政诉讼。

■ 裁判要旨

Ⅰ. 高等学校依法具有相应的教育自主权，有权制定校纪、校规，有权对在校学生进行教学管理和违纪处分，但是其制定的校纪、校规和据此进行的教学管理和违纪处分，必须符合法律、法规和规章的规定，必须尊重和保护当事人的合法权益。本案原告在补考中随身携带纸条的行为属于违反考场纪律的行为，被告可以按照有关法律、法规、规章及学校的有关规定处理，但其对原告作出退学处理决定所依据的该校制定的第 068 号通知，与《普通高等学校学生管理规定》（1990 年）第 29 条［《普通高等学校学生管理规定》（2017 年）第 30 条］规定的法定退学条件相抵触，故被告所作退学处理决定违法。

Ⅱ. 退学处理决定涉及原告的受教育权利，为充分保障当事人权益，从正当程序原则（这里有必要指出，指导案例 38 号的文本直接出现“正当程序原则”字眼，乃是重新编辑处理的结果。而本案一审判决原文、本案入选最高人民法院公报案例时的文本均未出现“正当程序原则”字眼或类似字眼）出发，被告应将此决定向当事人送达、宣布，允许当事人提出申辩

意见。但被告既未依此原则处理,也未实际给原告办理注销学籍、迁移户籍、档案等手续。

Ⅲ. 被告于1996年9月为原告补办学生证并注册的事实行为,应视为被告改变了对原告所作的按退学处理的决定,恢复了原告的学籍。被告又安排原告修满四年学业,参加考核、实习及毕业设计并通过论文答辩等。上述一系列行为虽系被告及其所属院系的部分教师具体实施,但因他们的行为均属职务行为,故被告应承担上述行为所产生的法律后果。

■ 评 析

Ⅰ 以往判例观点及其根由

本判例之前,若没有法律、法规或规章对行政程序作出规定,法院很少有以违反行政正当程序原则为判决理由的判例。许军营诉昌吉回族自治州劳动教养管理委员会劳动教养决定案[最高人民法院中国应用法学研究所编:《人民法院案例选》(第2辑),人民法院出版社1993年版]是为数不多的判例之一。在该案中,二审法院指出,被告在作出劳动教养决定后,未向许军营送达决定书,且经复议后,亦未向许军营送达复议决定书并交待诉讼权利,属"程序违法"。因当时的法律、法规、规章并未对劳动教养的程序作出规定,故此处的"程序违法"实则应是"违反行政正当程序原则"。然而在大部分判例中,法院均秉持依制定法裁判的立场,对行政正当程序原则避而不谈或"擦肩而过"成为常态。在广东省药材公司诉中华人民共和国财政部国有资产行政管理纠纷案[广东省高级人民法院(1999)粤高法行终字第22号行政判决书]中,法院罕见地谈及制定法之外的程序合法性问题。该案的一审法院指出,被告在作出撤销决定之前未给予原告陈述意见的机会,"没有遵循基本的行政程序,属程序违法";但二审法院持相反观点,认为该案中撤销决定应遵循的程序,尚无法律、法规的明确规定,故被告不违反行政程序。该案最终错过了一个发展行政正当程序原则的机会。

出现上述现象的根由在于法院遵循"违反法定程序"的传统理解。《行政诉讼法》(1989年)将"违反法定程序"作为撤销判决的理由之一,而理解"法定程序"的关键在于如何界定"法"的范围。对此,我国学界的基本共识是法律、法规、规章均被纳入"法"的范畴,但宪法、行政规范性文件(俗称"红头文件")、行政正当程序原则是否被纳入则争议较大。因为如果将行政正当程序原则注入"法定程序"的条文意涵之中,则将难以与《行政诉讼法》(1989年)第52、53条"以法律、法规为依据,参照规章"的规定实现自洽。详言之,行政正当程序原则并非法定的审判依据或参照对象,自然不能以此作为衡量被诉行政行为是否"违反法定程序"的指针。相应地,违反该原则不属于"违反法定程序"。

Ⅱ 本判例的意义

本判例是法院在行政正当程序原则能否直接适用司法上转变立场的一个重要判例。此前,对于《行政诉讼法》(1989年)第54条确立的"违反法定程序"这一司法审查标准,主流观点认为,"违反法定程序"指违反法律、法规或规章明文规定的程序,凡是不违背上述制定法明文规定的,就属于行政机关的自由裁量范围,不构成"违反法定程序"。尽管在本判例中,一审判决原文并未使用“行政正当程序原则”“正当程序”等术语进行说理,但其指出“退学处理的决定涉及原告的受教育权利,从充分保障当事人权益原则出发,被告应将此决定直接向本人送达、宣布,允许当事人提出申辩意见”。而耐人寻味的是,法院并未指明上述理由的法规范依据,且依照当时的制定法,法律、法规、规章乃至“红头文件”都没有为高校设置上述程序义务。这意味着一审法院突破了对“违反法定程序”的传统理解,客观上为行政正当程序原则在司法判决中的“悄然登场”创造了空间。

当然,一审法院究竟是有意识地将行政正当程序原则注入“法定程序”的条文意涵之中,还是秉持审判人员的朴素正义观而在其他判决理由之外附带写下违反“法外”程序义务的理由,对此,我们不得而知。但从最高人民法院发布指导案例 38 号时对本判例的文字调整来看,行政正当程序原则的确借助法院之手丰富了“法定程序”的条文意涵。详言之,指导案例 38 号指出:“退学处理决定涉及原告的受教育权利,为充分保障当事人权益,从正当程序原则出发,被告应将此决定向当事人送达、宣布,允许当事人提出申辩意见。”这与一审判决原文的鲜明差异是,将“从充分保障当事人权益原则出发”调整为“为充分保障当事人权益,从正当程序原则出发”,亦即直接肯定了行政正当程序原则在本判例中的“登场”。

Ⅲ 后续判例的发展

从本判例开始,行政正当程序原则在我国行政审判中偶有出现,且该原则也从一开始的“悄然登场”逐步向愈加积极、明确的“正面宣示”演变。

在本判例中,法院的裁判理由包含三点。(1)退学处理决定实体违法。法院肯定了被告“依法具有相应的教育自主权,有权制定校纪、校规,并有权对在校学生进行教学管理和违纪处分”,但也同时强调“制定的校纪、校规和据此进行的教学管理和违纪处分,必须符合法律、法规和规章的规定,必须尊重和保护当事人的合法权益”。虽然田永在考试过程中携带了与考试内容相关的纸条,但是并无证据证明其偷看了纸条,故尚未达到考试作弊的程度,仅属违反考场纪律,被告有权根据该校的规定对田永违反考场纪律的行为作出处理,但该处理应符合法律、法规、规章规定的精神,至少不得重于制定法的规定。原国家教育委员会 1990 年 1 月 20 日发布的《普通高等学校学生管理规定》第 12 条指出,对考试作弊行为应予以纪律处分。而《普通高等学校学生管理规定》第 29 条罗列的应予退学的 10 种情形中,并不包含违反考场纪律与考试作弊。因此,被告的第 068 号通知既扩大了“考试作弊”的认定范围,对“考试作弊”的处理方法又明显重于《普通高等学校学生管理规定》第 12 条的规定,也与《普通高等学校学生管理规定》第 29 条的退学条件相抵触,应属无效。(2)退学处理决定违反程序要求。法院认为被告未向田永宣布、送达退学处理决定,剥夺了后者陈述申辩的机会。(3)退学处理决定并未实际发生效力。在法院看来,被告为原告补办学生证并注册,原告继续在校正常学习、修满学分并参加被告安排的实习、考核、毕业设计、论文答辩等,都表明被告以实际行动改变了原来的退学处理决定,该决定自始至终未发生其应有的效力。相比于第 1 点、第 3 点理由的充分而不可撼动,第 2 点理由的存在感显得相对微弱,以至于在二审环节中,双方当事人对此几乎未予争执。从另一个角度来看,行政正当程序原则在本判例中的"登场"带有悄然性、附带性与偶发性的色彩。

相比而言,在后续的刘燕文诉北京大学学位评定委员会案[北京市海淀区人民法院(1999)海行初字第103号行政判决书]中,行政正当程序原则以一种相对积极的姿态、被法院有意识地引入判决理由中。该案一审法院指出,被告作出不予授予博士学位的决定前,未听取原告的申辩意见,在作出决定后,也未向原告实际送达该决定,影响了原告寻求救济的权利,故该决定应予撤销。尽管判决书并未提及"行政正当程序原则""正当程序"等术语,但当时的制定法并无博士学位评定程序的规定,且原告以被诉行为违反行政正当程序原则作为主要攻击事由,而被告也以该原则尚无法规范依据予以反驳。可见,法院对双方争执焦点的回应不再具有附带性和偶发性,而是有意识地表明其对行政正当程序原则的态度。

随着"正当程序"4个字被直接写入判决理由中,行政正当程序原则完成了从"悄然登场"向"正面宣示"的演变。在张成银诉徐州市人民政府房屋登记行政复议决定案(《最高人民法院公报》2005年第3期)中,一审法院扩大了"法定程序"的意涵。其认为复议机关未采取适当的方式通知张成银参加行政复议,构成《行政诉讼法》(1989年)第54条规定的"违反法定程序"。然而,1999年《行政复议法》等制定法并未规定复议机关有通知第三人参加行政复议的程序义务。换言之,一审法院是在"违反法定程序"的理解中注入了行政正当程序原则。相比于一审法院"偷换概念"般的扩大解释,二审法院采取了一种更为直接、鲜明的裁判路径,即正面宣示了行政正当程序原则的司法登场,"行政复议法虽然没有明确规定行政复议机关必须通知第三人参加复议,但根据正当程序的要求,行政机关在作出对他人不利的行政决定时,应当听取相关当事人的意见……徐州市人民政府未听取张成银的意见即作行政复议决定,构成严重违反法定程序"。类似的"正面宣示"在益民公司诉河南省周口市政府等行政行为违法案[最高人民法院(2004)行终字第6号行政判决书]中也有体现,最高人民法院认为,"按照正当程序,市计委亦应在依法先行修正、废止或者撤销该文件,并对益民公司基于信赖该批准行为的合法投入给予合理弥补之后,方可作出《招标方案》"。

尽管行政正当程序原则进入司法判决不再是天方夜谭,法院要么采取扩大解释"法定程序"的路径,要么直接将"正当程序"写入判决书中,但从总体来看,这样的判例仍属"星星之火",且在可见的未来,也不太可能形成"燎原之势"。但是,它们却彰显了我国法院在坚守形式法治观与严格依法裁判理念的大背景下,一系列追寻朴素正义、自然公正的"谨小慎微"的尝试;也预示着"在法条主义的冰河下,涌动着司法能动主义的暗流。在相对局促的空间里,中国法院展示了它维护程序正义的积极立场"。(何海波:《晨光初现的正当程序原则》,载《法学研究》2009年第1期)

☐ 参考文献

章剑生:《行政程序法基本理论》,法律出版社2003年版。

林莉红:《中国行政救济理论与实务》,武汉大学出版社2000年版。

何海波:《行政诉讼法》(第2版),法律出版社2016年版。

应松年、杨小君:《法定行政程序实证研究——从司法审查角度的分析》,国家行政学院出版社2005年版。

003 行政正当程序原则在行政复议中的适用

张成银诉徐州市人民政府房屋登记行政复议决定案 ｜《最高人民法院公报》2005 年第 3 期

张怡静 华东政法大学法律学院

■ 事实概要

曹春义、曹春芳系兄妹关系，一直随其母曹陈氏居住在徐州市民安巷 31 号，该住处原为 3 间东草房和 1 间南草房。1954 年，张成银与曹春义结婚后迁入民安巷 31 号居住。1961 年左右，曹春芳出嫁，搬出民安巷 31 号。1986 年 1 月 30 日，曹陈氏去世。在曹陈氏与儿媳张成银及其家庭成员共同居住生活期间，民安巷 31 号的原住处经翻建和新建，先后形成了砖木结构、砖混结构的房屋计 7 间。其中砖混结构的 3 间东屋，是 1981 年 12 月以张成银的名字办理了第 2268 号建筑工程施工执照，在原 3 间东草房的基础上翻建而成的。1988 年 5 月 31 日，张成银向徐州市房产管理机关提出为其办理民安巷 31 号的上述 7 间房屋产权和土地使用权登记的书面申请。徐州市鼓楼区房地产登记发证办公室根据张成银提交的申请材料，经调查后于 1988 年 9 月 28 日为张成银填发了鼓房字第 1741 号房屋所有权证，并加盖徐州市人民政府的印章，将 199.78 平方米的国有土地使用权登记为张成银使用。

此后，民安巷 31 号的房屋又历经 1991 年的新建、1994 年的扩建、1997 年的赠与和 1998 年的新建，徐州市房产管理机关经公告征询无产权异议后，相应为张成银办理了产权登记，颁发了房屋所有权证。徐州市土地管理局亦于 1996 年 12 月 3 日向张成银颁发了国有土地使用证。2002 年，张成银位于民安巷 31 号的房屋被依法拆迁。2003 年 10 月 28 日，曹春芳向徐州市人民政府申请行政复议，请求撤销 1988 年将民安巷 31 号房屋产权和土地使用权确权登记给张成银的具体行政行为。徐州市人民政府于 2004 年 4 月 29 日作出了徐政行决(2004)24 号行政复议决定：确认徐州市房地产管理局（被申请人徐州市房产管理局前身）将民安巷 31 号房屋产权及国有土地使用权确权给张成银的具体行政行为违法。张成银不服该复议决定，向江苏省徐州市中级人民法院提起行政诉讼。

■ 裁判要旨

I. 曹春芳申请复议时，徐州市颁发房屋所有权证的职权已由徐州市房地产管理局行使，故徐州市人民政府以前颁发房屋权证行为的法律后果应由现在的颁证机关徐州市房地产管理局承担。曹春芳不服颁发鼓房字第 1741 号房屋所有权证行为提出的申请复议中，徐州市房地产管理局应作为被申请人,一审判决认定徐州市人民政府对曹春芳的复议申请有复议管辖权是正确的。

Ⅱ.《行政复议法》(1999 年)虽然没有明确规定行政复议机关必须通知第三人参加复议,但根据正当程序的要求,行政机关在可能作出对他人不利的行政决定时,应当专门听取利害关系人的意见。本案中,复议机关审查的对象是颁发鼓房字第 1741 号房屋所有权证的行为,复议的决定结果与现持证人张成银有着直接的利害关系,故复议机关在行政复议时应正式通知张成银参加复议。本案中,徐州市人民政府虽声明曾采取了电话的方式口头通知张成银参加行政复议,但却无法予以证明,而利害关系人持有异议的,应认定其没有采取适当的方式正式通知当事人参加行政复议,故徐州市人民政府认定张成银自动放弃参加行政复议的理由欠妥。在此情形下,徐州市人民政府未听取利害关系人的意见即作出于其不利的行政复议决定,构成严重违反法定程序。

Ⅲ.根据《行政复议法》和《民事诉讼法》的有关规定,复议机关在行使行政复议职权时,应针对申请行政复议的具体行政行为的合法性与适当性进行审查,有关民事权益的纠纷应通过民事诉讼程序解决。本案中,徐州市人民政府所作的复议决定中,直接对有关当事人争议的民事权利予以确认的行为,超越了复议机关的职权范围,缺乏法律依据,应予以撤销。

■ 评　析

Ⅰ “正当程序”的判例生成

在本判例之前,早在田永诉北京科技大学拒绝颁发毕业证、学位证案(最高人民法院指导案例 38 号,以下简称“田永案”)中,法院的论证便体现出“正当程序”的精神,一审法院认为退学处理的决定涉及原告的受教育权利,从充分保障当事人权益原则出发,被告应将此决定直接向本人送达、宣布,允许当事人提出申辩意见。二审法院维持判决。实践中,法院虽未直接以正当程序为依据审查行政行为,但判例中不乏有以“相关法律、法规等未有明确规定,但行政机关未听取原告或第三人的意见,便直接作出于其不利的行政决定”为由,作出行政机关相关行政行为程序违法的判决。例如,在宋莉莉诉宿迁市建设局房屋拆迁补偿安置裁决案[江苏省宿迁市中级人民法院(2003)宿中行终字第 24 号行政判决书]中,一审法院认为尽管《城市房屋拆迁管理条例》(已失效)和《江苏省城市房屋拆迁管理条例》(已失效)对行政拆迁程序没有明确的规定,但行政机关在裁决时充分保障当事人的合法权利,允许双方当事人对争议问题进行申辩和陈述,而宿迁市建设局在裁决时,并未允许被拆迁人宋莉莉对争议问题进行陈述和申辩,有失公正。二审法院也对此予以确认,认为该案被拆迁房屋的评估,系万兴公司单方面委托方元公司所为,未经被拆迁人宋莉莉的同意。在万兴公司与宋莉莉无法对房屋拆迁事宜达成一致意见时,宿迁市建设局在行政裁决中以拆迁单位单方面委托的评估公司的评估报告为依据……程序违法。

但是个别法院对正当程序的间接运用甚或是一般案例的直接运用,在规范意义上的参考作用是有限的。正如被告徐州市人民政府述称之情形,《行政复议法》(1999 年)关于第三人的规定属于弹性条款,第三人是否参加行政复议由复议机关视情况而定。在乔占祥诉铁道部铁路旅客票价管理案[北京市高级人民法院(2001)高行终字第 39 号行政判决书]中,法院就认为,原铁道部上报的调价实施方案所依据的计价格(1999)1862 号文已经国务院批准,其所作"通知"是在经过市场调查的基础上又召开了价格咨询会,在向有权机关上报了具体的实施方案,并得到了批准的情况下作出的,应视为履行了必要的正当程序。虽然《价格法》第 23 条规定,"制定关系群众切身利益的公用事业价格、公益性服务价格、自然垄断经营的商品价格等政府指导价、政府定价,应当建立听证会制度",但是由于在原铁道部制定"通知"时,国家尚未建立和制定规范的价格听证制度,要求原铁道部申请价格听证缺乏具体的法规和规章依据。据此,上诉人请求确认"通知"的制定程序违法并请求撤销的理由不足。

Ⅱ 行政正当程序的司法审查

我国的正当程序原则源于英国的自然正义原则,其在司法裁判中形成的核心内容为:任何人不能作为自己案件的裁决者和人们的辩护必须被公平地听取。随着现代行政法治的发展,正当程序是行政行为应当遵循的程序要求。1989 年我国《行政诉讼法》规定了"违反法定程序"的撤销事由,之后才出现"正当程序"的司法审查。随着《行政处罚法》《行政强制法》等法律法规的实施,司法实践中的正当程序原则的适用愈加深入,其适用范围和内涵也在不断得以充实和完善。2004 年,国务院颁布的《全面推进依法行政实施纲要》首次明确提出"程序正当",作为"正当程序"的规范性来源。

行政正当程序的司法审查,法院在裁判时,大多以"违反法定程序"作为撤销事由;也有少数以"滥用职权"、"违反法定程序或滥用职权"或是"违反法定程序或明显不当"作为撤销事由的案例。例如,陈刚诉句容市规划局、句容市城市管理局城建行政命令案[以下简称"陈刚案",最高人民法院行政审判庭编:《中国行政审判案例》(第 3 卷)第 106 号案例,中国法制出版社 2013 年版,第 128 - 132 页];临清市鲁信面粉有限公司诉山东省人民政府行政复议决定案[《中国行政审判案例》(第 4 卷)第 145 号案例,中国法制出版社 2012 年版,第 131 - 135 页];卢红等 204 人诉杭州市萧山区环境保护局环保行政许可案(人民法院环境保护行政案件十大案例,2015 年 2 月 6 日最高人民法院发布)。法院审查的基本思路是从保护当事人的实体权益出发,扩张解释"法定程序"的"法"或是在没有法律规定的情况下判定行政裁量适当与否。正如"田永案"和本案等,法院对正当程序的审查是扩张解释"法定程序"的"法",以保障当事人的权益为出发点。同时,法院对正当程序的适用包括了告知、说明理由等要求。但是在于艳茹诉北京大学撤销博士学位决定案[以下简称"于艳茹案",北京市第一中级人民法院(2017)京 01 行终 277 号行政判决书]中,法院的判决表明,即使法律没有规定相应的行政程序,正当程序也依然可以作为一种独立的价值,以约束行政行为。同时,行政相对人陈述和申辩的权利要得到充分保障。"陈刚案"中,法院则认为正当程序和法定程序是逻辑并列的关系,在没有法律、法规、规章明确规定的情形下,正当程序问题就变成了裁量问题,以滥用职权作为撤销事由更为妥当。

Ⅲ 本判例行政正当程序的适用

本判例中,法院以“正当程序”为根据,以“违反法定程序”为撤销事由,撤销了行政行为。而且,违反正当程序原则是构成行政行为撤销的决定性理由。

法院将本判例的争议焦点归纳为:行政机关在依照《行政复议法》作复议行政决定时,如果可能直接影响他人的利益,是否必须以适当的方式通知其参加复议并听取意见?

《行政复议法》(1999 年)并没有明确规定复议机关在作出行政决定时,如果可能直接影响到他人的利益,是否必须以适当的方式通知其参加复议并听取意见,而仅在第 10 条第 3 款规定,“同申请行政复议的具体行政行为有利害关系的其他公民、法人或者其他组织,可以作为第三人参加行政复议”。本判例中,法院认为,虽然《行政复议法》(1999 年)没有明确规定行政复议机关必须通知第三人参加复议,但是根据正当程序的要求,行政机关在可能作出对他人不利的行政决定时,应当专门听取利害关系人的意见。而利害关系人意见的听取需通过行政程序予以实现,在此,即是行政机关应当先以适当的方式通知其参加复议,并听取其意见。在本判例中,法院适用正当程序是从现有的实体法规范进行推导和解释的,因此仍是在“法定程序”的“法”之下进行的法律适用活动,应当适用“违反法定程序”作为撤销事由。

本判例的争议焦点进一步指出了“必须以适当的方式通知其参加复议并听取意见”,被告徐州市人民政府虽声明曾采取电话的方式通知张成银参加行政复议,但对此无法进行证明,且利害关系人持有异议,因此认定其未采取适当的方式予以通知。被告未听取利害关系人的意见即作出于其不利的行政复议决定,属于严重违反法定程序。本判例的判决思路符合上述有关正当程序司法审查的框架。但是,本判例对于引入正当程序原则的正当性解释尚不足,2017 年的“于艳茹案”进一步明确了正当程序原则的正当性,推进了正当程序原则的法律适用。

Ⅳ 本判例的意义

正当程序原则在本判例中被法院第一次予以确认,认定行政机关的行政行为严重违反法定程序。根据正当程序的要求,行政机关在可能作出对他人不利的行政决定时,应当专门听取利害关系人的意见。因此,徐州市人民政府未听取利害关系人的意见即作出于其不利的行政复议决定,便是严重违反法定程序的行为。也即,行政机关在依照《行政复议法》作复议行政决定时,如果可能直接影响到他人的利益,必须以适当的方式通知其参加复议并听取意见。

正当程序原则在中国还未全面及最终予以确立,其使用范围及内涵还在不断地充实。其实,自 1998 年“田永案”以来,以正当程序作为审查行政行为是否违反法定程序的标准之一已成为通说。[何海波:《司法判决中的正当程序原则》,载《法学研究》2009 年第 1 期;章剑生:《再论对违反法定程序的司法审查——基于最高人民法院公布的判例(2009 - 2018)》,载《中外法学》2019

年第3期]在司法实践中,"田永案"于2014年被最高人民法院确认为第38号指导性案例,赋予其"应当参照"的地位,作为最高人民法院对正当程序原则在司法审查中的再一步确认。

"违反法定程序"中"法"的范围,以"法律、法规、规章和宪法规定以及行政规定补充说"为学界的通说[章剑生:《再论对违反法定程序的司法审查——基于最高人民法院公布的判例(2009-2018)》,载《中外法学》2019年第3期;于立深:《违反行政程序司法审查中的争点问题》,载《中国法学》2010年第5期]。2014年《行政诉讼法》修改以后,最高人民法院指出"法定行政程序"指由法律、法规、规章及其他合法有效的规范性文件设定的行政程序(江必新、邵长茂:《新行政诉讼法修改条文理解与适用》,中国法制出版社2015年版,第263页)。至此,法院以"正当程序原则"作为审查违反法定程序的"法"依据,在理论界和实务界达成高度共识。

参考文献

季卫东:《法律程序的意义》,中国法制出版社2012年版。

何海波:《司法判决中的正当程序原则》,载《法学研究》2009年第1期。

于立深:《违反行政程序司法审查中的争点问题》,载《中国法学》2010年第5期。

章剑生:《再论对违反法定程序的司法审查——基于最高人民法院公布的判例(2009-2018)》,载《中外法学》2019年第3期。

004 行政正当程序原则在撤销行政许可中的适用

中国石化销售有限公司江苏盐城石油分公司诉江苏省射阳县国土资源局撤销行政许可案 ｜《最高人民法院公报》2021 年第 11 期

杨　丹 四川大学法学院

■ 事实概要

2013 年,原告中石化盐城分公司射阳解放路加油站经有关部门审核同意实施油气回收改造工程,在改造过程中,原告将加油站原罩棚拆除。2013 年 9 月 28 日,原告未经城乡规划主管部门批准擅自重建罩棚。2014 年 1 月 17 日,射阳住建局对原告作出射建罚字(2013)第 473 号行政处罚决定书,认定重建行为违反了《城乡规划法》第 66 条的规定,对其作出限 15 日内自行改正并按工程造价 6% 的标准处罚款 8560 元的行政处罚。2016 年 11 月 12 日,原告向射阳住建局提出改建罩棚的书面请示,并于 2016 年 12 月 29 日提交了《射阳县建筑工程规划许可证申请书》。2017 年 6 月 2 日,射阳住建局向原告作出射建临证字第 0007240 号射阳县城市临时建设许可证(以下简称 0007240 号临时建设许可证),明确规定罩棚维修改建的规格及范围,原告迅即筹备维修改建。2017 年 6 月 9 日,射阳住建局对原告作出射住建撤字(2017)第 1 号撤销行政许可决定书(以下简称 1 号撤销决定书),以原告申请加油站罩棚维修改建时隐瞒真实情况为由,根据《行政许可法》第 69 条第 1 款第 4 项的规定决定撤销 0007240 号临时建设许可证,并要求原告交回该证。原告不服,向法院提起行政诉讼。

2017 年 8 月 18 日,射阳县根据中共中央、国务院印发的《关于进一步加强城市规划建设管理工作的若干意见》的精神,作出射编委〔2017〕57 号《关于调整县规划局机构设置的通知》,将射阳住建局的规划及规划监管等相关职能整体划转到射阳国土局。

■ 裁判要旨

Ⅰ. 射阳国土局是本案的适格被告。射阳县于 2017 年 8 月 18 日作出射编委(2017)57 号《关于调整县规划局机构设置的通知》,将射阳住建局的规划及规划监管等相关职能整体划转到射阳国土局,射阳国土局是规划职能的履行主体。《行政诉讼法》第 26 条第 6 款规定,“行政机关被撤销或者职权变更的,继续行使其职权的行政机关是被告”,因此本案的适格被告应为射阳国土局。

Ⅱ. 没有规定具体程序时,撤销行政许可应遵循行政许可实施的原则与程序。撤销行政许可是行政许可实施的监督机制,《行政许可法》未对具体程序作出设定。但是,该法第 4 条要求实施行政许可“应当依照法定的权限、范围、条件和程序”,第 7 条规定“公民、法人或者其他组织对行政机关实施行政许可,享有陈述权、申辩权”。因此,撤销行政许可应当遵循《行政许可法》总则确定的公平、公正、公开的基本原则。

Ⅲ. 当撤销行政许可的决定对行政相对人产生不利影响时,遵循正当程序原则便是对程序合法的基本理解,履行告知、说明理由、听取意见、提供救济等是行政机关的最低程序义务。被告射阳住建局向原告发放临时建设许可证 7 日后决定撤销该许可,该决定对于已经筹备罩棚维修改建工程的原告而言产生了不利影响。在没有具体程序规定的情况下,射阳住建局应当遵循《行政许可法》第 5 条、第 7 条关于实施行政许可设定的正当程序原则,就申请改建加油站罩棚维修改建时是否隐瞒真实情况的问题听取原告的陈述与申辩,履行最低限度的程序义务。射阳住建局仅根据第三人盐城标邮服务有限公司法定代表人姜习标的举报与相关调查作出撤销决定,在作出撤销临时建设许可证之前未实际听取原告的陈述与申辩,违反了正当程序的基本要求,是违法的行政行为。

■ 评　析

Ⅰ 撤销行政许可的认定

行政许可的撤销,是指行政许可机关违法作出许可决定或被许可人以不正当手段取得行政许可的,行政许可机关或其上级行政机关,根据利害关系人的请求或者依据职权,依法取消行政许可的法律制度。根据《行政许可法》第 69 条之规定,该制度适用于行政许可机关违法许可或被许可人违法获得许可两种情形。行政机关因法律设定而行使的“撤销权”是针对行政许可实施的后续监督权,基于自身对许可申请的审查、决定之法定职责或上下级行政机关之间的监督权而产生。因此,行政许可的撤销应被视为行政机关对行政许可实施的监督管理制度,是行政救济程序之外消灭行政许可效力的行为,旨在纠正行政许可的瑕疵与错误。撤销是对自始违法行政许可的纠正,促使其恢复至合法状态。与“吊销许可证”不同的是,撤销行政许可纠正的是行政许可行为本身,不直接对行政相对人产生制裁的法律后果,发挥的是纠正功能。

本案中,一审法院裁判的逻辑起点是论证撤销行政行为的法律属性。法官的说理虽未明确指出,但从“虽然没有规定撤销行政许可的具体程序,但该法第 1 章总则中第 5 条、第 7 条规定了设定和实施行政许可所应遵守的原则、程序和利害关系人享有的法定程序权利”之表述中仍能解读到法官的基本立场,即行政许可的撤销属于行政许可实施过程的特定环节,是监督行政许可的审查、决定的行政职权。作为消灭行政许可效力的权力,其当然应当受到《行政许可法》确立的法律原则之控制。因此一审法院认为在没有特别规定具体程序时,被告作出 1 号撤销决定书也应当遵循实施行政许可的法律程序原则。

正当程序原则是程序合法的底线。本案中,一审法院尝试实现 1 号撤销决定书的合法性证成之时,遵照了法律适用的基本要求,即法律有规定时适用规定,没有规定时适用法律原则。根据《行政诉讼法》第70条的规定,违反法定程序的,人民法院可以判决撤销行政决定。围绕着1号撤销决定书是否违反法定程序,法官在未寻得行政许可撤销程序的具体规定时,将程序正当原则引入本案的适用,通过阐明正当程序与法定程序的内在逻辑,进而判断被告撤销行为是否符合最基本的程序正义。法官的裁判逻辑是,1号撤销决定书对原告改建项目的筹备产生不利影响,被告在作出决定之前未听取原告的陈述与申辩,是对程序正当原则的违背,进而构成程序违法。实际上,本判例正面回应了法律程序原则在司法适用上面临的两大问题:

1. 规范文本设定的法定程序之"法定"意指何处?"法定程序"的传统解释受限于学界对"法"范畴的界定,即法律、法规、规章所设定的行政程序是明确的行政机关行使权力应当遵循的义务。《行政诉讼法》施行以来,行政审判实践多受此观点影响,较少将制定法以外的程序规则作为判断行政行为合法性的审查要件。然而,本判例的解释突破了这一传统认识。一方面,制定法不能成为行政主体豁免程序责任的理由,制定法本身的局限性与滞后性决定了行政主体应当格外注意制定法之外的程序规则。另一方面,"法定"的外延应当及于基本原则、行政惯例等普遍规则,承认其在审判实践中的适用空间,既能体现行政法治的精神并促其发展,更能在一定程度上化解法院面临的适用困扰。

2. 价值层面的正当程序原则与法律适用中的法定程序应作何关联,才能消解行政审判实践中的适用障碍?法定程序是"形式意义"上的程序规范,旨在限制并规范行政权力的行使过程,有利于法官对行政行为形式合法性的审查,其直接明了的方式为法律适用者所喜闻乐见。而正当程序则应被视为"实质意义"上的程序规则,将权利保障的普适性认同根植于行政机关,彰显了行政程序制度的独立价值。回溯行政程序法的发展历程,从早期的"程序工具主义"到"程序本体主义",行政程序的独立价值在于公正和效率,进而实现规范行政权力与保护相对人权益的平衡,这是一种区别于实体结果的价值追求。因此,二者的关系可以被阐释为:正当程序原则是法定程序的起源,法定程序是正当程序原则的体现。那么,本判例形成的"程序合法的底线在于正当程序原则"之观点,则有力地完成了从程序法定到程序正义的正当性证成。

Ⅱ 判例观点的发展:正当程序原则的审查实践

早些时候,部分案例反映了正当程序的实质要求,在法官的裁判说理中以相对隐晦的方式描述程序正义的根本要求。比如,在田永诉北京科技大学拒绝颁发毕业证、学位证案(最高人民法院指导案例38号)中,一审法院认为"按退学处理,涉及被处理者的受教育权利,从充分保障当事人权益的原则出发,作出处理决定的单位应当将该处理决定直接向被处理者本人宣布、送达、允许被处理者本人提出申辩意见"。一审法院实则将相对人的程序权利视为实体权益保障的手段,虽未明确阐释为"正当程序原则",但能在彼时的法政策环境下作出如此大胆且创新的尝试,具有里程碑式的意义。此后,行政程序的独立价值在一些实践案例中有所呈现。比如,在黄泽富等诉四川省成都市金堂工商管理局行政处罚案(最高人民法院指导案例6号)中,法院在认定"没收较大数额财产"的行政处罚应当适用听证程序时,以“为了保证行政相对人充分行使陈述权和申辩权，保障行政处罚决定的合法性和合理性”的表述强调了行使行政程序权利并规范行政权力运行是设计和实施听证制度的目的。当然，该案仍然遵循了严格的法律适用要求，以“违反了法定程序”作出撤销判决。

随着正当程序原则在行政审判实践中的扩大适用，制定法与法律原则的适用争议也随之而来，即如何在无明确成文法依据的情况下证成程序正当原则的正当性，这在张成银诉徐州市人民政府房屋登记行政复议决定案(《最高人民法院公报》2005 年第 3 期)中有所体现。直至 2014 年，最高人民法院办公厅《关于印发〈行政审判办案指南(一)〉的通知》(法办〔2014〕17 号)第 24 条的规定才明确肯定了“正当程序原则”可以作为“违反法定程序”的审查依据，即“行政机关作出对利害关系人产生不利影响的行政决定前，未给予该利害关系人申辩机会的，不符合正当程序原则；由此可能损害利害关系人合法权益的，人民法院可以认定被诉行政行为违反法定程序”。

本判例与于艳茹诉北京大学撤销学位案[以下简称“于艳茹案”，北京市第一中级人民法院(2017)京 01 行终 277 号行政判决书]的裁判均于 2017 年作出，有关“正当程序原则”适用的判例观点一致。在“于艳茹案”中，法官的阐释则更加有力，“作为最基本的公正程序规则，只要成文法没有排除或另有特殊情形，行政机关都要遵守”，即行政机关的程序义务不以法律设定为前提。就正当程序原则的适用来说，“行政机关没有自由裁量权”。可见，正当程序原则在行政审判中的适用正在经历从形式审查向实质审查转变的新阶段。为加快我国法治政府建设的进度，行政机关应特别注意，依法行政原则要求行政机关的权力来源应有明文设定，正当程序原则要求行政机关自觉、主动履行程序义务，错误混淆制定法的适用范围是对正当程序原则的曲解。

参考文献

周佑勇：《行政法基本原则研究》，法律出版社 2019 年版。

唐文：《正当程序原则在中国——行政诉讼中原则裁判理论与实践》，法律出版社 2019 年版。

关保英主编：《行政程序法学》(上册)，北京大学出版社 2021 年版。

005 最小损害原则

黑龙江省哈尔滨市规划局诉黑龙江汇丰实业发展有限公司行政处罚纠纷案 | 最高人民法院(1999)行终字第20号行政判决书

蒋红珍 上海交通大学凯原法学院

■ 事实概要

原告黑龙江汇丰实业发展有限公司(以下简称汇丰公司)所建的9层商服楼系由原有两栋楼房改建而成。其中,院内一栋楼房(以下简称院内楼房)原为地下1层、地上2层,该栋楼房的扩建虽经过建设用地规划许可批准,但实际扩建面积超出许可标准2388平方米;临中央大街一栋楼房(以下简称临街楼房)原为地下1层、地上3层,汇丰公司在提出增建申请但没有得到答复的情况下组织施工,拆除原有建筑物予以重建,违法建筑面积6164平方米。最终建成院内楼房高达9层、临街楼房从6层开始渐至后退到9层,并使两建筑物连为一体、面积共计9964平方米的9层楼房。1996年8月12日,被告黑龙江省哈尔滨市规划局(以下简称规划局)对汇丰公司作出行政处罚,针对两栋违法改建楼房,作出"部分拆除、部分罚款"的处罚决定。原告汇丰公司对此不服,提起诉讼。

■ 裁判要旨

Ⅰ. 根据《城市规划法》(已失效)第37条、第40条的规定,上诉人规划局有权对被上诉人汇丰公司违法建设行为进行查处。规划局作出的哈规罚决字(1996)第1号行政处罚决定中,虽然没有明确认定汇丰公司违法建设行为属于对城市规划有一定影响尚可采取改正措施的情形,但是从其作出部分拆除、部分罚款保留的处罚内容看,规划局已在事实上认定汇丰公司违法建设行为,属于《城市规划法》第40条规定的对城市规划有一定影响尚可采取改正措施的情形。

Ⅱ. 规划局提出汇丰公司建筑物遮挡中央大街保护建筑新华书店(原外文书店)顶部,影响了中央大街的整体景观,按国务院批准的"哈尔滨市总体规划"中关于中央大街规划的原则规定和中央大街建筑风貌的实际情况,本案可以是否遮挡新华书店顶部为影响中央大街景观的参照标准。规划局所作的处罚决定应针对影响的程度,责令汇丰公司采取相应的改正措施,既要保证行政管理目标的实现,又要兼顾保护相对人的权益,应以达到行政执法目的和目标为限,尽可能使相对人的权益遭受最小的侵害。而规划局所作的处罚决定中,拆除的面积明显大于遮挡的面积,不必要地增加了规划局的损失,给规划局造成了过度的不利影响。原审判决认定该处罚决定显失公正是正确的。

■ 评 析

Ⅰ 以往判例、规范和学理

本判例之前，最高人民法院尚未明确有将“最小损害原则”作为司法审查标准的先例。从规范层面看，尽管也存在隐含地表达“最小损害原则”的条款，比如《人民警察使用警械和武器条例》第4条规定，“人民警察使用警械和武器，应当以制止违法犯罪行为，尽量减少人员伤亡、财产损失为原则”，但总体来说，在我国的行政法学界，此案之前的“最小损害原则”主要停留在学理层面的零星讨论。受德国、日本等相关规定和理论研究的影响，一方面，“最小损害原则”也被称为“必要性原则”或“最小侵害原则”，学界承认其具有一定的独立性；另一方面，它也经常被吸收到更具规范效力和框架体系的“比例原则”之中，被作为其中的分支原则之一加以对待。

Ⅱ 最小损害原则的学理框架

最小损害原则也称为最小侵害原则，指行政机关在有多种方式可以相同有效实现目标的前提下，需要选择对相对人权益损害最小的方式。与法释义学上的“比例原则”深刻地烙刻着德国法背景有所区别，最小损害原则在不少国家有本土化的规范和学理渊源。比如，美国法律体系上就有规范内涵极其类似的“最小侵害原则”或者“最温和手段原则”。在中国，最小损害原则也逐渐成为一个较具有代表性的行政法原则。从司法审查标准角度看，它包含着三个要素：(1)选择可能性，即存在多个有助于目标实现的手段以供取舍。(2)相同有效性。在多重有助于目标实现的手段中，还必须比较和选定那些不会“违背”或者“削弱”目标实现程度的手段。(3)最小侵害性，即在所有有效实现目标的手段中，必须选择对相对人权益损害最小的手段。

Ⅲ 本判例的规范性逻辑

在本判例中，当法院审查行政处罚决定的合法性时，最小损害原则的学理框架得到了比较全面的呈现。

从行为法规范基础上，规划局对汇丰公司的违法建设工程予以处罚的依据为《城市规划法》(已失效)第40条，该条规定：“在城市规划区内，未取得建设工程规划许可证件或者违反建设工程规划许可证件的规定进行建设，严重影响城市规划的，由县级以上地方人民政府城市规划行政主管部门责令停止建设，限期拆除或者没收违法建筑物、构筑物或者其他设施；影响城市规划，尚可采取改正措施的，由县级以上地方人民政府城市规划行政主管部门责令限期改正，并处罚款。”由此可见，违反规划许可的建设工程可以区分为“严重影响城市规划的”和“影响城市规划，尚可采取改正措施的”两种行为性质，而针对这两种行为性质有不同的法律效果。针对前者，除了责令停止建设，还必须“限期拆除或者没收”；针对后者，则“责令限期改正，并处罚款”。本判例中，规划局对汇丰公司的处罚决定采用的是“部分拆除、部分罚款保留”的形式，因此判定“上诉人已在事实上认定汇丰公司违法建设行为，属于城市规划法第四十条规定的对城市规划有一定影响尚可采取改正措施的情形”。实际上,这里的定性是要承认“最小损害原则”在个案法律适用中的裁量权问题。因为如果是严重影响城市规划的处罚结果,对未取得许可或者违法许可进行工程建设的,就成为羁束性决定,也就不可能存在于不同的行政处罚手段间进行选择的问题。

在确认相对人的违法行为性质和行政裁量空间的前提下,“最小损害原则”的适用就存在可能。此时,需要展开目的和手段之间的判断。行政法的特殊性在于,受“依法行政原则”的支配和“法无授权无行政”的古典理论在部分模式化行政行为领域中的适用,目的和手段都在某种程度上获得了法律授权基础。以本案行政处罚为例,违法建设工程在违法行为的定性和行政处罚的种类上,已被《城市规划法》(已失效)明确界定。因此,从某种角度看,无论规划局在法定授权幅度内选取怎样的处罚手段,都符合《城市规划法》(已失效)所隐含着的对违法建设工程予以处罚从而制止和惩戒违法行为的目标。结合“最小损害原则”的三要素分析,可能得出的结论是,在法律授权范围内的所有手段都符合目标,仅需要在此基础上选择最小侵害的手段。但这种结论使“最小损害原则”陷入适用的矛盾境地:如果仅在法律授权幅度内选择最小侵害手段,极可能引发裁量压缩至零、司法全面替代行政判断的负面效应;但除此之外,则是对“最小损害原则”自身的违背。

可以说,本案为解决“最小损害原则”上述困境提供了一个鲜活样本。那就是通过限缩具体目标来作为最小损害标准的判断基础。本案的一审和二审法院均指出,“上诉人提出汇丰公司建筑物遮挡中央大街保护建筑新华书店(原外文书店)顶部,影响了中央大街的整体景观,按国务院批准的‘哈尔滨市总体规划’中关于中央大街规划的原则规定和中央大街建筑风貌的实际情况,本案可以是否遮挡新华书店顶部为影响中央大街景观的参照标准”。换言之,关于究竟如何确定“影响城市规划,尚可采取改正措施”这种违法工程建设行为的改正措施的标准,法院认可了规划局所提出的“(不)遮挡新华书店顶部”的具体目标。

以此为基准,一审法院认为:“规划局确定了中央大街保护建筑‘外文书店’为影响中央大街景观的参照标准,就应以汇丰公司建筑物遮挡该书店多少,就决定拆除多少是正确的。经勘验规划局所作的处罚拆除面积超过遮挡面积,故对汇丰公司的违建行为处罚显失公正。”二审法院维持了一审法院的变更判决,认为“规划局所作的处罚决定应针对影响的程度,责令汇丰公司采取相应的改正措施,既要保证行政管理目标的实现,又要兼顾保护相对人的权益,应以达到行政执法目的和目标为限,尽可能使相对人的权益遭受最小的侵害。而上诉人所作的处罚决定中,拆除的面积明显大于遮挡的面积,不必要地增加了被上诉人的损失,给被上诉人造成了过度的不利影响。原审判决认定该处罚决定显失公正是正确的。原审判决将上诉人所作的处罚决定予以变更,虽然减少了拆除的面积和变更了罚款数额,但同样达到了不遮挡新华书店顶部和制裁汇丰公司违法建设行为的目的,使汇丰公司所建商服楼符合哈尔滨市总体规划中对中央大街的规划要求,达到了执法的目的,原审所作变更处罚并无不当”。

Ⅵ 本判例的意义

本判例是最高人民法院就“最小损害原则”适用所确立的重要判例，甚至构成“比例原则”在我国司法实践领域确立的里程碑式判决。

之所以承认该案作为“比例原则”的里程碑式判例，并非在于其判决文书中明确提出了“比例原则”的概念。在该案判决之后，直接主导该案裁判的法官和直接参与该案代理的律师，纷纷从司法实务界和学术界的立场，为本案中“比例原则”的适用进行背书立注。审判长周红耕和书记员王振宇合署题为《比例原则在司法审查中的适用》(《人民法院报》2001 年 4 月 22 日)的案例评论文章，细致分析了比例原则的论证思路，并对后续的司法实务界产生了影响。从学术层面看，本案委托代理人北京大学湛中乐教授的论文——《行政法上的比例原则及其司法运用——汇丰实业发展有限公司诉哈尔滨市规划局案的法律分析》(载《行政法学研究》2003 年第 1 期)，不仅清晰回顾了原告汇丰公司的诉请理由并分析司法审判思路，还宣称此案为“比例原则在中国行政法领域得以确立的一个重要开端”。可以说，自 1999 年起，本案成就了我国比例原则发展迄今的 20 余年的历史。

不过，仅就本案的判决文书看，与其说它是对“比例原则”的确立，毋宁说是对比例原则所包含的“最小损害原则”的确立。换言之，学理所架构的、以“三阶论”(分别是适当性、必要性和均衡性审查)为基础的比例原则没有在本案中得到细致论证，但其中所包含的“最小损害原则”却获得最高人民法院较为明确的司法适用和个案论证的展开。

就判例意义而言，本案就“最小损害原则”的司法观点，对后续相关判例产生了重要影响。尤其是《行政诉讼法》(1989 年)所规定的“行政处罚显失公正”经由此案得到推进。换言之，“最小损害原则”为“行政处罚显失公正”提供了论证路径。之后，在苏州鼎盛食品公司不服苏州市工商局商标侵权行政处罚案(《最高人民法院公报》2013 年第 10 期)中，通过加入《行政处罚法》中的“过罚相当原则”，法院进一步完善了“行政处罚显失公正”的论证。其中，对于“过罚相当原则”，法院认为“工商行政机关依法对行政相对人的商标侵权行为实施行政处罚时，应遵循过罚相当原则行使自由裁量权；也就是说，在保证行政管理目标实现的同时，兼顾保护行政相对人的合法权益，行政处罚以达到行政执法目的和目标为限，并尽可能使相对人的权益遭受最小的损害”。这里的“也就是说”几乎是完全拷贝了本案对“最小损害原则”的表述。这之后，陈超诉济南市城市公共客运管理服务中心客运管理行政处罚案(《最高人民法院公报》2018 年第 2 期)又在“过罚相当原则”的延长线上正式将“比例原则”作为论证基础。

可以说，“最小损害原则”构成本案的明线，而隐含在“最小损害原则”之后的是“比例原则”这一暗线。或者说，以本案作为首例的比例原则司法适用，率先确立的是“最小损害原则”这一分支标准。之后，在王丽萍诉河南省中牟县交通局交通行政赔偿案[以下简称“王丽萍案”，《最高人民法院公报》2003 年第 3 期]中，最高人民法院明确承认了本案中的“比例原则”这条暗线，它写道：“比例原则目前在我国虽然仍处于理论发展阶段，没有明确的法律规定，但其作为基本的行政法原则，已经得到一致认同，且最高人民法院在(1999)行终字第 20 号汇丰公司诉哈尔滨市规划局一案中就适用了比例原则,表明我国的最高审判机关亦认同该原则在行政审判中的运用。”可以说,“王丽萍案”不仅成为我国首例明确采用“比例原则”这一概念的最高人民法院判例,同时还使本案完成了作为比例原则第一案的“闭环式证成”。此外,它也揭开了比例原则在不同行政行为领域的适用性。

▢ 参考文献

姜明安主编:《行政法与行政诉讼法》(第7版),北京大学出版社、高等教育出版社2019年版。

章剑生:《现代行政法总论》(第2版),法律出版社2019年版。

胡建淼主编:《论公法原则》,浙江大学出版社2005年版。

蒋红珍:《论比例原则——政府规制工具选择的司法评价》,法律出版社2010年版。

006 比例原则与行政赔偿

陈宁诉庄河市公安局行政赔偿纠纷案｜《最高人民法院公报》2003 年第 3 期

蒋红珍 上海交通大学凯原法学院

■ 事实概要

2001 年 12 月 24 日 8 时 40 分许，原告陈宁丈夫韩勇驾驶的红旗牌出租轿车（牌照为辽 F93885）在庄河市栗子房镇林坨附近发生交通事故。庄河市公安局交通警察大队接到报警后，立即出警，赶到事故现场。在事故现场初步查明，韩勇驾驶的红旗牌轿车已被撞变形，韩勇被夹在驾驶座位中，生死不明，需要立即抢救。为了尽快救出韩勇，警方先后采用了撬杠等方法，都未能打开驾驶室车门，最后采用了气焊切割的方法，在周围群众的帮助下，将韩勇从车中救出送往医院。虽然在气焊切割车门时采取了安全防范措施，但切割时仍造成了轿车失火，因火势较大，事先准备的消防器材无法将火扑灭，扩大了汽车的损失。事后，原告陈宁要求庄河市公安局赔偿抢险警察气焊切割时造成车辆被烧毁的损失，庄河市公安局于 2002 年 4 月 16 日作出庄公行不赔字（2002）第 1 号不予赔偿决定。陈宁不服，故提出诉讼，请求行政赔偿。

一审法院认为，庄河市公安局交通警察大队在接到报警后，即派人赶赴现场处理事故，是履行交通警察的职责。在处理事故中，警方根据司机韩勇生死不明的情况，判断应立即从发生事故的汽车中将其救出送往医院，并无不当。在其他方法都无法打开已经变形的车门时，不得不采取破损车门的措施并不违法。虽然该措施后来导致了汽车的毁损，但当时情况紧急，无法采取其他更安全、有效的措施抢救韩勇。警方在救人过程中虽然造成了汽车的毁损，但不具有违法性，原告陈宁要求庄河市公安局对抢险过程中致使其汽车毁损给予行政赔偿，不符合《国家赔偿法》的有关规定。庄河市公安局对此作出不予赔偿的决定是正确的，应予维持。陈宁不服一审判决，提出上诉。

■ 裁判要旨

Ⅰ. 根据《国家赔偿法》（1994 年）第 2 条第 1 款的规定，国家机关及工作人员违法行使职权，是给予国家赔偿的必要前提。本案中，警方是在司机韩勇被夹在发生事故的轿车驾驶室里生死不明，需要紧急抢救的情况下，决定实施强行打开驾驶室车门措施的。由于当时其他方法不能打开已经变形的车门，为及时抢救出韩勇而采取气焊切割车门的方法，实属情况紧急,迫不得已。因为不及时打开车门,就无法对生死不明的韩勇实施紧急救护;尽早打开车门救出韩勇,就有可能挽救其生命。气焊切割车门的方法虽然会破损车门,甚至造成汽车的毁损,但及时抢救韩勇的生命比车门或者汽车更为重要。因为相对人的生命而言,破损汽车车门或者汽车所致的他人利益损害明显损失较小,警方在紧急情况下作出强行打开车门抢救韩勇的决定,具有充分的合理性,而且在采取措施之前,警方已经尽可能地采取了相应的防范措施。虽然气焊切割车门导致了轿车的失火,但该行为从性质上说属于警方正当的抢险救助行为,没有超出交通警察依法履行职责的范围。

Ⅱ.上诉人陈宁要求警方对在不得已情况下的紧急救助行为所造成的损失给予行政赔偿,是没有法律依据的。又由于事故现场客观条件的限制,无法准确判断司机韩勇的生死状况,故不能以事后证实的结果为理由,认定警方对韩勇的救助行为没有实际的意义。故上诉人陈宁认为警方实施的紧急抢险行为不当的理由不成立。

■ 评 析

Ⅰ 以往判例观点

作为《最高人民公报》发布的判例,它与王丽萍诉河南省中牟县交通局交通行政赔偿案(《最高人民法院公报》2003年第3期,以下简称“王丽萍案”)一起,构成了最高人民法院最早明确采用“比例原则”这一概念的两个经典判例。

在本判例之前,黑龙江省哈尔滨市规划局诉黑龙江汇丰实业发展有限公司行政处罚纠纷案[最高人民法院(1999)行终字第20号行政判决书,以下简称“汇丰公司案”]中,已经包含了对“比例原则”,尤其是其中“最小损害原则”予以司法适用的先例。该案判决指出:“规划局所作的处罚决定应针对影响的程度,责令汇丰公司采取相应的改正措施,既要保证行政管理目标的实现,又要兼顾保护相对人的权益,应以达到行政执法目的和目标为限,尽可能使相对人的权益遭受最小的侵害。”由此,该判例也被学术界和实务界认为是中国“比例原则”(最小损害原则)司法适用第一案。但无论从是否明确采取“比例原则”这一概念来看,还是从对“比例原则”具体审判思路的展开上来看,该判例都尚不足以呈现比例原则司法适用的典型样态。

从实务观点看,“汇丰公司案”对比例原则(以“最小损害原则”适用为核心)就司法审查强度而言,采取的是比较保守的态度。换言之,在认识到比例原则有可能使司法权过深地进入行政领域而产生替代行政权的嫌疑时,司法实务界的基本立场是,“法院适用比例原则的司法审查标准是基本合理标准,法院只能纠正严重违反比例原则的具体行政行为”。这样的观点在“王丽萍案”中得到了进一步贯彻。

Ⅱ 比例原则的学理框架

比例原则作为一个发端于18世纪末期德国警察法领域的公法原则,对我国而言是一个“舶来品”。经过中国行政法学界30来年的共同努力,我国对比例原则确立起的基本学理共识主要包括以下几点：首先，就功能而言，比例原则解决“目的与手段关系”，是就目的与手段之间的关系给予法释义学意义上的判断；其次，就法律渊源而言，作为行政法的一般原则，它并不以实体法规范作为司法适用的基本前提；最后，比例原则由位阶秩序构成。除了“三阶论”，学界就比例原则的位阶秩序构成一直存在“两阶论”和“四阶论”的讨论。尤其新近，以增加“目的正当性审查”作为重构比例原则“四阶论”的观点引发广泛关注。

学理上，“三阶论”认为比例原则包含着适当性原则、必要性原则和均衡性原则这三个分支原则。每个分支原则包含不同的审查要求。“二阶论”则认为，因为适当性原则仅审查手段是否有助于目标实现，并且司法实践中很少有因违反适当性原则而得出违反比例原则的结论，因此不需要对适当性原则作为独立的审查阶段予以保留，只需要在必要性原则适用时对处于“边缘地位”的适当性予以附带审查就好。“四阶论”则与此相反，认为不仅适当性审查需要保留，并且在适当性审查之前，还必须对“目的正当性”予以审查，从而建构起比例原则的四阶审查机制。

Ⅲ 本判例的规范性逻辑

可以说，本判例是比例原则“三阶论”得到完整适用的典型代表。法院在确认“实施救助行为的过程中存在对手段和结果的利益衡量问题，这就需要运用比例原则加以判断”的前提下，从比例原则自身和比例原则适用于个案展开了详细论证。

1. 法院论证了比例原则之所以在本案中适用的前提。由于本案针对行政赔偿决定而起，根据《行政赔偿法》所确立的“违法责任”原则，本判例的初步争点就锁定到交警气焊切割车门是否属于对“违法行使职权”的判断上。在引用《道路交通事故处理办法》（已失效）第 8 条“公安机关接到报案后，应当立即派员赶赴现场，抢救伤者和财产，勘查现场，收集证据，采取措施尽快恢复交通”的规定后，法院确认“在赋予交警部门抢救伤者之职责的同时，并未规定具体的行为方式，故本案中，交通警察有选择施救方式的裁量权”。承认有裁量权似乎并不必然能够推导出比例原则的适用，因此本判例又分析道，“由于对被困人员进行救助，可能会对被救助人的生命和财产造成进一步的损害，因此，实施施救行为的过程中存在着对手段和结果的利益衡量问题，这就需要运用比例原则加以判断”。这样，从行政赔偿的违法责任原则，到行为法依据中授予的裁量权，再到比例原则进入裁量权行使的司法判断，论证就完成了。

2. 法院论证比例原则规范内涵的构成。既然要将比例原则作为本案中交警气焊切割车门的司法审查标准，自然就需要明确比例原则是什么。本判例的评析部分对比例原则的规范内涵做了完整的阐述。它指出，“比例原则在内容上包括：适应性原则（又称为妥当性原则、妥适性原则、适合性原则），即所采取的手段和追求的目的应当是相适应的，强调手段和目的的一致性，强调所采取的措施必须能够实现行政目的或至少有助于行政目的达成并且是正确的手段……而是最小、最轻原则，即通常所说的必要性原则、最小侵害原则、最温和方式原则或不可替代性原则。如果实现一个行政目的，存在多种可选择的路径、手段、措施，那行政主体在实施行政行为的时候就应当选择对相对人权利影响最小的那一种手段，才是必要的……三是均衡性原则,又称狭义比例原则、比例性原则、相称性原则、手段和目的的均衡性原则。具体讲,要求行政主体执行职务时,面对多数可能选择之处置,应就方法与目的的关系权衡更为有力者而为之”。

难能可贵的是,除明确比例原则三个分支原则的具体内涵外,本判例评析部分还对三个分支原则的规范重点进行了强调。对于适当性原则,“如果实现目的所采取的手段和目的本身相冲突,就是滥用职权。可见,这一原则是从行为目的的角度来规范裁量行为的”。对于必要性原则,“实际包含两层意思:其一,存在多个能够实现法律目的的行为方式,否则必要性原则将没有适用的余地;其二,在能够实现法律目的的诸方式中,选择对公权利侵害最轻的一种。可见,必要性原则是从‘法律后果’上来规范行政权力与其所采取的措施之间的比例原则的”。对于均衡性原则,“是从‘价值取向’上来规范行政权力与其所超期的措施之间的比例关系的。但其所要求的目的与手段之间关系的考量,仍需要根据具体个案来决定”。将适当性原则、必要性原则和均衡性原则分别定位到行为目的、法律后果和价值取向的不同角度,是本判例对比例原则三个分支原则进行事实判断与价值判断的区分的尝试。

3. 在明确三个分支原则规范内涵的基础上,法院采用传统涵摄模式,论证了个案事实与规范结构之间的匹配性。本判例指出:“首先,交通警察采取气焊割门方式符合适当性原则。行政法规明确规定交通警察在处理交通事故中负有抢救伤者的法定职责,而打开车门是救人的前提,因此气焊割门方式无疑有助于抢救伤者这一目的的达成。其次,气焊割门符合必要性原则。交通警察并非一开始就采取气焊割门这种风险较大的开门方式,而是采取撬杠等各种风险较小的开门方式,在其他方式不能奏效的情况下,不得已才采取气焊割门这种可能会对被救人员生命和财产造成更大损失的方式。也就是说,在当时的情况下,在可以达成执法目的的方式中,气焊割门实际上已经成为相对损害较小的方式,因为其他风险更小的方式无法实现执法目的。最后,气焊割门符合均衡性原则。救助行为如果顺利实现,则执法代价是轿车可能会被烧毁,但韩勇的生命存在挽回的可能,虽然其是否能够生还尚不肯定。两相比较,生命健康权优越于财产权,可能拯救生命的选择应当优于放弃生命的选择,这是毋庸置疑的。因此,交通警察采取扩大财产损失和救助风险的方式来实施抢救生命的行为,应当认为符合均衡性原则。”

4. 本判例强调:“比例原则并非从结果上判断,而应以行为之前的情形作为衡量对象。”二审法院基于此认为,交通警察采取的施救行为符合比例原则,应当认为其是合法的行政行为。

Ⅳ 本判例的意义

本判例对于比例原则作为行政裁量行为的司法审查标准加以确立而言,具有典型的意义。

1. 从适用范围看,“汇丰公司案”发生在行政处罚领域,涉及对《行政诉讼法》(1989 年)第 54 条中行政处罚显失公正的解释和适用问题,但本判例的裁判要旨认为,“人民法院不仅应当对行政行为的合法性进行审查,还应当用比例原则等规则对行政裁量的适当性予以审查”[最高人民法院行政庭编:《中国行政审判指导案例》(第1卷)第19号案例,中国法制出版社2010年版,第94页]。这宣告着比例原则在所有行政裁量行为中的适用可能性。

2. 就论证结构看,“汇丰公司案”对比例原则的适用,主要聚焦在必要性审查的部分,即是否在相同有效的前提下对相对人的损害达到最小。这也是将该判例作为最小损害原则的典型判例的原因。此外,本判例还是对比例原则传统“三阶论”构成的明确承认,并以此为基础展开具体的位阶秩序的审查和判断。

□ 参考文献

姜明安主编:《行政法与行政诉讼法》(第7版),北京大学出版社、高等教育出版社2019年版。

沈岿:《国家赔偿法:原理与案例》,北京大学出版社2017年版。

蒋红珍:《论比例原则——政府规制工具选择的司法评价》,法律出版社2010年版。

杜仪方:《国家赔偿相关概念辨析与制度实践》,中国法制出版社2018年版。

007 过罚相当原则的适用

苏州鼎盛食品公司诉苏州市工商局商标侵权行政处罚案 |《最高人民法院公报》2013 年第 10 期

尹培培 南京师范大学中国法治现代化研究院

■ 事实概要

2009 年 6 月 23 日,原告苏州鼎盛食品公司(以下简称鼎盛公司)与浙江健利包装有限公司签订订购合同,约定由后者为鼎盛公司制作涉案的标有标识(以下简称"I will 爱维尔"与"乐活 LOHAS"连用标识)的礼盒、手拎袋、单粒包等包装产品。2009 年 8 月,鼎盛公司开始生产月饼,并将其当年度所生产的月饼划分为"秋爽"、"美满"、"星月"、"和谐"以及涉案的"乐活"等总计 23 个类别。2009 年 9 月初,鼎盛公司将上述月饼投入市场,涉案"乐活"款月饼的手拎袋、内衬及月饼单粒包装盒外侧左下角显著位置均标注"I will 爱维尔"与"乐活 LOHAS"连用标识。

第三人东华公司经国家商标局核准于 2009 年 7 月 14 日取得"乐活 LOHAS"注册商标,目前尚未在产品上使用该商标。2009 年 9 月 8 日,被告苏州市工商局接到东华公司举报称原告鼎盛公司生产销售的"乐活 LOHAS"等月饼有商标侵权嫌疑。经过调查,苏州市工商局认定鼎盛公司的行为属于《商标法》(2001 年)第 52 条第 1 项所规定的侵犯注册商标专用权的行为,对鼎盛公司作出了责令停止侵权行为并罚款 50 万元的行政处罚决定。鼎盛公司不服并于 2010 年 6 月 29 日向苏州市人民政府申请行政复议。苏州市人民政府于 2010 年 8 月 27 日作出(2010)苏行复第 148 号行政复议决定书,决定维持苏州市工商局作出的苏工商案字(2010)第 00053 号工商处罚决定。鼎盛公司对此仍不服,遂向法院提起行政诉讼。

■ 裁判要旨

Ⅰ.《行政处罚法》(2009 年)第 4 条第 2 款[《行政处罚法》(2021 年)为第 5 条第 2 款]规定:"设定和实施行政处罚必须以事实为依据,与违法行为的事实、性质、情节以及社会危害程度相当。"因此,行政主体在实施行政处罚时,应当遵循该条规定的过罚相当原则。工商行政机关依法对行政相对人的商标侵权行为实施行政处罚时,应遵循过罚相当原则行使自由裁量权;也就是说,在保证行政管理目标实现的同时,兼顾保护行政相对人的合法权益,行政处罚以达到行政执法目的和目标为限,并尽可能使相对人的权益遭受最小损害。工商行政机关如果未考虑应当考虑的因素,违背过罚相当原则,导致行政处罚结果显失公正，人民法院有权依法判决变更。

Ⅱ. 被上诉人苏州市工商局在对上诉人鼎盛公司进行行政处罚时，责令其停止侵权行为即足以达到保护注册商标专用权以及保障消费者和相关公众利益的行政执法目的，但苏州市工商局未考虑鼎盛公司上述行为主观上无过错，侵权性质、行为和情节显著轻微，尚未造成实际危害后果等因素，同时对鼎盛公司并处 50 万元罚款，使行政处罚的结果与违法行为的社会危害程度之间明显不适当，其行政处罚缺乏妥当性和必要性，应当认定属于显失公正的行政处罚。

■ 评　析

Ⅰ 过罚相当原则的实务发展过程

在本判例之前，关于行政处罚中的过罚相当原则，最高人民法院公布的判例中并未有过明确的涉及。从地方法院的判例来看，在《行政处罚法》第 5 条的性质界定上，地方法院始终存在不统一的适用情形。通常情况下，法院会将《行政处罚法》第 5 条的规定作为比例原则加以适用。如在郭建军不服诸暨市国土资源局土地行政处罚案[浙江省绍兴市中级人民法院(2008)绍中行终字第 37 号行政判决书]中，法院认为“被上诉人应首先考虑违法行为的事实、性质、情节以及社会危害程度，从更有利于行政相对人的利益保护角度选择处置方式，在该条件不能符合时，再选择更严厉的处罚措施，否则属于行政处罚不符合比例原则”。很显然，法院在这个判例中直接将《行政处罚法》第 5 条规定解读为比例原则。

在最高人民法院发布本判例之后，尽管一些地方法院在判决中明确将《行政处罚法》第 5 条解读为过罚相当原则，但并未见有对其内涵展开进一步论证的判例。如在杭州市西湖区方林富炒货店诉杭州市西湖区市场监督管理局等行政处罚及行政复议行政纠纷案[杭州市西湖区人民法院(2016)浙 0106 行初字 240 号行政判决书]中，尽管法院认为杭州市西湖区市场监督管理局对方林富的行政处罚应当遵循《行政处罚法》第 5 条所规定的过罚相当原则，但其并未就此展开论证，而是以《行政处罚法》第 32 条第 1 款法定“从轻减轻”条款为依据，得出了应当减轻处罚的结论。在邬学勋诉舟山市市场监督管理局金塘分局处罚案[浙江省舟山市定海区人民法院(2015)舟定行初字第 7 号行政判决书]中，法院认为设定和实施行政处罚必须与违法行为的事实、性质、情节以及社会危害程度相当。处罚标准应量化，避免处罚畸轻畸重，否则有悖过罚相当原则，不利于维护法律适用的稳定性和连贯性。该案中，法院将过罚相当原则视为行政处罚设定和实施的一项基本原则，但在论证何为过罚相当时，却转而沿用比例原则的“三阶论”思路展开，尽管法院并未明确提及比例原则。

2018 年，最高人民法院的一个公报案例在对待“过罚相当原则”这一问题上，法律立场发生了鲜明的转变。在陈超诉济南市城市公共客运管理服务中心客运管理行政处罚案(《最高人民法院公报》2018 年第 2 期)中，最高人民法院认为比例原则是行政法的重要原则，行政处罚应当遵循比例原则，对当事人实施的行政处罚必须与其违法行为的事实、性质、情节和社会危害程度相当。从该公报案例可以看出，最高人民法院不再提及过罚相当原则，而是将

《行政处罚法》第5条的规定认定为比例原则。

由此可见,在本判例之前,最高人民法院未曾就过罚相当原则作出解读。在本判例之后,最高人民法院对于过罚相当原则的适用立场亦处于变动之中。这样的转变或许与过罚相当原则学理上的研究不足,即适用要件模糊不清多少有一定的关联性。

Ⅱ 过罚相当原则的学理框架

《行政处罚法》第5条第2款规定:“设定和实施行政处罚必须以事实为依据,与违法行为的事实、性质、情节以及社会危害程度相当。”将这一规定称为过罚相当原则,至少在文义上是可以接受的。自《行政处罚法》颁布以来,尽管过罚相当原则适用至今,但对于其内涵、要件等的解读,国内行政法学者鲜少展开讨论,至今也并未形成较为统一的学理框架。在既往的司法案例中,法院对于过罚相当原则的适用通常一笔带过,鲜有对其适用要件进行阐述。学理上,有学者认为过罚相当原则系比例原则在处罚领域的具体体现,亦有学者认为过罚相当并非行政处罚的基本原则,而是对行政处罚决定作出的结果要求,《行政处罚法》第5条第2款的规定实际上是比例原则在实定法规范上的体现。由此可见,对过罚相当原则的探讨始终绕不开其与比例原则之间的关系。

关于过罚相当原则与比例原则之间的关系,学界并未达成较具说服力的通说。一般认为,两者在如下方面存在不同:(1)起源不同。当时的《行政处罚法》立法资料显示,过罚相当原则是刑法理论在行政处罚中的应用,系由刑法罪责刑相适应原则移植而来,行政处罚的过罚相当原则与刑罚中的罪罚相当原则的精神实质是一致的。我国行政法上的比例原则起源于德国法治国原则,是约束行政裁量的基本原则,其产生是为了平衡公共利益和基本权利两种价值。(2)适用范围不同。过罚相当原则适用于处罚领域的裁量行为,比例原则作为公法上“通用”的裁量控制工具,其适用于整个公法领域的裁量,范围远大于过罚相当原则。(3)可操作性不同。过罚相当原则是约束实体要素的原则,不约束程序裁量,该原则本身并不能提供相当性的判断标准,仅列举了约束实体处罚裁量时所需考量的要素内容,因此无法直接通过适用该原则得出结论。比例原则作为一项较为成熟的公法原则,已经形成了一套既定的且具有通说效力的分析框架,包括适当性原则、最小侵害原则和狭义比例原则。

在黑龙江省哈尔滨市规划局诉黑龙江汇丰实业发展有限公司行政处罚纠纷案[最高人民法院(1999)行终字第20号行政判决书]中,最高人民法院将比例原则引入了行政裁量,第一次完整地适用比例原则的三阶理论进行裁判。在陈宁诉庄河市公安局行政赔偿纠纷案(《最高人民法院公报》2003年第3期)的评析部分,最高人民法院首次对比例原则作出了详尽的概念界定,即比例原则的含义是行政主体实施行政行为应当兼顾行政目标的实现和保护相对人权益,如果行政目标的实现可能对相对人的权益造成不利影响,则这种不利影响应被限制在尽可能小的范围之内,二者应当有适当的比例。

概言之,过罚相当原则是我国《行政处罚法》上的一项本土创造,是对行政机关行使行政处罚裁量权结果的控制机制,它要求作出行政处罚决定必须与违法行为的情节、性质、后果和社会危害程度相当。在本判例中,最高人民法院在上述要素之外增加了"主观过错"这一判断要素,即过罚相当原则明确了行政机关行使行政裁量权时所应当考虑的要素,以此检视处罚裁量结果是否公正。但该原则本身并不提供具体的适用规则,也不具有可操作性,判断一个行政处罚行为是否符合过罚相当仍需要借助于比例原则分析框架进行。最高人民法院2018年发布的陈超诉济南市城市公共客运管理服务中心客运管理行政处罚案(《最高人民法院公报》2018年第2期)的结论或许可以佐证这一观点。

Ⅲ 本判例的规范性逻辑

迄今为止,本判例是为数不多的较为详尽探讨过罚相当原则的案例之一。该判例中法院表现出来的法律立场同前述过罚相当原则的学理框架是较为一致的。尽管最高人民法院新近发布的公报案例看似与该判例相冲突,但这两个判例所遵循的裁判思路在本质上并无差别,都未超越过罚相当的学理框架,更为重要的是,它厘清了比例原则与过罚相当之间作为"分析路径—检验结果"的关系问题。

最高人民法院认为,实施行政处罚时,应遵循过罚相当原则,综合考虑处罚相对人的主观过错程度,违法行为的情节、性质、后果及危害程度等因素,工商行政机关如果未考虑上述应当考虑的因素,违背过罚相当原则。换言之,最高人民法院认为过罚相当原则的要求在于应当考虑上述法定要素,若未考虑,则违反该原则,至于依照何种标准,需要达到何种程度则并未言明。我们可以看到,一审法院在判决中并未提及过罚相当原则,认为处罚决定事实基本清楚,适用法律正确,驳回了原告鼎盛公司的诉讼请求。二审法院首先明确将《行政处罚法》第5条的规定界定为过罚相当原则,其次明确了该原则是工商行政机关行使自由裁量权应当遵循的基本原则,最后法院沿用了比例原则的分析框架对工商行政机关的裁量行为是否违背过罚相当原则作出了判断。在理由论证中,二审法院首先以"被上诉人苏州市工商局作出的行政处罚显失公正"这一命题作为论证基础,遵循了如下论证逻辑:所谓处罚结果显失公正是指行政处罚的实施未遵循《行政处罚法》第5条所规定的过罚相当原则,使行政处罚结果与违法程度不相适应;行政机关实施行政处罚时应遵循过罚相当原则,综合考虑处罚相对人的主观过错程度,违法行为的情节、性质、后果及危害程度等因素行使自由裁量权;被上诉人在责令鼎盛公司停止侵权行为的同时并处50万元罚款,并未考虑应当考虑的因素,包括主观恶意、侵权行为后果及侵权情节轻重问题。事实上,分析至此已经可以得出被上诉人违反了过罚相当原则这一结论。但紧接着,法院话锋一转,继续引入了比例原则的分析框架对被上诉人的行为展开进一步论证。工商行政机关实施行政处罚,应当在保证行政管理目标实现的同时,兼顾保护行政相对人的合法权益,行政处罚以达到行政执法目的和目标为限,并尽可能使相对人的权益遭受最小的损害。责令上诉人停止侵权行为即足以达到保护注册商标专用权以及保障消费者和相关公众利益的行政执法目的,但其未考虑应当考虑的因素,使行政处罚的结果与违法行为的社会危害程度之间明显不适当,其行政处罚缺乏妥当性和必要性。在"考虑应当考虑的要素"之外,还加入了"适当性"、"最小侵害原则"及"必要性"判断标准,沿用了比例原则的分析框架。

综上分析,二审法院和最高人民法院对过罚相当原则适用的思路步骤是持相同观点的,尽管后续的公报案例在涉及《行政处罚法》第 5 条时并未提及过罚相当原则,但其在实际上仍然遵循了这一思路。因此我们不妨这么理解,《行政处罚法》第 5 条是过罚相当原则的体现,但该条内容的落实需要借助比例原则的分析框架来达成,即过罚相当原则的判断标准有二:是否考虑了应当考虑的因素,是否合乎比例原则的判断。

Ⅵ 本判例的意义

在本判例中,最高人民法院首次阐释了过罚相当原则的适用要件。既往的公报案例及最高人民法院发布的指导性案例均未涉及过罚相当原则的适用问题;既往的司法实务及学理对过罚相当原则的认定也未达成较为统一的共识,经常将其与比例原则混同。本判例认为,工商行政机关依法对行政相对人的商标侵权行为实施行政处罚时,应当在遵循过罚相当原则的前提下行使行政裁量权,即将过罚相当原则作为行使行政裁量权时应当遵循的基本原则,并首次将《行政处罚法》第 5 条明确界定为过罚相当原则。本判例阐释了过罚相当原则所应当考虑的过错情节、量罚情节等,展示了最高人民法院对该原则的判断过程,明晰了对待这一原则的适用态度。

行政机关作出行政处罚需要严格遵循处罚法定原则。然而,在现代行政法的核心是行政裁量这一命题之下,《行政处罚法》设定过罚相当原则有效消解了处罚法定与行政处罚裁量之间的紧张关系,为规范行政机关的行政处罚裁量权提供了一个要素性框架。本判例为各级人民法院在司法实务中具体适用这一原则提供了较为规范的裁判思路。

□ 参考文献

杨登峰、李晴:《行政处罚中比例原则与过罚相当原则的关系之辨》,载《交大法学》2017 年第 4 期。
刘权:《行政判决中比例原则的适用》,载《中国法学》2019 年第 3 期。
叶平:《行政处罚中的违法所得研究》,载《中国法学》2006 年第 1 期。

008 诚信原则与行政优益权

崔龙书诉丰县人民政府行政允诺案 |《最高人民法院公报》2017年第11期

李龙贤 西北政法大学行政法学院(纪检监察学院)

■ 事实概要

根据江苏省丰县县委、江苏省丰县人民政府2001年6月18日丰委发(2001)23号《关于印发丰县招商引资优惠政策的通知》(以下简称“23号通知”)的精神和承诺,原告崔龙书从2003年年初起招商引资,为丰县引进并建成投产了徐州康达环保水务有限公司,该项目总投资额6733.9万元。为此,丰县人民代表大会常务委员会以及丰县建设局于2003年10月13日、2005年6月18日出具了相关证明和函件,徐州市妇女联合会也给崔龙书配偶颁发了荣誉证书。因政府没有兑现招商引资奖励允诺,2015年5月,原告崔龙书提起本案诉讼。一审案件审理过程中,崔龙书当庭明确其要求奖励的依据是“23号通知”第25条,后变更其要求奖励的依据为“23号通知”第25条及附则的规定。2015年6月19日,被告丰县人民政府在一审审理期间提供了丰县发展改革与经济委员会(以下简称丰县发改委)出具的《关于对部分条款的解释》(以下简称“招商引资条款解释”),其中“(1)外资:指其他国家和地区(包括港澳台地区)来中国[内地(大陆)]以从事经济社会活动为主要目的,在遵守中国法律法规前提下,遵循市场机制法则,本着互利互惠的原则进行的独资、合资、参股等市场流入的资金。(2)外资项目:指利用外资建设的项目。(3)本县新增固定资产投入300万元人民币以上者,可参照此政策执行。本条款是为了鼓励本县原有企业,增加固定资产投入,扩大产能,为我县税收作出新的贡献,可参照本优惠政策执行”。

■ 裁判要旨

Ⅰ.本案涉及的“23号通知”系被上诉人丰县人民政府为充分调动社会各界参与招商引资积极性,以实现政府职能和公共利益为目的向不特定相对人发出的承诺,在相对人实施某一特定行为后,由自己或其所属职能部门给予该相对人物质奖励的单方面意思表示。根据该行为的法律特征,应当认定“23号通知”属于行政允诺。对于被上诉人丰县人民政府在“23号通知”所作出的单方面行政允诺,只要相对人作出了相应的承诺并付诸行动,即对双方产生约束力。被上诉人丰县人民政府作出的“23号通知”已就丰县当地的招商引资奖励政策和具体实施作出了相应规定,该规定与现行法律规范中的强制性规定并无抵触。同时,当事人双方系在“23 号通知”内容的基础上,达成有关招商引资奖励的一致意思表示,因此该文件应当是本案审查丰县人民政府是否应当兑现相关允诺的依据。

Ⅱ.法治政府应当是诚信政府。诚实信用原则不仅是契约法中的帝王条款,也是行政允诺各方当事人应当共同遵守的基本行为准则。在行政允诺的订立和履行过程中,基于保护公共利益的需要,赋予行政主体在解除和变更中的相应的优益权固然必要,但行政主体不能滥用优益权。行使优益权既不得与法律规定相违背,也不能与诚实信用原则相抵触。在对行政允诺关键内容的解释上,同样应当限制行政主体在无其他证据佐证的情况下,任意行使解释权。否则,将可能导致该行政行为产生的基础,即双方当事人当初的意思表示一致被动摇。本案一审判决驳回上诉人崔龙书诉讼请求的主要根据是丰县发改委在一审期间作出的“招商引资条款解释”,该解释将“本县新增固定资产投入”定义为,仅指丰县原有企业,追加投入,扩大产能。该解释不能作为认定被上诉人丰县人民政府行为合法的依据。诚实守信是法治政府的基本要求之一,诚信政府是构建诚信社会的基石和灵魂。《论语·为政》言明,言而无信,不知其可。本案中丰县人民政府所属工作部门丰县发改委,在丰县人民政府涉诉之后,对“23 号通知”中所作出的承诺进行限缩性解释的行为,有为丰县人民政府推卸应负义务之嫌疑。丰县人民政府以此为由拒绝履行允诺义务,在一定程度上构成了对优益权的滥用,有悖于诚实信用原则。

■ 评　析

Ⅰ 以往的判例观点

在辽宁省本溪市民族贸易公司清算小组与荣成市人民政府经济行政允诺纠纷上诉案[山东省高级人民法院(2000)鲁行终字第 1 号行政判决书]中,法院认为,“所有的管理均具有行为法上的依据并不现实,在服务于公共利益的前提下,政府有权在缺少法律依据的情况下从事积极的管理活动。而宪法与政府组织法已经对政府承担的职责作了概括性规定,对缺少行为法依据,但具有组织法依据的行政允诺行为,不能以缺少行为法上的明确授权而否定其效力”。这个判例确立了只要有“组织法依据”,行政允诺行为即具有合法性。在陈增月诉东台市富安镇人民政府履行行政允诺义务纠纷案[江苏省东台市人民法院(2006)东行初字第 00047 号行政判决书]中,法院认为“被告做出富发[2002]04 号《关于开展“百日招商竞赛”活动的意见》,允诺对包括全社会不特定的人在特定的期限内招商引资成功的给予奖励,属于被告自由裁量的范围,不违反政策、法律,是被告为自己设定一定义务的行政允诺”。这个判例明确了依法行政原则应包含行政允诺的积极立场。在黄银友等诉湖北省大冶市政府、大冶市保安镇政府行政允诺案[最高人民法院行政庭编:《中国行政审判指导案例》(第 1 卷)第 22 号案例,中国法制出版社 2010 年版,第 108 页以下]中,最高人民法院行政庭明确指出,“行政机关为促进辖区经济社会发展而制定的奖励文件,如所含允诺性内容与法律法规不相违背,应视为合法有效”。由此可见,在本判例之前,各级人民法院以及最高人民法院行政庭对行政允诺行为都显现出积极进行解释的动向。

Ⅱ 行政允诺学理框架

1. 行政允诺概念。行政允诺作为一种单方意思表示行为，最终会因相对人承诺而成为类似于行政协议的结果；同时，因当事人要求行政机关履行允诺义务而又近似于行政奖励行为。此外，如本判例中被告丰县人民政府辩称的那样，"原告崔龙书据以提起诉讼的根据是'23号通知'，该政策在民法上应该属于一种要约或者要约邀请，从原告诉求的理由和依据的事实看，原告与丰县政府之间产生的是民事权利义务关系，而不是行政管理或行政奖励关系"。所以，对于行政允诺也可以从民事要约行为的角度进行解释。

2. 行政允诺与行政协议。因行政允诺行为是行政机关对不特定的相对人发出的，既具有一定法定约束力的承诺性，又具有单方面意思表示性｛以行政允诺"单方性"为由，将其与行政协议进行区别，近期似乎已得到学界的共识［章剑生：《现代行政法总论》（第2版），法律出版社2019年版，第201页］｝，会更多地去约束行政机关本身，是行政机关中的"自我紧箍咒"。这与基于双方均享有权利、承担义务的行政协议具有一定的距离。

3. 行政允诺与行政奖励。在本判例中，二审法院认为行政允诺属于"相对人实施某一特定行为后，由自己或其所属职能部门给予该相对人物质奖励的单方面意思表示"。由此可见，法院在一定程度上承认基于相对人引资行为，行政机关需给予"物资奖励"，即行政允诺的奖励。然而，行政允诺具有政策性（阎尔宝：《行政法诚实信用原则研究》，人民出版社2008年版，第212－216页），行政规范性文件可作为行政允诺的依据，故其具有相当的灵活性和多样性的特征。与行政允诺相比，行政奖励更接近于规范化的行政行为，尤其是其条件的设定更依赖于法律和法规，行政机关没有较大的裁量权。

4. 行政允诺与要约。民事法律关系中，民事主体各方应当处于平等法律地位，任何一方都不得将自己的意志强加给另一方，当事人之间所建立的法律关系应当基于意思表示一致。在法律主体的平等性决定了要约等基于诚信原则的民事法律关系中，双方当事人需善意真诚、恪守信用以及公平合理地履行其民事责任和义务，不能强调其中一方具有任何特殊性。本判例中，原告在下达"23号通知"履行奖励的"允诺"之后，在一审审理期间，丰县发改委在没有征得另一方当事人的同意之下，出具了"招商引资条款解释"，用来解释"23号通知"第25条引资仅限于"外资"以及附则的规定。此种行为恰恰能证明在行政管理过程中，当事人与行政机关法律地位的不平等性，也无形中证明了本判例中的行政允诺与民事要约行为的疏远性。

5. 行政允诺的时效。在行政允诺概念的法源问题上，国内学术界尚存许多争议，大概按照"行政行为"与"政策"二元划分（杜仪方：《行政承诺不履行的法律责任》，载《法学论坛》2011年第4期；汪燕：《行政承诺不作为的司法救济研究》，载《政治与法律》2009年第9期；高家伟主编：《行政行为合法性审查类型化研究》，中国政法大学出版社2019年版，第547页以下）。本文是以本案中所涉及的"23号通知"和"招商引资条款解释"政策性较强为由，在本案解释中将其认定为政策性规范性文件。但此种规范性文件的时效问题一直被学界忽略。有材料表明，我国的规范性文件有效期一般为5年（周勤华：《论规范性文件的有效期制度》，中国政法大学2012年硕士学位论文,第 8 -9 页)。在判例中被告曾辩称,“既然原告从 2001 年即知晓‘丰县招商引资优惠政策’的规定,则时隔十余年才要求奖励早已超过诉讼时效,其诉求也不应得到法律的支持与保护”。这一辩称值得讨论。设置规范性文件的时效,可以加快规范性文件迈入法治化轨道的进程(其制定过程可受法律、法规的约束),但就本判例中原告方的诉讼时效问题而言,需要具体问题具体分析。本案中所适用的依据是 BOT 项目模式的规范性文件,其项目期限一般为 20—30 年,那么我们可以认为本判例中的行政允诺时效至少也应该是 20—30 年以上,如此才能有效地保护相对人一方的合法权益。但令人遗憾的是,法院对此没有进行任何解释。

Ⅲ 本判例的意义

1. 确认行政允诺的基本概念。在二审法院的裁判理由中,法院认为“本案涉及的‘23 号通知’系被上诉人丰县政府为充分调动社会各界参与招商引资积极性,以实现政府职能和公共利益为目的向不特定相对人发出的承诺,在相对人实施某一特定行为后,由自己或其所属职能部门给予该相对人物质奖励的单方面意思表示。根据该行为的法律特征,应当认定‘23 号通知’属于行政允诺”。二审法院在确认了最高人民法院《关于规范行政案件案由的通知》[法发〔2004〕2 号,已失效]中的行政允诺形式之后,积极地作了拓展性解释。根据这一解释,行政允诺的构成要件是:(1)行政允诺主体是政府或者及其职能部门;(2)行政允诺的目的是实现政府职能和公共利益;(3)行政允诺的内容是政府或其所属职能部门向不特定相对人发出的承诺,在相对人实施某一特定行为后给予该相对人物质奖励的单方面意思表示。

2. 引入滥用职权审查标准。二审法院认为“丰县政府相关行为的审查,既要审查合法性,也要审查合约性。不仅要审查丰县政府的行为有无违反行政法的规定,还要审查其行为有无违反准用的民事法律规范所确定的基本原则”。在此基础上,法院进一步认为“基于保护公共利益的需要,赋予行政主体在解除和变更中的相应的优益权固然必要,但行政主体不能滥用优益权。行使优益权既不得与法律规定相违背,也不能与诚实信用原则相抵触。在对行政允诺关键内容的解释上,同样应当限制行政主体在无其他证据佐证的情况下,任意行使解释权。否则,将可能导致该行政行为产生的基础,即双方当事人当初的意思表示一致被动摇”。据此,本判例对行政机关“滥用优益权”的政策性行政允诺行为提供了司法审查途径。

□ 参考文献

高家伟主编:《行政行为合法性审查类型化研究》,中国政法大学出版社 2019 年版。

阎尔宝:《行政法诚实信用原则研究》,人民出版社 2008 年版。

章剑生:《行政允诺的认定及其裁判方式——黄银友等诉湖北省大冶市政府、大冶市保安镇政府行政允诺案评析》,载《交大法学》2016 年第 2 期。

009 信赖保护的要件化适用

益民公司诉河南省周口市政府等行政行为违法案｜最高人民法院（2004）行终字第6号行政判决书

胡若溟 浙江省社会科学院法学研究所

■ 事实概要

2000年7月7日，原周口地区建设局以周地建城（2000）10号文批准周口市益民燃气有限公司（以下简称益民公司）为周口城市管道燃气专营单位。益民公司取得该批准后，又先后取得了燃气站建设用地规划许可证等批准文件。到本案一审判决为止，益民公司已在周口市川汇区建成燃气调压站并在该区的主要街道和部分小区实际铺设了一些燃气管道。2002年9月20日，面对当时周口市两个燃气公司即益民公司和周口市燃气有限公司并存的状况，市政府常务会议作出决议停止益民公司管道铺设工作。2003年4月26日，周口市发展计划委员会（以下简称市计委）向河南亿星实业集团有限公司（以下简称亿星公司）等13家企业发出邀标函，着手组织周口市天然气城市管网项目法人招标工作，并于同年5月2日发出《周口市天然气城市管网项目法人招标方案》（以下简称《招标方案》）。益民公司在报名后因未能交纳5000万元保证金而没有参加最后的竞标活动。同年6月19日，市计委依据评标结果和考察情况向亿星公司下发了中标通知书。同年6月20日，市政府作出周政（2003）54号《关于河南亿星实业集团有限公司独家经营周口市规划区域内城市管网燃气工程的通知》（以下简称54号文），由亿星公司独家经营周口市规划区域内城市天然气管网工程。54号文送达后，亿星公司办理了天然气管网的有关项目用地手续，购置了输气管道等管网设施，于2003年11月与中国石油天然气股份有限公司西气东输管道分公司签订了“照付不议”用气协议，并开始动工开展管网项目建设。益民公司认为，市计委、市政府作出的上述《招标方案》与中标通知书和54号文违反了法律规定，侵犯了其依法享有的管道燃气经营权，向河南省高级人民法院提起行政诉讼。益民公司不服河南省高级人民法院的一审判决，向最高人民法院提起上诉。

■ 裁判要旨

Ⅰ. 原周口地区建设局于2000年7月7日作出的周地建城（2000）10号文批准益民公司为管道燃气专营单位（《河南省燃气管理实施办法》第2条规定燃气包含天然气），并载明“能与天然气西气东输工程接轨”，据此，益民公司已取得了燃气专营权。在招标活动开始之前,周地建城(2000)10 号文依然有效,很显然对《招标方案》、中标通知书及 54 号文的作出构成障碍。

Ⅱ. 尽管市计委有权组织城市天然气管网项目招标工作,但在周地建城(2000)10 号文已经授予益民公司燃气专营权的情况下,按照正当程序,市计委亦应在依法先行修正、废止或者撤销该文件,并对益民公司基于信赖该批准行为的合法投入给予合理弥补之后,作出《招标方案》。因此,市计委置当时仍然生效的周地建城(2000)10 号文于不顾,径行发布《招标方案》属于违反法定程序,亦损害了益民公司的信赖利益。

■ 评 析

Ⅰ 信赖保护原则的适用要件

经过 20 多年的发展,在适用规则层面,中国行政法理论中的信赖保护原则逐渐形成了“信赖基础—信赖表现—信赖正当性”的基准结构。

1. 信赖基础。即人民应当信任什么。对于这一要件,有学者或基本沿袭了原点要件的表述,或直接将其表述为“国家行为”。这种不区分合法与否的模糊性表述,显然与原点概念较为接近。也有学者将此要件进行了替换,即表述为“社会成员对授益性行政行为存在产生信赖的可能性”。这一表述方式实际上是将要件替换为“信赖可能性”,而这种“可能性”无论是从表述自身结构还是行政实践,都是一种行政机关与行政相对人之间的交互,而非“信赖基础”所表示的单方行政行为,故其已经不属语言表述方面的问题,而是属于要件的实质争议。另外一种介于这两者之间的表述是“行政许可已经生效且此生效事实被相对人获知”。这种表达方式更加类似于一种形式上的限缩,或者说表述更加明确。因为其将“信赖基础”限缩为相对人所知的生效行政行为,若根据第一种表述,我们可能无法完全将“已经成立但未生效”的行政行为排除在外。这种表述将告知相对人行政行为与行政行为本身效力相结合,可能更加容易产生第二种表述所坚持的“信赖可能性”。

2. 信赖表现(行为)。相较于“信赖基础”出现的某些实质争议,对“信赖表现”的争议相对较少。学者都坚持需要对相对人具有处分性的客观行为,而非仅存在行政机关的意思表示。但也有学者基于对信赖保护的抽象与具体的划分,提出抽象的信赖保护无须处分行为。

3. 信赖正当性。即应当保护的信赖是具有正当性的。同“信赖行为”相类似,在此阶段中,学者基本上对此要件予以了承认,并将原点要件中排除适用此原则的情形,抽象地概括为“无可归责性”或者“不可归责于相对人之原因”,并以此判定相对人的利益是否正当。但是对于“有生活经验上根据”的具体表述,却并未出现在学者的论述当中。

在本案之后,“三要件”适用体系受到越来越多的冲击,这种冲击的核心便是“利益衡量”是否能作为构成要件之一的争议。有学者明确主张,适用信赖保护,应当“经权衡,与撤销违法的行政行为所获得的公共利益相比,该信赖利益更值得保护”。站在今天的角度回看这种理论争议,有两个问题应当予以关注:(1)“利益衡量”是“构成要件”还是“适用方法”？关于这二者的不同，前一阶段的学者便已阐述，且一直是学界质疑“利益衡量”的焦点，二者一静一动，且都在具体适用中发挥作用，应当如何确定归属？（2）利益可比较的前提在于“信赖利益”与“公共利益”的客观化，否则二者难以比较，即使加以比较，如果摄入过多的主观色彩，结论也难以具有较强的说服力。有学者以行政特许为例，认为“行政特许中的信赖利益大小与因行政特许而获得的权利被物权化的程度是成正比的”。其中的“物权化程度”便在于解决这一问题。总而言之，这种量化是极其困难的，如果将信赖保护的适用建立在这种不确定性之上，那么对于信赖保护原则的适用是极为不利的。

Ⅱ 本案之前法院对信赖保护原则的适用

在本案以前，地方法院实际上已经在个案中适用了信赖保护原则。在夏飞诉徐州市房产管理局撤销房屋所有权证案［江苏省高级人民法院（2002）苏行再终字第002号行政判决书］中，虽然该案裁判理由未直接引用信赖保护原则，但我们依然能从法官的裁判逻辑中寻觅出该原则的一些内容。

该判例中，法院认为“夏飞基于对徐州市房管局在此之前数次办理权属登记的信赖，基于对徐州市房管局核准本次交易的信赖，在办理转移登记时，提交被涂改的《国有土地使用权申报证明书》，是在不明知情况下的善意行为，不属于……违法行为。徐州市房管局《撤销决定》显属适用法律不当”。从这一裁判理由看，就实质逻辑而言，虽然缺乏“信赖表现”，但“房管局登记、核准”所体现的“信赖基础”，与“善意行为”所代表的“正当性”相结合生成保护利益的“双要件”路径，与上述“三要件”的产生十分相似。另外，虽然存在违法性要素，但法院以“瑕疵”为由降低了行政行为的违法程度，进而未对“合法权益”产生根本影响。尽管如此，但法院仍以“损害房屋交易双方当事人的合法权益”为由，认为应当保护相对人的既得产权。

Ⅲ 本判例规范逻辑：信赖基础与相对人客观行为共同生成信赖利益

本判例作为“中国信赖保护第一案”，其价值在于塑造了一种“信赖基础与相对人客观行为共同生成信赖利益”的适用模式。该模式的基本模型是“信赖基础＋信赖表现→保护利益”，其与学界所主张的“三要件”体系最为类似，因此在某种程度上也是对学理的一种回应。在这种模式下，相对人基于信赖基础进行的信赖行为是信赖利益得以保护的必要条件，无相对人客观的信赖行为便无可保护的信赖利益。在本案的判决逻辑下，相对人基于信赖而进行的客观表现行为对最终适用信赖保护原则是必要的，且行为本身对于可保护的信赖利益产生具有较强的影响力。本案中，最高人民法院针对案涉招标方案表示“按照正当程序，市计委亦应在依法先行修正、废止或者撤销该文件，并对益民公司基于信赖该批准行为的合法投入给予合理弥补之后，作出招标方案。因此，市计委置当时仍然生效的周地建城（2000）10号文于不顾，径行发布招标方案属于违反法定程序，亦损害了益民公司的信赖利益”。

本裁判理由的内在逻辑是：（1）“按照”一词的约束效力导入正当程序，对市计委的行为具有束缚力;(2)市计委应依法先行修正、废止或者撤销该文件;(3)市计委应当对益民公司基于信赖该批准行为的合法投入给予合理弥补之后作出结果行为;(4)结果:撤销招标方案。其中,(1)中"按照"的行为约束力具体体现为要件(2)、(3)对于行政机关行为的要求,而(4)中的"方可"表示前述要件是撤销结果的必要条件。故只有达到(1)即正当程序的要求,才能撤销招标方案。因为"按照"(1)产生(2)、(3),所以先行废止既有文件[周地建城(2000)10号文]、合理补偿合法投入构成撤销行为的合法要件。市计委事实上并未按照(2)、(3)的要求进行,故构成"违反法定程序",即市计委"未依法先行修正、废止或者撤销该文件"。"并对益民公司基于信赖该批准行为的合法投入给予合理弥补"与"亦损害了益民公司的信赖利益",也说明本案信赖保护的前提是相对人存在"合法投入",且该投入与"该批准行为"之间具有"信赖"因果关系。简言之,其亦需相对人基于信赖作出客观行为。

2010年之后,在郭伟明诉广东省深圳市社会保险基金管理局不予行政奖励案[最高人民法院行政审判庭编:《中国行政审判案例》(第2卷)第78号案例,中国法制出版社2011年版,第231-237页]中,"必要且强影响度"的思维被最高人民法院再次提及。该案裁判基本逻辑为:(1)政府公布行政承诺,设定奖励等式——"客观举报行为+属实=奖励";(2)相对人因为信赖承诺而做出举报;(3)举报行为产生利益——奖励;(4)"依照奖励办法处理"——对举报奖励予以奖励,即保护。在这里,法院所保护的利益是基于相对人行为而产生的利益,而该点也对作为信赖基础的(1)建立的奖励等式予以了确认。在此,其同本案类似,相对人行为对可保护信赖利益的产生具有直接影响,行为直接生成利益。

◻ 参考文献

章剑生:《现代行政法基本理论》(第2版上卷),法律出版社2014年版。

周佑勇:《行政许可法中的信赖保护原则》,载《江海学刊》2005年第1期。

耿宝建、王亚平:《法规变动与信赖利益保护》,载《法学》2011年第3期。

胡若溟:《行政诉讼中"信赖利益保护原则"适用——以最高人民法院公布的典型案件为例的讨论》,载《行政法学研究》2017年第1期。

010 行政允诺的认定

黄银友、张希明诉大冶市人民政府、大冶市保安镇人民政府行政奖励案 ｜《中国行政审判案例》(第1卷)第22号案例

章剑生 浙江大学光华法学院

■ 事实概要

2000年9月18日,大冶市委、大冶市政府颁发了冶发〔2000〕38号《大冶市关于鼓励外商投资的优惠办法》(以下简称《优惠办法》)。该办法规定:“凡从市外引进合作、合资、独资项目者,引进额在1000万元人民币以上的,经验资确认后按实际到位资金的千分之八由受益单位给予一次性奖励,上述中介奖,如无我方收益单位,由大冶市财政支付。”2003年7月上旬,黄银友、张希明得知浙江尖峰集团准备向外投资建水泥厂的信息后,便与保安镇政府联系招商。同月31日,保安镇政府向黄银友、张希明出具“承诺书”,称若黄银友、张希明从市外引进资金项目达1000万元以上,并在保安镇落户,经验资后将按实际到位资金的8‰给予奖励。几经黄银友、张希明从中联系,大冶市政府代表与浙江尖峰集团草签了《投资意向书》。同年10月15日,浙江尖峰集团为黄银友、张希明出具了引进项目中介成功的证明。同年10月16日,浙江尖峰集团下设的浙江尖峰水泥有限公司与大冶市政府正式签订《关于投资设立大冶尖峰水泥有限公司的协议》,约定在大冶市保安镇设立大冶尖峰水泥有限公司。双方签订协议时,黄银友、张希明被邀请参加,《黄石日报》登载了黄银友、张希明参与招商,中介商功不可没的新闻。2004年8月3日,黄银友、张希明向大冶市政府递交了要求给予中介奖的请示。2007年12月14日,黄银友、张希明又向大冶市商务局提出要求尽快落实给予中介奖励的报告,但大冶市政府仍未给予答复。2008年10月6日,黄银友、张希明以其与大冶市政府、保安镇政府之间已经形成了合法有效的行政允诺法律关系,大冶市政府、保安镇政府应给予其中介奖励款而未给予为由提起行政诉讼。

■ 裁判要旨

Ⅰ.黄银友、张希明与大冶市政府、保安镇政府之间存在行政允诺关系的事实已被生效判决所确认,两被告应按照大冶市政府冶发〔2000〕38号《优惠办法》及保安镇政府“承诺书”明确的“按实际到位资金的千分之八”给予原告奖励款。

Ⅱ.原告在本案所涉的招商引资项目中中介作用的认定。毫无疑问,本案所涉招商引资项目的成功主要取决于项目所在地良好的自然资源、投资环境以及被告提供的各种优惠便

利条件,投资方正是基于上述条件的吸引才同意与作为招商方的被告签订投资合同,被告在整个招商引资过程中所作的努力是一种引资行为,该行为性质与中介无关。本案所有的证据都证实了原告是本案唯一的中介人,其中介作用也是唯一的,故被告应按照其承诺给付原告奖励款200万元(2.5亿元×8‰)。

■ 评　析

1 行政允诺法律关系的认定

判决有关行政允诺关系成立的认定,离不开对《优惠办法》及“承诺书”性质的判断。这个判断大致可以分为:

1.《优惠办法》规定:“凡从市外引进合作、合资、独资项目者,引进额在1000万元人民币以上的,经验资确认后按实际到位资金的千分之八由受益单位给予一次性奖励。上述中介奖,如无我方收益单位,由大冶市财政支付。”法院将《优惠办法》认定为大冶市政府的一种“单方意思表示”。行政机关作出的单方意思表示若具有规制性内容,即使没有行政相对人的“回应”也能产生法效力,如行政处罚决定;若没有规制性内容,需要行政相对人作出“回应”才能产生法效力,如行政协议。在本判例的裁判理由中,“不特定相对人”之限定,把《优惠办法》划出了行政协议的范畴;“在相对人实施某一特定行为后”之条件设定,又把《优惠办法》从行政决定中划分了出来。最高人民法院认为,《优惠办法》是大冶市政府作出的一种具有自我约束的、面向未来必须履行义务的行政法上的保证。最高人民法院称这种保证是“行政允诺”。结合案件事实分析,虽然黄银友、张希明作为相对人回应了《优惠办法》的要求,但他们与大冶市政府、保安镇政府之间并没有成立行政允诺法律关系。因为根据《优惠办法》的要求,只有在没有受益单位的条件下,大冶市政府、保安镇政府才承担奖励义务,且这种奖励义务具有保证性,而非直接向黄银友、张希明负有奖励义务。换言之,《优惠办法》只是针对不特定对象的行政规定。

2.“承诺书”的内容是“若黄银友、张希明从市外引进资金项目在保安镇落户,引进资金在一千万元以上的,经验资后将按实际到位资金的千分之八给予奖励……”法院在审理本案时,似乎并没有注意到“承诺书”在本案中的地位。在学理上,“承诺书”可以被看作保安镇政府执行它的上级大冶市政府发布的《优惠办法》的一种行政行为。由于此前黄银友等已经开始实施“响应”行为,且保安镇政府已经十分明确“响应者”为黄银友等,在法院裁判理由界定的行政允诺概念中,“不特定相对人”已经通过保安镇政府出具的“承诺书”转化为黄银友等特定相对人,从而完成了行政允诺法律关系从抽象向具体的逻辑转换。正是这份“承诺书”,黄银友等与保安镇政府之间才形成了一个具有明确内容的行政法律关系,且黄银友等依照这份“承诺书”履行了后续的“响应”行为,直至满足保安镇政府根据《优惠办法》设定的条件。至此,我们可以认定,“承诺书”是具有单方意思表示的行政允诺行为,而《优惠办法》则是保安镇政府作出行政允诺的“法依据”。

Ⅱ 行政允诺法律关系的裁判方式

行政诉讼以行政行为作为诉讼客体,而非如民事诉讼为法律关系之诉。但是,从本案裁判要旨Ⅰ看,它的诉讼客体是"行政允诺法律关系",而不是"行政允诺行为",由此产生了法院裁判本案的制定法依据何在,以及法院是否依法裁判的问题。应该说,本案法院之所以产生这样的问题,大致可以归因于制定法之局限性。法律的确需要稳定,但法律也必须随社会发展而变化,法院裁判必须适应这种社会发展的需要。本案可以被看作这一方面的典范:通过判决对本案原告、被告之间的行政允诺关系加以确认。

法院裁判主文呈现出"双层裁判结构"。首先,通过裁判要旨Ⅰ,确认黄银友、张希明与被告大冶市政府、保安镇政府之间的行政允诺关系成立;其次,通过裁判要旨Ⅱ,确认大冶市政府、保安镇政府应根据《优惠办法》以及黄银友、张希明在招商引资中的作用,在 90 日内给予原告黄银友、张希明奖励。在这种"双层裁判结构"中,法院的裁判逻辑是,一旦确认行政允诺法律关系成立,则生成行政机关的给付法定职责。而对于履行法定职责之诉,法院裁判主文是判令被告"给予原告黄银友、张希明奖励"。对于法院在裁判时既可以直接要求行政机关按照允诺履行义务,也可以具体明确要求行政机关履行所允诺的实际金额的情形,是判决政府按照所作出的行政允诺履行相应的义务,还是判决要求政府支付多少金额的允诺款。对此,本案中的法院选择了前者。法院这种相对比较保守的姿态是可取的。凡是属于行政机关裁量范围内的事务,原则上法院不宜介入。

Ⅲ 其他判例中的情况

在其他判例中,有法院也关注到了行政允诺的问题。如陈增月诉东台市富安镇人民政府履行行政允诺义务纠纷案[江苏省东台市人民法院(2006)东行初字第00047号行政判决书]。该判决认为,被告作出富发[2002]04号《关于开展"百日招商竞赛"活动的意见》,允诺对包括全社会不特定的人在特定的期限内招商引资成功者给予奖励,是被告为自己设定义务的行政允诺。该判决将行政允诺视为行政机关为自我设定的,面向未来的约束义务。这与本案有异曲同工之处。关于行政允诺裁判方式的判例,如张炽脉、裘爱玲诉浙江省绍兴市政府不履行招商引资奖励行政职责案[浙江省高级人民法院(2009)浙行终字第65号行政判决书],该案二审的判决主文明确要求被告给付招商引资成功者奖金 99 万元。而本判例中,法院裁判主文则是判令被告"给予原告黄银友、张希明奖励"。对于行政允诺的裁判方式,本判例采取了与前述判例不同的思路:明确行政机关应履行行政允诺的义务,而非单纯的允诺款。

Ⅳ 本判例的意义

此判例就行政允诺作出了相关判断。所谓"行政允诺"指行政机关就特定事项对不特定行政相对人作出的一种意思表示,期待行政相对人作出相应行为,并给予利益回报。从这个意义上讲,它具有法规范功能,一旦特定行政相对人作出了行政机关期待的行为,他与行政机关之间就形成了一种法律关系。换言之,行政允诺是一种附条件的行政决定。因此,从行为结构上,行政允诺存在一个从抽象向具体转换的逻辑关系,其转换的临界点是行政相对人为“响应”行政机关期待而作出相应的行为。行政允诺具有双重性,若没有行政相对人的“响应”行为,它属于行政规定;若有行政相对人的“响应”行为,它属于行政决定——附条件生效的行政决定,并由此产生行政允诺法律关系。

2004 年 1 月,最高人民法院在其发布的《关于规范行政案件案由的通知》[法发〔2004〕2 号]中,将行政允诺作为一种定型化的行政行为,单列为行政案件案由之一。在此判例公布之前,在绝大多数的行政法教科书中,行政允诺无立足之地。但司法实践却没有犹豫,法官在本判例中展示了行政允诺自身的理论发展逻辑。行政允诺是一种新类型的行政行为,是行政机关在治理社会过程中凝聚的一种中国式“经验”。

▣ 参考文献

章剑生:《行政诉讼履行法定职责判决论——基于〈行政诉讼法〉第 54 条第 3 项规定之展开》,载《中国法学》2011 年第 1 期。

黄辉:《行政允诺行为司法适用的检讨》,载《社会科学家》2011 年第 5 期。

刘烁玲:《行政允诺规范化探析》,载《江西社会科学》2014 年第 5 期。

011 多阶段行政行为的判定

张玉新诉太和县人民政府行政批准案 | 最高人民法院(2017)最高法行申5809号行政裁定书

石肖雪 苏州大学王健法学院

■ 事实概要

2010年7月12日,太和县国土资源局与安徽栖霞置业有限责任公司签订了《国有建设用地使用权出让合同》,将坐落于太和县复兴路71号的土地及张玉新依法使用的部分土地出让给安徽栖霞置业有限责任公司。该合同第41条记载,宗地出让方案业经太和县政府批准。根据相关法律规定,在太和县国土资源局未依法收回土地使用权的情况下,太和县政府不应批准其出让土地。张玉新向安徽省阜阳市中级人民法院提起行政诉讼,其认为太和县政府批准出让方案未依法告知张玉新,听取其陈述和意见,未依法告知、组织听证,严重侵害了张玉新的合法权益。太和县政府未依法进行合法性审查,未依法经集体讨论决定,未依法履行招拍挂程序,违反法律规定。基于此,其请求撤销太和县政府作出的批准212304×××××号宗地出让方案的行政行为。

一审法院认为,根据《行诉若干解释》第19条的规定,当事人不服上级行政机关批准的具体行政行为,向人民法院提起诉讼的,应当以在对外发生法律效力的文书上署名的机关为被告。太和县政府不是发生法律效力文书上的署名机关,不是本案的适格被告。依照《行政诉讼法》第51条第2款之规定,作出(2016)皖12行初138号行政裁定,对张玉新的起诉不予立案。张玉新不服,提起上诉。

二审法院认为,根据《城镇国有土地使用权出让和转让暂行条例》(1990年)第10条的规定,土地使用权出让的地块、用途、年限和其他条件,由市、县人民政府土地管理部门会同城市规划和建设管理部门、房产管理部门共同拟订方案,按照国务院规定的批准权限报经批准后,由土地管理部门实施。故太和县政府批准宗地出让方案的行为属内部行政行为,对外并不发生法律效力,不具有可诉性。对当事人权利义务真正产生影响的,应是政府批准后土地管理部门实施的国有土地使用权出让行为。故一审裁定不予立案的理由虽欠妥,但结果并无不当。张玉新的上诉理由不能成立,依法不予支持。据此作出(2016)皖行终667号行政裁定,驳回上诉,维持原裁定。张玉新向最高人民法院申请再审称:(1)一审和二审法院适用法律错误。太和县政府作出的批准出让方案行为对再审申请人的权利义务产生了实际影响,对外产生了法律效力,不属于内部行为,且《行政诉讼法》也并未将内部行为排除于法院的受案范围外;被诉行政行为是太和县政府作出的批准行为,而非被批准的出让行为,《行诉若干解释》第19条仅就不服被批准的行政行为如何确定被告作出规定,未将批准行为排除于行政诉讼受案范围外。(2)太和县政府批准出让方案的行为存在未依法听取再审申请人的陈述和意见、未依法进行听证等违法情形。(3)原审法院未依法通知太和县国土资源局或土地受让人作为第三人参加诉讼,违反法定程序。综上,请求依法撤销一审和二审行政裁定。

■ 裁判要旨

Ⅰ.“当事人不服经上级行政机关批准的具体行政行为,向人民法院提起诉讼的,应当以在对外发生法律效力的文书上署名的机关为被告”,就是强调在经上级行政机关批准的情况下,应当以对外发生法律效力的行政行为为起诉对象。并非如再审申请人所理解的那样,既可以起诉经上级行政机关批准的具体行政行为,也可以起诉上级行政机关的批准行为。就本案而言,被诉行政行为是太和县政府作出的批准宗地出让方案的行为,该批准行为只是国有土地使用权出让过程中的一个阶段性行为,直接对外发生法律效力的不是批准行为,而是经政府批准后土地管理部门实施的国有土地使用权出让行为。

Ⅱ.行政行为的合法与否是案件受理后开始的实体审理问题,在不具备起诉条件的情况下,对于被诉行政行为合法性的质疑,不能成为支持其应予立案主张的理由。再审申请人还认为,“原审法院未依法通知太和县国土资源局或土地受让人作为第三人参加诉讼,违反法定程序”。但第三人的法律地位属于诉讼参加,也就是参加到别人的诉讼中,因此,第三人的诉讼参加须以他人之间的诉讼已经或能够进行为前提。在一个诉讼因为不符合法定起诉条件而无法开启的情况下,断无追加第三人参加诉讼的必要。

■ 评　析

Ⅰ 多阶段行政行为的基本结构

通常情况下,一个行政行为会由一个行政机关独立作出,但有时,根据法律、法规的规定,或者根据行政权力运行的实际需要,行政行为的作出需要同级其他行政机关或者上下级行政机关的协力,这就会形成多阶段行政行为。多阶段行政行为通常发生在较为复杂的行政过程中,在该行政过程中会出现多个行政机关参与,作出对多个利害关系人产生影响的多重法律关系的现象。其表现出行政法律关系的多中心、利害关系主体的蔓延等特点。多阶段行政过程中,行为之间通常存在法定的先后顺序,如本案中的太和县政府批准宗地出让方案的行为和后续的太和县国土资源局作出的土地出让行为。

根据法定先后顺序中行为之间关系的差异,多阶段行政行为大致可以被区分为三种类型:程序上的联动关系,即法律要求在实施某一行为后再进行下一个行为,此属于较弱的先后关系;要件上的先决关系,即先行行为效力所及的内容是后续行为的构成要件之一(王贵松:《论行政行为的违法性继承》,载《中国法学》2015年第3期),本案中的批复和土地出让行为主要是这种关系;执行上的依据关系,即先行行为为后续行为提供依据,后续行为是对先行行为的执行。而根据先行行为的性质,多阶段行政行为又可以区分为先行行为属于可诉行为的情形和先行行为属于不可诉行为的情形。本案中作为先决条件的太和县政府批准宗地出让方案的行为,属于先行行为不可诉的情形。

多阶段行政过程会引发行政行为之间相互关联的现象,其所涉行为之间关联性强弱的差异,以及行为类型的不同,又会导致复杂的救济问题。根据本案的核心争议以及学理上对行政行为关联性讨论的关注点,以下主要将多阶段行政行为的救济问题提炼为两个方面:救济时点与被告的确定、是否承认"违法性继承"的问题。

Ⅱ 多阶段行政行为的救济问题1——救济时点与被告的确定

当一个以上的行政机关分别作出多阶段行政行为时,应当如何选择正确的起诉对象,进而如何确定适格被告?通说认为,应当以直接对外发生法律效果、直接对相对人权利义务产生实际影响的行政行为为起诉对象。根据"谁行为,谁为被告"的原则,适格被告也应当是作出这个行政行为的行政机关,除非法律、法规对此另有规定。本案中,太和县政府批准宗地出让方案的行为属内部行政行为,对当事人权利义务真正产生影响的应是政府批准后土地管理部门实施的国有土地使用权出让行为。在产生实际影响的国有土地使用权出让行为已经作出的情况下,本案相对人应以后续行为为救济时点,并确定相应的被告,而不应跳过后续行为,选择在先的批复行为为救济时点。

在一般情形下,应以最终直接对外生效的决定上署名的行政机关为被告,多阶段行政行为中,前述各阶段的行为如未对外作出,则属于内部行政行为。根据《行诉解释》第1条第2款第8项的规定,上级行政机关基于内部层级监督关系对下级行政机关作出的听取报告、执法检查、督促履责等行为,不属于可诉的行政行为。但特殊情况下会出现内部行为外部化的情况。在最高人民法院发布的指导案例22号魏永高、陈守志诉来安县人民政府收回土地使用权批复案中,来安县人民政府作出批复后,来安县国土资源行政主管部门没有制作并送达对外发生效力的法律文书,直接由来安县土地储备中心根据该批复实施拆迁补偿安置行为,这对原土地使用权人的权利义务产生了实际影响,该批复已经实际执行并外化为对外发生法律效力的行政行为。虽然地方政府对其所属行政管理部门的请示作出的批复一般属于内部行政行为,不可对此提起诉讼,但行政管理部门直接将该批复付诸实施并对行政相对人的权利义务产生了实际影响,行政相对人对该批复不服提起诉讼的,法院应当依法受理。

Ⅲ 多阶段行政行为的救济问题2——是否承认"违法性继承"

本案中再审申请人还提出,被诉批准行为存在一些违法情形,包括未依法告知再审申请人,听取其陈述和意见,未依法告知、组织听证;太和县政府也未依法进行合法性审查,未依法经集体讨论决定,未依法履行招拍挂程序。但由于本案最终被认定为不具备起诉条件,法院并未对先行批准行为进行合法性审查,也未探讨先行批准行为的合法性与后续土地出让行为之间的关系。但在多阶段行政行为中,前后行为的关系,特别是在先行行为存在违法的情况下,其是否会影响后续行为的合法性,这是学理上值得探讨的问题。在连续数个行政行为构成的行政过程之中,有可能存在所谓的"行政行为违法性继承"问题。此问题主要探讨的是,当行政行为彼此之间相互关联,行政过程是由一系列连续多阶段的行为构成时,先行行为中存在的违法性瑕疵,是否会影响作为结果的后续行为的合法性。如果承认后续行为因此也具有违法性,即后续行为继承了先行行为中的违法性,则称为"违法性的继承"(朱芒:《"行政行为违法性继承"的表现及其范围——从个案判决与成文法规范关系角度的探讨》,载《中国法学》2010年第3期)。在一个行政过程中,行为之间存在法定先后关系,并且相互关联,但其有时并不必然会导致"违法性继承",此种关联性仅为"违法性继承"的必要条件而非充分条件,或者说承认"违法性继承"只是多阶段行政行为救济问题的一种例外情形。

除了行为之间存在法定先后顺序外,在"违法性继承"的构成要件中,还应包含先行行为不可争讼这一要件。而承认"违法性继承"的目的是在后续行为的撤销诉讼中间接地攻击先行行为,借助于这种间接攻击,实现撤销后续行为的目的。如本案中,再审申请人起诉土地管理部门实施的国有土地使用权出让行为,以作为该行为依据的太和县政府批准宗地出让方案的行为存在违法性为由,要求撤销后续的土地出让行为,则可能会引发"违法性继承"问题的讨论。不过,由于先行批准行为属于不可诉的行为,因而不属于"违法性继承"问题。

"违法性继承"问题主要涉及先行行为法安定性、行政机关职权分配与权利救济需求之间的一种权衡。在先行行为不可争讼的情况下,通过后续行为的诉讼间接攻击先行行为,会与先行行为的法安定性发生冲突,并导致行政法律关系处于不稳定的状态。而且如广泛承认后续行为继受先行行为的违法性,则意味着作出后续行为的行政机关需要审查先行行为的合法性,这有违行政机关的职权分工原则,同时会给后续行为的作出机关带来过重的论证责任。因此,在多阶段行政行为的救济中,只在例外的情形下承认"违法性继承",即只有在先行行为的权利保障程序不够充分、法安定性需求并不强烈,而后续行为中私人合法权利保障需求压过前者时,才有必要借用"违法性继承"理论来对私人提供救济。

◻ 参考文献

朱芒:《"行政行为违法性继承"的表现及其范围——从个案判决与成文法规范关系角度的探讨》,载《中国法学》2010年第3期。

王贵松:《论行政行为的违法性继承》,载《中国法学》2015年第3期。

成协中:《行政行为违法性继承的中国图景》,载《中国法学》2016年第3期。

012 内设机构实施行政强制措施的定性

衡阳华强玻璃制品有限公司诉湖南省衡阳市经济和信息化委员会及湖南省衡阳市电力行政执法支队行政强制及行政赔偿案 | 最高人民法院(2018)最高法行申 6130 号行政裁定书

郑春燕 浙江大学光华法学院

事实概要

2010 年 12 月 12 日,衡阳市人民政府办公室印发《关于印发〈衡阳市经济和信息化委员会主要职责内设机构和人员编制规定〉的通知》[衡政办法(2010)59 号,以下简称"59 号三定方案"],明确该委员会主要职责之一是"负责电力行业管理及行政执法工作"。内设机构分工中,"电力行政执法工作"由能源运行科(电力科)负责。2011 年,中共衡阳市委机构编制委员会办公室先后印发《关于市经济和信息化委员会能源运行科(电力科)加挂衡阳市电力行政执法支队牌子的批复》[衡编办(2011)105 号]及《关于明确市电力行政执法支队主要职责的批复》[衡编办(2011)158 号]。

2012 年 10 月 30 日,衡阳市轻工业行业管理办公室下发《关于同意衡阳华强玻璃制品有限公司啤酒瓶生产线维修改造方案的批复》,同意衡阳华强玻璃制品有限公司(以下简称华强公司)对现有啤酒瓶生产线进行维修改造,但要求华强公司认真做好环保、安全等评价工作,办妥相关手续后方可施工。2014 年 9 月,华强公司在未办妥相关维修改造手续的情况下,自行停产进行维修改造。2014 年 3 月至 2015 年 4 月,衡阳市人民政府(以下简称市政府)、衡阳市环境保护局(以下简称市环保局)多次接到群众关于华强公司排放污染物的举报。2015 年 4 月 1 日,雁峰区人民政府和市环保局分别致函衡阳市经济和信息化委员会(以下简称市经信委),要求对华强公司实施停、限电措施。当日,市经信委下属电力执法支队(以下简称电力执法支队)作出《关于对衡阳华强玻璃制品有限公司暂实施中止供电的事先告知书》[衡市电执法告字(2015)1 号]。2015 年 4 月 2 日,华强公司向电力执法支队提交书面的陈述和申辩意见。2015 年 4 月 7 日,电力执法支队作出书面回复,认为华强公司的陈述和申辩理由不充分,没有提出合法有效充分的依据,将保留依照法定程序进行电力行政处罚的权力。2015 年 4 月 8 日,市政府就华强公司问题召开专题调度会,一致认为华强公司近期必须暂停生产准备,并形成(2015)第 42 次政府专题会议纪要。

华强公司未执行专题会议意见,仍积极准备组织生产。2015 年 4 月 13 日,电力执法支队作出《关于对衡阳华强玻璃制品有限公司暂实施限电的通知》[衡市电执法字(2015)3 号,以下简称 3 号限电通知],决定对华强公司作出暂实施限电的行政处罚,并要求华强公司在接到通知后,立即采取措施,做好限电相关安全工作,电力执法支队将依法跟踪通知执行情况。同日,3 号限电通知送达华强公司,并同时向国网衡阳供电公司(以下简称衡阳供电公司)送达限电通知。2016 年 9 月,华强公司提起本案行政诉讼,请求判决撤销 3 号限电通知,赔偿损失 5873.25 万元。

■ 裁判要旨

Ⅰ.《行政强制法》第 2 条第 2 款规定,行政强制措施是指行政机关在行政管理过程中,为制止违法行为、防止证据损毁、避免危害发生、控制危险扩大等情形,依法对公民的人身自由实施暂时性限制,或者对公民、法人或者其他组织的财物实施暂时性控制的行为。本案中,因华强公司生产排污超标,严重污染环境,市政府经专题会议讨论,要求华强公司停止技改后的恢复生产准备工作,但是华强公司拒不执行政府会议纪要意见,继续进行生产准备活动,为制止违法行为、控制危险扩大,市经信委作出 3 号限电通知,决定对华强公司采取限制供电的暂时性控制措施。3 号限电通知符合《行政强制法》第 2 条第 2 款规定的行政强制措施的法定要件,属于行政强制措施行为。3 号限电通知认为限电措施属于行政处罚错误,二审判决对此进行纠正,本院予以支持。

Ⅱ.《行政强制法》第 17 条第 1 款规定,行政强制措施由法律、法规规定的行政机关在法定职权范围内实施。本案中,市经信委是法定的衡阳市电力行政主管部门,市经信委有权依照《湖南省电力设施保护和供用电秩序维护条例》第 23 条第 2 款的规定,对华强公司作出限制用电的行政强制措施,但作为市经信委内设机构的电力执法支队不具有独立的行政主体资格,不能够以自己的名义对外作出行政行为,3 号限电通知加盖电力执法支队印章的行为违法。但是,由于市经信委认可电力执法支队代表其作出 3 号限电通知,电力执法支队并未超越职权,加盖印章错误只是行政行为形式违法,属于违反法定程序的情形。二审认为电力执法支队以自身名义作出限电通知属于超越职权不妥,本院予以指正。

■ 评 析

Ⅰ 以往判例观点

对于内设机构能否实施行政行为,最高人民法院秉持一贯的否定态度,但对已经作出的行政行为,是否一概予以撤销或确认违法,本判例中呈现比之前的判例更为宽松的处理态度。

在陈炯杰诉浙江省教育考试院教育行政处理案[最高人民法院行政庭编:《中国行政审判案例》(第 1 卷)第 21 号案例,中国法制出版社 2010 年版,第 105 页]中,最高人民法院在裁判要旨中明确指出,“考试机构的内设机构作出‘确认考虑成绩无效’的处理决定”,属于“主体资格欠缺”。此后,在彭锋诉新疆维吾尔自治区哈密市国土资源监察大队土地行政处罚案[最高人民法院行政庭编:《中国行政审判案例》(第 4 卷)第 150 号案例,中国法制出版社 2012 年版,第 155 页]中,最高人民法院仍然坚持“行政机关内设机构在没有法律、法规授权的情况下,以自己的名义对外实施行政处罚,属超越职权,依法应当撤销"。但在本判例中,最高人民法院却认为,"衡阳市经信委认可电力执法支队代表其作出 3 号限电通知,电力执法支队并未超越职权,加盖印章错误只是行政行为形式违法,属于违反法定程序的情形",并纠正了二审法院依据之前判例所作的"超越职权"的判决内容。

2000 年《行诉若干解释》第 20 条第 2 款、第 3 款对行政机关的内设机构在有法律、法规、规章授权及超出授权范围实施行政行为,以及第 21 条对无法律、法规、规章授权等情形下,由谁担任被告分别作出了规定,但未明确各种情形下内设机构作出的行政行为是否具有合法性。2018 年《行诉解释》第 20 条延续了 2000 年《行诉若干解释》的规定,未作调整。据此,理论界与实务界通常认为,对在未有法律、法规、规章授权的情况下,以内设机构名义直接对外作出的行政行为,属于主体不合法的违法情形,应当撤销。这也是前述最高人民法院《中国行政审判案例》第 21 号行政审判案例与第 150 号行政审判案例的观点来源。

Ⅱ 内设机构的行政法地位

行政法学上的行政机关包括本级人民政府、本级人民政府的职能部门和派出机关。本级人民政府包括中央人民政府和地方人民政府,后者包括省级、设区市级、县级和乡(镇)级四个层级。本级人民政府的职能部门包括《宪法》第 107 条所指的经济、教育、科学、文化、卫生、体育事业、城乡建设事业和财政、民政、公安、民族事务等部门。派出机关则指《地方各级人民代表大会和地方各级人民政府组织法》第 85 条规定的,经不同层级人民政府(不包括乡镇人民政府)特别批准设立的行政公署、区公所、街道办事处等机关。

为了更好地履行法定职责,上述三类行政机关常常会在机关内部再设立若干部门,协同处理行政任务,这些部门就是所谓的内设机构。若将这些部门单独派出,深入基层处理具体事务,又称为派出机构。行政法学通说认为,行政机关的内设机构与派出机构,在没有法律、法规、规章授权的情况下,无权以自己的名义对外作出行政行为。但在行政实践中,经常会发生行政机关的内设机构以自己的名义对外作出行为,并盖上自己的公章的情形。对于此类行为,学术界与实务界一般认为,若没有法律、法规、规章的明确授权,内设机构或派出机构因不具有相当于行政机关的法律地位,在行政诉讼中应否定其被告资格,而由设立它的行政机关作被告。

Ⅲ 本判例的规范性逻辑

法院对被诉行政行为作合法性审查,一般包括主体、事实、法律、程序四个方面。本判例中,法院首先需要审查作出 3 号限电通知的电力执法支队是否具备主体资格。

依照《湖南省电力设施保护和供用电秩序维护条例》第 23 条第 2 款的规定,市经信委是法定的衡阳市电力行政主管部门。结合"59 号三定方案",市经信委的"电力行政执法工作"由能源运行科(电力科)负责,后经两次批复,该科室加挂了"电力行政执法支队"的牌子。在一审法院看来,无论是"59 号三定方案"还是之后的两份批复,都只能说明电力执法支队是市经信委的内设机构,不具有独立承担法律责任的能力。但一审法院并没有据此认定电力执法支队以自己名义作出的行政强制措施违法,一审法院认为3号限电通知虽加盖了电力执法支队的公章,但却系市经信委作出。因此,华强公司可以直接起诉电力执法支队,但由于电力执法支队所代表的市经信委是法定电力执法主体,华强公司要求赔偿,无事实和法律依据,不予支持。一审法院的论证在这里出现了明显的跳跃,其将内设机构电力执法支队以自己名义对外作出的行为,直接视为所属机关市经信委的行政行为,从而认为被诉行政行为主体合法。

可能是意识到一审论证中的缺漏,二审法院调整了审理思路,电力执法支队作为市经信委的内设机构,以自己的名义对外作出3号限电通知属于超越职权,不是本案适格被告。一审受理华强公司对电力执法支队的起诉并作出判决不当,依法应裁定撤销原判,驳回该项起诉。也就是说,内设机构以自己的名义对外作出行为,不能直接归属于内设机构所属行政机关,而是属于超越职权。二审法院的判决思路,与以往最高人民法院两个判例的裁决要旨具有一贯性。

然而,二审法院的判决未能得到最高人民法院的支持。在最高人民法院看来,电力执法支队虽不能以自己的名义对外作出行政行为,但市经信委认可了电力执法支队的行为。就此而言,电力执法支队并未超越职权,其在3号限电通知上加盖电力执法支队印章的行为仅属于违反法定程序的形式违法。尽管都属于违法情形,但最高人民法院与过去的司法审判实践以及学界通说不同,后者认为无法律、法规、规章授权的内设机构以自己名义对外作出的行为,属于超越职权的违法。但在本判例中,最高人民法院却承认内设机构作出行为之后,内设机构的所属机关可追认其效力,从而为一审法院的论证填补了逻辑上的缺陷。顺着这一逻辑,我们可以推测,如本判例中的被诉行政行为没有其他违法情形,最高人民法院应该会将加盖印章的行为视为轻微的程序瑕疵,进而作出确认违法判决。

本判例看似只是违法表现形式的修正,但会导出撤销判决与确认违法判决两种不同的裁判方式,被诉行政行为也将分别处于被撤销(效力消灭)与违法但效力存续的不同状态。这种裁判方式转换的背后,彰显出最高人民法院"解决行政争议"的努力:对于内设机构所属行政机关认可内设机构作出的行政行为,即使其被撤销,行政机关仍可能会作出内容与之完全一致的新的行政行为。如此,为何不允许内设机构所属机关在诉讼过程中追认行政行为,从而以程序违法保留行政行为的效力?后者显然更有助于实现"解决行政争议"之立法目的。

Ⅳ 本判例的意义

内设机构以自己的名义对外作出行政行为,在行政实践中并不少见。依据2000年《行诉若干解释》和2018年《行诉解释》的有关规定,有无法律、法规、规章的授权,是判断内设机构能否作为被告的重要"分水岭",也是法院判断被告有无超越职权,进而评价被诉行政行为是否合法的重要标准之一。过去的判例,大多将上述两个问题等同视之,即欠缺法律、法规、规章授权的内设机构,不是《行政诉讼法》上的适格被告,故其所作出的行政行为因超越职权而违法。

但在本判例中，最高人民法院巧妙地作了技术上的区分：一方面承认内设机构不具有独立的行政主体资格，不能以自己的名义对外作出行政行为；另一方面以内设机构所属行政机关的事后认可，将其与超越职权分离，认定加盖内设机构印章的3号限电通知构成行政行为形式违法，属于违反法定程序。但这里的法定程序违反究竟是一种可以撤销的一般违法，还是属于可确认违法的轻微瑕疵，最高人民法院对此没有进一步明确。而且由于本判例中的行政强制措施同时存在欠缺法律依据等违法情形，最终仍被判决撤销，难以从判决结果中窥探法院对违反法定程序的情节界分。

参考文献

应松年主编：《行政法与行政诉讼法学》，高等教育出版社2017年版。

胡建淼：《行政诉讼法学》，法律出版社2019年版。

何海波：《行政诉讼法》（第2版），法律出版社2016年版。

013 有错必纠的界限：行政决定的确定力

焦志刚诉和平公安分局治安管理处罚决定行政纠纷案 ｜《最高人民法院公报》2006 年第 10 期

章剑生 浙江大学光华法学院

■ 事实概要

2004 年 3 月 30 日 23 时许，原告焦志刚与正在执法的交通民警王心魁等发生冲突后，即投诉交通民警王心魁酒后执法，经天津市公安局督察处查证，确认焦志刚举报交通民警王心魁酒后执法一事不实。和平公安分局即以焦志刚的不实举报阻碍了国家工作人员依法执行职务为由，依照《治安管理处罚条例》第 19 条第 7 项之规定，于同年 3 月 31 日作出公（和）决字（2004）第 056 号行政处罚决定书（以下简称 056 号处罚决定书），给予焦志刚治安罚款 200 元的行政处罚。焦志刚对此处罚决定没有提出异议，在法定期限内没有申请行政复议和提起行政诉讼。在 056 号处罚决定书已经发生法律效力后的同年 7 月 4 日，和平公安分局告知焦志刚：由于天津市公安局公安交通管理局反映对他处罚过轻，要撤销 056 号处罚决定书，重新查处，重新裁决。同年 7 月 13 日，和平公安分局作出公（和）决字（2004）第 047 号行政处罚决定书（以下简称 047 号处罚决定书），给予焦志刚治安拘留 10 日的行政处罚。焦志刚不服此处罚决定申请行政复议，天津市公安局以事实不清为由撤销了 047 号处罚决定书，要求和平公安分局重新作出行政处罚决定。同年 11 月 19 日，和平公安分局作出 870 号处罚决定书，处以焦志刚治安拘留 15 日。焦志刚不服此处罚决定再次申请行政复议，天津市公安局维持了 870 号处罚决定书。焦志刚为此提起行政诉讼。

■ 裁判要旨

Ⅰ. 上诉人和平公安分局认定焦志刚的行为触犯了《治安管理处罚条例》（已失效）第 19 条第 7 项的规定，并根据该条规定作出 056 号处罚决定书，给予焦志刚治安罚款 200 元的处罚。这个处罚决定事实清楚、证据确凿，处罚在法律规定的幅度内，且执法程序合法，是合法的行政处罚决定，并已发生法律效力。依法作出的行政处罚决定一旦生效，其法律效力不仅及于行政相对人，也及于行政机关，不能随意被撤销。已经生效的行政处罚决定如果随意被撤销，也就意味着行政处罚行为本身带有随意性，不利于社会秩序的恢复和稳定。

Ⅱ. 错误的行政处罚决定，只能依照法定程序纠正。……无论是交通民警王心魁还是王心魁所供职的天津市公安局公安交通管理局，都与焦志刚不存在个人恩怨，都不是《治安管理处罚条例》所指的被侵害人,都无权以被侵害人身份对上诉人和平公安分局所作的056号处罚决定书提出申诉。……056号处罚决定书依照法定程序作出,事实清楚、证据确凿,处罚在法律规定的幅度内,是合法且已经发生法律效力的处罚决定,不在《公安机关内部执法监督工作规定》(1999年)所指的"错误的处理或者决定"之列,不能仅因交警部门认为处罚过轻即随意撤销。否则就会与《公安机关内部执法监督工作规定》(1999年)的制定目的背道而驰。再者,《公安机关内部执法监督工作规定》(1999年)是公安部为保障公安机关及其人民警察依法正确履行职责,防止和纠正违法和不当的执法行为,保护公民、法人和其他组织的合法权益而制定的内部规章,只在公安机关内部发挥作用,不能成为制作治安管理行政处罚决定的法律依据。

■ 评　析

Ⅰ 以往判例观点

本判例之前,在行政决定确定力和撤销规则的问题上,最高人民法院始终秉持"有错必纠"的原则,表现出与本判例相左的态度。

在陕西省咸阳无线电二厂诉咸阳市人民政府确认企业经济性质上诉案[最高人民法院(1998)行终字第12号行政判决书]中,对咸阳市政府"纠正"咸阳无线电二厂定性的行政决定并"责成"其变更工商登记的做法,最高人民法院认为其符合《地方各级人民代表大会和地方各级人民政府组织法》(1995年)第59条第3项的规定。虽然最高人民法院在判决理由中未提到"有错必纠"原则,但"有错必纠"原则是其处理这个"错案"的基本立场。在坑贝元村民小组诉广东省惠州市政府林业行政复议决定案[最高人民法院行政庭编:《中国行政审判案例》(第2卷)第46号案例,中国法制出版社2011年版,第39页]中,最高人民法院认为,1982年《林权证》发证确有错误,不适用《行政复议法》,但原发证机关或者确权裁决机关的上一级政府可以"纠错"。在这个判例中,最高人民法院并未考虑"除斥期间"的问题。

"批复"是最高人民法院的一种司法解释形式,"答复"是最高人民法院对下级法院请示的个案作出的一种处理意见,二者都具有事实上的法效力。2003年10月,最高人民法院在《关于房地产管理机关能否撤销错误的注销抵押登记行为问题的批复》[法释〔2003〕第17号]中,提出"房地产管理机关可以撤销错误的注销抵押登记行为",未采纳广西壮族自治区高级人民法院在请示中提出的以"信赖利益"原则限制行政机关行使撤销权的意见。2004年4月,最高人民法院在答复贵州省高级人民法院的《关于复议机关是否有权改变复议决定请示的答复》[〔2004〕行他字第5号]中,沿袭了陕西省咸阳无线电二厂诉咸阳市人民政府确认企业经济性质上诉案和上述法释〔2003〕第17号批复中的法律立场。

由此可见,在本判例之前,从最高人民法院相关的行政裁判、批复和答复的内容看,在行政机关是否有权以及如何撤销违法行政决定的问题上,最高人民法院一直秉持"有错必纠"的原则,现代行政法上行政决定的确定力和撤销规则的学理框架尚未影响到最高人民法院的裁判立场。

Ⅱ 撤销规则的学理框架

通过中国行政法学界40多年的共同努力,有关行政决定确定力和撤销规则的学理框架已经相对体系化。这个学理框架的内容是:即使已经生效的行政决定是违法的,也对行政机关具有不可任意撤销的法效力(实质确定力)。如行政机关认为确有错误必须予以撤销,应当遵循以下若干撤销规则,不得基于“有错必纠”原则随意行使撤销权。(1)撤销依据,即行政机关行使撤销权的法依据。在没有制定法的情况下,基于撤销权对行政相对人的不同影响,原则上可以承认依法行政原则是行政机关撤销权的依据;但如果撤销的结果更不利于行政相对人,从保护行政相对人的权益角度,应当要有个别法依据。(2)撤销限制。即使行政机关行使撤销权有个别法依据,也必须受到信赖利益保护原则和除斥期间的限制。(3)撤销规则。基于行政机关的立场,撤销违法行政决定是为了满足依法行政原则的要求,也是一种自我纠错的方式。但是,由于违法行政决定的内容不同,撤销之后对行政相对人产生的影响也有所不同,行政机关行使撤销权时需要区分授益性行政决定、负担性行政决定和复效性行政决定,并适用不同的撤销规则。

Ⅲ 本判例的规范性逻辑

在本判例中,法院表现出来的法律立场并没有越出前述学理框架,公安机关仍然忠实于传统的“有错必纠”原则。法院和公安机关在本判例中存在两种完全不同的处理案件的逻辑思路。从某种意义上说,本判例是这两种逻辑思路冲突的产物。

原告在针对870号处罚决定书提起行政诉讼时,并没有提及被告撤销056号处罚决定书违反了行政决定的撤销规则,而是认为它违反了《行政处罚法》(1996年)关于“行政机关不得因当事人申辩而加重处罚”的规定。被告将《公安机关内部执法监督工作规定》(1999年)作为它论证870号处罚决定书合法的主要法律依据。该规定是公安机关内部监督的法律依据,其法律位阶是部门规章。从该规定的内容看,支撑它的一个重要原则是“有错必纠”。其实,“有错必纠”并不错,问题是,行使“纠”(撤销)的权力是否需要受到行政决定已经产生的实质确定力拘束,并遵守由法安定性等原则导出的撤销规则。也就是说,“有错必纠”是有界限的。然而《公安机关内部执法监督工作规定》(1999年)对公安机关在何种情形下不得撤销已产生实质确定力的行政决定,或者虽可以撤销行政决定,但必须给予行政相对人损失补偿,以及撤销效力不得溯及既往等规则都付之阙如,更遑论以“信赖利益保护”原则限制撤销权。所有这些问题在“有错必纠”原则下都被划出了应当考虑的范围,或多或少流露出制定机关法制认知的滞后性。

一审和二审法院在本判例中的立场基本一致。一审法院并不认同被告对“确有错误、不适当”的行政处罚决定可以在“有错必纠”原则下“随意地”撤销。二审法院在构筑本判例裁判理由的前提时,间接否认了“有错必纠”原则在本案中的适用。二审法院阐述了行政决定的确定力,并指出“随意撤销”可能导致的不利后果。虽然法院未直接涉及“信赖利益保护”和“除斥期间”对撤销权限制的问题,但从“不得随意撤销”之用语中,我们隐约感受到法院已经意识到“随意撤销”与“不利于社会秩序的恢复和稳定”之间存在不可割断的关联性。而这种“关联性”与“信赖利益保护”和“除斥期间”所体现的法治精神是一脉相承的。

在理由论证中,二审法院首先以“错误的行政处罚决定,只能依照法定程序纠正”的命题为论证基础,并由此展开它的论证逻辑:(1)启动“纠错”程序违法。法院认为,根据《治安管理处罚条例》(已失效)第39条的规定,只有治安管理处罚中的受害人才能通过申诉启动“纠错”程序。而无论是民警王心魁还是王心魁所供职的天津市公安局公安交通管理局,都不是本案“受害人”。(2)056号处罚决定书不是错误的行政处罚决定。既然056号处罚决定书合法有效,那么被告就不能把它当作一个“错案”来处理。有了这样一个前提,法院继而认为,被告仅因为交警部门认为处罚过轻而将其当作一个“错案”随意把它撤销,这是不妥的。在这里,法院的裁判理由其实隐含着另一层意思,即使是一个“错案”,被告也不能“随意撤销”。(3)《公安机关内部执法监督工作规定》(1999年)是内部规章,不得对外发生法律效力。也就是说,即使被告重新裁决是符合《公安机关内部执法监督工作规定》(1999年)的,因为它是内部规章,所以也仍不能成为作出行政处罚决定的法律依据。此段裁判理由虽与行政决定确定力和撤销规则之间没有直接关系,但在这里却具有釜底抽薪的功效。

综合上述分析,二审法院在本判例中并没有遵从最高人民法院以往的观点,最高人民法院以自己的名义将本判例公布,实际上已经改变了自己以往在这个问题上所持的法律立场。

Ⅵ 本判例的意义

本判例是最高人民法院在如何对待行政决定确定力和违法行政决定撤销规则上转变法律立场的一个重要判例。传统政治思维支配下处理“错案”的方式被概括为“有错必纠”原则,也就是说,凡是“错案”,必须无条件地纠正。与“有错必纠”原则不同的是,现代行政法以行政决定效力理论为基础,构建了一套行政决定的撤销规则,试图规范行政机关的“纠错”行为。尽管“有错必纠”与“行政决定撤销”在外观上有不少相似之处,但两者在观念、机制与制度匹配等方面的差异性仍然相当明显。

从本判例开始,最高人民法院在对待违法行政决定撤销问题上的法律立场已经“静悄悄”地发生了转变,即从“有错必纠”原则的政法意识形态中淡出,转而接纳了现代行政法上的行政决定确定力和撤销规则法理。基于《人民法院第二个五年改革纲要(2004—2008)》所给予的定位,本判例具有最高人民法院“统一法律适用标准、指导下级法院审判工作”的作用,对在“错案”纠正中实现依法行政与法的安定性之间的价值平衡颇有实益。

□ 参考文献

章剑生:《现代行政法基本理论》(第2版上卷),法律出版社2014年版。
姜明安主编:《行政法与行政诉讼法》(第7版),北京大学出版社、高等教育出版社2019年版。
杨登峰:《行政行为的多元矫正制度研究》,清华大学出版社2018年版。
谭剑:《行政行为的撤销研究》,武汉大学出版社2012年版。

014 有错必纠的界限：被解除的婚姻关系具有不可逆性

梁某某诉徐州市云龙区民政局离婚登记行政确认案 ｜《最高人民法院公报》2022 年第 1 期

章剑生 浙江大学光华法学院

■ 事实概要

原告梁某某与第三人黄某某于 1985 年 11 月登记结婚。2007 年 3 月 27 日，黄某某取得新加坡国籍。2015 年 8 月 10 日，梁某某与黄某某以感情破裂为由持中国居民身份证、户口本等至被告云龙区民政局婚姻登记处办理离婚登记。经审查，云龙区民政局婚姻登记处当日为两人办理了离婚登记，并颁发了离婚证。2018 年 2 月 27 日，被告云龙区民政局婚姻登记处主任袁某与原告梁某某电话联系，口头告知其因第三人黄某某办理离婚登记时已取得新加坡国籍，两人于 2015 年 8 月 10 日办理的离婚登记无效，并要求梁某某将离婚证交回。2018 年 3 月 5 日，云龙区民政局婚姻登记处作出案涉离婚登记情况说明（以下简称情况说明）并存放至徐州市云龙区档案馆。梁某某在徐州市云龙区档案馆复印获取该情况说明。被告云龙区民政局婚姻登记处收回了第三人黄某某持有的离婚证，但原告梁某某仍持有云龙区民政局婚姻登记处颁发的离婚证。截至 2019 年 7 月 17 日，两人未通过涉外婚姻登记机关或法院离婚，亦均未与他人再次结婚。

■ 裁判要旨

Ⅰ. 行政越权指行政主体在行政活动中，超越其法定的权力范围或权力限度而作出的行政行为。行政越权无效（含可撤销）是行政法的基本原则并体现在我国相关具体法律规范中，如《行政诉讼法》第 70 条第 4 项、第 75 条等规定。对于绝大多数行政越权行为，可通过行政机关自纠、层级监督及法院裁判等途径以确认无效或撤销的方式予以纠正。但对于极少数特定的行政越权行为，若以确认无效或撤销的形式予以纠正，会给国家利益、社会公共利益及相关法律秩序带来重大损害，且该损害客观上也难以得到有效恢复与补救，因此该类行政越权行为应当被作为行政越权无效的例外情形，不应确认无效或予以撤销。

Ⅱ. 离婚登记是婚姻登记机关依当事人的申请，对当事人之间自愿解除婚姻关系及子女抚养、财产等问题所达成的协议予以认可，并以颁发离婚证的形式确认当事人之间的婚姻关系解除的行政行为。因在婚姻登记机关颁发离婚证之时，婚姻登记机关对当事人之间的离婚登记即已完成,当事人之间的婚姻关系即已解除,离婚证所确认的婚姻解除情况即产生对外效力,具有社会公信力。在已离婚人员持有离婚证的情况下,符合法定条件的其他人员完全可以对离婚证所反映的婚姻解除情况产生信赖,进而与已离婚人员建立合法的婚姻关系或其他特定关系。如果婚姻登记机关或其他职能部门可以对离婚登记中的被解除的婚姻关系确认无效或予以撤销,将会使相关人身法律关系处于随时可变化的不稳定状态,也会使社会公众对婚姻登记机关的离婚登记行为产生不安全感及不信任感,使《婚姻法》确定的一夫一妻等基本原则和基本社会关系架构遭到破坏,进而损害现实的法律秩序和社会公共利益,故当事人之间的婚姻关系一经离婚登记予以解除后便具有不可逆性。基于此,对于离婚,无论是婚姻登记机关作出离婚登记,还是法院判决、调解离婚,当事人在领取离婚证之时或法院准予离婚的判决书、调解书生效之时,其婚姻关系即被解除,且被解除的婚姻关系具有不可逆性。因离婚登记中当事人婚姻关系的解除具有不可逆性,对于离婚登记中的子女、财产事项,虽然依相关法律规范,当事人可以通过向法院申请变更、撤销等法定方式寻求救济,但也没有法律规范授权婚姻登记机关可予确认无效或予以撤销。

Ⅲ.省民政厅设置婚姻登记处,负责办理全省涉外、涉港澳台居民、华侨、出国人员的婚姻登记。上诉人梁某某与原审第三人黄某某办理案涉离婚登记之前,黄某某已取得了新加坡国籍,其在办理案涉离婚登记时系外国人,并非中国公民。因此,被上诉人云龙区民政局婚姻登记处并无办理该离婚登记的职权,梁某某与黄某某应在江苏省民政厅办理涉外婚姻登记的部门进行离婚登记。黄某某与梁某某于 2015 年 8 月 10 日在云龙区民政局婚姻登记处自愿办理离婚登记时,未告知云龙区民政局婚姻登记处黄某某系新加坡国籍,在黄某某持有未注销的中国内地户口簿、身份证的情况下,云龙区民政局婚姻登记处依规定审查了黄某某与梁某某提交的离婚申请材料后,为黄某某与梁某某颁发了离婚证,以法定形式完成了该离婚登记。即使此后云龙区民政局婚姻登记处发现其没有办理涉外离婚登记的职权,其亦无职权确认该离婚登记无效或撤销该离婚登记。

■ 评　析

Ⅰ 作为撤销判决法定情形之一的超越职权

经过 40 多年的发展,中国行政法学判断超越职权的学理框架已大致定型:(1)超越职权的主体是行政机关,法律、法规、规章授权的组织在行使行政职权时,视为具有与行政机关相同的法律地位。行政机关内部机构及其工作人员逾越法定职权对外作出行政行为的,在法定条件下应当认定为所属的行政机关超越职权。(2)超越职权在内容上是指超越了法定职权,包括行政权能和行政权限两项内容。(3)行政机关在“无权”情形下作出行政行为的,应当将其列为一种独立的行政违法类型[章剑生:《现代行政法基本理论》(第 2 版上卷),法律出版社 2014 年版,第 473 页以下]。细读本案裁判理由,可以将其切分为如下两个问题:

1.《行政诉讼法》规定行政越权作为无效(含撤销)的情形。对于超越职权作出的离婚登记行为,究竟是适用《行政诉讼法》第 70 条的规定判决撤销,还是依据第 75 条的规定判决确认无效,法院并没有给出明确的结论。法院认为,“根据《婚姻登记条例》第 2 条第 2 款、民政部《婚姻登记工作规范》第 5 条第 1 款第 2 项、江苏省民政厅《江苏省婚姻登记工作规范》(已失效)第 3 条的规定,江苏省民政厅设置婚姻登记处,负责办理全省涉外、涉港澳台居民、华侨、出国人员的婚姻登记。云龙区民政局婚姻登记处办理梁某某、黄某某的离婚登记显然属于事实清楚超越职权的无效行政行为”。这里“显然属于”的表述在语气力度上几乎可以与“重大且明显”相当。也就是说,一审法院倾向于适用《行政诉讼法》第 75 条的规定,将超越职权作出的离婚登记行为判决确认无效,这里“事实清楚超越职权”的表述,具有排除适用《行政诉讼法》第 70 条规定——“主要证据不足的”——的隐意。因二审法院在裁判理由中并没有否定一审法院的此观点,在相当程度上也可以视为二审法院默认了此裁判理由。由此,我们可以看到,本案创设了一条行政诉讼裁判方式适用的规则,即“事实清楚超越职权的行政行为”可以适用确认无效判决。

2. 判决确认无效或撤销行政越权的法定方式。对于行政机关超越职权作出的行政行为,法院认为可以通过行政机关自纠、层级监督及法院裁判等途径纠正。在这三种纠错途径中,除行政机关“自纠”外,其他两种都有法律明确规定。在行政法上,行政机关“自纠”被称为“行政程序重开”,其功能、价值类似于法院诉讼程序中的“再审程序”。基于行政决定效力原理,当行政决定产生实质存续力之后,行政机关不得再依职权对该行政决定进行变更、消灭。但是,在法定条件下,行政机关可以依职权或者依“申诉”重新启动行政程序,对具有实质存续力的行政决定进行变更、消灭。此为行政决定存续力的一个例外。目前,制定法的一个明显缺陷是没有“除斥期间”的规定,客观上使已具备实质存续力的行政决定一直处于可能被否定的状态。由于“行政程序重开”同样也会影响法的安定性,行政程序的重开条件必须法定,其适用情形必须从严解释。回到本案再看法院上述裁判理由,我们可以看到,在法律、法规和规章没有明确规定行政自我纠正的情况下,法院接受了上述行政法学理上“行政程序重开”的论点。

Ⅱ 自我纠正超越职权行为的限定

“有错必纠”的内在逻辑是“知错就改”。行政机关超越职权作出的行政行为被列为《行政诉讼法》第 70 条判决撤销的法定情形之一,也是这个逻辑的当然结论。但是,“有错必纠”也并非绝对,它必须受到一定的限定。在本案中,法院的裁判理由采用的是从一般到特别的叙述方式,对行政机关自我纠正超越职权作出的离婚登记行为创设了两个限定:

1. 一般限定:公共利益。《行政诉讼法》第 74 条第 1 款第 1 项规定,行政行为依法应当撤销,但撤销会给国家利益、社会公共利益造成重大损害的,人民法院判决确认违法,但不撤销行政行为。这是从行政诉讼角度提出的对法院撤销判决的限制,但其原理应当同样适用于行政机关的自我纠错。在本案中,二审法院认为,“对于极少数特定的行政越权行为,若以确认无效或撤销的形式予以纠正,会给国家利益、社会公共利益及相关法律秩序带来重大损害,且该损害客观上也难以得到有效恢复与补救,则该类行政越权行为应当作为行政越权无效的例外情形,不应确认无效或予以撤销”。与《行政诉讼法》第 74 条第 1 款第 1

项规定相比,本案中的这段裁判理由补充可以说是发展了由法律、司法解释确立的自我纠正限定的一般规定,添加了“且该损害客观上难以得到有效恢复与补救”之要件,值得我们关注。

2. 特别限定。它指部门行政法对具有不同于一般行政行为特性的行政行为而创设的一种限定。本案中,法院创设“被解除的婚姻关系不可逆转性”这一特别限定规则的法理基础是:(1)婚姻是一种契约。因其与人身关系十分紧密,且经行政机关登记之后,其不再仅是婚姻当事人双方之间的关系,不再仅是婚姻当事人双方之间的私益,而是具有了社会属性。本案所涉及的离婚登记行为具有解除双方当事人婚姻关系的法效力,即使对如本案中云龙区民政局超越职权作出离婚登记的行为,在事后争诉中也不能消灭其法效力,只能确认违法,否则将给双方后面建立起来的婚姻关系带来巨大的冲击。离婚登记行为能否撤销并使婚姻关系恢复原状,取决于“稳定”和“公正”这两个法律价值在个案中的权衡。(2)婚姻登记是国家介入婚姻契约关系的一种行政行为,是国家基于双方提供的申请材料进行形式审查之后作出的一种法律上的判定。在“被解除的婚姻关系不可逆转性”这一特别限定规则之下,必须充分考虑双方当事人就婚姻关系所表达的意思是否真实、自愿。

Ⅲ 保留超越职权作出离婚登记行为效力的正当性

婚姻关系的实体法观念是保留超越职权作出离婚登记行为法效力的正当理由。如在一个已加入外籍但未注销国内户籍的中国居民使用中国国籍身份登记结婚的行政案件中,法院认为,“婚姻关系是一种特殊的身份关系,结婚登记行为的法律效力主要取决于婚姻法的实体规定,原告在结婚登记后提出结婚登记时第三人提供的居民身份证无效,并不直接产生否定结婚登记的法律后果,也不影响原告和第三人自愿缔结的婚姻关系的效力”(徐芳芳、周圣:《加入外籍未注销国内户籍内地居民婚姻登记行为的效力》,载《人民司法》2015 年第 16 期)。在这里,“婚姻关系是一种特殊的身份关系,结婚登记行为的法律效力主要取决于婚姻法的实体规定”构成了法院推论的逻辑基础。而在一个司法解释中,最高人民法院也十分明确地指出,“婚姻关系双方或一方当事人未亲自到婚姻登记机关进行婚姻登记,且不能证明婚姻登记系男女双方的真实意思表示,当事人对该婚姻登记不服提起诉讼的,人民法院应当依法予以撤销”(最高人民法院行政审判庭《关于婚姻登记行政案件原告资格及判决方式有关问题的答复》,法〔2005〕行他字第 13 号)。由此可见,这种实体法观念是有最高人民法院司法解释的支持的。

在这样的实体法观念下,即使离婚登记行为是婚姻登记机关超越职权作出的,但只要当事人双方意思表示真实,其法效力也仍然应当保留。也就是说,在离婚登记行为作出之后,即使离婚登记行为因法定原因无效,但只要双方当事人离婚意思表示真实,法院就可以判决驳回请求撤销离婚登记行为的诉讼请求。鉴于被解除的婚姻关系的不可逆转性,若保留超越职权作出的离婚登记行为的法效力,那么有关部门应当采取补救措施,以平衡各方的利益。《民法典》第 1054 条第一句规定,“无效的或者被撤销的婚姻自始没有法律效力,当事人不具有夫妻的权利和义务”,这是从民事法律关系角度作出的一种法效力规定。但在本案中,引起争议的是国家对双方约定解除婚姻关系的意思表示作出离婚登记的行为,前者是一种水平关系,后者则是垂直关系,判定法效力的规则当有所不同。如前所述,二审法院只确认了情况说明无效,离婚登记行为在法律上对双方当事人应当仍然具有法效力。但是,离婚登记行为是超越职权作出的,因解除的婚姻关系具有不可逆转性,所以,应当保留它的法效力。对于本案中的离婚登记行为,因其没有成为行政诉讼客体,在本案二审之后,可以由省民政厅依职权确认违法,或者由省民政厅履行"追认"程序,将云龙区民政局婚姻登记处作出的离婚登记行为合法化。

Ⅳ 本判例的意义

本案是最高人民法院公报发布的涉及"有错必纠"界限的一个标志性判例,它创设了一条规则,即"解除的婚姻关系不可逆转性",构成了对"有错必纠"的限定,为完善中国行政法"行政程序重开"制度提供了本土资源。在行政法上,"有错必纠"并无障碍,但围绕"有错必纠"的制度化、程序化建设一直是不够的,如《行政处罚法》《行政许可法》等基本上都是用一个条文加以原则性确定,对于"有错必纠"的条件、程序、决定方式等往往是空白的。如在尚某诉被告如东县民政局婚姻行政登记案[江苏省南通经济技术开发区人民法院(2020)苏0691行初325号行政判决书]中,法院认为,"对明显违法且严重损害他人合法权益的行为,行政机关依法应当及时、主动纠错,以体现'有权必有责、违法须担责'的依法行政原则。对于未依职权主动纠错的行政行为,经行政相对人、相关人申请,行政机关也应本着实事求是、认真负责的态度,尽快启动调查和纠错程序,最大限度减少权利人损失"。从这一裁判理由看,法院看到了"有错必纠"的问题所在,但却只是原则性地提出"尽快启动调查和纠错程序"。我们需要认真对待这个问题,在制定法体系中完善"有错必纠"原则或者制度的体系化。

参考文献

章剑生:《现代行政法基本理论》(第2版上卷),法律出版社2014年版。

夏吟兰、邓丽:《婚姻关系模型理论与离婚法律制度之间的关联性研究》,载《比较法研究》2005年第6期。

黄河、吕长城:《越权无效原则不适用于离婚登记》,载《人民司法》2020年第17期。

015 行政行为的违法性继承

沈希贤等182人诉北京市规划委员会颁发建设工程规划许可证纠纷案 ｜《最高人民法院公报》2004年第3期

朱　芒　上海交通大学法学院

■ 事实概要

2000年1月卫生部作出批复,同意第三人建设清洁级动物实验室项目(以下简称该案项目)。2000年9月11日,北京市规划委员会(被告)核定审定设计方案通知书,确定该案第三人针对该案项目的可行性研究结论。2000年12月7日,第三人就该案项目向北京市环境保护局申请办理环保审批。2001年11月,北京市城乡建设委员会下达建设项目施工计划通知书。据此,2001年12月10日,被告向第三人就该案项目颁发2001规建字1969号建设工程规划许可证(以下简称该案规划许可行为)。2002年2月21日,北京市环境保护局核发该案项目的《项目环境影响报告表的批复》。

沈希贤等182人(原告)请求法院撤销被告为第三人作出的该案规划许可行为,理由之一是该案项目在可行性研究阶段未进行环境影响评估。与此相对,北京市规划委员会(被告)认为,其工作职责只是审查建设单位是否取得了计划部门批准的文件,只要建设单位持有该案项目经计划部门批准的文件,就能认定计划部门据以作出该批文的前提条件包括“环境影响报告书”等问题均已被解决,其不应当审查应由其他部门审查的事项。

■ 裁判要旨

Ⅰ.根据《城市规划法》(已失效)第32条的规定,在城市规划区内新建、扩建和改建建筑物、构筑物、道路、管线和其他工程设施,必须持有关批准文件向城市规划行政主管部门提出申请,由城市规划行政主管部门根据城市规划提出的规划设计要求,核发建设工程规划许可证。被告作为城市规划行政主管部门,有权根据建设单位的申请,对符合城市规划设计要求的建设项目,核发建设工程规划许可证。

Ⅱ.根据《环境保护法》(1989年)第13条的规定,建设污染环境的项目,必须遵守国家有关建设项目环境保护管理的规定。建设项目的环境影响报告书,必须对建设项目产生的污染和对环境的影响作出评价,规定防治措施,经项目主管部门预审并依照规定的程序报环境保护行政主管部门批准。环境影响报告书经批准后,计划部门方可批准建设项目设计任务书。被告北京市规划委员会在审批该项目的建设工程规划许可证时,应当审查第三人是否已取得了环境影响报告书,并根据卫生部颁布施行的《卫生系统实验动物管理暂行条例》规定,审查申报建设的实验动物室建筑是否保留至少有20米的卫生隔离区。但是,本案中北京市规划委员会核准的动物实验室工程设计方案,实验室与原告的住宅楼之间的距离为19.06米,未达到规定的距离要求。北京市规划委员会在诉讼中向法院提交的有关证据,不足以证明其审批行为认定事实清楚,程序正当、合法。

■ 评　析

Ⅰ 本判例的规范性逻辑

该案的争议焦点:先行行政行为中存在的违法性因素,是否会导致作为结果行为的后续行政行为具有违法性。具体而言,在本文讨论的案件中,在尚未完成项目环境评价时,计划行政机关就作出批准建设项目设计任务书的行政行为(先行行为),是否会导致城市规划行政机关作出后续行为——颁发建设工程规划许可证的行政行为也具有违法性。

通过上述"事实概要"和"判决要旨"部分可以看出,截至被诉的(2001)规建字1969号建设工程规划许可证产生法律效果,整个行政过程主要由两个大的环节构成,一是计划行政机关作出批准建设项目设计任务书的行政行为,二是在其之后作出的颁发建设工程规划许可证的行政行为。关于如何理解这两个环节之间的关系问题,整理该案判决书中所载的各种认识,无疑可以发现其中存在两种观点。一种是被告的观点,即否认先行行政行为与后续行政行为之间存在违法性继承的关系,在学理上可称为"违法性截断说"。只要第一环节的行政行为客观存在且具合法的外形,作为后续行为的第二环节的行政行为就必须受其效力约束,该后续行为的主体不能对第一环节的行政行为的合法性要件进行判断。另一种与此相反的观点是该案判决中法院所持的观点,在学理上可称为"违法性继承说"。第二环节的该案规划许可行为的合法性要件中包含了在程序上审查是否存在作为其第一环节行政行为前提的环境影响报告书批准文件。换言之,当第一环节的行政行为本身因缺乏环境影响报告书批准文件而具有了合法性瑕疵时,第二环节的行政行为如未对是否存在该报告书进行审查,就会导致该环节的行政行为也具有违法性。

Ⅱ "行政行为违法性继承"的学理框架

我国尚未建立成熟的"行政行为违法性继承"学理框架,本文参考日本行政法学理论中的相关学说进行分析。在日本,行政行为一经作出即被推定为具有合法性,因此,在审理行政行为合法性的行政诉讼中,"行政法院……不应审理(先行行为)是否属于违法"。除无效行政行为之外,这项内容还构成了行政行为法律效力(公定力)的一部分,原则上截断了违法性的继承过程,即后续行为不能以先行行为具有违法性为由提出撤销后续行为的主张,由此树立了行政行为的违法性原则上不继承的基本原理。

在学术发展历史中,先后有观点主张从行为之间效果关系的角度和救济目的的角度探讨在一般原则之外允许"行政行为违法性继承"的存在空间。前者着眼于行政行为彼此的目的效果是否一致,后者则侧重于从诉讼程序方面分析问题。但是,无论是论证先行行为与后续行为之间效果的一致性,还是论证先行行为缺乏直接可用的救济手段,在行政争讼阶段两者都殊途同归,其实都是在论证对先行行为的审理在什么条件下可以作为例外而不受到受案范围或起诉期间的制约。

总之,现代行政法学中的主流学说(通说)认为,违法性不继承为原则,继承为例外。在是否可以适用继承为例外的判断基准方面,现在的行政法学界对其必备要件最为经典的表述是:(1)一个程序或过程中多个行为连续进行。(2)这些行为通过结合,以发生一个法律效果为目的;反之,如果各个行为彼此之间并无以发生一个法律效果为目的,而是各自以发生个别的效果为目的,行政行为之间就不存在违法性继承的关系。

Ⅲ 典型判决事例中的规范性

对于上述"行政行为违法性继承"的问题,尽管中国目前的法律制度中并无相应的明文规定,但在法院行政诉讼活动中,也偶尔可以检视到与此有关的判决事例。除了本判例之外,还有几个案件也体现了法院在这方面的思路,其中有采取积极承认"违法性继承说"立场的,也有从消极的角度肯定"违法性截断说"立场的。

在《最高人民法院公报》刊载本判例后不久,该公报又发布了念泗三村28幢楼居民35人诉扬州市规划局行政许可行为侵权案判决(《最高人民法院公报》2004年第11期)。该案件的一审判决也采取了承认"行政行为违法性继承"的立场。该案一审判决认为,在城市规划法律制度中,审批《控制性详细规划》的行为属于核发建设工程规划许可证行为的前提,该案件中诉请法院审查的是作为后续行为的批准建设工程规划许可证行为是否合法。其中,扬州市规划局于2001年作出的先行行为已经超过起诉期间,具有了确定的效力,但在对后续行为的诉讼中法院仍然允许对此行为的合法性进行争议,并于此基础上认定先行行为被诉的合法性要件瑕疵不成立,在逻辑思路上表现出了承认"行政行为违法性继承"的立场。

在乔占祥诉铁道部春运期间部分旅客列车票价上浮案[北京市高级人民法院(2001)高行终字第39号行政判决书]的判决中,一审法院采取"违法性截断说"的立场。该案一审判决认为,在国家计委(其职权现由国家改革与发展委员会继承)作出批准原铁道部票价上浮方案文件的环节与原铁道部作出《票价上浮通知》行为的环节之间,构成了先行行为与后续行为之间的关系。其中,根据《价格法》第23条的规定,是否举行听证会是批准价格上浮方案行为过程中的一个程序,即是否举行价格听证会属于先行行为中的程序构成要件。依照上述判决,只要在形式上存在作为前提的批准文件,以此为依据后续作出的票价上浮通知的行为就无须审查先行行为中是否应该和是否举行了听证会,即先行行为在程序要件方面是否存在违法性瑕疵并不影响后续行为的合法性。

与乔占祥诉铁道部春运期间部分旅客列车票价上浮案一审判决的明示性表述不同,念泗三村28幢楼居民35人诉扬州市规划局行政许可行为侵权案中,江苏省高级人民法院的二审判决默示性地间接否定了先行行为与后续行为之间的违法性继承。尽管该案二审判决列出了《控制性详细规划》是否经过批准这一争点,但在最终论证的阶段对作为后续行为的核发建设工程规划许可证行为是否合法的判断方面,其仅指出只需审查申请人提交的相关文件。但该判决所列出的申请人依法应提交规划行政机关审查文件中并没有包含《控制性详细规划》的批准文件。由此,该判决以默示性的方式,表明了对先行行为不予审查的结论。

如前所述,《行政诉讼法》等行政争讼法律制度中设置了"受案范围"和"起诉期间"等制度,当先行行为在"受案范围"之外,或已经超过"起诉期间"时,原则上不承认行政行为之间具有违法性继承的性质。在此前提下,对"行政行为违法性继承"的承认只能是一项例外性的制度安排。

Ⅳ 本案的意义

本判例虽然是作为基层法院的北京市西城区人民法院所作,但因其被登载于《最高人民法院公报》之中,对全国的法律适用具有指导作用,由此还需要剖析该案判决所具有的超越个案的一般意义,即该案判决所持的思路,所具有的影响力(甚至可能产生的规范性)究竟能够在今后的司法审判中延展至多大的范围。需要整理的内容是,本判例中允许先行行为例外地排除适用《行政诉讼法》中"受案范围"和"起诉期间"规定的逻辑思路。尤其是在将其与类案比较时可以发现,本判例的逻辑思路存在以下几个特点:

1. 共同要件。从判决内容与相应成文法的关系来看,本判例解释的是《城市规划法》(已失效)第 32 条规定的"有关批准文件"的具体种类范围(外延)。《城市规划法》(已失效)第 32 条规定,规划行政机关通过审查申请人提交的"有关批准文件",核发建设工程规划许可证。本判例认为"被告规划委员会在审批该项目的建设工程规划许可证时,应当审查第三人是否已经取得了环境影响报告书",由此明确"有关批准文件"中也包含了环境影响报告书批准文件。《环境保护法》(1989 年)第 13 条要求"环境影响报告书经批准后,计划部门方可批准建设项目设计任务书",本判例将审查环境影响报告书是否获取批准的义务,解释为先行行为与后续行为的共同要件,也可理解为是将先行行为的要件内化为后续行为的要件。法院通过这样的解释技术,在不与《行政诉讼法》设置的"受案范围"或"起诉期间"相冲突的前提下,直接审查作为后续行为的核发建设工程规划许可证行为,创设出了承认"行政行为违法性继承"的空间。

2. 推论的基本点。典型的司法判决的意义不仅停留在个案处理的范围之内,其表现出的逻辑思路还应扩展至对同类案件的适用上。从本判例中反映出的基本事实关系和逻辑思路,可以对其规范性可能的涵盖范围,作一定程度的推论。

(1)从本判例中的事实关系来看,环境影响报告书批准文件与环境规制目的相关,也与具有人格权和财产权属性的环境权有关。与此同时,建立环境影响评价制度并不仅限于对环境权的私益保护,其更重要的意义在于建立和维护客观的环境秩序,以实现《环境保护法》(1989 年)第 1 条设定的"为保护和改善生活环境与生态环境,防治污染和其他公害,保障人体健康,促进社会主义现代化建设的发展"的公共利益目的。行政行为之间是否具有违法性继承的性质,需要考虑先行行为中合法性瑕疵所侵害到的权利是否与公共利益或者公共秩序存在竞合性。同时,在计划行政机关批准建设项目设计任务书的环节,相应的利害关系人并无请求权利救济的机会。建立在救济目的基础上承认“行政行为违法性继承”的学理观点对此具有支撑的作用,或许,从这里可以推断出“与维护公共利益或公共秩序竞合前提下的权利救济必要说”这样的学术主张。

(2)从先行和后续的两个行为的关系来看,本判例涉及的先行行为与后续行为之间具有连续性,但在各个独立的环节中,无论是最终核发建设工程规划许可证的行为还是之前的批准建设项目设计任务书的行为,或是批准《控制性详细规划》的行为,都是独立成立的,具有外部效力的具体行政行为。不过,对建设项目本身而言,各个阶段的具体行政行为都只是实现该建设项目目的整个过程中的一个环节(非完成型的行政行为)。具体而言,本判例中的批准环境影响报告书的行为和核发建设工程规划许可证的行为针对的是同一个建设项目,行为目标具有同一性。对此,这类承认违法性继承的行政行为之间的关系,也能够从建立在行为之间效果关系上的相关学术主张中获得学理支持的基础。

▢ 参考文献

朱芒:《“行政行为违法性继承”的表现及其范围——从个案判决与成文法规范关系角度的探讨》,载《中国法学》2010 年第 3 期。

王贵松:《论行政行为的违法性继承》,载《中国法学》2015 年第 3 期。

成协中:《行政行为违法性继承的中国图景》,载《中国法学》2016 年第 3 期。

[日]盐野宏:《行政法总论》,杨建顺译,北京大学出版社 2008 年版。

016 不动产登记应当遵守物权法定原则

昆山城开锦亭置业有限公司诉昆山市国土资源局不动产行政登记及行政赔偿纠纷案 |《最高人民法院公报》2022年第8期

黄 锴 浙江工业大学法学院

■ 事实概要

2008年1月,原告昆山城开锦亭置业有限公司与被告昆山市国土资源局及江苏昆山花桥经济开发区管理委员会(以下简称花桥管委会)就昆山市花桥镇徐公桥路东侧C25地块签订国有土地使用权出让合同。2013年11月,原告、被告、花桥管委会再次签订补充协议,同意增加地下一层空间建设用地使用权,用途为商业,原告补交了土地出让金。2015年10月,昆山市人民政府向原告颁发了国有土地使用权证。2016年6月,原告就地下一层43套房屋领取了房屋所有权初始登记证明。商业中心竣工后,原告向被告提交了不动产变更登记申请书,并提供了相关材料,被告经审核后于2017年4月向原告颁发了苏(2017)昆山市不动产权第004××××号不动产权证书,记载:权利类型为国有建设用地使用权/房屋所有权,面积为土地使用权面积6754.91平方米/房屋建筑面积6754.91平方米;附记栏中注明,"新建,办理自用房手续,不得对外销售。如需进行二手房转让,必须先行征得花桥管委会同意"。原告认为不动产权证书的附记内容限制了其不动产物权,向法院起诉请求撤销该加注内容并予以相应赔偿。

■ 裁判要旨

Ⅰ.根据物权法定原则,物权的种类、内容均由法律明确规定,当事人之间不能任意创立物权或约定变更物权的法定内容……不动产物权经登记发生法律效力,登记起到了物权公示的作用,不动产登记簿是物权归属和内容的根据。不动产权属证书记载的事项,应当与不动产登记簿一致。本案中,原告通过土地出让方式合法取得了昆山市花桥镇徐公桥路东侧C25地块的国有土地使用权,在该地块上开发建设了游站商业中心项目,原告对该房产依法享有直接支配和排他的权利,享有完整的占有、使用、收益、处分的权利。原告享有的上述物权内容是法定的,不应受到任意限制。涉案不动产登记违背了物权法定原则及相关规定。

Ⅱ.《不动产登记暂行条例》对不动产登记簿的记载事项作了明确规定……不动产登记部门在作出不动产登记时,应严格按照条例的规定进行办理,对于任何涉及不动产权利限制、提示的事项，登记必须有法律依据，不能随意对《不动产登记暂行条例》第 8 条的规定做扩大解释。本案被告于 2017 年作出涉案不动产登记，其附记内容“不得对外销售。如需进行二手房转让，必须先行征得花桥管委会同意”系对原告物权的限制，该限制内容不符合物权法定原则，仅是原告、被告、花桥管委会就土地出让合同签订补充协议时原告与花桥管委会的约定事项，具有合同相对性，不属于《不动产登记暂行条例》第 8 条规定的应当登记的涉及不动产权利限制的法定事项范围。因此，涉案登记的附记记载行为缺乏法律依据。

■ 评　析

1 本案裁判思路的提炼

根据本案的裁判理由，法院撤销第 004 × × × × 号不动产权证书附记栏中的内容，主要有两点理由：其一，不动产登记违背物权法定原则；其二，不动产登记违反不动产登记行政法规。对于前者，法院的推理逻辑为：物权法定原则要求当事人之间不能任意创立物权或约定变更物权的法定内容，而本案中的不动产登记限制了法定的物权，因此该不动产登记违背了物权法定原则。对于后者，法院的推理逻辑为：《不动产登记暂行条例》对不动产登记的记载事项作了明确规定，本案中的不动产登记记载了规定以外的事项，因此该不动产登记违反不动产登记行政法规。法院将这两点理由以平行结构予以叙述，容易使人产生它们之间互相独立的错觉。事实上，这两点理由之间存在紧密关系，只有互相支撑才能导出附记内容应予撤销的结论。

对法院的思路重新梳理，可以将本案的裁判理由归纳为以下五个层次：(1) 根据依法行政原理，行政机关作出的不动产登记必须符合作为实定法的《不动产登记暂行条例》。(2)《不动产登记暂行条例》对不动产登记的记载事项作出了明确规定，并于第 8 条作出罗列，其中第 8 条第 3 款第 3 项规定，不动产登记应当记载“涉及不动产权利限制、提示的事项”。(3) 根据物权法定原则，物权的种类和内容由法律规定，因此不动产权利限制的事项也必须是法律予以规定的，比如异议登记、预告登记、查封登记，法律规定以外的权利限制事项是不得予以登记的。(4) 本案当中，行政机关在不动产登记的附记栏中注明了“不得对外销售。如需进行二手房转让，必须先行征得花桥管委会同意”，该项内容属于对不动产权利的限制，但并未在法律中予以规定。(5) 因此，行政机关的不动产登记违反了《不动产登记暂行条例》的有关规定，属于违法行政行为。

就此而言，本案的外在逻辑是，不动产登记因违反了《不动产登记暂行条例》而违法，但更值得关注的是，本案的内在逻辑是，法院在解释《不动产登记暂行条例》的相关内容时引入了物权法定这一民法上的原则，从而构造了判断不动产登记行为合法性的规范前提。到此，本案裁判思路的支点可以被归纳为，民事法律规范通过介入行政法律规范，从而成为判定行政行为合法性的依据。要对此进行分析和评价，关键在于厘清三个问题：第一，不动产登记的法律属性是什么；第二，物权法定原则如何拘束不动产登记；第三，不动产登记违反物权法定原则的法律后果是什么。

Ⅱ 兼具公法属性与私法属性的不动产登记

不动产登记是指不动产登记机关根据当事人的申请将物权变动的事实记载于专门簿册上的行为。对所有权人来说,它是不动产物权的公示形式;对登记机关来说,它是登记机关作出的一种具有法律效力的行为。但对于不动产登记行为的性质,尤其是其究竟是属于行政行为还是私法行为,学理上争论颇多。一种观点认为,不动产登记属于私法行为,理由是登记行为过程中当事人参与了登记请求与登记申请两部分,这两项涉及的是私法上的权利。[王洪亮:《不动产物权登记立法研究》,载《法律科学(西北政法学院学报)》2000年第2期]另一种观点则认为,不动产登记属于行政行为,理由是其具有法定性与强制性,“登记行为的法定性与强制性是公权力行为区别于私权利行为的重要属性”(王克稳:《我国不动产登记中的行政法问题》,载《法学》2008年第1期)。2010年最高人民法院发布的《关于审理房屋登记案件若干问题的规定》第1条规定,“公民、法人或者其他组织对房屋登记机构的房屋登记行为以及与查询、复制登记资料等事项相关的行政行为或者相应的不作为不服,提起行政诉讼的,人民法院应当依法受理”。由此可见,相比于学理上的争论,实务中将不动产登记视为行政行为的观点是明确的。

然而,需要意识到的是,即便将不动产登记归为行政行为,其私法属性亦是不容否定的。不动产登记的法律效果并非源于行政机关的“意思表示”,“不动产登记是登记机关对行政相对人提交的‘材料’加以确认(如实记载)的一种‘事实’,不动产登记机关在主观上并没有欲与行政相对人建立一种行政法权利和义务关系的‘意思表示’”(章剑生:《行政不动产登记行为的性质及其效力》,载《行政法学研究》2019年第5期),其法律效果是由民事法律规范予以直接规定的。《民法典》第210条规定:“不动产登记,由不动产所在地的登记机构办理。国家对不动产实行统一登记制度。统一登记的范围、登记机构和登记办法,由法律、行政法规规定。”该条实际上为不动产登记赋予了法律效果,即公信力,“即便不动产登记簿上记载的物权归属、内容与真实的物权归属、内容不一致,信赖该登记簿记载之人仍可如同登记簿记载正确时那样,依法律行为取得相应的不动产物权”(程啸:《不动产登记簿的推定力、公信力与买方信赖的保护——“丁福如与石磊房屋买卖合同纠纷案”评释》,载《交大法学》2013年第4期)。据此,不动产登记是一种行政事实行为,具备行政行为法定性和强制性的特征,具有公法属性。但与此同时,由于其法律效果源于民事法律规范,也造就了其不可忽视的私法属性。

Ⅲ 物权法定原则对不动产登记的拘束

不动产登记的公私法交织属性决定了其合法性基础既有行政法律规范,又有民事法律规范。而其中最为重要的民事法律规范就是物权法定原则。由于物权法定原则对物权体系构造的重要作用,以法典化为显著特征的大陆法系国家普遍将物权法定原则作为物权立法的基本原则,在物权法体系中居于枢纽地位(申卫星:《物权法定与意思自治——解读我国〈物权法〉的两把钥匙》,载《法制与社会发展》2013 年第 5 期)。我国自《物权法》至《民法典》,均确立了物权法定原则。《民法典》第 116 条规定:“物权的种类和内容,由法律规定。”据此,物权法定原则可以分解为以下两点:其一,物权的种类法定;其二,物权的内容法定。“物权的内容指物权的权利义务,如土地承包经营权的承包期多长,承包经营权何时设立,承包经营权的流转权限,承包地的调整、收回、被征收中的权利义务,等等。”(黄薇主编:《中华人民共和国民法典释义》,法律出版社 2020 年版,第 227 – 228 页)物权法定原则意味着,物权的种类和内容由法律规定,当事人不能自由创设;违背物权法定原则,所设的物权种类和内容没有法律效力。

根据上述分析可知,物权法定原则成为判定不动产登记合法性的依据,是通过拘束民法上当事人创设物权的意思表示予以达成的。具言之,物权法定原则限制当事人创设物权的意思表示,只有符合法律规定的意思表示方能产生法律效果;登记机关在登记时应当对当事人创设物权的意思表示予以审查,对不符合法律规定的意思表示不予认可和登记,对符合法律规定的意思表示予以认可和登记;登记机关若将不符合法律规定的意思表示予以登记,实质上是未尽到法定的审查义务,属于违法行政行为。

Ⅳ 违反物权法定原则的公私法后果

本案当中“不得对外销售。如需进行二手房转让,必须先行征得花桥管委会同意”的内容先后经历了三个阶段:第一阶段是 2013 年 11 月原告、被告、花桥管委会所签订的补充协议,该协议同意增加地下一层空间建设用地使用权,同时明确不对外进行销售;第二阶段是 2017 年 3 月原告提交的不动产变更登记申请书,该申请书中含有不对外进行销售的意思表示;第三阶段是 2017 年 4 月被告审核后作出不动产权登记,证书附记栏中注明了不得对外销售的内容。由于“不得对外销售。如需进行二手房转让,必须先行征得花桥管委会同意”的内容超出了法律规定的物权内容,上述三个阶段的行为均违反了物权法定原则。

但值得注意的是,违反物权法定原则在私法上与公法上的效果并不相同,具体而言:对于第一阶段的行政协议而言,约定的内容违反物权法定原则并不直接导致行政协议无效,但由于协议的相对性,该协议无法约束第三人,也即并没有产生“不得对外销售”的对世效果。当事人若违反协议约定对外销售,第三人依旧能够得到物权,同时当事人要承担违约责任。对于第二阶段的不动产变更登记申请书而言,其本质上属于私法上的意思表示,该意思表示能否产生最终的法律效果,需根据其是否符合物权法定原则作出判断。由于“不得对外销售”违反物权法定原则,该申请书所承载的意思表示无法产生法律效果。对于第三阶段的不动产登记而言,如上文所言,其系属行政事实行为,将不符合物权法定原则的意思表示予以认可并登记未尽到法定的审查义务,应当确认违法。进言之,本案中法院最终所撤销的并非行政行为,因为行政事实行为无法撤销,所撤销的是登记机关登记的当事人违反物权法定原则的意思表示。

参考文献

章剑生:《行政不动产登记行为的性质及其效力》,载《行政法学研究》2019 年第 5 期。

王克稳:《我国不动产登记中的行政法问题》,载《法学》2008 年第 1 期。

申卫星:《物权法定与意思自治——解读我国〈物权法〉的两把钥匙》,载《法制与社会发展》2013 年第 5 期。

孙宪忠:《不动产登记基本范畴解析》,载《法学家》2014 年第 6 期。

017 行政处罚上的期待可能性

盈海公司诉文昌市环境局、文昌市政府行政处罚决定及行政复议案 | 最高人民法院(2022)最高法行再329号行政判决书

熊樟林 东南大学法学院

■ 事实概要

盈海公司于2012年开始建设污水处理厂,2017年竣工。2012年3月,文昌市水务局与盈海公司签订《文昌市清澜污水处理厂项目特许经营(BOT)补充合同》(以下简称《BOT合同》)。2017年4月24日,文昌市政府做出批复,同意文昌市水务局按照《BOT合同》执行,污水处理厂自2017年1月1日起试运营3个月。试运营结束后,应向文昌市环境局申请竣工环保验收。2017年11月23日,开展竣工环保验收监测工作的海口恒科检测技术有限公司称,污水处理厂生产负荷未达到设计能力的75%以上,文昌市环境局不同意竣工环保验收。2018年7月11日,文昌市环境局发现污水处理厂未经验收,擅自投入使用。2018年8月24日,文昌市环境局作出《关于我市清澜污水处理厂污水处理效果调查监测情况的报告》(以下简称《文昌市环境局报告》),结论为:当日进水量占设计日处理能力的51%,污水处理量远未达到设计处理水量负荷;污水进水浓度不到设计进水水质浓度的50%,进水主要污染物浓度严重偏低。建议加快污水收集管网的改造与建设,实施新增管网建设等,以解决污水进水水量和进水浓度严重偏低的难题。2018年11月17日,文昌市环境局作出文环保罚决字(2018)29号行政处罚决定书,对盈海公司罚款300,000元。盈海公司缴纳了该罚款。

2019年1月14日,经整改后,盈海公司再次委托第三方开展竣工环保验收监测工作。2019年4月14日,污水处理厂通过竣工环保验收,并于2019年5月15日在全国建设竣工环保验收信息系统备案。2019年5月16日,盈海公司向文昌市环境局提交了《关于文昌市清澜污水处理厂竣工验收环境保护验收工作情况的报告》。其间,2019年3月29日,文昌市环境局曾对污水处理厂再次巡查,认为盈海公司仍未办理环保验收手续并继续经营,并于2019年9月23日作出文环罚决字(2019)51号行政处罚决定书,认为盈海公司违反了《建设项目环境保护管理条例》第19条的规定。依据《建设项目环境保护管理条例》第23条的规定,决定对盈海公司罚款1,000,000元。盈海公司不服,向文昌市政府申请行政复议,文昌市政府作出复议决定予以维持。盈海公司遂提起诉讼。

■ 裁判要旨

Ⅰ.污水处理厂之所以未能完成竣工环保验收,是因为未达到75%验收工况标准。但

是,是否达到75%验收工况标准,取决于多种因素。75%的工况标准是一个循序渐进的过程,需要在生产中逐步提升。一概要求未达75%验收工况标准不得验收,进而不得投入使用,容易让建设项目陷入"两难":投入运营构成违法面临处罚;停止运营则无法逐步提升工况,从而始终达不到75%验收工况标准,始终无法竣工验收。"法律不应强人所难",至少就部分建设项目而言,75%验收工况标准应当予以修订。原环境保护部于2016年7月13日发布的《关于废止部分环保部门规章和规范性文件的决定》,明确废止了75%验收工况标准。2018年5月发布的《建设项目竣工环境保护验收技术指南污染影响类》第6.1条,也取消了工况应达75%以上的要求。

Ⅱ.污水处理厂未达到75%验收工况标准,过错不在其自身。根据盈海公司与文昌市水务局签订的《BOT合同》,污水处理厂处理的污水,由文昌市水务局负责收集和输送,并有确保水量和进水水质的义务。2018年8月24日,文昌市环境局在第一次行政处罚前,就曾做出《文昌市环境局报告》。该报告明确指出,污水处理厂工况未达75%,系因水量和进水水质过低所致,是文昌市污水收集配套管网建设不到位的必然结果,非污水处理厂所能控制,污水处理厂不存在主观过错。另外,盈海公司"未验收先运营"也是无奈之举。盈海公司在接受第一次行政处罚后,曾向文昌市政府提出报告,请求暂时关停污水处理厂,但未获回应。同时,2018年11—12月,文昌市水务局也曾两次函告盈海公司,要求其同意接收多家单位排放污水。《文昌市环境局报告》认定,污水处理厂污水经处理后均达到排放标准要求。从环境保护的根本目的看,尽管污水处理厂的工况未达75%,但并不影响环境保护目的的达成。如果将各项排放指标达标的污水处理厂关停,却有可能造成大量生产生活污水无法处理,从而直排入海造成环境污染。而且,污水处理厂内滞留的废水、废液、废渣等污染物亦可能存在二次污染的风险。污水处理厂之所以"未验收先运营",系根据相关部门要求与环保客观需要而为的,其自身善意无主观过错。

■ 评　析

Ⅰ 以往判例观点

在本判例中,最高人民法院反复评价了行政处罚上的主观过错问题,并以此推翻了两级法院判决,撤销了涉案行政处罚决定。从时间上来看,涉案事实发生于2019年,1996年《行政处罚法》尚未修改,应适用旧法。

由于1996年《行政处罚法》并未从总则层面为应受行政处罚行为的成立要件设定"主观过错"要素,在既往实践中,除非部门行政法中明确写到了"故意""过失",否则行政机关不会评价主观过错。无论是行政机关还是法院,较多是持客观归责立场的。正因如此,经检索发现,在该判例之前,最高人民法院并没有在其他判例中持类似认识。但是,在地方各级人民法院的判例中,却不乏一些零星的类案。如在北京中油国门油料销售有限公司诉北京市顺义区国家税务局行政处罚再审案[北京市高级人民法院(2017)京行申1402号行政裁定书]中,北京市高级人民法院认为,根据《税收征收管理法》第63条第1款的规定,纳税人伪造、变造、隐匿、擅自销毁账簿、记账凭证,或者在账簿上多列支出或者不列、少列收入,或者经税务机关通知申报而拒不申报或者进行虚假的纳税申报,不缴或者少缴应纳税款的,是偷税。从该规定所列举的情形看,当事人的主观方面系认定偷税行为的必要构成要件。行政机关以构成偷税行为为由对当事人作出行政处罚时,应当对当事人不缴或者少缴应纳税款的主观方面进行调查认定,并在当事人提起行政诉讼后就此承担举证责任。

Ⅱ 本判例的意义

本判例是最高人民法院就主观过错究竟是否为应受行政处罚行为成立要件中的必备要素首次作出正面回应的一个重要判例。由于1996年《行政处罚法》并未要求行政机关必须评价主观过错,客观归责一直是主流认识。如在实务界,有人认为,“行政违法行为以不考虑行为人主观状态(故意与过失)为基本原则,除非法律另有规定。要求违法行为人只有主观故意或过失才能定位违法,把刑法的原则套用到行政处罚,并不符合行政管理的特点”(孙百昌:《再论行政处罚适用“不问主观状态”原则》,载《工商行政管理》2006年第8期)。“在行政处罚中,过错的意义没有民法、刑法那样明显,作为一项归则原则,过错责任不应成为行政处罚归责原则。”(汪永清主编:《行政处罚运作原理》,中国政法大学出版社1994年版)在理论界,有人认为,“行政违法行为与犯罪相比较,在程度上要轻微一些,相应地,行政处罚种类的严厉程度也要轻微一些……例如,对于随地吐痰的违法行为,单行法律、法规及行政规章一般只规定在客观上有这一行为,行政机关就可以实施行政处罚,而没有必要认定其主观上是否存在故意”(胡锦光:《行政处罚研究》,法律出版社1998年版);“在行政法律责任中一般可不必对违法主体的主观心理状态作过于烦琐的分析和确认。只要相对一方的行为客观上违法,即应承担相应的法律责任,其主观上是故意还是过失对这种责任的轻重、大小大都无太大影响”(袁曙宏:《行政处罚的创设、实施和救济》,中国法制出版社1997年版)。

2018年9月7日,全国人大常委会公布了《十三届全国人大常委会立法规划》,《行政处罚法》修改程序启动,有关增设主观过错条款的建议获得了广泛讨论。理论界一致认为,行政处罚应当奉行责任主义立场,在《行政处罚法》中增设主观过错条款。2021年1月22日,《行政处罚法》修订获得通过,其中第33条第2款明确规定:“当事人有证据足以证明没有主观过错的,不予行政处罚。法律、行政法规另有规定的,从其规定。”自此,立法上发生了彻底改变,社会上的整体认识也在悄悄扭转。

在本判例中,尽管案涉事实发生在修法之前,但是法院审理却在修法之后。因此,从总体上来看,最高人民法院之所以会一改先前的立场,与《行政处罚法》修订不无关系。尽管如此,该判例仍然具有巨大的价值和意义。这是因为截至今日,仍然有人对《行政处罚法》第33条第2款存有争议,认为其并没有要求应受行政处罚行为的成立要件中都必须具有主观过错,该条中的“不予行政处罚”是指应受行政处罚行为已经成立后的量罚决定,且“另有规定”也有稀释和豁免之意。(熊樟林:《〈行政处罚法〉主观过错条款适用展开》,载《中国法学》2023年第2期)这些认识在一定程度上动摇了新《行政处罚法》确立的责任主义立场,不利于统一认识。在这一背景之下,最高人民法院在本判例中的立场和认识,就显得十分难能可贵。从判词上来看,该判例超越了制定法,是从法理和人情的角度,推导出主观过错的价值和功能的。因此,本判例既有利于统一认识、达成共识,同时也将主观过错要求从制定法的束缚中解放了出来,将其推向了更高的法理观念中,彻底摆脱了“不予行政处罚”“另有规定”等法律解释上的障碍。

Ⅲ 本判例存在的不足

在本判例中,尽管最高人民法院否定行政处罚决定的切口存在多个,但实际上最为核心的逻辑点就是主观过错。无论是对“75% 验收工况标准”的事实评价,还是对“法律不应强人所难”的法律评价,最高人民法院都是想要表明,污水处理厂“未验收先运营”没有违反其注意义务。

这一点看起来似乎是成立的,但是却经不起仔细推敲。主观过错包含“故意”和“过失”两个类型。所谓故意,指明知自己的行为会发生危害社会的结果,并且希望或者放任这种结果的发生;所谓过失,指应当预见自己的行为可能发生危害社会的结果,因为疏忽大意而没有预见,或者已经预见而轻信能够避免,以致发生危害社会的结果。从概念内涵上不难看出,无论是故意还是过失,实际上都要求违法行为人知道或者应当知道危害结果的发生,或者换句话来说,违法行为人从主观上应当能够明确,其从事的就是一项违法行为。在这一点上,无论是故意还是过失,都应当是十分明确的。因此,当我们在主观过错的评价上形成肯定性结论时,也就意味着违法行为人对注意义务的违背应当是知晓的,其知道自己从事的是违法行为。

按照上述逻辑,本案中的污水处理厂应当是具有主观过错的,而不是最高人民法院所说的“不具有主观过错”。这一结论可以从如下几个方面获得佐证:(1)2017 年 4 月 24 日,文昌市政府作出批复,同意污水处理厂从 2017 年 1 月 1 日起试运营 3 个月,试运营期间污水处理出水达到规定工况,通过在线监测验收后,及时委托有资质监测单位开展环保验收监测,监测合格可向文昌市环境局申请办理环保验收。环保验收通过后,可申报正式运营。这说明,污水处理厂从一开始就知道正式运营需要通过环保验收,否则就是违法。(2)2018 年 7 月 23 日,海南省环境监测中心站对污水处理厂进行调查监测,结论为污水处理量远未达设计处理水量负荷;污水进水浓度远未达设计要求;污染物处理效率长期达不到设计要求,建议建设单位按相关文件要求自行对项目进行验收并组织实施,加快污水收集管网的改造与建设。这说明,污水处理厂“未验收先运营”的行为,受到了官方的、科学上的否定,具有较高的权威性,污水处理厂对此同样知情。(3)2018 年 11 月 17 日,文昌市环境局作出第一次行政处罚决定,认为污水处理厂经现场检查发现配套建设的环保设施未经验收合格,擅自投入使用,属于违法行为,罚款 300,000 元。污水处理厂缴纳了该罚款。这说明,污染处理厂“未验收先运营”行为的违法性在行政执法上被正式认定,且污水处理厂也以缴纳罚款的形式接受了此次法律评价。从总体上来看,污水处理厂对于“未验收先运营”的违法性是知道的,具有主观过错,且属于“故意”的过错类型。这一结论在第二次行政处罚时同样不会发生改变。尽管在最高人民法院的判词中,法官从否定“未达到 75% 验收工况标准”

合理性的角度，批评了属地环保局不通过环保验收的僵化做法。但是，一个不争的事实是，第二次行政处罚评价的仍然是没有通过环保验收的违法事实。对此，污水处理厂完全知情，主观上的“故意”形态实客观存在。因此，从否定主观过错的角度否定“未验收先运营”的违法性，实际上并不妥当，与案件事实不符。

但是，问题在于，如果承认污水处理厂具有主观过错，就必须要处罚，而污水处理厂又确有难言之隐，坚持处罚，很显然与法理相悖。因此，要想真正解决这一问题，我们可能还需要从理论上找到其他的解释通道。这其中需要解释的一个核心问题是：违法行为人主观上确实存在故意或过失，是否必然构成应受行政处罚行为？从刑法学上来看，传统理论认为，一个人客观上有犯罪行为，主观上有犯罪故意或过失，就构成故意犯罪了。它把主观罪责看成一个心理上的意志活动，能够确定主观上有故意或者过失即可。这种理论一般被称为“心理责任论”。尽管“心理责任论”确实坚守了责任主义的立场，但是在适用过程中却会遇到多种障碍。例如，妻子病危，丈夫无奈只能醉驾送去医院。在这一行为中，主客观上都符合危险驾驶罪，但却不符合常理。又如，犯罪后销毁会计账目，具有故意销毁会计凭证罪的犯罪故意，但不能期待经济犯罪人保存自己的犯罪证据，所以不具有主观可谴责性，有故意也不构成犯罪。

因此，刑法学上将“心理责任论”往前推进一步，提出了所谓的“规范责任论”。该理论认为，有行为有故意，也不一定构成犯罪，还要进一步看是否具有实施合法行为的期待可能性，也即进一步实质评价主观方面。该理论提出了所谓的“期待可能性”的评价要素，认为行为人只有具有责任能力，具有故意或过失及违法性认识可能性，才可对其加以非难。但是，也并不排除在极少数情况下，由于行为人行为时所处的情境异常，即便其认识到或者可能认识到违法事实，却依然不能对其提出遵从法律规范、实施合法行为的意志期待。此时，不得对行为人加以非难。（钱叶六：《期待可能性理论的引入及限定性适用》，载《法学研究》2015 年第 6 期）

从整体上来看，本判例实际上运用的就是“期待可能性”的理论工具。案涉事实表明，尽管污水处理厂确实知道“未验收先运营”的违法性，具有主观上的故意，但是其所处的特殊情形决定了我们不能对其提出守法的意志期待。这并不意味着其不具有主观过错，而是不具有期待可能性。具体来说，这些特殊情形包括但不限于如下：(1)污水处理厂生产负荷未达设计能力 75%，系污水收集配套管网建设不到位造成的“两低”所致。(2)生产负荷达到 75% 以上始终是一个循序渐进的过程，一概要求未达 75% 验收工况标准的污水处理厂不得验收，进而不得投入使用，容易让建设项目陷入“两难”，即投入运营构成违法面临处罚；停止运营则无法逐步提升工况，从而始终达不到 75% 验收工况标准，始终无法竣工验收。(3)盈海公司在接受第一次行政处罚后，曾向文昌市政府提出报告，请求暂时关停污水处理厂，但未获回应。同时，2018 年 11—12 月，文昌市水务局也曾两次函告盈海公司，要求其同意接收多家单位排放污水。

☐ 参考文献

熊樟林：《〈行政处罚法〉主观过错条款适用展开》，载《中国法学》2023 年第 2 期。

钱叶六：《期待可能性理论的引入及限定性适用》，载《法学研究》2015 年第 6 期。

018 反垄断行政罚款数额的合法性判断

海南盛华建设股份有限公司诉海南省市场监督管理局反垄断行政处罚案 | 最高人民法院(2021)最高法知行终880号行政裁定书

邹 奕 四川大学法学院

■ 事实概要

2017年7月19日至20日,海南省消防协会消防维保检测行业分会(以下简称消防检测分会)召集包括被上诉人(一审原告)海南盛华建设股份有限公司(以下简称盛华公司)在内的所有20家会员单位,对其起草的《海南省消防协会消防检测最低自律价决议》(以下简称《最低自律价决议》)等三份文件进行会议讨论。它们的主要内容包括:(1)从2017年7月20日起,检测收费按统一标准(自律价)执行,会员单位可按标准的80%收费;(2)不盲目压价,不低于自律价或以其他方式变相低于自律价;(3)每家会员单位交纳履约保证金3万元;(4)若不按规定收费恶性竞争,扣除履约保证金2万元。盛华公司及其他会员单位均同意上述三份文件,并于达成协议后在文件签收单位表上各自签章。2017年7月31日,盛华公司向消防检测分会交纳了3万元履约保证金,并在此后对所有承接的消防安全检测业务,均根据《最低自律价决议》规定的标准对客户进行报价。该公司2018年度销售额为100,734,213.88元,其中,开展消防设施维护保养检测业务的营业收入为939,218.43元。

2019年9月12日,上诉人(一审被告)海南省市场监督管理局(以下简称市监局)作出琼市监处(2020)38号行政处罚决定书,对盛华公司处以2018年度全部销售额1%的罚款,即罚款1,007,342.13元。2021年1月12日,盛华公司以市监局为被告向海南省第一中级人民法院(以下简称一审法院)提起行政诉讼。2021年5月31日,一审法院作出(2021)琼96行初48号行政判决书,判决内容为:其一,撤销市监局作出的琼市监处(2020)38号行政处罚决定书;其二,市监局于该判决生效之日起60日内对盛华公司达成并实施垄断协议的行为重新作出处理。该判决是有利于原告的撤销判决。在一审判决作出前,市监局未针对盛华公司达成并实施涉案垄断协议的行为作出没收违法所得的处罚。在一审程序中,该局未就一审法院受理该案提出管辖异议。在一审判决作出后,市监局不服该判决,向最高人民法院(以下简称二审法院)提起上诉。

■ 裁判要旨

Ⅰ. 审查反垄断执法机构确定的具体罚款数额是否合法适当,需要结合个案具体情况,以有利于实现《反垄断法》预防和制止垄断行为的立法目的和确保个案处理结果公正为指引进行综合判断。具体可以考虑如下因素:垄断行为的危害性程度,如垄断行为的性质、持续时间、所涉及的市场范围、违法销售额及对经营者全部业务的影响等;经营者的主观恶意,如是否明知故犯、恶意违法;经营者在违法行为中所处的地位和作用,如是否属于垄断行为组织者或者主导者等;是否已经并处没收违法所得;经营者是否存在抗拒行政查处或者主动停止违法行为的情节;等等。

Ⅱ.就盛华公司从事的涉案垄断行为而言,市监局已经查明该公司的垄断违法经营销售额。该局原本应当根据其垄断违法销售情况计算其违法所得予以没收,并同时处以罚款。但市监局只是笼统按盛华公司 2018 年度全部销售额 100,734,213.88 元的 1% 处以罚款 1,007,342.13 元。市监局已经考虑到了盛华公司达成并实施垄断协议的主观意愿不强、部分检测业务未严格按照垄断协议执行等较轻违法情节,但是该公司垄断业务一年的相关销售额已达 939,218.43 元,且该违法行为持续时间超过两年。结合涉案垄断行为的危害性及持续时间等因素加以综合考虑,上述处罚结果在反垄断处罚的法定幅度内,符合《反垄断法》预防和制止垄断行为的立法目的,并未明显违反过罚相当原则。

■ 评　析

Ⅰ 本判例的核心争点

本判例系争的焦点问题在于:市监局按照盛华公司 2018 年度的全部销售额计算罚款并作出处罚是否合法。这一焦点问题又可以被分解为两个存在一定关联的具体问题:(1)市监局基于特定基数计算得出的反垄断行政罚款数额是否符合《反垄断法》(2007 年版,下文所引如无特别标注均为该版)第 46 条第 1 款的罚款规则;(2)该反垄断行政罚款数额是否符合《行政处罚法》(2017 年修正版,下文所引均为该版)第 4 条第 2 款的过罚相当原则。以下分而述之。《反垄断法》第 46 条第 1 款作出如下规定:"经营者违反本法规定,达成并实施垄断协议的,由反垄断执法机构责令停止违法行为,没收违法所得,并处上一年度销售额百分之一以上百分之十以下的罚款。"在本判例中,作为罚款计算基数的"销售额"应该限于盛华公司在 2018 年度的境内销售额。因此,对于该"销售额"的含义有两种解读:其一,全部销售额;其二,垄断协议所涉商品的销售额(以下简称相关销售额)。盛华公司赞成第二种解读并得到了一审法院的支持,而市监局赞成第一种解读并得到了二审法院的支持。《行政处罚法》第 4 条第 2 款规定:"设定和实施行政处罚必须以事实为依据,与违法行为的事实、性质、情节以及社会危害程度相当。"这是该法对过罚相当原则的规范表述。毫无疑问,较之于基于相关销售额计算的罚款数额,基于全部销售额计算的罚款数额明显更高。在本判例中,全部销售额和相关销售额分别为 100,734,213.88 元和 939,218.43 元,二者相差甚巨。在盛华公司看来,如此数额的罚款构成了过重的处罚,而市监局则视其为适度的处罚。

Ⅱ 本判例的论证逻辑

二审法院经过审理认为:一审判决认定事实基本清楚,审理程序合法,但适用法律欠妥,应当予以撤销,盛华公司撤销市监局行政处罚决定的诉讼请求应当予以驳回。这就是本判例的最终结果。市监局主张,其按照盛华公司2018年度所有销售额计算得出的反垄断行政罚款数额符合《反垄断法》第46条第1款的罚款规则。二审法院对此予以支持。为了界定该款中"销售额"的含义,二审法院先后明确采用了文义解释、目的解释这两种法律解释方法。二审判决书首先指出,从文义解释的角度看,"上一年度销售额"作为计算罚款的基数没有被进一步限定,"需要结合立法目的和一般法律适用原则探究其合理含义"。可见,该法院没有仅凭该法第46条第1款的字面意思就对"销售额"的含义进行或宽或窄的界定,体现了审慎、务实的立场。二审判决书而后指出,"垄断行为通常对市场经济的危害性较大,总体上对垄断行为应当处以较为严厉的处罚,方能起到有效的威慑作用,否则难以实现《反垄断法》预防和制止垄断行为的立法目的"。这是典型的目的解释的应用。《反垄断法》第1条即其立法目的条款将"预防和制止垄断"列于其起始位置,该表述可被视作《反垄断法》最为直接的立法目的。但应当看到,"预防和制止垄断"作为整部法律的宗旨比较宏观,由此只能间接推导第46条第1款的立法原意。不过,这一推导也比较符合体系解释的进路。市监局又主张,其按照盛华公司所有销售额计算得出的反垄断行政罚款数额符合《行政处罚法》的过罚相当原则。二审法院对此表示支持。关于该法院在这一点上的论证逻辑,前引的"判决要旨"已有比较详细的阐述,这里只进行简要的梳理和评析。

为了准确判断市监局反垄断行政罚款数额是否符合过罚相当原则,二审法院综合考虑了两方面的因素。一方面,盛华公司达成、实施垄断协议的主观意愿不强,该公司的部分检测业务未严格按照垄断协议执行。另一方面,盛华公司垄断业务2018年度的销售额已近940万元,且该垄断行为业已持续两年多。二审法院认为,总体来看,市监局仅按照盛华公司2018年度全部销售额之1%科处罚款属于过罚相当。该法院之所以认为处罚结果并不过重,主要有以下两点考虑:其一,市监局仅科处了罚款而未并处没收违法所得;其二,市监局适用法定罚款下限科处罚款,属于底格罚款。

Ⅲ 本判例的规范检视

1.行政处罚之基本目的。一般认为,行政处罚的基本目的有二:报应和预防。这里的"预防"是主观面向的,表现为心理威慑、吓阻,包括特殊预防和一般预防。报应与预防存在对立统一的关系,"惩恶于已然"的逻辑与"防患于未然"的逻辑往往并存。但是,报应是第一性的,而主观预防是第二性的。在当前的风险社会中,作为行政处罚的两个基本目的,预防较之于报应似乎更受立法者和执法者的重视。

在本判例中,二审法院一再强调"《反垄断法》预防和制止垄断行为的立法目的"。此种立法宗旨无可厚非,但若执法者、司法者在预防论与报应论之间顾此失彼,在重视前者的同时忽视后者,反垄断处罚恐将失去相对客观的标准,明显偏离"大过重罚、小过轻罚、同过同罚”的报应逻辑。在本判例中,市监局主张以盛华公司2018年度的全部销售额而非相关销售额为基数计算反垄断罚款数额,这种计算方式当然可以增强反垄断处罚主观预防的效果。但上述主张委实难以面对报应论的诘问:与垄断业务无关的销售额何以影响罚款数额?因此,盛华公司在一定程度上充当了纯粹的预防工具。

倘若将《反垄断法》第46条第1款中的“销售额”解读为相关销售额,市监局对盛华公司的反垄断罚款数额就将大幅下降。如“事实概要”所示,该公司2018年度相关销售额只占该年度全部销售额的0.93%,二者相差甚巨。如果以相关销售额为基数进行1%的底格罚款,罚款数额仅有9392.18元;即使以相关销售额为基数进行1%的顶格罚款,罚款数额也只不过是93,921.84元。无论市监局的罚款采取以上哪个倍率,以相关销售额与全部销售额为基数计算得出的罚款数额均相差悬殊。因此,为了实现严格意义上的过罚相当,市监局以及二审法院似应采取关照盛华公司财产权益的解释方案,将《反垄断法》第46条第1款中“销售额”限缩解释为相关销售额。实际上,“在2018年国务院机构改革之前,反垄断执法机构在对销售多种商品的经营者进行处罚时,多将‘上一年度垄断协议所涉商品在国内的销售额’作为罚款计算的依据”。(刘继峰等:《中华人民共和国反垄断法理解与适用》,中国法制出版社2022年版,第276页)但时过境迁,“从新的反垄断执法机关国家市场监管总局2018年组建后查处的案件来看,基本上是按照总销售额来计算罚款的”(王健:《我国反垄断罚款威慑不足的制度成因及破解思路》,载《法学评论》2020年第4期)。正如二审判决书所示,2019年12月11日,国家市场监督管理总局(以下简称市监总局)通过反垄断调查函〔2019〕172号答复意见表明了这一执法立场。可是,就《反垄断法》第46条第1款中罚款数额的计算而言,执法政策的转向和行政解释的转变不乏规范层面的依据。首先,《反垄断法》开宗明义地表达了预防和制止垄断行为的立法目的。通过目的解释和体系解释,经由该立法目的可以推断第46条第1款的规范意旨。其次,2019年5月22日,时任市监总局反垄断局局长在接受专访时提到,“罚款基数应为企业上一年度的全部销售额,而不是涉案产品的销售额。就此问题,市场监管总局已经专门请示全国人大常委会法工委,并得到明确答复”(倪泰:《细化措施落实竞争政策突出重点加强反垄断执法——专访反垄断局局长吴振国》,载《中国市场监管报》2019年5月22日)。全国人大常委会法制工作委员会的这一答复应该可以在一定程度上反映全国人大常委会的态度,可被视为具有较高权威性的准立法解释。综上,在本判例中,市监局反垄断罚款数额的计算方式基本符合《反垄断法》的相关规范。

2. 法律规范之冲突规则。严格来说,市监局以盛华公司2018年度的全部销售额为基数计算反垄断罚款数额不甚符合过罚相当原则。但如前所述,该局确定罚款数额的方式确有可能符合《反垄断法》的规范意旨。接下来有必要研讨的问题是:将《反垄断法》第46条第1款中“销售额”界定为全部销售额而非相关销售额之后,该款规定之罚款规则与《行政处罚法》第4条第2款规定之过罚相当原则的紧张关系应当如何处理。

有关法律规范冲突的主要适用规则:(1)新旧冲突规则。根据《立法法》第103条的规定,新的规定优先于旧的规定。至于“新”与“旧”具体应该如何确定,业界存在不同观点。但是,无论是依据两部法律的通过时间、最近修改时间还是依据两个法律规范的生成时间进行研判,《反垄断法》第 46 条第 1 款的罚款规则都是相对较新的规定。(2)种属冲突规则。《立法法》第 103 条规定,特别规定优先于一般规定。作为抽象的法律原则,《行政处罚法》第 4 条第 2 款的过罚相当原则普遍适用于国家机关设定和实施行政处罚的所有行为;而作为具体的法律规则,《反垄断法》第 46 条第 1 款的罚款规则仅适用于针对达成、实施垄断协议之经营者所科处的罚款。毋庸赘言,相比之下,前者是一般规定而后者是特别规定。(3)层级冲突规则。相对于新旧冲突规则和种属冲突规则,层级冲突规则更具优先性。但是,根据业界尤其是实务界的主流观点,虽然《反垄断法》和《行政处罚法》分别是由全国人大常委会和全国人民代表大会制定的,但二者均属于形式意义上的法律,在效力位阶上并无高下之别。从这个意义上说,《行政处罚法》是《反垄断法》的同位法而非上位法。

3. 没收、罚款之并处机制。从二审判决书的表述来看,针对市监局没有并处没收违法所得这一事实,二审法院没有明确给予否定性评价。不仅如此,该法院还倾向于以此证成市监局罚款数额符合过罚相当原则的规范要求。诚然,二审法院作为审判机关无权向盛华公司追加没收违法所得。但是,此种司法逻辑可以说是本判例最为明显的缺憾。或许,在二审法院看来,市监局采取了整体上合乎过罚相当原则的反垄断处罚策略——以全部销售额作为计算罚款的基数处以罚款,但不并处没收违法所得。此种策略在规范层面存在硬伤,它违背了《反垄断法》第 46 条第 1 款关于反垄断执法机构的规范命令——没收违法所得并且罚款。没收违法所得与罚款均为该款的刚性要求,反垄断执法机构只能并处二者,不可单处其一。

Ⅳ 本判例的意义

就反垄断行政罚款数额的合法性而言,本判例具有正反两方面的意义。一方面,本判例有助于促进全国范围内有关反垄断罚款之行政执法、行政审判实践各自的、彼此的协调统一,有助于提高这类行政执法、行政审判的效能,同时有助于发挥反垄断行政罚款的预防功能,实现其预防目的。2018 年以来,以市监总局为首的反垄断执法机构在适用《反垄断法》第 46 条第 1 款的执法实务中,逐渐形成了以违法经营者上一年度的全部销售额而非相关销售额为基数计算反垄断罚款数额的惯例。而且在本判例中,最高人民法院作为二审法院明确认可了该惯例,该判例对整个人民法院系统应该具有较强的示范效应。另一方面,本判例没有关照《反垄断法》第 46 条第 1 款规定之罚款规则与《行政处罚法》第 4 条第 2 款规定之过罚相当原则的紧张关系,更遑论运用有关法律冲突的适用规则处理这一关系。不仅如此,本判例还未能充分披露适用《反垄断法》第 46 条第 1 款时单处罚款而不并处没收违法所得的合法性困境。事实上,市监局的行政执法和二审法院的行政审判均存在上述两个问题,这将给今后有关执法、司法实践带来一定的消极影响。

参考文献

王健:《我国反垄断罚款威慑不足的制度成因及破解思路》,载《法学评论》2020 年第 4 期。
刘继峰等:《中华人民共和国反垄断法理解与适用》,中国法制出版社 2022 年版。

019 行政处罚中的不利变更禁止规则

江苏省东台市市场监督管理局与翁秀芬商标行政处罚案 | 最高人民法院(2019)最高法行申9339号行政裁定书

李 晴 南京大学法学院

■ 事实概要

"ZHOULIUFUJEWELRY""ZHOULIUFUJWELRY"商标及在商品吊牌上使用"ZHOULIUFUJEWELRY"单引号系周六福珠宝公司的注册商标,注册证号分别为7519199、7508460、7519198,核定使用商品均为第14类的手镯、链(首饰)、翡翠、戒指等珠宝首饰类商品,有效期分别为2010年10月28日至2020年10月27日、2011年1月14日至2021年1月13日、2011年2月28日至2021年2月27日。2010年11月,翁秀芬申请登记为个体工商户,在东台大润发一楼租赁柜台从事黄金、珠宝、玉器首饰、工艺美术品的经营活动。2011年12月20日,翁秀芬加盟周六福黄金钻石公司,在经营场所门楣、形象墙、柜台使用或突出使用"周六福珠宝""周六福"以及在商品包装物、销售凭证和商品吊牌上使用"ZHOULIUFUJEWELRY""周六福"等标识。2015年6月1日,江苏省东台市市场监督管理局(以下简称东台市监局)接到投诉称翁秀芬经营的珠宝店存在商标侵权、不正当竞争等违法行为。2015年6月2日,东台市监局对翁秀芬的经营场所进行检查,现场发现标有"ZHOULIUFUJEWELRY"的商品包装若干。2015年6月4日,投诉人周六福珠宝公司出具了鉴定书,确认翁秀芬所用标有"周六福""周六福珠宝""ZHOULIUFUJEWELRY"的商品包装均不是来源于周六福珠宝公司。2015年6月12日,周六福珠宝公司与翁秀芬达成和解协议,周六福珠宝公司对翁秀芬的此前行为表示谅解。2015年7月17日,周六福珠宝公司向东台市监局出具情况说明,请求在处理此案过程中,给予翁秀芬改过自新的机会,减轻或免除其责任。2015年10月30日,东台市监局陆续接到消费者投诉,至2015年11月13日,东台市监局对2011年2月至2015年4月在翁秀芬处购买千足金项链、戒指、吊坠、手链、手镯转运珠等商品的58名消费者进行调查取证,对其中54名消费者进行了询问调查。根据消费者提供的购货凭证统计,翁秀芬经营额合计494,585元。

2016年5月11日,东台市监局作出0084号处罚决定,责令翁秀芬立即停止侵权,并处罚如下:(1)没收标有"ZHOULIUFUJEWELRY"的手提袋74只、吊坠盒15只、项链盒14只(其中大的12只、小的2只)、手镯盒36只;标有"周六福"的绒面戒指盒102只、手镯盒28只、戒指盒21只。(2)罚款55万元,上缴国库。2016年7月11日,翁秀芬不服0084号处罚决定,向盐城工商局提起复议。在复议过程中,翁秀芬提出7519198注册商标是争议商标,正处于无效宣告阶段。2016 年 9 月 19 日,东台市监局以“发现了新证据”为由撤销了 0084 号处罚决定。2016 年 10 月 21—22 日,东台市监局再次进行调查。在调查期间,东台市监局删除原来 21 名投诉消费者,增加了 7 名投诉消费者材料,新增加的违法经营额为 42,081 元。在此基础上,东台市监局认定,自 2011 年 2 月起翁秀芬在商品包装盒和凭证(保证单)上使用“ZHOULIUFU-JEWELRY”等,所售商品合计 276,680 元。2016 年 10 月 24 日,翁秀芬与部分消费者进行协商,予以赔偿。2016 年 12 月 15 日,东台市监局作出 0332 号处罚决定,处罚如下:(1)责令立即停止侵权行为;(2)没收含有“ZHOULIUFUJEWELRY”内容的手提袋 74 只、吊坠盒 15 只、项链盒 14 只(其中大的 12 只、小的 2 只)、手镯盒 36 只;(3)罚款 55 万元。2017 年 2 月 11 日,翁秀芬不服该行政处罚,向盐城工商局提起行政复议。2017 年 4 月 10 日,盐城工商局作出盐工商复字〔2017〕第 4 号行政复议决定书(以下简称〔2017〕第 4 号复议决定),维持了东台市监局作出的行政处罚决定。翁秀芬不服行政复议,为此向法院提起诉讼。

■ 裁判要旨

Ⅰ. 再审申请人东台市监局于 2016 年 5 月 11 日作出 0084 号处罚决定,经重新调查后于同年 12 月 15 日作出 0332 号处罚决定。相比 0084 号处罚决定,0332 号处罚决定认定被申请人翁秀芬经营行为侵犯的注册商标数量、违法经营额均少于 0084 号处罚决定认定的事实情节。再审申请人的两次处罚虽然均在法定幅度内作出,但作为同一处罚程序中针对同类违法行为作出的处罚决定,其应当符合《行政处罚法》(2017 年)第 32 条关于“行政机关不得因当事人申辩而加重处罚”的规定。结合《行政处罚法》(2017 年)第 4 条第 2 款关于“过罚相当”的规定,在同一处罚程序中,对于违法情节明显减轻的情况,处罚结果未相应减轻,实质上亦属于加重处罚,不符合行政合理性原则。

Ⅱ. 在 0332 号处罚决定作出前,被申请人翁秀芬与部分消费者及商标权利人进行了协商并予以赔偿。再审申请人东台市监局以商标权利人出具的“贵局对被投诉人之前的行为是否处罚、如何处罚,权利人均没有异议”说明为由,主张该行为并不影响处罚结果。但根据《行政处罚法》(2017 年)第 5 条关于“实施行政处罚,纠正违法行为,应当坚持处罚与教育相结合”的规定,行政处罚的目的并不在于罚款本身,而是通过惩戒性的措施教育公民、法人或者其他组织自觉守法。被申请人积极与商标权利人沟通并赔偿了损失,表明被申请人已经认识到行为的过错性,并采取了积极措施消除或者减轻违法行为危害后果。再审申请人仍坚持原处罚幅度,有所不当。一审法院根据《行政诉讼法》第 77 条第 1 款之规定,判决变更罚款数额符合《行政处罚法》的立法精神和相关规定。二审法院驳回再审申请人的上诉,维持原判决,并无不当。

■ 评 析

Ⅰ 以往判例观点

在焦志刚与和平公安分局治安管理处罚案(《最高人民法院公报》2006 年第 10 期)中,法院认为，将治安拘留10日经复议后调整为治安拘留15日，属于加重处罚。在周浩与嘉善县环境保护局行政处罚案[浙江省嘉兴市中级人民法院(2011)浙嘉行终字第2号行政判决书]中，法院认为，重新作出的处罚决定处罚前告知拟处罚的幅度与处罚决定一致，并未加重。在海南国托科技有限公司诉海南省地方税务局第一稽查局税务处罚案[最高人民法院(2015)行监字第2031号行政裁定书]中，法院认为，将罚款金额由108,679,553.29元经听证后调整为108,180,398.38元，不属于加重处罚。在朱某甲与商城县公安局、商城县人民政府公安行政处罚案[河南省信阳市新县人民法院(2016)豫1523行初5号行政判决书]中，法院认为，将行政拘留9日并处罚款800元在申辩后变更为行政拘留12日并处罚款700元，属于加重处罚。在阳江市国土资源局与林满堂行政处罚案[广东省阳江市中级人民法院(2017)粤17行终61号行政判决书]中，一审法院认为，行政相对人对作出的行政处罚提起诉讼或申请复议均相当于申辩，在原处罚决定因起诉或复议被撤销后对同一行为做出更重的处罚，属于加重处罚；二审法院认为，将原不符合法律规定的70,000元罚款决定予以撤销，再度在法律规定的范围内作出99,000元罚款，并不属于因加重处罚。在冉彪与黔东南州公安局交通警察支队行政处罚案[贵州省凯里市人民法院(2019)黔2601行初5号行政判决书]中，法院认为，行政机关将其作出的原适用法律不准确的行政处罚决定(罚款1000元、暂扣机动车驾驶证6个月)自行纠正为罚款5000元、吊销机动车驾驶证且5年内不得取得机动车驾驶证，不受禁止不利变更原则的限制。在孙伯涛与龙井市公安局行政处罚案[吉林省延吉市人民法院(2019)吉2401行初178号行政判决书]中，法院认为，以庭审中提供的证据为由另行给予处罚，属于加重处罚。

从既往判例来看，理解行政处罚中不利变更禁止规则的关键点有二：一是对“申辩”或“陈述、申辩”的理解，复议、听证、庭审是否属于“申辩”的范畴，行政机关自我纠正是否需落入“申辩”的窠臼；二是对“加重处罚”或“给予更重的处罚”的理解，是否仅以数额为标准进行判断，还是需要考虑其他要素。上述案例中，将复议、听证、庭审纳入“申辩”的范畴，基本达成共识；认定属于加重处罚的情形，多是在数额上予以了增加或是另行给予处罚。

Ⅱ 本判例的意义

相较于以往的判例，一方面，本案将经复议程序认定为“申辩”的一种情形；另一方面，将对于违法情节明显减轻，处罚结果未相应减轻的情况，认定为加重处罚。前者是对既往判例中“申辩”扩大解释的进一步确认。后者拓展了“加重处罚”的认定情形，除了在违法情节不变时，对处罚结果尤其是数额的考察，还需考虑认定的违法情节变化时，若不将处罚结果予以调整，亦有构成加重处罚之可能。更言之，“加重处罚”的理解应当综合考察应受行政处罚情节的事实、性质、情节和社会危害程度以及处罚的种类及其幅度。

Ⅲ 学理框架

从当前学理的讨论来看，有关申辩不加重处罚的专门研究并不多。多数观点停留在如何理解“加重处罚”或者“给予更重的处罚”上。(应松年主编：《行政处罚法教程》，法律出版社2012年版，第192页；许安标主编：《中华人民共和国行政处罚法释义》，中国民主法制出版社2021年版,第 132 - 133 页)相较而言,申辩不加重处罚的上位概念——禁止不利变更的相关讨论更丰富一些,形成的学理框架亦可为诠释申辩不加重处罚提供参考。该学理框架包括适用范围、所涉内容和例外三个要素。(1)适用范围,也即申辩不加罚适用的对象。一是需要注意申辩的形式。当事人陈述、申辩、辩解、复议、诉讼,均应适用申辩不加罚。二是需要注意申辩的主体。这里的主体仅限于处罚相对人。违法行为的被害人的申辩不适用此规则。存在争议的是,与处罚相对人存在利益趋同的人的申辩是否适用此规则。(张坤世:《论行政复议中不利变更禁止——兼论其在行政处罚复议中的适用》,载《行政法学研究》2000 年第 4 期)三是需要注意所涉事项。申辩不加罚仅适用于申辩事项,未申辩事项不适用。(初瑞英:《论禁止不利变更原则在行政复议中的适用》,载《行政法学研究》2009 年第 2 期)(2)所涉内容,即不加重处罚内容的理解。加重处罚应当被扩大解释为进入更加不利的境地,既包括处罚幅度外加重处罚,也包括处罚幅度内从重处罚(袁雪石:《中华人民共和国行政处罚法释义》,中国法制出版社 2021 年版,第 273 页);既包括科处更重处罚、更多义务,也包括减损既得权利或利益(涂怀艳:《论禁止不利变更》,载《法商研究》2003 年第 1 期);既涉及质,也涉及量;既考量相对人主观的自我满足感,也考虑社会客观存在。(初瑞英:《论禁止不利变更原则在行政复议中的适用》,载《行政法学研究》2009 年第 2 期)(3)例外,即不适用申辩不加罚的情形及其限制。主要有两个例外情形:一是当不加重处罚将严重损害国家、集体或他人的合法权益时,可依据行政应急性原则的规定予以变更;二是违反了国家的强制性规定而适用了错误的法律、法规。(张坤世:《论行政复议中不利变更禁止——兼论其在行政处罚复议中的适用》,载《行政法学研究》2000 年第 4 期)对于因例外情形而加重处罚的,有学者提出应予以适当的补偿,以保护其信赖利益。(邓小兵:《行政复议"不利变更禁止原则"初探》,载《甘肃政法学院学报》2006 年第 5 期)

Ⅳ 本判例的规范逻辑

在本判例中,行政机关试图通过对适用范围的限缩解释避免申辩加罚的指摘。法院和原告则对申辩不加罚进行了更有说服力的理解,其背后是对行政合理性原则、过罚相当原则乃至处罚与教育相结合原则的坚持。

原审原告翁秀芬认为,在认定的违法经营额减少的情况下,违法情节随之减轻,罚款额度不变,意味着处罚的幅度由违法经营额的 1.1 倍提升为近 2 倍,属于加重处罚,系在通过复议纠正行政机关错误后却遭受更为不利的后果。原审被告东台市监局认为,后一处罚决定并不是基于与前一处罚决定相同的事实和理由作出的同一处罚决定,也非基于相对人的陈述、申辩和听证而罚的"态度款",没有加重处罚,而是基于相对人实施违法行为的事实、性质、情节、社会危害程度等作出的有违法事实和法律依据的处罚。

一审法院首先界定了行政处罚中不利变更禁止的立法意图在于"行政机关实施行政处罚过程中,当事人不服提出申辩,行政机关基于原处罚所依据的事实,不得加重对当事人的处罚,包括处罚种类的加重和处罚幅度的加重";立法目的在于"保护当事人向行政机关申辩的权利,如果允许行政机关在当事人申辩后加重处罚,将限制甚至剥夺当事人的申辩权利"。就本案而言,一方面,东台市监局增加认定了非法经营数额 42,081 元,系因未全面调查违法事实而作出不完整的行政行为,若以此为事实基础修正原处罚决定,虽符合依法行政的目的,却加重了相对人责任,违背行政复议的立法目的。另一方面,在认定的非法经营额减少,且相对人获得谅解以及赔偿部分消费者的情况下,原罚款数额不变,意味着罚款倍率不同,后一罚款倍率明显偏高,属于加重处罚。此外,法院认为后一处罚决定认定的事实与前一处罚决定认定的事实基本相同,仅是违法经营额减少,系"基于同一事实和理由"作出的两个不同的处罚决定。二审法院对一审法院的判决予以认可。

再审法院通过引入过罚相当原则和处罚与教育相结合原则进一步夯实了一审法院的论理。一方面,结合过罚相当原则的要求,在同一处罚程序中,对于违法情节明显减轻的情况,处罚结果未相应减轻,实质上属于加重处罚,不符合行政合理性原则。另一方面,基于处罚与教育相结合原则,再审法院认为行政处罚的目的并不在于罚款,而是通过惩戒性措施教育公民、法人或其他组织自觉守法。本案处罚相对人与商标权利人积极沟通并赔偿损失,表明其已经认识到行为的过错性,并采取积极措施消除或者减轻违法行为危害后果,东台市监局仍坚持原处罚额度,有所不当。

从法院的裁判来看,一方面,在认可"同一事实和理由"作为申辩不加罚的适用前提的同时,还倾向于对其做宽松解释,也即,前后事实和理由基本相同即可。另一方面,在认定是否加重处罚时,除了关注处罚后果,还需关注违法行为的事实、性质、情节和社会危害程度;对处罚后果的考量还需区分数额罚和比例罚,前者以罚款数额为标准,后者以罚款倍率为标准。这是本案区别于以往判例最突出的体现,也是本判例的核心价值所在。

□ 参考文献

许安标主编:《中华人民共和国行政处罚法释义》,中国民主法制出版社 2021 年版。
袁雪石:《中华人民共和国行政处罚法释义》,中国法制出版社 2021 年版。
李晴:《论过罚相当的判断》,载《行政法学研究》2021 年第 6 期。

020 行政处罚中的社会危害性判定

陈超诉济南市城市公共客运管理服务中心客运管理行政处罚案 |

《最高人民法院公报》2018年第2期

张 亮 上海社会科学院法学研究所

■ 事实概要

2015年1月7日,两名乘客通过网络召车软件与原告陈超取得联系,约定陈超驾车将乘客从济南市八一立交桥附近送至济南西站,由乘客支付车费。当日11时许,陈超驾驶私人小汽车行至济南西站送客平台时,被告济南市城市公共客运管理服务中心(以下简称济南客运管理中心)的工作人员对其进行调查,查明陈超未取得出租汽车客运资格证,驾驶的车辆未取得车辆运营证。济南客运管理中心认为陈超涉嫌未经许可擅自从事出租汽车客运经营,对其下达行政强制措施决定书,暂扣其车辆。济南客运管理中心于2015年1月26日向陈超送达鲁济交(01)违通(2015)8716号违法行为通知书,认为其未经许可擅自从事出租汽车客运经营,拟处20,000元罚款,没收违法所得。陈超其后要求听证。在听证过程中,济南客运管理中心办案人员陈述了陈超的违法事实、有关证据、处理意见等,陈超对事实认定、法律适用和执法程序均质疑。2015年2月13日,济南客运管理中心作出鲁济交(01)罚(2015)8716号行政处罚决定书并送达陈超,以其非法经营客运出租汽车,违反《山东省道路运输条例》(2015年)第69条第2款之规定为由,责令其停止违法行为,处20,000元罚款并没收非法所得。陈超不服,在法定期限内提起行政诉讼。

■ 裁判要旨

Ⅰ. 网约车这种客运服务的新业态,作为共享经济的产物,其运营有助于提高闲置资源的利用效率,缓解运输服务供需时空匹配的冲突,有助于在更大程度上满足人民群众的实际需求。因此,当一项新技术或新商业模式出现时,基于竞争理念和公共政策的考虑,不能一概将其排斥于市场之外,否则经济发展就会渐渐缓慢直至最后停滞不前。但是同样不容否认的是,网约车的运营需要有效的监管。网约车这种客运行为与传统出租汽车客运经营一样,同样关系到公众的生命财产安全,关系到政府对公共服务领域的有序管理,应当在法律、法规的框架内有序进行。只要是有效的法律、法规,就应当得到普遍的尊重和执行,这是法治精神的基本要求、法治社会的重要体现。因此,在本案当中,我们既要依据现行有效的法律规定审查被诉行政行为的合法性,以体现法律的权威性和严肃性,同时也要充分考虑科技进步激发的社会需求、市场创新等相关因素，作出既符合依法行政的当下要求，又为未来的社会发展和法律变化留有适度空间的司法判断。

Ⅱ. 比例原则是行政法的重要原则，行政处罚应当遵循比例原则。对当事人实施的行政处罚必须与其违法行为的事实、性质、情节和社会危害程度相当。一方面，网约车作为客运服务的新业态和分享经济的产物，有助于缓解客运服务的供需矛盾，满足公众多样化的出行需求，符合社会发展趋势和创新需求，对其应当保持适度宽容。另一方面，这种新业态也给既有客运管理秩序带来了负面影响，甚至存有安全隐患等问题，确需加强规范引导。《网络预约出租汽车经营服务管理暂行办法》（2016 年）的出台，也从侧面对此予以了佐证。当一种新生事物在满足社会需求、促进创新创业方面起到积极推动作用时，对其所带来的社会危害的评判不仅要遵从现行法律法规的规定，亦应充分考虑是否符合社会公众感受。本案被上诉人陈超通过网络约车软件进行道路运输经营的行为，社会危害性较小符合一般社会认知。行政机关在依据现行法律法规对其进行处罚时，应当尽可能将对当事人的不利影响控制在最小范围和限度内，以达到实现行政管理目标和保护新生事物之间的平衡。

■ 评　析

Ⅰ 已有判例的观点

《行政处罚法》（1996 年）第 4 条第 2 款规定：“设定和实施行政处罚必须以事实为依据，与违法行为的事实、性质、情节以及社会危害程度相当。”在法规范上，对作为酌定要素的“社会危害性”的一般情节很少作明确规定，多散见于各地的裁量基准规范中，但在司法实务中，情形其实是比较丰富的。考察已有的判例，大致可以将其梳理为以下类型：(1) 行为定性，即根据违法行为的性质直接判定社会危害性。在霍山县公安局、高志桌公安行政管理再审案［安徽省高级人民法院（2018）皖行申 170 号行政裁定书］中，法院认为：“纵观全案，高志桌掀翻鱼桶的行为系民间纠纷引起，虽有损毁他人财物的行为，但违法情节轻微，社会危害性较小。”在台州市黄岩区军棋协会诉台州市工商行政管理局黄岩分局工商行政处罚上诉案［浙江省台州市中级人民法院（2013）浙台行终字第 126 号行政判决书］中，法院认为“原告借军棋协会的名义，行违法经营之实，尤其是未经许可擅自经营互联网上网服务、接纳未成年人上网”，社会危害性较大。在遵义市播州区公安局与谌伦刚处罚上诉案［贵州省遵义市中级人民法院（2017）黔 03 行终 134 号行政判决书］中，法院认为“被上诉人谌伦刚认为其正常生产生活受到广场舞噪音影响，采取砸坏音箱的方式制止广场舞，其行为明显不当；但与其他故意毁坏财物的行为有明显和本质的区别，社会危害性明显较小”。(2) 风险评估，即根据违法行为可能引发的公共风险来推定社会危害性。在罗春诉绵阳市公安局涪城区分局治安行政处罚上诉案［四川省绵阳市中级人民法院（2015）绵行终字第 74 号行政判决书］中，法院认为“燃烧汽油会威胁不特定多数人的生命和财产安全”，社会危害性较大。在王亚伟不服潢川县公安局治安行政处罚上诉案［河南省信阳市中级人民法院（2011）信行终字第 45 号行政判决书］中，法院认为“因事发在上海世博会举办期间，该违法行为造成的社会危害性较大”。在青岛达内软件科技有限公司诉青岛市黄岛区人力资源和社会保障局劳动和社会保障行政管理上诉案[山东省青岛市中级人民法院(2019)鲁02行终64号行政判决书]中,法院认为“违法行为涉及人员众多”,因此社会危害性较大。(3)损害后果,即根据违法行为实际造成的损害后果确定社会危害性。在广东新海得实业有限公司广州同格保健食品厂与广州市食品药品监督管理局等处罚决定及行政复议决定上诉案[广州铁路运输中级法院(2017)粤71行终2369号行政判决书]中,法院认为“对涉案的食品原料、食品添加剂和相关产品抽检后,未发现不合格项目,社会危害性较小”。在广州市畅顺物流有限公司、广州市南沙区环保水务局环境保护行政管理上诉案[广州铁路运输中级法院(2018)粤71行终1892号行政判决书]中,法院认为“上诉人作为物流和仓储类服务企业,并非在生产制造过程中会产生明显污染的行业,其生产经营过程对环境影响较轻微。而且原南沙区水务局已经向上诉人所在工业园的五凤工业城发放了排水许可证,上诉人生产经营所产生的生活污水已接入该工业园的废水处理池。……本案原审过程中,上诉人已根据被上诉人南沙区环水局的通知要求,于2018年1月15日办理了环境影响登记表,表明案涉建设项目确属环保危害性较小的项目”。在黄幼君、饶平县公安局公安行政管理上诉案[广东省潮州市中级人民法院(2019)粤51行终2号行政判决书]中,法院认为“黄幼君的违法行为并未造成郑双发身体有明显损伤痕迹,也未对当天市场的管理秩序造成其他影响”,因而社会危害性较小。在南皮县市场监督管理局、沧州鑫利达五金制造有限责任公司质量监督检验检疫行政管理上诉案[河北省沧州市中级人民法院(2019)冀09行终211号行政判决书]中,法院考虑到“广告影响力较小,客观上对市场秩序的扰乱程度较轻微,对同行业商品的贬低危害较小。……不会对消费者产生太大的误导……销售额与其广告没有关系”,因而认定社会危害性较小。在南昌市公安局青云谱分局与杨桂兰治安处罚纠纷上诉案[南昌铁路运输中级法院(2019)赣71行终467号行政判决书]中,法院认为“双方没有发生肢体冲突,未有损毁他人财物的行为,……社会危害性较小”。由此可见,实践中,“社会危害性”概念是一个开放性的要件,行为定性论、风险评估论、损害后果论都是从不同角度对违法行为客观影响的表述。

Ⅱ 社会危害性判定的学理框架

《刑法》第13条规定:“……以及其他危害社会的行为,依照法律应当受刑罚处罚的,都是犯罪,但是情节显著轻微危害不大的,不认为是犯罪。”显然,刑事法律责任与行政法律责任的“危害性”概念并不在同一层次之上,相对而言,受刑法调整的是具有严重社会危害性的行为。行政处罚的理论要件与刑罚相近,但是基于客观法秩序的维护,目前实定法上将主观违法性(主观要件)客观化,将社会危害性(法益要件)抽象化,仅注重行为要件。《治安管理处罚法》第2条规定:“扰乱公共秩序,妨害公共安全,侵犯人身权利、财产权利,妨害社会管理,具有社会危害性,……尚不够刑事处罚的,由公安机关依照本法给予治安管理处罚。”在量罚要件上,大部分加重情节和少部分减轻情节必须遵循法律规定,如有无“主动消除或者减轻违法行为危害后果”“受他人胁迫有违法行为”“配合行政机关查处违法行为有立功表现”等情形。其中,社会危害性显然是行政机关行使裁量权的前提。行政机关一般根据情节、后果、条件、数量、主体等要素进行定性或定量的酌定，与司法实践中的行为定性论、风险评估论、损害后果论等分类有所呼应，都是个案法律适用中的裁量情节。

Ⅲ 本判例的规范性逻辑

当满足形式法治却出现行政合理性危机时，行政机关可以严格执法，也可能选择性执法。但是，若行政争议已经发生且进入司法程序后，法院无法拒绝裁判，必须直面立法滞后所带来的法律疑难。在本判例中，法院首先遵从既有制度的规范性含义，从法律适用角度判定了“网约车”行为违法的定性，“公众生命财产安全”和“公共服务领域的有序管理”皆为维护客观法秩序稳定的违法性证成要件，体现了司法权参与社会治理事务的谦抑性。但是，在作出该“违法性判断”的前提下，司法裁判也必须为“未来的社会发展和法律变化”留有“适度空间”。该空间的正当性所在，正是“网约车”这一市场经济行为的社会利益与发展必要性。法院认为，“网约车”具有“新业态、新技术、新商业模式”等发展前沿性，同时有助于提高闲置资源的利用效率，缓解运输服务供需时空匹配的冲突，在更大程度上满足人民群众的实际需求等多重利益，从而强化其理念和公共政策上的正当性，并据此断言，一概否定将导致“经济发展就会渐渐缓慢直至最后停滞不前”的更大危害后果，因此该事物存在符合一般社会公众感受的危害性减轻要件。至此，法院的司法审查已经脱离个案考量，对照普遍的“社会公众感受”，作出了一种有限的政策判断。在这种理念性的较为直白的利益衡量方法之下，作出“网约车”行为的社会危害性较小的判断。

Ⅵ 本判例的意义

在本判例中，法院以“社会公众感受”为切入点，确立了一种概括性的危害性判定规则，通过司法权将某类违法行为皆判定为社会危害性较小，从而产生司法裁判的政策辐射功能。这种判定规则有别于以往个案意义上的具体违法程度判断，对社会危害性判断规则做了一定扩张，体现了行政诉讼的社会治理意义与政策形成功能。因此，本判例的司法价值不仅在于为“社会危害性”判定增加了一种参考情形，而且对社会经济发展中的司法权定位做出了一种积极拓展。

□ 参考文献

陈兴良：《社会危害性理论：进一步的批判性清理》，载《中国法学》2006 年第 4 期。

熊樟林：《行政违法真的不需要危害结果吗?》，载《行政法学研究》2017 年第 3 期。

梅杨：《比例原则的适用范围与限度》，载《法学研究》2020 年第 2 期。

021 说明理由义务的意义与内容

郴州饭垄堆矿业有限公司诉中华人民共和国国土资源部等国土资源行政复议决定案 | 最高人民法院(2018)最高法行再6号行政判决书

苏 宇 中国人民公安大学法学与犯罪学学院

■ 事实概要

红旗岭矿原为国有企业郴州市桥口铅锌矿红旗岭矿区。2005年该国有企业改制,通过招拍挂处置矿业权,郴州市兴光矿业有限公司竞得该采矿权。2006年1月16日,湖南省国土厅向郴州市兴光矿业有限公司颁发采矿许可证,矿山名称为“郴州市兴光矿业有限公司红旗岭矿”,开采矿种为“锡矿、钨、砷”,其后采矿权人变更为中信兴光公司。2010年11月和2011年10月,中信兴光公司在国土资源部办理了采矿许可延续登记手续,将采矿证的有效期延续至2012年10月7日。同时,国土资源部在该采矿许可证上标注:“请在本证有效期内解决重叠问题,重叠问题解决后,再申请办理延续登记,否则不再予以延续。”

2006年3月24日,郴州市国土局颁发2006年采矿许可证,采矿权人为“苏仙区饭垄堆北段有色金属矿”,矿山名称为“苏仙区饭垄堆北段有色金属矿”,开采矿种为“铅矿、锌、银”,有效期限为2006年3月至2011年3月。2011年该证到期后,由湖南省国土厅办理采矿权延续登记手续,并将开采矿种变更为“锡矿、铅、锌,综合回收钨、银、铜”。同时,由于原矿山企业不具备法人资格,矿山重新登记成立了饭垄堆公司作为新的采矿权人,并办理了变更登记手续,证号不变,即仍为2011年采矿许可证号。经延续和变更登记,该采矿许可证的有效期限为2011年9月1日至2014年9月1日。

红旗岭矿与饭垄堆矿存在矿区垂直投影重叠的情况。因在采矿许可证有效期内无法解决重叠问题,中信兴光公司于2012年11月向国土资源部提出行政复议申请,请求撤销湖南省国土厅(授权郴州市国土局)于2006年向饭垄堆公司颁发并延续采矿许可证的具体行政行为。2014年7月14日,国土资源部恢复该案审理,并于同日作出复议决定,认为湖南省国土厅授权郴州市国土局颁发本案采矿许可证不符合有关规定;本案采矿许可证不符合采矿权审批发证的有关规定,撤销了湖南省国土厅2011年向饭垄堆公司颁发的采矿许可证。饭垄堆公司不服,提起行政诉讼。

■ 裁判要旨

Ⅰ. 国土资源部受理中信兴光公司行政复议申请合法。即使存在申请超过法定期限的情形，也应当认为属于有"正当理由"。

Ⅱ. 2006 年许可行为存在的越权情形，已经得到 2011 年许可行为的"治愈"，其越权颁证的后果已经消除，并不构成违法性继承问题。

Ⅲ. 被诉复议决定既未认定重叠的比例和计算方法，也未认定现有重叠是否存在影响安全生产等情形，又未征求安全生产等行政主管部门的意见或者专业机构鉴定的意见，即简单以构成重叠为由作出撤销决定，未能全面认定事实，属于认定事实不清。

Ⅳ. 被告有必要充分履行说明理由义务。国务院《全面推进依法行政实施纲要》(2004 年)规定，行政机关行使自由裁量权的，应当在行政决定中说明理由。行政复议决定是复议机关居中行使准司法权进行的裁决，且行使着上级行政机关专业判断权，人民法院对行政复议决定判断与裁量及理由说明，应当给予充分尊重。与此相对应，行政复议决定和复议卷宗也应当依法说明理由，以此表明复议机关已经全面客观地查清了事实，综合衡量了与案情相关的全部因素，而非轻率或者武断地作出决定。因为只有借助书面决定和卷宗记载的理由说明，人民法院才能知晓决定考虑了哪些相关因素以及是否考虑了不相关因素，才能有效地审查和评价决定的合法性。不说明裁量过程和没有充分说明理由的决定，既不能说服行政相对人，也难以有效控制行政裁量权，还会给嗣后司法审查带来障碍。

Ⅴ. 被告未充分履行说明理由义务。在许可期限即将届满，双方均已因整合需要停产且不存在安全生产问题的情况下，被诉复议决定也未能说明撤销的紧迫性和必要性，反而使饭垄堆公司在可能的整合中处于明显不利地位，加大整合并购的难度。复议机关对违法的行政行为，可以作出撤销、变更或者确认违法等行政复议决定。因此，复议机关应当审慎选择适用复议决定的种类，权衡撤销对法秩序的维护与撤销对权利人合法权益造成损害的程度以及采取补救措施的成本等诸相关因素；认为撤销存在不符合公共利益等情形时，可以决定不予撤销而选择确认违法等复议结果；确需撤销的，还需指明因撤销许可而给被许可人造成的损失如何给予以及给予何种程度的补偿或者赔偿问题。如此方能构成一个合法的撤销决定。在对案涉采矿权重叠问题有多种处理方式以及可能存在多种复议结论的情况下，国土资源部选择作出撤销决定，更应充分说明理由。但是，从复议机关所提供的证据与全案卷宗情况来看，被诉复议决定并未体现相应的衡量因素，也未进行充分说理，仅简单以构成重叠即作出撤销决定，难以得到人民法院的支持。人民法院认为复议机关所提供的证据材料不能满足司法审查的需要，复议机关未完全履行说明理由义务的，可以要求复议机关重新调查处理，并提供可以进行审查的证据、依据以及相应的理由说明。不仅如此，被诉复议决定在援引《行政复议法》(2017 年)第 28 条第 1 款第 3 项(《行政复议法》第 64 条)作为法律依据时，既未明确具体适用该项五种违法情形的具体类型，又未阐明具体理由，给当事人依法维权和人民法院合法性审查造成障碍，构成适用法律不当。

■ 评 析

Ⅰ 说明理由义务的学说

根据当前学界通说及立法、执法活动的主流实践情况,说明理由义务的内容包括说明“证据采信理由、依据选择理由和行政裁量理由”或“事实理由、法律理由、裁量理由”。其中,裁量理由的说明只属于裁量性行政行为或者包含裁量性内容的决定。在执法实践中,不少规范性文件采取了更为通俗的表述,即说明“事理、法理和情理”。虽然此种表述与“事实理由、法律理由、裁量理由”存在明显差异,但在执法实践中,其差异性并不显著,只是更加强调作出裁量决定之时需要更多地考虑伦理道德规范及人文关怀的因素。

在我国,说明理由义务一般依赖于制定法的明文规定,如果法律规范中没有关于说明理由义务的明文规定,司法审查的积极努力就仅限于从正当程序等原则中,解释出告知拟对相对人所作处理决定及其事实与法律依据的义务,其中仅包含最低程度的说明理由义务,不会要求行政机关充分说明理由。

Ⅱ 说明理由的既有司法实践

对说明理由的司法审查包含两个层面:一是欠缺理由(理由不足,或形式上的理由不充分),二是理由不正确(正确理由不足,或实质上的理由不充分)。前者属于程序违法,后者则还包括了一定程度的实体违法性判断。中国法院系统对行政行为说明理由的审查早在20世纪80年代末即已见诸实践。在当前的司法审查实践中,因说明理由方面的缺陷而判决行政机关败诉的主要情形包括以下几个方面:

1. 整体上未说明理由或说理过于简单。在司法审查中,对于行政行为未依法说明理由的,一般依据《行政诉讼法》(1989年)第54条第2项第3目或者《行政诉讼法》第70条第3项的规定(“违反法定程序的”)作出撤销判决(或相应地确认违法判决),从而否定该行政行为的效力。这方面的判例相对较多。

2. 未充分说明具体理由。此种情形下,因事实理由不充分而被判决撤销或确认违法的情形最多。在20世纪90年代,我国法院就在这方面作出了大量判决。法院对行政机关说明理由的事实面作了不同程度的要求,大致可以归结为判断上的周全性、逻辑上的完备性、证明上的充分性等,此方面的审查也往往与行政行为事实基础与证据链条的审查有所重叠。法院对法律理由的审查包括法律依据的具备性、完整性与准确性,与适用法律是否正确的审查亦有所重叠。法院针对裁量理由不足或有误的撤销或确认违法判决较为少见,但20世纪80年代末也出现过相关判例。(宁德市大众影院不服宁德地区工商行政管理局行政处罚决定案,最高人民法院中国应用法学研究所编:《人民法院案例选》1993年第1辑,人民法院出版社1993年版,第191-194页)其后法院主要是在行政处罚是否显失公正或明显不当方面对裁量理由进行审查。

总体上,法院对行政行为说明理由的审查更多地集中于未履行说明理由的义务,对于未充分说明理由及理由内容方面的审查则相对较少。

Ⅲ 本判例的意义

本案的案情较为复杂,判决内容亦相当丰富,涉及信赖保护、比例原则、法律论证、违法性治愈等多方面的行政法内容,其中最值得关注的是最高人民法院明确提出了说明理由义务及程度的要求。

本案审查的是行政复议决定的合法性,对行政复议决定以未充分履行说明理由义务为由判决撤销之判例极为罕见,由最高人民法院作出此种判决尤显意义重大。最高人民法院在判决中阐明了行政复议决定说明理由的价值,亦足以为整个行政法中的行政行为说明理由义务提供理论支持。根据本判决,行政复议决定说明理由的义务有三个方面的重要价值:在相对人方面,增强行政复议决定的说服力;在行政机关方面,有助于有效控制行政裁量权;在司法机关方面,有助于法院"有效地审查和评价决定的合法性"。这三个方面的价值同样适用于其他行政活动中的说明理由义务,有利于增强行政行为的可接受性与受约束程度。

自本案的法院论证观之,本案最突出的意义有:(1)明确指出行政机关(在本案中是复议机关)在有多种处理方式以及可能存在多种结论的情况下,更应充分说明理由。此种论述实际上隐含了说明理由义务的梯度。这是一个长期被司法实践及行政法学研究所忽略的问题。根据行政行为的复杂性、对公共利益及相对人权益的影响程度、行政行为的裁量余地大小,行政机关说明理由之义务应有梯度上的区分。本案明确裁量余地的大小亦属于一种重要的梯度区分依据,此即有助于建构完整的、层次化的说明理由义务图谱;另外两方面的梯度则有待于未来的司法实践进一步阐明。(2)明确指出复议决定"并未体现相应的衡量因素",同时表示人民法院唯有借助书面的理由说明"才能知晓决定考虑了哪些相关因素以及是否考虑了不相关因素",进而"有效地审查和评价决定的合法性",扩展和深化了行政行为的合法性评价体系。当代行政法实践早已废弃美国法律体系上曾经富有影响力的"不探索决定者思维过程"原则,不仅越来越多的立法日益通过考量因素结构化的方式建构行政行为的思维过程,司法审查也日益深入到行政行为的思维过程中,考量不相关因素、未考量相关因素甚至考虑各种因素的权重不恰当、不符合法律精神,都可能面临不利判决。这一判例表明说明理由义务承载着深层次的司法审查进程,深入了考量因素层面的司法审查正在扩展和深化行政合法性的图景,对行政行为考量因素及考量过程的审查对未来的司法审查工作提出了更精细、更专业的要求。

Ⅳ 对本判例的进一步思考

理由作为所有理性思维过程的必要载体,与作为理性过程或被施加理性过程之本质要求的当代法治行政在法哲学的意义上是相匹配的。现代行政法说明理由义务的强化,实际上表明了行政过程理性化程度的提升。本案判决书明确指出,说明理由义务的充分履行,表明行政机关"已经全面客观地查清了事实,综合衡量了与案情相关的全部因素,而非轻率或者武断地作出决定"。现代行政法对行政行为过程(尤其是裁量过程)的结构化是确保行政过程理性进行的重要基础,也是防止武断、专横、滥用行政裁量权的重要手段,说明理由义务则能够使审查者探知行政机关是否按照法律规定的思维结构及规范价值进行考量,从而使行政合法性控制从单纯针对行政行为本身扩展至行政行为的整个"理由层",从平面走向立体、从一维走向多维。

说明理由本身并不能防止行政机关伪饰或掩盖真实的考量依据及思维过程,但法律对行政过程考量因素及其结构的规定越精致、司法审查越深入,行政机关偏离法律要求的空间也就越小。此外,行政先例制度与说明理由义务的结合能在很大程度上起到防止行政机关肆意编造理由的作用,因为此后的行政行为均须受此前所选择的理由结构的拘束,除非改变先例能够满足更为重大的价值目标并且提供更充分的理由。目前,我国的立法及司法实践尚未提出行政决定遵循先例方面的明确要求,但随着说明理由义务的意义及其内容的逐步明确,对说明理由义务履行情况的司法审查能够在相当程度上促进行政决定考量过程的完善。

参考文献

章剑生:《论行政行为说明理由》,载《法学研究》1998 年第 3 期。

章剑生:《行政行为说明理由判解》,武汉大学出版社 2000 年版。

苏宇:《走向"理由之治":行政说明理由制度之透视》,中国法制出版社 2019 年版。

022 行政程序重开及其规则

王建设诉兰考县人民政府不履行法定职责案 | 最高人民法院(2017)最高法行申6100号行政裁定书

孔祥稳 对外经济贸易大学法学院

■ 事实概要

2015年1月13日,王建设向开封市祥符区人民法院提起行政诉讼,请求撤销兰考县政府于1993年7月22日为王建强颁发的兰国用(城土)字第02924号国有土地使用证。在审理过程中,王建设自愿撤回起诉。2015年3月11日,王建设向兰考县政府提出申请,要求将兰国用(城土)字第02924号国有土地使用证土地使用权人由王建强变更登记为王建设。2015年3月18日,王建设向兰考县政府提出申请,要求注销王建强持有的兰国用(城土)字第02924号国有土地使用证。兰考县政府对王建设的申请事项未予受理答复。王建设不服,诉至法院,请求法院判令兰考县政府在30日内作出是否注销王建强国有土地使用证的行政行为。一审法院河南省开封市中级人民法院另查明,王建设未能提供已向兰考县政府递交要求履行法定职责申请的证据,但庭审中兰考县政府对王建设已向其提出过申请的事实予以认可。经审理,一审法院判决兰考县政府在判决生效后60日内对王建设申请事项履行法定职责。兰考县政府不服提起上诉后,河南省高级人民法院二审裁定撤销一审判决,驳回王建设的起诉。王建设向最高人民法院提出再审申请。

■ 裁判要旨

Ⅰ.行政行为是行政机关行使行政职权、进行行政管理的行为,一经作出,即产生行政法律效果。虽然行政行为的作出是单方面的,但约束力却是双方面的。对于当事人而言,一旦法律救济的期限届满、自我放弃法律救济手段,或者其他情形导致法律救济途径穷尽,行政行为即具备不可撤销性。行政行为在其存续期间,对于行政机关同样具有约束力。这是由行政行为的处理性特征所决定的——过于随意的处理是不理智和没有意义的;从法的安定性出发,也不允许行政机关"翻云覆雨、朝秦暮楚"。

Ⅱ.但通说认为,行政行为的约束力只存在于行政行为的存续期间。行政机关虽然受行政行为的约束,但在特定条件下,其可以在法律救济程序之外自行撤销或者废止行政行为。虽然当事人因法律救济期限届满等原因,不能再通过诉讼途径请求撤销或者废止行政行为,但却可以请求行政机关重开行政程序,对行政行为自行撤销或者废止。不过,行政程序的重开受到严格的条件限制,这些条件包括:作为行政行为根据的事实或法律状态发生变化,行政行为作出后出现了足以推翻行政行为的新的证据。如果当事人仅是沿袭之前的主张,行政机关作出的拒绝答复或者不予答复在性质上就系驳回当事人对行政行为提起申诉的重复处理行为,不属于行政诉讼的受案范围。

Ⅲ.虽然表面看来,当事人的诉讼请求是要求判令行政机关履行对其申诉的答复职责,而非直接要求人民法院撤销行政行为,但其通过诉讼所要达到的终极目的与直接要求撤销并无实质不同,这就存在利用一个新的诉讼种类规避起诉期限的可能,人民法院对此不予立案或者驳回起诉,并无不妥。

■ 评　析

Ⅰ 以往判例的观点与立场

在以往的判决中,最高人民法院并未明确认可"行政程序重开"这一概念。对超过法定复议、诉讼期限后,当事人以申诉、信访等形式寻求救济,后又因不服申诉、信访处理结果而提起复议、诉讼的,法院一般出于保护行政行为稳定性的考量,将申诉、信访的处理结果认定为不对当事人权利义务产生实际影响的"重复处理行为"。在杨一民诉成都市人民政府案[四川省高级人民法院(2006)川行终字第55号行政判决书,以下简称"杨一民案"]中,杨一民于2005年就成都市人民政府于1992年作出的行政处理决定提起申诉,并对申诉结果不服提起行政复议。二审法院指出,"如果将行政机关驳回当事人对具体行政行为提起的申诉的重复处理行为视为新的具体行政行为,则无论是否在法律规定的期间内,当事人都可以通过申诉启动行政复议程序",从而"导致行政复议申请期限失去意义,影响行政行为的稳定性,影响行政机关依法行政"。二审法院最后认定被告所作答复属于行政机关对当事人不服行政行为提出申诉的重复处理行为,不属于行政复议的受理范围。

近年来,受到德国等大陆法系立法和学说的影响,行政程序重开理论逐渐进入司法裁判的视野。2010年,在安徽省农垦建筑工程有限公司诉合肥市房地产管理局不履行法定职责案中,最高人民法院就安徽省高院的请示作出《关于当事人在起诉期限届满后另行提起不履行法定职责之诉能否受理问题的答复》,认为"公民、法人和其他组织在起诉期限届满后,又以行政机关拒绝改变原行政行为为由,起诉行政机关不履行法定职责的,人民法院一般不予受理。但法律规范明确规定行政机关在出现新的证据等法定事由后应当改变原行政行为的除外"。尽管该答复未明确提出"行政程序重开"的概念,但实际上已认可对于当事人在起诉期限届满后针对行政机关拒绝变更原行为而提出的履职之诉,法院并非一律不予受理,实际上承认了有条件的行政程序重开,并将"法律规范明确规定行政机关在出现新的证据等法定事由后应当改变原行政行为"作为重开的条件。

此外,行政程序重开涉及行政行为的效力问题。对于行政行为效力的具体内容,国内外学界长期存有争议。公定力、确定力、拘束力、执行力的"四效力说"作为传统主流学说得到了较为普遍的认可。最高人民法院行政庭在湖南泰和集团股份有限公司诉湖南省岳阳市人民政府、岳阳市国土资源局国有建设用地使用权拍卖出让案的评析中也采用了上述公定力、确定力、拘束力和执行力的“四效力说”。[最高人民法院行政审判庭编:《中国行政审判案例》(第2卷),中国法制出版社2011年版,第31页]但近年来,德国等一些国家和地区均以公定力理论过分偏重行政权、对行政行为的保护过强为由,提出以存续力作为行政行为效力中核心概念的主张,构建起新的行政行为效力理论。[章剑生:《现代行政法总论》(第2版),法律出版社2019年版,第154-158页]本案判决中关于“行政行为的约束力只存在于行政行为的存续期间”等的论述明显引入了德国行政法上的行政行为存续力理论,这意味着最高人民法院行政庭关于行政行为效力理论的立场也在发生变化。

Ⅱ 行政程序重开的学理框架

行政程序重开指行政机关在特定事由下,通过一个新的行政程序,对已经超过法定救济期间的行政行为进行重新审查,并决定是否废止、撤销或变更原行政行为的一种活动,通常也被称为行政行为的重新进行。广义的行政程序重开还可包括行政机关依职权对已作出行政行为的废止、撤销,狭义的行政程序重开则仅指由当事人申请进行的行政程序重开。行政程序重开是德国行政法上的重要制度,德国《联邦行政程序法》第51条有明确规定。受限于未制定“行政程序法”,我国在法律层面并未对行政程序重开进行明确规定,在已经出台的地方行政程序规则中这一制度同样被付之阙如,但本判例所确立的规则明显受到德国立法和学说的重要影响。行政程序的重开是对法安定性的挑战。但按照德国行政法理论,即便法院已经判决了,也可以经过再审程序予以重新审理甚至推翻,那么在程序的缜密性和裁断的公正性上不及法院判决的行政行为也应当存在允许当事人提出修正该行为的机会。

形式存续力是保证法安定性的要求,其指行政行为作出后,当事人若未通过复议、诉讼等途径提出撤销请求,待法定期限届满后就不能再对行政行为提出挑战,行政行为从而发生形式存续力。实质存续力是否存在以及其具体内涵在学理上存在争议,一般认为实质存续力包含约束力与限制废除性两个方面的内容。约束力指行政行为生效后,对行政机关和当事人两方均产生约束,当事人需遵循行政行为,行政机关也不得随意变更、废止已经作出的行政行为。这种约束力随着行政行为的作出而产生,并随着行政行为的存续而存在,并不以形式存续力为前提。限制废除性指行政机关虽然受到行政行为的约束,但在特定条件下,其可以在法律救济程序之外废除行政行为,消除其约束力,只是这种废除条件是被严格限定的。因此,与其说德国《联邦行政程序法》对实质存续力进行了规定,毋宁说其是通过对行政行为撤销和废止规则的厘定构建了实质存续力。

Ⅲ 行政程序重开的条件限制

本判例中,最高人民法院在再审程序中采纳了有条件的行政程序重开这一立场,并明确了行政程序重开的条件。判例提出,“行政行为的约束力只存在于行政行为的存续期间”。也就是说,行政机关虽基于存续力而受行政行为的约束,但在特定条件下可在法律救济程序之外撤销或废止行政行为。当事人虽然因法律救济期限届满等原因,不能再通过诉讼途径请求撤销或者废止行政行为,但却可以请求行政机关重开行政程序,对行政行为自行撤销或者废止。

在程序重开的条件上,本案所阐明的行政程序重开的条件有二,分别为"作为行政行为根据的事实或法律状态发生变化"和"行政行为作出后出现了足以推翻行政行为的新的证据"。德国《联邦行政程序法》第 51 条为行政程序重开的条件提供了一定的参考。

"作为行政行为根据的事实或法律状态发生变化"主要是针对在效果上具有持续性的行政行为而言的,非持续性的行政行为通常不能适用这一重开事由。对于此类行为,其所依据的事实或法律状态发生变化可能导致该行为的存续失去原有意义,或失去正当性,因此应当重开行政程序作出新的处理。但这种变化应当限于对当事人有利的变化。例如,相对人在被责令停产停业期间,该责令停产停业这一行政行为依据的法律法规被废除,使得责令停产停业失去了法律上的基础,因此相对人应当有权请求重新处理。

"行政行为作出后出现了足以推翻行政行为的新的证据"是本案提出的第二个程序重开条件。此处的"新的证据"并非指行政行为作出后出现的新事实,因为倘若出现新的事实影响到案件认定,可认为其属于"作为行政行为根据的事实发生变化"。因此,此处"新的证据"应当是指在旧的行政行为作出时就已经存在,但未被行政机关收集和考虑的证据。这些新证据的出现能够推翻原行政行为中对事实和证据的认定,此时对于法妥当性的要求胜过了对法安定性的保障,故应当允许当事人申请程序重开,寻求对行政行为的救济。

Ⅳ 行政程序重开的司法救济问题

本判例对行政程序重开的条件进行了阐述,构建了行政程序重开的一般框架。但是,对于司法机关而言,尚须解决的一个核心问题是,当事人提出行政程序重开的申请后,应当如何认定行政机关相应决定的性质,从而判断是否允许当事人就相应决定寻求司法救济。

该问题的实质是行政机关针对重开申请所作决定的性质问题,即行政机关拒绝重开程序或不予答复的行为,究竟属于行政行为抑或重复处理行为?对于这一问题,本案所建立的判断标准是,倘若当事人未满足前述程序重开的条件,仅是在已有的事实和法律基础之上沿袭之前的主张,那么"行政机关作出的拒绝答复或者不予答复在性质上就系驳回当事人对行政行为提起申诉的重复处理行为,不属于行政诉讼的受案范围"。也就是说,在此类诉讼中,法院需对当事人的申请和行政机关拒绝重开程序或不予答复的行为进行审查。若当事人的申请未满足行政程序重开的条件,而仅属于对原主张的陈述,那么可将其定性为对原行政行为的申诉,行政机关的拒绝重开决定或者不予答复行为就属于《行诉解释》中所规定的"驳回当事人对行政行为提起申诉的重复处理行为",而不属于行政诉讼的受案范围。由于当事人的申请是否满足行政程序重开的条件可能较为复杂,若法院在立案阶段可以判定,则应当裁定不予立案;若在立案受理后查明确实不符合条件,则应当裁定驳回起诉。而倘若行政机关接受当事人申请,重开行政程序,即便在实体上驳回了当事人的重开请求,由于当事人已经具备了程序重开的条件,也属于对当事人权利义务的处分,应当允许当事人就拒绝行为提起诉讼,但在司法审查时需要尊重行政机关的裁量权限。

本判例中,最高人民法院行政庭承认了“行政程序重开”这一概念,但在判断行政机关的拒绝重开决定或者不予答复行为的性质时,却依然坚持拒绝行为属于“重复处理行为”——尽管其已经影响了当事人行政程序重开的请求权。这一思路或许体现出,最高人民法院行政庭依然认为,对单纯的程序性权利的影响不属于对当事人权利义务的实质影响。这与前述“杨一民案”的裁判观点是一致的。该案中,杨一民主张自己的救济权受到侵犯,但二审法院和最高人民法院均未认可这一主张。此外,由于我国并未如同德国一般,在成文法规范中规定行政程序重开的请求权基础,最高人民法院在判决中对行政程序重开条件的设定如何与现行法对接,还是一个未竟的课题。

□ 参考文献

应松年主编:《当代中国行政法》,人民出版社 2018 年版。

梁凤云编著:《新行政诉讼法逐条注释》,中国法制出版社 2017 年版。

[德]哈特穆特·毛雷尔:《行政法学总论》,高家伟译,法律出版社 2000 年版。

023 行刑衔接与行政程序

枣庄永帮橡胶有限公司诉山东省枣庄市国家税务局税务行政处罚案 ｜《中国行政审判案例》(第1卷)第14号案例

练育强 华东政法大学法律学院

■ 事实概要

2004年8月20日,山东省枣庄市国家税务局(被告、上诉人,以下简称市国税局)向枣庄永帮橡胶有限公司(原告、被上诉人,以下简称橡胶公司)发出《调取账簿资料通知书》《税务检查通知书》,调取橡胶公司2002年1月1日至2003年12月31日的账簿、凭证及其他纳税资料,对橡胶公司该期间内涉税情况进行检查。同年9月14日,市国税局将案件移送公安机关立案侦查。9月22日,市国税局将账册退还,同时公安机关调走账册。2004年10月28日市国税局在将案件移送公安机关后,又以橡胶公司涉嫌偷税立案。2005年7月18日市国税局作出税务处理决定,责令原告补缴税款5,203,425.33元;7月22日,市国税局又作出税务处罚决定,认定橡胶公司行为已构成偷税,依照《税收征收管理法》(2001年)第63条第1款之规定,决定处罚款5,203,425.33元。橡胶公司对处罚不服,申请山东省国家税务局复议,山东省国家税务局经复议维持该处罚决定。2004年9月15日,枣庄市公安局因橡胶公司总经理宗克永涉嫌虚开增值税专用发票罪而将其予以刑事拘留,并于10月22日将其逮捕。12月31日橡胶公司法定代表人孙龙被逮捕。2005年10月19日,山东省人民检察院济南铁路运输分院决定对孙龙不起诉。2006年1月4日,济南铁路运输中级法院作出刑事判决,以虚开增值税专用发票罪,判处橡胶公司罚金150万元,判处公司总经理有期徒刑10年。针对市国税局的税务处罚决定,橡胶公司不服,申请山东省国家税务局复议,在山东省国家税务局维持该处罚决定后,提起行政诉讼。

■ 裁判要旨

Ⅰ.一审法院判决认定市国税局在将案件移送公安机关后又对橡胶公司作出行政处罚属于程序违法、适用法律错误。根据国务院《行政执法机关移送涉嫌犯罪案件的规定》(2001年)第3条、第5条、第8条、第11条的规定,行政执法机关在依法查处违法行为过程中,发现违法事实涉嫌构成犯罪,依法需要追究刑事责任的,必须依照规定向公安机关移送,行政执法机关对应当向公安机关移送的涉嫌犯罪案件,不得以行政处罚代替移送。只有依照《行政处罚法》的规定,行政执法机关向公安机关移送涉嫌犯罪案件前,已经依法给予当事人罚款的,人民法院判处罚金时,才依法折抵相应罚金。

Ⅱ.本案中,市国税局将案件移送公安机关立案侦查后,又以橡胶公司涉嫌偷税立案,并作出罚款的行政处罚决定,不符合上述法律规定。上诉人市国税局虽主张其作出的行政处罚在前,刑事判决在后,应当在执行刑事判决时折抵,但本案中市国税局所作出的行政处罚并非其向公安机关移送涉嫌犯罪案件前已经依法给予当事人罚款的行政处罚。因此,本案中,市国税局在依法将案件移送公安机关立案侦查后,又对橡胶公司以涉嫌偷税立案并作出罚款的行政处罚决定,缺乏法律明确授权,一审法院判决认定其程序违法,适用法律错误并无不当,应予支持。

■ 评　析

Ⅰ 行政处罚的违法性要件构成

本判例中,法院在认定行政执法机关对涉嫌犯罪的违法行为所作出的行政处罚决定违法时,需要同时具备以下三个方面的要件:

1.行为要件。行政执法机关作出行政处罚决定时,应当以违法行为的存在为基础,其在行政处罚的构成要件中处于核心地位。(应松年主编:《行政处罚法教程》,法律出版社2012年版,第13页)此处所指的行为要件仍然指向违法行为,指行政机关作出行政处罚决定的违法行为与涉嫌构成犯罪的行为是同一违法行为。对此,裁判理由与"一审法院认为"中都强调了不再针对同一违法行为实施行政处罚。可以看出,法院之所以认定市国税局的行政处罚决定是违法的,是因为行政处罚决定所指向的违法行为与司法机关查处的涉嫌犯罪的行为是同一违法行为。显然,同一违法行为是判断行政执法机关对涉嫌犯罪案件移送司法机关追究刑事责任后能否作出行政处罚决定的首要要件。

2.时间要件。对涉嫌犯罪的违法行为作出行政处罚决定涉及四个时间段:第一时间段,移送公安机关前;第二时间段,移送公安机关后至立案侦查前;第三时间段,移送公安机关立案侦查至司法机关对该违法犯罪行为最后处理前;第四时间段,司法机关处理后。从裁判理由看,对于涉嫌犯罪的违法行为能否作出行政处罚主要涉及三个时间段:其中二审法院在"经审理"中强调的是对于涉嫌犯罪的违法行为在公安机关立案侦查后,即针对第三时间段和第四时间段,行政执法机关不应再作出行政处罚;而一审法院在其判决中则未提到"立案侦查",提出的时间段是移送公安机关后,强调的是"在司法机关对该违法犯罪行为未作出最后处理之前,行政机关如在向公安机关移送之前未作出有关人身权和财产权的行政处罚,则不再针对同一违法行为作出该类行政处罚,否则构成程序违法",即针对第二时间段、第三时间段和第四时间段,行政执法机关都不应作出行政处罚。

3.处罚种类要件。对于涉嫌违法犯罪的行为,行政机关是否一概不能行使行政处罚权的问题,"裁判要旨"中明确指出了"税务机关在发现涉嫌犯罪并移送公安机关进行刑事侦查后,不再针对同一违法行为作出行为罚和申诫罚以外的行政处罚",其采取的是排除式方式,即不再针对同一违法行为作出行为罚和申诫罚以外的行政处罚,而作出行为罚或申诫罚还是可以的。此外,一审法院的表述“在司法机关对该违法犯罪行为未作出最后处理之前,行政机关如在向公安机关移送之前未作出有关人身权和财产权的行政处罚,则不再针对同一违法行为作出该类行政处罚,否则构成程序违法”,从正面直接论述了只是人身权和财产权的行政处罚决定不能作出。

Ⅱ 要件的功能与限制

行政处罚决定违法要件的最重要功能在于在制度层面上明确提出了“刑事优先”原则,但并不是绝对的“刑事优先”,而仅是有限的“刑事优先”。

1.“刑事优先”原则。所谓“刑事优先”原则,指针对同一不法行为,需要同时予以行政处罚与刑事处罚时,应当优先追究其刑事责任。因此,行政执法机关在处理行政违法案件,发现相关行为已涉嫌构成违法犯罪时,应当及时将案件移送司法机关立案追究。在本判例之前,无论是《行政处罚法》《行政执法机关移送涉嫌犯罪案件的规定》还是《刑法》,都无法得出“针对同一违法行为”刑事责任的追究优先于行政责任的追究的结论,这些法律法规的核心内容是涉嫌犯罪必须要追究刑事责任,不能以罚代刑。而从本判例中可知,只要满足时间要件,“刑事优先”原则就得以确立,也就是说,行政机关如在向公安机关移送之前,即第一时间段内未作出有关人身权和财产权的行政处罚,在司法机关对该违法犯罪行为未作出最后处理之前,即在第二时间段和第三时间段内不再针对同一违法行为作出该类行政处罚,否则构成程序违法。该案例对行政执法与刑事司法衔接制度的功能就在于从《行政处罚法》和《行政执法机关移送涉嫌犯罪案件的规定》相关条文中推导出“刑事优先”原则。

2.有限的“刑事优先”原则。本判例确立的“刑事优先”原则并不是绝对的,而是有着一定的限制。从学术理论来看,所谓“刑事优先”原则,指全面的、绝对的刑事优先。(陈兴良:《论行政处罚与刑罚处罚的关系》,载《中国法学》1992年第4期)但本判例并未完全采取理论上的论述,而是采取的有限的“刑事优先”原则,即并不是涉嫌犯罪的违法行为在移送司法机关后一概不能行政处罚,法院判决说理部分只是认定了人身权和财产权在实体和程序上的“刑事优先”,裁判理由中也明确指出“税务机关在发现涉嫌犯罪并移送公安机关进行刑事侦查后,不再针对同一违法行为作出行为罚和申诫罚以外的行政处罚”。此外,有限的“刑事优先”原则还体现在只是有关人身权和财产权的行政处罚上的优先,立足于整个行政执法的视角,其他行政措施还是可以继续行使的,如行政检查、行政处理决定的作出。本判例的事实认定部分对此也作出了说明,如市国税局在将案件移送后又再次立案调查,并于2005年7月18日作出责令橡胶公司补缴税款的税务处理决定。对于国税局的再次立案的行政检查行为以及作出的补缴税款的行政行为,相对人并无异议,法院也未对此进行审查。

Ⅲ 案件移送步骤之冲突

从本判例可以看出,行政执法机关移送案件的步骤与已有的规定有所冲突。从本判例事实中可以看出案件移送有四个步骤:(1)市国税局将案件移送公安机关;(2)市国税局将账册,即案件材料退还橡胶公司;(3)公安机关从橡胶公司调走账册;(4)市国税局再次立案。第四步由于缺少相关规定,暂不做分析。而前三个步骤与已有的规定不一致,并且已有的规定彼此之间也不尽一致。

2001 年的《行政执法机关移送涉嫌犯罪案件的规定》对行政执法机关移送的步骤分两步:(1)移送部分书面材料,具体包括涉嫌犯罪案件移送书、涉嫌犯罪案件情况的调查报告、涉案物品清单、有关检验报告或者鉴定结论、其他有关涉嫌犯罪的材料;(2)公安机关立案后移送全部材料,行政执法机关应当自接到立案通知书之日起 3 日内将涉案物品以及与案件有关的其他材料全部移交公安机关。而 2011 年的《关于加强行政执法与刑事司法衔接工作的意见》则未作"两步"移送的区分,采取的是"一并"移送法,即直接规定了"行政执法机关向公安机关移送涉嫌犯罪案件,应当移送案件的全部材料,同时将案件移送书及有关材料目录抄送人民检察院"。

以上两种规定在实践中都存在困难,第一种方式中,公安机关仅凭一些书面材料很难判断相关的违法行为是否构成犯罪;第二种方式中,相关的材料全部都移送了公安机关,可能导致相关的违法行为得不到及时查处,除行政处罚外的其他行政执法行为也必然处于完全停滞状态。本案的移送方式与上述两种规定不相同,根本的不同点在第二步与第三步,即将相关的材料退还给橡胶公司,公安机关再从橡胶公司调走相关材料,实践中的这种做法所面临的困难应是远远超过了前两种移送方式的,既无效率,也不安全。因此,国家立法层面应尽快明确移送的步骤及移送材料,以免执法实践无所适从。

Ⅳ 移送后执法状态之冲突

与移送步骤紧密相关的另一个问题就是移送后行政执法的状态问题,如果一个案件涉及多个行为,有些涉嫌犯罪,有些未涉嫌犯罪,此时行政执法机关对于违法行为有无管辖权必然处于判断的为难之处,即移送后行政执法的状态问题,是立即中止案件审理及时移送司法机关追究刑事责任,还是可以在移送的同时继续调查并作出行政处罚决定。在本案中,从法院针对税务处罚决定的判决思路中就能看出,法院所主张的移送后行政执法的状态与《行政执法机关移送涉嫌犯罪案件的规定》中的规定不尽一致。

根据《行政执法机关移送涉嫌犯罪案件的规定》第 12 条、第 13 条的规定,对于公安机关决定立案侦查的案件,行政执法机关应当自接到通知书之日起 3 日内将涉案物品以及与案件有关的其他材料都一并移交给公安机关,只有在公安机关审查后认为没有犯罪事实或者犯罪事实显著轻微,不需要追究刑事责任,但依法应当追究行政责任,并且将案件移送同级行政执法机关后,有关行政执法机关才能对案件作出行政处理决定。从规定来看,行政机关将案卷全部移送,导致行政机关的执法事实上处于"中止"状态。但是,根据本判例的裁判要旨及判决思路分析,法院采取的并不是"完全中止",而是"有限中止"。本判例中,"税务机关在发现涉嫌犯罪并移送公安机关进行刑事侦查后,不再针对同一违法行为作出行为罚和申诫罚以外的行政处罚"的表述,也就意味着行政执法机关在将案件移送公安机关追究刑事责任后,仍然可以作出行为罚和申诫罚的行政处罚。问题是,如果全部案卷已经移送公安机关了,行政执法机关依据什么作出相应的行政处理决定呢?这也就是本案中的市国税局采取重新立案的方式行使行政执法权的原因所在。

Ⅴ 强制措施、强制执行衔接实施之冲突

上述移送步骤中提到"被告将账册退还,同时公安机关调走账册",行政机关这一做法有现实的问题存在。《行政强制法》第25条和第32条规定,查封、扣押以及冻结存款、汇款的期限不得超过30日,情况复杂的,经行政机关负责人批准,可以延长,但是延长时间不得超过30日。而《行政强制法》第21条又明确规定了"违法行为涉嫌犯罪应当移送司法机关的,行政机关应当将查封、扣押、冻结的财物一并移送,并书面告知当事人"。但是,《行政执法机关移送涉嫌犯罪案件的规定》中规定,行政执法机关采取"两步"移送法,第一步只是移送部分书面材料,第二步是公安机关决定立案后才将全部涉案物品以及与案件有关的材料移送。而实践中的案件移送却并没有按照《行政强制法》的规定进行。如福建省工商局就提出,有的公安机关将行政执法机关移送案件的涉案财物交由行政执法机关代为保管,而《行政强制法》实施后,行政执法机关采取行政强制措施的最长期限一般为60日。因此,一旦公安机关未及时作出是否立案的决定,涉案财物未及时办理交接手续,将容易导致行政执法机关强制措施超期违法的问题。

除了行政强制措施外,还存在行政强制执行的问题。就行政强制执行而言,由于本判例并不排斥行政机关对涉嫌犯罪的违法行为在移送司法机关追究刑事责任之前作出涉及人身权和财产权的行政处罚决定,该行政处罚决定作出之后,如果相对人在法定期限内没有提出救济,那么该行政处罚决定生效后自然应得到有效的执行。涉嫌犯罪的违法行为被移送司法机关后,行政机关仍然可以作出责令停产停业、暂扣或吊销许可证或执照的行政处罚决定,该行政处罚决定生效后,自然也应得到有效执行。

由此可见,最高人民法院原本希望通过本判例就行政执法机关对于涉嫌犯罪的违法行为移送司法机关追究刑事责任后如何进行行政处罚的问题进行规范和引导,但是,无论是该案的判决理由部分还是案情事实部分,都或多或少的与已有的规定和执法实践有一定程度的冲突。

参考文献

应松年主编:《行政处罚法教程》,法律出版社2012年版。
黄俊杰:《行政罚法》,台北,元照出版有限公司2006年版。
章剑生:《现代行政法专题》,清华大学出版社2014年版。

024 过程性信息

周素梅诉武汉市汉阳区人民政府信息公开案 | 最高人民法院(2017)最高法行申1310号行政裁定书

梁 艺 浙江工业大学法学院

■ 事实概要

2015年8月27日,周素梅向汉阳区政府邮寄汉阳区政府信息公开申请表,要求公开“鹦鹉洲项目剩余拆迁工作指挥部第34期会议纪要”的政府信息。2015年9月17日,汉阳区政府作出《汉阳区政府办公室关于对周素梅申请信息公开的回复》,告知周素梅其申请公开的信息不属于应当公开的范围。周素梅于2015年9月21日收到该答复后,认为汉阳区政府作出的答复违法,诉至湖北省武汉市中级人民法院,请求撤销汉阳区政府于2015年9月17日作出的《汉阳区政府办公室关于对周素梅申请信息公开的回复》,并责令其限期公开相关政府信息。湖北省武汉市中级人民法院一审认为,汉阳区政府针对周素梅的政府信息公开申请,告知其申请公开的信息属于不予公开的范围并说明了理由,并无不当。周素梅不服,提起上诉。湖北省高级人民法院二审认为,周素梅向汉阳区政府申请公开的会议纪要属于行政机关内部讨论、研究的过程性信息,不属于应公开的政府信息;汉阳区政府的答复已经履行了相应法定职责。周素梅不服,提出再审的主要理由为:涉案会议纪要既不涉及国家秘密,也不涉及商业秘密、个人隐私,属于可公开的政府信息,且该会议纪要确定了改制费用等内容,是结论性的会议纪要,不属于内部讨论、研究的过程性信息。

■ 裁判要旨

Ⅰ.根据《党政机关公文处理工作条例》[中办发〔2012〕14号]第8条第15项的规定,会议纪要是适用于记载会议主要情况和议定事项的一种公文类型,因此会议纪要属于行政机关内部公文,具有过程性和决策性的特点。

Ⅱ.《政府信息公开条例》(2007年)虽然对内部信息、过程信息、决策信息没有作出明确规定,但国务院办公厅《关于做好政府信息依申请公开工作的意见》(国办发〔2010〕5号)第2条中规定:行政机关在日常工作中制作或者获取的内部管理信息以及处于讨论、研究或者审查中的过程性信息,一般不属于《政府信息公开条例》所指应公开的政府信息。《政府信息公开条例》第3条第2款规定,国务院办公厅是全国政府信息公开工作的主管部门,负责推进、指导、协调、监督全国的政府信息公开工作。由此可见,上述意见在性质上属于全国政府信息公开工作主管部门对《政府信息公开条例》的具体应用解释。

Ⅲ. 从世界范围看,内部信息、过程信息、决策信息通常被列为可以不公开的情形。这些信息普遍具有内部性和非终极性的特点,属于意思形成的信息,一旦过早公开,可能会引起误解和混乱,或者妨碍坦率的意见交换以及正常的意思形成,从而降低政府效率。这类信息免于公开的目的是保护政府决策过程的完整性,鼓励政府官员之间的相互讨论,并防止在决定作出以前不成熟地予以公布。上述具体应用解释符合国际通例,也有利于兼顾公开与效率的平衡。

■ 评　析

Ⅰ 以往判例观点

本判例之前,对于过程性信息的界定及其是否公开的问题,最高人民法院曾在其发布的“全国法院政府信息公开十大案例”(《人民法院报》2014 年 9 月 13 日,第 3 版)中进行阐述。在“案例 5 姚新金、刘天水诉福建省永泰县国土资源局案”(以下简称“姚新金案”)中,申请人要求公开的信息为“房屋所在区域地块拟建设项目的一书四方案,即建设用地项目呈报说明书、农用地转用方案、补充耕地方案、征收方案、供地方案”。行政机关拒绝公开的理由为“一书四方案系处在审查中的过程性信息”。该案经过两审终审,法院认定行政机关答复违法,指出在征地批复作出后,“一书四方案已经过批准并予以实施,不再属于过程性信息及内部材料,不予公开没有法律依据”。

最高人民法院在阐述该案的典型意义时指出:“过程性信息一般是指行政决定作出前行政机关内部或行政机关之间形成的研究、讨论、请示、汇报等信息,此类信息一律公开或过早公开,可能会妨害决策过程的完整性,妨害行政事务的有效处理。但过程性信息不应是绝对的例外,当决策、决定完成后,此前处于调查、讨论、处理中的信息即不再是过程性信息,如果公开的需要大于不公开的需要,就应当公开。本案福建省人民政府作出征地批复后,当事人申请的一书四方案即已处于确定的实施阶段,行政机关以该信息属于过程性信息、内部材料为由不予公开,对当事人行使知情权构成不当阻却。二审法院责令被告限期公开,为人民法院如何处理过程信息的公开问题确立了典范。”

Ⅱ “过程性”的核心

过程性信息这一概念中所谓“过程性”的核心究竟指向何种内容,结合本判例与前述“姚新金案”的裁判理由,可以把握最高人民法院判定过程性信息是否公开的基本要点及其发展脉络。

在“姚新金案”中,最高人民法院表明,对于是否属于过程性信息的判断,行政决定是否作出。换言之,信息公开申请当下的时间节点非常重要。只有在“行政决定作出前”,相关研究、讨论、请示、汇报等信息才属于可以不予公开的信息;而“当决策、决定完成后”,原本的过程性信息则不再具有“过程性”的性质,对其是否公开,则必须考虑其他的影响因素。

所以，在姚新金案中，法院支持了申请人的公开诉求，核心在于当事人申请人公开的一书四方案“已处于确定的实施阶段”。概言之，对于任何在决策作出前的过程性信息而言，这种“过程性”都是暂时的，一旦决策完成，其基于“过程性”而拥有的豁免公开事由也随之消失。

而在本判例中，最高人民法院对于涉案会议纪要是否属于过程性信息的判断，则与“姚新金案”完全不同。基于“姚新金案”的思路，需要判断该会议纪要涉及的事项是否决策完成，会议纪要中确定的相关内容是否已经处于实施的过程中。事实上，本案申请人提出上诉的核心理由也在于此，其认为该份会议纪要“确定了改制费用等内容，是结论性的会议纪要”。但是，最高人民法院的裁判理由并未对这一申辩给出回应，其对会议纪要是否具有“过程性”的判断并非围绕着决策时间节点的个别性判断，而是对何为过程性信息的一般性判断。最高人民法院援引了《党政机关公文处理工作条例》第 8 条第 15 项的规定，说明会议纪要是适用于记载会议主要情况和议定事项的一种公文类型，具有过程性和决策性的特点。由此可见，在本案中，“过程性”的核心不是在时间节点上决策尚未完成的阶段性特征，而是在决策完成后依然具备的某种性质。

Ⅲ 过程性信息不予公开的实质理由

在 2007 年的《政府信息公开条例》中，并未规定过程性信息作为例外事项之一。正如本判例所指出的，国务院办公厅作为全国政府信息公开工作的主管部门，在国务院办公厅《关于做好政府信息依申请公开工作的意见》（国办发〔2010〕5 号）中对过程性信息进行了规定，“行政机关在日常工作中制作或者获取的内部管理信息以及处于讨论、研究或者审查中的过程性信息，一般不属于《条例》所指应公开的政府信息”。在这一表述中，过程性信息是指“处于讨论、研究或者审查中”的信息。从文义来看，“处于……中”的表述与“姚新金案”“行政决定作出前”的说理更为吻合，均强调过程性信息的判断与决策的时间节点联系紧密。

但是，本判例对于会议纪要是否具有过程性的认定，其着眼点在于信息本身的具体性质，具有“内部性和非终极性的特点，属于意思形成的信息”。这类信息之所以不予公开，是因为“过早公开，可能会引起误解和混乱，或者妨碍坦率的意见交换以及正常的意思形成，从而降低政府效率；目的是保护政府决策过程的完整性，鼓励政府官员之间的相互讨论，并防止在决定作出以前不成熟地予以公布”。相较于“姚新金案”，本判例对于过程性信息不予公开的理由进行了更为充分的阐述，从“意见交换”“意思形成”“鼓励讨论”的表述来看，本判例对于过程性信息的保护，核心在于保护“意思信息”，这类信息往往承载了行政机关工作人员的主观判断与政策取向，而这种“意思性”，即便在决策完成后也依然具备。但是，在会议纪要是否具有意思性的判断上，最高人民法院并没有完全呈现其论证，而是援引《党政机关公文处理工作条例》第 8 条第 15 项的一般性规定进行说明。换言之，在这个裁判逻辑下，所有的会议纪要均具有“意思性”的特征，而无论其具体的内容为何。但从逻辑上看，各种类型的会议纪要中也具有包含非意思信息的可能性。

更需要指出的是，本判例对“意思性”信息保护的确立，是否意味着完全摒弃在“姚新金案”中体现的基于决策时间节点的“阶段性”规则呢？从裁判理由的说明来看，似乎并非如此。在对“意思性”信息进行保护的阐述中，可以明显看到法院表明了“过早公开”“决定作出以前不成熟地予以公布”可能导致的风险，显然，时间节点影响的决策阶段性因素也在法院考量的范围之内。基于本判例与“姚新金案”的共同作用，决策时间节点与涉案信息内容这两组维度共同构成了判断过程性信息是否予以公开的四种可能情形，即“决策作出前的意思信息”“决策作出前的非意思信息”“决策作出后的意思信息”“决策作出后的非意思信息”。对于以上不同类型的过程性信息，如何衡量其是否公开的利益取舍，本判例是存在缺失的。

Ⅳ 本判例对新《政府信息公开条例》的影响

综合以上分析，对于过程性信息是否予以公开的判断，以国务院办公厅《关于做好政府信息依申请公开工作的意见》(国办发〔2010〕5 号)为起点，最高人民法院经由“姚新金案”与本判例，形成了基本的判定标准，同时也埋下了两组不同维度的价值取向。

2019 年新修订的《政府信息公开条例》填补了规范上的缺失，其中第 16 条第 2 款第 1 句规定：“行政机关在履行行政管理职能过程中形成的讨论记录、过程稿、磋商信函、请示报告等过程性信息以及行政执法案卷信息，可以不予公开。”比照《政府信息公开条例》(2019 年)第 16 条的表述与此前国办发〔2010〕5 号意见中对过程性信息的规定，可以发现两者的侧重点有所差异。后者的核心为“处于讨论、研究或者审查中的”信息，显然更接近“姚新金案”中对决策作出前的时间节点的强调。而 2019 年《政府信息公开条例》第 16 条的规定采取了与之不同的表述方式，在该规定中，过程性信息首先是行政机关“履行行政管理职能过程中形成的”，这并非一种暂时性时间阶段的描述，而更偏向于对其形成原因的一种界定；同时可以发现，对过程性信息类型的列举具有某种共通性：讨论记录、磋商信函以及请示报告似乎都指向本判例中强调的“意思形成”的过程。

由此可见，基于国务院办公厅《关于做好政府信息依申请公开工作的意见》(国办发〔2010〕5 号)—“姚新金案”—本判例—《政府信息公开条例》(2019 年)第 16 条的发展，过程性信息是否予以公开的判断体系已经初步形成。在这个过程中，“姚新金案”确立的基于时间节点判断决策是否完成的过程性标准似乎有被逐渐抛弃的趋势，取而代之的是本判例确立的基于信息内容判断是否具有“意思性”信息特征的保护标准。只是在本判例中，对于是否彻底与基于时间节点判断的阶段性标准完全割裂，最高人民法院的态度并不明确。同时，与“意思信息”对应的“非意思信息”的处理与提炼，仍旧有待明晰。

□ 参考文献

章剑生：《现代行政法专题》，清华大学出版社 2014 年版。

李广宇：《政府信息公开判例百选》，人民法院出版社 2013 年版。

莫于川、林鸿潮主编：《政府信息公开条例实施指南》，中国法制出版社 2008 年版。

025 咨询信息

孙长荣诉吉林省人民政府行政复议不予受理决定案 ｜《最高人民法院公报》2016 年第 12 期

沈广明 杭州师范大学法学院

■ 事实概要

2010 年孙长荣向吉林省长春市房地产管理局提出将其房屋用途由“住宅”变更为“商用”。登记机关称,依据吉林省住房和城乡建设厅(以下简称吉林省住建厅)1999 年 11 月 17 日公布的吉建房字(1999)27 号《关于申请房屋用途变更登记有关问题的通知》[以下简称吉建房字(1999)27 号通知],变更用途须经规划许可。在规划部门拒绝作出相应行政许可之后,2011 年 2 月孙长荣向吉林省住建厅提交了关于查询吉建房字(1999)27 号通知是否已过时效的申请,并要求给予书面答复。吉林省住建厅一直未予书面答复。2011 年 4 月 26 日,孙长荣以吉林省住建厅对其申请推托未予书面答复为由向吉林省人民政府提起行政复议,请求依据《政府信息公开条例》及相关法律规定,责令吉林省住建厅依法给予书面答复。2011 年 4 月 28 日,吉林省人民政府作出吉政复不字(2011)号不予受理决定,认为孙长荣提出的行政复议申请不在行政复议范围之内,根据《行政复议法》(2009 年)第 6 条、第 17 条的规定,决定不予受理。2011 年 5 月 31 日,吉林省住建厅在其网站上公布废止吉建房字(1999)27 号通知。2011 年 7 月 6 日,孙长荣向吉林省长春市中级人民法院提起行政诉讼,请求人民法院撤销吉林省人民政府吉政复不字(2011)号不予受理决定,并责令重新作出行政行为。

■ 裁判要旨

I.《政府信息公开条例》(2007 年)第 2 条规定:“本条例所称政府信息,是指行政机关在履行职责过程中制作或者获取的,以一定形式记录、保存的信息。”据此,该条例所指的政府信息,应当是现有的,以一定形式记录、保存的信息。为准确把握政府信息的适用范畴,国务院办公厅《关于做好政府信息依申请公开工作的意见》(国办发〔2010〕5 号)第 2 条明确规定:“行政机关向申请人提供的政府信息,应当是现有的,一般不需要行政机关汇总、加工或重新制作(作区分处理的除外)。”本案中,孙长荣向吉林省住建厅申请了解的是吉建房字(1999)27 号通知的效力问题,并非申请公开“以一定形式记录、保存的”政府文件本身,在性质上属于咨询,不属于《政府信息公开条例》调整的范畴,况且针对咨询作出答复以及答复与否,不会对咨询人的权利义务产生实际影响。因此,吉林省人民政府作出吉政复不字(2011)号不予受理决定,符合《行政复议法》(2009 年)第 6 条、第 17 条的规定。孙长荣认为吉林省人民政府违反《政府信息公开条例》及相关法律规定,请求人民法院依法撤销不予受理决定的理由不能成立,本院不予支持。

Ⅱ.根据《政府信息公开条例》(2007 年)第 26 条的规定,行政机关依申请公开的政府信息,应当按照申请人要求的形式予以提供。本案中,孙长荣的申请既然属于咨询性质,就不属于该条所规定的"应当按照申请人要求的形式予以提供"政府信息的情形。对于此类咨询申请,法律并无要求行政机关必须书面答复的明确规定。在吉林省住建厅已以口头方式作出答复,尤其是在孙长荣提起本案诉讼前吉林省住建厅已经公布废止吉建房字(1999)27 号通知的情况下,孙长荣仍然要求人民法院责令行政机关对该通知的效力问题作出答复,其起诉并无应受司法保护的现实利益,其请求吉林省人民政府重新作出行政行为已丧失诉的基础。

■ 评　析

Ⅰ 本判例的意义

政府信息公开申请中的咨询一般是指公民或组织通过政府信息公开申请的形式向行政机关询问相关事实、政策、行政行为合法性依据等信息的行为,通常被用来当作行政机关拒绝当事人申请政府信息公开的理由。随着社会经济的发展,公民知情意识、参与意识和监督意识的逐步增强,近年来政府信息公开工作日渐繁重。考虑到大多数咨询事项在实践中表现为需要行政机关加工、汇总或重新制作的信息,若将咨询纳入政府信息公开范畴,并对其一一答复,那么行政机关则需要消耗大量的时间精力与财政成本来应对大量烦琐的咨询事项。此项工作的难度与强度比正常的政府信息公开中向申请人提供现有的政府信息要大得多,政府信息公开工作将变得更加不堪重负。将咨询排除在政府信息公开范畴之外,能够节省不必要的财政、时间等成本投入,有助于政府信息公开工作的正常开展。因此,在司法实践中,已有许多行政机关及法院开始以咨询为由拒绝当事人的政府信息公开申请。

然而,对于政府信息公开申请中的咨询认定标准等问题,实务界与理论界均无统一的认识。本判例的意义就在于,首次明确了政府信息公开中"咨询"的认定标准及法律效果。

Ⅱ 咨询的认定标准

从裁判思路看,法院首先援引了《政府信息公开条例》第 2 条的规定,明确了政府信息的概念。正确理解政府信息的形式构成要件——"以一定形式记录、保存",是本案的关键。从体系解释的角度看,不宜过分强调政府信息的实在性,认为只要某一信息不是以一定形式记录、保存,即不是现有的,就认定不属于《政府信息公开条例》第 2 条规定的政府信息。因为《政府信息公开条例》第 36 条第 4 项规定,"经检索没有所申请公开信息的,告知申请人该政府信息不存在”,结合《政府信息公开条例》第2、36条的规定,对其可作以下合理解释:第一,若将非现有等同于不属于政府信息,那么“告知申请人该政府信息不存在”这一款就没有必要存在了,可直接告知申请人该信息没有“以一定形式记录、保存”,因而不属于政府信息;第二,“政府信息不存在”的表述本身也印证了政府信息有存在和不存在两种形态,有应然与实然之分。政府信息有不存在的可能性,也就意味着决定一项信息是否为政府信息的核心要素并非“以一定形式记录、保存”的实在性,而是该信息的(应然)生成与行政机关的行政管理职能之间有着法定关联。换句话说,如果按照法律规定,行政机关在行政管理过程中有着制作或获取某一信息的法定义务,那么无论该信息是否现有,均属于政府信息。如《行政处罚法》第59条规定,“行政机关依照本法第五十七条的规定给予行政处罚,应当制作行政处罚决定书”,该决定书就属于政府信息。若行政机关违法行政,在未制作决定书的情形下直接给予了相对人行政处罚,后者向行政机关申请公开该决定书,行政机关不能以该信息不属于政府信息为由加以拒绝,而应告知该政府信息不存在。只要信息的生成或获取与行政管理职能之间有法定联系,该信息是否现有“只会影响行政机关能否公开的判断,并不影响其是否为政府信息的判断”。[刘迪、廖希飞:《申请公开行政行为法律依据的处理》,载《人民司法(案例)》2017年第32期]

申言之,并非所有政府信息都是行政机关依照法律明确要求而制作或获取的,行政机关为更好地履行行政管理职能,也可能制作或获取一些法律未明确要求的政府信息。如果行政机关制作或获取了该类信息,那么该信息也属于政府信息,因为其符合《政府信息公开条例》第2条的规定。但若行政机关没有制作或获取该类信息,则不能适用该政府信息不存在的规定,因为行政机关没有制作或获取该信息的法定义务,而应认定不属于政府信息。譬如,A市交通执法部门为更好地了解最近一年本市交通违法类型及其比例等信息,在没有法律要求的情况下,自行制作了“A市交通违法类型统计年报”;假设有公民向其申请公开该年报,则其不能以不属于政府信息为由拒绝;如果有公民向没有制作相应信息的B市交通执法部门申请公开此类信息,则后者可将其认定为不属于政府信息而非政府信息不存在。如此认定的好处还在于,不属于政府信息即不属于《政府信息公开条例》调整范畴,行政机关不需要承担过多的政府信息公开义务;但若认定为政府信息不存在,行政机关还必须承担合理检索等公开义务。

需说明的是,国务院办公厅《关于做好政府信息依申请公开工作的意见》(国办发〔2010〕5号)第2条的规定并未与《政府信息公开条例》第2条政府信息概念产生冲突。国务院办公厅《关于做好政府信息依申请公开工作的意见》(国办发〔2010〕5号)第2条规定:“行政机关向申请人提供的政府信息,应当是现有的,一般不需要行政机关汇总、加工或重新制作(作区分处理的除外)。”该条中“应当”“一般”的措词表明政府信息现有是原则性要求,因而不能排除某一信息属于政府信息但不现有的例外情形。从该条的上下文看,该规范性文件制定者之所以如此规定,目的可能并不在于对政府信息的实在性作排除例外的强制性申明,而是为行政机关减轻不合理的政府信息公开义务。如前所述,政府信息分为两类:第一类本文称之为法定政府信息,即法律明确规定需要行政机关制作或获取的政府信息;第二类本文称之为自主政府信息,即法律没有要求但行政机关为了更好地履行行政管理职能而自主制作或获取并以一定形式记录、保存的信息。前者"应当"现有但实际可能并不现有,是否现有不影响其政府信息的法律性质。而后者必须现有,否则不能称之为政府信息,因为行政机关没有制作或获取该类信息的法定义务。该条第2句规定:"依据《政府信息公开条例》精神,行政机关一般不承担为申请人汇总、加工或重新制作政府信息,以及向其他行政机关和公民、法人或者其他组织搜集信息的义务。"其目的就在于为行政机关排除那些原本就不需要的信息制作、获取以及公开义务。

本案中,孙长荣申请公开的有关吉建房字(1999)27号通知是否有效的信息不属于政府信息。按照上文对政府信息的分类,行政机关没有专门制作或获取案涉信息的法定义务,该信息属于自主政府信息的范畴。而要成为自主政府信息,必须满足形式要件。该案中,有关吉建房字(1999)27号通知是否有效的问题需要行政机关对是否存在废止吉建房字(1999)27号通知的规范性文件等信息进行检索、分析或重新制作等,即该信息并非以一定形式记录、保存的现有信息,因而不属于政府信息。

当事人向行政机关申请公开非现有的法定政府信息,行政机关应告知当事人该政府信息不存在;当事人向行政机关申请公开非现有的、除法定政府信息之外信息的行为属于咨询。咨询认定的关键在于确定当事人所申请公开信息的性质。对于当事人来说,其申请公开的信息属于非现有的、除法定政府信息之外的信息,该行为在客观上并非试图获取政府信息(无论其主观意图如何),而是要求行政机关对其问题作出相应解答。咨询的本意是指询问、征求意见的行为,与孙长荣要求行政机关判断、解答相应问题的实质请求相对应,其行为具有咨询性质。

Ⅲ 认定咨询的法效果及其他

如前所述,咨询是申请公开非现有的、除法定政府信息之外的信息的行为,可以将其纳入不属于政府信息的一个子项中。既然不属于政府信息,不在《政府信息公开条例》调整范畴内,行政机关对咨询就没有政府信息公开答复的义务。申言之,政府信息公开答复义务系为实现《政府信息公开条例》保护的公民规范意义上的知情权而产生的,是一项法定义务,且仅以《政府信息公开条例》的适用范围为限。

对于咨询,行政机关作出的是否答复、答复形式、内容等,均不会对咨询人的权利义务产生实际影响。原因在于:行政机关没有答复咨询人的法定职责,即使咨询人收到了行政机关的答复,该答复内容也只是一种意见或建议。其性质类似于行政指导,对行政相对人不产生强制力,没有法律效力,进而不会影响咨询人的权利义务。在本案中,行政机关事实上已在先前以口头方式告知了涉案文件的法律效力,且该口头答复并未给孙长荣设定新的权利义务,因而也就没有实际影响一说。

咨询的出现从某种意义上折射出政府信息公开制度的不完满性:一方面,《政府信息公开条例》所确立的公开例外事由体系尚不完备,需要借助咨询这一概念填补漏洞;另一方面,实践中行政机关以咨询为由拒绝公开行政行为法律依据等政府信息,在一定程度上有将政府信息概念限缩为“政府文件本身”的倾向，对政府信息这一概念的理解过于狭隘，难以将政府信息公开制度所倡导的“公开为原则，不公开为例外”基本原则落到实处。今后立法者修订《政府信息公开条例》时宜加入有关咨询的规定，明确咨询的认定及处理方式，促进咨询类政府信息公开申请争议的规范化解决，进一步完善政府信息公开制度。

□ 参考文献

章剑生：《现代行政法总论》(第2版)，法律出版社2019年版。
秦小建：《政府信息公开的宪法逻辑》，载《中国法学》2016年第3期。

026 政府信息不存在的证明责任

罗元昌诉重庆市彭水苗族土家族自治县地方海事处政府信息公开案 | 最高人民法院指导案例101号

梁　艺　浙江工业大学法学院

■ 事实概要

罗元昌是兴运2号船的船主,在乌江流域从事航运、采砂等业务。2014年11月17日,罗元昌因诉重庆大唐国际彭水水电开发有限公司财产损害赔偿纠纷案需要,向重庆市彭水苗族土家族自治县地方海事处(以下简称彭水县地方海事处)邮寄书面政府信息公开申请书,具体申请的内容为:(1)公开彭水苗族土家族自治县港航管理处与彭水县地方海事处的设立、主要职责、内设机构和人员编制的文件。(2)公开下列事故的海事调查报告等所有事故材料,即兴运2号船在2008年5月18日、2008年9月30日的2起安全事故及鑫源306号、鑫源308号、高谷6号、荣华号等船舶在2008年至2010年发生的安全事故。彭水县地方海事处未在法定期限内对罗元昌进行答复,罗元昌向彭水苗族土家族自治县人民法院(以下简称彭水县法院)提起行政诉讼。其后,彭水县地方海事处于2015年1月23日作出政府信息告知书,称其中“海事调查报告等所有事故材料经查该政府信息不存在”。随后被彭水县法院确认未在法定期限内进行答复的行为违法。

2015年4月22日,罗元昌以上述政府信息告知书不符合法律规定,且与事实不符为由,提起行政诉讼。诉讼过程中,罗元昌提交了涉及兴运2号船于2008年5月18日在彭水高谷长滩子发生整船搁浅事故以及于2008年9月30日在彭水高谷煤炭沟发生沉没事故的《乌江彭水水电站断航碍航问题调查评估报告》、《彭水县地方海事处关于近两年因乌江彭水万足电站不定时蓄水造成船舶搁浅事故的情况报告》、《重庆市发展和改革委员会关于委托开展乌江彭水水电站断航碍航问题调查评估的函》(渝发改能函〔2009〕562号)等材料。

■ 裁判要旨

Ⅰ.在政府信息公开案件中,被告以政府信息不存在为由答复原告的,人民法院应审查被告是否已经尽到充分合理的查找、检索义务。原告提交了该政府信息系由被告制作或者保存的相关线索等初步证据后,若被告不能提供相反证据,并举证证明已尽到充分合理的查找、检索义务,人民法院不予支持被告有关政府信息不存在的主张。

Ⅱ.彭水县地方海事处作为彭水县的海事管理机构,负有对彭水县行政区域内发生的内河交通事故进行立案调查处理的职责,其在事故调查处理过程中制作或者获取的,以一定形式记录、保存的信息属于政府信息。罗元昌提交了兴运 2 号船于 2008 年 5 月 18 日在彭水高谷长滩子发生整船搁浅事故以及于 2008 年 9 月 30 日在彭水高谷煤炭沟发生沉没事故的相关线索,而彭水县地方海事处作出的政府信息告知书告知罗元昌申请公开的该项政府信息不存在,仅有彭水县地方海事处的自述,没有提供印证证据证明其尽到了查询、翻阅和搜索的义务。故彭水县地方海事处作出的政府信息告知书违法,应当予以撤销。

■ 评　析

Ⅰ 政府信息不存在的证明困境

《政府信息公开条例》第 2 条规定:“本条例所称政府信息,是指行政机关在履行行政管理职能过程中制作或者获取的,以一定形式记录、保存的信息。”换言之,政府信息公开的前提是政府信息得以制作、获取,并且以一定形式记录、保存。也就是说,在申请人提出信息公开申请的时点,政府信息必须客观存在;如果信息事实上不存在,行政机关则不负有公开义务,且没有因此产生制作政府信息的义务。国务院办公厅《关于做好政府信息依申请公开工作的意见》(国办发〔2010〕5 号)中也曾明确指出:“行政机关向申请人提供的政府信息,应当是现有的,一般不需要行政机关汇总、加工或重新制作(作区分处理的除外)。”由此可见,政府信息客观存在是政府信息公开的前提。

如果申请人要求公开的政府信息事实上并不存在,显然行政机关也无法提供,这时应当告知申请人政府信息不存在。根据行政诉讼举证责任的一般要求,行政机关应当对作出的行政行为负举证责任,在“政府信息不存在”的答复中也是如此。最高人民法院《关于审理政府信息公开行政案件若干问题的规定》第 5 条第 1 款规定:“被告拒绝向原告提供政府信息的,应当对拒绝的根据以及履行法定告知和说明理由义务的情况举证。”那么,行政机关应当如何证明一份事实上不存在的政府信息真的不存在呢?在学理上,消极事实举证责任的分配本身不无争议,而在主张“政府信息不存在”的案件中,行政机关应当如何履行举证责任则更成为疑难问题。

Ⅱ 既往判例中证明对象的转换

本判例之前,围绕着行政机关如何履行政府信息不存在案件中的举证责任,最高人民法院曾在其发布的“全国法院政府信息公开十大案例”(《人民法院报》2014 年 9 月 13 日,第 3 版)中进行阐述。在“案例 9 张良诉上海市规划和国土资源管理局案”(以下简称“张良案”)中,张良向上海市规划和国土资源管理局申请获取“本市 116 地块项目土地出让金缴款凭证”政府信息。上海市规划和国土资源管理局经至其档案中心以“缴款凭证”为关键词进行手工查找,未找到名为“缴款凭证”的 116 地块土地出让金缴款凭证的政府信息,遂认定其未制作过原告申请获取的政府信息,故答复张良其申请公开的政府信息不存在。张良不服,提起诉讼。法院审理后认为,原告申请公开的相关缴款凭证,应泛指被告收取土地使用权受让人缴纳本市116地块国有土地使用权出让金后形成的书面凭证。在日常生活中,这种证明缴纳款项凭证的名称或许为缴款凭证,或许为收据、发票等,并不局限于缴款凭证的表述。原告作为普通公民,认为其无法知晓相关缴款凭证的规范名称,仅以此缴款凭证描述其申请获取的政府信息内容的主张具有合理性。与之相对应,被告系本市土地行政管理部门,应知晓其收取土地使用权出让金后开具给土地使用权受让人的凭证的规范名称,但在未与原告确认的前提下,擅自认为原告仅要求获取名称为缴款凭证的相关政府信息,并仅以缴款凭证为关键词至其档案中心进行检索,显然检索方式失当,应为未能尽到检索义务,据此所认定的相关政府信息不存在的结论,也属认定事实不清,证据不足。

最高人民法院在典型意义中指出:"行政机关以信息不存在为由拒绝提供政府信息的,应当证明其已经尽到了合理检索义务。申请人对于信息内容的描述,也不能苛刻其必须说出政府信息的规范名称甚至具体文号。如果行政机关仅以原告的描述为关键词进行检索,进而简单答复政府信息不存在,亦属未能尽到检索义务。"由此可见,政府信息不存在案件中的证明对象发生了转换,待证事实由"信息是否存在"变更为"是否尽到合理检索义务"。在该案中,法院的审查对象主要是检索方式的合理性,在申请人未能准确描述信息内容时,行政机关应当适当扩大检索关键词以确保检索结果的可得性,从而尽到合理的检索义务。

Ⅲ 本判例的意义

本判例是最高人民法院在既有判例的基础上,对政府信息不存在案件中证明责任的进一步阐明。统观该案裁判要旨的表述,可以分为四个层次进行理解:(1)重申政府信息不存在案件中客观证明责任的内容及其责任归属。"在政府信息公开案件中,被告以政府信息不存在为由答复原告的,人民法院应审查被告是否已经尽到充分合理的查找、检索义务。"再次肯认了前述"张良案"确立的在该类案件中证明对象的转换问题,明确应当由被告对其检索行为进行举证,而非由主张信息存在的申请人进行举证。(2)申请人可以提供线索等证明政府信息存在的初步证据。在这里,最高人民法院表明了在具体案件审理中可能出现的情形,即在行政机关举证尽到检索义务后,申请人履行主观证明责任推动诉讼程序的进一步展开,此时客观证明责任并未发生转移。换言之,本案并未创设行政诉讼原告承担举证责任的新情形。需要特别指出的是,原告提出的初步证据在本案中较为特殊,罗元昌事实上"提交了涉及兴运2号船于2008年5月18日在彭水高谷长滩子发生整船搁浅事故以及于2008年9月30日在彭水高谷煤炭沟发生沉没事故的《乌江彭水水电站断航碍航问题调查评估报告》《彭水县地方海事处关于近两年因乌江彭水万足电站不定时蓄水造成船舶搁浅事故的情况报告》",也就是其申请公开的部分政府信息本身;最高人民法院在裁判要旨中明确表述为作为初步证据的"相关线索",不应当对申请人所提供证据的证明力作过高要求。(3)在申请人提出主张信息存在的证据后,行政机关应当举出"反证",反证证明的对象不是行政机关的检索行为,而应当与申请人提出的初步证据相关,可能是"曾经制作但保存不当灭失"等。(4)行政机关除了应当提出反证以外,还应当"举证证明已尽到充分合理的查找、检索义务"。此时,虽然与裁判要旨首句的表述一致,但因为相对人提出的初步证据,法院可以适当提高合理检索义务充分履行的证明标准。二审判决的裁判意见表述较为明确:在申请人提供线索后,“仅有彭水县地方海事处的自述,没有提供印证证据证明其尽到了查询、翻阅和搜索的义务”,显而易见,作为说明理由的“自述”,在申请人未提供线索时,可以视作合理检索义务已经履行,但在申请人提供线索之后,行政机关则必须“提供印证证据”,可见合理检索义务履行的证明标准已经提高。可以认为,最高人民法院试图通过本判例在一定程度上扼制实践中行政机关频繁、随意以“政府信息不存在”为由拒绝公开申请的现象,避免信息公开制度的架空危机。

Ⅳ 本判例的影响

2007 年的《政府信息公开条例》第 21 条规定,“对申请公开的政府信息,行政机关根据下列情况分别作出答复:(三)……该政府信息不存在的,应当告知申请人”,对照当时第 2 项的规定“属于不予公开范围的,应当告知申请人并说明理由”,可以发现对于政府信息不存在的情形,当时的《政府信息公开条例》仅要求行政机关“告知”申请人“政府不存在”即可,甚至没有说明理由的要求。宽松的义务设定使实践中通过“信息不存在”拒绝申请的情形占据信息公开答复总数的相当比例。也同时反映出,对于此类案件,行政机关在主张“信息不存在”时是否需要以及承担何种证明责任不明确。2014 年,最高人民法院在“张良案”中明确了此类案件中证明对象的转换,将“信息不存在”的消极事实转换为“检索行为是否合理”的积极事实,从而要求行政机关对该类案件承担证明责任。但同时,这类案件的特殊性仍是不可忽视的,基于公平原则,在一些案件中申请人也存在着比行政机关更为接近证据的可能性,从鼓励申请人主动举证推进诉讼、查明事实的目的出发,本判例指出,相对人能够提出线索初步证明信息存在的,法院可以在审查行政机关是否履行合理检索义务时,提高相应的证明标准。基于以上分析,2019 年修订的《政府信息公开条例》第 36 条规定,“对政府信息公开申请,行政机关根据下列情况分别作出答复:(四)经检索没有所申请公开信息的,告知申请人该政府信息不存在”,明确吸收了“张良案”转换证明对象的裁判思路,在原告提供线索初步证明政府信息存在的类似案件中,本判例可以作为后续的裁判指引。

参考文献

阎巍:《行政诉讼证据规则:原理与规范》,法律出版社 2019 年版。

李广宇:《政府信息公开司法解释读本》,法律出版社 2011 年版。

027 政府信息公开与利益衡量

齐明喜诉上海市松江区人民政府等复议案 | 最高人民法院 (2017)最高法行申312号行政裁定书

伏创宇 中国社会科学院大学政法学院

■ 事实概要

2015年3月5日,齐明喜向上海市松江区人民政府(以下简称松江区政府)提出申请,要求获取沪松府强拆决字(2013)第39号文件(以下简称涉案信息)。同月25日,松江区政府作出延期告知书并于次日寄送齐明喜,告知齐明喜延期到2015年4月17日前予以答复。松江区政府于2015年4月16日作出编号为松信公开(2015)48号政府信息公开申请告知(以下简称被诉告知),告知齐明喜:"您要求获取的信息属于政府信息公开范围,现提供给您查收。"松江区政府提供给齐明喜的涉案信息中,保留当事人姓氏,隐去其名字,表述为上海市松江区泗泾镇,其余内容不变。

齐明喜不服被诉告知,于2015年5月8日向上海市政府提起行政复议。松江区政府在行政复议答复书中称,涉案信息中部分内容涉及个人隐私,因此在向齐明喜提供政府信息时,隐去了相关当事人的名字及具体地址。2015年7月7日,上海市政府作出行政复议延长审理期限通知书并寄送齐明喜。2015年7月30日,上海市政府作出沪府复字(2015)第274号行政复议决定(以下简称被诉复议决定),上海市政府认为:松江区政府告知齐明喜相关信息属于公开范围,并在隐去个人隐私内容后向齐明喜作了提供,符合政府信息公开相关规定,维持了被诉告知。齐明喜收到复议决定书后不服,提起诉讼,要求撤销松江区政府作出的被诉告知及上海市政府作出的被诉复议决定,并判令松江区政府限期公开完整信息。本案经一审、二审后,齐明喜仍不服,在法定期限内向最高人民法院申请再审。一审法院另查明,涉案信息涉及的当事人系自然人,其个人住所与违法建筑的具体地址一致。其他内容与被诉告知所公开的信息内容一致。

■ 裁判要旨

Ⅰ.该问题实质上涉及了保障公众知情权与保护公民隐私权两者发生冲突时的处理规则。公民、法人和其他组织有权依法获取政府信息。对申请公开的政府信息,行政机关应根据相关规定作出答复。在公开相关信息可能侵害第三方合法权益时,行政机关应根据比例原则,作出适当处理,以取得与同样受法律保护的其他权利之间的平衡。具体到本案中,根据《行政强制法》的规定，强制执行决定是行政机关依法作出行政决定后，当事人在行政机关决定的期限内不履行义务的，具有行政强制执行权的机关依照《行政强制法》的相关规定作出的行政行为。齐明喜要求获取行政机关针对第三方作出强制执行决定的文件。首先，涉案信息所涉行政行为不涉及齐明喜，并未侵害齐明喜的个人合法权益。其次，公开涉案信息中隐去的内容，可能会给相关权利人造成潜在的损害，且隐去部分信息未侵害齐明喜获取政府信息的权利，亦与行政机关依法行政不存在关联性。所以，松江区政府把涉案信息作出区分，将涉案违法建筑地址等与相关个人存在紧密联系的部分作为个人隐私隐去，公开涉案信息其余部分，并不违反法律规定。行政机关对隐私权范围的界定与区分处理，属行政机关基于行政管理实践与行政管理相对人合法权益的综合判断，属于行政机关裁量权范畴，除非行政判断明显不当，否则人民法院应尊重行政机关的判断。

Ⅱ.《政府信息公开条例》(2007 年)第 23 条规定的“征求第三方的意见”一般是指，申请公开的信息全部或主要内容涉及商业秘密、个人隐私，公开后可能损害第三方合法权益的情形。鉴于行政机关既要保障政府信息公开申请人的知情权，也要保护第三方的合法权益。被申请公开的信息是否应予公开，行政机关应征求第三方意见。如果政府信息公开申请人申请的政府信息只有一部分或非主要内容涉及商业秘密或者个人隐私，行政机关可以根据《政府信息公开条例》(2007 年)第 22 条的规定，作出区分处理后，径行作出告知，而无需征求第三方意见后再予答复。如此，既能够保障政府信息公开申请人在最短时间内获取有效信息，又有效保护了第三方合法权益，还节约了行政资源。本案中，松江区政府将涉案信息直接作区分处理后公开，并不违反相关规定。

■ 评　析

Ⅰ 本判例的逻辑

针对公众知情权与公民隐私权的冲突，本判例对政府信息公开决定中利益衡量的适用体现为以下逻辑：

1. 界定个人隐私。最高人民法院主张“将涉案违法建筑地址等与相关个人存在紧密联系的部分作为个人隐私隐去”，间接地承认涉案政府信息中违法建筑具体地址属于个人隐私。本案中的一审法院更是对个人隐私进行了界定，“个人隐私是指公民个人生活中不愿为他人公开或者知悉的秘密，一般包括姓名、肖像、住所、电话号码、家庭情况、亲属关系以及教育、职业、收入等信息”，进而将“该文书中所包含的当事人的姓名、住所”归入个人隐私。

2. 适用比例原则。最高人民法院直接适用了比例原则中的“均衡性原则”，对政府信息公开申请人、第三人的合法权益以及公共利益进行了衡量。其指出，一方面，涉案政府信息所涉行政行为不涉及申请人，并未侵害信息公开申请人的合法权益；另一方面，公开涉案信息中隐去的内容，可能会给相关权利人造成潜在的损害，并且隐去部分信息，未侵害申请人获取政府信息的权利，亦与行政机关依法行政不存在关联性。

3. 遵循有限的合理性审查。最高人民法院认为本案中行政机关对政府信息公开的利益衡量不存在明显不当的问题。

Ⅱ 相关判例的观点

判断是否涉及第三人权益是政府信息公开决定中利益衡量的前提。在如皋市人民政府如城街道办事处与钱明喜信息公开上诉案[江苏省南通市中级人民法院(2015)通中行终字第00075号行政判决书]中,南通市中级人民法院认为:"钱明喜申请要求公开的房屋拆迁补偿费用,系拆迁人(或房屋征收部门或者委托房屋征收实施单位)依照我国集体土地和国有土地房屋拆迁补偿标准的规定,在征收国家集体土地单位、个人的房屋时。拆迁人对各被拆迁户具体补偿明细并不涉及特定公民的个人信息,明显不属个人隐私。"也有判例[浙江省宁波市中级人民法院(2009)浙甬行终字第44号行政判决书]认为:"个人隐私具有相对性,是否构成隐私,应视具体情境而定。年龄在特定的环境中可以成为公民个人的隐私,反之则不必然。"利益衡量属于行政机关在信息公开决定作出前的法定义务。在张某诉重庆市巴南区人民政府信息公开案[重庆市高级人民法院(2019)渝行终106号行政判决书]中,法院认为"巴南区政府认为张某申请公开的政府信息涉及商业秘密或个人隐私,虽已履行书面征求第三方意见的程序,却未考量不公开上述信息是否会对公共利益造成重大影响,径行以此为由决定不予公开,不符合《政府信息公开条例》的规定"。

比例原则在政府信息公开案件中的适用需要考虑个案的具体情境。在杨政权诉山东省肥城市房产管理局案(《人民法院报》2014年9月13日,第3版)中,法院将比例原则运用于政府信息公开决定利益衡量的司法审查中,其主张"当涉及公众利益的知情权和监督权与保障性住房申请人一定范围内的个人隐私相冲突时,应首先考量保障性住房的公共属性,使获得这一公共资源的公民让渡部分个人信息,既符合比例原则,又利于社会的监督和住房保障制度的良性发展"。与前述判例不同的是,该案中的申请人属于保障性住房的轮候申请人。

Ⅲ 利益衡量的司法判断框架

首先,界定依申请公开的信息是否涉及第三人的合法权益。对于个人隐私的界定,无论是行政机关还是法院,都缺乏统一的法律依据可以适用,因而对于信息公开中的个人隐私的解释显得无所适从,也往往成为行政机关不予公开之有利的"挡箭牌"。尽管目前法律缺乏对隐私的界定,但对商业秘密却有许多相关规定,只是大多在与信息公开没有直接关联的法律规范中予以体现,如《反不正当竞争法》、《刑法》和《关于禁止侵犯商业秘密行为的若干规定》等。在行政法的语境中,第三方权益的界定应当根据个案展开,同时考察依申请公开信息的公共属性。

其次,依据个案进行比例审查。即便第三人在行政机关征求意见后表示不同意,行政机关仍然具有利益衡量的义务,第三人的意见对政府信息公开决定的作出仅具有有限的拘束力。有学者提出,关涉个人隐私之信息是否构成豁免公开的关键在于如何进行利益衡量,包括"公开的公共利益与不公开的隐私利益之间如何权衡及公开的个人利益(资讯主体的生命、身体、健康利益)与不公开的隐私利益之间如何权衡"。也有学者指出,只需要在第三人权益与信息公开申请人利益之间进行衡量,"与政府信息公开法律关系有关的第三方相对人是否以及在多大范围内可以享受政府信息公开法律规范的保护,其确定标准主要取决于具有第三人保护目的的法律规范和冲突利益——政府信息公开请求权人的利益之间的权衡"。([德]汉斯·J. 沃尔夫、奥托·巴霍夫、罗尔夫·施托贝尔:《行政法》,高家伟译,商务印书馆 2002 年版,第 508 页)在我国,2019 年修订的《政府信息公开条例》取消了"根据自身生产、生活、科研等特殊需要"的规定,这意味着信息公开不仅保障公民知情权,还旨在提高政府的透明度并发挥政府信息的服务作用。因而,利益衡量不能仅局限于第三人与申请人的权益权衡,还应当考虑政府信息公开所欲促进的公共利益。

最后,有限度的司法审查。《行政诉讼法》第 70 条规定,行政行为"明显不当的",人民法院有权撤销,这意味着对政府信息公开决定中利益衡量的司法审查具有限度。同时,该法第 34 条第 1 款规定"被告对作出的行政行为负有举证责任,应当提供作出该行政行为的证据和所依据的规范性文件"以及《政府信息公开条例》(2019 年)第 36 条第 3 项规定"行政机关依据本条例的规定决定不予公开的,告知申请人不予公开并说明理由",其都赋予了行政机关说明理由的义务,有利于合理性审查的展开。在个案中,法院应当考察所申请公开信息的内容,权衡信息公开对公共利益与申请人权益的影响以及对第三方权益侵害的可能性与程度,并保持司法审查的谦抑性。同时,"公共利益"概念在内涵上的不确定性使利益衡量的正当性可能受到质疑,甚至成为行政机关不予公开的"挡箭牌",行政机关应当在政府信息公开决定中对涉及的利益进行全面衡量,违反该义务的应当被认定为"裁量怠惰",不行使法定裁量权属于《行政诉讼法》第 70 条"滥用职权"的情形,法院可以此为由撤销行政机关的不予公开决定。

Ⅳ 本判例的意义

《政府信息公开条例》(2019 年)第 1 条所宣示的立法宗旨,即"提高政府工作的透明度,建设法治政府,充分发挥政府信息对人民群众生产、生活和经济社会活动的服务作用",表明政府信息公开决定作出不可能回避公共利益与第三方合法权益之间的利益衡量。修订前的《政府信息公开条例》(2007 年)第 14 条第 4 款规定:"行政机关不得公开涉及国家秘密、商业秘密、个人隐私的政府信息。但是,经权利人同意公开或者行政机关认为不公开可能对公共利益造成重大影响的涉及商业秘密、个人隐私的政府信息,可以予以公开。"该条款规定的"可以"赋予了行政机关决定是否公开政府信息的裁量权,即有对公共利益与第三人权益进行衡量的义务。修订后的《政府信息公开条例》(2019 年)第 15 条"涉及商业秘密、个人隐私等公开会对第三方合法权益造成损害的政府信息,行政机关不得公开。但是,第三方同意公开或者行政机关认为不公开会对公共利益造成重大影响的,予以公开"尽管删去了"可以"一词,但当政府信息公开决定涉及第三方权益时,利益衡量仍然无可避免。本判例对政府信息公开决定中的利益衡量问题确立了以下原则:

1. 适用比例原则。利益衡量实质上涉及保障公众知情权与保护第三方合法权益两者发生冲突时的处理规则。最高人民法院在本判例中指出,在公开相关信息可能侵害第三方合法权益时,行政机关应根据比例原则,作出适当处理,以取得与同样受法律保护的其他权利之间的平衡。

2. 对政府信息公开中利益衡量的司法审查应当遵循谦抑原则。最高人民法院在本判例中指出,行政机关对隐私权范围的界定与区分处理,属行政机关基于行政管理实践与行政管理相对人合法权益的综合判断,属于行政机关裁量权范畴,除非行政判断明显不当,否则人民法院应尊重行政机关的判断。

▢ 参考文献

叶必丰:《具体行政行为框架下的政府信息公开——基于已有争议的观察》,载《中国法学》2009 年第 5 期。

章剑生:《知情权及其宪法保障——以〈政府信息公开条例〉为例》,载《中国法学》2008 年第 4 期。

伏创宇:《两岸信息公开豁免案例之比较评析——以个人隐私和商业秘密之探讨为中心》,载《行政法论丛》第 13 卷,法律出版社 2011 年版。

028 公益组织与政府信息公开申请

中华环保联合会诉贵州省贵阳市修文县环境保护局环境信息公开案 |《最高人民法院公报》2013 年第 1 期

张旭勇 浙江财经大学法学院

■ 事实概要

2011 年 10 月，中华环保联合会以贵州好一多乳业股份有限公司（以下简称好一多公司）超标排放工业污水为由，向贵州省清镇市人民法院提起民事公益诉讼。由于该案诉讼需要取得好一多公司的相关环保资料，中华环保联合会于 2011 年 11 月 28 日向贵州省贵阳市修文县环保局提出政府信息公开申请，要求其公开好一多公司的环境影响评价文件及批复文件、环保设施竣工验收资料、排污许可证、排污口数量和位置、排放污染物种类和数量以及排污费征收等环境信息。修文县环保局收到申请后，以申请公开的内容不明确、信息形式要求不具体和不清楚等为由，在法定期限内既未作出补正申请告知书，也不对信息公开申请给予答复。中华环保联合会向贵阳市中级人民法院提起行政公益诉讼，要求法院判决被告修文县环保局对其政府信息公开申请作出答复，并向原告公开相关环境信息。

■ 裁判要旨

Ⅰ. 依法获取环境信息，是公民、法人和其他组织的一项重要权利，是公众参与环境保护、监督环保法律实施的一项重要手段。为了保障公民、法人和其他组织的这一权利，相关法律法规对环境信息公开的范围、信息公开的程序和方式、监督和保障作了详细规定。环境信息应以公开为原则，不公开为例外。原告中华环保联合会申请的好一多公司的环境信息资料并非相关法律法规所禁止公开的内容，被告未向原告公开其所需信息的行为违反法律法规的规定。

Ⅱ. 具有维护公众环境权益和社会监督职责的公益组织，根据其他诉讼案件的特殊需要，可以依法向环保机关申请获取环保信息。在申请内容明确具体且申请公开的信息属于公开范围的情况下，人民法院应当支持。

■ 评　析

Ⅰ “三需要”条件的性质与申请获取政府信息的权利

本案作为《行政诉讼法》颁布 30 周年的十大典型案例，曾经引发的争议是：公益组织是否有资格申请信息公开?这个问题背后可能隐藏着两个前提假定:一是只有满足“三需要”条件,才有资格申请信息公开;二是公益组织为公益之需申请信息公开,不满足“三需要”条件。

2007年《政府信息公开条例》第13条规定:“公民、法人或者其他组织还可以根据自身生产、生活、科研等特殊需要,向国务院部门、地方各级人民政府及县级以上地方人民政府部门申请获取相关政府信息。”从条文结构看,“三需要”确实是申请获取政府信息的一个条件,尽管有许多学者持否定立场。对这个“三需要”条件,学理上有申请资格说和获取条件说两种理解。前者强调了权利的程序面向,认为“生产、生活、科研等特殊需要”是申请政府信息公开的前提条件,否则行政机关可以不予受理;后者强调了权利的实体面向,认为“生产、生活、科研等特殊需要”是申请人获取政府信息的条件,否则行政机关可以拒绝公开(提供)。

根据现有规定及相关解释,获取条件说较为妥当,理由有三:一是国务院办公厅《关于施行〈中华人民共和国政府信息公开条例〉若干问题的意见》(国办发〔2008〕36号)第14条规定,“行政机关对申请人申请公开与本人生产、生活、科研等特殊需要无关的政府信息,可以不予提供”;二是《政府信息公开条例》(2007年)没有针对信息公开申请明文规定不予受理决定及其适用情形,第21条只规定予以公开、不予公开、信息不存在和申请内容不明确时的变更、补充决定四种答复决定类型;三是可以把申请内容不明确的变更补充决定理解为实质性的不予受理,但这不能适用于“三需要”条件不满足的情形。

本案一审法院把“三需要”条件和“是否属于禁止公开的情形”等并列作为申请人能否获取政府信息的条件,并区别于因申请内容不明确而需要补充、变更(申请)的情形。显然,一审法院遵循了“三需要”条件的获取条件说。同样,从公报案例的裁判摘要看,最高人民法院认为“三需要”条件只是获取政府信息的条件,再次肯定了“三需要”条件的获取条件说。这就意味着,任何公法、法人或者其他组织都有资格申请信息公开,行政机关都应当受理并作出答复,“三需要”条件有且只能决定其是否可以成功获取政府信息。

Ⅱ “三需要”条件与公益组织的行政诉讼原告资格

本案引人关注的另一个问题是,在尚未确立行政公益诉讼制度的背景下,原告提起了行政公益诉讼,法院受理并作出了判决。为何在无法律依据的背景下也能提起行政公益诉讼?有评论者认为,法院肯定中华环保联合会这一公益性组织的原告资格,显然打破了现有行政诉讼保护当事人私人利益的主观诉讼制度安排。也就是说,中华环保联合会依法无原告资格。可能是由于这个原因,公益组织中华环保联合会被迫无奈转向提起行政公益诉讼。评论者否定中华环保联合会的原告资格和原告转变诉讼思路,可能有两个原因:一是公益组织的特殊性“唤醒”了“三需要”条件决定行政诉讼原告资格的认知;二是对公益性组织因公益诉讼需要而申请信息公开是否满足“三需要”要件的否定性误断。

关于“三需要”条件与申请人行政诉讼原告资格的关系,最高人民法院《关于请求公开与本人生产、生活、科研等特殊需要无关政府信息的请求人是否具有原告诉讼主体资格的批复》(〔2010〕行他字第193号)指出:“申请人申请公开的政府信息是否与本人生产生活科研等特殊需要有关,属于实体审理的内容,不宜作为原告主体资格的条件。”最高人民法院《关于审理政府信息公开行政案件若干问题的规定》(法释〔2011〕17号)第12条第6项规定,“不能合理说明申请获取政府信息系根据自身生产、生活、科研等特殊需要,且被告据此不予提供的”,人民法院应当判决驳回原告的诉讼请求。据此,所有申请人,无论是否满足“三需要”条件,均有行政诉讼原告资格,只是获取政府信息的实体请求无法实现。有学者认为,在行政机关直接针对公民、法人或者其他组织作出行政行为的直接型法律关系中,公民、法人或其他组织与行政行为之间的利害关系不存在任何问题,因此都有原告资格。殊途同归,根据这个理论,所有申请人应该有原告资格。

尽管如此,一些地方法院仍然把“三需要”条件作为原告资格的前提条件。学界也广泛存在这样一种声音,即申请人与其所申请的政府信息具有法律上的利害关系时,其才具有原告资格。之所以普遍存在不同的声音,主要是因为“三需要”条件与行政诉讼原告资格之间的联系的确无法完全被割断。政府信息依申请公开的“三需要”条件与主观行政诉讼原告资格之间有一个共性,即要求特定主体具有自身特殊的合法权益。在主观行政诉讼制度框架下,只有认为自己具有区别于一般社会公众的独特合法权益受行政行为侵犯的,才具有原告资格。当“三需要”条件无法满足时,即对所申请的政府信息没有特殊需要时,拒绝信息公开的答复行为不太可能侵犯申请人自身的合法权益,也就没有原告资格。在学理上,这种解释是能够成立的,尽管其不利于政府信息公开制度的全面推进。有学者认为,私人的知情权是被侵犯的合法权益,所以申请人都应具有原告资格。这个结论值得商榷,因为依据2007年《政府信息公开条例》的规定,依申请公开实现的知情权限于符合“三需要”条件的范围。一旦肯定或承认“三需要”条件和原告资格之间的这种密切联系,公益性组织中华环保联合会的行政诉讼原告资格就可能受到质疑,因为其申请政府信息公开的目的是实现环境保护和环保法实施监督这个公共利益,容易被误认为提起行政诉讼不是为了自身权益,而是为了维护公共利益。为维护公共利益而提起行政诉讼,当然就没有主观行政诉讼原告资格。正因如此,中华环保联合会才在尚未确立行政公益诉讼制度的背景下被迫提起行政公益诉讼。

虽然“三需要”条件影响甚至在某种程度上决定行政诉讼原告资格尚有争议,但是若认为公益组织为保护公共利益而申请信息公开就不符合“三需要”条件,进而认为没有行政诉讼原告资格,则肯定是对“三需要”条件的错误判断。本案裁判摘要明确指出,“具有维护公众环境权益和社会监督职责的公益组织,根据其他诉讼案件的特殊需要,可以依法向环保机关申请获取环保信息”。最高人民法院认为,公益组织为维护公众环境权益和社会监督职责这些公共利益而申请信息公开满足“三需要”条件,具有原告资格,其获取环保信息公开的实体诉讼请求应当被予以支持。因为法律已经赋予公益组织提起民事公益诉讼的权利,尽管提起民事公益诉讼是为了维护公共利益,但是这同时也是公益组织在行使法律赋予自己的权利。公益组织为了行使法律赋予自己的公益诉讼权利而申请信息公开,当然符合“三需要”条件。国务院办公厅《关于做好政府信息依申请公开工作的意见规定》(国办发

〔2010〕5 号):“行政机关向申请人提供的政府信息……申请人可以在生产、生活、科研中正式使用,也可以在诉讼或行政程序中作为书证使用。”据此规定,因诉讼之需申请政府信息公开,是“三需要”条件的一种具体情形。此时,申请人对行政机关信息公开答复行为有独特的合法权益,作为原告资格判断标准的利害关系显然成立。所以,本案原告提起行政公益诉讼是一种错误选择,法院判决肯定原告因民事公益诉讼而申请信息公开符合“三需要”条件,承认公益性组织的主观诉讼原告资格,否定了本案的公益诉讼性质。从这个角度讲,本案的贡献不是法院突破了主观行政诉讼框架赋予公益性组织的原告资格,而是对公益组织为民事公益诉讼而申请信息公开时的“三需要”条件及其原告资格作出了准确判断与认定,保障了公益性组织开展公益维护活动的合法权利。

Ⅲ “三需要”条件删除与获取政府信息的权利及原告资格的新变化

2019 年修订的《政府信息公开条例》第 27 条依申请公开条款,删除了“三需要”条件。这是不是意味着与“三需要”条件相关的申请人获取政府信息权利的限制以及原告资格的争议等问题消失了?答案是否定的。理由如下:

首先,虽然政府信息依申请公开不再被要求符合“三需要”条件,但是依据《政府信息公开条例》(2019 年)第 35 条的规定,在政府信息公开申请的数量、频次明显超过合理范围时,行政机关可以要求申请人说明理由。行政机关认为申请理由不合理的,告知申请人不予处理。对于申请人而言,“不予处理”的效果和不予公开或拒绝公开没有区别。在行政机关认为申请数量较多、较频繁时,如果申请人无法作出合理说明,就无法获取政府信息。尽管对于什么是合理说明尚不完全清楚,但是满足“三需要”条件的情形足以构成一个合理说明;如果不存在满足“三需要”条件的情形,申请人可能很难完成合理说明理由任务。尽管行政机关不会对所有申请都要求说明理由,“三需要”条件角度也不是合理说明理由的唯一通道,但不可否认的是,“三需要”肯定是主要的、强有力的合理理由。所以,“三需要”条件对申请人获取政府信息权利的限制,仍然会在一定范围内、一定程度上以“申请理由是否合理”的形式继续存在,发挥着限制公民、法人或其他组织滥用申请权的作用。

其次,虽然《政府信息公开条例》(2019 年)肯定了公民、法人或其他组织获取非特殊之需的政府信息的权利,“三需要”条件对申请人原告资格的直接限制被化解,但是司法实践中法院会以“三需要”条件是否成就为标准去主动审查申请人是否滥用诉权,并以此为理由裁定驳回起诉。对申请人而言,没有原告资格和被认定为滥用诉权的后果是一样的,即被法院裁定驳回起诉。在陆红霞诉南通市发展和改革委员会政府信息公开答复案(《最高人民法院公报》2015 年第 11 期)中,法院认定陆红霞滥用诉权的同时,宣告对当事人今后再次申请类似的信息公开、再次提起类似的行政诉讼,均应对其是否出于“满足自身生产、生活、科研等特殊需要”进行严格审查。由此可见,是否满足“三需要”条件也是滥用诉权认定的主要标准。所以,在可以预见的将来,“三需要”条件对原告资格的影响,在某种程度上会以滥用诉权的形式继续存在。

基于公共资源的有限性和政府信息公开活动的消耗性,对于滥用政府信息公开申请权和滥用诉权的行为，法律制度及其司法实践会以某种形式予以规制，“三需要”条件仍然是无法完全绕开的考量因素。“三需要”条件对政府信息依申请公开的影响会继续存在，只不过影响的范围已经变小、程度已经减弱。

参考文献

章剑生:《现代行政法专题》,清华大学出版社2014年版。

沈岿:《信息公开申请和诉讼滥用的司法应对——评“陆红霞诉南通市发改委案”》,载《法制与社会发展》2016年第5期。

王贵松:《信息公开行政诉讼的诉的利益》,载《比较法研究》2017年第2期。

杨伟东:《公益性组织在行政法上地位的发展——中华环保联合会案的贡献和意义》,载《中国法律评论》2019年第2期。

耿宝建、周觅:《新条例制度环境下政府信息公开诉讼的变化探析》,载《中国行政管理》2020年第2期。

029 行政征收中公共利益的判断

郭鸿昌诉宁波市鄞州区人民政府征收案 | 最高人民法院(2017)最高法行申4693号行政裁定书

刘连泰 厦门大学法学院

■ 事实概要

2016年1月25日，宁波市建东置业有限公司向原浙江省宁波市江东区房屋征收管理办公室（以下简称江东征管办）提交潜龙危旧房改造地块（地块二）项目国有土地上房屋征收申请。2016年1月26日，原宁波市江东区百丈街道潜龙社区居民委员会出具该社区房屋多建于20世纪80年代，房龄老旧，基础设施落后，房屋存在安全隐患，是城区积水最严重的社区之一，遇到台风、暴雨等恶劣天气，内涝十分严重的情况说明。江东征管办审核该公司提交的符合江东区国民经济和社会发展规划的证明（一般性项目）、符合江东区国民经济和社会发展年度计划的证明（旧城区改建项目）、符合城乡规划（专项规划）、符合土地利用总体规划的证明等申请资料，对征收范围内的房屋权属、区位、用途、建筑面积等情况组织调查登记，并在房屋征收范围内向被征收人公布调查登记结果后，拟定房屋征收补偿方案并上报原宁波市江东区人民政府（以下简称江东区政府）。2016年3月10日，江东区政府组织当地发展与改革、住建、土地、城管、规划等有关行政主管部门对房屋征收补偿方案进行论证，认为方案合理、可行，可按此方案实施。同年3月15日，江东区政府在拟征收范围内公布征收补偿方案的意见征求稿以征求公众意见。同日，江东征管办在征收范围内张贴《潜龙社区危旧房改造地块（地块二）项目征收意愿征询公告》，并于3月23日公布征收意愿征询结果，明确同意率为99.4%。2016年4月，江东征管办向有关部门送达征收停办理有关手续的通知，4月14日于征收范围内张贴《关于潜龙社区危旧房改造地块（地块二）项目房屋征收暂停办理有关手续的告知书》。2016年4月15日，江东区政府召开潜龙社区危旧房改造地块（地块二）项目国有土地上房屋征收社会稳定风险评估会议，并形成《潜龙社区危旧房改造项目（地块二）国有土地上房屋征收社会稳定风险评估报告》，评估结论为涉案项目社会稳定风险等级为低风险。2016年4月19日，江东区政府作出《潜龙社区危旧房改造地块（地块二）项目国有土地上房屋征收补偿方案意见征求情况及征收补偿方案修改情况的通告》，对房屋价值补偿问题进行答复，对评估公司的选定内容进行调整，并在征收范围内张贴该通告。2016年4月19日，江东区政府召开常务会议，会议原则同意作出潜龙棚改地块征收决定。同年4月20日，江东区政府作出东政房征决（2016）第5号房屋征收决定，并于次日在征收范围内公告及《宁波日报》上刊登。2016年4月26日，国家开发银行股份有限公司与宁波市建东置业有限公司,就江东区中心城区棚户区(危旧房)改造项目——潜龙地块项目签订《人民币资金借款合同》,合同约定借款金额为人民币 142,850 万元,借款用途为潜龙区块的棚户区改造。另因行政区划调整,江东区政府的行政职权变更由鄞州区政府行使。郭鸿昌的房屋处在被诉房屋征收决定确定的征收范围内,其认为该项目的征收不属于公共利益项目,遂起诉至浙江省宁波市中级人民法院。宁波市中级人民法院一审判决驳回郭鸿昌的诉讼请求,郭鸿昌不服,提起上诉。浙江省高级人民法院以基本相同的事实和理由,判决驳回上诉,维持一审判决。郭鸿昌向最高人民法院申请再审。

■ 裁判要旨

Ⅰ. 国有土地上房屋征收决定影响众多被征收人合法权益,事关建设项目的顺利推进和社会和谐稳定,人民法院对征收决定的审查,应当按照《国有土地上房屋征收与补偿条例》的规定依法进行。人民法院一般应审查建设项目是否基于公共利益的需要,建设活动是否符合一系列规划,征收补偿方案是否已经公布并根据公众意见修改公布,是否已进行社会稳定风险评估,征收补偿费用是否已经足额到位、专户存储、专款专用。

Ⅱ. 公共利益属于典型的不确定法律概念,建设项目是否符合公共利益的需要,一方面,应主要尊重立法,即建设项目如果属于立法明确列举的公共利益类型,则建设项目符合公共利益要件;另一方面,对于立法未明确列举或者可能认识有分歧的,则尊重通过正当程序形成的判断,地方人大及其常委会、绝大多数被征收居民同意的建设项目,应当认为符合公共利益的需要。以征收形式进行的旧城区改建,既交织公共利益与商业开发,也涉及旧城保护与都市更新,更应尊重拟征收范围内财产权的改建意愿;大多数或者绝大多数财产权人同意改建方案的,即可以认为建设项目符合公共利益的需要。本案中,江东征管办就涉案项目征询了财产权人的意愿,并由浙江省宁波市永欣公证处对征询工作进行公证。经统计,涉案项目的征收意愿同意率达 99.4%,充分证明案涉项目符合公共利益。郭鸿昌有关涉案地块不属于公共利益项目的再审申请理由不能成立。

■ 评　析

Ⅰ 判断公共利益的学理框架

公共利益是政府进行征收的唯一理由,是征收制度的合法性基础。鉴于公共利益限制了个人权利,明晰公共利益的判定标准是防止国家恣意限制个人权利的重要方法。与司法实践稍有涉猎形成鲜明对比的是,学界颇为青睐公共利益的认定问题,聚讼纷纭。虽然 2011 年出台的《国有土地上房屋征收与补偿条例》第 8 条以概括加列举的方式对公共利益进行了相对具体的规定,但学界在公共利益的认定标准上仍仁者见仁,智者见智。总体而言,大致可分为实体路径、程序路径以及实体与程序相结合的路径。实体路径关注公共利益的基本内涵,围绕公共利益的受益主体是否为特定多数与利益内是否确定两个问题,认为特定的、部分人的利益不属于公共利益,要排除政府利益、商业利益与特定集团的利益。

程序路径认为公共利益本质上是一个程序性概念,主张将公共利益调查、审查征收以及民主商谈等体现民主正当性的程序纳入立法过程以及行政决策程序,并强调发挥司法机关的司法审查功能,将什么是公共利益的问题转化为由谁来决定公共利益的问题,以此确定公共利益的内容。实体与程序相结合的路径认为公共利益的确定应当分为两个阶段,首先判断征收是否符合立法即《国有土地上房屋征收与补偿条例》明确列举的国防外交、基础设施、公用、保障性安居工程以及旧城改造5种类型;如果不属于上述5种类型或者认识有分歧,则进入第二步,征收决定的作出是否遵循正当程序,以此补强论证征收项目是否符合公共利益。实际上,无论是实体路径、程序路径,还是实体与程序相结合的路径,都对通过司法实践来确定公共利益的范围抱有期待。

Ⅱ 本判例的规范性逻辑

在本判例中,最高人民法院以对立法的列举解释为主,当立法规定不明确或可能存在认识分歧时,尊重通过正当程序形成的判断,据此驳回郭鸿昌的上诉,维持一审、二审判决,基本因应了学理上实体与程序相结合判断公共利益的主张。虽然最高人民法院维持了一审浙江省宁波市中级人民法院与二审浙江省高级人民法院的判决,但在说理部分,一审、二审判决对公共利益的认定路径与再审中最高人民法院的认定路径存在一定差异。一审、二审判决均直接确定涉案地块的改造属于《国有土地上房屋征收与补偿条例》第8条列举的5种公共利益项目类型中的旧城改造,属于直接根据立法作出判断,未结合正当程序。其判词中对程序的论述,仅涉及确定征收程序是否合法,与公共利益的判断无直接关联。

本案争议在于涉案地块的改造是否属于公共利益项目,涉案地块的改造是否属于《国有土地上房屋征收与补偿条例》第8条列举的5种公共利益情形之一。原告认为涉案地块的改造不属于旧城区改建项目,而一审、二审法院根据江东发改局等机关出具的相关材料认为涉案地块属于旧城区、危房集中、基础设施落后,区政府基于改善市民居住条件、完善市政设施,推进旧城改造的需要作出被诉房屋征收决定,符合公共利益的要求。最高人民法院在此基础上予以拓展。旧城改造中常掺杂商业开发,如何确认涉案地块的征收符合公共利益,而非为了商业利益、特定利益集团的利益以及政府利益,是本案的关键。单单援引《国有土地上房屋征收与补偿条例》第8条显然无法求得唯一正解,最高人民法院转而寻求正当程序补强。经由正当程序,将什么是公共利益的问题转化为由谁来界定公共利益的问题,即通过一定的程序设计使公民参与其中,让他们的意见与价值偏好能够通过合法的途径得到充分表达,减少行政机关在征收中主观臆断和滥用权力的可能性,以此消解公共利益与个人财产权之间的紧张。由此,正当程序弥补了公共利益实体界定上的不足。

本案中,江东区政府在作出征收决定前,江东征管办即在征收范围内张贴《潜龙社区危旧房改造地块(地块二)项目征收意愿征询公告》,明确征询期限为2016年3月16日至4月14日,且该征询工作由浙江省宁波市永欣公证处公证。最终,被征收居民的同意率高达99.4%。江东征管办张贴涉案地块征收意愿征询公告,为被征收财产权人提供了表达自己意愿的机会,被征收财产权人通过选择“同意”或“不同意”表达自己的意见,江东区政府对被征收财产权人的意见予以尊重。因涉案项目的征收同意率达 99.4%，属于绝大多数被征收财产权人同意的改建方案，且整个过程已经公证处公证，合法有效。由此认定，涉案项目属于公共利益项目。本案中，拟征收地块范围内的财产权人属于受征收影响的利害关系人，他们的意愿是认定公共利益的重要考量因素。当大多数或绝大多数人同意建设项目时，应当认为该项目属于基于公共利益的需要。其实除拟征收范围内的财产权人可作为公共利益的界定主体外，地方人大及其常委会也可参与判断，因为他们是人民的代表，经常参与公共利益的形成。这与最高人民法院主张先以立法判断为主相一致，立法判断中界定公共利益的主体实际上也是人民。经由正当程序，将界定公共利益范围的权利再次交托给人民，通过程序性的技术手段消解实体规范不明确或利益主体认识分歧的紧张。

在本判例中，虽然最高人民法院没有从实体层面完整列举公共利益的范围，没有正面陈述区分公共利益与商业利益、特定利益集团的利益以及政府利益范围的教义，但却经由实体与程序相结合的路径，肯定了人民政府经由正当程序形成的决定。最高人民法院尊重立法和立法机关，尊重经由正当程序作出的判断，同时注意保障财产权的合法权益，谨慎地将司法审查限缩在合理的区间，收放有度，展现了司法的睿智。

Ⅲ 本判例的意义

我国法律规定，行政征收以公共利益为目的。公共利益作为不确定的法律概念，如何认定，在学理与实践中均有分歧，尚未完全达成共识。虽然最高人民法院分别于 2014 年和 2018 年分两批次发布征收拆迁典型案例，涵盖行政征收的多个面向，但在发布的 18 个案例中，无一涉及公共利益的认定问题。本判例是最高人民法院行政征收案件中对公共利益概念进行展开的重要判例，阐释了公共利益的判定标准及其认定方法，对旧城改建等领域易出现的公共利益与商业利益交织混同不易区分的情形进行了梳理。关于公共利益的标准，最高人民法院认为，应主要遵循立法进行判断，看其是否为立法明确列举的项目；在立法规定不明确或有认识分歧时，尊重通过正当程序形成的判断。该教义体现了人民法院对立法机关的尊重，对正当程序的关注。该案对行政征收中的公共利益认定具有启发意义，能为法院日后裁判相关案例提供指导。

参考文献

刘连泰：《宪法文本中的征收规范解释——以中国宪法文本第十三条第三款为中心》，中国政法大学出版社 2014 年版。

王利明：《论征收制度中的公共利益》，载《政法论坛》2009 年第 2 期。

余军：《“公共利益”的论证方法探析》，载《当代法学》2012 年第 4 期。

房绍坤：《论征收中“公共利益”界定的程序机制》，载《法学家》2010 年第 6 期。

030 公平补偿与房产评估时点

居李、李琼、居文诉福州市鼓楼区人民政府房屋征收补偿决定案 ｜
最高人民法院(2018)最高法行再202号行政判决书

郑　磊 郑州大学法学院

■ 事实概要

2013年7月19日,福州市鼓楼区人民政府作出房屋征收决定书[鼓房征(2013)32号]并公告,征收补偿方案作为附件也于同日公布,明确补偿实行货币补偿和产权调换相结合的方式。居李、李琼、居文(以下简称居李等3人)共同居住使用的鼓楼区南营77号1座504单元房屋位于征收决定的红线范围之内。因居李等3人在征收补偿方案确定的签约期限内未与房屋征收部门达成补偿协议,涉案项目选定的房地产价格评估机构君健公司对被征收房屋价值进行了评估,评估时点为房屋征收决定公告之日即2013年7月19日。君健公司于2013年11月5日作出《房地产估价报告》[君健房评字(2013)054宸号,以下简称054宸号估价报告],确定被征收房屋房地产市场价格为1,244,814元,单价为12,697元/平方米,并注明估价报告使用有效期为一年。征收实施单位鼓楼区房屋征收处于2015年4月15日将054宸号估价报告送达李琼。后君健公司于2015年9月15日作出《房地产估价报告》[君健房估字(2015)126号],确定产权调换的位于鼓楼区杨桥××#楼××单元拟建安置房屋的房地产市场价格为1,381,749元,单价为11,364元/平方米。鼓楼区房屋征收处于2016年3月31日完成向居李等3人的送达。2016年5月23日,鼓楼区政府对居李等3人作出鼓房征偿字〔2016〕13号补偿决定书,决定对被征收房屋以产权调换方式安置现房鼓楼区杨桥××#楼××单元,建筑面积121.59平方米的住宅,产权调换差价款为136,935元(计算方法:1,381,749元-1,244,814元)。居李等3人对补偿决定不服,于2016年7月28日向法院提起行政诉讼。

■ 裁判要旨

Ⅰ.基于《国有土地上房屋征收与补偿条例》《国有土地上房屋征收评估办法》等规定,市、县级人民政府因公共利益征收国有土地上被征收人房屋时,应当对被征收人给予公平补偿;而公平补偿的基本要求即为不得低于房屋征收决定公告之日被征收房屋类似房地产的市场价格。……但近年来由于房屋价格波动幅度较大,如果征收决定公告日、签订补偿协议日或者作出补偿决定日、强制搬迁日以及实际支付货币补偿金日之间的差距较大,尤其是如果确定并支付货币补偿金时点明显迟延于房屋价值的评估时点(征收决定公告时点),则难以保障被征收人得到的货币补偿金能够购买被征收房屋类似房地产,无法体现公平补偿原则。即使是以产权调换方式进行的补偿安置,由于被征收房屋通常位于中心城区而产权调换房屋可能位于次中心城区,中心城区房屋价格上涨幅度一般而言要高于次中心城区房屋价格的上涨幅度。因此,对上述法律规定中有关“被征收房屋价值评估时点为房屋征收决定公告之日”的规定,就应当结合《国有土地上房屋征收与补偿条例》有关“公平补偿”条款,作统一的法律解释,而不能静止、孤立、机械地强调无论征收项目大小、征收项目实施日期以及是否存在市、县级人民政府及其职能部门的单方责任,也不考虑实际协议签订日或者补偿决定作出日甚至实际货币补偿款支付到位日的区别,均以征收决定公告之日作为评估时点。

Ⅱ.人民法院也不宜动辄轻率地否定以“征收决定公告之日”作为评估时点的合理性,不宜简单以“征收决定公告之日”起或者估价报告出具之日起的“一年”或者“两年”作为判断标准。对在“征收决定公告之日”或者估价报告出具之日起的一年后作出的补偿决定是否仍应继续坚持以“征收决定公告之日”为确定补偿的评估时点,应结合以下因素综合判断:一是注意当地房地产市场价格波动的幅度并考虑评估报告的“应用有效期”。二是市、县级人民政府未在一年内作出补偿决定,是否存在可归责于被征收人的原因。三是补偿决定时点明显迟延且主要归责于市、县级人民政府与其职能部门自身原因的,同时房地产市场价格发生剧烈波动,按照超过“应用有效期”的评估报告补偿,明显不利于被征收人得到公平补偿的,则不宜再坚持必须以“征收决定公告之日”为确定补偿的评估时点。四是坚持《国有土地上房屋征收与补偿条例》第27条规定的实施房屋征收应当先补偿、后搬迁。此处的“对被征收人给予补偿后”应当作限缩性理解,即不仅是签订协议或者作出补偿决定,而应理解为补偿协议约定或者补偿决定确定的款项已经交付(被征收人不接受的已经依法提存)、周转用房或者产权调换房屋已经交付(被征收人不接受的已经依法提存相关凭证与钥匙)。五是征收房屋范围是否过大,难以在一年内实施完毕,并存在分期实施征收决定情形,且被征收房屋在强制搬迁前仍然继续由被征收人正常使用等因素。

■ 评　析

Ⅰ 最高人民法院以往判例的观点

房地产的价值与时间密不可分。每一个价值都对应着一个时点,不存在没有时点的价值,也不可能离开时点来评估房地产的价值。这就要求房地产估价必须假定市场停止在某个特定时点上。从最高人民法院概括的争议焦点来看,本案的分歧就在于“征收人在原评估报告载明的一年应用有效期内,未与被征收人签订补偿安置协议,也不及时作出补偿决定又无合理理由,作出补偿决定时点与征收决定公告时点明显不合理迟延,且同期被征收房屋价格上涨幅度明显高于产权调换房屋的,是否仍应以征收决定公告时点作为评估时点,并以此结算被征收房屋与产权调换房屋的差价款”。对此争点,在本判例之前,最高人民法院实际上已经有所回应。在裴惠荣诉沈阳市和平区人民政府强制拆除房屋并行政赔偿案[重庆市高级人民法院(2015)行监字第637号行政判决书]中,最高人民法院认为:“如果房屋征收决定的公告时间与征收补偿时间相隔时间过长,市场行情发生变化,以公告之日的市场价格进行补偿不能确保被征收人获得足额补偿时,则应以补偿时的房屋市场价格确定房屋征收补偿数额。”在山西省安业集团有限公司诉山西省太原市人民政府收回国有土地使用权决定案(《最高人民法院公报》2017年第1期)中,最高人民法院认为:“对被征收不动产价值评估的时点,一般应当为征收决定公告之日或者征收决定送达被征收人之日。因征收人原因造成征收补偿问题不合理迟延的,且被征收不动产价格明显上涨的,被征收人有权主张以作出征收补偿决定或者签订征收补偿协议时的市场价格作为补偿基准。”相比之前的判例,最高人民法院在本判例中只集中论证了一个问题,即国有土地上房屋征收补偿延迟情形下的评估时点选择问题,具有说理充分、系统集成的特点。

Ⅱ 法律解释 VS. 例外规则创制

本判例是最高人民法院在如何对待公平补偿原则与被征收房屋价值评估时点确定规则上阐明立场的一个重要判例。《国有土地上房屋征收评估办法》第10条规定:“被征收房屋价值评估时点为房屋征收决定公告之日。用于产权调换房屋价值评估时点应当与被征收房屋价值评估时点一致。”该规定预设的场景是正常的征收补偿情形,没有考虑征收补偿间断、拖延的情形,某种意义上还不如《城市房屋拆迁估价指导意见》(已失效)第11条“一般+例外”的表述灵活。在房屋征收补偿明显延迟、被征收房屋价值又明显上涨的情形下,如果仍然机械适用《国有土地上房屋征收评估办法》第10条确定评估时点,显然有违公平补偿原则。此时,法院有两种选择:要么认定《国有土地上房屋征收评估办法》存在规则空白,依据公平补偿原则填补规则漏洞,为处理待决案件提供裁判标准;要么认定存在可适用规则即《国有土地上房屋征收评估办法》第10条,但在待决案件中适用规则会导致实质不公,借助公平补偿原则对该规则的适用范围进行限制(创制例外)。本判例实际上选择了后一种论证路径。

关于如何处理法律规则和法律原则的冲突问题,目前主流的法理学观点认为,通常情形下,司法裁判应当优先适用法律规则,“只有当法官能通过说理证明,在个案中实现一般法律原则的重要性超过支持适用规则的实质理由与形式理由时,才能为规则创制例外”。(雷磊:《论依据一般法律原则的法律修正》,载《华东政法大学学报》2014年第6期)这种依据一般法律原则为法律规则创制例外的做法并未逾越法院的宪制角色,其论证过程分为如下五步:“(1)存在规则,同时判断哪些原则可能适用于待决案件;(2)规则与原则是否冲突;(3)如果冲突,对相冲突之原则与规则背后的理由进行权衡;(4)基于权衡结果,依据原则宣告相应的规则不适用,同时建构新规则即提出原规则的例外规则;(5)将新规则适用于待决案件。”[雷磊:《法律原则如何适用?》,载舒国滢主编:《法学方法论论丛》(第1卷),中国法制出版社2012年版,第260页]

Ⅲ 本判例的论证过程

本判例中，最高人民法院在裁判理由部分的论证过程和前述学理框架不谋而合。从本判例的裁判理由看，最高人民法院的论证过程复盘如下：

1. 寻找案件裁判大前提。最高人民法院详细梳理了《国有土地上房屋征收与补偿条例》《国有土地上房屋征收评估办法》《房地产估价规范》《城市房屋拆迁估价指导意见》的相关规定，认为确定被征收房屋价值的评估时点时，除《国有土地上房屋征收评估办法》第10条确立的具体规则外，还应当适用《国有土地上房屋征收与补偿条例》第2条和第19条确立的公平补偿原则。

2. 判断规则与原则是否冲突。最高人民法院认为，在补偿明显延迟、被征收房屋价值又明显上涨的情形下，机械地适用"被征收房屋价值评估时点为房屋征收决定公告之日"规则，"无法体现公平补偿原则"。因为，虽然法律没有明确规定补偿的时间，不能据此认为将补偿时间完全交由行政机关自由裁量，但《房地产估价规范》中的"价值时点原则"，也称评估时点原则、估价时点原则，以及《房地产抵押估价指导意见》第26条"估价报告应用有效期不得超过一年"的规定，表明在公平补偿原则之中，实际上包含了关于补偿时间的一定要求（及时补偿、合理期限）。据此，最高人民法院认为，鼓楼区政府于2013年7月19日作出征收决定，却于2016年5月23日才作出补偿决定，且不能对补偿迟延作出合理说明，若再坚持以2013年7月19日作为评估时点，将不利于实现公平补偿。

3. 原则与规则背后的理由权衡。《国有土地上房屋征收评估办法》第10条以房屋征收决定公告之日作为被征收房屋价值评估时点的初衷是好的，目的是督促市、县级人民政府尽可能快速通过签订补偿安置协议或者作出补偿决定的方式，及时对被征收人进行补偿，并固定双方的权利义务，确保补偿的实质公平。但从本判例来看，如果仍坚持房屋征收决定公告之日为评估时点，有可能放纵征收人怠于履行补偿安置职责，甚至以拖待变以致久拖不决，造成补偿安置纠纷经年得不到解决，既损害被征收人补偿安置权益，又提高相应补偿安置成本，还损害政府依法行政的形象。

4. 提出原规则的例外规则。基于权衡结果，最高人民法院认为有必要对《国有土地上房屋征收评估办法》第10条和《国有土地上房屋征收与补偿条例》第2条和第19条"作统一的法律解释"。尽管此处表述为"法律解释"，但其实难以归入目的解释、体系解释方法，而是一种具有价值导向性的新规则创制。实际上，最高人民法院的裁判逻辑是，为了实现个案争议，有必要依据公平补偿原则对房屋征收补偿迟延情形下的价值评估时点进行校正。

5. 适用新规则。判决责令鼓楼区政府以补偿决定作出的2016年5月23日作为评估时点，重新启动评估，依法确定被征收房屋与产权调换房屋之间的差价款。

Ⅳ 被征收房屋价值评估时点的多元化确定规则

通过对本案裁判理由的分析，我们可以看到最高人民法院提供了一个被征收房屋价值评估时点的多元化确定规则:(1)通常情形下,应当适用《国有土地上房屋征收评估办法》第10条的规定,即被征收房屋价值评估时点为房屋征收决定公告之日。(2)但在补偿明显延迟、被征收房屋价值又明显上涨的情形下,应结合前述裁判要旨Ⅱ中提示的因素进行综合判断,可以考虑评估时点后移,以作出补偿决定或者签订补偿协议之日为评估时点,甚至可以以一审审理时点作为评估时点。(3)进一步延伸来看,如果征收补偿程序不合理延迟、被征收房屋价值明显下跌,应当如何处理呢?对此,同样应结合《国有土地上房屋征收与补偿条例》第19条"对被征收房屋价值的补偿,不得低于房屋征收决定公告之日被征收房屋类似房地产的市场价格"之规定来解释。补偿安置是征收人应依职权作为的法定职责,不因被征收人拒绝签订补偿协议或领取补偿金而发生改变,基于平等保护原则,仍应以房屋征收决定公告之日作为评估时点。

▢ 参考文献

耿宝建:《国有土地上房屋征收与补偿的十个具体问题——从三起公报案例谈起》,载《法律适用》2017年第9期。

沈开举主编:《国有土地上房屋征收与补偿条例:条文解读与案例评点》,中国法制出版社2011年版。

刘连泰:《计算被征收不动产价值的时间标准——美国法上的情形及其对解决"潘蓉案"的启示》,载《现代法学》2010年第5期。

031 驳回行政复议申请的性质

王林生诉周口市人民政府复议案 | 最高人民法院(2018)最高法行申152号行政裁定书

王　莉 浙江省社会科学院

■ 事实概要

2016年7月29日，王林生向周口市川汇区人民政府申请信息公开，内容是“市发(1983)20号《关于处理私有出租房屋社会主义改造遗留问题的通知》是什么时间清理与失效或有效的记录信息”。该通知文件头为“中共周口市委文件”，落款署名单位是“中共周口市委员会、周口市人民政府”。2016年8月8日，川汇区政府作出川政信公复001号政府信息公开申请答复书，答复内容为“由于您申请公开的文件是原中共周口市委文件，不属于本机关公开职责权限范围”。王林生不服，提出复议申请。周口市政府虽然在决定书中指出“申请人申请公开的文件是原中共周口市委的文件，不属于政府信息公开职责范围。川汇区已于2016年8月8日对申请人进行了公开答复，不构成不作为”，但仍援引《行政复议法》(2009年)第17条的规定，于2016年8月16日作出周政(复不可诉)字(2016)11号行政复议不予受理决定书(以下简称11号不予受理决定书)。王林生不服，提起行政诉讼。另外，2000年经国务院批准撤销县级周口市设立地级周口市，原县级周口市的行政区域为川汇区的行政区域。

■ 裁判要旨

Ⅰ. 区分复议机关的驳回复议申请究竟属于因理由不成立而驳回，还是因不符合受理条件而驳回，应当适用实质性标准。名为驳回复议申请，甚至名为不予受理决定，但事实上对复议请求作出了实体审查的，应当定性为驳回复议请求，进而构成对原行政行为的维持。

尽管11号不予受理决定书援引的是《行政复议法》(2009年)第17条关于“对不符合本法规定的行政复议申请，决定不予受理”的规定，但其在决定书中指出，“申请人申请公开的文件是原中共周口市委的文件，不属于政府信息公开职责范围。川汇区已于2016年8月8日对申请人进行了公开答复，不构成不作为”。其事实上对复议请求进行了实体审查，其情形也符合《行政复议法实施条例》第48条第1款第1项“申请人认为行政机关不履行法定职责申请行政复议，行政复议机关受理后发现该行政机关没有相应法定职责或者在受理前已经履行法定职责的”情形，而非第1款第2项“受理行政复议申请后，发现该行政复议申请不符合行政复议法和本条例规定的受理条件的”情形。

Ⅱ.经复议的案件,复议机关决定维持原行政行为的,作出原行政行为的行政机关和复议机关是共同被告。再审申请人是以复议机关周口市政府和作出原行政行为的机关川汇区政府为共同被告提起诉讼的,一审法院却告知其撤回对川汇区政府的起诉,有所不当;二审法院认为“上述不予受理行为尚未进行实质审查不能推断为维持原行政行为,不宜列川汇区政府为共同被告”,亦有所不当。

■ 评　析

Ⅰ 与本判例相关法规范的解读

与本判例相关的行政复议决定类型包括驳回行政复议申请决定、不予受理决定、维持决定。不予受理决定和维持决定是 1999 年《行政复议法》规定的决定类型。该法第 17 条规定,行政复议机关收到行政复议申请后,应当在 5 日内进行审查,对不符合本法规定的行政复议申请,决定不予受理。第 28 条规定,复议机关审查后认为具体行政行为认定事实清楚,证据确凿,适用依据正确,程序合法,内容适当的,决定维持。驳回行政复议申请决定是 2007 年《行政复议法实施条例》新增加的新的决定类型。《行政复议法实施条例》第 48 条第 1 款规定,有下列情形之一的,行政复议机关应当决定驳回行政复议申请:(1)申请人认为行政机关不履行法定职责申请行政复议,行政复议机关受理后发现该行政机关没有履行相应法定职责或者在受理前已经履行法定职责的;(2)受理行政复议申请后,发现该行政复议申请不符合行政复议法和本条例规定的受理条件的。驳回行政复议申请决定的引入,化解了不作为案件中维持判决适用所可能引发的逻辑矛盾,化解了不当受理后的程序困境,但同时也存在对驳回行政复议申请与驳回行政复议请求的混同。

《行政诉讼法》第 26 条第 2 款规定:“经复议的案件,复议机关决定维持原行政行为的,作出原行政行为的行政机关和复议机关是共同被告;复议机关改变原行政行为的,复议机关是被告。”《行诉解释》进一步规定,“行政诉讼法第二十六条第二款规定的‘复议机关决定维持原行政行为’,包括复议机关驳回复议申请或者复议请求的情形,但以复议申请不符合受理条件为由驳回的除外”。《行政诉讼法》关于被告规则的规定是对行政复议决定做“维持型”“改变型”“不作为型”处理的一种类型化努力,而《行诉解释》试图弥补《行政复议法实施条例》将属于实体决定和程序决定的两种决定规定在“驳回行政复议申请”一种决定之下的缺陷,从而引入驳回行政复议申请与驳回行政复议请求这对概念,并根据决定内容和法效果是维持原行政行为还是仅否定申请人的行政复议申请进行区分使用,和前述《行政诉讼法》被告规则一起,将行政复议与行政诉讼衔接起来。

在判断驳回行政复议申请决定的性质时,首先应当注意到名义上的驳回行政复议申请决定实际上包括学理上的驳回行政复议请求决定与驳回行政复议申请决定两种类型,结合《行政复议法实施条例》用语,也可以将其提炼为“因理由不成立而驳回”和“因不符合受理条件而驳回”两种类型。《行政复议法实施条例》第 48 条第 1 款规定的第 1 项内容,属于实体上的驳回,在性质上是对行政复议请求进行审查之后作出的实体处理决定,效果上等同于维持决定,是特殊情况下对维持决定的补充;而第 2 项内容,属于程序上的驳回,在性质上是对行政复议申请本身作程序上的驳回,针对的是复议申请本身,并不针对原行政行为的合法性作出实体认定,是不予受理决定的补充。

Ⅱ 判例发展及本判例的意义

行政复议中,驳回行政复议申请在论证上依循申请人提出的不履行法定职责的理由是否成立,所提申请是否符合行政复议受理条件两条路径展开,援引的规范不同,作出的决定名称均为驳回行政复议申请。因此到了行政诉讼当中,法官不得不首先明确名义上的驳回行政复议申请到底是哪一种性质的驳回。行政诉讼中驳回行政复议申请决定性质的确定首先和起诉对象的选择有关。在张武功诉南通市人民政府、江苏省人民政府房屋补偿及行政复议案[最高人民法院(2017)最高法行申4311号行政裁定书]中,法院认为"驳回行政复议申请决定属于对行政复议申请的程序性驳回,不同于'复议机关决定维持原行政行为'之情形。在复议机关不受理复议申请的情况下,当事人可以起诉原行政行为,也可以起诉复议机关驳回行政复议申请的决定,但不可以同时起诉两项行为"。这就超越了行政复议中"因理由不成立驳回"和"因不符合受理条件驳回"这种两分,引入了程序—实体的判断标准,提出了程序性驳回的概念,并明确程序性的驳回不属于维持决定。

驳回复议申请决定的性质还和被告确定相关。本判例的意义在于明确提出实质性标准,在《行诉解释》区分驳回行政复议请求和驳回行政复议申请的基础上,用是否进行了实体审查来判断所涉复议决定(驳回复议申请决定或不予受理决定)到底是驳回行政复议请求还是驳回行政复议申请。如若进行了实体审查,即使名义上是驳回行政复议申请决定,甚至是不予受理决定,也都认定为驳回行政复议请求,构成对原行政行为的维持。从正面确定了哪些驳回行政复议申请或驳回行政复议请求,属于维持类决定。如在朱惠珍诉花都区政府、广州市政府政府信息公开及行政复议案[最高人民法院(2019)最高法行申5319号行政裁定书]中,法院进一步明确对申请人申请政府信息公开,行政机关审查后有多种处理方式:经审查符合公开条件的,依法予以公开;不符合公开条件的,不予公开并说明理由;属于其他职能部门公开事项的,告知申请人向相关部门申请公开;等等。这些处理方式都是对申请人政府信息公开申请的实体处理。经最高人民法院若干判例的解释,政府信息公开类案件驳回行政复议申请决定的性质已然清晰,行政诉讼中被告确定的问题也迎刃而解。

Ⅲ 与驳回行政复议申请决定相关的学理框架

要清晰认识《行政复议法实施条例》上的驳回行政复议申请的性质,在学理上,就有必要区分驳回行政复议申请决定与驳回行政复议请求决定,明确驳回行政复议申请决定与不予受理决定的关系,驳回行政复议请求决定与维持决定的关系。驳回行政复议申请决定,是指当行政复议机关受理行政复议后,在复议审查过程中发现不符合受理条件或者依法不应受理的情形而作出的决定。驳回行政复议请求决定则是指当行政复议机关受理行政复议后,通过全面审查对行政复议申请人的复议请求予以否定的决定。两者的区别在于内容不同,驳回行政复议申请审查是相对人启动行政复议的程序资格,否定的是作为行政复议程序前提的行政复议申请权;而驳回行政复议请求审查的内容是原行政行为的合法性与适当性。不予受理决定和驳回行政复议申请决定的关系是清晰的。两者都是程序上对复议申请的拒绝,区别在于作出的时间点不同,不予受理决定是在复议案件受理阶段作出,驳回行政复议申请决定是在受理之后作出。

驳回行政复议请求决定与维持决定的关系稍显复杂。行政诉讼法及司法解释相关规定的认识前提在于维持决定与驳回行政复议请求决定在适用条件上具有内在一致性,在效果上也是一致的。从主观权利救济的角度来看,只要申请人的复议请求本身不成立,无论被申请复议的行政行为是否合法合理,行政复议机关就都可以作出驳回行政复议请求的决定。两种决定具有功能上的一致性,并且驳回行政复议请求并不像维持决定那样给行政机关日后可能的废止或变更行政行为制造障碍,其比维持决定具有更大的正当性,所以应当用驳回行政复议请求决定取代维持决定。然而,从监督行政的角度来看,行政复议机关的审查不应局限于申请人的复议请求,而是应当对被申请行政行为作全面审查。基于后者,两者决定各有其适用情形。

Ⅳ 本判例的裁判逻辑

本判例一审法院的裁判逻辑和复议机关的论证逻辑相似。它依循《行政复议法实施条例》第48条第1款第1项之规定,论证了王林生申请公开的事项在性质上属于咨询,所涉及文件为党务信息,不属于信息公开条例调整的范围。但一审法院没有注意到上述内容并非符合受理条件的程序性审查,而是不履行法定职责理由是否成立的实体审查,认可周口市政府作出行政复议不予受理决定的合法性,作出驳回诉讼请求的判决,存在逻辑上的混乱。一审法院在被告确定问题上几次反复,也显示出其在认识名为不予受理决定,实为驳回行政复议请求决定时存在困扰。二审法院关注到了被告确认的问题,并且也引入了实质审查的标准对不予受理决定是否维持原行政行为进行了判断,但遗憾的是其囿于行政复议决定在外观上表现为"不予受理决定",没有将实质审查贯彻到底,认清11号不予受理决定书实际上是在实体审查后作出的驳回行政复议请求,而是反过来根据外观反推周口市政府作出不予受理决定行为尚未进行实质审查不能推断为维持原行政行为,不宜列川汇区政府为共同被告。最高人民法院突破了形式迷障,通过引入实质性审查标准认定复议机关作出的11号不予受理决定书实质上是《行政复议法实施条例》第48条第1款第1项规定之驳回行政复议请求决定,然后根据《行诉解释》第133条的规定,认为本案的被告应当是周口市政府和川汇区政府为共同被告,指正一审、二审法院在被告认定上的错误。

本判例的裁判过程和一审、二审法院的判决表明,在诉讼中排除由《行政复议法实施条例》对驳回行政复议申请与驳回行政复议请求的混同造成的困扰是必需的同时也是有难度的,采用实质性标准也就是对是否进行了实体审查进行分析判断很有必要。

□ 参考文献

郜风涛主编:《中华人民共和国行政复议法实施条例释解与应用》,人民出版社2007年版。
徐晓明:《驳回行政复议申请决定方式研究》,载《现代法学》2007年第6期。

032 行政复议程序重启后期限的计算

袁培波不服山东高院判决再审申请案 ｜ 最高人民法院(2019)最高法行申 13867 号行政裁定书

方 涧 浙江工商大学法学院

■ 事实概要

2017 年 9 月 1 日,袁培波因不服海阳市公安局常年在车站设卡扣押查验居民身份证及限制公民人身自由的行为向海阳市政府提交行政复议申请,复议机关于 9 月 18 日作出海政复不字(2017)1 号不予受理行政复议申请决定(以下简称 1 号不予受理决定)。袁培波对此不服,向烟台市中级人民法院提起诉讼。诉讼期间,海阳市政府于 2017 年 12 月 12 日作出海政复撤字(2017)1 号《关于撤销海政复不字(2017)1 号决定的决定》(以下简称 1 号撤销决定),并于 12 月 14 日送达至袁培波。随后,烟台市中级人民法院于 2017 年 12 月 15 日作出(2017)鲁 06 行初 93 号判决(以下简称 93 号判决),判决确认海阳市政府所作的 1 号不予受理决定违法。袁培波、海阳市政府分别于 2017 年 12 月 29 日、30 日收到该判决书。2018 年 1 月 4 日,海阳市政府作出海政复字(2018)1 号行政复议告知书,向袁培波释明其提出的三项请求属于不同的法律关系,应分别提起行政复议,并要求其在指定期限内补正材料。袁培波于 2018 年 1 月 13 日收到该告知书,但并未按照要求补正材料。随后,海阳市政府于 2018 年 3 月 8 日作出海政复驳字(2017)4 号行政复议决定(以下简称 4 号驳回决定),驳回袁培波的行政复议申请。袁培波认为复议期限应当自 1 号撤销决定作出时,即 2017 年 12 月 12 日起算,同时材料补正期间不得扣除,因此海阳市政府履行完复议职责的时间是 2018 年 3 月 8 日,超出 60 日的法定复议期限,遂向烟台市中级人民法院提起诉讼。一审法院作出(2018)鲁 06 行初 15 号行政判决,驳回原告诉讼请求。袁培波不服提起上诉后,山东省高级人民法院作出(2019)鲁行终 199 号行政判决,驳回上诉,维持一审判决。袁培波仍不服,在法定期限内向最高人民法院申请再审,请求撤销一审、二审判决,确认海阳市政府超 60 日未作出复议决定的行为违法。

■ 裁判要旨

Ⅰ. 行政行为一经作出并依法送达即具有确定力,但对于违法或不当的行政行为以及由于事实和法律变迁而不宜存续的行政行为,行政机关具有自行纠正的权力和职责。《行政诉讼法》)第 62 条以及《行诉解释》第 81 条第 1 款明确了行政机关在诉讼过程中具有对被诉行政行为进行改变和纠错的权力。如若被诉行政行为终结了行政程序,则自撤销决定作出后发生行政程序重启的效果。虽然 1999 年《行政复议法》及其实施条例并未对重启后的复议程序及期限作出明确规定,但是按照行政法的一般理论,行政行为应当遵循法定程序,重启的复议程序亦应如此。

Ⅱ.被告在一审期间改变原行政行为,原告可以申请撤诉,也可以选择要求法院对原行政行为或者改变后的行政行为的合法性作出裁判。之所以允许原告要求人民法院对被撤销的原行政行为继续作出裁判,是因为在某些情况下原告仍然存在确认之诉的利益,比如确认原行政行为违法有利于当事人后续主张国家赔偿等权利,或对原行政行为涉及法律问题的继续厘清。但这种情形下对原行政行为的继续审查与直接针对生效行政行为的合法性审查的侧重点有所不同,此时的继续确认之诉实质系对原行政行为法律效果的司法评价,而不再是针对原行政行为适法性的效力审查。

Ⅲ.……《行政复议法实施条例》第 29 条规定,行政复议申请材料不齐全或者表述不清楚的,行政复议机构可以自收到该行政复议申请之日起 5 日内书面通知申请人补正;补正通知应当载明需要补正的事项和合理的补正期限;补正申请材料所用时间不计入行政复议审理期限。本案中,根据一审、二审查明的事实,海阳市政府于 2017 年 12 月 12 日作出 1 号撤销决定,于 2018 年 1 月 4 日作出海政复字(2018)1 号行政复议告知书,在袁培波未在指定的补正期限内进行补正的情况下,于 2018 年 3 月 8 日作出 4 号驳回决定。海阳市政府作出 4 号驳回决定,在合理的期限范围之内,并不违反相关法律规定。

■ 评　析

Ⅰ 行政复议程序重启后的起算时点

关于本案的重要时间节点主要如下:(1)2017 年 12 月 12 日(12 月 14 日送达),海阳市政府作出 1 号撤销决定;(2)2017 年 12 月 15 日(12 月 30 日送达海阳市政府),烟台市中级人民法院判决确认海阳市政府违法;(3)2018 年 1 月 4 日(1 月 13 日送达),海阳市政府告知袁培波补正材料;(4)2018 年 3 月 8 日,海阳市政府驳回袁培波的行政复议申请。事实上,关于复议机关自行撤销不予受理复议决定后作出复议决定期限的计算问题,最为核心的是要明确"何时作为起算时点"?因为一旦确定了起算时点,后续的复议决定期限、复议材料补正的时间等均有法律的明确规定,并不存在明显分歧。而起算点的确定,又衍生出两个关键性问题:一是复议程序何时重开;二是能否推定行政程序重开即视为受理复议申请。

1.复议程序自撤销决定作出之日重开。理论上讲,行政程序重开系指行政机关基于行政相对人或利害关系人的申请,在特定事由满足下通过一个新行政程序的开启,从而对一个已逾法定救济期间的原行政行为进行重新审查,以判断是否须变更、撤销或废止原行政行为所决定的事项。尽管没有明确的法律规定,但在司法实践中,法院已经直接或间接地采用了这一理论,"当事人虽因法律救济期限届满等原因,不能通过诉讼途径请求撤销或者废止行政行为,但却可以请求行政机关重开行政程序,对行政行为自行撤销或废止"。[最高人民法院(2017)最高法行申 6100 号行政裁定书]最高人民法院肯认了行政机关具有自行纠正的权力和职责,进而认为"自撤销决定作出后发生行政程序重启的效果",也即 2017 年 12 月

12 日。而法院随后作出的确认违法判决事实上是对“原行政行为法律效果的司法评价”,并非“针对原行政行为适法性的效力审查”“人民法院对原行政行为的裁判结果并不影响行政机关重启行政程序的效力”。

2. 复议程序重开并不代表已受理复议申请。再审申请人袁培波主张复议期限自 2017 年 12 月 14 日起算,即推定行政程序重开即视为受理复议申请,最高人民法院认为“缺乏法律依据,本院不予支持”。通常而言,重开行政程序不是目的,而是以此作为手段对特定行政行为作出处理。尽管二者紧密相连,当事人欲变更特定行政决定得为两个申请,一是程序重新进行的申请,二是对特定行为做出处理的申请,如撤销等,但行政机关可以拒绝重新开始程序;或重新开始程序,但对本案做出驳回决定;或重新开始程序,并申请对本案做出积极的决定。本案系依职权重开行政程序,因此当事人得为第二个申请,即申请受理行政复议。复议程序重开后,是否受理复议申请,行政机关需要审查复议材料是否符合法律规定。被告主张以 93 号判决生效日即 2017 年 12 月 30 日为复议期限起算点,最高人民法院认为“缺乏法律依据,本院不予支持”。在没有法律依据的情况下,依行政法原理做上述解释用以填补法律空白是必要的。

3. 作出复议决定的期限应当自复议申请受理之日起计算。现行法律并未对重启后的复议程序及其起算点作出明确规定,所以最高人民法院一方面否定了以 1 号撤销决定或者 93 号判决为标志确立复议审理期限起算点,另一方面支持了作出复议决定的期限未超过法定期限的结论,但却始终没有明示以何时作为计算复议审理期限的起算时点。实际上这是一种刻意的回避和模糊。最高人民法院先指出重启的复议程序要遵循一般行政行为的法定程序,接着援引《行政复议法实施条例》第 29 条“行政复议申请材料不齐全或者表述不清楚的,行政复议机构可以自收到该行政复议申请之日起 5 日内书面通知申请人补正……”的规定,指出行政机关在收到申请之日起 5 日内可要求申请人补正,随后强调 2017 年 12 月 12 日作出 1 号撤销决定,紧接着又陈述海阳市政府 2018 年 1 月 4 日作出海政复字(2018)1 号行政复议告知书但当事人未按要求补正的事实。上述论证隐含的推论是:复议程序应自 1 号撤销决定送达日(2017 年 12 月 15 日)重启,2018 年 1 月 4 日被推定为“收到申请之日起 5 日内”,也即 2017 年 12 月 30 日至 2018 年 1 月 4 日的某个时点被推定为受理之日,复议期限自该时点起算,并依法扣除该补正期间,经计算未超过 60 日,故依法裁定驳回再审申请。

Ⅱ 本判例的裁判逻辑

本判例一审法院和二审法院的裁判逻辑基本一致。(1)在起算点的问题上,均认为应以法院作出确认违法判决送达海阳市政府之日为基准,理由在于:尽管海阳市政府作出了 1 号撤销决定,但 1 号不予受理决定的合法性仍在审查之中,该行政行为尚未被认定为违法行政行为。法院潜在的逻辑认为纠正违法行政决定的权力专属于法院,不承认行政机关可以自行撤销违法的行政决定,模糊了违法决定是授益性还是负担性,将法理上的行政决定撤销规则绝对化。事实上,最高人民法院早在焦志刚诉和平公安分局治安管理处罚决定行政纠纷案(《最高人民法院公报》2006 年第 10 期)中就已经发生了纠错观念的转变,该案例之后,最高人民法院放弃“有错必纠”原则,转而采取现代行政法上行政决定的存续力和撤销规则的学理框架。(2)在要求袁培波确认行政复议请求的时间是否应予扣除的问题上,包括最高人民法院在内均援引《行政复议法实施条例》第29条之规定,明确了“补正申请材料所用时间不计入行政复议审理期限”,对此并无明显分歧。

最高人民法院在再审过程中,通过援引《行政诉讼法》第62条和《行诉解释》第81条第1款,明确行政机关具有自行纠正的权力和职责,意在表明自撤销决定作出后便发生了行政程序(复议程序)重启的效果,而后续的审查事实上偏重对法律效果的评价而非合法性,由此纠正了一审、二审法院认为应以海阳市政府收到93号判决之日起算复议期限的观点。与此同时,其还轻描淡写地以缺乏法律依据为理,同样否定了袁培波认为的应当以其收到1号撤销决定之日作为起点算的主张。在缺乏法律明确规定的情况下,为了解决重启复议后期限的计算问题,最高人民法院通过结合“材料补正”的事实和《行政复议法实施条例》第29条规定的“行政复议申请材料不齐全或者表述不清楚的,行政复议机构可以自收到该行政复议申请之日起5日内书面通知申请人补正”,暗指2018年1月4日海阳市政府作出的海政复字(2018)1号行政复议告知书之日为“收到该行政复议申请之日起5日内”,并通过“补正申请材料所用时间不计入行政复议审理期限”,从而得出海阳市政府于2018年3月8日作出4号驳回决定在合理的期限范围内,并不违反相关法律规定。

Ⅲ 本判例的意义及缺陷

本案例进一步明确了行政程序自撤销决定作出之日重开,后续的确认违法之诉事实上是对原行政行为法律效果的司法评价,并非针对原行政行为适法性的效力审查,人民法院对原行政行为的裁判结果并不影响行政机关重启行政程序的效力。在作出复议决定期限起算点的问题上,否认了以撤销决定作出之日或者确认违法判决作出之日为基准,但本判例具有一定的特殊性,这也是其缺陷所在。最高人民法院将《行政复议法实施条例》第29条与补正的事实结合起来从而确定了行政机关受理复议申请的日期,可以说用了“巧劲”。这里存在三个问题:第一,若本案中没有补正的事实,裁判者将面临无法可用的局面;第二,最高人民法院在论证时事实上预设了海阳市政府作出的海政复字(2018)1号行政复议告知书是符合《行政复议法实施条例》第29条规定的“行政复议机构可以自收到该行政复议申请之日起5日内书面通知申请人补正”,如果违反,将会涉及循环论证的问题;第三,最高人民法院始终没有明示具体的起算日期。即便如此,也不能否认该案例对法律实践的指导价值,更重要的是本案例为学者和立法者提出了一个重要的问题:行政程序重开后,特定行政行为处理时限的计算。

□ 参考文献

章剑生:《现代行政法总论》,法律出版社2019年版。

[德]哈特穆特·毛雷尔:《行政法学总论》,高家伟译,法律出版社2000年版。

高鸿:《行政程序重开的条件、处理及司法审查》,载《中国法律评论》2019年第3期。

033 内部行为效力外部化

魏永高、陈守志诉来安县人民政府收回土地使用权批复案 | 最高人民法院指导案例22号

李永超 郑州大学法学院

■ 事实概要

2010年8月31日，安徽省来安县国土资源和房产管理局向来安县人民政府报送《关于收回国有土地使用权的请示》，请求收回该县永阳东路与塔山中路部分地块土地使用权。9月6日，来安县人民政府作出《关于同意收回永阳东路与塔山中路部分地块国有土地使用权的批复》（以下简称《批复》）。来安县国土资源和房产管理局收到该批复后，没有依法制作并向原土地使用权人送达收回土地使用权决定，而直接交由来安县土地储备中心付诸实施。魏永高、陈守志的房屋位于被收回使用权的土地范围内，其对来安县人民政府收回国有土地使用权批复不服，提起行政复议。2011年9月20日，滁州市人民政府作出行政复议决定书，维持来安县人民政府的批复。魏永高、陈守志仍不服，提起行政诉讼，请求人民法院撤销来安县人民政府的上述批复。

■ 裁判要旨

Ⅰ. 根据《土地储备管理办法》（2007年）和《安徽省国有土地储备办法》以收回方式储备国有土地的程序规定，来安县国土资源行政主管部门在来安县人民政府作出批准收回国有土地使用权方案批复后，应当向原土地使用权人送达对外发生法律效力的收回国有土地使用权通知。来安县人民政府的批复属于内部行政行为，不向相对人送达，对相对人的权利义务尚未产生实际影响，一般不属于行政诉讼的受案范围。

Ⅱ. 来安县人民政府作出批复后，来安县国土资源行政主管部门没有制作并送达对外发生效力的法律文书，即直接交来安县土地储备中心根据该批复实施拆迁补偿安置行为，对原土地使用权人的权利义务产生了实际影响；原土地使用权人也通过申请政府信息公开知道了该批复的内容，并对该批复提起了行政复议，复议机关作出复议决定时也告知了诉权，该批复已实际执行并外化为对外发生法律效力的行政行为。因此，对该批复不服提起行政诉讼的，人民法院应当依法受理。

■ 评　析

Ⅰ 以往判例的不可诉性

在本判例之前,在内部行为效力外部化之后是否具有可诉性的问题上,学术界与实务界一直并无定论。在诸多判决中,法院呈现出保守、观望的消极态度,并未引入所谓的“内部行为效力外部化”理论。

在佛山市永发贸易有限公司诉佛山市政府、佛山市国土资源局收回国有土地使用权案[广东省高级法院(2005)粤高法行终字第14号行政判决书]中,对于佛山市人民政府作出佛府函(2003)79号《关于同意收回五锋四路21号土地并划拨给佛山科学技术学院的批复》的行为,法院认为它是对佛山市国土资源局关于收回争议土地的国有土地使用权的请示所作出的批复,并未直接对上诉人发生法律效力,对其权利义务不产生实际影响,不属于行政诉讼的受案范围。在延安宏盛建筑工程有限责任公司诉陕西省延安市安全生产监督管理局生产责任事故批复案[最高人民法院行政庭编:《中国行政审判指导案例》(第1卷)第1号案例,中国法制出版社2010年版,第1-6页]中,对于批复的性质,陕西省高级人民法院只有“认为批复属内部批复……不属人民法院受案范围的上诉理由不能成立”的“描述性结论”,以及“告知……并送达了复印件,已将批复的内容外化”为“抽象性事实”,对批复的确切定性则付之阙如,对何为“内部行为效力外部化”也未见着墨,对适用利害关系受影响而纳入受案范围的行为所应具备的“性质”等要件与根据更没有作出解释。

由此可见,在本判例之前,司法实践对于“内部行为效力外部化”以及可诉性问题的认识尚且停留在“对权利义务是否产生实际影响”的层面,并未将“内部行为效力外部化”作为可诉性依据引入判决,对可诉性的认定也相对保守。

Ⅱ 本判例将“外部化”作为可诉性依据的引入

本案判决以“内部行为效力外部化”的思维脉络展开推理论证,将“内部行为效力外部化”纳入了行政诉讼受案范围,是“外部化”运用实践的典型代表。从最高人民法院整理的裁判要旨中,也可以看出其已具有了相当的“官方性”和受重视度。

依循法院的审理思路和关注点,其论证逻辑大致如下:(1)对行为形式的个别要素下了定义,并分析其存在的态样及作成方式。本案中的批复作为是国有土地使用权收回程序的关键步骤,亦即来安县人民政府就来安县国土资源和房产管理局的请示事项所作的“批复”,为县国土资源行政管理部门进一步作出行政决定提供了依据。从形式上看,其行为主体都是行政机关,性质上属于内部行为。(2)在行为形式个别要素后,法院将其与制度效果做了联结,进而认定它属于上级行政机关对下级行政机关内部请示的“批复”。该“批复”没有向行政相对人送达,对行政相对人的权利和义务暂时没有产生实际影响,法律效果局限于行政组织体内部,故这类的“批复”通常不具有可诉性。但本案中,来安县人民政府作出批复后,来安县国土资源和房产管理局在没有制作、也没有将对外发生效力的法律文书送达给行政相对人的情况下,就直接将该批复付诸实施,并对行政相对人的权利和义务产生了实际影响。此时,就法律上而言,该批复的法律效果已经“外溢”。(3)根据行为法律效果选定监督方式或司法审查的判准。本案中的《批复》已经实际执行并对外发生法律效力,此时的法律效果从内部转为外部,从而对行政相对人的合法权益产生了影响,属于“内部行为效力外部化”。《批复》本身不具有可诉性,属于内部行为,但经有权机关付诸实施之后,即嬗变为行政行为,行政相对人对此提起行政诉讼,法院应予受理。

可见,在本判例中,法院先把《批复》的性质认定为“内部行为”,并以经职权行为“外化”作为扩张受理的依据,进一步拓展了司法推理的思维逻辑,把内部行为纳入了行政诉讼的受案范围。由此,“内部行为”被诉的风险隔绝功能被打破,揭穿了“内部行为”的面纱,这是本判例最核心的指导意义。

Ⅲ “外部化”应用于实践中的判断进路

本案中,对“内部行为效力外部化”认定的主要依据在于,来安县人民政府所作的《批复》被来安县国土资源和房产管理局在未送达给行政相对人的情况下直接实施,并依此将“外化后的批复行为”纳入受案范围。但一个不容遮蔽的问题是,作为“内部行为”与“受案范围”设定之间的关联性概念以及扩张受理的依据——精确的“外部化”如何判断,这是一个需要进一步讨论的问题。

“外部化”概念引入的初衷是解决“内部行为”的可诉性问题,因此,“内部行为”的存在是“外部化”得以适用的前提条件。换言之,“外部化”唯有在“内部行为”存在的情况下才有产生的可能性;就外部行政行为的可诉性而言,不存在也没有必要有“外部化”的前提。作为“外部化”前提或对象之“内部行为”的特征应当是:行为始于不同的行政机关内部关系之间;内容涉及公民、法人或者其他组织的权利和义务关系;法院介入审查行为具有适法性。同时,“外部化”应当具有独立要素的性质而不能作为行政行为成立要件存在;“外部化”的主体与运用职权的主体是同一行政机关;“外部化”产生了法律效果等。只有具备了上述条件,“内部行为”才得以纳入行政诉讼的受案范围。“外部化”判断进路也存在排除模式,即在例外情形下的保留适用。该例外情形包括:制度上法律的特别规定,学理上多阶段行政行为的解释策略等。

回到本判例,来安县人民政府作出批准收回国有土地使用权方案的批复是“内部行为”。来安县人民政府是基于上级主管机关的地位对下级机关的请示作出的批复,就此意思表示性质而言,仅是行政机关内部之间对个案争议而不是对外部相对人作行政行为的法律适用所表示见解,并不对外发生具体特定的法律效果。来安县人民政府既是作出“内部行为”的主体,也是将“内部行为”外化的主体,符合主体同一的要求;来安县人民政府作出批复后,来安县国土资源行政主管部门没有制作并送达对外发生效力的法律文书,即直接交来安县土地储备中心根据该批复实施拆迁补偿安置行为,对原土地使用权人的权利义务产生了实际影响,符合“外部化”后有法律效果这一要求。

但需要提示的是,“外部化”是我国特定法制背景下产生的一个概念,在比较法上并没有与此相对应的概念使用,这在一定程度上带来了实践或研究的忽略与迷思。要走出这一困境,唯有牢记“法律的生命在于经验”的格言,从本国判例中梳理与挖掘学理的细节真义,在实务中,应允许判例形成的初期有尝试错误的摸索期和反复修正的机会。

Ⅳ 本案例的延伸思考

1. 行政法不能限缩于法院为权利保护,而应及于法院控制所不能及的领域。也就是说,行政法不仅控制行政行为,还对行政机关的内部行为以民主与法治的方式加以规范。就行政内部与外部的关系,与公民、法人其他组织所为点状式的接触,以及其他广大的决定关联性,行政法均应加以掌握讨论。当下行政法的发展越来越完善并渐趋复杂化,以司法为中心发展起来的传统行政法已不能完全适应现今的行政法律环境,不能再将行政法的调整对象仅面向行政机关与行政相对人之间的关系,理应包括“作为担保行政行为合法性的内部行政法”。(章剑生:《作为担保行政行为合法性的内部行政法》,载《法学家》2018 年第 6 期)

2. 在内部行政法结构的制度基础上反思本判例,或许也会有另外的法律意义。来安县人民政府对来安县国土资源行政主管部门的请示作出的批复,本质上是一种职权行为,对于职权性内部行为“外部化”的可诉性判断似无疑问,然而对于非职权行为如何调整仍处于摸索阶段。

□ 参考文献

刘飞、谭宗达:《内部行为的外部化及其判断标准》,载《行政法学研究》2017 年第 2 期。

田瑶:《论行政行为的送达》,载《政法论坛》2011 年第 5 期。

李永超:《揭穿内部行政行为之面纱——基于司法实践中“外化”之表达的一种解释框架》,载《行政法学研究》2012 年第 4 期。

孔祥俊:《行政行为可诉性、原告资格与司法审查》,人民法院出版社 2005 年版。

034 程序性行政行为

王明德诉乐山市人力资源和社会保障局工伤认定案 | 最高人民法院指导案例69号

胡敏洁 浙江大学光华法学院

■ 事实概要

原告王明德系王雷兵之父，王雷兵是四川嘉宝资产管理集团有限公司峨眉山分公司的职工。2013年3月18日，王雷兵因交通事故死亡，由于死亡原因无法查实，四川省峨眉山市公安局交警大队依据《道路交通事故处理程序规定》(2008年)第59条作出道路交通事故证明。其后，第三人四川嘉宝资产管理集团有限公司峨眉山分公司就其职工王雷兵因交通事故死亡，向被告乐山市人力资源和社会保障局申请工伤认定并同时提交了道路交通事故证明等证据。被告以公安机关交通管理部门尚未对本案事故作出交通事故认定书为由，于当日作出乐人社工时(2013)05号(峨眉山市)《工伤认定时限中止通知书》(以下简称《中止通知》)并向原告和第三人送达。2013年6月24日，原告向被告提交了恢复工伤认定申请书，因被告未恢复对王雷兵的工伤认定程序，原告向法院提起行政诉讼，请求判决撤销被告作出的《中止通知》。四川省乐山市市中区人民法院作出(2013)乐中行初字第36号判决，撤销《中止通知》。一审宣判后，乐山市人力资源和社会保障局提起了上诉。乐山市中级人民法院二审审理过程中，乐山市人力资源和社会保障局递交撤回上诉申请书。乐山市中级人民法院裁定准许乐山市人力资源和社会保障局撤回上诉。一审判决已发生法律效力。

■ 裁判要旨

Ⅰ. 被告作出《中止通知》，属于工伤认定程序中的程序性行政行为，如果该行为不涉及终局性问题，对相对人的权利义务没有实质影响，属于不成熟的行政行为，不具有可诉性，相对人提起行政诉讼的，不属于人民法院受案范围。但如果该程序性行政行为具有终局性，对相对人的权利义务产生了实质影响，并且无法通过提起针对相关的实体性行政行为的诉讼获得救济的，则属于可诉行政行为，相对人提起行政诉讼的，属于人民法院行政诉讼受案范围。

Ⅱ. 本案中，道路交通事故证明是公安机关交通管理部门依据《道路交通事故处理程序规定》(2008年)就事故作出的结论，也就是《工伤保险条例》第20条第3款中规定的工伤认定决定需要的“司法机关或者有关行政主管部门的结论”。除非出现新事实或者法定理由,否则公安机关交通管理部门不会就本案涉及的交通事故作出其他结论。而本案被告在第三人申请认定工伤时已经提交了相关道路交通事故证明的情况下,仍然作出《中止通知》,且一直到原告起诉之日,被告仍以工伤认定处于中止中为由,拒绝恢复对王雷兵死亡是否属于工伤的认定程序。由此可见,虽然被告作出《中止通知》是工伤认定中的一种程序性行为,但该行为将导致原告的合法权益长期,乃至永久得不到依法救济,直接影响了原告的合法权益,对其权利义务产生实质影响,并且原告也无法通过对相关实体性行政行为提起诉讼以获得救济。因此,被告作出《中止通知》,属于可诉行政行为,人民法院应当依法受理。

■ 评　析

Ⅰ 判例观点

本判例之前,法院并未采用“程序性行政行为”这一说法,但涉及判例中的相应因素,如终局性判断、实质性影响,并非本案中首创。例如,在黄某清与被上诉人南宁市人民政府信息公开纠纷案[广西壮族自治区高级人民法院(2013)桂立行终字第20号行政裁定书]中,法院认为,这一告知行为不是终局性的行政行为,而是行政程序中的中间行为。上诉人进一步补充信息后仍然可以申请信息公开,因此其权利义务并没有受到实质性的影响。被上诉人向上诉人作出告知书的行政行为属于因申请内容不明确,行政机关要求申请人作出更改、补充且对申请人权利义务不产生实际影响的告知行为。在徐芳与浙江省人民政府复议上诉案[浙江省高级人民法院(2013)浙行终字第98号行政裁定书]中,原审法院认为,被告向原告发送《行政复议申请回函》和《行政复议协调建议函》,让原告提出协调意见并就原告房屋所涉拆迁问题组织了协调。据此事实,不足以认定被告作出的被诉《行政复议申请回函》系针对原告复议申请的终局性决定,因此该回函对原告的权利义务不产生实际影响,不属于人民法院行政诉讼的受案范围,上诉法院浙江省高级人民法院也对此予以了认可。

Ⅱ 本判例的推理逻辑

本判例的争点有:(1)《中止通知》是否可诉;(2)《中止通知》是否可撤销。具体看来,法院推理的大逻辑是“可诉+行政行为=可撤销”。换言之,只有将该《中止通知》认定为行政行为时,才存在后续可撤销之空间。首先,可诉性的判断标准,基于本案审结之前的《行诉若干解释》的规定,“对公民、法人或者其他组织权利义务不产生实际影响的行为”不属于人民法院的受案范围。进而,本案中对于不产生实际影响的判断,转化为是否对相对人权利义务产生实质影响。法院在推理中认为,该行为不涉及终局性问题,对相对人的权利义务没有实质影响,属于不成熟的行政行为,进而不具有可诉性。此处,法院逻辑又进行了悄然改变,将新的标准,即终局性问题加入其中,最后的落脚点回到行政行为的成熟性上。

早在2005年,在北京八达岭野生动物世界有限公司不服北京市城市管理综合行政执法局关于治理整顿户外广告通告案[北京市西城区人民法院(2005)西行初字第191号行政裁定书]

中,法院认为,公民、法人或者其他组织向法院提起行政诉讼的,应当符合起诉条件,其中之一即是行政诉讼审查的对象应是对公民、法人或者其他组织的权益产生确定效力的成熟性行政行为,行政机关在作出行政处理决定之前的预备性或阶段性行为,如果尚未对公民、法人或者其他组织的权益产生实际影响,则不属于行政诉讼的受案范围。这和我国行政法学学说上的行政行为的效力相关,即行政行为形成后所具备的确定力、拘束力和执行力。由此,才会出现产生确定效力的成熟性行政行为。反之,作为一个不符合行政行为效力要件的行为,自然也不会具有可诉性。

在本判例中,法院还增加了一种描述,即"并且无法通过提起针对相关的实体性行政行为的诉讼获得救济的",则属于可诉行政行为,相对人提起行政诉讼的,属于人民法院行政诉讼受案范围。因此,法院认为,虽然被告作出《中止通知》是工伤认定中的一种程序性行为,但该行为将导致原告的合法权益长期,乃至永久得不到依法救济,直接影响了原告的合法权益,对其权利义务产生了实质影响,并且原告也无法通过对相关实体性行政行为提起诉讼获得救济。因为,在本判例中,道路交通事故证明是公安机关交通管理部门依据《道路交通事故处理程序规定》(2008 年)就事故作出的结论,也就是《工伤保险条例》第 20 条第 3 款中规定的工伤认定决定需要的"司法机关或者有关行政主管部门的结论"。除非出现新事实或者法定理由,否则公安机关交通管理部门不会就本案涉及的交通事故作出其他结论。就原告而言,其已无其他通过实体性行政行为诉讼获得救济的途径,因此,被告作出《中止通知》属于可诉行政行为,人民法院应当依法受理。《工伤保险条例》第 20 条第 3 款规定,"作出工伤认定决定需要以司法机关或者有关行政主管部门的结论为依据的,在司法机关或者有关行政主管部门尚未作出结论期间,作出工伤认定决定的时限中止"。如前所述,第三人在向被告就王雷兵死亡申请工伤认定时已经提交了道路交通事故证明。也就是说,第三人申请工伤认定时,并不存在《工伤保险条例》第 20 条第 3 款所规定的依法可以作出中止决定的情形。因此,被告依据《工伤保险条例》第 20 条的规定,作出《中止通知》属于适用法律、法规错误,应当予以撤销。另外,需要指出的是,在人民法院撤销被告作出的《中止通知》判决生效后,被告对涉案职工认定工伤的程序即应予以恢复。综上,可以归纳出本判例的裁判逻辑如图 1 所示:

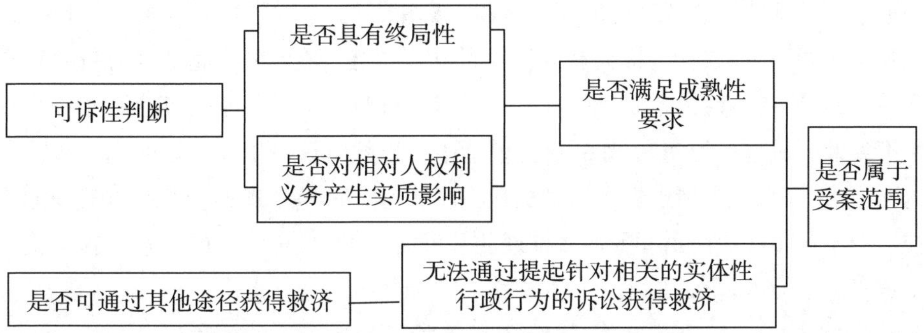

图 1　裁判逻辑示意

Ⅲ 本判例对学说的推进

早在1997年,朱维究、闫尔宝在《程序行政行为初论》一文中认为,所谓程序行政行为,是指由法律设定的,规制行政主体行使行政职权的方式、形式与步骤的一系列补充性、辅助性措施的总称;它直接产生行政程序法律关系,引起该行政程序的运行并对行政实体法律关系产生间接作用或影响。(朱维究、闫尔宝:《程序行政行为初论》,载《政法论坛》1997年第3期)在作者看来,因程序行政行为并不直接产生法律效果但受法律强制约束的程序行为,直接作用或影响实体行政行为并间接影响行政相对一方的权利与义务,这类程序行政行为是行政法律行为的组成部分,称准行政行为较妥。又因法律规制行政活动的程序行为不是截然的,而是一个由强逐渐弱化的趋向,绝对划分事实行为与法律行为是不可能的,也是无益的。较为妥善的处置是:应不断调整与确认科学与合理的度,随时确保可能影响相对一方权益的程序行为可从事实行为中分离出来,成为受法律约束的准行政行为,即程序行政行为。实际上,这其中已经蕴含着这样的观点,一旦程序行为影响到相对权益方,就应当受到法律拘束和调整。此后,国内关于程序性行政行为的研究甚少,一直到本判例以后,部分法官和学者才再度对此案例展开了讨论。例如,杨科雄法官认为,在识别程序性行政行为独立之时,法官具体需要考虑如下利益衡量:不同实体利益之间的衡量;正当程序利益包括公共利益和实体利益的衡量;法律所追求的更具根本性的程序利益以及不同程序利益之间的衡量。程序性行政行为的独立与否取决于法官在实体与程序不同的情况中对实体利益、程序利益以及公共利益衡量的结果。(杨科雄:《试论程序性行政行为》,载《法律适用》2010年第8期)可以看出,程序性行政行为之所以会成为可诉对象,是因为其本质构成“行政行为”。通常意义下的行政行为,具有单方性、个别性以及法效性,一般会对外产生法律效力。中国的行政行为学说虽受到德国法一定程度的影响,却在中国本土中发生了很多变化,典型的如具体行政行为与抽象行政行为之界分,一语不足以道清。换言之,在我国的法律语境下,行政行为的学说相当富有争议。由此才会产生程序性行政行为的概念,一旦某行为被归入“行政行为”,那么它必然会产生法律效果,也因此会受到法律拘束。至于诉讼中行政行为是否可以被纳入受案范围,法院是否接受裁判,则是关于“可诉性”的判断问题,可诉的行政行为一般具有外部特征或者对公民权利义务有直接影响。

综观美国司法审查制度,根据联邦法院的相关规定,联邦法院通常因为行政行为不具有最终性、不具有成熟性或者原告没有穷尽可得的行政救济而拒绝对其进行审查。这里每项原则都涉及时机选择的问题,如果审查申请中提出的争议可以在一定时间和程序状态下接受司法审查,那么该申请中提出的时机和程序状态是否是合理的。所有这三项原则都是建立在综合了各种法律用语和普通法推理的基础之上的,且合宪性的考量在很多情况下也加剧了这种综合性的复杂程度。([美]理查德·J.皮尔斯:《行政法》,苏苗罕译,中国人民大学出版社2016年版,第1217页)在本案中,法院用尽了关于论述可诉的各种标准,终局性、穷尽救济(无其他救济手段)、成熟性,并最终落实到公民权利义务的实际影响。这些要素与“程序”关联在一起,也一般符合程序的特性,即行政程序是指国家行政机关在行使行政权力、实施行政活动过程中所遵循的步骤方式、时限和顺序的总和。程序作为一种过程,可能不会影响行政相对人的权利、义务。这与我国程序与实体的关系考量相关联,长久以来,程序不具有独立价值,只有在发生了“严重违反法定程序”影响实体结果的情形下,法院才会做出相应裁判。发展到当下,学说上虽也日渐认可程序违法的相应法律后果,但实则其独立价值在行政诉讼法中的体现仍然较多地停留在既往学说之基础上,即更为关注程序对于实体的影响。由此,本案中“程序性”和“行政行为”的结合,多少还是受到了这样一种观念的影响,即只有在转化为具有对相对人权利、义务影响的行为时,方才具有可诉性。

Ⅳ 本判例的意义

本判例明确提出了程序性行政行为的概念,并包括三个具体判断标准,即(1)是否具有终局性;(2)是否对相对人的权利义务产生实质影响;(3)无法通过提起针对相关的实体性行政行为的诉讼获得救济。本判例之后,相关判例开始引用本判例的观点来论证程序性行政行为的可诉性。范成冰与马鞍山市人力资源和社会保障局行政确认案[安徽省马鞍山市花山区人民法院(2019)皖0503行初42号行政判决书]便是其中的典例。范成冰系洪某之夫。2018年5月15日16时45分,腰埠小学教师洪某骑电动车下班回家途中,在位于和县西埠镇省道s105线发生道路交通事故,经抢救无效于2018年5月25日死亡。2018年6月8日,和县公安局交通警察大队出具道路交通事故证明,载明洪某驾车倒地具体原因不明,现有证据不能对本起道路交通事故的成因进行分析判定。2018年6月14日,洪某所在单位腰埠小学为其申报工伤,马鞍山市人社局于2018年7月16日受理,后经审查,发现道路交通事故责任无法确认,作出该工伤认定申请的决定需要以有权机构出具的事故责任认定书为依据,根据《工伤保险条例》第20条等的规定,工伤认定程序予以中止。法院在裁判中,也与指导性案例69号(本判例)相同,沿用了本判例中对于程序性行政行为的说法以及相应的构成要素,是否可以撤销也采纳了与指导性案例相同的观点。或许是该案的事实过于“巧合”,使法官在推理过程中很保险且自然地“照搬”了指导性案例69号的观点,由于无法获得最原始的资料,这一点无从得知。当然,也有其他案例采用本案的观点,从另外角度认为程序性行政行为在未影响相对人权利义务时,不构成可诉行政行为。例如,在成都金牌天使医疗科技有限责任公司诉四川省成都市科学技术局科技项目资助行政许可案[四川省成都市高新技术产业开发区人民法院(2015)高新行初字第294号行政裁定书]中,法院认为,成都金牌天使医疗科技有限责任公司(以下简称金牌天使公司)所诉的行政行为是四川省成都市科学技术局(以下简称成都市科技局)因金牌天使公司未完整提交申请所需材料而无法进入实质审查程序的一项告知行为,可视为一种程序性行政行为。该案行政程序尚未进入对金牌天使公司申请事项的实体认定阶段,成都市科技局作出的审核告知行为并未产生是否给予金牌天使公司项目资助的法律后果,该程序性告知行为不属于实体上的行政行为,没有直接影响金牌天使公司的实体权益。

参考文献

朱维究、闫尔宝:《程序行政行为初论》,载《政法论坛》1997 年第 3 期。

杨科雄:《试论程序性行政行为》,载《法律适用》2010 年第 8 期。

[美]理查德·J. 皮尔斯:《行政法》,苏苗罕译,中国人民大学出版社 2016 年版。

[德]哈特穆特·毛雷尔:《行政法学总论》,高家伟译,法律出版社 2000 年版。

035 会议纪要的可诉性

吉德仁等诉盐城市人民政府行政决定案 ｜《最高人民法院公报》2003 年第 4 期

章志远 华东政法大学法律学院

■ 事实概要

2002 年 8 月 20 日，江苏省盐城市人民政府第 13 号《专题会议纪要》（以下简称《会议纪要》）规定：城市公交的范围限于批准的城市规范区内，以城市规划区为界，建设和交通部门各负其责，各司其职；城市公交在规划区内开通的老干线路，要保证正常运营，继续免交有关交通规费；在规划范围内的城市公共客运上发生的矛盾，须经政府协调，不允许贸然行事，否则将追究有关方面的责任。

2002 年 9 月 10 日，吉德仁、蔡越华、蔡和平、丁书全向盐城市城区交通局暨城区运政稽查大队和南洋中心交管所提出申请，请求依据《江苏省道路运输市场管理条例》（2001 年）的规定，查处公交总公司未经交通部门批准，超出市区延伸至 331 省道南洋段营运的行为。2002 年 9 月 11 日，盐城城区交通局答复，盐城市政府下发的《会议纪要》已明确“城市公交在规划区内开通的若干线路，要保证正常营运，继续免交有关交通规费”，且因南洋镇域已列入市建设规划区范围内，故该局无权对城市公交车进入 331 省道南洋段的行为进行管理。为此，吉德仁等人认为《会议纪要》属于违法行政决定行为，向江苏省盐城市中级人民法院提起诉讼。

■ 裁判要旨

Ⅰ. 行政指导行为，是指行政机关在进行行政管理的过程中所作出的具有咨询、建议、训导等性质的行为，不具有行政强制执行力。而被上诉人盐城市人民政府所作出的《会议纪要》明确要求有关公交车辆在规划区免交规费，具有强制执行力。因此，盐城市人民政府认为该行为属于行政指导行为没有法律依据。该项免交规费的规定，是针对公交总公司这一特定的主体并就特定的事项（公交总公司在规划区内开通的线路是否要缴纳交通规费）所作出的决定。《会议纪要》的上述内容实际上已直接赋予了公交总公司在规划区内免交交通规费的权利，不应认定为抽象行政行为。

Ⅱ. 该《会议纪要》是赋予一方当事人权利的行政行为，公交总公司作为受益人参加了会议，虽未向公交总公司直接送达，但其相关内容已经得到执行。盐城市城区交通局已将无法对公交总公司进行行政管理的原因及《会议纪要》的内容书面告知了吉德仁等人,因此应当认定盐城市人民政府在《会议纪要》中作出的有关公交车辆在规划区免交规费的行为是一种可诉的具体行政行为。……综上,《会议纪要》中“城市公交在规划内开通的若干线路,要保证正常营运,继续免交有关交通规费”的规定作为政府的一项行政决定,具有行政强制力,是可诉的具体行政行为。

■ 评　析

Ⅰ 相关判例观点

关于会议纪要的可诉性问题,最高人民法院已经形成的裁判规则是,会议纪要作为行政机关用于记载和传达有关会议情况和议定事项的内部公文,通常不会对行政相对人的权利和义务产生影响,不具有可诉性。如果其直接对公民、法人或者其他组织的权利义务产生实际影响,且通过送达等途径外化的,则属于可诉的行政行为。会议纪要可诉必须满足两个条件,一是对权利义务产生实际影响;二是通过送达等途径外化。

在北京世纪佳联教育技术发展有限公司诉山东省日照市人民政府会议纪要案[最高人民法院(2016)最高法行申2711号行政裁定书]中,最高人民法院认为,日照市政府第6次市长办公会议形成的涉案会议纪要,属上级机关对下级行政机关的内部指导行为,对再审申请人北京世纪佳联教育技术发展有限公司的权利义务不产生直接影响,该会议纪要不属于行政诉讼受案范围。由此可知,最高人民法院认定该案的基本思路为:首先,将日照市政府形成会议纪要的行为定性为内部指导行为;其次,判断该会议纪要是否对行政相对人的权利义务产生直接影响;最后,判断会议纪要的可诉性问题。同样地,在郭俊丽等21人诉临猗县人民政府行政补偿案[最高人民法院(2018)最高法行申3853号行政裁定书]中,最高人民法院的裁判思路与前案类似,认为涉案会议纪要虽然是对整个征收项目所作出的决策性行为,但其指向的相对人范围有限且确定,会议纪要内容对相对人的权利和义务产生了直接影响,且已通过送达的方式外化,具有可诉性。通过最高人民法院的审理思路可以看出,会议纪要的可诉性问题已经基本形成了较为一致的裁判规则,其中的关键在于判断会议纪要是否对外发生效力,是否对行政相对人的权利产生直接影响。

Ⅱ 会议纪要可诉性的学理框架

会议纪要是否可诉,不宜一概而论。根据2012年中共中央办公厅、国务院办公厅颁布的《党政机关公文处理工作条例》,纪要适用于记载会议主要情况和议定事项。会议纪要是讨论和研究问题的过程,提供处理问题的原则和方法,为解决问题提供依据,而非作出直接影响行政相对人权利和义务的实质性决定。但是,现实中不乏以会议纪要之名,对特定人作出影响其权利义务的情况,其目的就在于规避法律的监督和救济。

会议纪要的可诉性问题,就是会议纪要是否属于行政诉讼受案范围的问题。根据《行政诉讼法》以及《行诉解释》的规定,可诉行政行为的判断不再是以具体行政行为与抽象行政行为的划分为界,而是以公民、法人或者其他组织权利义务是否受到实际影响为标准。因此,会议纪要的可诉性问题的关键是要明确行政机关的会议纪要是否对相对人产生“实际影响”。一般来说,还没有成立的行政行为,以及还在行政机关内部运作的行为,被视为不产生实际影响。每一项针对特定相对人作出的具体行政行为都是由一系列环节构成的过程,而在这个过程中,每一个环节都可以被视作内部环节。判断会议纪要是否可诉,需要分析内部环节是否已经外化,对相关人的权利义务是否已产生直接影响。

行政任务的繁复造成了行政行为的多样,法院在对行政行为进行审查时,不能仅从名称或者形式上进行判断,而应透过表象看到问题的本质。关于会议纪要的可诉性问题,可以从以下三种情况分别进行判断。(1)会议纪要仅是会议进行情况以及最后结论的记录,不具有可诉性。如果会议纪要还处于行政机关内部程序环节,并未对外作出,则其属于内部程序性行为,当事人不能针对该会议纪要提起诉讼。(2)会议纪要是一种具有普遍约束力的内部程序性文件,相对人可以对其提起附带性审查。如果下级行政机关根据会议纪要的要求,以自己的名义作出相应行政行为,行政相对人可以作出书面决定的行政机关为被告提起行政诉讼,法院可以附带审查会议纪要的合法性。(3)会议纪要的内容对行政相对人的权利义务产生直接影响,且已经外化为行政行为的,具有可诉性。如果会议纪要是针对特定主体且明确要求执行的,会议纪要即由内部行为转化为行政行为,当事人不服应当以作出会议纪要的政府机关为被告提起诉讼。由此可见,关于会议纪要是否可诉的问题,理论界和实务界基本已达成共识,只要会议纪要中对行政相对人权利义务设有相应规范,且得到行政机关贯彻执行的,则当然具有可诉性。

Ⅲ 本判例的规范性逻辑

在本案中,法院对涉案会议纪要可诉性的判断与最高人民法院现行裁判规则相符。可以说,本案为最高人民法院的裁判规则提供了可供借鉴的实践范本。法院并没有简单地将涉案会议纪要作为行政机关的一种内部行政指导行为,而是通过分析会议纪要的具体内容来确认其性质。本案中,会议纪要主要包含三个部分的内容:一是界定了城市公交的运营范围在重新划定的城市规划区内;二是城市公交在规划区内开通的老干线路免交有关交通规费;三是排除了盐城市城区交通局的纠纷解决权。就第一部分内容而言,城市公交范围的划定是政府管理职能的体现,属于政府内部决策,不具有对外效力。就第二部分内容而言,免交交通规费的决定是有具体指向的,直接针对的是公交总公司,会议纪要本身就具有强制执行力,无须相关部门基于会议纪要另外作出新的行政行为即可实现其规定内容。第三部分的内容是关于纠纷化解的规定。政府根据当地实际需要而做出的内部相关部门职能的转变,属于内部行政行为,无论纠纷解决是哪一部门的职责,都不会直接影响相对人的权利义务。可以看出,会议纪要的第二部分内容是判断其是否可诉的关键。

一审法院主要是围绕原告的两个诉讼请求进行分析,即被告盐城市人民政府强行中止城区交通局查处公交总公司违法行为的决定是否合法,以及会议纪要的相关内容是否合法。首先,会议纪要性质的确认。一审法院认为,会议纪要对城市公交运营范围进行界定的行为已实际导致城区交通局对公交总公司的管理行为的中止,该会议纪要是一种行政决定行为,有具体的执行内容,是可诉行政行为。其次,会议纪要内容合法性的审查。一审法院认为,会议纪要中在界定范围内运营的公交车辆继续免交交通规费的规定是对原来就已经客观存在事实的一种明确和重申,是在其法定权限内作出的行政行为,不具有违法性。

二审法院基本沿袭了一审法院的裁判思路。首先,二审法院对行政指导的内涵进行了确认,行政指导行为是指行政机关在进行行政管理的过程中所作出的具有咨询、建议、训导等性质的行为,不具有行政强制力。根据 2018 年《行诉解释》第 1 条的规定,对公民、法人或者其他组织权利义务不产生实际影响的行政指导行为、过程性行为、内部行为等不属于行政诉讼的受案范围。由此,凡是以直接的或间接的强制手段为后盾的“行政指导”都不是真正意义上的行政指导,而异化的行政指导与传统的行政命令没有本质上的区别。其次,二审法院认为被告盐城市人民政府在涉案会议纪要中直接赋予了公交总公司在规划区内免交交通规费的权利,是一种可诉的行政行为。虽然会议纪要直接指向的是公交总公司,并未向利益相对方直接送达,但该会议纪要的内容已经得到执行,直接影响了行政相对人的经济利益。最后,与一审法院不同的是,二审法院认为交通部门拥有征收交通规费和经法定程序免征费用的法定职权,其他任何行政机关均无征收或者免征的职权,无权决定应交纳规费的单位免交交通规费。因此,本案形成的基本裁判规则是:具有强制执行力的会议纪要是可诉的行政行为,当会议纪要对行政相对人设有相应的规范时,行政相对人即可就该会议纪要提起行政诉讼。

Ⅵ 本判例的意义

本案确立了具有强制执行力的会议纪要可诉的裁判规则。依据行政惯例,会议纪要是记载、传达会议情况和议定事项的一种公文形式。作为行政机关的一种公文,会议纪要记载内容不同、执行力不同必然导致其法律属性不同。根据《行政诉讼法》(1989 年)第 11 条的规定,只有行政机关实施侵犯公民、法人或者其他组织人身权、财产权的具体行政行为时,才属于行政诉讼的受案范围,行政机关制定、发布的具有普遍约束力的决定、命令等抽象行政行为除外。因此,从行政诉讼的受案范围来看,可诉行政行为必须是针对特定的主体、特定的事项作出的行政行为。此外,2000 年《行诉若干解释》第 1 条明确将“不具有强制力的行政指导行为”排除在行政诉讼受案范围之外。在本案之前,会议纪要常因其外观形式被认定为是内部行政行为,不对行政相对人的权利义务产生直接影响,不属于行政诉讼的受案范围。事实上,会议纪要的具体内容不同,其法律属性亦不同。既可以是行政机关内部行政行为的载体,又可以是外部行政行为的载体;既可以是抽象行政行为的载体,又可以是具体行政行为的载体。在本案中,会议纪要是以规范性文件的外在形式出现的,但其内容却包含具体的行政执法事项。在这种情况下,表面上看是内部行政行为的会议纪要已经实现效力外部化,应被视为一种可诉的行政行为。2014 年修改后的《行政诉讼法》不再使用“具体行政行为”这一称谓,行政诉讼受案范围的标准不再拘泥于具体行政行为与抽象行政行为的二元划分。本案是司法实务中“具体行政行为”向“行政行为”转变的鲜活注脚。

从该案可知判断会议纪要性质的关键在于会议纪要的具体内容,而不在于会议纪要自身的外在形式。

□ 参考文献

章志远:《行政法学基本范畴研究——基于经典案例的视角》,北京大学出版社 2018 年版。
杨海坤、章志远主编:《行政判例研究》,中国民主法制出版社 2007 年版。
梁凤云:《行政诉讼法司法解释讲义》,人民法院出版社 2018 年版。

036 协助执行行为

温振强诉辽宁省凌源市人民政府房屋强制拆除案 | 最高人民法院(2016)最高法行申729号行政裁定书

王晓杰 浙江行政学院法学部

■ 事实概要

辽宁省人民政府于2014年2月10日作出辽政地(2014)373号《辽宁省人民政府关于凌源市2013年度第30批次建设用地的批复》,同意将凌源市6.7723公顷农用地转为建设用地,同时征收城关街道凌河村水浇地6.5924公顷、农村道路0.1799公顷、水工建筑用地0.0391公顷,合计批准征收集体土地6.8114公顷,作为凌源市实施县级规划建设用地。温振强的房屋、大棚及附属物在征收范围内。2014年5月6日,凌源市政府作出《关于公布凌源市大河南鑫盛花园小区征收补偿实施方案的通告》,并予以公开发布。温振强与凌源市房屋征收管理部门未达成征收补偿协议。2014年6月23日,凌源市国土资源局作出凌国土资交字(2014)93号《关于温振强限期交付土地的决定》,责令温振强腾空并交付土地,逾期不履行将依法申请人民法院强制执行,并告知申请行政复议及提起行政诉讼的权利和期限。温振强在法定期限内既没有申请行政复议或提起行政诉讼,也没有履行搬迁义务,凌源市国土资源局向凌源市人民法院申请强制执行。凌源市人民法院作出(2015)凌行审字第29号行政裁定,准予强制执行,由凌源市政府组织实施。2015年4月23日,凌源市政府对温振强的房屋、大棚及附属设施予以强制拆除。温振强不服,向朝阳市中级人民法院提起诉讼,请求确认凌源市政府强制拆除行为违法。朝阳市中级人民法院(2015)朝行初字第28号行政裁定认为,温振强的房屋、大棚及其附属物被强制拆除,是基于人民法院的司法行为,不是凌源市政府的强制拆除行为。因此,温振强的诉讼不属于行政诉讼的受案范围。依照《行诉适用解释》第3条第1款第1项、第2款的规定,裁定驳回温振强的起诉。温振强不服,提起上诉。辽宁省高级人民法院(2015)辽行终字第270号行政裁定认为,温振强所诉的强制拆除行为,是凌源市政府依据凌源市人民法院第29号行政裁定实施的行为,该行为受发生法律效力的行政裁定羁束。依照《行政诉讼法》(2014年)第89条第1款第1项的规定,辽宁省高级人民法院于2015年11月6日作出(2015)辽行终字第270号行政裁定:驳回上诉,维持原裁定。温振强不服,向最高人民法院申请再审。

■ 裁判要旨

Ⅰ. 可以提起行政诉讼的行为应当是行政机关或行政机关的工作人员所作出的行政行为,司法行为不属于行政诉讼的受案范围。最高人民法院《关于行政机关根据法院的协助执行通知书实施的行政行为是否属于人民法院行政诉讼受案范围的批复》规定,行政机关根据人民法院的协助执行通知书实施的行为,是行政机关必须履行的法定协助义务,不属于人民法院行政诉讼受案范围。参照上述规定,行政机关申请人民法院强制执行,人民法院依法作出准予执行的裁定后,行政机关依据准予执行裁定实施的强制拆除行为,属于行政机关执行人民法院生效裁定的行为,不属于行政诉讼的受案范围。

Ⅱ. "对被执行人及利害关系人认为强制执行过程中具体行政行为违法而提起的行政诉讼或者行政赔偿诉讼,应当依法受理"的司法政策意见,适用于组织实施强制拆除行为的人民政府未按照人民法院准予执行行政裁定的范围、措施等要求组织实施强制拆除的行为。

■ 评　析

Ⅰ 作为行政诉讼客体的行政行为

诉讼客体,即法院诉讼参加人和参与人的诉讼活动共同所指向的对象。在行政诉讼中,诉讼客体是行政行为。《行政诉讼法》第 2 条第 1 款规定,公民、法人或者其他组织认为行政机关和行政机关工作人员的行政行为侵犯其合法权益,有权依照本法向人民法院提起诉讼。也就是说,可以提起行政诉讼的行为应当是行政机关或行政机关的工作人员所作出的行政行为,司法行为不属于行政诉讼的受案范围。作为行政诉讼客体的行政行为具有以下特征:(1)实施主体为行政主体;(2)行政主体独立的意思表示的体现;(3)该行为对行政相对人的权利义务产生实际影响;(4)应当对外作出并送达行政相对人。"行政诉讼客体是法院、诉讼参加人和参与人的诉讼活动共同所指向的对象,即行政行为。……行政诉讼客体与行政诉讼法受案范围中的行政行为相当。"[章剑生:《现代行政法总论》(第 2 版),法律出版社 2019 年版,第 379 页]而行政诉讼的受案范围是指人民法院对行政机关及法律法规规章授权组织的行政行为进行司法审查,对行政机关依法行使行政权进行司法监督的范围。行政诉讼受案范围有三条基本标准:第一,作为行政诉讼受案范围的行为必须是行政行为。第二,作为行政诉讼受案范围的行政行为必须是《行政诉讼法》规定可以向法院提起诉讼的行政行为。第三,作为行政诉讼受案范围的行政行为,属于公民、法人或其他组织认为侵犯其合法权益的行政行为。作为行政诉讼受案范围的行政行为必须同时符合上述三项标准,我国《行政诉讼法》规定行政诉讼受案范围采取的是概括加列举的方式,分别规定了受理范围和不受理的范围。最高人民法院曾经在《关于行政机关根据法院的协助执行通知书实施的行政行为是否属于人民法院行政诉讼受案范围的批复》(法释〔2004〕6 号,已失效)中规定,行政机关根据人民法院的协助执行通知书实施的行为,是行政机关必须履行的法定协助义务,不属于人民法院行政诉讼受案范围。依据上述规定,行政机关申请人民法院强制执行,人民法院依法作出准予执行的裁定后,行政机关依据准予执行裁定实施的强制拆除行为,属于行政机关执行人民法院生效裁定的行为,不属于行政诉讼受案范围。本案再审申请人温振强认为凌源市政府实施的强制拆除行为,是经司法审查同意的行政行为,其对凌源市政府依据法院行政裁定组织实施的强制拆除行为的性质认识出现了根本性的错误。温振强所诉的强制拆除行为,是凌源市政府按照凌源市人民法院的准予执行裁定实施的司法行为,并非行政行为,不属于行政诉讼受案范围。

Ⅱ 行政强制执行与裁执分离

《行政强制法》将行政强制执行分为行政机关自行实施和申请人民法院实施两种。申请人民法院强制执行,也称非诉行政案件的执行,指公民、法人或其他组织在法定期限内不申请行政复议或者提起行政诉讼,又不履行行政机关作出的行政决定的,行政机关向人民法院提出申请,由人民法院裁定是否执行的制度。《行政强制法》第 57 条规定:"人民法院对行政机关强制执行的申请进行书面审查,对符合本法第五十五条规定,且行政决定具备法定执行效力的,除本法第五十八条规定的情形外,人民法院应当自受理之日起七日内作出执行裁定。"人民法院受理行政机关的强制执行申请时,应当对行政决定书及作出决定的事实理由和法律依据,以及程序合法的状况进行司法审查,对明显缺乏事实根据,明显缺乏法律法规依据,以及其他明显违法并损害被执行人合法权益的,人民法院应当裁定不予执行。2012 年最高人民法院颁布《关于办理申请人民法院强制执行国有土地上房屋征收补偿决定案件若干问题的规定》(法释〔2012〕4 号),明确人民法院裁定准予执行的,一般由人民政府组织实施,也可以由人民法院执行。这是最高人民法院用司法解释的方式明文规定裁执分离制度的体现。裁执分离制度中的政府组织实施强制执行行为不属于行政行为,因为做出强制拆除决定的主体是人民法院,将该意思表达于外部的是人民法院,从行为要件理论上看,该行为是具有司法性质的行为。

Ⅲ 行政协助执行行为的性质

行政协助执行通常针对存款、土地、房屋、货物等可以实现履行金钱给付义务的标的进行。行政机关根据人民法院的协助执行通知书所做的行为,执行的是人民法院的决定,而非行政机关的决定。学理上,"强制执行行为对行政机关依法自行强制执行时,当然可以称为行政行为或具体行政行为,但在申请人民法院强制执行,经法院审查同意下令强制执行时,它就是司法强制,不应再称为行政行为或具体行政行为"。(应松年:《论行政强制执行》,载《中国法学》1998 年第 3 期)行政机关申请法院强制执行,必须经过司法审查程序,并由法院裁定该申请是否合法,这个过程是对行政行为合法性的确认。裁定准予强制执行的行为,属于人民法院的司法行为,而非行政机关的行政行为。行政机关组织实施行政强制,是协助司法机关实现司法裁定的内容。行政机关在向人民法院申请行政强制的过程当中,已经接受了司法权的监督,并且只有人民法院确认为合法的才可以进入强制执行阶段。在实施人民法院强制执行裁定的过程当中,行政机关是辅助执行机关,其本身已经接受过一次司法监督,人民法院对申请强制执行的行为已经行使过监督权和裁判权。如果将其视为一种行政行为,可以再次提起行政诉讼,再接受一次司法审查,则构成了两次司法监督,这是对司法资源的浪费。"实践中实行裁执分离的动机,更多的是从司法资源不足的角度进行考量,该模式虽然改变了原有裁执一体的格局,但仅是在现有法律制度框架之内,对某些具体操作方法进行调整而已,绝非对权力架构和权力属性的改变。将政府组织实施行为纳入行政诉讼、行政复议受案范围缺乏法理依据和法律依据。"(张利兆主编:《行政复议与行政诉讼的关系》,中国检察出版社 2017 年版,第 47 页)作出准予行政强制执行的裁定是司法机关的意思表示,由行政机关组织实施是行政机关辅助司法机关的执行行为,称为辅助执行行为,因此该行为的性质是司法行为。而作为行政诉讼客体的行为必须是行政行为,因此行政机关辅助执行行为不可诉。《行诉解释》第 1 条第 2 款第 7 项明确规定,行政机关根据人民法院的生效裁判、协助执行通知书作出的执行行为不属于人民法院的受案范围,但行政机关扩大执行范围或者采取违法方式实施的除外。

Ⅳ 作为可诉行为例外的行政协助执行行为

人民法院在审查行政机关协助执行法院生效裁判的行为时,要根据司法解释、参考规范性文件对行政机关在协助执行时是否扩大了范围或违法采取措施造成当事人损害进行严格审查。本案中,温振强所诉行政行为就是凌源市政府按照人民法院生效的准予执行裁定实施的强制拆除行为,不属于最高人民法院《关于行政机关根据法院的协助执行通知书实施的行政行为是否属于人民法院行政诉讼受案范围的批复》(法释〔2004〕6 号,已失效)中的情形。对于行政机关协助执行时扩大了范围的部分提起行政诉讼的,属于行政诉讼受案范围。原因是扩大的部分属于行政机关独立的意思表示并以行为方式表现于外部,属于行政行为。而违法采取措施造成当事人损害的,属于行政事实行为,行政事实行为致使当事人遭受损失的,属于可诉范围,应当给予国家赔偿。

本判例中,辽宁省凌源市国土资源局向凌源市人民法院申请强制执行,凌源市人民法院经裁定准予强制执行,由凌源市政府组织实施。凌源市政府根据法院裁定对温振强的房屋、大棚及附属设施予以强制拆除的行为属于协助执行法院裁定的行为,不是行政行为,不属于行政诉讼受案范围。凌源市政府在协助执行时并不存在扩大了范围或违法采取措施的情形,因此,凌源市政府依据法院裁定实施强制拆除的行为不具有可诉性。

参考文献

姜明安主编:《行政法与行政诉讼法》(第 7 版),北京大学出版社、高等教育出版社 2019 年版。
章剑生:《现代行政法总论》(第 2 版),法律出版社 2019 年版。

037 行政层级监督行为

崔永超诉山东省济南市人民政府不履行法定职责案 | 最高人民法院(2016)最高法行申1394号行政裁定书

章剑生 浙江大学光华法学院

■ 事实概要

崔永超于2014年11月6日向济南市政府提出“要求行政处理申请书”,请求济南市政府:(1)依法确认济南市槐荫区人民政府以暴力威胁、噪音干扰的方式强迫搬迁的行为违法;(2)责令槐荫区人民政府立即停止对申请人的噪音干扰,保证申请人房屋可以正常居住;(3)严格按照法律规定对相关责任单位和责任人员作出行政处理。济南市政府未作出任何答复。崔永超提起本案诉讼称,济南市政府有对槐荫区人民政府的违法行为进行监督和行政处理的职责,其不履行该职责,是典型的行政不作为,使其合法权益得不到保护。对此,崔永超提起行政诉讼。济南市中级人民法院依照《行政诉讼法》(1989年)第49条第4项之规定,裁定驳回崔永超的起诉;山东省高级人民法院以崔永超要求济南市政府履行的职责属于内部层级监督行为且其提出的申请属于信访举报不属于可诉的行政行为为由,裁定驳回崔永超的上诉。

崔永超在向最高人民法院提出的再审申请中请求:(1)撤销二审裁定;(2)判令济南市中级人民法院依法继续审理本案;(3)本案一审、二审诉讼费用由再审被申请人承担。

其申请再审的事实与理由为:(1)济南市政府对槐荫区人民政府的违法行为进行监督有明确的法律依据;(2)一审法院错误地认定再审申请人的诉讼请求,把诉讼请求中确认济南市政府行政不作为违法并对违法行为进行查处,理解成是对“被申请人对下级人民政府工作人员的奖惩、任免等行为”提起诉讼;(3)再审申请人的起诉是要求确认被申请人未履行保护人身权、财产权法定职责的行为违法,属于行政诉讼的受案范围。

■ 裁判要旨

Ⅰ.人民法院对行政机关行使职权行为的监督应当依照《行政诉讼法》的规定进行。虽然《国有土地上房屋征收与补偿条例》第6条第1款和第30条规定了上级人民政府应当加强对下级人民政府房屋征收与补偿工作的监督,有权对下级人民政府及房屋征收部门在房屋征收与补偿工作中的违法行为责令改正,但此种职权系基于上下级行政机关之间的层级监督关系而形成。

Ⅱ.上级人民政府不改变或者不撤销所属各工作部门及下级人民政府决定、命令的,一般并不直接设定当事人新的权利义务,当事人可以通过直接起诉所属工作部门或者下级人民政府作出的行政行为来维护合法权益。在存在更为有效便捷的救济方式的情况下,当事人坚持起诉人民政府不履行层级监督职责,不具有权利保护的必要性和实效性,也不利于纠纷的及时解决,且易于形成诉累。因此,济南市政府是否受理当事人的反映,是否启动层级监督程序,是否改变或者撤销所属各工作部门及下级人民政府的决定、命令等,不属司法监督范畴。

■ 评　析

Ⅰ 行政层级监督关系的学理框架

本判例中,裁判理由展开的逻辑前提是,被告与槐荫区人民政府之间是"层级监督关系",据此法院推出被告是否督促槐荫区人民政府履行法定职责——无论是作为还是不作为——不具有可诉性之结论。对于行政机关层级监督关系,行政法学理论研究并不多见。有学者认为"层级监督是依据行政系统内的隶属关系、层级关系而生成的一种监督途径和方式,它是以上级行政机关对下级行政机关、各级政府对其工作部门之间存在的领导和指导关系为基础的,既是行政系统内固有的、原始的监督形式,也是行政机关内部监督中最基本、最经常的监督形式"。[杨伟东:《关于创新行政层级监督新机制的思考》,载《昆明理工大学学报(社会科学版)》2008 年第 1 期]这段文字基本上描述出了层级监督关系的制度框架。总体而言,层级监督关系涉及如下三个方面的内容:(1)层级、隶属关系。以行政区域划分为基础,国家从中央到地方设置了一个金字塔形的行政机关组织体系,作为国家行使行政权的组织基础。其中,行政机关外部之间的层级关系和行政机关内部之间的隶属关系,构成了层级监督关系中两种最为重要的组织体系。前者如国家公安部—省公安厅—市公安局,后者如公安厅—法制总队—复议处。(2)命令—服从关系。无论是层级关系还是隶属关系,其中处于领导地位的上一级行政机关对下一级行政机关或者隶属部门都有下令权,下一级行政机关或者隶属部门都必须服从、执行;即使对此有异议,也应当通过法定程序提出。(3)行政一体化。前述(1)和(2)的两个法律关系,都是为了整合各行政机关以及隶属的部门,旨在形成由上一级行政机关"统一领导"的行政一体化制度,即在整个国家行政机关系统内,必须保证上情下达,政令畅通,共同完成现代行政任务。

Ⅱ "改变或者撤销权"与申请人权利义务之间的关系

无论是学理上的通说还是制定法上的相关规定,对于行政内部行为不可诉的论断,基本上没有多大异议。若依此理,本判例的裁判理由论述到此即可结束,因为此裁判理由已经可以支撑裁判结论了。但是,它却切换了一个话题,转而论述济南市政府不履行层级监督职责与原告诉讼请求之间并没有直接关联性。或许,在法院看来,崔永超提出的"责令槐荫区人民政府立即停止对申请人的噪音干扰"的请求,实质上是要求济南市政府对槐荫区人民政府“噪音干扰”的行为行使“改变或者撤销权”,达到“停止对申请人的噪音干扰”的诉讼目的。从这点上看,这个问题与崔永超的权利义务还是有点关系的。在现行法律框架中,除了行政诉讼、行政复议之外,行政机关对下一级行政机关或者政府对所属工作部门作出的行政行为有“改变或者撤销权”的依据,源于《宪法》《地方各级人民代表大会和地方各级人民政府组织法》《行政许可法》等法律、法规的相关规定。对此,可以行政相对人是否有请求权为标准分为两大类:(1)行政相对人没有请求权。在这个类型中,行政机关是否行使“改变或者撤销权”,完全由行政机关依职权裁量决定,法律、法规没有赋予行政相对人对此有请求权,如《地方各级人民代表大会和地方各级人民政府组织法》第 59 条。行政机关这种“改变或者撤销权”的本质是基于前述层级监督关系作出的内部行为,它的行使并不需要以行政相对人申请为前提,其目的在于形成行政机关体系一体化,维护公共法秩序,与行政相对人个人权益没有直接关联性。(2)行政相对人有请求权。在这个类型中,法律赋予了行政相对人对行政机关行使“改变或者撤销权”的请求权,如《行政许可法》第 69 条。在有利害关系人的请求下,针对行政机关撤销行政许可的决定是否具有可诉性,无论是在学理上还是判例中,大多持肯定性见解。由此可见,不管行政相对人是否介入,我们都不能一概否认行政机关行使“改变或者撤销权”的行为没有可诉性。本判例中,原告为了使自己免于噪声干扰,以法律上没有赋予的“请求权”,请求济南市政府对槐荫区人民政府的“噪音干扰”行为行使“改变或者撤销权”。尽管属于“行政相对人没有请求权”的情形,但它是否属于不直接设定当事人新的权利义务的“一般”情形,并非没有讨论的空间。

Ⅲ 判例可能的突破

本判例的裁判逻辑是,将在层级监督关系中产生的监督行为先定性为是内部行为,然后基于内部行为不可诉的法理,推出层级监督行为不具有可诉性。那么,这是不是意味着行政机关层级监督行为的不可诉性就不能抹去呢?要否定这一设问,取决于我们的法解释技术的有效性,更为深层次的法理念,则是我们能否直面中国现实问题,从中国法实践中提炼出中国法理论。

1.“暗示”能够解释出“请求权”吗?本判例涉及《国有土地上房屋征收补偿条例》的两个法律条文,即“上级人民政府应当加强对下级人民政府房屋征收与补偿工作的监督”(以下简称 A 条)和“市、县级人民政府及房屋征收部门的工作人员在房屋征收与补偿工作中不履行本条例规定的职责,或者滥用职权、玩忽职守、徇私舞弊的,由上级人民政府或者本级人民政府责令改正,通报批评;造成损失的,依法承担赔偿责任;对直接负责的主管人员和其他直接责任人员,依法给予处分;构成犯罪的,依法追究刑事责任”(以下简称 B 条)。法院将行政机关据此实施的层级监督行为(不作为)定性为内部行为,无论是否有行政相对人的“请求”,行政机关是否实施或者如何实施,都仅涉及公共利益,不涉及特定个人的权益。因此,行政机关原则上是为公共利益而行使权力。也就是说,当法律不向个人赋予法律手段时,它就不保护特定个人的合法权益。那么,我们是否可以用大陆法系国家行政法上的“保护规范理论”来解释中国问题呢?(1)中国行政法理论上并没有“保护规范理论”的原生性制度基础，虽然近年来也有判例十分有限地引入“保护规范理论”（章剑生：《行政诉讼原告资格中“利害关系”的判断结构》，载《中国法学》2019 年第 4 期），但仅用“保护规范理论”来否定本判例中有“暗示”请求权存在是否妥当？对此，并非没有可以讨论的空间。(2)即使借助判例引入“保护规范理论”，那么在公众参与权兴起的当下，“保护规范理论”是否也可以作一些中国式的调适呢？也就是说，假如公众参与权有主观权利的成分，那么我们对于本判例所涉及的 A 条、B 条的解释，就可能会发生一些理路上的转向。

进言之，在现代行政法变迁的过程中，若导入人民主权理论或者公众参与理论，如本判例中的 A 条和 B 条这样的法规范在内容上应该会发生一些质的变化，至少会留下一点可以作法解释的空间。之所以称为“暗示”，是因为这种“暗示”赋予行政相对人的请求权，只有通过法解释技术才能转化为“明示”。从某种意义上说，这里的“暗示”可能仅是一个法空壳，其内容由法官在个案场景中加以充填。也正因如此，在这样的个案中，法官可能会创造出某种“新权利”。在人类法文明进步史上，法律的进步在相当程度上都是这样表现的。同时，在现代社会中，社群主义主张公共利益优先于个人利益，而共和主义则主张个人利益与公共利益应当共存和互动。从这个意义上说，共和主义或许更符合当下中国社会发展的趋势。个人在公法上的权利一定是一种被渗入了公共利益因素的权利。现代行政不仅是干预行政、给付行政，还包括责任行政；当责任行政衍生出公众参与权之后，我们是否还要恪守传统行政法上的某些教条呢？由此，我们从公法上仅以实现公共利益为要旨的行政权不履行之事实，推出行政相对人对其有公法上的请求权，逻辑上似乎也是可以成立的。这类个人参与性的公法上权利，如环境权、知情权、监督权等，都可以归入参与权谱系之下的个别性公权利。

对本判例所涉的 A 条和 B 条，崔永超针对槐荫区人民政府（下一级行政机关）有请求权，本无异议，但如果认为这两个条款仅是对崔永超有“反射作用”，其层级监督行为一概被排除于可诉范围之外，那么，崔永超就只能起诉槐荫区人民政府（下一级行政机关）“不履行法定职责”，以寻求权利救济。若基于参与权理论开放给崔永超对济南市政府不履行监督职责行为（层级监督行为）可以提起行政诉讼，即由上一级行政机关而不是由法院解决争议是否更为经济呢？《行政复议法》不正是基于这样的法原理所创设的一种救济制度吗？

2. 法解释的两个基点：申请、外化。若前述问题是肯定的，那么，法解释技术的基点何在？(1)申请。上下级行政机关之间的层级监督关系固然属于行政内部关系，在制度上，上一级行政机关监督下一级行政机关具有维护行政“统一性”“整体性”之功能，其所要保护的是公共利益。但在法律没有“明示”地“向个人赋予法律手段”的情况下，行政相对人提出的“申请”是否可以改变这一功能或者添加另外功能呢？这可能是本判例所涉问题的关键所在。本文认为，在现代社会，因公众参与理论发达，个人在公法上的法律地位，并不仅限于为个人利益才有必要赋予其请求权，如获取政府信息申请权、环境保护法上的个人请求权等，其内容已经不限于传统法理上的个人权利。因此，针对本判例所涉的 A 条和 B 条，基于下一级行政机关的“违法”事实而向其上一级行政机关提出的“申请”，在一定程度上改变了 A 条和 B 条的原有性质和立法旨意，上一级行政机关不履行“层级监督”职责的行为，不能再游离于行政可诉行为范围之外了。(2)外化。行政只有一体化方能完成行政任务。因此,行政机关上下级之间设计了一个监督机制,可以确保行政机关上下级之间步调一致。可见,这个监督机制并不具有保护个别化权利的功能,故上一级行政机关不履行对下一级行政机关的监督之职,行政相对人不具有公法上的请求权。这一论断在传统行政法理论上是可以成立的。但是,如(1)所论,一旦行政相对人为了保护自己的利益,基于下一级行政机关的"违法"事实而向其上一级行政机关提出"申请",此时他就不应当被当作一个"拔刀相助"的路人甲。行政相对人针对这种"层级监督行为"提出的"申请",已经足以使该行为有法效果"外化"的成分。

☐ 参考文献

江必新、梁凤云:《行政诉讼法理论与实务》(第3版上卷),法律出版社2016年版。

姜明安主编:《行政法与行政诉讼法》(第7版),北京大学出版社、高等教育出版社2019年版。

038 政策性处理行为

张光诉吉林省伊通满族自治县人民政府辞退民办教师行政纠纷案

｜最高人民法院(2017)最高法行申2245号行政裁定书

陈　明　浙江工业大学法学院

■ 事实概要

1985年8月,张光通过应届初三毕业生公平竞争考试考核,进入伊通三中体育教师专业培训班学习。1985年9月24日,伊通县政府作出伊政发〔85〕96号《关于乡校联办幼师体育专业班的决定》(以下简称"96号文件"),决定在职业技术学校办幼师专业班,在第三中学办体育专业班,定向培养幼儿教师和体育老师。1987年8月,伊通县政府依据"96号文件",将张光安排到新家乡新家中心小学担任民办教师,开展教学工作。1988年7月10日,张光取得小学教材教法合格证书。1991年,张光取得民办教师任用证,并于1992年取得专业技术职务资格证书。1994年12月31日,吉林省人民政府作出吉政办发(1994)115号《吉林省人民政府办公厅文件》(以下简称"115号文件"),要求做好定员定编,精简机构,压缩非教学人员。1997年11月10日,张光取得四平市事业单位工作人员证。伊通县政府依据政策调整,决定将1987年以后参加工作的民办教师清退。1999年3月,张光被口头辞退,并停发工资。2015年12月28日,张光提起本案行政诉讼,请求对"115号文件"进行合法性审查,确认伊通县政府的口头辞退违法,落实相关待遇并赔偿经济损失。

■ 裁判要旨

Ⅰ.《行政诉讼法》第49条第4项规定,提起诉讼应当属于行政诉讼的受案范围。第6条规定,人民法院审理行政案件,对行政行为是否合法进行审查。行政机关完全依据政策进行决策的行为,人民法院无法对其合法性进行审查,不属于行政诉讼的受案范围。本案中,伊通县政府对张光的口头辞退行为,是根据国家有关民办教师清理政策的规定,结合当地实际,作出的政策性处理行为,人民法院对该行为无法进行合法性审查,本案不属于行政诉讼的受案范围。

Ⅱ.一审、二审裁定对张光的起诉不予立案,并无不当。张光申请再审主张,依据"96号文件",张光是定向培养的民办教师,伊通县政府口头予以辞退违法。而本案一审、二审系裁定不予立案,辞退行为是否违法并不属于一审、二审审理范围,以此为由申请再审,理由不能成立。

■ 评　析

Ⅰ 政策性处理行为的概念构造及功能

政策性处理行为是最高人民法院在本判例中创造和运用的概念。在分析政策性处理行为不可诉的裁判逻辑之前,首先要分析何为政策性处理行为以及其与受案范围之间的关系。根据最高人民法院裁定书上下文的体系理解,政策性处理行为应是行政机关完全依据政策进行决策的行为。该定义有两处核心要点:一是何为"完全依据"。一审法院四平市中级人民法院将辞退行为排除出受案范围时,提出的是"依据"文件、政策作出的行为。最高人民法院裁判理由中将其限定为"完全依据"政策。"完全"的理解应当为政策是唯一的行为依据来源。行政机关和法院在发现法律的过程中,无法寻觅除了政策以外的,其他作为行为依据的法源,包括法律、法规、规章。此外,"依据"不仅是辞退行为的依据,还应当包括张光的权利依据。本判例中,张光获取民办教师的资格和待遇都完全依据政策,而不是源于法律、法规和规章。二是何为"政策"。此处的"政策"大体等同于规范性文件,强调行为依据的外在表现形式。需要注意的是,这类规范性文件应是自主创设的规范性文件,即规范性文件所调整的事项没有上位法的依据。由此,政策性处理行为可以化等为"在特定事项缺乏法律、法规、规章时,行政机关仅依据自主创设性的规范性文件作出的行为"。

至此,是否能够被上述定义吸纳的行为,都应被拒斥在法院之外?最高人民法院裁判理由并非如是说。最高人民法院将辞退行为概括为"根据国家有关民办教师清理政策的规定,结合当地实际,作出的政策性处理行为"。该段说理中实际上内含了"不可诉的政策性处理行为"的潜在概念。最高人民法院的裁判从提出"行政机关完全依据政策进行决策的行为,人民法院无法对其合法性进行审查,不属于行政诉讼的受案范围"到"政策性处理行为"之间有一个过渡性的中介,即对政策性处理行为不可诉的判定标准。在本判例中,这个判定标准有两个要点:一是国家政策规定。与最高人民法院的裁判立场一致,二审法院吉林省高级人民法院强调所诉事项属于国家政策调整范围。换言之,本案争议的"115 号文件"不是四平市地方政府的自主行为,而是对国家清退民办教师政策的贯彻执行。二是结合当地实际。结合当地实际根本上是当地政府的裁量行为,即"115 号文件"是裁量性行为。在审理案件时,出于尊重行政机关专业判断和实现行政效率,法院应当有限度地审查裁量性行为,仅对明显逾越等行为作出审理判断。需要持续关注的是本案裁定书遗留的问题,除了国家政策规定下的政策性处理行为不可诉外,完全依据其他层级、其他性质的政策性处理行为是否可诉?由此可见,"政策性处理行为不可诉"需要把握何种行为属于政策性处理行为,以及哪些政策性处理行为不可诉,而不是"一揽子"地,机械地适用"政策性处理行为不可诉"。

Ⅱ 政策性处理行为不可诉的理论基础

行政诉讼的受案范围涉及行政权与司法权的关系、行政权与公民权的关系。确立行政诉讼受案范围不是一个法律性问题,而是一个政策性问题。[章剑生:《现代行政法基本理论》

(第2版下卷),法律出版社2014年版,第775页]司法审查有限原则是确立受案范围的指导原则。这一指导原则不仅体现在《行政诉讼法》中“列举式+排除式”的受案范围中,还应成为法院受理行政案件的司法原则。在行政权日益扩张的当下,新型的行政案件涌进法院,司法实践随之不断扩张受案范围。在此情形下,司法审查有限原则应成为法院把握好受案范围的基本准则,具体理由如下:

1. 符合行政权与司法权的本质区别。现代行政权的运作追求效率,强调治理的实效性,司法权则捍卫法律的正确理解和适用,维持社会的合法运行。政策性处理行为代表了一系列行政权灵活行使的措施。这些措施在社会转型期当下,能够及时迅速地回应和解决社会矛盾,比如本案中的辞退民办教师,还有关停煤矿、关停烟花爆竹生产企业等政策性处理行为。这类案件的争议涉及的利益多元复杂、受影响的群体广泛。司法权一旦卷入实质审理,就可能会代替行政机关决策,产生僭越行政权之嫌,恐有损司法权的尊严。

2. 契合实质性解决行政争议的司法政策。实质性解决行政争议是为了化解社会矛盾,提升人民对行政裁判的满意度。实质性解决行政争议的前提应当是司法权有权、有能力解决行政争议。本案中的张光只是被辞退的民办教师中的一员,其余的民办教师也纷纷在经历两审后,向最高人民法院提起再审请求。人民法院一旦对涉及群体众多的行政行为作出裁判,势必会引发更多的群体涌向法院。此时,人民法院不再是法律适用是否正确的评判者,而是走向评判行政决策是否正当的决策者。实质上,与辞退民办教师相关的政策问题,会涉及财政预算、生态保护、经济发展等多重因素。在同一个政策问题上,这些因素表现为冲突对立。如果法院充当了政策的决策者,实质上无益于行政争议解决,甚至会产生司法权与行政权的对立冲突,加速行政争议的恶化。

3. 注重权利保护的实效性。全面无漏洞的权利保护是法治国家的应有之义。但是一国的权利保护不应只关注个体权利的保护,还需要协调不同权利之间的平衡。现代行政法不是固守于自由防御型的行政法,而是应发挥利害调整型功能的行政法。(王贵松:《作为利害调整法的行政法》,载《中国法学》2019年第2期)本案中辞退民办教师不仅涉及民办教师的劳动权、社会保障权等,同时还涉及学生群体的受教育权等权益。在我国的权益救济体系和政治秩序下,行政审判无法肩负起全面无漏洞地保护权利的功能,也不宜针对复杂的利益予以调整。

综上所述,政策性处理行为既没有被列举入受案范围,也没有被直接排除在受案范围之外。法院在面对政策性处理行为是否可诉时,司法审查有限原则应成为法院判断的基本准则。

Ⅲ 政策性处理行为不可诉的规范依据及论证

政策性处理行为不可诉没有直接的规范依据,两审法院及最高人民法院都直接援引《行政诉讼法》第49条的规定,认定不应受理本案。尽管结论一致,但是三级法院的论证却不尽相同。

一审法院认为“政府相关部门依据文件、政策作出的行为,不是行政诉讼的受案范围”,

并没有进一步说明为何这类行为不属于行政诉讼的受案范围。二审法院则认定“张光的诉请事项属于国家政策调整范围,不属于行政诉讼受案范围”。二审法院的裁判逻辑中暗含政策问题和法律问题的区分,即行政诉讼审查的是法律问题,政策问题不属于法院审查的对象。最高人民法院将辞退行为界定为“完全依据政策的行为”,进而援引《行政诉讼法》第6条,认为无法对“完全依据政策的行为”实施合法性审查。最高人民法院的论证是对“合法性”审查的狭义理解,将“法”限缩在形式的法律上,包括法律、法规和规章。现代行政活动的增加,尤其是社会国家行政措施的增加,分解了从前以形式性法律概念为中心,基于行政合法性原理而发展起来的行政法的特征,现代行政的法治国家要求已经成为为行政活动提供新的实质性保障的要求。本案中,最高人民法院的论证依旧恪守形式主义的法律观,可能会导致司法“一刀切”地回避政策性处理行为,使公民权益难以得到救济。

三级法院在论证政策性处理行为不属于受案范围时,都将目光停留在行为性质本身,而忽略了对张光权益损害的定性,即运用诉的利益框架来判定张光是否通过行政审判救济其自身的权益。如果运用诉的利益理论,张光的民办教师权益实质上不是法律赋予和保障的,而仅是国家政策的贯彻和实现,进而张光权益的受损只是事实上的损害,不能构成法律上的损害。这一判断标准在一定程度上修正了最高人民法院对于“政策性处理行为不可诉”的武断判断。法院在审查政策性处理行为时,第一步就需要判断争讼当事人的权益是否属于法律所保护的范围,而不能仅以行政行为的依据来源作为是否属于受案范围的判定标准。如此的论证逻辑,避免了“合法性审查”的狭义理解,避免了与其他援引法律原则等非形式法律作出判决案件的裁判逻辑之间的冲突。此外,判断权益受损的性质,也为法院是否受理该类案件留下了司法发展空间,而不是封闭了该类案件行政救济的可能性。

参考文献

章剑生:《现代行政法基本理论》(第2版上卷),法律出版社2014年版。

王贵松:《作为利害调整法的行政法》,载《中国法学》2019年第2期。

039 组织实施行为

王小五诉郑州市金水区人民政府行政行为违法案 | 最高人民法院(2017)最高法行申9275号行政裁定书

贾圣真 中国民航大学法学院

■ 事实概要

2014年6月27日,金水区政府下发金政〔2014〕57号文件《关于将杨金路街道办事处马头岗村列入合村并城改造计划的通知》,主要内容为:根据杨金路街道办事处的申请,经区城改办组织区发改统计局、区国土资源局、区城乡建设局、金水规划分局等单位论证审查,现将杨金路街道办事处马头岗村列入合村并城改造计划。王小五起诉要求确认金水区政府组织实施马头岗村合村并城的行为违法。对于合村并城的行为,经法庭释明,王小五认为合村并城行为主要是组织实施行为,具体包含立项、土地规划、环境评估、征地审批、房屋拆迁、道路建设等行为。郑州铁路运输中级法院一审、河南省高级人民法院二审均认为王小五的诉讼请求不明确,其起诉不符合《行政诉讼法》规定的起诉条件,依法应当驳回起诉。王小五遂向最高人民法院申请再审。

■ 裁判要旨

I.地方人民政府的组织实施行为是否可诉,需要从分析地方人民政府与所属工作部门的关系入手。《地方各级人民代表大会和地方各级人民政府组织法》第54条规定,地方各级人民政府是地方各级人民代表大会的执行机关,是地方各级国家行政机关。第64条第1款规定,地方各级人民政府根据工作需要和精干的原则,设立必要的工作部门。法律之所以规定地方人民政府设立必要的工作部门,主要基于三个方面的考虑:一是统一性。通过行政机关活动范围的划分,可以避免重复劳动、推诿扯皮,确保行政的统一性。二是明确性。便于公民、法人或者其他组织知道哪一个行政机关负责处理自己的事件。三是专业性。只有主管机关才具备受过专门训练、通晓专业的人员和必要的设备,而这正是做出正确决定的保障所在。按照职权法定原则,地方人民政府和所属工作部门都会被法律、法规授予对特定事项的管辖权,无论是地方人民政府还是所属工作部门,都应当基于法律、法规的授权并在权限范围内行使权力。地方人民政府虽然"领导所属各工作部门和下级人民政府的工作",但领导不是替代。地方人民政府可以就一些重点工作组织有关工作部门或下级人民政府实施,在有些情况下,也可以通过发出指示,对所属工作部门和下级人民政府施加影响,但具体的实施还应当由各工作部门或下级人民政府根据其法定管辖权以自己的名义分别落实。

Ⅱ.对于无论是地方人民政府的“组织实施”行为可诉,还是所属工作部门或下级人民政府的具体实施行为可诉的问题,则要看哪一个行为是“产生外部法律效力的行为”。因为一个可诉的行政行为必须具有“对外性”和“法效性”,也就是该行为必须直接对外发生法律效果。具体到本案,再审申请人坚持起诉金水区政府对于合村并城的组织实施行为,但其自称,“合村并城实施行为包括了多个机关的多个行为”,诸如立项、土地规划、环境评估、征地审批、房屋拆迁、道路建设等,在存在这些直接对外发生法律效果的具体实施行为的情况下,坚持起诉属于内部指示范畴的金水区政府的“组织实施”行为,就不符合法定的起诉条件。因此,一审法院裁定驳回起诉,二审法院驳回上诉,维持原裁定,并无不当。对于再审申请人的再审理由,本院不予支持。

■ 评　析

Ⅰ 行政行为可诉性的标准

1989年《行政诉讼法》的受案范围是“具体行政行为”,2014年修改为“行政行为”。行政诉讼法上对“(具体)行政行为”的研究,集中在行政行为的可诉性问题上,即某一类行政活动是否属于“行政行为”范畴,以及可诉的行政行为应该符合什么样的标准。

在《行政诉讼法》颁布早期,“具体行政行为”的概念比较狭窄。《行诉若干问题》对具体行政行为的解释是:“国家行政机关和行政机关工作人员、法律法规授权的组织、行政机关委托的组织或者个人在行政管理活动中行使行政职权,针对特定的公民、法人或者其他组织,就特定的具体事项,作出的有关该公民、法人或者其他组织权利义务的单方行为。”随着行政行为概念的扩张,学界在法解释论上逐渐舍去了行政行为的具体性、单方性等要求。2014年《行政诉讼法》修改后,行政行为概念日益宽泛,但作为一个重要的法律概念,其本身仍应存在一定的标准,而不应理解为所有类型、所有阶段的行政活动都是可诉的行政行为。当前比较一致的认识是,一个可诉的行政行为,原则上应符合以下条件:一是具有法律约束力,即设定当事人权利义务关系、产生法律效果,对当事人权利义务产生实际影响,亦即本案中法院提出的“法效性”,从而排除了行政机关作出的不具有法律约束力的行政指导等行为。二是限于行政机关对外行使职权的行为,即“外部行为”,从而排除行政机关的内部活动以及人事管理等行为。三是行政行为已经成熟,形成了正式的处理决定,产生了实际效力,从而排除了行政机关的初步决定、审批过程等中间阶段的行为。

Ⅱ “组织实施”行为的性质界定与可诉性分析

本案原审原告起诉的“合村并城”行为,包含立项、土地规划、环境评估、征地审批、房屋拆迁、道路建设等一系列行为,被法院概括为“组织实施”行为。“组织实施”行为在现实中是常见的,由于行政系统部门分工和层级分工的存在,在最终的行政决定作出之前,行政系统内部可能有上下级机关之间的请示、批复、批准、指示、指导,不同机关之间的分工、协调、建议、同意等过程,政府正式文件中也往往将“组织实施”作为一个重要部分加以规定。在中国法律语境下,“组织实施”是推动政策落地、确保决策执行的重要方式,是行政过程中的重要一环。

在本案中,最高人民法院将“组织实施”行为界定为行政系统的内部行为。从行政行为法的体系来说,内部行政行为是指行政主体基于内部关系对隶属于自身的组织、人员和财务的管理行为,包括工作关系和人事管理关系两类。(应松年主编:《行政法与行政诉讼法学》,法律出版社2009年版,第116页)“组织实施”行为属于内部行政行为中的工作关系类行为。从主体角度看,“组织实施”行为既可能涉及行政机关之间的关系、行政机关与本机关所属行政机构之间的关系,也可能涉及行政机关与所属工作人员之间的关系,但是它不直接针对外部相对人;从内容角度看,“组织实施”行为必然伴随行政权力的行使,涉及外部相对人的权益。因此,“内”“外”的界限可能会模糊。对此,最高人民法院提出了一条重要的规则——政府不能代替政府部门作出决定。政府工作部门的设置,既划分了各部门之间的部门管辖,也划分了政府和政府工作部门之间的层级管辖,根据职权法定的原则,行政机关应当基于法律的授权并在权限范围内行使权力,因此组织法上的“领导”关系不是“替代”,具体的实施还应当由具有法定管辖权的行政机关以自己的名义分别落实。强调了这一点,就将“组织实施”行为限制在行政系统的内部行为的范畴内,它不具有外部法律效果,作为行政活动中的一个阶段,也不符合诉讼的成熟性原则,从而排除了“组织实施”行政行为的可诉性。

需要注意的是,内部行政行为并非一律不可诉。如在延安宏盛建筑工程有限责任公司诉陕西省延安市安全生产监督管理局生产责任事故批复案[最高人民法院行政审判庭编:《中国行政审判指导案例》(第1卷)第1号案例,中国法制出版社2010年版,第1-6页]中,其裁判要旨是“按照《行政诉讼法》的规定,作为内部行政行为的批复不可诉,但内部行政行为通过行政机关的职权行为外化后,则可以纳入行政诉讼的受案范围”。学理上将内部行政行为外部化的条件提炼为:涉权性要素,即涉及相对人权利义务;具体、确定和直接性要素,即形成具体的指向,具有确定性;相对人知悉要素,即相对人通过送达、执行或其他正当途径获知内部行为的内容。因此,在符合上述条件的例外情况下,内部行政行为通过外部化而具备可诉性,属于行政诉讼的受案范围。

Ⅲ 领导关系的内涵和界限

在我国,行政系统内部上下级之间的关系,分为领导关系和指导关系。本案中金水区政府在城区改造中的“组织实施”行为,就是基于政府对其工作部门的领导关系而进行的。在单一制下,上级对下级负有领导和监督的职能,有权撤销或改变下级行政机关不适当的决定。但上级行政机关代替下级行政机关行使职权,可能破坏政府层级之间的正常分工,有损行政的连续性和专业性,特别是在法律对管辖权有明确规定的情况下,会与职权法定原则发生冲突。最高人民法院提出的“领导不是替代”的要求,界定了领导关系的边界,有助于我们准确理解领导关系的内涵。最高人民法院还在其他案件中表明过这一观点,如在一个履行法定职责的案件[最高人民法院(2018)最高法行再205号行政判决书]中,最高人民法院认为"根据《地方组织法》等法律的规定,市、县人民政府与其工作部门的关系,系领导与被领导的关系。基于职权法定原则,依法属于工作部门的行政管理职权,市、县人民政府并不宜直接行使,也不因此即负有直接履行工作部门职责的义务;也即当事人因规划、土地出让等工作部门未依据相应的实体法规定及时履行其作为工作部门依法履行的职责的,应当直接诉请该工作部门,而不能诉请市、县人民政府依法履职"。地方法院也有类似判决,如福建省高级人民法院的一个判例[福建省高级人民法院(2016)闽行终171号行政判决书]认为,根据《城乡规划法》第64条的规定,对城市规划区内的建筑是否为违法建筑,应由县级以上地方人民政府城乡规划主管部门认定,但未规定人民政府具有上述职权,因此由同级政府行使该权力属于超越职权。这些案例共同说明,在行政机关具有"法定职权"的前提下,上级机关虽有指挥监督的权力,但不能直接代替下级机关作出决定。

然而,在我国的立法中,也存在明确允许上级行政机关直接行使下级行政机关管辖权的规定。例如,《环境保护法》第67条第2款规定,"依法应当给予行政处罚,而有关环境保护主管部门不给予行政处罚的,上级人民政府环境保护主管部门可以直接作出行政处罚的决定";《互联网信息内容管理行政执法程序规定》第9条第1款规定,"上级互联网信息内容管理部门认为必要时,可以直接办理下级互联网信息内容管理部门管辖的案件"。根据职权法定的原则,法律对管辖权的分配,不能由行政机关自行随意变更。换言之,授予法定权限的法律规范与转移法定权限的法律规范必须处于同一位阶,否则将导致法律对管辖权的分配落空。因此,对此类规定的合法性,还有进一步检视的必要。

概括而言,本案的意义有两个方面,一是界定了政府"组织实施"行为的性质,再次明确了"外部性"是判断行政行为可诉的标准,从而排除了政府"组织实施"行为的可诉性。二是阐释了组织法上的地方各级人民政府与其所属各工作部门之间的领导关系的内涵,明确了政府不能行使本级政府部门的法定职权。

□ 参考文献

章剑生:《行政机关上下级之间层级监督行为的可诉性——崔永超诉山东省济南市人民政府不履行法定职责案评析》,载《政治与法律》2017年第12期。

李永超:《揭穿内部行政行为之面纱——基于司法实践中"外化"之表达的一种解释框架》,载《行政法学研究》2012年第4期。

刘飞、谭达宗:《内部行为的外部化及其判断标准》,载《行政法学研究》2017年第2期。

040 请求行政指导与履行法定职责

张月仙诉太原市人民政府不履行法定职责案 | 最高人民法院
(2018)最高法行申906号行政裁定书

刘 权 中央财经大学法学院

■ 事实概要

2012年8月,外嫁女张月仙因城中村改造补偿款发放问题,到太原市晋源区政府反映情况。2013年6月,武家庄居委会取消了张月仙家的一切村民福利。按照《武家庄新村产权置换方案》,张月仙一家符合宅基地分配条件。依据相关规定,其于2017年1月15日通过邮政快件,以书面形式向太原市政府申请保护,请求履行保护其财产权、保护妇女、男女平等权利的法定职责,并责令武家庄居委会按全成给其补发被取消了的一切福利。直到2017年3月17日,张月仙都未收到太原市政府的任何处理结果或答复,故向山西省阳泉市中级人民法院起诉,请求人民法院判令太原市政府履行其保护公民人身权、财产权,保护妇女男女平等的法定职责,责令武家庄居委会按全成给其补发被取消了的一切村民福利。一审法院认为张月仙要求行政机关履行的是法律法规抽象的职责义务,不属于行政诉讼的受案范围。二审法院裁定驳回上诉,维持原裁定。张月仙不服向最高人民法院申请再审。

■ 裁判要旨

Ⅰ.《城市居民委员会组织法》第2条第1款规定,"居民委员会是居民自我管理、自我教育、自我服务的基层群众性自治组织"。虽然《行诉解释》第24条第1款规定,村民委员会或者居民委员会可以成为行政诉讼的被告,但被诉行为应当限于"依据法律、法规、规章的授权履行行政管理职责的行为"。换句话说,村民委员会或者居民委员会之所以能够成为行政诉讼的被告,不是因为它本身属于行政机关,而是因为它在有些情况下,依据法律、法规、规章的授权,行使了某种行政管理的职权。因此,并非村民委员会或者居民委员会作出的所有行为都能够在行政诉讼中被挑战,可诉的行为仅限于那些既有法律、法规、规章的授权依据,在性质上又属于履行行政管理职责的行为。

Ⅱ.再审申请人并非直接起诉居民委员会,而是以太原市政府为被告,请求人民法院判令太原市政府履行保护公民人身权、财产权,保护妇女男女平等的法定职责。具体内容是,由太原市政府责令武家庄居委会给其补发被取消了的一切村民福利。再审申请人提起诉讼的主要依据是《行政诉讼法》第12条第1款第6项。该项规定,"申请行政机关履行保护人身权、财产权等合法权益的法定职责,行政机关拒绝履行或者不予答复的”。对于这类履行法定职责之诉而言,不仅要看当事人是否向行政机关提出过申请、行政机关是否拒绝履行或者不予答复,还要看当事人申请行政机关履行的是否属于该行政机关的法定职责。再审申请人主张,《地方各级人民代表大会和地方各级人民政府组织法》第59条第6项、第9项规定了县级以上地方各级人民政府有保护公民财产权、人身权,保障宪法和法律赋予妇女的男女平等权利的法定职责。但是,由哪一级政府履行、如何履行这些法定职责,需要法律、法规或者规章的具体规定。就各级人民政府与居民委员会的关系而言,《城市居民委员会组织法》只是在其第2条第2款规定,“不设区的市、市辖区的人民政府或者它的派出机关对居民委员会的工作给予指导、支持和帮助”,以及其第20条规定,市、市辖区的人民政府有关部门,可以对居民委员会有关的下属委员会进行业务指导。这些指导、支持、帮助等行为,在性质上属于行政指导。

Ⅲ. 通常情况下,行政指导因其不具有羁束力和强制力,不能成为撤销之诉的对象。基于同样的道理,也不能通过提起一个履行法定职责之诉,要求判令行政机关履行行政指导职责。因为履行法定职责之诉要求作出的行为必须是一个法律行为,但行政指导显然并不属于这样一种旨在设定某种法律后果的个别调整。就本案而言,更为关键的是,该法并没有将针对居民委员会的行政指导职责赋予像太原市政府这样的设区的市政府,更没有规定设区的市政府有直接责令居民委员会调整其成员福利待遇的法定职责。在一个行政机关明显不具有原告所申请履行的法定职责的情况下,不能因为原告曾经提出过申请且行政机关拒绝履行或者不予答复而就此认定其拥有了诉权。针对一个明显没有管辖权的行政机关提起履行职责之诉,属于不符合法定起诉条件,人民法院应当不予立案或者裁定驳回起诉。

■ 评　析

Ⅰ 行政指导与行政命令

行政指导是行政机关在其职责范围内,为适应复杂多样化的经济和社会发展需要,适时灵活地采取建议、劝告、提醒等不具有国家强制力的手段,以有效实现一定行政目的的行为。早在20世纪60年代末,行政指导在日本就已被应用到几乎所有行政领域。随着现代行政理念逐渐从“权力与服从的对抗关系”转变为“服务与合作的信任关系”,行政指导在世界上很多国家都得到了日益广泛地运用。行政指导不同于具有强制力的行政命令。作为行政指导,其本质特征主要有三个:(1)非强制性。行政指导的内容主要是建议、劝告、提醒等,不直接产生行政法律效果,行政相对人既可以接受,也可以不接受,属于行政事实行为。(2)外部性。行政指导是对外部行政相对人作出的,行政系统内部的业务指导一般不称为行政指导。(3)职权性。不同行政机关只能在自己的法定职权和管辖范围内作出行政指导,不得越权指导。行政指导并不属于依申请性行政行为,是否给予行政指导,属于行政机关的自由裁量权限。在本案中,张月仙通过提起履行法定职责之诉,要求判令行政机关履行行政指导职责，实际上并没有法律依据。

如果内容上具有单方强制性，在实质上就不属于真正的行政指导。如在点头隆胜石材厂不服福鼎市人民政府行政扶优扶强措施案（《最高人民法院公报》2001年第6期）中，福鼎市人民法院认为，被告福鼎市人民政府以鼎政办〔2001〕14号文件，批准下发了《工业领导小组办公室关于2001年玄武岩石板材加工企业扶优扶强的意见》，该文件虽未确定原告点头隆胜石材厂的权利与义务，但却通过强制干预福建玄武石材有限公司的销售办法，直接影响到了点头隆胜石材厂的经营权利。所以福鼎市人民政府认为鼎政办〔2001〕14号文件是行政指导性文件，没有强制性，不是行政诉讼可诉对象的理由不能成立。

Ⅱ 政府对村民委员会、居民委员会的指导

政府对村民委员会、居民委员会的指导，属于特殊的行政指导，不同于对公民、法人或其他组织作出的普通行政指导。在我国，居民委员会、村民委员会属于基层群众自治性组织，实行自我管理、自我教育、自我服务，政府同村民委员会、居民委员会之间不具有行政隶属等级关系，各级政府不能对居民委员会、村民委员会直接下达行政命令，否则就会侵犯基层民主自治。

但是，为了实现更高质量的民主自治，政府可以对村民委员会、居民委员会的工作进行指导。《村民委员会组织法》第5条规定："乡、民族乡、镇的人民政府对村民委员会的工作给予指导、支持和帮助，但是不得干预依法属于村民自治范围内的事项。村民委员会协助乡、民族乡、镇的人民政府开展工作。"《城市居民委员会组织法》第2条第2款规定："不设区的市、市辖区的人民政府或者它的派出机关对居民委员会的工作给予指导、支持和帮助。"由此可以得知，村民委员会可以接受乡、民族乡、镇的人民政府的指导，居民委员会可以接受不设区的市、市辖区的人民政府或者它的派出机关的指导。在本案中，太原市晋源区政府可以对张月仙所在地的武家庄居民委员会进行指导，太原市政府属于晋源区政府的上级，并不具有对武家庄居民委员会直接进行指导的职责。

Ⅲ 履行法定职责判决的适用

如果张月仙起诉有权对武家庄居民委员会进行指导的太原市晋源区政府，请求其履行法定职责，是否可以获得法院支持呢？

履行判决的作出，必须符合相应的条件：(1)行政主体应当负有法定职责。法定职责的含义不应局限于"法律规定的职责"，还应当包括"法律认可的职责"。具体来说，既包括法律、法规、规章和其他规范性文件规定的职责，也包括法律认可的行政机关基于行政协议、先行行为、信赖利益等名义的履行职责。不履行法定职责，会对行政相对人的权利产生实质影响。值得注意的是，对于申请履行法定职责之诉，一定要起诉适格的被告，即行政相对人一般只能对负有直接法定义务的行政主体提起行政诉讼，不能对具有监督职责的上级或上级部门提起诉讼。即使本案中的太原市晋源区政府没有履行法定职责，也不能以太原市政府没有履行监督职责为由起诉。(2)行政相对人向有履行职责义务的行政主体提出了符

合条件的申请。(3)行政主体无正当理由拒绝履行或者拖延履行相应的法定职责。(4)行政主体履行法定职责仍有必要。如在田永诉北京科技大学拒绝颁发毕业证、学位证案(最高人民法院指导案例38号)中,海淀区人民法院认为,根据我国法律规定,高等学校有代表国家对受教育者颁发相应的学业证书、学位证书的职责。原告符合上述高等学校毕业生的条件,被告应当为原告颁发大学本科毕业证书,遂判决被告在判决生效之日起30日内向原告田永颁发大学本科毕业证书。但是,如果判决行政主体履行法定职责没有必要或没有意义,就不应当作出履行判决。如公安机关接到行政相对人的申请,没有及时出警履行治安管理职责,法院判决公安机关出警已没有意义,此时应当作出确认违法判决。

在本判例中,即使张月仙起诉有权对武家庄居民委员会进行指导的太原市晋源区政府,也无法得到法院的支持。《行诉解释》第91条规定:"原告请求被告履行法定职责的理由成立,被告违法拒绝履行或者无正当理由逾期不予答复的,人民法院可以根据行政诉讼法第七十二条的规定,判决被告在一定期限内依法履行原告请求的法定职责;尚需被告调查或者裁量的,应当判决被告针对原告的请求重新作出处理。"太原市晋源区政府有权根据具体的情形,决定是否对武家庄居民委员会进行指导,但此种指导并不会对武家庄居民委员会和张月仙的权利义务产生直接实际影响,不属于行政法律行为,而属于行政事实行为,所以不能被诉。正如最高人民法院所认为的,履行法定职责之诉要求作出的行为必须是一个法律行为,但行政指导显然并不属于这样一种旨在设定某种法律后果的个别调整。

Ⅳ 履行判决与给付判决的区别

2014年《行政诉讼法》修改时新增了给付判决,判决给付实际上也是要求行政主体履行法定义务,那么如何区分履行判决与给付判决的适用呢?《行政诉讼法》第73条规定:"人民法院经过审理,查明被告依法负有给付义务的,判决被告履行给付义务。"对于具体的给付义务,《行诉解释》第92条规定:"原告申请被告依法履行支付抚恤金、最低生活保障待遇或者社会保险待遇等给付义务的理由成立,被告依法负有给付义务而拒绝或者拖延履行义务的,人民法院可以根据行政诉讼法第七十三条的规定,判决被告在一定期限内履行相应的给付义务。"由此可以发现,给付判决中所要求的义务主要是依法履行支付抚恤金、最低生活保障待遇或者社会保险待遇等义务,属于特殊的义务类型,所以给付判决是一种特殊的履行判决。随着给付行政日益受到重视,行政给付类纠纷必将日益增多,给付判决有着非常广阔的发展空间。

同履行判决类似,给付判决在适用具体条件上,必须符合行政主体负有法定义务、行政相对人提出过申请、行政主体拒绝或者拖延履行义务、履行义务仍有必要等条件。如果行政相对人未先向行政机关提出申请,或给付义务明显不属于行政机关权限范围,人民法院应裁定驳回起诉。无论是履行判决还是给付判决,因行政机关不履行、拖延履行法定职责,致使公民、法人或者其他组织的合法权益遭受损害的,人民法院都应当判决行政机关承担行政赔偿责任。在确定赔偿数额时,应当考虑该不履行、拖延履行法定职责的行为在损害发生过程和结果中所起的作用等因素。

在本判例中,张月仙提出的补发征地补偿款、取暖费等款项233,800元,白面12袋,大米9袋,食用油9桶,猪肉10斤,羊肉5斤等诉求,不属于给付判决所要求的给付类型。给付判决建立在国家的生存保障义务的基础上,典型给付形式为发放抚恤金、最低生活保障待遇或者社会保险待遇等。本案源于张月仙作为居民委员会成员与其所属的居民委员会之间的争议。村民委员会或居民委员会属于群众性自治组织,但如果接受法律、法规、规章的授权,就可以成为被授权的行政主体,可以成为行政诉讼的被告。正如最高人民法院所认为的,并非村民委员会或居民委员会作出的所有行为都能够在行政诉讼中被挑战,可诉的行为仅限于那些既有法律、法规、规章的授权依据,在性质上又属于履行行政管理职责的行为。因此,张月仙如果直接起诉武家庄居民委员会,或许可能胜诉。

▢ 参考文献

梁凤云:《行政诉讼法司法解释讲义》,人民法院出版社2018年版。

何海波:《行政诉讼法》(第2版),法律出版社2016年版。

胡敏洁:《福利权研究》,法律出版社2008年版。

杜仪方:《行政不作为的国家赔偿》,中国法制出版社2017年版。

041 道路更名与权利保护范围

朱广义、贺法群等诉郑州市人民政府道路更名案 ｜ 最高人民法院（2018）最高法行申1127号行政裁定书

李　成 四川大学法学院

■ 事实概要

位于郑州市新区的“祭城”原为祭城镇。2005年，该镇所辖范围内的熊儿河北岸修建了一条道路，西起商务内环，东至东四环，长9.8公里，当年12月被命名为“祭城路”。随着城市的发展变迁，祭城镇于2006年被撤销，同时分立为两个办事处，2010年由新区对其中的祭城路街道办事处实行代管，更名为新区祭城路街道办事处。朱广义、贺法群、朱狗妞、宋新安等四人是居住在祭城社区的居民。自2012年起，有道路沿线单位向郑州市政府提出对“祭城路”更名的申请。2015年1月，郑州市新区管理委员会在征求公众意见后向郑州市政府提出了建议将“祭城路”更名为“平安大道”的请示，郑州市政府将更名事宜批转至郑州市民政局具体负责，郑州市地名管理办公室于2015年3月在“郑州地名网”上发布了《关于祭城路更名方案的公示》。随后郑州市政府收到了郑州市民政局提出的对“祭城路”进行更名的请示，2015年4月14日郑州市政府第25次常务会议研究同意将“祭城路”更名为“平安大道”。2015年5月21日，郑州市政府以郑政通〔2015〕6号文的形式发布了《关于祭城路更名平安大道的通告》。朱广义等四人认为“祭城路”更名一事违背了《地名管理条例》（1986年）第5条第1款，《河南省地名管理办法》第7条、第8条和第19条之规定，侵犯了其名誉权、荣誉权、名称使用权、精神权益，影响其户籍、住址等信息的变更，遂诉至法院，请求人民法院依法责令郑州市政府撤销《关于祭城路更名平安大道的通告》，并恢复原“祭城路”路名。

■ 裁判要旨

Ⅰ. 再审申请人朱广义等是居住在郑州市祭城社区的居民。他们通过相关媒体得知“祭城路”更名一事，向河南省新乡市中级人民法院提起行政诉讼，请求依法责令郑州市政府撤销《关于祭城路更名平安大道的通告》，并恢复“祭城路”路名。新乡市中级人民法院虽然认为“原告对地名和历史文化的保护意识值得提倡”，但同时也认为，“这种更改道路名称行为考量的是公共利益，而不以追求特定权利义务关系的产生、变更或消灭为目的”“原告朱广义等四人不具有提起行政诉讼的主体资格”，因此裁定驳回了他们的起诉。最高人民法院

在接到朱广义等四人的再审申请书之后，对他们的再审理由进行了认真审查，虽然对他们所强调的“历史传承、文化认同、乡愁情结、灵魂归宿”表示深刻理解，但同时也认为，在法律层面，再审申请人的再审理由难以推翻驳回起诉的原审裁判。

Ⅱ. 再审申请人主张，“原告是否具有诉讼的主体资格，是该案争议的焦点，主要集中在对《行政诉讼法》第 12 条第 1 款第 12 项如何理解与适用上”。他们认为，“人民法院受理的行政案件，除了行政机关侵犯行政相对人的财产权、人身权以外，还应该包括其他合法权益”。“祭城路的更名所引发的名称使用权、姓名权、荣誉权等”“是类似人身权性质的特殊的精神文化权益”“当然应该受到法律保护”。再审申请人对《行政诉讼法》第 12 条第 1 款第 12 项关于权利保护范围的理解应属正确。《行政诉讼法》的立法目的之一是“保护公民、法人和其他组织的合法权益”，权利保护范围逐步扩大也是行政诉讼制度发展的必然趋势。《行政诉讼法》第 12 条第 1 款第 12 项的修改就是一个具体体现。该项是一个兜底条款，所谓的“其他人身权、财产权等合法权益”，既包括前面各项所列举情形之外的其他人身权、财产权，也包括法律、法规规定的人身权、财产权以外的其他合法权益。不过，原告主张一项权利是否属于权利保护范围是一回事，是否属于他自己的权益是另一回事。即使某些权利属于《行政诉讼法》规定的权利保护范围，但如果被诉行政行为并非针对特定个人，如果原告只是有可能受到被诉行政行为影响的不特定公众中的一个或者一部分，那他也不具有提起行政诉讼的资格。

Ⅲ. 在本案中，再审申请人自己也承认，“这个案件，让祭城 3000 多名公民牵挂”“这个案件，让各地‘祭’姓人士注目”。很显然，与祭城路更名具有利害关系的远不止原告几人。几个个人针对地名更改行为提起行政诉讼，虽然承载着家族、地方甚至民族的情感自尊，但在《行政诉讼法》所确立的主观诉讼模式之下，其显然属于难以承载之重。不可否认，地名更改的乱象不仅“损害了地名文化，割断了历史文脉”，还呼唤着地名管理更加法治化。如果能为地名更改中的公民参与提供切实可行的法律救济，能为地名的命名、更名、销名等行政决策设置一个犹豫期，让公民或者有关社会团体在相关行政决策真正付诸实施之前能够有机会提起一个预防性的禁止诉讼，无疑将会减少盲目决策所造成的社会成本和财政成本。但在法律制度进一步完善之前，我们只能依据现行法律规定驳回再审申请人对本案所提起的再审申请。

■ 评　析

Ⅰ 权利保护范围的法律框架

本判例主要涉及行政诉讼的权利保护范围。在现行法律框架下，行政诉讼的权利保护规范主要由受案范围条款和利害关系条款共同构成。

受案范围条款设定行政诉讼权利保护的基本范围，本质上是立法机关对司法权与行政权在行政诉讼场景中相互关系的制度安排。在早期，《行政诉讼法》将权利保护范围限定为人身权和财产权，以较为克制的立场换取行政诉讼的顺利落地。但随着行政诉讼司法实践的深入开展,权利保护范围事实上处于持续扩张当中。2014 年修订后的《行政诉讼法》第 12 条第 1 款第 12 项重新设定了受案范围的兜底条款,将权利保护范围外展至包括人身权、财产权在内的所有合法权益。可以认为,凡非《行政诉讼法》及其司法解释明确排除不可诉的情形,相关权益均得纳入行政诉讼权利保护范围。

利害关系条款是为了解决特定个人或组织是否具备主张受保护权益的主体资格。在主观诉讼框架下,作为原告的公民、法人或其他组织应与被诉行政行为之间存在利害关系,进而阻断由特定个人或组织发动的行政公益诉讼。自行政诉讼施行以来,"利害关系"标准经历了从前行政诉讼法阶段的直接利害关系人到 1989 年《行政诉讼法》颁行后的行政相对人标准,再到 2000 年《行诉若干解释》出台后的法律上利害关系人,再到 2014 年《行政诉讼法》的利害关系人标准的转变。[章剑生:《现代行政法总论》(第 2 版),法律出版社 2019 年版,第 346 - 347 页]及至 2017 年刘广明诉张家港市人民政府行政复议案,我国在行政诉讼审判实践中开始引入保护规范理论,尝试推动"利害关系"判断标准的范式转型。(章剑生:《行政诉讼原告资格中"利害关系"的判断结构》,载《中国法学》2019 年第 4 期)

Ⅱ 本判例的逻辑进路

本判例的核心在于确定朱广义等人与被诉道路更名行为之间是否存在利害关系。一审、二审及再审裁定虽一致否认朱广义等人的原告资格,但却在达至该结论的逻辑进路上存在行政行为意图标准和行政行为后果标准等两种思路。

1. 行政行为意图标准。此种思路以行政行为是否包含为个别公民、法人或其他组织设定权利义务的意图为判断标准,明确争讼行为与原告之间是否存在利害关系。一审法院认为更改道路名称的行为是行政机关在履行管理和服务职责过程中实施的公共管理活动,该行为考量的是公共利益,而不以追求特定权利义务关系的产生、变更或消灭为目的,遂据此认定道路更名行为未对朱广义等四人设定新的权利和义务,该四人与更名行为间不产生利害关系,不具有行政诉讼的原告资格。

2. 行政行为后果标准。此种思路侧重于考量行政行为是否影响或可能影响个别公民、法人或其他组织的合法权益,以明确利害关系存在与否。二审法院从行为后果视角切入,评估道路更名行为对朱广义等人合法权益造成的影响。在二审法院看来,更名导致朱广义等人户籍住址变动的影响相对轻微,"祭城路"路名承载的历史文化和精神价值较为有限,且相较于祭城路周边居民,朱广义等人并不具备更为特殊的利益,故朱广义等人与更名行为间尚未形成行政诉讼上的利害关系,不具有提请法院审查被诉道路更名行为的起诉资格。这种判断思路与黄陆军等人诉金华市工商行政管理局工商登记行政复议案[最高人民法院行政审判庭编:《中国行政审判案例》(第 4 卷)143 号案例,中国法制出版社 2012 年版,第 122 页]等既有判例在利害关系问题上的判断标准基本保持了一致。

在再审裁定中,最高人民法院体现出偏重行为意图标准的立场。最高人民法院首先回应了朱广义等人对行政诉讼权利保护范围的质疑,指出权利保护范围的扩张是行政诉讼的必然趋势。行政诉讼既保护人身权和财产权,也保护人身权和财产权以外的公民、法人和其他组织享有的其他合法权益。朱广义等人主张的"名称使用权、姓名权、荣誉权等"得纳入行政诉讼权利保护范围。但最高人民法院也同时认为,某类权益是否属于保护范围只是抽象地描述了权益的可救济性,个案中尚需考虑原告主张的权益是否存在,是否与被诉行为具有利害关系。公法上个人权益的获得不取决于特定公民、法人或者组织是否受到或者有可能受到被诉行政行为的影响,而在于被诉行政行为是否单纯地为达成公共利益,是否同时包含了达成公民、法人或其他组织个别利益的意图。因此,如果被诉行政行为并非针对特定个人,如果原告只是有可能受到被诉行政行为影响的不特定公众中的一个或者一部分,则不具有提起行政诉讼的资格。道路名称承载着家族、地方甚至民族的情感自尊,已属公共利益范畴,不容于主观诉讼框架,故最高人民法院亦以不具有行政诉讼原告资格为由裁定驳回朱广义等人的再审申请。

Ⅲ 权利保护范围的学理构造

本案诠释了现阶段我国行政诉讼权利保护范围的两个维度。

1. 受诉法院依然需要判断原告主张的权益是否属于行政诉讼权利保护范围。由于《行政诉讼法》第 12 条第 1 款第 12 项兜底条款更改了权利保护范围的底层设计思路,未列举权益进入行政诉讼已不存在规范障碍,对权利保护范围的审查应转而侧重于被诉行为是否属于《行政诉讼法》及其司法解释明确排除的对象范畴。

2. 受诉法院需明确原告主张的权益是否存在,亦即是否包含在被诉行政行为所依据的公法规范中。行政诉讼保护的权益是个人在公法上的合法权益。公权利构成原告针对行政机关行使请求权的基础。区别于民事权利与民事义务,法律课予行政机关的法定职责与公民、法人或者其他组织享有的权益之间并非一一对应关系。盖因行政的目的在于维护公共利益,并不必然赋予个人权益。如果行政机关的活动直接指向公共利益,个人因之而获得的利益属于反射利益;因之而受到影响的,则负有容忍义务,均无公权利可言。总而言之,行政行为对个人产生影响的事实或可能性不能被简单等同于该个人当然建立起与行政行为之间的利害关系。结合最高人民法院在刘广明诉张家港市人民政府行政复议案中引入的保护规范理论,公民、法人或者其他组织享有的公权利或直接源于公法规范的明文授予,或在欠缺明文规定时得经由目的解释、体系解释等法律解释方法考察相关公法规范是否包含保护个别权利的意旨。

在本案中,一审法院及最高人民法院拒绝承认该四人的原告资格正是因为从道路更名行为所依据的法律规范中无法推导出公权利的存在,该四人与更名行为间不能建立利害关系。事实上,观诸《地名管理条例》《河南省地名管理办法》等法律规范,并无条款授予公民、法人或其他组织与地名命名、更名等相关的名称使用权、姓名权、荣誉权等权益;进一步审视《地名管理条例》《河南省地名管理办法》有关命名及更名规定,可以发现相关规定的目的在于加强对地名的管理、实现地名标准化,以适应经济社会发展、国内外交往和人民生活需要。行政机关命名、更名时须斟酌的因素限于地名名称是否有利于团结、有利于现代化建设,是否尊重当地群众的普遍愿望,名称是否具备唯一性、统一性和通俗性等。由此可见,地名管理行为以公共利益为指向,不以保护个别权益为目的。如果原告主张的权益不存在于公法规范中,即缺失了与被诉行为间的利害关系纽带,即使被诉行为属于行政诉讼受案范围,实际上也已经超出了主观诉讼的边界,进入客观诉讼的领域。在《行政诉讼法》将行政公益诉讼原告资格交由检察机关"垄断"的制度安排下,任由原告在主观诉讼模式下维护客观法秩序实属行政诉讼难以承载之重。

◻ 参考文献

陈清秀:《行政诉讼法》,法律出版社2016年版。

[日]小早川光郎:《行政诉讼的构造分析》,王天华译,中国政法大学出版社2014年版。

[日]原田尚彦:《诉的利益》,石龙潭译,中国政法大学出版社2014年版。

042 举报人原告资格的审查路径

罗镕荣诉吉安市物价局物价行政处理案 | 最高人民法院指导案例77号

黄　锴　浙江工业大学法学院

■ 事实概要

2012年5月28日，原告罗镕荣向被告吉安市物价局邮寄一份申诉举报函，对吉安电信公司向原告收取首次办理手机卡卡费20元进行举报，要求被告责令吉安电信公司退还非法收取原告的手机卡卡费20元，依法查处并没收所有电信用户首次办理手机卡被收取的卡费，依法奖励原告和书面答复原告相关处理结果。2012年5月31日，被告收到原告的申诉举报函。2012年7月3日，被告作出《关于对罗镕荣2012年5月28日〈申诉书〉办理情况的答复》，并向原告邮寄送达。答复内容为："2012年5月31日我局收到您反映吉安电信公司新办手机卡用户收取20元手机卡卡费的申诉书后，我局非常重视，及时进行调查，经调查核实：江西省通管局和江西省发改委联合下发的《关于江西电信全业务套餐资费优化方案的批复》（赣通局〔2012〕14号）规定：UIM卡收费上限标准：入网50元/张，补卡、换卡30元/张。我局非常感谢您对物价工作的支持和帮助。"原告收到被告的答复后，以答复中并没有对原告申诉举报信中的请求事项作出处理，违反《价格法》《价格违法行为举报规定》等相关法律规定为由将被告诉至法院，请求法院确认被告在处理原告申诉举报事项中的行为违法，依法撤销被告的答复，判令被告依法查处原告申诉举报信所涉及的违法行为。

■ 裁判要旨

Ⅰ. 本案中，罗镕容要求吉安市物价局"依法查处并没收所有电信用户首次办理手机卡被收取的卡费"，是基于认为吉安电信公司收取卡费行为侵害其自身合法权益，故向吉安市物价局进行举报，并将持有收取费用的发票作为证据。因此，罗镕荣与举报处理行为具有法律上的利害关系，具有行政诉讼原告主体资格，依法可以提起行政诉讼。

Ⅱ. 此种以告知该批复有关内容代替告知举报调查结果的行为，未能依法履行保护举报人财产权的法定职责，本身就是对罗镕荣通过正当举报途径寻求救济的权利的一种侵犯，不属于《行诉若干解释》第1条第2款第6项规定的"对公民、法人或者其他组织权利义务不产生实际影响的行为"的范围，具有可诉性，属于人民法院行政诉讼的受案范围。

■ 评　析

Ⅰ 裁判背后隐含的问题

根据本案裁判,举报人并不天然地具有行政诉讼原告资格,其原告资格的获取是附条件的,可以归纳为两个要件:(1)自身合法权益受到侵害;(2)自身合法权益受到的侵害与被举报行为之间存在因果关系。进一步提炼,可以将举报人根据自身合法权益是否受到被举报行为侵害分为两类:自身合法权益受到被举报行为侵害的,称为"私益举报人";自身合法权益未受到被举报行为侵害的,称为"公益举报人"。私益举报人具有行政诉讼原告资格,公益举报人不具有行政诉讼原告资格。这一分类是具有合理性的,若承认公益举报人的原告资格,行政诉讼无疑将遁入客观诉讼。因此,这一分类标准也为后来制定的《行诉解释》所吸收。

在我国谈论行政诉讼原告资格的问题,即谈论原告与被诉行政行为之间是否存在利害关系,一般将举报人分为"私益举报人""公益举报人"两类,进而判断其原告资格,法院判断的是举报人与什么行政行为之间的利害关系呢?实务中,法院在对此类案件的审理中,均将此类案件作为"要求履行法定职责案件"予以对待,而忽略了此类案件中还存在的一个行为,即"举报答复行为"。判断原告与不履行法定职责行为之间的"利害关系",应以不履行法定职责是否侵害原告的合法权益为标准,此时原告并非以"举报人"的身份存在,而系以一个普通的行政相对人的身份存在;判断原告与举报答复行为之间的"利害关系",应以举报答复行为是否侵害原告的合法权益为标准,此时原告方以"举报人"的身份存在。以"自身合法权益"判断原告资格,显然是判断其与"不履行法定职责行为"之间的利害关系,若本案意在说明这一问题,便没有必要专门指出原告系"举报人",更无须在裁判理由中明确举报答复行为属于行政诉讼的受案范围。因此,本判例要说明的显然是举报人与举报答复行为之间是否存在"利害关系"。

Ⅱ 原告资格的判断标准

2000 年《行诉若干解释》对原告资格的标准首次给出了明确规定,该解释第 12 条规定:"与具体行政行为有法律上利害关系的公民、法人或者其他组织对该行为不服的,可以依法提起行政诉讼。"此后,"法律上利害关系"标准成为判断行政诉讼原告资格的唯一指标。法院对"法律上利害关系"的判定主要从以下三要件进行考虑:(1)存在合法权益;(2)存在确定的具体行政行为;(3)合法权益受到该具体行政行为的影响。2014 年《行政诉讼法》修正后,虽将"法律上利害关系"改为"利害关系",但基于"行政行为侵犯其合法权益"的表述依旧得到保留,"三要件"的判定方式并未受到影响,法院在行政审判中依旧沿用了这种方式。

"三要件"中最不确定、在个案中存在最大争议的无疑是要件(1),即关于"合法权益"的理解。对此,学界主要有如下三种学说:(1)法定权利说。这种学说认为,"合法权益"即为法律规范所明确规定的权利。(2)隐含权利说。这种学说认为,"合法权益"包括法律规范明确规定的权利以及通过立法目的、原则可以解释出来的"隐含权利"两种类型。(3)值得保护的利益说。这种学说认为,“合法权益”不限于法律规范明确规定的权利,它是指“值得法律认可和保护的利益”。三种学说中,“法定权利说”有利于维护法的安定性,但对公民现实生活利益的保障存在短板;“值得保护的利益说”有利于保障公民的现实生活利益,但缺乏客观的判断基准;“隐含权利说”作为折中说,兼具两者优点,但无法摆脱其不足。学界对此争论,难以得出确切的答案,因为这并不是一个规范解释问题,而是一个价值判断问题,采取上述何种学说的本质在于我们如何看待行政诉讼的本质与目的,即是把它视为通过解决围绕行政行为合法性产生的纠纷来救济公民现实生活利益的手段,还是将其定位于保护实体法所预设的法律利益。我国的《行政诉讼法》似乎更重视前者,理由在于《行政诉讼法》修改以后“法律上利害关系”变成了“利害关系”,正如上文所言,这并未改变原告资格判断的“三要件”方式,但却对“合法权益”的解释给出了指引性的意见,因此,修法后“值得保护的利益说”更为学者所推崇。在实务中,以社会保障行政诉讼为例,在21世纪初社会保障立法尚未兴起之时,法院受理相关案件已占到法院受案数量的5%—6%,案件类型主要为工伤认定、低保审核、退休审批等。可见,“值得保护的利益说”已成为法院审查原告资格时的“通说”。

采用“值得保护的利益说”后,合法权益不再仅局限于实定法上的权利,而拓展到包括事实上的利益在内的值得保护的利益,行政诉讼的原告资格门槛大大降低,有利于保护公民、法人和其他组织的合法权益,但其弊端亦是明显,即“法定权利说”和“隐含权利说”所确保的法的安定性被彻底消解,随之而来的是,原告资格的判断标准彻底沦为一种价值判断,滥诉的风险大大增加。因此,有必要在这一学说的基础上,加入相对客观的标准,从而达到界定“值得保护”的内涵。学界近年来主要通过引入德国法上的“保护规范理论”予以应对,该理论认为,判断一项权利是否属于“值得保护的利益”的关键在于其规范目的,若保护该利益的目的在于个人利益,那么该利益属于主观权利,应予以保护;若保护该利益的目的在于公共利益,那么该利益属于反射利益,不予保护。这一学说也已影响实务界,最高人民法院近年来发布的臧金凤诉安徽省宿州市砀山县人民政府土地行政登记案[最高人民法院(2016)最高法行申2560号行政裁定书]、刘广明诉张家港市人民政府行政复议案[最高人民法院(2017)最高法行申169号行政裁定书]均隐含了保护规范理论的判断思路。

Ⅲ 举报的权利属性

通过原告资格判断标准的阐述,本案所隐含的问题“举报人与举报答复行为是否具有利害关系”实际上可以简化为“举报是一种值得保护的利益吗?”

《宪法》第41条第1款规定:“中华人民共和国公民对于任何国家机关和国家工作人员,有提出批评和建议的权利;对于任何国家机关和国家工作人员的违法失职行为,有向有关国家机关提出申诉、控告或者检举的权利,但是不得捏造或者歪曲事实进行诬告陷害。”《宪法》第41条第2款规定:“对于公民的申诉、控告或者检举,有关国家机关必须查清事实,负责处理。任何人不得压制和打击报复。”以上规定分别明确了公民的举报权以及国家的保护义务,是关于举报的直接宪法依据。此处的举报权一般被认为属于公民监督权的一种,纳入公民基本权利的体系。但更多的法律对举报权的具体化大有溢出"举报权"宪法范畴的倾向,主要可以分为两个方面:(1)刑事领域,根据《刑法》与《刑事诉讼法》的规定,公民可以对任何单位或个人的犯罪事实进行举报,不再限于国家机关工作人员;(2)行政管理领域,公民可以对任何单位或个人的违法行为进行举报,也不再限于国家机关和国家机关工作人员。在行政管理领域,结合相关法律法规的规定,对举报可以作出如下两点分析:

1. 在立法者看来举报属于一项权利。大多数法律所规定的举报条款包含"有权"两字,如《价格法》第38条第2款规定"任何单位和个人均有权对价格违法行为进行举报",《邮政法》第66条规定"任何单位和个人对违反本法规定的行为,有权向邮政管理部门举报",从规范结构上来看,立法者倾向于将举报视为一种请求权,该请求权所对应的义务是行政机关的举报答复和举报处理行为,如《食品安全法》第115条规定"接到咨询、投诉、举报,对属于本部门职责的,应当受理并在法定期限内及时答复、核实、处理",《城乡规划法》第9条规定"城乡规划主管部门或者其他有关部门对举报或者控告,应当及时受理并组织核查、处理"。但仍需注意的是,存在少数法律未用"有权"二字,而采用"应当"二字,如《道路交通安全法》第71条规定"车辆发生交通事故后逃逸的,事故现场目击人员和其他知情人员应当向公安机关交通管理部门或者交通警察举报",此处更像是义务而非权利。

2. 举报答复行为所保护的是公共利益。大多数法律所规定的举报答复条款均要求行政机关履行答复、核实、处理三项行为,如《食品安全法》第115条规定"接到咨询、投诉、举报,对属于本部门职责的,应当受理并在法定期限内及时答复、核实、处理",由此可知答复的对象虽为举报人,但答复的内容为拟对举报事项后续作出的核实和处理,这些内容显然属于行政执法的范畴,并非为了保护特定人的权益,而在于保护公共利益。这一推论亦可从举报奖励条款得到证明,如《价格法》第38条规定"政府价格主管部门应当对举报者给予鼓励,并负责为举报者保密",《海关法》第13条规定"海关对举报或者协助查获违反本法案件的有功单位和个人,应当给予精神的或者物质的奖励",若举报的目的是维护自身利益又何须设立奖励制度,唯其在公共利益方面作出贡献方有奖励之必要。

Ⅳ 裁判思路的重整

由于行政管理领域举报制度的覆盖面日益扩大,法院面临的举报人提起的行政诉讼也越来越多,这导致了现有司法资源的不堪重负,大量人力、物力浪费在"看似无关"的举报人身上。最高人民法院发布的以本案为代表的一系列案例所要达到的显然就是对举报人原告资格予以限制这一目的。然而正如前文所述,本案裁判中所提炼出的裁判思路将举报与履行法定职责相交织,导致从判决书中难以直接看出法院对举报人原告资格的鲜明态度。通过上文的抽丝剥茧,相信法院所隐藏的逻辑已经渐渐浮出水面,即基于举报并非"值得保护的利益",举报人不具有行政诉讼的原告资格。其推论过程可以分为3步:

1. 举报并非一项主观权利,仅是"作为特定法律技术"的权利。在法院看来,于某些场合法律规定行政机关的职责仅仅是为了维护公共利益,而没有保护公民个人利益之意图。在这种情况下,行政机关的义务与个人权利之间的对应关系被"割裂",将举报视为权利是为了构成一个行政法领域法律技术意义上的权利概念,即依赖于权利主体推动执法程序。在本判例的裁判理由部分,法官有这样的表述即为明证:"此种以告知《批复》有关内容代替告知举报调查结果行为,未能依法履行保护举报人财产权的法定职责,本身就是对罗镕荣通过正当举报途径寻求救济的权利的一种侵犯。"显然在法院看来,举报并不是一项主观权利,或曰"值得保护的利益",举报人通过举报寻求救济的权利才是一项主观权利。

2. 行政机关举报答复的内容旨在保护公共利益。行政机关举报答复的内容应是拟对举报事项后续作出的核实和处理,举报事项如何核实处理并不会考虑举报人的相关利益,而应以公共利益为指针。根据"保护规范理论",举报答复行为的内容并不以举报人的利益为依归,因此举报答复行为与举报人之间并不存在"利害关系"。在这一层推论中需要补充的是举报答复行为的内容固与举报人无"利害关系",但举报答复行为是否作出可能牵涉举报人的程序利益,应考虑此种情形下举报人具有原告资格。

3. 作为举报人的原告不具有原告资格,并不意味着原告在本案中当然不具有原告资格。作为举报人,原告与举报答复行为之间固不存在利害关系,但并不意味着其作为不履行法定职责行为的相对人不具有原告资格,只要该不履行法定职责行为对原告合法权益造成影响,即具备该不履行法定职责案件的原告资格。

至此,法院在本判例中隐藏的逻辑得到了重整。若仅为说明第 3 点,本案完全不必在标题、裁判要点以及裁判理由中提出"举报人"的概念,更无须以指导性案例的形式确立这一裁判思路,唯有第 1 点、第 2 点方有"指导性"的意义。

□ 参考文献

黄锴:《行政诉讼中举报人原告资格的审查路径——基于指导案例 77 号的分析》,载《政治与法律》2017 年第 10 期。

王贵松:《行政法上利害关系的判断基准——黄陆军等人不服金华市工商局工商登记行政复议案评析》,载《交大法学》2016 年第 3 期。

赵宏:《保护规范理论在举报投诉人原告资格中的适用》,载《北京航空航天大学学报(社会科学版)》2018 年第 5 期。

章剑生:《行政诉讼原告资格中"利害关系"的判断结构》,载《中国法学》2019 年第 4 期。

043 行政不作为诉讼与原告资格的判断

郭文才诉浚县人民政府不履行法定职责案 | 最高人民法院
(2017)最高法行申355号行政判决书

贾媛媛 桂林电子科技大学法学院

■ 事实概要

郭文才于2016年3月16日向浚县信访局信访,反映村民冯三才抢占其自留地建房并要求拆除的问题,浚县信访局2016年3月16日出具信访事项程序性受理告知书,将郭文才反映的问题转送浚县黎阳街道办事处,浚县黎阳街道办事处2016年3月22日出具信访事项不予受理告知书,告知郭文才不予受理。2016年3月25日,郭文才向鹤壁市信访局信访,鹤壁市信访局同日出具信访事项不予受理告知书,告知郭文才向浚县信访局提出。2016年3月28日,郭文才向浚县信访局信访,浚县信访局同日出具信访事项程序性受理告知书,告知郭文才将案件转送浚县违法用地违章建设综合整治工作领导小组办公室处理,2016年4月12日,浚县违法用地违章建设综合整治工作领导小组办公室出具信访事项不予受理告知书。郭文才为此提起行政诉讼。

■ 裁判要旨

Ⅰ.提起履行职责之诉,当事人应首先证明行政机关对于申请的拒绝,可能侵害的必须是属于申请人自己的主观权利,即申请人与行政机关不履行职责的行为具有利害关系。

Ⅱ.《城乡规划法》第9条第2款规定:"任何单位和个人都有权向城乡规划主管部门或者其他有关部门举报或者控告违反城乡规划的行为。城乡规划主管部门或者其他有关部门对举报或者控告,应当及时受理并组织核查、处理。"根据该条规定,再审申请人对于违反城乡规划的行为具有举报、控告的权利,但举报人、控告人对于行政机关未履行相应职责的行为并不必然具有提起行政诉讼的原告资格。因为根据《行政诉讼法》第25条第1款"行政行为的相对人以及其他与行政行为有利害关系的公民、法人或者其他组织,有权提起诉讼"的规定,还需具备"与行政行为有利害关系"的要件。也就是说,只有在行政机关对于申请的拒绝侵害的是属于申请人自己的主观权利的情况下,申请人才与该不作为行为产生利害关系,才有权提起诉讼。

■ 评 析

Ⅰ 以往判例观点

针对举报投诉人的原告资格判定问题，在罗镕荣诉吉安市物价局物价行政处理案（最高人民法院指导案例77号）中，法院明确指出“举报人就其自身合法权益受侵害向行政机关进行举报的，与行政机关的举报处理行为具有法律上的利害关系，具备行政诉讼原告主体资格”。由此，“自身合法权益受侵害”成为判定举报人与行政机关处理行为存在利害关系，也即判断举报人具备行政诉讼原告资格的标准。

2017年最高人民法院在刘广明诉张家港市人民政府行政复议案[最高人民法院（2017）最高法行申169号行政裁定书]中，提出了与罗镕荣诉吉安市物价局物价行政处理案不同的裁判思路，其认为行政诉讼中所称的利害关系，“一般也仅指公法上的利害关系；除特殊情形或法律另有规定，一般不包括私法上的利害关系”，并据此认为主观公权利，即公法领域权利和利益，受到行政行为影响，存在受到侵害可能性的当事人才与行政行为具有法律上的利害关系，才形成了行政法上权利义务关系，才具有原告主体资格（原告适格），才有资格提起行政诉讼。换言之，该案在将“主观公权利”解释为公法领域权利和利益的同时，还将之视为利害关系和原告资格的判断标准，并运用“将法律规范保护的权益与请求权基础相结合”的保护规范理论，将“以行政机关作出行政行为时所依据的行政实体法和所适用的行政实体法律规范体系，是否要求行政机关考虑、尊重和保护原告诉请保护的权利或法律上的利益”，作为判断是否存在公法上利害关系的重要标准。同时，该案认为，“当事人民法上的权益或者习惯法上的权益，只有在有关行政法律规范对其加以保护的情形下，才能成为行政法上保护的权益，才能形成行政法上的利害关系，才能取得原告主体资格”。通过该案的说理，我们不难得出一个结论：刘广明诉张家港市人民政府行政复议案以“主观公权利”为引入概念，在将“私益”排除的同时，确立了行政诉讼中利害关系的“主观公权利侵害可能性”标准，即只有行政实体法规范明确保护的“公法领域权利和利益”可能受到行政行为的侵害时，才能判断享有该“主观公权利”的一方当事人与该行政行为有利害关系，是行政诉讼的适格原告。

由此可见，比较上述两判例，后者限缩了原告主体资格的判断标准，仅将有行政实体法规范明确保护的“主观公权利”视为“公法领域权利和利益”，进而将之“可能性受侵害”视为“利害关系”的判断标准。换言之，有行政实体法规范明确保护的“主观公权利”及其“可能性受侵害”成为原告资格判断的两个必要条件。保护规范理论虽然影响了最高人民法院对于原告资格认定的方法，但仅限于将“主观公权利”界定为有行政实体法规范明确保护的“公法领域权利和利益”。

Ⅱ 原告资格判断规则的学理框架

通过中国行政法学界40多年的共同努力，有关原告资格判断的学理框架已经相对成熟。这个学理框架内容是，“认为合法权益受侵害”规则是原告资格判断的标准，即原告是认为行政机关和行政机关工作人员的行政行为侵犯其合法权益的公民、法人或者其他组织。其包括以下三个必要条件：一是原告是公民、法人或者其他组织；二是原告的合法权益与行政行为具有直接的、内在的关联;三是原告是认为其合法权益受到侵犯的起诉者。这包括两层含义:(1)起诉者的权益是否事实上受到侵犯不影响其原告资格。行政行为是否实际上违法,“合法权益”是否确实受到了侵害不是起诉的前提,不是法院判断起诉者是否有原告资格的关键,只要起诉者主观上“认为”其权益受到行政行为的侵犯就可以提起诉讼。(2)原告资格限定于保护自己利益者,即起诉者只有为私益而起诉时才有原告资格。需要强调的是,该“认为合法权益受侵害”的原告资格判断规则实际是私益“可能性侵害”的另一种表达,其并未将起诉人的私益是否受实际侵害作为关乎原告“诉权”的程序性审查内容,而是将之视为关乎原告“胜诉权”的必要条件放在审理阶段作实体性审查。

Ⅲ 本判例的规范性逻辑

在本判例中,一审法院恪守行政诉讼“保护公民、法人或者其他组织合法权益”的功能定位,沿袭前述“认为合法权益受侵害”的权益“可能性侵害”论证思路,而最高人民法院的法律立场则超越了该学理框架,将“主观权利实际侵害”而非“可能性侵害”作为判断起诉者是否有原告资格的关键。该“主观权利实际侵害”的原告资格判断规则一方面将“合法权益”解释为起诉者“自己的主观权利”且没有再将私益排除出法律关系的考量视野,另一方面要求该主观权利受到了实际侵害。应当说,虽然再审法院同样否定了郭文才的原告资格,但其与一审法院在本判例中存在两种不同的案件处理逻辑思路。

在理由论证中,一审法院首先以《行政诉讼法》第 25 条第 1 款和《行诉若干解释》第 12 条为逻辑起点展开逻辑论证:(1)将原告资格的判断标准转换为对“是否具有法律上的利害关系”问题的论证。(2)将“与行政行为有法律上的利害关系”解释为“是指行政机关的具体行政行为对公民、法人或者其他组织的权利义务已经或将会产生实际影响。公民、法人或者其他组织认为其合法权益受到侵害或不利影响,是由被诉行政行为造成的”。通过这段“已经或将会”产生实际影响的说理,一审法院对起诉人权益的“可能性受侵害”审查思路跃然纸上。(3)以“郭文才并未提交证据证明其自述的自留地四至、面积等情况,也未提交冯三才房屋侵占其自留地的证据,不能证明浚县政府是否履行查处冯三才的职责对郭文才的权利义务会产生实际影响”为由,否定了郭文才的原告资格。可见,一审法院是以郭文才不能证明其权益有受侵害的“可能性”而否定其原告资格。

最高人民法院的论证逻辑起点与一审法院一致,但其对利害关系的判断却是以“主观权利实际受侵害”为标准:(1)“只有在行政机关对于申请的拒绝侵害的是属于申请人自己的主观权利的情况下,申请人才与该不作为行为产生了利害关系。”(2)“再审申请人未提供证据证明他人侵占的是其享有合法使用权的自留地,因此不能证明其与行政机关不履行职责的行为具有利害关系从而具备原告资格。”可见,在本判例中,最高人民法院虽然沿用了“主观权利”的概念,但该概念的外延广于之前的“主观公权利”且其论证的核心在于郭文才无证据证明其合法权利受到了“实际侵害”。

综合上述分析,二审法院在本判例中,既没有沿袭传统的私益“可能性侵害”学理框架,也没有遵从最高人民法院以往的“主观公权利侵害可能性”标准,而是确立了行政不作为案件原告资格判断的“主观权利实际侵害”标准。

Ⅳ 本判例的意义

本判例之前，在利害关系和原告资格认定标准的问题上，最高人民法院认为只有“主观公权利”受侵害的当事人才具有原告主体资格。本判例是最高人民法院在刘广明诉张家港市人民政府行政复议案之后运用保护规范理论进一步解释利害关系含义，放松原告资格判断标准的重要判例。

根据《城乡规划法》第9条第2款规定：“任何单位和个人都有权向城乡规划主管部门或者其他有关部门举报或者控告违反城乡规划的行为。城乡规划主管部门或者其他有关部门对举报或者控告，应当及时受理并组织核查、处理。”郭文才对于违反城乡规划的行为享有举报权，“城乡规划主管部门或者其他有关部门”则负有及时核查、处理被举报行为的法定职责。但该法并未规定行政机关在核查、处理被举报行为时须“考虑、尊重和保护”举报人的私益，故举报人的私益并不属于刘广明诉张家港市人民政府行政复议案所称的“主观公权利”，依照刘广明诉张家港市人民政府行政复议案确定的“主观公权利可能性受侵害”标准，行政机关的不作为行为与郭文才不存在利害关系，郭文才不享有原告的主体资格。然而，在本判例中，最高人民法院并未以此理由否定郭文才的原告资格，而是首先确定了“提起履行职责之诉，当事人应首先证明行政机关对于申请的拒绝，可能侵害的必须是属于申请人自己的主观权利，即申请人与行政机关不履行职责的行为具有利害关系”的规则，进而以郭文才“未提供证据证明他人侵占的是其享有合法使用权的自留地”为由，否定其行政诉讼的原告资格。虽然在该判例中，最高人民法院并未运用保护规范理论对主观权利概念作出界定或解释，但在“未提供证据证明他人侵占的是其享有合法使用权的自留地”的论证逻辑背后是认定郭文才没有主观权利受侵害。换言之，最高人民法院是以“主观权利实际受侵害”的利害关系判断规则否定了郭文才的原告资格，而非以刘广明诉张家港市人民政府行政复议案确立的“只有在有关行政法律规范对其加以保护的情形”下的“主观公权利”为利害关系的判断标准，其赋予的“主观权利”的外延要大于“主观公权利”范畴。也就是说，较刘广明诉张家港市人民政府行政复议案而言，最高人民法院不再强调“将法律规范保护的权益与请求权基础相结合”的原告资格认定方法下的主观公权利“可能性受侵害”，而是转向追求主观权利的“实际受侵害”。该“主观权利实际受侵害”的利害关系判断规则较刘广明诉张家港市人民政府行政复议案放宽了原告资格认定的标准，较罗镕荣诉吉安市物价局物价行政处理案的“自身合法权益受侵害”标准则限缩了原告的资格认定标准。

参考文献

应松年主编：《行政法与行政诉讼法学》，法律出版社2005年版。

章剑生：《行政诉讼原告资格中“利害关系”的判断结构》，载《中国法学》2019年第4期。

赵宏：《保护规范理论在举报投诉人原告资格中的适用》，载《北京航空航天大学学报（社会科学版）》2018年第5期。

044 利害关系的判断基准

黄陆军等人不服金华市工商行政管理局工商登记行政复议案 | 《最高人民法院公报》2012 年第 5 期

王贵松 中国人民大学法学院

■ 事实概要

2006 年 11 月至 2009 年 9 月,黄陆军等 18 人先后分别与内衣城公司(由东阳市开发总公司等设立)、世贸城公司(由内衣城公司更名而来)签订商品房买卖合同,购买世贸城商业用房,与商管公司(由世贸城公司设立)签订业主商铺托管协议,或者与商管公司签订租赁协议,承租世贸城商铺。之后,黄陆军等人认为“世贸城采取种种软硬兼施手段,譬如停电、对一些商铺进行拆除改装,使业主无法经营”等,侵害其合法权益。2009 年 10 月 26 日,黄陆军等人向金华市工商行政管理局提出行政复议申请,请求撤销东阳市工商局所作出的相关设立(变更)登记行为。

金华市工商局复议后认为,东阳市人民政府设立开发公司,开发公司设立内衣城公司(后变更为世贸城公司),世贸城公司设立商管公司,其设立、变更均符合《公司法》规定。黄陆军等和有关公司发生民事合同关系,而和三家公司登记之间没有行政法律关系,工商局更没有强迫原告必须与上述公司发生民事合同关系。三家公司的设立(变更)登记行为不会导致原告必须与上述公司发生民事合同关系。其间的争议应受《民法通则》《合同法》等法律法规调整。原告与公司的设立(变更)登记行为没有法律上的利害关系。遂决定驳回行政复议申请。于是,黄陆军等向浙江省金华市婺城区人民法院提起行政诉讼。金华市婺城区人民法院认为:原告黄陆军等与内衣城公司、世贸城公司的合同纠纷,应当通过协商或民事途径解决。东阳市工商局对本案所涉三家公司的设立或变更登记的具体行政行为,与原告没有法律上的直接利害关系。因此,判决驳回黄陆军等人的诉讼请求。黄陆军等人向金华市中级人民法院提出上诉。

■ 裁判要旨

Ⅰ.《行政复议法实施条例》第 28 条规定,“行政复议申请符合下列规定的,应当予以受理:……(二)申请人与具体行政行为有利害关系……”判断构成利害关系的要素有两点:一是申请人的权益受到损害或有受到损害的现实可能性;二是权益损害与具体行政行为具有因果关系,即具体行政行为是因,权益损害是果。在本案中,上诉人黄陆军等申请行政复议,要求撤销涉诉公司的工商核准登记。对案件进行考量分析:第一,东阳市工商局在对涉诉公司进行工商登记审查时,其按照《公司法》,企业登记相关法律、法规的规定,审查公司设立(变更)是否符合法定条件;第二,登记机关无法预见公司成立后作为市场主体,在与上诉人发生买卖、租赁民事合同后的侵权行为或侵权可能性;第三,登记机关没有对涉诉公司作为市场主体的民事侵权行为进行审查的法定义务;第四,本案上诉人主张的权益损害原因并不是涉诉公司工商登记行政行为,而是涉诉公司不履行合同或其他民事侵权行为;第五,撤销涉诉公司的工商核准登记,不能使上诉人的权益损害得到恢复。因此,上诉人所主张的权益损害与涉诉公司工商登记的具体行政行为不存在因果关系,上诉人与涉诉公司工商登记具体行政行为没有利害关系,故上诉人不具有申请复议的主体资格。

Ⅱ. 涉诉公司经工商部门登记,作为市场主体与上诉人因购买或租赁发生了民事合同法律关系,双方享有合同权利并承担合同义务。双方因合同权益产生民事纠纷,应受《合同法》及相关民事法律调整,上诉人应通过民事诉讼寻求救济。

■ 评　析

Ⅰ 以往判例中的情况

在行政法上,利害关系是申请行政复议、确认行政诉讼资格的法定标准,但对于如何认定利害关系,一直都聚讼纷纷。

1989 年《行政诉讼法》第 41 条规定,“原告是认为具体行政行为侵犯其合法权益的公民、法人或者其他组织”。《行诉若干解释》第 12 条规定:“与具体行政行为有法律上利害关系的公民、法人或者其他组织对该行为不服的,可以依法提起行政诉讼。”在广州市海龙王投资发展有限公司诉广东省广州市对外经济贸易委员会行政处理决定纠纷案(《最高人民法院公报》2002 年第 6 期,以下简称海龙王公司案)中,最高人民法院判决表明,不仅要是法律上的利害关系,还应当是行政法上的利害关系,才能具有行政诉讼的原告资格,才由行政法去调整。

针对行政复议第三人的资格标准——同申请行政复议的具体行政行为有利害关系[1999 年《行政复议法》第 10 条第 3 款,《行政复议法》(2023 年)第 16 条第 1 款],江苏省高级人民法院在张成银诉徐州市人民政府房屋登记行政复议决定案(《最高人民法院公报》2005 年第 3 期)中指出,“复议的决定结果与现持证人张成银有着直接的利害关系,故复议机关在行政复议时应正式通知张成银参加复议”。这表明,同复议决定结果之间具有直接的利害关系,也可以成为行政复议的第三人。

综上所述,这些判决中有关诉讼资格的利害关系标准所得出的结论是,利害关系应当是行政法上的利害关系,既可以是与被诉行政行为之间的利害关系,也可以是与复议决定之间的利害关系。但是,这些判决并未针对利害关系的认定给出判断方法。

Ⅱ 本案判决的思路

根据《行政复议法实施条例》第 28 条的规定,“与具体行政行为利害关系”是复议申请人资格的判断基准。二审法院首先认为黄陆军等与工商登记行为之间没有“利害关系”,随后又指出经工商登记的公司与黄陆军等之间存在的是“民事合同法律关系”,最后认可了工商局关于“上诉人与具体行政行为没有行政法律利害关系”的判断。综合而言,它要求“利害关系”应当是“行政法律利害关系”,或者说是行政法上的利害关系。这就清晰地表达出前述海龙王公司案判决的利害关系要求。

关于行政法律利害关系,二审法院提供了判断框架:首先,需存在申请人的权益损害,否则就没有救济的必要。其次,需存在具体行政行为,否则就不存在行政法上的救济。最后,权益损害与具体行政行为之间要有因果关系,由此才具有为申请人提供行政法上救济的必要性。在法院看来,行政法上的利害关系就成为因果关系的认定。

二审法院从前述五个方面展开分析。其中,第五点属于狭义诉的利益,即原告具体的实际利益或保护的必要性。既然撤销登记也不能使权益损害得到恢复,那就不存在救济的必要性。但原告的申请人主体资格问题解决的仅为是否具有请求利益的正当性,第五点与此无关。第四点是对损害与侵权行为之间因果关系的结论性说明。这其实与一审判决未经推导而得出的结论是一致的。故而,二审法院对利害关系判断的特别之处在于前三点内容。

前三点综合起来其实只是对登记机关审查职责的说明:第一点指明了登记机关审查职责的积极内容,第二点否定了对侵权行为的预见可能性,第三点否定了对民事侵权的审查义务。法院没有进一步结合相关的法律法规展开分析。如一审判决所示,金华市工商局复议后认为,“《企业国有资产法》第 11 条第 2 款规定‘国务院和地方人民政府根据需要,可以授权其他部门、机构代表本级人民政府对国家出资企业履行出资人职责’。开发公司是东阳市人民政府根据需要授权东阳市经济开发区管委会代表东阳市人民政府对其履行出资人职责而组建的国有企业,其设立符合《企业国有资产法》及《企业法人登记管理条例》(已失效)相关规定,并不违法。开发公司根据《公司法》有关规定设立内衣城公司(后变更为世贸城公司),世贸城公司设立商管公司,其设立、变更均符合公司法规定”。

企业法人申请开业登记,要根据《企业法人登记管理条例》(已失效)第 15 条的规定,提交一定的材料。工商机关的审查目的在于看其是否具备企业法人登记所需的下列条件:(1)名称、组织机构和章程;(2)固定的经营场所和必要的设施;(3)符合国家规定并与其生产经营和服务规模相适应的资金数额和从业人员;(4)能够独立承担民事责任;(5)符合国家法律、法规和政策规定的经营范围(第 7 条)。与此类似,根据《公司法》规定设立有限公司的,要根据《公司登记管理条例》(已失效)的规定提交申请,由工商机关审查,看其是否具备《公司法》设立有限公司的条件。这些审查基本上都是形式审查,其目的在于,“确认公司的企业法人资格”[《公司登记管理条例》(已失效)第 1 条],或者“确认企业法人资格,保障企业合法权益,取缔非法经营,维护社会经济秩序”[《企业法人登记管理条例》(已失效)第 1 条]。

简言之,登记审查的目的在于确认公司的主体资格并产生公示公信的效果,其中并不存在对其日后如何进行交易活动的考虑。也就是说,工商登记并没有保护特定第三人的民事权益的目的。本案的民事争议点为经营中的民事权益问题,而行政争议点是登记行为的合法性问题,两者并无关联。

Ⅲ 保护规范说与利害关系的判断

本判例中,利害关系的司法判断暗含着保护规范说的框架,与德国、日本的做法具有共通之处。在判断行政救济的原告资格上,保护规范说是指,法院主要审查个案中所适用的法规是否存在保护私人利益的目的,如果存在,该法规就是保护规范。私人基于这种规范,即享有请求权,具有原告资格。但法规的保护目的相对抽象,尚需具体化。法律所保护的利益,就是行政机关在适用法律时应当考虑的事项。考虑事项在保护目的与原告资格之间扮演着中间角色。

本判例中,法院根据公司法等规定的登记要件来看登记机关的审查义务到底有哪些内容,进而判断对之后的民事侵权行为是否具有预见的必要性与可能性,最终判断出登记行为与民事侵权行为之间没有因果关系。法院为了判断申请人是否具有申请行政复议的资格,回到公司法等实体规范,回到公司法等规定的要件,进而考察其考虑事项的内容。属于考虑事项的范围,就具有因果关系。或许可以用下面这一等式勾勒其思考:行政机关的审查义务 = 实体法上的行为要件 = 适用行为要件的考虑事项 = 行政法上的利害关系。如果登记决定的考虑事项中包含着保护个别性私人利益的目的,那么行政实体法上的行为规范就是保护规范。私人利益既然应当被考虑,它就与被诉行政行为之间建立起了利害关系。虽然考虑事项的范围呈现出扩大的趋势,但也并非没有标准。行政机关适用特定的法律规范作出决定,虽然并不限于某一特定的法律规范(诸如登记的规定),但是要在整个法律体系中把握和适用某一条文。它既有特定的考虑事项,也有普遍的考虑事项,且其考虑事项是可以在实定法中找到根据的。如此,行政法上的利害关系就是要回到行政实体法的行为规范中去判断。这是具有安定性的可预期的基准。

Ⅳ 本判例的适用范围

本判例中所确立的行政复议申请资格的判断标准及方法也可以适用于行政诉讼原告资格的确认。2014 年《行政诉讼法》第 25 条第 1 款规定,“行政行为的相对人以及其他与行政行为有利害关系的公民、法人或者其他组织,有权提起诉讼”。行政诉讼的原告资格标准由“法律上利害关系”变成了“利害关系”。但法院作为司法机关,能解决的更多的是能依法处理的利害关系。故而,在究竟是否为“法律上的利害关系”存在模糊地带的地方,可按照 2014 年《行政诉讼法》的精神将其解释为具有《行政诉讼法》所要求的“利害关系”。“利害关系”标准就是从宽解释的“法律上利害关系”标准。故而可以说,行政复议的申请人资格与行政诉讼的原告资格在法定的标准上是相同的。行政复议与行政诉讼因审查主体与被申请人(或被告)的关系不同,而在受案范围(可申请的对象)、审理程序要求以及审查强度上有所差别,但两者在申请人资格上并无区分的必要,无论是采取选择主义还是实行复议前置,有资格申请行政复议的就有资格提起行政诉讼。

Ⅴ 本判例的意义

利害关系是申请行政复议的资格要件。本判例中的利害关系还应当是行政法上的利害关系。如果申请人的权益受到损害或有受到损害的现实可能性,而权益损害与行政行为具有因果关系,这时就可认定申请人与行政行为之间存在行政法上的利害关系。其具体的判断方法则是回到实体法的行为规范,考察适用行为要件时是否将保护个别性私人利益作为考虑事项。这种判断基准暗含着保护规范说的要求,为利害关系的判断提供了相对确定的框架。

□ 参考文献

王贵松:《行政法上利害关系的判断基准——黄陆军等人不服金华市工商局工商登记行政复议案评析》,载《交大法学》2016 年第 3 期。

贺利平、危辉星:《民事合同一方当事人可否因合同相对方的民事侵权行为对工商登记提起行政复议》,载最高人民法院行政审判庭编:《中国行政审判案例》(第 4 卷),中国法制出版社 2012 年版。

045 保护规范理论与利害关系的判断

刘广明诉张家港市人民政府行政复议案 | 最高人民法院(2017)最高法行申169号行政裁定书

章剑生 浙江大学光华法学院

■ 事实概要

2015年11月24日,张家港市发展和改革委员会向江苏金沙洲旅游投资发展有限公司作出张发改许备〔2015〕823号《关于江苏金沙洲旅游投资发展有限公司金沙洲生态农业旅游观光项目备案的通知》(以下简称823号通知)。刘广明于2016年1月通过信息公开的方式取得了上述通知,他认为该通知将其位于江苏省张家港市锦丰镇福利村悦丰片一、二组拥有承包经营权的土地纳入其中,该通知存在重大违法情形,遂向张家港市政府提起行政复议,要求确认违法并予以撤销。张家港市政府经审查认为,刘广明与823号通知不具有利害关系,遂于2016年3月21日作出(2016)张行复第2号驳回行政复议申请决定。刘广明不服,向一审法院提起行政诉讼。一审法院以被告作出驳回行政复议申请符合法律规定为由,判决驳回刘广明的诉讼请求。在二审法院以同样理由驳回其上诉,维持原判之后,刘广明向最高人民法院申请再审。

■ 裁判要旨

Ⅰ.“有利害关系的公民、法人或者其他组织”,不能扩大理解为所有直接或者间接受行政行为影响的公民、法人或者其他组织;所谓“利害关系”仍应限于法律上的利害关系,不宜包括反射性利益受到影响的公民、法人或者其他组织。同时,行政诉讼乃公法上之诉讼,上述法律上的利害关系,一般也仅指公法上的利害关系;除特殊情形或法律另有规定,一般不包括私法上的利害关系。只有主观公权利,即公法领域权利和利益,受到行政行为影响,存在受到损害的可能性的当事人,才与行政行为具有法律上利害关系,才形成了行政法上权利义务关系,才具有原告主体资格(原告适格),才有资格提起行政诉讼。

Ⅱ.公法(行政法)上利害关系的判断,同样较为复杂。原告主体资格问题与司法体制、法治状况和公民意识等因素密切相关,且判断是否具备原告主体资格的标准多重,并呈逐渐扩大和与时俱进态势。其中,保护规范理论或者说保护规范标准,将法律规范保护的权益与请求权基础相结合,具有较强的实践指导价值,即以行政机关作出行政行为时所依据的行政实体法和所适用的行政实体法律规范体系,是否要求行政机关考虑、尊重和保护原告诉请保护的权利或法律上的利益,作为判断是否存在公法上利害关系的重要标准。实践中,对行政实体法某一法条或者数个法条保护的权益范围的界定,不宜单纯以法条规定的文意为限,以免孤立、割裂地“只见树木不见森林”,而应坚持从整体进行判断,强调“适用一个法条,就是在运用整部法典”。在依据法条判断是否具有利害关系存有歧义时,可参酌整个行政实体法律规范体系,行政实体法的立法宗旨以及作出被诉行政行为的目的、内容和性质进行判断,以便能够承认更多的值得保护且需要保护的利益,属于法律保护的利益,从而认可当事人与行政行为存在法律上的利害关系,并承认其原告主体资格,以更大程度地监督行政机关依法行政。但需要强调的是,个案中对法律上利害关系,尤其是行政法上利害关系或者说行政法上权利义务关系的扩张解释,仍不得不兼顾司法体制、司法能力和司法资源的限制;将行政实体规范未明确需要保护但又的确值得保护且需要保护的权益,扩张解释为法律上保护的权益,仍应限定于通过语义解释法、体系解释法、历史解释法、立法意图解释法和法理解释法等法律解释方法能够扩张的范围为宜。

Ⅲ.将当事人是否具有法律保护的权益,作为判断当事人是否具有原告主体资格的重要标准,与行政行为合法性审查原则也相互契合。法院对行政行为合法性的评判,除了依据行政诉讼法等行政基本法,更要依据行政机关所主管的行政实体法;在实体问题上的判断,更多的是依据行政实体法律、法规、规章甚至规范性文件。如果原告诉请保护的权益,并不是行政机关作出行政行为时需要考虑和保护的法律上的权益,即使法院认可其原告主体资格,但在对行政行为合法性进行实体审查时,仍然不会将行政机关未考虑原告诉请保护权益之情形,作为认定行政行为违法的标准。即使法院认可其原告主体资格,受理其起诉,因其所诉请保护的权益并不会在诉讼中得到保护和尊重,其起诉也就丧失了必要性,不具备诉的利益,因而不承认其原告主体资格,也并不会侵犯其任何权益。就仅具有反射性利益,而非法律上权益的当事人而言,也不能以被诉行政行为被作否定性评价后,可能会间接有利于保护其所主张的权益为由取得原告主体资格。申言之,当事人民法上的权益或者习惯法上的权益,只有在有关行政法律规范对其加以保护的情形下,才能成为行政法上保护的权益,才能形成行政法上的利害关系,才能取得原告主体资格,才能请求司法保护该权益。

■ 评　析

Ⅰ 以往判例的观点

在法规范层面上,《行政诉讼法》和最高人民法院的司法解释确立了一个呈现不断变化的、有历史变迁感的行政诉讼原告资格判断标准,那么在实务层面上,这个行政诉讼原告资格判断标准又是如何体现与发展的呢?在本判例之前,从最高人民法院发布的判例(最高人民法院指导性案例和《最高人民法院公报》)中,我们还是可以看到保护规范理论的“影子”,但与本判例不同的是,之前的判例都没有这样明确、直接、全面地引入保护规范理论。因此,我们可以把以下最高人民法院公布的判例看作本判例的一种先例性铺垫,它们散发着判例发展的某种内在历史逻辑:(1)从时间面向看,涉及行政诉讼原告资格判断标准的判例(广州市海龙王投资发展有限公司诉广州市对外经济贸易委员会等行政纠纷上诉案,《最高人民法院公报》2002年第6期),在这之前,我们未见到《最高人民法院公报》发布相关的判例。(2)从类型面向看，如涉及公平竞争权（吉德仁等诉盐城市人民政府行政决定案，《最高人民法院公报》2003 年第 4 期），涉及相邻权（念泗三村 28 幢楼居民 35 人诉扬州市规划局行政许可行为侵权案，《最高人民法院公报》2004 年第 11 期）等。（3）从内容面向看，无论法院是否认可起诉人的原告资格，除了前述判例中"法律上有利害关系"具体情形在最高人民法院相关司法解释中都有明确例示性规定之外，在其他判例（如张成银诉徐州市人民政府房屋登记行政复议决定案，《最高人民法院公报》2005 年第 3 期）中还提到了"法律上有利害关系""利害关系""直接的利害关系"等概念。

Ⅱ 保护规范理论的引入

迟至本判例之前，保护规范理论尚未在最高人民法院发布的指导案例或者公报案例中有明确的体现。在行政三面关系中判断行政诉讼原告资格时，由法院在个案中解释什么是或者不是"法律上的利害关系""利害关系"，因这种判断方法具有较强的主观性，个案中甚至不乏有随意、任性的解释，如有的法院为了不受理影响"稳定与发展"的行政案件，在没有充分说理的前提下断然判定"没有法律上的利害关系"或者"利害关系"。直到本判例最高人民法院才明确、直接引入保护规范理论，行政诉讼原告资格判断标准才呈现出一种可操作性、客观化的转向。

本判例中，最高人民法院在阐发"利害关系"之始，就直接抛开了"直接联系论"和"实际影响论"，给"利害关系"的外围边界作了两个限定：（1）限于法律上的利害关系，将反射性利益排除在"利害关系"之外，这与新保护规范理论是一致的。（2）限于公法上的利害关系。一些行政行为可能影响公民、法人或者其他组织的民事权益，这种情形原则上不属于"利害关系"。在此基础上，最高人民法院直接引入了判定"利害关系"的新方法，即保护规范理论。最高人民法院认为："保护规范理论或者说保护规范标准，将法律规范保护的权益与请求权基础相结合，具有较强的实践指导价值。即以行政机关作出行政行为时所依据的行政实体法和所适用的行政实体法律规范体系，是否要求行政机关考虑、尊重和保护原告诉请保护的权利或法律上的利益（以下统称权益），作为判断是否存在公法上利害关系的重要标准"。从这段裁判理由中，我们至少可以读出如下两个方面的内容：（1）"请求权基础—权益"。请求权基础原本是一个私法上的概念，其核心内容是，"谁得向谁，依据何种法律规范，主张何种权利"。（王泽鉴：《法律思维与民法实例》，中国政法大学出版社 2001 年版，第 50 页）由于行政法上行政机关与行政相对人权利（职权）和义务（职责）并不具有如同私法上权利和义务之间当然的对应关系，也就是说，有时规定行政机关职责的法规范并不当然是行政相对人的请求权基础，它仅仅是为了实现公共利益而规定行政机关应当履行的职责而已。因此，尽管"请求权基础—权益"这个分析框架可以适用到行政法之中，但必须注意作为公法的行政法与私法之间的差异性。（2）"行政实体法—权益"。如（1）所述，并非所有的行政法规范都是以保护行政相对人权益为要旨的，所以，行政机关作出行政行为所依据的行政实体法规范是不是以保护行政相对人权益为要旨，就构成了行政相对人是否可以针对该行政行为提起行政诉讼资格的法规范基础。那么，如何判断行政实体法存在这样的"法意旨"呢？本判例中最高人民法院给出的答案是，该行政实体法"是否要求行政机关考虑、尊重和保护原告诉请保护的权利或法律上的利益"。此处点出了保护规范理论的核心内容。

Ⅲ 行政实体法观念与法律解释

以行政实体法是否要求行政机关“考虑、尊重和保护”行政相对人的权益为切入点判定是否具有原告资格,其要点是行政实体法是否有这种“要求”。这种“要求”本质上是一个法律解释的问题。就法律解释问题而言,本判例的裁判逻辑是这样的:(1)文意解释局限性。文意解释,又称“词典解释”。之所以首采文意解释,是因为法院的裁判要获得社会一般人(无法律专业知识的民众)普遍认同才具有正当性,所以,对不确定法律概念的解释首先应当采用与日常用语相同或者相近的文意解释,或者说民众可以通过查阅“新华词典”获得文意的方法。但这种解释方法有它的局限性,故在本判例裁判理由中,最高人民法院认为,在有的情况下,“对行政实体法某一法条或者数个法条保护的权益范围的界定,不宜单纯以法条规定的文意为限,以免孤立、割裂地‘只见树木不见森林’”。显然,在本判例中最高人民法院已经意识到了文意解释的局限性,进而转向了体系解释。(2)体系解释必要性。既然文意解释局限性可能影响法院作出正确的裁判,那么,引入体系解释方法也就顺理成章了。体系解释方法旨在从“上下文脉络”([德]卡尔·拉伦茨:《法学方法论》,陈爱娥译,商务印书馆2003年版,第204页)中确定法规范的旨意,因此,最高人民法院在本判例中提出了“适用一个法条,就是在运用整部法典”之解释方法。在运用保护规范理论过程中,如果我们把要求行政机关“考虑、尊重和保护”的法规范只限于如前述“立法旨意明确”情形,那么,行政诉讼原告资格范围可能会变得十分狭窄。这种结果显然与我们引入保护规范理论的旨意不合,当然,也不是保护规范理论本来之意。因“立法旨意不明确”为常态,故体系解释在保护规范理论运用中不可或缺。(3)目的解释扩张性。如果体系解释仍然有法规范不可适用的歧义时,目的解释方法应当登场亮相。在本判例中最高人民法院也明确地表达了这样的一个立场:“在依据法条判断是否具有‘利害关系’存有歧义时,可参酌整个行政实体法律规范体系、行政实体法的立法宗旨以及作出被诉行政行为的目的、内容和性质进行判断,以便能够承认更多的值得保护且需要保护的利益,属于法律保护的利益,从而认可当事人与行政行为存在法律上的利害关系,并承认其原告主体资格,以更大程度地监督行政机关依法行政。”因在国务院《关于投资体制改革的决定》(国发〔2004〕20号)、《中央预算内直接投资项目管理办法》、《政府核准投资项目管理办法》、《江苏省企业投资项目备案暂行办法》等规定中,找不到要求发展改革部门必须保护或者考量项目用地范围内刘广明土地使用权益保障的法规范。因此,刘广明在本案中不具有提起行政诉讼的原告资格。

☐ 参考文献

王贵松:《行政法上利害关系的判断基准——黄陆军等人不服金华市工商局工商登记行政复议案评析》,载《交大法学》2016年第3期。

赵宏:《保护规范理论在举报投诉人原告资格中的适用》,载《北京航空航天大学学报(社会科学版)》2018年第5期。

章剑生:《行政诉讼原告资格中“利害关系”的判断结构》,载《中国法学》2019年第4期。

王天华:《行政诉讼的构造:日本行政诉讼法研究》,法律出版社2010年版。

046 保护规范理论与不利处罚后果

联立公司诉北京市东城区政府行政复议案 | 最高人民法院 (2019)最高法行申293号行政裁定书

陈无风 浙江财经大学法学院

■ 事实概要

2015年3月30日,北京市东城区教育委员会(以下简称东城区教委)收到张敬提交的申请举办北京市东城区青青藤幼儿园的行政许可申请材料,在申请材料中,包括一份房产证复印件,显示房屋所有权人为联立公司。2015年4月23日,东城区教委作出教民111010166000020号民办学校办学许可证。许可证有效期经延期至2019年。联立公司将涉案房屋出租给案外人友和公司,友和公司又转租给张敬用于开办幼儿园。房屋未办理竣工验收、产权登记等手续。2017年4月6日,联立公司向东城区政府提出行政复议申请,请求撤销东城区教委作出的涉案办学许可。2017年7月3日,东城区政府以被申请行为并未产生减损联立公司行政法律权利或增加申请人行政法律义务的法律后果为由,作出东政复字(2017)29号北京市东城区人民政府驳回行政复议申请决定书。联立公司不服,同年向北京市第四中级人民法院提起诉讼,请求撤销被诉复议决定,由东城区政府依法受理其复议申请。一审法院以联立公司与涉案办学许可之间存在利害关系为由判决撤销东城区政府作出的被诉复议决定,责令其重作。东城区政府不服,提起上诉。2018年5月北京市高级人民法院二审驳回上诉,维持一审判决。东城区政府申请再审。

■ 裁判要旨

Ⅰ.出租房屋的所有权人根据法律规范要求提供房屋所有权证,并作为房屋租赁协议的合同相对方,已经以提交房屋所有权证和签订租赁协议等法律文件的方式参与到行政许可程序。行政机关基于行政高效便利原则,不要求所有权人到申请现场,不要求其在相关申请表格上签署同意使用意见,系因通过房屋所有权证件和租赁协议已经能够判断所有权人同意合理使用房屋的意见。因此,房屋所有权人虽从形式上并非行政许可相对人,但实质上仍属"未明示当事人",其与许可行为也应存在"利害关系",也应具有行政复议申请人资格。

Ⅱ.具有原告资格的当事人的起诉,还必须具有提起行政诉讼的必要性和实效性,具备诉的利益。通常情况下,之所以不宜承认房屋所有权人对涉案出租房屋行政许可的复议申请权或者诉权,是因为所有权人已经通过民事租赁协议方式处分了其房屋的使用权能。如其不同意承租方使用租赁房屋的方式,可以解除协议或者提起民事诉讼,而没有通过行政诉讼请求撤销行政许可的必要性。而本案的特殊性在于,申请作为园舍的房屋未经竣工验收备案本不应投入使用,房屋安全性能是否符合办园条件尚需专业认定,申请许可时所依据的房屋所有权证显系伪造,联立公司在相关合同中有关房屋所有权证取得前开泰公司不得出租的约定未得到尊重。此种权利在相关民事诉讼均未能较好解决争议的背景下,更应予以强化。

Ⅲ. 参酌《北京市房屋租赁管理若干规定》有关出租存在建筑安全隐患的房屋将受到行政处罚的规定,联立公司作为涉案房屋实际所有权人,其名下未经竣工验收备案的房屋被用于开办幼儿园可能将直接面临处罚。这种不利的处罚后果使认可联立公司对许可行为的复议申请权和诉权更具合法性与正当性。

Ⅳ. 对保护规范理论所指称的法律规范的识别、援引和适用,既要参酌本行政管理领域的直接适用的法律规范,也要参酌相关领域的间接适用、潜在适用的法律规范;既要参酌法律规范的正面规定,也要参酌法律规范的负面规定;既要参酌保护当事人权益的法律规范,又要参酌制裁当事人行为的法律规范;既要看法律规范保障的权利(实体权利、程序权利、参与权利等),也要看违反法律规范要承担的法律责任;既要看当事人是否具有法律规范保护的权益,也要看违反法律规范可能招致的“不利益”;既要看行政行为本身是否会侵犯法律保护的权益,也要看行政行为的实施是否必然会对当事人造成不利影响。因此,在行政行为必然或者极有可能给当事人造成不利影响,减损当事人权益且无其他更为便捷的救济渠道的情况下,可参酌整个行政实体法律规范体系、行政实体法的立法宗旨以及作出被诉行政行为的目的、内容和性质进行判断,以便将法律保护的利益扩大到值得法律保护且需要法律保护的利益,从而认可当事人与行政行为存在“利害关系”,并承认其复议申请人资格和诉讼原告主体资格,以更大程度地监督行政机关依法行政。

■ 评　析

Ⅰ 原告资格的判定理论

《行政诉讼法》(1989 年)与原告资格相关的只有第 41 条,规定原告是认为具体行政行为侵犯其合法权益的公民、法人或者其他组织。2000 年《行诉若干解释》,规定原告是“与具体行政行为有法律上利害关系的公民、法人或者其他组织”。就如何判断“法律上的利害关系”,出现了“实际影响说”、“不利影响说”、“因果关系说”和“法律上权利义务说”等不同观点。《行政诉讼法》(2014 年)吸收了该规定,并作了部分变动,其第 25 条规定:“行政行为的相对人以及其他与行政行为有利害关系的公民、法人或者其他组织,有权提起诉讼。”将“法律上的利害关系”改为“利害关系”。这是否意味着利害关系可以是事实上的利害关系,不需要法律依据?显然不是。需要注意的是,实行立案登记制后,行政诉讼案件数量有较显著的增长,与此同时,也带来了部分起诉人滥诉的问题,为合理利用司法资源,谨慎把握司法审查介入的范围,原告资格的判断始终是行政诉讼的难题。去掉“法律上的”限定,似有扩大原告范围的意图,但如何判断利害关系,何种程度的利害关系符合原告资格的要求,仍维系于个案情境下的判断。

保护规范理论是源自德国的理论,其认为起诉的前提是享有主观公权利,其原初定义为“主观公权利是臣民相对于国家所拥有的,以法律行为或是以保护个体利益为目标的强制性法律规范为基础的,向行政或国家提出要求,要求其为一定行为的法律地位”。存在主观公权利要具备三个要素,有实定法为依据,有司法保护的必要性,实定法有保护个人利益的取向。保护规范理论即用于判断第三个要素的理论。公法规范基本上以公共利益保护为目的,但部分规范兼有保护个人利益的成分,可作为保护规范,引申出主观公权利。某些典型的公法规范,如机构设置规范,显然没有保护个人利益的立法意图,不得作为起诉的保护规范基础。保护规范理论在德国有很长的历史,其理论本身也在不断发展变化,并在域外有一定影响力,如在日本等都有很高的关注度。学界期待该理论引入我国审判实务,能廓清模糊不定的原告资格判定基准,提供清晰确定的思考框架和操作步骤。

Ⅱ 本案的裁判逻辑

保护规范理论的核心在于对案涉条款的目的加以解释,检视其是否隐含了对个人利益的保护,更具体地说,是对该案起诉人利益的保护。本案的裁判说理体现了法院如下分析思路:再审申请人与行政行为有利害关系,可能面临公法上的不利后果,其权利有通过行政复议、诉讼进行保护的必要,故有原告资格。具体而言,首先,法院从办学许可行为的实定法要求中得出再审申请人的房屋所有权证是许可行为的法定条件,因此其是隐含的法律关系主体,具有程序上的参与人地位,系未明示的当事人,初步可判定在许可法律关系中,再审申请人与许可行为有利害关系。其次,从另一出租房屋管制立法中,导出起诉人有确保房屋符合规划设计用途、处于安全使用状态的义务,该义务的违反还将导致行政处罚的后果。起诉人是房屋事实上的责任人,承担公法上的安全使用义务,而事实上该处房屋因未进行竣工验收等手续而无法确保其具备安全使用条件,因此还无法对其进行任何有安全条件要求的使用。再次,两个法律关系因起诉人的房屋安全使用义务产生了交集,办学许可赋予第三人使用案涉房屋开办幼儿园的权利,必然产生对房屋进行使用的可能,而该使用将导致起诉人违反安全使用义务,从而面临不利后果。最后,起诉人已经提起民事诉讼,穷尽了其他救济方式,尚无法解决该问题,结合其法律上利害关系地位,应赋予其原告资格。

仔细鉴别再审裁定与一审、二审判决的说理,发现再审多了两个步骤。一审、二审判决的说理包括两个要点:第一,开办地点、场所是办学许可中的重大审核事项,因此办学会涉及原告的产权,对其合法权益有影响;第二,应采取宽松标准判断利害关系,除明显不具有利害关系的情形外,应保障申请人提出复议申请的程序性权利。再审裁定则进一步论证了两个问题,一是结合办学许可规范、房屋出租安全规范得出有利害关系结论,在行政许可涉及多个主体权益的情形下,许可机关应对许可可能涉及的各方利益予以综合考虑,并避免因未予考虑而给第三方造成严重损害。因此“除应参酌有关幼儿园设立许可领域法律规范,还应参酌房屋租赁领域法律规范”。二是认为不得因为由办学许可法律关系中认定起诉人有利害关系,即认定其有起诉资格,还要进一步考察是否有通过行政复议、行政诉讼进行救济的必要。“通常情况下,之所以不宜承认房屋所有权人对涉出租房屋行政许可的复议申请权或者诉权,是因为所有权人已经通过民事租赁协议方式处分了其房屋的使用权能。如其不同意承租方使用租赁房屋的方式,可以解除协议或者提起民事诉讼,而无通过行政诉讼请求撤销行政许可的必要性。”因此法院的终局逻辑是,综合分析各有关实定法,若起诉人是被诉行为的当事人(明示或未明示),被诉行为会影响其权利或义务,又有救济的必要,则应认为其有原告资格。

Ⅲ 本判例的进一步思考

逐个检视上述思路,尚值得追问的有:(1)行政行为涉及的对象是否都可认定为有程序上的参与地位,从而认定为当事人。若依照规定有参与听证等权利,从而被认定为具有程序上的法定地位,享有程序上的权利,较无争议;若仅因为行政行为过程中需承担一定的角色,如提供证言的证人、提供鉴定结论的鉴定人,便难以认定其当事人地位。假设本案房屋已完成产权登记问题,则尽管办学许可需审核房屋产权证书、租赁合同,但实质上考量的是房屋本身的安全状况,与房屋所有人的所有权无涉,试想若教育部门认为申请人租赁的房屋不符合安全条件不予许可,房屋所有人可否因为其不满教育部门的判断而提起诉讼?故难以通过“许可条件”证立房屋所有人的当事人地位。(2)本案结合多个法律规范导出利害关系,是否超出了必要限度。在刘广明诉张家港市人民政府行政复议案中,法院提出运用保护规范理论时,应以行政机关作出行政行为时所依据的行政实体法和所适用的行政实体法律规范体系,是否要求行政机关考虑、尊重和保护原告诉请保护的权利或法律上的利益,作为判断是否存在公法上利害关系的重要标准。而本案中,显然法院考量的实体法已经超出了行政机关实际适用的法律。可以说,法院将其认为该办学许可中应当予以适用的法,替代了被诉行为实际上的法律依据。诚然,在对规范作解释时,应着眼于整个法律体系,而非孤立看待各个条款,但如法院所述,教育部门在许可审查中,应结合房屋租赁的规定审核房屋是否符合规划设计用途等,其本质意图并非考虑房屋所有人的义务和责任,概其已超出其职权范围。而其发现房屋存在上述问题后,实体上应作出不予许可的决定,但该实体上的问题并不必然要求所有人应当被赋予诉权,因为综合法律适用的结果仍是对房屋本身的安全状况在许可法律关系下的规范后果作出判断,而无对房屋所有人或责任人进行保护或课予其义务的指向,从而难以符合保护规范的本旨。(3)本案在证明了利害关系后,进一步认为原告资格除了利害关系还应考虑诉的利益,笔者理解此处诉的利益应该指救济的必要性。判决提及本案相当特殊,起诉人的权益无法通过民事诉讼获得解决,故有赋予其诉权的必要。故此案诉的利益是构成本案原告资格的必要条件之一而非辅助性理由。若起诉人可以解除租赁合同,则不会面临公法上的不利结果,也无赋予其行政诉权的必要。略有疑问之处在于,本应通过民事诉讼等途径解决的纠纷,若因已进行的诉讼程序无法解决,为何不能通过民事审判监督程序予以解决。当然,从及时化解矛盾纠纷角度来看,本案的做法仍是值得赞赏的。

Ⅳ 本判例的意义

2017 年刘广明诉张家港市人民政府行政复议案[最高人民法院(2017)最高法行申 169 号行政裁定书]中,法院首次以较长篇幅引入了保护规范理论,在判断刘广明与发改部门对第三人投资项目的备案行为是否有利害关系时,认为案涉行为相关法律规范及其立法意旨并不要求保护或者考量项目用地范围内的土地使用权人权益保障问题,因此起诉人以项目范围包含其土地承包经营权为由主张与被诉行为的利害关系,法院不予支持。该案中法院首次提出可采用保护规范理论对公法(行政法)上的利害关系进行判断,即以行政法规范是否要求行政机关考虑、尊重和保护原告诉请保护的权利或法律上的利益,作为判断是否存在公法上利害关系的标准。在对行政法所保护的权益范围进行界定的过程中,如果在对行政法规范进行文义解释后仍存有歧义,可参酌整个行政法规范体系,行政法的立法宗旨以及行政行为的目的、内容和性质等综合进行判断,以便能够扩大法律所保护利益的范围。其后,多个判决中沿用保护规范理论判断原告资格。本案裁判要旨是对保护规范理论的进一步阐释,对哪些规范可作为"保护规范",如何解释规范的"保护目的"进行了补充和拓展,其规范意义有待持续关注。

☐ 参考文献

赵宏:《主观公权利的历史嬗变与当代价值》,载《中外法学》2019 年第 3 期。

朱芒:《行政诉讼中的保护规范说——日本最高法院判例的状况》,载《法律适用》2019 年第 16 期。

何天文:《保护规范理论的引入与问题——基于最高法院裁判的观察》,载《交大法学》2019 年第 4 期。

章剑生:《行政诉讼原告资格中"利害关系"判断结构》,载《中国法学》2019 年第 4 期。

047 被告资格的判断

李春山诉怀远县人民政府房屋强拆案 | 最高人民法院(2017)最高法行申366号行政裁定书

贾圣真 中国民航大学法学院

■ 事实概要

因“文苑安置区”和“昌盛安置区”项目建设需要,李春山的房屋被列入征收拆迁范围。2014年6月18日,怀远县政府的工作人员、怀远县涡北新城区副书记王某亲自到现场指挥,组织公安、行政执法等多人,带着机械设备将李春山的房屋强制拆除。李春山认为,在整个强拆过程中,没有出示任何合法的文件,属于非法强拆,故向人民法院提起行政诉讼。请求:(1)确认怀远县政府强制拆除李春山房屋的行政行为违法;(2)本案的诉讼费用由怀远县政府负担。

安徽省蚌埠市中级人民法院一审认为,《行政诉讼法》第26条第1款规定,公民、法人或者其他组织直接向人民法院提起诉讼的,作出行政行为的行政机关是被告。从李春山提供的证据看,李春山的房屋是被怀远县城市管理行政执法局拆除的,而非县政府实施,县政府不是本案的适格被告,李春山将县政府列为本案被告,系错列被告,经释明李春山明确表示不同意变更。法院以李春山将县政府列为本案被告,系错列被告为由,遂裁定驳回起诉。安徽省高级人民法院二审认为,根据《行政诉讼法》第49条的规定,提起行政诉讼应当符合下列条件:……(2)有明确的被告。该条款所谓“明确的被告”,不仅要求原告起诉时有准确的被告名称表述,而且还要有初步证据证明被诉行政行为是该行政机关所为。如果原告所诉行政行为明显不是所诉行政机关作出,被告不适格,根据《行诉若干解释》第23条第1款的规定,人民法院应当向原告释明,要求其更换正确的被告;原告不同意变更的,裁定驳回起诉。本案中,怀远县政府提交的(怀)城管(规划)罚(2013)98号行政处罚决定书、(怀)行执罚决字(2013)98号行政执法执行决定书、执行公告等能够证明怀远县城市管理行政执法局以其自己名义对李春山的房屋作出了行政处罚及强制执行决定,怀远县政府提交的照片能够证明怀远县城市管理行政执法局于2014年6月18日具体实施了上述强制执行决定的内容,对李春山的房屋实施拆除行为。李春山对该强拆不服而提起的诉讼,应以怀远县城市管理行政执法局为被告。一审法院履行释明义务后,李春山拒不变更被告,裁定驳回其起诉并无不当。

李春山不服,向最高人民法院提起再审申请。李春山称:其提供的照片、证人证言等证据可以证明怀远县政府的工作人员参与主导了对其房屋实施违法拆除行为,怀远县政府属于强拆房屋行为的实施主体,主体适格,一审、二审法院认定事实错误。怀远县政府未提供证明其强拆行为合法性的证据及依据,且其行为违反行政强制法的规定。请求撤销一审、二审裁定并依法改判;确认怀远县政府强制拆除李春山房屋(正在经营的厂房)的行政行为违法。

■ 裁判要旨

Ⅰ.本案的核心争议是再审申请人李春山起诉的被告是否适格的问题。在行政诉讼中,被告适格包含两个层面的含义。第一层含义是形式上适格,亦即《行政诉讼法》第 49 条第 2 项规定的“有明确的被告”。所谓“有明确的被告”,是指起诉状指向了具体的、特定的被诉行政机关。但“明确”不代表“正确”,因此被告适格的第二层含义是实质性适格,也就是《行政诉讼法》第 26 条第 1 款规定的,“公民、法人或者其他组织直接向人民法院提起诉讼的,作出行政行为的行政机关是被告”。又按照《行政诉讼法》第 49 条第 3 项的规定,提起诉讼应当“有具体的诉讼请求和事实根据”,这里的“事实根据”就包括被告“作出行政行为”的相关事实根据。

Ⅱ.再审申请人以怀远县政府对其房屋实施了强制拆除行为为由,以怀远县政府为被告提起本次诉讼,被告虽然是明确的,但并不符合实质性适格的要求。根据原审法院查明的事实,怀远县政府提交的行政处罚决定书、行政执法执行决定书、执行公告等证据已证明系怀远县城市管理行政执法局对再审申请人的房屋具体实施了拆除行为,且怀远县城市管理行政执法局作为政府工作部门是独立的行政主体,亦具有为其行为独立承担法律责任的能力。再审申请人虽提供了照片、证人证言等材料,以此证明怀远县政府是实施主体,但其提供的证据均不能否定怀远县城市管理行政执法局作出的行政处罚决定书、行政执法执行决定书等法律文件的效力。在此情况下,再审申请人仍坚持以怀远县政府为被告进行诉讼,显然不具有《行政诉讼法》第 49 条第 3 项要求的“事实根据”。在原审法院予以释明的情况下,再审申请人仍拒绝变更被告,属于《行诉解释》第 69 条第 1 款第 3 项规定的“错列被告且拒绝变更”,“已经立案的,应当裁定驳回起诉”的情形。一审法院裁定驳回起诉、二审法院裁定驳回上诉,并无不当。至于再审申请人所主张的强拆行为违法等问题,不是在审查是否符合法定起诉条件阶段所应审查的事项,因此对于再审申请人的该项主张,本院不予支持。

■ 评　析

Ⅰ 被告资格的学理阐释

原(被)告“适格”即具备诉讼资格,是指当事人就特定的诉讼有资格以自己的名义成为原告或被告,因而受本案判决拘束。当事人适格理论的主要功能在于选别正当之当事人,以符合诉讼制度目的。就筛选正当原告而言,具有避免滥诉与产生民众诉讼之作用;就筛选正当被告而言,有保护被告免受强制应诉之烦累之作用;就受理案件之法院而言,具有避免浪费司法资源、减轻法院负担等作用。[翁岳生主编:《行政法》(下册),中国法制出版社 2009

年版,第 1376 页]

中国行政诉讼中,被告适格的条件归纳起来有三条:(1)被告应当是机构,而非个人或国家;(2)被告应当是依法成立、具有行政主体资格的机构;(3)原则上对外作出行政行为的机构是被告。[何海波:《行政诉讼法》(第 2 版),法律出版社 2016 年版,第 204 页]也有学者将被告适格的条件归纳为“能力要素”“实施要素”“独立责任要素”三个要素。(沈岿:《行政行为实施主体不明情形下的行政诉讼适格被告——评“程宝田诉历城区人民政府行政强制案再审裁定”》,载《交大法学》2019 年第 3 期)《行政诉讼法》及其司法解释中规定了一套被告认定规则,以确定在行政复议、共同行政行为、授权、委托、行政机关被撤销等各种情形下如何确定被告。

Ⅱ 被告实质适格的证明责任

某类组织是否具备行政诉讼的被告资格,是由《行政诉讼法》及其司法解释规定的,因此形式适格可以依据法律规定直接作出判断,即从组织类型的角度判断该组织是否属于行政机关或法律、法规、规章授权的组织,而无须结合具体案情加以证明。但是在个案中实质适格却是需要结合案件事实加以证明的。本案中法院指出,行政诉讼法规定的起诉条件中,提起诉讼应当“有具体的诉讼请求和事实根据”,这里的“事实根据”就包括被告“作出行政行为”的相关事实根据。法院将初步证明被告实质适格的证明责任分配给原告,要求原告提交被告作出行政行为的相关事实根据。判断和证明“谁作出了行政行为”通常并非难事,若行政行为以书面为载体,可从文书上的署名者判断,没有署名的情况下,以文书的具体内容判断影响原告合法权益的法律上意思表示的作出者。若行政行为非以书面形式作出,可从实施该行为的公务人员所表明的身份或其所属关系判断。(沈岿:《行政行为实施主体不明情形下的行政诉讼适格被告——评“程宝田诉历城区人民政府行政强制案再审裁定”》,载《交大法学》2019 年第 3 期)例如,在本案中,法院即根据文书署名的规则,认定怀远县城市管理行政执法局是强拆行为的实施主体。

值得注意的是,关于强拆案件的被告认定,最高人民法院此后的判例又有发展。一是在强制拆除前没有作出并向当事人送达限期拆除决定等法律文书,强制拆除时没有通知当事人到场或者当事人虽然在强制拆除现场但无法识别实施强制拆除行为的人员身份,强制拆除后也无任何主体主动承担强制拆除责任的情况下,当事人客观上无法举证证明谁是具体实施强制拆除行为的主体,考虑到发布征收公告、拆迁通知的行政机关,以及相关公告、通知中确定的具体实施机关,具有对被征收房屋、土地的征收、拆迁和补偿职责,均有可能实施强制拆除行为,如当事人无法辨明上述主体中由谁具体实施了强制拆除行为,则可以选择其中一个或者多个行政机关为被告提起行政诉讼,但上述主体中已经被法律明确规定为强制拆除实施主体的,当事人仍应以该主体为被告提起诉讼。[最高人民法院(2018)最高法行再 59 号行政裁定书]二是认为可以根据经验法则推定被诉强拆行为的实施主体,进而认定适格被告。[最高人民法院(2018)最高法行申 1801 号行政裁定书]根据《行政诉讼证据规定》第 68 条的规定,按照法律规定推定的事实、根据日常生活经验法则推定的事实,法庭可以直接认定,但是当事人有相反证据足以推翻的除外。在没有充分证据证明被诉行政机关是被诉行政行为的实施主体时,运用推定规则,相对减轻了原告的证明责任,有助于解决行政行为实施主体不明的情况下行政相对人“无人可告”的僵局。

Ⅲ 本判例的意义

行政案件中的被告是否适格,是法院进行实体裁判前必须解决的问题。本案的裁判意义在于,将被告适格区分为形式适格和实质适格,对应后续不同的审查内容和裁判方式,在本案中,法院认为,《行政诉讼法》第 49 条规定的提起诉讼应当“有明确的被告”是形式适格,“正确的被告”是实质适格。原告提交的证据不能证明被告怀远县人民政府实施了强拆行为,因此以怀远县政府为被告提起本次诉讼不符合实质性适格的要求。在确定被告不适格后,也就没有必要再审查行政行为的合法性问题,因此法院对于再审申请人所主张的强拆行为违法等问题不予支持。

形式适格是在一般意义上某一组织是否“有资格”做被告,我国具有行政诉讼被告资格的组织有两类:一是行政机关,二是法律、法规、规章授权组织。例如,行政机关的内设机构如果没有法律、法规、规章授权,在形式上就是不适格的。形式适格是起诉要件,形式上不适格的,应当裁定不予立案或立案后驳回起诉。实质适格是裁判要件,经原告在诉状中指认的被告并不必然具有被告资格,被告资格确立于法院对案件进行全面审查之后作出裁判之时。因此,被告实质适格不是起诉要件,而是法院裁判要件,确定被告资格不是属于原告的起诉权,而是法院的审判权[章剑生:《现代行政法基本理论》(第 2 版下卷),法律出版社 2014 年版,第 804 页]。一个形式上适格的被诉行政机关是否属于本案中的正确的被告,往往要在法院对案件进行实质审查之后才能确定。出于保障相对人诉权,增加查清案件事实的机会的考虑,法院应该先受理案件,再在诉讼过程中进一步审查被告是否实质适格。同样是最高人民法院的一份裁定[最高人民法院(2016)最高法行申 2907 号行政裁定书]指出,“实质性适格问题相对复杂,通常需要通过实体审理查明,如果通过实体审理确实不构成实质性适格,则以理由不具备为由判决驳回原告的诉讼请求。当然,也不排除在特别明显地不具备实质性适格的情况下,在进入实体审理之前即以起诉不符合法定条件为由裁定驳回起诉”。这一论述构成了对本案确立的规则的进一步补充。

参考文献

章剑生:《现代行政法基本理论》(第 2 版下卷),法律出版社 2014 年版。

沈岿:《行政行为实施主体不明情形下的行政诉讼适格被告——评“程宝田诉历城区人民政府行政强制案再审裁定”》,载《交大法学》2019 年第 3 期。

048 推定被告

上海马桥酒店管理有限公司诉上海市闵行区人民政府土地房屋行政强制案 | 最高人民法院(2017)最高法行再102号行政裁定书

矫 姝 上海工程技术大学社会科学学院

■ 事实概要

马桥酒店管理有限公司(以下简称马桥公司)与上海市闵行区北松路1276弄28号房屋(以下简称系争房屋,登记建筑面积为1748.24平方米,国有土地使用权的面积2923平方米)产权人签订了《上海市服装公司职工疗养所(仓库)房地产转让协议》,取得了系争房屋的所有权及相关国有建设用地(以下简称系争土地)的使用权,但未办理过户手续,为实际权利人。2015年12月18日8时,闵行区政府在未告知马桥公司的情况下,强行驱走房屋内的人员,搬走房屋内物品,在3小时内将系争房屋全部拆除。事后,马桥公司多次与闵行区政府下属的马桥镇政府交涉,马桥镇政府动迁办答复称:以建筑面积1403.30平方米计算,要求马桥公司放弃系争土地的使用权,可补偿500万元,并拒绝恢复原状。2016年10月,马桥公司以民事侵权为由,诉至法院,该院以不属民事诉讼受案范围为由,裁定不予立案。马桥公司上诉,二审法院裁定予以维持。

后马桥公司得知闵行区政府曾作出沪(闵)征告〔2010〕第34号征收土地方案公告(以下简称34号公告),根据该公告,系争地块作建设用地,由闵行区政府征收。马桥公司认为自己是系争房屋的合法权利人,应当依法受到保护,而闵行区政府没有依照法定的征收安置程序,强行拆毁马桥公司的房屋,搬走物品,侵害了马桥公司的财产所有权,给其造成巨大的经济损失,遂提起行政诉讼,请求法院:判令闵行区政府依法征收安置马桥公司,返还物品并赔偿马桥公司经济损失。一审法院以"马桥公司并非系争房屋的产权登记人"及系争土地"系国有土地,而34号公告系批准征收集体土地,故马桥公司以34号公告为依据,要求安置,缺乏事实依据"为理由裁定不予立案。马桥公司提起上诉。二审法院虽然承认了马桥公司为实际权利人,但同样认为"34号公告系批准征收相关集体土地,上诉人未提供相应事实依据证明存在被诉行政行为,不符合起诉条件",维持了一审法院的裁定。马桥公司遂向最高人民法院申请再审。

■ 裁判要旨

Ⅰ.马桥公司为系争房屋的实际权利人,依法享有相应的物权,属于适格的原告。

Ⅱ."有明确的被告"主要是指起诉状所列被告的名称等信息足以使被告与其他行政机关或者法律、法规、规章授权的组织相区别,以使人民法院能够送达起诉状副本,保障诉讼程序顺利进行。而对于无书面决定的事实行为,原告只要能够提供初步证据证明事实行为存在且极有可能系起诉状所列被告实施,即应视为已经初步履行了适格被告的举证责任,除非起诉状所列被告明显不适格,或者为规避法定管辖而多列被告,或者原告明显存在滥用诉讼权利情形。按照这个解释标准,本案中马桥公司所提供的34号公告等文件,已经能够初步证明闵行区政府在案涉土地周边地块进行征收,因而极有可能实施或者通过书面、口头等形式委托相关主体实施强制拆除,因此以闵行区政府为被告提起诉讼,符合立案登记条件,一审法院应予登记立案。

Ⅲ.无论是农村集体土地还是国有土地上的房屋征收、强制搬迁、收回国有土地使用权以及随后的土地出让金收取等,均为政府及其职能部门的法定职权,因此,对合法建筑的拆除首先应推定为行政强制行为,除非有证据足以推翻。即使强制拆除行为系基层群众自治组织强制拆除,人民法院也应先行立案并在其后的审理程序查明。由于我国法律并不认可私力救济,因此民事主体等或自治组织负责人违法强制拆除他人合法房屋,涉嫌构成故意毁坏财物罪的,权利人可以依法请求公安机关履行相应职责;人民法院经审查认为有犯罪行为的,应当依据《行政诉讼法》第56条规定,将有关材料移送公安、检察机关。

■ 评　析

Ⅰ 行政法律关系是否存在

被告闵行区政府主张强制拆除行为系基层群众自治组织所为,也就是说否认自己应承担行政法上的责任,一审、二审法院肯定了被告的这种主张。根据一审、二审法院的判断逻辑,本案的系争土地为国有土地,而马桥公司所起诉的34号公告是对集体土地的征收,因此马桥公司要求安置所应依据的国有土地上房屋征收的行政法律关系并没有形成,其诉讼请求也就无事实根据。此种情况下,马桥公司只能通过民事诉讼程序追究实行强制拆除主体的民事侵权责任来进行救济,但业已生效的民事裁定以"系争地块被纳入建设项目征收土地范围,所诉争议不属于平等主体之间的人身、财产争议"为由,否定了马桥公司的民事救济途径。这样一来,实际上使马桥公司最后不得不接受马桥镇政府动迁办提出的以更小的建筑面积算定赔偿金额并放弃土地使用权的要求,很显然这是对马桥公司财产权的重大侵害。

与一、二审法院的判断逻辑不同,最高人民法院认为:在农村集体土地征收以及国有土地上房屋征收领域中,法律、法规将包括拆除建筑物在内的一系列与征收相关的行为的行使权授予了行政机关,并且排除了民事主体的参与(法定职权),如果拆除合法建筑物的行为存在,那么首先应将其推定为行政强制,而涉及该行为的争讼自然也应首先通过行政诉讼的途径解决。同时,如果在其后的实体审判过程中查明确实不存在行政法律关系,拆除建筑的行为系民事主体所为,那么权利主体可以通过民事诉讼程序追究侵权主体的民事侵权责任,并且侵权主体的行为构成故意损坏财物罪的,权利主体也可以依法请求公安机关履行相应职责追究其刑事责任,而人民法院经审查认为有犯罪行为的,也应将有关材料移送公安、检察机关。也就是说,在立案阶段,只要有本应属于行政机关法定职权内容的行为存在,即可推定行政法律关系存在,进而判定原告通过行政诉讼途径提出诉讼请求有事实根据。这样一来,只需要再确定适格的被告,就可以判定马桥公司的起诉符合起诉条件,应予立案。

Ⅱ “明确被告”的解释

根据《行政诉讼法》第 49 条第 2 款的规定,起诉要有“明确的被告”,而至于何为“明确”,在本判例中,最高人民法院通过分配举证责任,实际上做出了一个较为宽松的解释。也就是说原告负有较小的举证责任,只要初步证明自己所列被告“极有可能”实施了所诉行为即可,与此相对,作为被告的行政机关则负有较大的举证责任证明自己与所诉行为无任何关系(而且该证明是在后续的实体审判中进行),并且如下所述,行政机关要想证明无相关性实际上是比较困难的。

如争议焦点一所述,拆除建筑首先被推定为行政强制,而行政强制是为了实现某一具体行政行为的内容而采取的手段。本案中拆除的是马桥公司的合法建筑,因此不是为了除却违法建筑或危险房屋等所实施的强制手段,而更可能是为了占有土地并取得系争地块的使用权所实施的强制手段。而闵行区政府恰好在系争地块周围进行土地征收。此外,闵行区政府主张强制拆除行为系基层群众自治组织所为。在我国基层群众自治组织作为居民自我管理、自我教育、自我服务的组织,虽然不属于行政机关,但是却是在政府的指导下展开工作的。虽然关于这一点最高人民法院在裁判中没有明确指出,但是从其认为闵行区政府极有可能通过书面、口头等形式委托相关主体实施强制拆除这一点来看,最高人民法院还是考虑了二者之间的关系,进而排除基层群众自治组织主动实施拆除系争房屋行为的可能性,并判定闵行区政府为本案的适格被告。

Ⅲ 本判例法理的适用困境

然而在肯定本判例积极意义的同时,不得不指出本判例的裁判逻辑在适用上仍存在局限性。例如,在程宝田诉历城区政府行政强制案(以下简称“程案”)的再审裁判[最高人民法院(2018)最高法行申 1801 号行政裁定书]中,集体土地的征收主体(历城区政府)与实施强拆的主体(华山街道办)分别为不同的行政机关,而最高人民法院虽然认为历城区政府“作出被诉强拆行为的可能性极大”,以其为被告提起诉讼,立案部门先予受理“并无不当”,但是实施强拆的行政主体即华山街道才是该案的适格被告。很显然在“程案”中最高人民法院适用了本判例的逻辑框架:历城区政府“极有可能”实施了被诉的强制拆迁行为,自然可以被推定为适格被告并先予受理,而华山街道办作为“确实”实施了被诉强拆行为的行政主体,才被最终认定为适格被告。这样的适用似乎并无不妥。然而正如有学者所分析指出:华山街道办“缺乏被告适格的‘独立责任要素’”,不应成为“程案”的适格被告,“程案”的适格被告应为历城区政府。(沈岿:《行政行为实施主体不明情形下的行政诉讼适格被告——评“程宝田诉历城区人民政府行政强制案再审裁定”》,载《交大法学》2019 年第 3 期)其实在“程案”中,最高人民法院只需要进一步进行查证,如能查明强制拆除行为为历城区政府授意华山街道办行使,即可判定前者为适格被告。但是本判例的逻辑框架并没有明确要求法院再进行进一步的查证。换个角度说,在本判例中最高人民法院所侧重的是如何说理才能将本案作为行政诉讼案件进行立案,只要在这个程度上能推定出适格被告即可,另外也未曾考虑到“程案”这种出现两个行政主体的情况。因此不得不说,本案的判断逻辑本身仍旧说理不充分,未能从根本上解决如何确定适格被告的问题。

Ⅳ 本判例的积极意义

根据我国《宪法》的规定,私人的财产权受到严格保护,任何单位和个人不得侵犯,但行政机关根据法律的规定,为了公共利益的需要并给予合理补偿的情况下可以对私有财产实行征收征用。本案中,在既没有行政机关依照相关规定作出国有土地上房屋的征收决定,也没有获得合理补偿的情况下,原告马桥公司的合法建筑就被强制拆除。并且在进入再审程序之前,原告提起的民事诉讼及行政诉讼均被驳回,陷入了救济困境。最高人民法院在再审过程中进行了严缜的分析,(1)从法定职权的角度,对拆除合法建筑的行为性质进行了推定;(2)对《行政诉讼法》第 49 条第 2 款所规定的明确被告进行更加宽泛的解释;(3)减少了原告的举证责任,增加了被告的举证责任;(4)进而降低行政诉讼的起诉门槛,最终解决了没有主体承担强制拆迁责任的问题。可以说本判例充分发挥了司法权的积极作用,对接下来的司法裁判具有一定的指导意义,如浙江省湖州市中级人民法院在 2018 年对浙江湖州三利塑化有限公司诉湖州南浔区旧馆镇人民政府行政强制案所做出的裁判,[最高人民法院(2018)浙 05 行终 38 号行政裁定书;赵龙、许婷婷:《行政诉讼适格被告的推定——浙江湖州三利塑化有限公司诉湖州南浔区旧馆镇人民政府行政强制案》,载《人民法院报》2019 年 10 月 17 日,第 6 版]即沿用了本判例的裁判逻辑,是法治进步的重要体现。

此外,在本判例中最高人民法院还指出民事主体等或自治组织负责人违法强制拆除他人合法房屋应承担刑事责任,这也进一步提高了本案中闵行区政府这种(行政机关不依法进行征收补偿,而将责任推脱给基层群众自治组织,以民事责任代替行政责任)行为的成本,能有效防止类似行为在实践中再次发生。

□ 参考文献

王青斌:《行政诉讼被告认定标准的反思与重构》,载《法商研究》2018 年第 5 期。

王彦:《行政诉讼当事人》,人民法院出版社 2005 年版。

049 视为行政委托中的被告

刘结明诉广东省东莞市人民政府驳回行政复议案 ｜ 最高人民法院(2019)最高法行申3190号行政裁定书

展鹏贺 湖南大学法学院

■ 事实概要

2010年4月29日,刘结明与广东省东莞市塘厦镇诸佛岭股份经济联合社(以下简称诸佛岭经联社)签订为期5年的《租赁土地合同书》,双方约定由刘结明租赁诸佛岭一商铺旁55平方米的土地至2015年5月30日。2015年4月17日,诸佛岭经联社股东代表大会经表决作出不续租决定,但事实上刘结明在原合同期满后继续占有所涉土地并在其上经营花场至2017年3月。2017年3月23日,涉案地块上的花场被强制拆除。同日,刘结明通过东莞市12345政务服务热线投诉反应其经营花场遭政府部门强拆,2017年3月30日,刘结明收到12345热线正式回复的塘厦镇政府处理意见,称2017年3月23日塘厦镇委、镇政府组织相关部门执法人员200余人强行拆除涉案土地所处区域违规搭建的铁皮钢架棚200平方米。2017年4月5日,刘结明提起行政复议,要求确认塘厦镇政府的强拆行为违法,并要求归还场地,赔偿损失。塘厦镇政府辩称强拆活动系由诸佛岭经联社为收回土地,组织并出资聘请案外人实施,不属于行政行为。东莞市政府经审查认为,强拆系诸佛岭经联社收回土地使用权行为,刘结明主张强拆系政府实施的行政行为理由不足,于2017年6月1日作出146号复议决定驳回其复议申请。刘结明不服该决定,遂提起行政诉讼,要求确认强拆行为违法,撤销146号复议决定并责令东莞市政府重新作出复议决定。

■ 裁判要旨

I.行政机关委托的组织所做的行政行为,委托机关是被告。在强制拆除案件中,非公权力单位无权实施拆除行为,单独实施强制拆除的,属于民事侵权行为,产生争议通过民事诉讼途径解决,不属于行政复议和行政诉讼的受案范围。但是行政机关参与下,非公权力单位实施强制拆除的,应当视为行政机关委托非公权力单位实施强制拆除,属于行政复议、行政诉讼的受案范围,参与实施强制拆除的行政机关是被告,实施强制拆除的非公权力单位应当作为第三人参加诉讼。本案中尽管塘厦镇政府主张,诸佛岭经联社除支付案涉费用外,还雇佣拆除人员,在有塘厦镇政府亦参与实施被诉强制拆除行为的情况下,复议机关认为强制拆除行为是民事侵权行为,不属于行政复议的受案范围,认定事实不清,但是与行政机关实施强制拆除不同,政府负责协调组织,行政机关的参与视为对非公权力单位的委托。塘厦镇政府认可组织部分行政机关工作人员前往拆除现场维护和监督周边秩序,即是认可参与诸佛岭经联社实施的强制拆除行为,应当依法对强制拆除行为承担法律责任。

Ⅱ.无论是在行政程序还是在诉讼程序中,禁止反言,禁止当事人出尔反尔,是证据采信的基本规则。在当事人申请行政复议、提起行政诉讼之前,行政机关对相关事实作出的认可,比在行政复议、行政诉讼中自认更具真实性。除非有充分证据否定其认可的事实,复议和诉讼中的反言,不足以否定其证明效力。

■ 评　析

Ⅰ 以往判例的梳理

通过对以往判例的梳理,可以发现,在房屋征收以及违法建筑强制拆除所引发的行政争议案件中,因行为责任主体和行为实施主体形式上经常性的分离,导致争议焦点往往集中在具体实施的拆除等行为是否构成行政委托,进而如何确认适格被告的问题。之前判例中对行政委托的认定,如行政机关设立"项目指挥部"等非独立组织或者非公权力组织实施的行为与该行政机关之间是否构成行政委托等情形。对此,法院通常从行为实施主体是否负有相应法定职责,是否能够独立对外承担责任两个方面加以考虑。如在李双德诉宝鸡市渭滨区政府行政强制拆除案[最高人民法院(2018)最高法行申4165号行政裁定书]中,最高人民法院认为,渭滨区政府作为其辖区内法定的征地实施主体,具有依法组织实施征收行为的法定职权,其为实施城中村改造设立的改造指挥部办公室与村委会签订协议,并约定由当地村委会实施建筑拆除行为,应视为行政机关内设机构与村民自治组织签订的委托协议。因此,因村委会强拆行为引发的行政诉讼应当以区政府为适格被告。相近的观点还体现在山西金城保险柜制造有限公司与后北屯社区居民委员会财产损害赔偿纠纷案[最高人民法院(2019)最高法民终93号民事裁定书]中,最高人民法院支持山西省高级人民法院的民事裁定,认为该案中后北屯居委会对涉案建筑物等进行拆除不是其基于自身完全意志的单独行为,而是根据政府部门的"城中村"改造工作要求,按照兴华街道办的指示,协助完成城中村改造整村拆除任务。因此,后北屯居委会拆除行为应视为受委托所实施的行政行为,不属于民事诉讼受理的范围。类似的观点还体现在闫荣军诉郑州二七区人民政府违法拆除地面附属物案[最高人民法院(2018)最高法行申1615号行政裁定书]的再审裁定中。而对于具有实施相应行政管理职权的基层政府实施的强拆行为,在朱如云、李阿仙诉绍兴市越城区人民政府、绍兴市越城区城南街道办事处城建行政强制案[浙江省高级人民法院(2017)浙行终820号行政裁定书]的二审裁定中,法院认为只要上级政府没有作出相关行政处理决定并没有直接参与行为,一般不认定其与直接实施强拆的行政机关间存在行政委托。

在判断非公权力主体具体负责实施的强制拆除行为的性质时,对于行政机关直接与第三方非公权力主体签订委托拆迁协议的,参考李江城诉武汉东湖新技术开发区管理委员会、武汉东湖新技术开发区左岭街道办事处及武汉盛东盛拆迁工程有限公司确认征地拆迁行政许可行为违法案[湖北省武汉市中级人民法院(2019)鄂01行初121号行政裁定书]的裁定,应当直接认定为行政机关的行政委托行为。对于中间存在行政机关设立非行政组织作为委托方情形的,依照浙江省高级人民法院在浙江沸蓝信息发展有限公司杭州三墩三联村店诉杭州市西湖区人民政府、三墩镇人民政府行政强制案[浙江省高级人民法院(2016)浙行终1117号行政裁定书]表现出的判决思路,首先遵循从职权角度的出发点,推定"对集体所有土地上房屋进行强制搬迁系政府及相关职能部门的法定职权,在没有相反证据的情况下,被诉的拆除、搬移行为应首先推定为行政强制行为"。在此基础上,法院进而依据《行诉解释》第20条第1款的规定,认定对行政机关直接设立的非行政组织再委托私法主体进行的强拆行为提起的诉讼,应以该行政机关为适格被告。在该案的判决逻辑上,私法主体实施的强制行为最终被视为行政机关的委托行为。

这种"职权与独立责任主体"结合的判断方式,已经在最高人民法院的司法解释中得到了规则化的体现。例如,《行诉解释》第24条第2款规定:当事人对村民委员会、居民委员会受行政机关委托作出的行为不服提起诉讼的,以委托的行政机关为被告。又如,该解释第25条第1款规定:市、县级人民政府确定的房屋征收部门组织实施房屋征收与补偿工作过程中作出行政行为,被征收人不服提起诉讼的,以房屋征收部门为被告。征收实施单位受房屋征收部门委托,在委托范围内从事的行为,被征收人不服提起诉讼的,应当以房屋征收部门为被告。

Ⅱ 本判例的到达点

相较于以往的案件,本判例的不同之处在于,法院在缺乏相关证据证明塘厦镇政府与直接实施强拆的案外非公权力主体之间存在明显事前委托关系的情况下,在以往遵循的"行政职权—独立责任主体"[江必新、梁凤云:《行政诉讼法理论与实务》(第3版),法律出版社2016年版,第643-644页]考量方式之外,从外在表现形式出发,基于行政机关对强制拆除的现场参与,确认行政委托的成立,即"在非公权力单位实施强制拆除情形下,行政机关的参与视为对非公权力单位的委托,责任应当由委托的行政机关承担"。

从法院的裁判逻辑来看,在判定行政委托成立的内在规范构成要件上,仍然坚持"具有行政管理职权"和"能独立承担行政责任组织"的标准,最终确认塘厦镇政府对所辖区域内拆除违法建筑负有行政管理职权而且是独立承担责任的行政主体。但是,在形式构成要件上,不拘泥于是否存在事前明确的委托关系,而是通过塘厦镇政府对于非公权力主体实施强拆实际参与的外在表现形式,并且通过塘厦镇政府对于组织部分行政机关工作人员前往拆除现场维护和监督周边秩序的自认,视为塘厦镇政府委托非公权力主体实施了强制活动。

Ⅲ 行政委托学理判断标准的不足

学理上对于行政委托的讨论,一般集中在行政主体理论和行政诉讼被告的确定上,通常是从委托关系本身的构造出发,分配委托方和受托方的权利义务以及行为结果的归属。

在判断行政委托是否有效成立的问题上，学理上通常从《行政处罚法》《行政许可法》等法律法规中对行政委托的规定出发，从是否允许委托的法定依据、职权基础、受托人资质条件和委托的要式形式构建行政委托的有效成立要件。[胡建淼主编：《行政诉讼法学》，法律出版社2019年版，第287－288页；周佑勇：《行政法原论》（第3版），北京大学出版社2018年版，第116页]

按照学理上的通行观点，考虑到行政权作为国家公权力所具有的公益性，负有行政管理职权的行政机关不得随意处置由其履行的行政职权，因此在委托行使行政职权时需要采取要式的书面形式，详细规定委托的范围、权限和期限。但是面对行政执法实践中大量存在的行政委托行为，难免存在不严格贯彻要式要件的情形，对于有效要件有瑕疵的行政委托，是否认定委托成立，目前还缺乏深入的讨论。

Ⅵ 判断行政委托成立的逻辑

在本判例中，法院认为，在以行政委托确定非公权力主体实施行为的性质和行政责任主体时，只要行政相对人不足以从外在形式对行政委托的成立产生合理怀疑，或者说只要行政相对人从形式上足以确信非公权力主体是在行使行政机关委托的相关职权，应当视为行政委托成立，至于该具体行为是否事先以要式行为的方式完成委托，并不影响对行政委托成立的判断。塘厦镇政府虽未直接实施强拆行为，但其以组织人员现场指挥和维持秩序的形式直接参与了强拆过程，而且在刘结明通过12345政务热线质疑时，塘厦镇政府亦认可自己在实施拆除过程中的组织和监督活动。因此，在外在形式上，足以使相对人刘结明认为强拆是由塘厦镇政府具体委托给第三方非公权力主体实施的行政行为。至于行政委托的形式是否符合法律规定，涉及后续判断行政行为合法性的问题，不影响对行为法律属性和责任主体的判断，更不能因此影响行政相对人寻求行政法上救济权利的行使。

本判例将行政机关对非公权力主体行为的直接参与视为构成行政委托的外在判断依据，可能会引发关于这种判断标准普遍适用性的追问，即因行政机关的直接参与而被视为行政委托的，是否只适用于非公权力主体的强拆行为？以及在没有其他证据证明的情况下，行政机关在何种程度上的参与才能被视为对非公权力主体的委托？对于第一个问题，虽然实践中由非公权力主体直接实施强拆行为的情形较多，但是行政任务的多元化决定了行政机关的参与行为不可能只局限在非公权力主体实施的强制拆除及类似行为中。至于何种情况下非公权力主体实施的行为可以因行政机关的实际参与被视为行政委托行为，还是要回归对实施行为性质的考量，即从职权标准出发，判断非公权力主体实施的行为是否属于行政职权范围内的事项；对于完全不属于行政活动的事项，即使有行政机关的直接参与也无法认定为行政法意义上的行政委托。对于第二个问题，本判例中实际没有过多论及行政机关参与的程度，因为塘厦镇政府在复议前的自认一方面明确了行为的行政职权属性，另一方面也实际强化了构成行政委托的确信力。那么，针对一般的情形，如果由行政机关参与的非公权力主体实施的行为，在性质上可以归为行政职权的实施活动，在没有行政授权基础和其他明显证据证明事前成立行政委托的情况下，需不需要对行政机关的参与程度提出一定的要求？对此可以从“视同行政委托”的目的出发进行考虑。本判例中法院将行政机关的参与视为对非公权力主体实行行为的行政委托,其目的是解决行为的归类并以此来实现行政法上的法律救济,从行政机关的"参与"行为中推断出行政机关对该行为的知悉与认可。因此参与的形式和程度在这里并不是决定因素,只需确认参与行为是行政机关的有组织行为即可。

☐ 参考文献

江必新、梁凤云:《行政诉讼法理论与实务》(第3版上下卷),法律出版社2016年版。

何海波:《行政诉讼法》(第2版),法律出版社2016年版。

周佑勇:《行政法原论》(第3版),北京大学出版社2018年版。

050 行政协议争议中被告资格的确定

陈前生等诉安徽省金寨县人民政府征收补偿协议案 | 最高人民法院(2016)最高法行申2719号行政裁定书

陈天昊 清华大学公共管理学院

■ 事实概要

2014年6月,金寨县政府为实施该县2014年重点民生工程江店棚户区改造项目(一期),对该项目规划范围内国有土地上的房屋予以征收。2014年7月23日,陈前生、张荣平与金寨县政府确定的负责房屋征收补偿相关具体工作的金寨县征补办签订房屋征收补偿协议。2015年10月,陈前生、张荣平向安徽省六安市中级人民法院起诉称:被告金寨县政府组织实施金寨县2014年重点民生工程棚户区改造(一期)规划范围内国有土地上房屋征收中,对原告采用欺骗施压方法,于2014年7月23日和原告签订了房屋征收补偿协议。协议内容不是原告的真实意思表示,且存在原告部分房屋未得到补偿、房屋评估价格不公平、土地使用权未予补偿、违法先予拆除了原告的房屋等情况。被告的行为违反法律、法规,所签订的协议无效。

安徽省六安市中级人民法院一审认为:金寨县国有土地房屋征收补偿办公室(以下简称金寨县征补办)是金寨县政府确定的组织实施房屋征收补偿工作的房屋征收部门,与陈前生、张荣平签订房屋征收补偿协议,订立协议的主体合法。陈前生、张荣平诉请撤销该协议,依据合同相对性原则,应当以订立协议的房屋征收部门为被告,将金寨县政府列为被告系主体错误,驳回陈前生、张荣平的起诉。安徽省高级人民法院二审认为:根据《国有土地上房屋征收与补偿条例》第4条第2款、第25条的规定,签订房屋征收补偿协议的主体,一方为房屋征收部门,另一方为被征收人。因征收补偿协议产生纠纷,被征收人提起诉讼的,应以协议的另一方即房屋征收部门为被告。本案中,房屋征收补偿协议的一方当事人为被征收人陈前生、张荣平,另一方为金寨县政府确定的负责房屋征收补偿相关具体工作的金寨县征补办。被征收人陈前生、张荣平起诉要求撤销房屋征收补偿协议,应以该办公室为被告。陈前生、张荣平错列金寨县政府为被告,且在一审法院明确告知后拒绝变更,属于"错列被告且拒绝变更的"情形,故一审法院裁定驳回起诉并无不当。

■ 裁判要旨

I. 以协议相对方以外的其他主体为被告违背了合同相对性原则。再审申请人系针对其与金寨县征补办签订的房屋征收补偿协议提起诉讼,请求人民法院判决撤销该协议,并判决被告予以补偿、赔偿。根据《行政诉讼法》第12条第1款第11项的规定,认为行政机关不依法履行、未按照约定履行或者违法变更、解除政府特许经营协议、土地房屋征收补偿协议等协议的,属于行政诉讼受案范围。因此本案属于行政协议之诉。所谓行政协议,是指行政机关为实现公共利益或者行政管理目标,在法定职责范围内,与公民、法人或者其他组织协商订立的具有行政法上权利义务内容的协议。尽管行政协议在性质上仍然属于一种行政行为,在主体、标的以及目标等方面与民事合同多有不同,但它的确是一种"最少公法色彩、最多私法色彩"的新型行政行为。与民事合同类似,行政协议同样是一种合同,同样基于双方或者多方当事人的意思合致,同样具有合同当事人地位平等以及非强制性等特点。正是基于这种类似性,《行诉适用解释》第14条规定,在行政协议诉讼中"可以适用不违反行政法和行政诉讼法强制性规定的民事法律规范"。在民事合同法律规范中,合同相对性原则具有基础地位。该原则,是指合同主要在特定的合同当事人之间发生法律约束力,只有合同当事人一方才能基于合同向合同的相对方提出请求或者提起诉讼,而不能向合同相对方以外的其他主体主张。本案中,金寨县征补办系依据《国有土地上房屋征收与补偿条例》第25条与再审申请人订立房屋征收补偿协议。而该条第2款"补偿协议订立后,一方当事人不履行补偿协议约定的义务的,另一方当事人可以依法提起诉讼"的规定也正是合同相对性原则的具体体现。所以,如果再审申请人针对补偿协议提起诉讼,只能以协议的相对方金寨县征补办为被告,其以合同相对方以外的其他主体金寨县政府为被告提起诉讼,是对合同相对性原则的违反,也是对《国有土地上房屋征收与补偿条例》第25条第2款规定的违背。

Ⅱ.法定主体原则要求"谁行为,谁为被告"。行政协议虽以合同的面貌出现,但说到底还是一种行政行为,即以传统的行政诉讼当事人规则审视本案,金寨县政府也不应成为适格的被告。在行政诉讼中,确定适格被告的依据是法定主体原则,即行政机关作出了被诉的行政行为,或者没有作出被诉的行政行为,但该机关在此范围内能对争议的标的进行处分。《行政诉讼法》第26条第1款"公民、法人或者其他组织直接向人民法院提起诉讼的,作出行政行为的行政机关是被告"的规定就是法定主体原则的具体体现。通常情况下,法定主体原则具体包括这样两个要件:(1)谁行为,谁为被告;(2)行为者,能为处分。对行政协议之诉而言,所谓"谁行为",就是指谁是行政协议的相对方;"能为处分",就是指该相对方有能力履行协议所约定的给付义务。本案中,金寨县征补办是房屋征收补偿协议的另一方当事人,并无争议。再审申请人所强调的是,依照《国有土地上房屋征收与补偿条例》第4条第1款的规定,"市、县级人民政府负责本行政区域的房屋征收与补偿工作",这无疑已确定金寨县政府的征收补偿主体资格,签订房屋征收补偿协议只是一种具体落实。因此,其以金寨县政府为被告提起诉讼,完全符合条例的原意。《国有土地上房屋征收与补偿条例》第4条第1款规定:"市、县级人民政府负责本行政区域的房屋征收与补偿工作。"但这里所谓的"负责",只是明确一种主体责任,并非指该行政区域房屋征收与补偿方面的所有工作都由市、县级人民政府负责。考虑到房屋征收与补偿工作量大面广,不可能都由人民政府具体实施，该条第2款紧接着规定：市、县级人民政府确定的房屋征收部门组织实施本行政区域的房屋征收与补偿工作。房屋征收部门与市、县级人民政府在房屋征收与补偿工作中各有分工，各负其责。例如，依照该条例第25条的规定，与被征收人订立补偿协议就由房屋征收部门以自己的名义进行；达不成补偿协议的，则依照该条例第26条的规定，由房屋征收部门报请市、县级人民政府作出补偿决定。房屋征收部门虽然是由“市、县级人民政府确定”，但其职责并非由市、县级人民政府授权，也非由市、县级人民政府委托，其和市、县级人民政府一样，都是在该条例的授权之下以自己的名义履行职责。此外，金寨县征补办也有能力履行协议所约定的给付义务，从而具有诉讼实施权。依照该条例第12条第2款的规定，在金寨县政府因涉案建设项目而作出房屋征收决定前，征收补偿费用应当足额到位、专户存储、专款专用。即使金寨县征补办在房屋征收补偿协议诉讼中被判令承担继续履行、采取补救措施或者赔偿损失等责任，也因有充分的资金准备而具有承担法律责任的能力。

■ 评 析

Ⅰ 以往判例的观点

本判例之前，在行政协议争议中被告的确定问题上，最高人民法院已经作出了相同裁判。

在赵明星与湖南省张家界市永定区人民政府行政征收补偿案［最高人民法院(2016)最高法行申463号行政裁定书］中，2012年6月1日，张家界市永定区人民政府作出了“张定政决〔2012〕第3号”房屋征收决定，并发布了公告。2012年9月7日，赵明星作为被征收人与永定区征收办签订了补偿协议。后因永定区征收办未按协议约定向赵明星交付产权调换房屋，赵明星于2015年7月15日以永定区政府为被告向一审法院提起诉讼，要求永定区政府按协议履约并承担违约责任。针对该案中的被告问题，最高人民法院指出：“本案永定区征收办作为法定授权的组织，具有行政主体资格，是本案行政诉讼的适格被告。永定区政府不是本案发生争议的补偿协议的签订主体，不是本案的适格被告。”这段论述便隐含了确定行政协议争议被告的基本规则，即必须既是协议关系的当事人，又具有行政主体资格。

Ⅱ 行政协议争议被告确立的学理框架

基于相关判例，关于行政协议争议被告确立的问题，可以初步提炼出下述分析框架：(1)行政协议争议的被告应该既作为行政协议的一方当事人，又负有相应的行政管理职责；(2)若行政协议中的当事人皆不负有相应行政管理职责，则应审查协议当事人是否与其他行政主体存在委托关系，基于该委托关系，便应以委托涉案当事人订立该协议的行政主体为行政协议的实际当事人，确定其为被告。

上述裁判逻辑根源于行政协议兼有“契约性”与“行政性”的双重属性，这导致进入协议关系中的政府一方必须仍然保留作为“公共事务的管理者”的身份，因此确立行政协议争议被告时也应以负有相应行政管理职责为必要条件,在此前提下,同时考虑其与协议当事人之间的委托关系,以缓和与合同相对性原则的紧张。

Ⅲ 本判例的意义

以既有裁判逻辑为基础,本判例中最高人民法院首次对行政协议争议中的被告确定问题作出了细致的阐释,明确提炼了确立行政协议争议被告的两条基本规则:一是基于合同相对性原则应选择协议相对方为被告,二是基于法定主体原则选择享有相关行政职责的主体为被告。在本案中,金寨县征补办既是征收补偿协议的一方当事人,又依据《国有土地上房屋征收与补偿条例》获得授权以自己的名义履行职责,因此应成为本案的适格被告。

本判例作出之后,最高人民法院明确延续了该裁判逻辑,如在葛新言、陆景侠诉蒙城县人民政府、蒙城县城市房屋征收管理办公室、蒙城县城关镇人民政府房屋征收补偿协议案[最高人民法院(2017)最高法行申3015号行政裁定书]中,最高人民法院认为,再审申请人葛新言、陆景侠系以蒙城县政府、蒙城县征收办、城关镇政府为被告提起本案诉讼,其诉讼请求为撤销葛耀绩与蒙城县征收办、城关镇政府于2012年12月11日签订的2-96号房屋征收补偿协议。按照《行政诉讼法》第26条第1款和第4款的规定,"公民、法人或者其他组织直接向人民法院提起诉讼的,作出行政行为的行政机关是被告","两个以上行政机关作出同一行政行为的,共同作出行政行为的行政机关是共同被告"。就行政协议之诉而言,由于行政协议系行政机关采用合同方式实施行政职权,在确定适格被告方面也应遵循合同法上的"相对性原则",通常只能针对合同或者协议的相对方主张权利。从再审申请人提交的被诉房屋征收补偿协议来看,协议签订的甲方为蒙城县征收办,乙方为葛耀绩,并载明征收实施单位为城关镇政府。再审申请人以并非合同相对方的蒙城县政府为共同被告提起诉讼,不仅违背《行政诉讼法》第26条的规定,也不符合合同法上的"相对性原则"。一审法院在告知其不应以蒙城县政府为被告且其拒绝变更的情况下裁定不予立案,结果并无不当。虽然一审法院告知其"应以征收实施单位为被告"并不准确,但二审法院认为"房屋征收部门为蒙城县征收办,且其作为房屋征收补偿协议的签订方,系本案适格被告",已经修正了一审的观点。

然而本判例尚未解决的问题是,若协议的双方当事人都不是行政主体,皆不负有相应职责,那么围绕该行政协议发生争议的被告应如何确定。最高人民法院的后续判例,逐步回答了这个问题。例如,在章林海、安吉县人民政府资源行政管理争议案件[最高人民法院(2017)最高法行申5890号行政裁定书]中,补偿安置协议由安吉县城建公司与章林海签订,而最高人民法院指出:"本案安吉××灵芝路南侧区块旧城改造项目系集体土地征收,依法应当由安吉县国土资源局组织实施相关具体补偿安置工作。经一审、二审法院查明,安吉城建公司受安吉县国土资源局委托与章林海订立补偿安置协议,安吉县政府并非合同订立一方。章林海经一审法院释明后,坚持以安吉县政府为被告提起行政诉讼,不符合《行政诉讼法》第26条第5款有关'行政机关委托的组织所作的行政行为,委托的行政机关是被告'的规定",因此应以安吉县国土资源局为该案被告。可见,行政协议争议中被告的确定,应以承担相应行政管理职责为必要条件,若双方当事人皆不负有相应职责,则应当审查确定一方当事人是否受到了负有相应职责的主体的委托,在存在委托的情况下,应将委托主体视为协议关系的实际当事人,进而满足了本判例所确定之规则,确定以该主体为被告。

□ 参考文献

陈无风:《司法审查图景中行政协议主体的适格》,载《中国法学》2018 年第 2 期。

陈天昊:《行政协议的识别与边界》,载《中国法学》2019 年第 1 期。

051 起诉条件中“事实根据”的认定

杨学奎诉天津市津南区人民政府等房屋行政强制拆除案 | 最高人民法院(2016)最高法行申2301号行政裁定书

郭 兵 浙江理工大学法政学院

■ 事实概要

2013年7月5日,杨学奎所有的位于天津市津南区咸水沽镇刘家码头村1区116号的房屋被强制拆除,致使其房屋内财产被损毁、灭失。为此,杨学奎将天津市津南区人民政府(以下简称津南区政府)、天津市津南区咸水沽镇人民政府(以下简称咸水沽镇政府)诉至天津市第二中级人民法院,请求法院确认两被告对其房屋实施强制拆除的行政行为违法,并判令两被告采取将其房屋在原址恢复原状的补救措施。杨学奎向一审法院提交了由咸水沽镇政府出具的答复意见书,该意见书中载明,刘家码头村进行土地整合,依据《咸水沽镇示范镇建设整合拆迁方案》,天津市津南区咸水沽镇人民政府向区集拆办报请促拆手续,批准向其下发促拆告知书,并贴公告,最后由区政府下发促拆执行公告。因其诉求过高,镇党委书记、镇长亲自对其做思想工作,主管副镇长吕志华、韩世正及负责拆迁的机关干部10余人找其协商,最终没有达成一致。2013年7月5日对其房屋进行了促拆,拆迁过程有全程录像。

一审法院审理后认为,杨学奎所提交的证据不能证明津南区政府实施了强制拆除其房屋的行为,杨学奎对津南区政府的起诉没有事实根据,不符合《行政诉讼法》第49条第3项规定的起诉条件。一审法院据此作出行政裁定,驳回杨学奎的起诉。杨学奎不服,上诉至天津市高级人民法院。杨学奎向二审法院提交了天津市津南区集体土地房屋拆迁管理办公室对再审申请人作出的促拆告知书。该告知书中载明,刘家码头村委会如认为被告知人杨学奎拒不搬迁的滞留行为已经严重侵犯了本村绝大多数村民的利益,既可以依照《村民委员会组织法》的有关规定议决后申请有关部门予以拆除,也可以通过司法途径予以拆除。二审法院同样认为,杨学奎向法院提供的证据不能证实津南区政府实施了强制拆除其房屋的行为,其起诉不符合《行政诉讼法》第49条第3项规定的起诉条件。二审法院据此作出行政裁定,驳回上诉,维持一审裁定。杨学奎不服二审裁定,向最高人民法院申请再审。

■ 裁判要旨

Ⅰ. 根据《行政诉讼法》第49条的规定,提起行政诉讼应当有“具体的诉讼请求和事实根据”。通常认为,所谓“事实根据”,是指一种“原因事实”,也就是能使诉讼标的特定化或者能被识别所需的最低限度的事实,通俗地说,是指至少能够证明所争议的行政法上的权利义务关系客观存在。例如,如果请求撤销一个行政决定,就要附具该行政决定;如果起诉一个事实行为,则要初步证明是被告实施了所指控的事实行为。再审申请人提起本案诉讼,系指控再审被申请人津南区政府、咸水沽镇政府对其房屋共同实施了强制拆除的行政行为,故本案的被诉行政行为是实施强制拆除房屋的事实行为。

Ⅱ.再审申请人以咸水沽镇政府出具的答复意见书和天津市津南区集体土地房屋拆迁管理办公室对其作出的促拆告知书佐证津南区政府对其房屋实施了强制拆除。经审查,咸水沽镇政府出具的答复意见书是该政府于2015年1月29日对王玉娟作出的信访答复。即使该意见书所载报请批准过程属实,也不能证明津南区政府对涉案房屋具体实施了强制拆除。天津市津南区集体土地房屋拆迁管理办公室所作促拆告知书则是该办公室就刘家码头村委会与再审申请人之间的拆迁争议调解无果后,于2013年6月14日对再审申请人所作关于双方权利义务的告知。关于刘家码头村委会的权利,该告知书载明,“刘家码头村委会如认为被告知人杨学奎拒不搬迁的滞留行为已经严重侵犯了本村绝大多数村民的利益,既可以依照《村民委员会组织法》的有关规定议决后申请有关部门予以拆除,也可以通过司法途径予以拆除”。可见,再审申请人认为该告知书的内容可以证明该办公室明确指示咸水沽镇政府可以拆除再审申请人房屋与事实并不相符。同时,该告知书亦不能证明天津市津南区集体土地房屋拆迁管理办公室或者津南区政府对涉案房屋具体实施了强制拆除。

■ 评　析

Ⅰ 事实根据及其认定的学理

事实根据是《行政诉讼法》明确规定的起诉条件之一,然而,对于事实根据的内涵界定与认定标准,我国行政法学界并未达成有效的共识。有学者认为,事实根据是指原告向法院起诉时明确提出诉讼请求所依据的事实和理由,包括争议事实发生的全部经过,以及能够证明案情事实存在的必要证据。(应松年主编:《行政法与行政诉讼法学》,高等教育出版社2017年版,第497页)对于起诉条件中事实根据的具体认定标准,并未进一步加以明确。还有学者认为,事实根据也就是诉讼理由,是指“原告向法院起诉时明确提出诉讼请求所依据的事实和根据,即不仅包括案件事实,而且还应包括诉讼请求的法律、法规依据。其中案情事实是指证明行政法律关系发生、变更、消灭的事实,原告合法权益受到侵害的事实;证据事实是指证明案情事实存在的必要根据”。“要求原告提供相应的事实根据,旨在防止滥诉发生,要求原告在起诉时应有一定的事实根据,并非要求原告承担举证责任。”[姜明安主编:《行政法与行政诉讼法》(第7版),北京大学出版社、高等教育出版社2019年版,第483页]还有学者认为,事实根据不包括法律依据,是“由原告提供的可以支持诉讼请求的事实”。事实根据的认定只需要达到初步证明诉讼请求成立的程度就满足了起诉条件的要求,“即不需要达到满足法院作出实体裁判的证明要求,有‘说得过去’的事实依据即可”。[章剑生:《现代行政法总

论》(第2版),法律出版社2019年版,第517页]

来自司法实务的法官认为,事实根据是指“起诉人请求人民法院予以保护的行政行为侵犯合法权益所依据的案件事实、证据事实和法律根据。案件事实是指争议事实发生的全部经过;证据事实是证明案件事实存在的必要证据;法律根据是指行政争议发生的事实以及主张该种请求的法律依据”。在对起诉条件中事实根据的认定进行深入分析的基础上,进而认为起诉人“只要能够初步证明该事实即可,无须达到实体裁判要件的程度”“法院不能要求起诉人在起诉时就证明其诉讼请求是能够得到法院支持的,如果那样,实际上就取消了庭审质证的意义”。同时,在行政诉讼中对事实根据的认定“较为理想的做法是将此要求作为倡导性条款理解,如果作为强制性条款理解,容易造成部分法院对起诉条件掌握过于严格,混淆起诉条件和实体裁判要件之间的界限”。[江必新、梁凤云:《行政诉讼法理论与实务》(第2版),北京大学出版社2011年版,第734页]在全国人大常委会法制工作委员会行政法室所编著的《中华人民共和国行政诉讼法解读》中对事实根据并未进行具体界定,但对其认定标准进行了立法理由说明,即“按照有关司法解释的规定,当事人一般能够证明行政行为存在即可。这里主要是证明行政行为存在的事实根据,一般不包括其他诉讼请求的事实根据。证明行政行为存在的事实根据可以是行政决定书等直接证据,也可以是能够证明存在被诉行政行为的间接证据,法院不能简单以没有行政行为的书面法律文件为由拒绝受理案件”。(袁杰主编,全国人大常委会法制工作委员会行政法室编著:《中华人民共和国行政诉讼法解读》,中国法制出版社2014年版,第136页)

综上可见,虽然目前行政法学界对于起诉时的事实根据是否包含法律依据尚存在明显的争议,但是学界就事实根据的认定低于举证责任要求的标准基本上是达成了初步共识的。

Ⅱ 相关判例的观点

在郝花诉河北省石家庄市裕华区人民政府强制拆除纠纷再审案[最高人民法院(2016)最高法行申3040号行政裁定书,以下简称“郝花案”]中,最高人民法院对于事实根据的认定标准基本延续了本案的标准,即“能使诉讼标的特定化或者被识别所需要的最低限度的事实,即至少能够证明所争议的行政法上的权利义务关系客观存在的事实”。但是在具体认定案涉事实根据时,“郝花案”和本判例也存在明显的差异。在“郝花案”中,最高人民法院认为该案所涉事实根据具体指的是“能够初步证明裕华区政府实施过强制拆除行为的事实”,换言之,郝花向法院提交的《限期拆除通知书》和《石家庄市公安局行政复议决定书》是否符合事实根据的认定标准。第一份证据《限期拆除通知书》中明确载明,“限你户于2009年5月27日前自行拆除;逾期不拆,裕华区政府将组织有关部门依法予以拆除”,第二份证据《石家庄市公安局行政复议决定书》中石家庄市公安局裕华分局有“裕华区政府组织有关部门对郝花的宅基地进行强拆”的陈述。对此,最高人民法院认为,第一份证据“尽管不能直接证明裕华区政府实施了强制拆除行为,但在案涉房屋并非自行拆除的情况下,不能排除裕华区政府组织有关部门拆除的可能”,加上第二份证据中石家庄市公安局裕华分局的陈述,足以认定“郝花已经完成了证明强拆行为存在的初步的证明责任”,因而其起诉具有“事实根据”。在“郝花案”中,最高人民法院认为二审法院以缺乏“事实根据”为由驳回起诉确有不当,二审裁定混淆了作为起诉条件的“事实根据”和作为支持实体权利主张的实体法上的“事实根据”,以后者的举证标准要求前者,提高了作为起诉条件的“事实根据”的证明标准,不利于保护原告的合法诉权。由此可见,最高人民法院在“郝花案”中虽然延续了本案中对事实根据的内涵界定,但是对起诉时事实根据的认定标准则相对宽松得多。

Ⅲ 本判例的意义

在本判例之前,起诉条件中事实根据的学术观点往往并未结合司法案例进行理论阐释。虽然学界就事实根据认定低于举证责任要求的标准初步达成了共识,但这一标准如何适用仍然缺乏具体的操作指引。正因如此,在本判例中,最高人民法院通过个案的方式对事实根据认定的司法适用起到了非常重要的指引作用。本案中,事实根据的认定在一定程度上延续了本案审判长李广宇法官在《新行政诉讼法逐条注释》(法律出版社 2015 年版)中所赞同的学术观点,即“能使诉讼标的特定化或者被识别所需的最低限度的事实”;同时,也赋予了“最低限度”标准更加多元化的内涵,即“至少能够证明所争议的行政法上的权利义务关系客观存在”。具体而言,如果是某一行政决定引发的行政争议,这种“最低限度”标准相对容易实现,只要原告附具该行政决定即可达到这一标准;而如果是某一事实行为引发的争议,那么如何认定原告达到了“最低限度”标准,仍需结合个案对“初步证明是被告实施了所指控的事实行为”加以具体认定。相对于“郝花案”而言,最高人民法院在本判例中对“最低限度”标准所持有的审查态度更为保守,无论是咸水沽镇政府出具的答复意见书,还是天津市津南区集体土地房屋拆迁管理办公室所作促拆告知书,完全可以“初步证明是被告实施了所指控的事实行为”。就此而言,“郝花案”可以看作最高人民法院对“最低限度”标准在个案适用方面的一个立场修正,这一修正也更加符合“最低限度”标准的实质要求。

参考文献

应松年主编:《行政法与行政诉讼法学》,高等教育出版社 2017 年版。

姜明安主编:《行政法与行政诉讼法》(第 7 版),北京大学出版社、高等教育出版社 2019 年版。

章剑生:《现代行政法总论》(第 2 版),法律出版社 2019 年版。

江必新、梁凤云:《行政诉讼法理论与实务》(第 2 版),北京大学出版社 2011 年版。

李广宇:《新行政诉讼法逐条注释》,法律出版社 2015 年版。

052 提起履行法定职责之诉的条件

李国秀诉山东省人民政府不履行法定职责案 | 最高人民法院
(2016)最高法行申2864号行政判决书

刘雪鹂 浙江大学光华法学院

■ 事实概要

2015年7月6日,李国秀以邮寄形式,向山东省人民政府递交书面材料,请求山东省人民政府:其一,依法对鲁政发[1994]1号《山东省人民政府关于城镇住房制度改革的意见(试行)》中关于平房和自管公房的房改具体问题和事项进行明确解释;其二,请求山东省人民政府对1984年搬迁安置房出现的问题,尽快出台法规和政策,并执行和落实好"历史遗留的"产权调换和危房安置、安鉴问题。山东省人民政府于7月7日收到该报告后,将其归类于人民群众来信来访事项,转到中共山东省委山东省人民政府信访局,按照信访事项进行处理。李国秀不服,向山东省济南市中级人民法院提起诉讼。请求法院判令被告依法对原告《致山东省人民政府关于现居住公房包括自管公房职工参加房改请求报告》的请求事项予以处理。山东省济南市中级人民法院认为李国秀反映的事项属于信访事项,根据相关规定,山东省人民政府对李国秀反映的信访事项予以转办处理的行为,不属于行政案件的受案范围。据此作出(2015)济行初字第667号行政裁定,驳回李国秀的起诉。李国秀不服,提起上诉。山东省高级人民法院二审以同一理由裁定驳回其上诉,维持原裁定。李国秀不服,向最高人民法院提起再审申请。

■ 裁判要旨

Ⅰ.一般来讲,公民、法人或者其他组织提起履行职责之诉至少应当具备这样几个条件:第一,向行政机关提出过申请,并且行政机关明确予以拒绝或者逾期不予答复。第二,所申请的事项具有实体法上的请求权基础,要求行政机关依照其申请作出的特定行政行为,必须具有法定的权利依据。第三,向一个有管辖权的行政机关提出,这种管辖权既包括该行政机关是否主管申请人所申请的专业事务,也包括同一专业事务中不同地域、不同级别的行政机关之间对于管辖权的具体分工。第四,申请行政机关作出的行为应当是一个具体的、特定的行政行为。第五,行政机关对于原告申请的拒绝,可能侵害的必须是属于原告自己的主观权利。在原告不具备主观权利的情况下,即使行政机关的不作为有可能侵害公共利益,个体也未必具有提起行政诉讼的权利。

Ⅱ.本案中,从再审申请人请求报告的内容来看,其核心是请求山东省人民政府对相关政策进行解释并要求尽快出台相关法规政策。这种请求在性质上属于要求行政机关进行一般性的规范创制。应当承认,公民、法人或者其他组织的合法权益,不仅会由于具体行政行为而遭受侵害,也会由于行政机关应当颁布而未颁布相应规范而受到影响。但是,《行政诉讼法》只是规定公民、法人或者其他组织在针对行政机关作出的行政行为起诉时才可以一并请求对该行政行为所依据的规范性文件进行审查,并没有规定可以直接提起要求行政机关依照其申请制定规范或解释规范的规范颁布之诉,从这个意义上讲,再审申请人提起的本案之诉,既不符合履行职责之诉的法定起诉条件,也不属于行政诉讼的受案范围。

■ 评 析

Ⅰ 以往判例观点

本判例之前,针对履行法定职责之诉的提起条件,最高人民法院并没有明确解释。具体而言,有的判例,只是借用履行法定职责之诉解释行政诉讼的受案范围;有的判例,结合案件争议点,部分解释了履行法定职责之诉的提起条件。

在张宗信诉国家信访局不履行法定职责上诉案[最高人民法院(2004)最高法行终字第5号行政裁定书]中,对原告要求被告国家信访局履行对报复杀人和经济犯罪问题作出定性处理决定,这一诉讼请求,法院认为其不属于《行政诉讼法》(1989年)第11条第1款第5项,人民法院应当依法受理的案件。法院在判决理由中只是借用履行法定职责之诉,来论证原告提起的诉讼不属于行政诉讼的受案范围。在安阳豫龙氯钠化工有限责任公司不履行法定职责申诉案[最高人民法院(2015)最高法行监字第596号行政裁定书]中,法院认为,申请人对被申请人处理信访事项的行为提起的履行法定职责之诉,属于《行诉若干解释》第1条第5项当事人对行政行为提起申诉的重复处理行为,因而不属于行政诉讼的受案范围。

在一个请求给付取暖费案[最高人民法院(2015)行监字第960号行政裁定书]中,王秀云请求判令太平区政府给付取暖费及今后按年度报销取暖费,该项诉讼请求属于不履行法定职责之诉。针对该诉讼,最高人民法院在判决理由中,依据法律、司法解释的相关规定,间接阐释了履行法定职责之诉的2个提起条件:第一,原告需要向行政机关提出过申请;第二,原告需要向有管辖权的行政机关起诉。在唐五、贵四等73人诉广东省人民政府不履行法定职责行政纠纷案[最高人民法院(2016)最高法行申735号行政判决书]中,法院认为再审申请人提出的履行法定职责之诉,如果被告明显不具有相应职责,可以作为起诉不符合法定条件的一个情况。

由此可见,在本判例之前,从最高人民法院相关行政裁判的内容看,在履行法定职责之诉的提起条件问题上,最高人民法院并没有建构系统解释规则,以行政诉讼类型整合行政诉讼起诉条件的学理框架尚未影响到最高人民法院的裁判立场。

Ⅱ 履行法定职责之诉起诉条件的学理框架

与最高人民法院运用行政诉讼类型,整合我国行政诉讼程序规范不同,在《行政诉讼法》修改前后都没有明确规定行政诉讼类型的背景下,学者对行政诉讼类型的本土化建构有较大分歧。有的学者主张,部分学者对于行政诉讼类型的功能认识存在误区。在本没有行政诉讼类型的制度环境中推动诉讼类型明文化,可能对原告而言,加重了其起诉负担。(刘飞:《行政诉讼制度专题研究——中德比较的视角》,法律出版社2016年版,第119页)也有学者认为,《行诉适用解释》对诉讼请求的细化规定,可以视为行政审判推动我国行政诉讼类型发展的积极信号。(胡建淼主编:《行政诉讼法学》,法律出版社2019年版,第201页)在一本权威教科书中,学者主张"诉讼请求不同决定了诉的种类不同"。[姜明安主编:《行政法与行政诉讼法》(第7版),北京大学出版社、高等教育出版社2019年版,第479页]由此,《行诉解释》第68条第2项对履行法定职责诉讼请求的列举,可以提炼为履行法定职责之诉这一诉的类型。

然而,《行诉解释》并没有针对诉讼请求的不同细化解释对应的起诉条件。针对不同的诉讼类型对应不同的起诉条件,学界并没有达成共识。主要有以下两种观点:(1)履行法定职责诉讼类似德国法上的课以义务诉讼,即尽管《行政诉讼法》没有规定课以义务,但结合本法第72条对履行职责判决的规定,认为履行法定职责诉讼大致接近课以义务诉讼;(2)履行法定职责诉讼不同于课以义务诉讼,即履行法定职责诉讼的诉讼请求是履行法律规定的职责,在内涵外延上与课以义务诉讼所指的行政行为不相同。(《行政诉讼法司法解释实务指南与疑难解答》,中国法制出版社2018年版,第207-209页)

Ⅲ 本判例的规范性逻辑

在本判例中,最高人民法院表现出来的法律立场遵循了前述行政诉讼类型建构的学理框架。最高人民法院和一审、二审法院在本判例中形成了两种完全不同的逻辑思路。从某种意义上说,本判例是运用行政诉讼类型思维解决行政诉讼起诉条件的尝试。

原告在针对鲁政发[1994]1号政令提起行政诉讼时,其诉讼请求是要求被告履行对该政令某些条款进行解释的法定职责,原告认为,其采用邮寄请求报告的形式向被告申请,与平时的人民来信不同。被告将其归类于人民群众来信来访事项,转到山东省人民政府信访局,按照信访事项进行处理。

一审、二审法院在本判例中的立场基本一致。一审、二审法院均认为,被告无信访事项处理职权,其将原告反映的问题转交信访部门处理符合法律规定。因原告反映的事项属于信访事项,根据相关规定,被告对原告反映的信访事项予以转办处理的行为,不属于行政案件的受案范围。据此作出行政裁定,驳回原告的起诉。也就是说,一审、二审法院对于原告的诉讼请求,大致遵循所诉行为是否属于行政诉讼受案范围的思路,根本没有涉及行政诉讼类型,更遑论解释履行法定职责之诉的提起条件。

与此不同,最高人民法院否定了一审、二审法院的裁判思路,最高人民法院认为法院不宜任意扩大对于信访事项的归类,并以此简单地将其排除出行政诉讼的受案范围。在理由论证中,最高人民法院审理查明,再审申请人要求山东省人民政府对相关文件进行解释并尽快出台相应政策。结合该诉讼请求,再审申请人提起了履行法定职责之诉。最高人民法院采纳了履行法定职责之诉起诉条件的第一种观点。借鉴课以义务诉讼的起诉条件,系统解释了履行法定职责之诉的5个提起条件:第一,起诉人向行政机关提出申请被拒绝或者不予答复;第二,请求的事项具有实体法上的请求权基础;第三,向有管辖权的法院提出;第四,针对特定、具体的行政行为;第五,行政机关拒绝或者不履行可能侵害的是原告自己的权利。但是从履行法定职责诉讼的起诉条件上分析,起诉人需针对特定、具体的行政行为提出,而再审申请人实质上要求行政机关进行规范性文件创制,这不符合履行职责诉讼要求针对特定行政行为提起的起诉条件。最高人民法院在本案以《行诉解释》第68条为突破口,应用行政诉讼类型思维解释《行政诉讼法》第49条规定的起诉条件,是推进行政诉讼类型本土化的有益尝试。但是,在《行政诉讼法》没有以行政诉讼类型思维整合行政诉讼制度的背景下,能否适用该法第49条起诉条件的一般规定,有待商榷。

综合上述分析,最高人民法院在本判例中,与其以往模糊处理行政诉讼类型的观点不同,"创造性"地阐发了履行法定职责之诉的提起条件。

Ⅳ 本判例的意义

《行政诉讼法》在2014年修正时,并没有引入行政诉讼类型规范行政诉讼程序。本判例是借助《行诉解释》,提炼履行法定职责之诉起诉条件的重要判例。原有规范体系下,行政诉讼类型没有明文依据,更不用说以行政诉讼类型整合起诉条件。《行诉解释》第68条列举并细化了《行政诉讼法》第49条第3项的"具体的诉讼请求",其第2项为:"请求判决行政机关履行特定法定职责或者给付义务。"参与修改《行政诉讼法》并起草《行诉解释》的法官认为,修改后的《行政诉讼法》没有按照行政诉讼类型全面修正行政诉讼法。但是《行诉解释》第68条通过对具体诉讼请求的列举,初步建构了中国特色的行政诉讼类型制度。[最高人民法院行政审判庭编著:《最高人民法院行政诉讼法司法解释理解与适用》(上),人民法院出版社2018年版,第344页]在此基础上,本判例借此"创造性"地解释了履行法定职责之诉的起诉条件。

从本判例开始,最高人民法院在借助行政诉讼类型整合起诉条件上,形成了系统性解释。基于《人民法院第二个五年改革纲要(2004—2008)》所给予的定位,本判例有最高人民法院"统一法律适用标准、指导下级法院审判工作"的作用,对履行法定职责之诉提起条件的建构颇有实益。

□ 参考文献

姜明安主编:《行政法与行政诉讼法》(第7版),北京大学出版社、高等教育出版社2019年版。

刘飞:《行政诉讼制度专题研究——中德比较的视角》,法律出版社2016年版。

赵清林:《行政诉讼类型研究》,法律出版社2008年版。

章志远:《行政诉讼类型构造研究》,法律出版社2007年版。

吴华:《行政诉讼类型研究》,中国人民公安大学出版社2006年版。

053 提起给付之诉的条件

杜三友等 804 人诉山西省临汾市人民政府不履行给付待遇案 | 最高人民法院(2017)最高法行申 3461 号行政裁定书

黄 锴 浙江工业大学法学院

■ 事实概要

杜三友等 804 人系 2008 年被列入国家政策性关闭破产企业的退休职工,其所属的 4 家企业在破产过程中,临汾市政府成立的破产管理部门未按照省政府的文件及政策,停止了退休职工部分待遇发放。2011 年 7 月 24 日,临汾市政府内部机构国有资产监督管理委员会向杜三友等 804 人送达了一份《关于对临纺等政策性破产企业部分退休人员诉求统筹项目外待遇问题的答复》。该答复称,杜三友等 804 人依据山西省办公厅下发的晋政办发〔2006〕33 号文件所提出的统筹项目外待遇的诉求,属于已明确停止执行的政策规定。杜三友等 804 人认为上述答复与山西省政府下发的《关于山西省省属国有企业改制和关闭破产中退休人员管理工作的意见》相悖。同年 9 月 21 日,杜三友等 804 人向临汾市政府递交行政复议申请书,要求撤销上述答复并全面履行退休人员基本养老保险统筹项目外待遇的发放,临汾市政府作出不予受理的决定。杜三友等 804 人提起行政诉讼,请求依法判令临汾市政府履行政策性破产企业退休人员基本养老保险统筹项目外待遇给付义务并赔偿损失。

山西省运城市中级人民法院一审认为,《行政诉讼法》第 12 条第 1 款规定:"人民法院受理公民、法人或者其他组织提起的下列诉讼:……(10)认为行政机关没有依法支付抚恤金、最低生活保障待遇或者社会保险待遇的……"杜三友等 804 人要求临汾市政府履行政策性破产企业退休人员基本养老保险统筹项目外待遇给付义务并赔偿损失,不符合上述规定,不属于行政诉讼受案范围。山西省高级人民法院二审以相同的理由裁定驳回上诉,维持原裁定。杜三友等 804 人不服,申请再审。

■ 裁判要旨

Ⅰ.依法支付抚恤金、最低生活保障待遇或者社会保险待遇,是行政机关重要的给付义务,但绝不是给付义务的全部内容。只要公民、法人或者其他组织具有给付请求权,就可以依法向人民法院提起给付之诉。而这种给付请求权,既有可能来自法律、法规、规章的规定,来自一个行政决定或者一个行政协议的约定,也有可能来自行政机关作出的各种形式的承诺。仅当从任何角度看,给付请求权都显然而明确地不存在,或者不可能属于原告的主观权利时,才可以否定其诉权。

Ⅱ.提起给付之诉也需要具备一定的起诉条件。例如,如果一般给付之诉涉及金钱给付内容,请求金钱给付的金额须已获确定;如果须由行政机关事先作出一个行政决定核定给付内容,则需提起一个履行法定职责之诉实现其权利要求。提起给付之诉也应遵守期限规定,如果期限届满同样也会丧失诉权。

■ 评　析

Ⅰ 本判例的争点

《行政诉讼法》虽未规定诉讼类型化,但2014年修正以后,对行政诉讼判决类型作了更为细致的规定,"通过判决类型化达到诉讼类型化的目的"在最高人民法院的诸多判决书中得到体现。根据《行政诉讼法》规定的判决类型,可将诉讼类型归纳为撤销之诉、履行法定职责之诉、给付之诉、确认违法之诉、确认无效之诉等。正如最高人民法院在郭传欣诉巨野县政府、菏泽市政府案[最高人民法院(2016)最高法行申2621号行政裁定书]中指出,"诉讼类型制度的根本意义在于对法院的诉讼行为作出规范,以使法院根据不同的诉讼类型选择最适宜的救济方式和裁判方式",由于各种诉讼类型的诉求不同,因此在起诉条件、举证责任、裁判方式等方面均存在差异,以往以撤销之诉为单中心的诉讼规则需进一步类型化和精细化。本判例即体现了最高人民法院在这方面的努力。

本判例中,原告的诉求为"依法判令临汾市政府履行政策性破产企业退休人员基本养老保险统筹项目外待遇给付义务",对应于《行政诉讼法》第73条规定的"人民法院经过审理,查明被告依法负有给付义务的,判决被告履行给付义务",可将本判例归为给付之诉。本判例的核心争议点在于,原告所请求的"政策性破产企业退休人员基本养老保险统筹项目外待遇"给付义务并非源于法律、法规、规章,而系晋政办发〔2006〕33号政策文件所规定,其是否属于给付之诉的受案范围存在争议。一审、二审法院的意见为,《行政诉讼法》所规定的给付之诉针对的是《行政诉讼法》第12条第1款第10项所规定的"行政机关没有依法支付抚恤金、最低生活保障待遇或者社会保险待遇"的受案范围,因此,给付义务仅限于抚恤金、最低生活保障待遇、社会保险待遇等法律、法规、规章规定的义务,除此之外的"给付义务"均不属于行政诉讼的受案范围,据此驳回起诉。原告不服,申请再审。最高人民法院否定了一审、二审法院的裁判思路,并在此基础上归纳出提起给付之诉的三层次判断结构。

Ⅱ 本判例的裁判思路

最高人民法院面对本判例的核心争议点,即"非法定给付义务是否属于给付之诉的受案范围",给出了明确的回应:依法支付抚恤金、最低生活保障待遇或者社会保险待遇,是行政机关重要的给付义务,但绝不是给付义务的全部内容。只要公民、法人或者其他组织具有给付请求权,就可以依法向人民法院提起给付之诉。而这种给付请求权,既有可能来自法律、法规、规章的规定,来自一个行政决定或者一个行政协议的约定,也有可能来自行政机关作出的各种形式的承诺。据此,可以认为,非法定给付义务也属于给付之诉的受案范围。

然而,更为重要的是,最高人民法院在本判例裁定书中给出了提起给付之诉的三层次判断结构。首先,最高人民法院在裁判理由中明确提出了“给付请求权”的概念,并认为“仅当从任何角度看,给付请求权都显然而明确地不存在,或者不可能属于原告的主观权利时,才可以否定其诉权”,即原告具备给付请求权是提起给付之诉的首要条件;其次,在分析给付请求权的来源时,最高人民法院提出“这种给付请求权,既有可能来自法律、法规、规章的规定,来自一个行政决定或者一个行政协议的约定,也有可能来自行政机关作出的各种形式的承诺”,对给付请求权的来源作出限定;最后,在分析给付请求权的内容时,最高人民法院提出“如果一般给付之诉涉及金钱给付内容,请求金钱给付的金额须已获确定;如果须由行政机关事先作出一个行政决定核定给付内容,则应经由提起一个履行法定职责之诉实现其权利要求”,对给付请求权的内容作出限定。

据此,通过对本判例裁定书的分析,可以将提起给付之诉的条件归纳为层层递进的三层次结构:原告具备给付请求权——给付请求权的来源限定——给付请求权的内容限定。以下分述之。

Ⅲ 原告具备给付请求权

公法请求权是基于基础性公法权利,请求行政机关为或不为一定行为的权利。基于自由和财产权的干扰防御请求权和基于受益权的给付请求权是公法请求权的两种典型形态。给付请求权的出现伴随给付行政的兴起,给付行政要求行政机关通过积极作为的方式为公民提供生存照顾。20 世纪 80 年代以后,政府促进经济发展的职能逐步转变为致力于宏观调控以促使公平经济秩序的建立,致力于解决贫困问题以及提供公共服务和社会保障以改善社会生活、生存环境,《城市居民最低生活保障条例》《工伤保险条例》《社会保险法》《社会救助暂行办法》等法律法规相继出台,政府职能也从干预行政的单核模式转为干预行政、给付行政并重的双核模式。

给付行政要求行政机关依法履行给付义务。在具体立法当中,对于给付义务的规定大致有两种情形:(1)法律、法规赋予公民的给付请求权,要求行政机关根据给付请求权履行给付义务,如《工伤保险条例》第 30 条第 1 款规定:“职工因工作遭受事故伤害或者患职业病进行治疗,享受工伤医疗待遇。”(2)法律、法规直接规定行政机关负有的给付义务,如《社会救助暂行办法》第 9 条规定:“国家对共同生活的家庭成员人均收入低于当地最低生活保障标准,且符合当地最低生活保障家庭财产状况规定的家庭,给予最低生活保障。”对于第一种情形,法律、法规已通过明文方式规定了公民的给付请求权,自无问题,但对于第二种情形,能否通过法律明定的给付义务推导出公民的给付请求权需要讨论。在学理上,往往借由保护规范理论对其进行判断,只有符合以下两个条件才能承认给付请求权:其一,法律规范使行政机关负有履行特定行为的义务;其二,该规范必须至少同时具有保护个体利益的目的。其中第二个条件尤为重要,因为某些规定给付义务的法律规范纯粹是为了维护公共利益而设定的,从中并不能推出公民的给付请求权。这一判断标准在本判例中也为最高人民法院所承认,理由在于,在裁定书中最高人民法院将给付请求权称为“主观权利”。

Ⅳ 给付请求权的来源限定

根据来源的不同,给付请求权可以分为法定的给付请求权、行政决定产生的给付请求权、行政协议约定的给付请求权、行政承诺确定的给付请求权、类推适用民法相关规定的给付请求权、从宪法基本权推导出的给付请求权。《行政诉讼法》第 12 条第 1 款第 10 项所规定的公民对于抚恤金、最低生活保障待遇、社会保险待遇的给付请求权均由相关法律、法规明文规定,属于法定的给付请求权,因此,一审、二审法院将给付之诉所对应的给付请求权限定于法定的给付请求权,而排除了其他类型的给付请求权。这一观点为最高人民法院所否定,最高人民法院认为给付请求权除了源于法定,还可以“来自一个行政决定或者一个行政协议的约定,也有可能来自行政机关作出的各种形式的承诺”,这里至少将给付之诉所对应的给付请求权扩张到行政决定产生的给付请求权、行政协议约定的给付请求权、行政承诺确定的给付请求权三种类型。

行政决定产生的给付请求权主要存在于由于法律法规规定过于原则化,需要行政机关依法作出行政决定方可承认特定主体给付请求权的情形。举例而言,《社会救助暂行办法》第 37 条规定:“国家对符合规定标准的住房困难的最低生活保障家庭、分散供养的特困人员,给予住房救助。”但对于是否符合“规定标准”仍需行政机关作出行政决定予以认定,经行政决定认定的家庭方具有住房救助的给付请求权。行政协议约定的给付请求权、行政承诺确定的给付请求权在近年来服务型政府转型的大背景下也不断涌现,其给付请求权产生的机理并非行政法上的“依法行政”原理,更多的是民法上的“意思自治”原理,行政相对人基于行政机关的意思表示获得给付请求权,并以此请求行政机关作出特定给付,如在政府采购中,行政机关与行政相对人约定了支付协议款项的时限,但行政机关未予履行,此时,行政相对人便享有请求行政机关给付协议款项的请求权。

值得注意的是,在本判例中,最高人民法院并未对类推适用民法相关规定的给付请求权、从宪法基本权推导出的给付请求权表明态度,这两种给付请求权是否属于给付之诉所应保护的给付请求权尚不明确。其中,类推适用民法相关规定的给付请求权,如不当得利返还请求权、结果除去请求权等在各级法院的裁判文书中并不少见,多数法院已将其纳入行政诉讼的受案范围之中。

Ⅴ 给付请求权的内容限定

根据最高人民法院在本判例中的裁判思路,给付请求权除了在来源上需限定在法定的给付请求权、行政决定产生的给付请求权、行政协议约定的给付请求权、行政承诺确定的给付请求权四类之外,在内容上也需限定在金钱、财物给付。在民法和民事诉讼法中,“给付”一词一般被理解为“基于债权关系的特定义务”,给付内容不仅仅包括金钱、财物等物,还包括行为(作为和不作为)。受民法的影响,行政法的“给付”也包含了金钱、财物给付和行为给付两大类。在学理上,无论行政相对人请求行政机关作出金钱、财物给付还是行为给付,均属行使给付请求权。

但在行政诉讼中,有必要对给付请求权的内容作出限缩解释。《行政诉讼法》第 72 条规定:"人民法院经过审理,查明被告不履行法定职责的,判决被告在一定期限内履行。"其与《行政诉讼法》第 73 条请求行政机关履行的内容不同,分别被称为履行法定职责之诉与给付之诉。在最高人民法院法官的多部著作中,将两者的关系等同德国法上课予义务之诉与一般给付之诉的关系,即履行法定职责之诉对应于请求行政机关履行行为给付义务,给付之诉对应于请求行政机关履行金钱、财物给付义务。据此,可将给付之诉所对应的给付请求权的内容限定为金钱、财物给付,正如本判例裁定文书中所说:"如果一般给付之诉涉及金钱给付内容,请求金钱给付的金额须已获确定;如果须由行政机关事先作出一个行政决定核定给付内容,则应经由提起一个履行法定职责之诉实现其权利要求。"

需要注意的是,将《行政诉讼法》第 72 条、第 73 条的关系对应于德国法上课予义务之诉与一般给付之诉的观点并无规范根基,其能否成立,有待学理上作出更多的规范分析予以支撑。

▣ 参考文献

章剑生:《现代行政法基本理论》(第 2 版下卷),法律出版社 2014 年版。

姜明安主编:《行政法与行政诉讼法》(第 7 版),北京大学出版社、高等教育出版社 2019 年版。

徐以祥:《行政法上请求权的理论构造》,载《法学研究》2010 年第 6 期。

054 起诉期限起算不以违法性认识为必要条件

李兴行诉河北省唐山市乐亭县人民政府确认征收行为违法案 ｜
最高人民法院(2016)最高法行申3971号行政裁定书

李　方　浙江大学光华法学院

■ 事实概要

2010年4月14日河北省发展和改革委员会作出《关于省道沿海公路唐秦界至曹妃甸××段改建工程项目建议书的批复》(冀发改基础[2010]359号),乐亭县政府于2010年8月3日作出《乐亭县人民政府关于沿海公路改建工程涉及征地拆迁等相关事项的通告》,对沿海公路两侧30米内的土地进行征收,并于2011年2月16日作出《乐亭县人民政府滨海公路改建工程征地补偿方案》。2011年6月27日,乐亭县国土资源局与乐亭县古河乡张李铺村民委员会签订《征用土地协议》。李兴行系张李铺村村民,因其承包了该村的养殖池,张李铺村民委员会于2012年3月与其协商达成协议,且李兴行已领取了补偿款。之后,李兴行经申请政府信息公开得知,国土资源部于2014年7月11日才下发国土资源部《关于省道滨海公路唐秦界至汉沽改建工程建设用地的批复》,而乐亭县政府早在2010年8月即开始征收土地,明显违法。李兴行认为乐亭县政府在未取得相应批文的情况下即组织征地,且补偿不到位,向河北省唐山市中级人民法院提起诉讼,请求确认乐亭县政府的征地行为违法。

■ 裁判要旨

Ⅰ.根据一审、二审查明的事实,2011年6月27日乐亭县国土资源局与张李铺村民委员会签订《征用土地协议》,张李铺村民委员会于2012年3月与李兴行经协商达成协议书,且李兴行已领取了补偿款,据此可以认为,李兴行至迟在2012年3月已经知道涉案征收行为。《行政诉讼法》(1989年)第2条规定:"公民、法人或者其他组织认为行政机关和行政机关工作人员的具体行政行为侵犯其合法权益,有权依照本法向人民法院提起诉讼。"第39条规定:"公民、法人或者其他组织直接向人民法院提起诉讼的,应当在知道作出具体行政行为之日起三个月内提出。法律另有规定的除外。"法律设定起诉期限制度的主要目的在于督促公民、法人或者其他组织及时依法主张权利,同时依法维护行政效率和公法秩序。

Ⅱ.起诉人只要认为行政行为侵犯其合法权益即有权依法提起行政诉讼。一方面,法律并不要求起诉人在认识到行政行为的违法性后方能提起行政诉讼,起诉人在起诉时即使不能判断该行政行为违法与否,也不影响人民法院依法对被诉行政行为的合法性进行审查;

另一方面,法律在计算起诉期限时亦不以起诉人认识到违法性为必要条件,因为行政行为是否违法属于有权机关的专业判断范畴,且即使是有权机关亦未必总能作出及时准确的判断,是故如果将对违法性的认识作为起诉期限的必要条件之一,则可能因起诉人对违法性的判断困难导致起诉期限的起点长期处于不确定状态,进而产生起诉期限制度被架空的风险,影响行政效率和公法秩序。因此,起诉期限制度中起诉人对行政行为的"知道"并不包括对行政行为违法性的认识,也即起诉人自知道行政机关作出行政行为时,起诉期限便开始计算,而并不以起诉人认识到行政行为的违法性作为起诉期限的计算起点。本案中,李兴行至迟在2012年3月已经知道涉案征收行为,但并未在法定期限内提起行政诉讼,而是在通过申请政府信息公开认识到涉案征收行为存在违法可能后,于2015年5月5日提起行政诉讼。根据以上分析,本案的起诉期限应自2012年3月李兴行知道涉案征收行为时起算,因此李兴行于2015年5月5日对本案提起行政诉讼,其起诉已经超过法定起诉期限。

■ 评　析

Ⅰ 本判例的裁判思路

本判例中,原告以行政行为明显违法,且补偿不到位为由提起行政诉讼。一审、二审法院认为原告已经签订补偿协议,并领取补偿金,与本案已无利害关系,故不具备原告资格。原告不服,认为行政行为明显违法,且原告资格不因领取补偿金而消灭,向最高人民法院申请再审。最高人民法院接受再审申请,在说理部分,未对原告资格进行论证,却以超过起诉期限为由裁定驳回起诉。

为什么最高人民法院没有对原告资格进行论证?其是否认为土地征收协议补偿款的获得并未消灭原告资格?查阅以往相关判例可知并非如此。如在李志宏等诉湖南省人民政府受理行政复议申请案[最高人民法院(2017)最高法行申6720号行政裁定书]中,最高人民法院认为:"农村集体土地征收案件中,被征收人原本与征地批复等土地征收行为具有利害关系,但在被征收人经征收补偿决定或协议获得补偿,征收补偿决定或协议经过行政诉讼程序,终审判决已经发生法律效力,或者超过法定起诉期限,被征收人未对征收补偿决定或协议提起行政诉讼,征收补偿决定或协议实际发生法律效力。自对补偿协议的起诉期限届满之日起,被征收人丧失对涉案土地的权利,与之前的征地批复等土地征收行为不再具有利害关系。"从该判例的观点来看,最高人民法院认为农村集体土地征收案件中,被征收人与土地征收行为不再具有利害关系有两个情形:(1)被征收人已获得补偿且征收补偿决定或协议经过诉讼程序,终审判决已经发生法律效力;(2)超过法定起诉期限未提起行政诉讼,征收补偿决定或协议实际发生法律效力。回到本判例,原告的征收补偿协议诉讼尚未进入实体审判阶段,故无法依据条件(1)认定其不具有利害关系而丧失原告资格,所以,最高人民法院将审查目光转向条件(2)。一审、二审法院只是粗略地认为其已获得补偿款,故原告资格消灭,实则是以条件(1)的思路来判断,但是未满足相关事实的部分,即未经过实体裁判也未发生终审生效的事实。最高人民法院以条件(2)来认定,转换了裁判思路。

以条件(2)来认定利害关系,核心在于认定再审申请人提出起诉的时间是否已经超过法定起诉期限。《行政诉讼法》第46条第1款规定:“公民、法人或者其他组织直接向人民法院提起诉讼的,应当自知道或者应当知道作出行政行为之日起六个月内提出”,即起诉期限的起点是“知道或者应当知道”,期间是6个月。之所以是“知道或者应当知道”,是以权利能够行使为开始,本判例的特殊之处也在于此。起诉人提起的确认违法之诉,是否需要以其能够认识到行政行为的违法性为起算点,即“知道或者应当知道”是否包含违法性认识的可能,故本案裁判的争点是“知道或者应当知道”是否包含“违法性认识”的法律解释问题。

通说认为,无须包含违法性认识。在立法方面,《行政诉讼法》仅规定了“知道或者应当知道”,在司法方面,早先如在崔绍武诉乳山市人民政府征收及行政赔偿案[最高人民法院(2017)最高法行申1798号行政裁定书]中,最高人民法院认为,行政案件的起诉期限以知道或应当知道行政行为内容之日作为起算时点,而非以知道或应当知道行政行为违法之日作为起算时点。看起来与本判例观点相同,但是其说理部分较为简单,而本判例中,最高人民法院进行了详尽的说理,对于理解最高人民法院裁判的逻辑具有价值。在学理方面则有不同观点,有学者认为,诉权归于消灭是基于诚信原则对行政相对人所施加的限制,如果行政机关在实施行政行为时不守诚信,对那些足以让人识别行为违法性的事实故意隐而不宣,则不得援用“三个月”的短时效制度来保护自己的“平静”利益。(肖泽晟:《我国行政案件起诉期限的起算》,载《清华法学》2013年第1期)

Ⅱ 起诉期限与起诉权

起诉期限,是指法律规定的当事人不服某项行政行为时向法院请求司法救济、行使行政撤销权的时间限制。它比照民法上的除斥期间和诉讼法上的上诉期间进行设计和变造,在性质上属于程序法上的法定期间。(李广宇:《理性诉权观与实质法治主义》,法律出版社2018年版,第99页)民法上除斥期间的客体主要是形成权,这种权力具有“单方面的法律之力”,(王利明主编:《中国民法典学者建议稿及立法理由·总则编》,法律出版社2005年版,第474页)且一经行使,便会改变原法律关系,为了维持原有的秩序安定,所以设置除斥期间。行政诉讼中的起诉期的客体为诉权。诉权是一个内涵丰富的法律概念,甚至也可以认为是一种基本权利(周永坤:《诉权法理研究论纲》,载《中国法学》2004年第5期),这里指程序上的起诉权。也有学者认为,诉权具有明显的控制权力的社会功能,诉权通过赋予诉权义务主体发动诉讼程序的功能,迫使诉权义务主体作为,对社会主体之间的纠纷作出裁判。[章剑生:《现代行政法总论》(第2版),法律出版社2019年版,第320页]所以,诉权具有一种类似于民法上的形成权的强制效力,其行使可以开启诉讼程序,使得行政行为秩序陷入不确定,故行政诉讼法比照除斥期间,设置了起诉期限的制度对其进行制约。但是这种程序上的起诉权的行使只是有可能使得起诉人获得程序上的原告地位,尚未进入实体的审查,无须以违法性认识为必要条件。起诉期限作为对其的限制,也无须以违法性认识为开始。

Ⅲ 行政诉讼的立法目的

之所以联系行政诉讼的立法目的,是因为目的决定了制度的具体设计,如果行政诉讼以监督行政行为为主,则应要求相对人具有违法性认识后方可起诉,反之则不然。而《行政诉讼法》第 1 条规定行政诉讼具有保护权益、监督权力两个目的,孰轻孰重,学者分析指出,行政诉讼固然有监督行政职权的功能,但它仅仅是"保护权益"目的之下的一种附随或者反射效果而已。[章剑生:《现代行政法总论》(第 2 版),法律出版社 2019 年版,第 320 页]

行政诉讼制度以法院的审判权为核心,采用"要件—效果"式的思路,这种个案式的审查重点在于保护行政过程中的"公民、法人和其他组织的合法权益"。行政诉讼从来都是主观诉讼,不是也不能是客观诉讼,不能打开对所有行政行为违法性进行审查的入口。即使是公益诉讼,也充分表明了该观点。如湖北省十堰市郧阳区人民检察院诉郧阳区林业局行政公益诉讼案(《最高人民检察院公报》2017 年第 3 期),其指导意义在于"检察机关提起公益诉讼的前提是公共利益受到侵害"。法院无法具有判定所有行政活动合法性的能力。行政是面向未来的创造活动,尤其在现代,行政机关从传统的侵害保护转到以生存照顾等为核心的提供服务与指导的职能,更需要针对风险、未知等作出政策裁量,这些裁量未必体现于法条当中,法院是以"要件—效果"的模式将规范应用于个案,而行政活动更多的是以"手段—目的"的模式,这属于政策裁量,是一种行政机关基于专业知识、政治价值判断而做出的选择。要求法院约束所有行政活动并不现实,最终会削弱司法权威。故法院对行政机关的监督仅仅是出于分权意义上的形式的监督,而行政诉讼更为重要的在于主观诉讼目的。

回到本判例,违法性判断属于专业判断。在一些情形下,"法律"和"行政"皆无一定范围时,"约束"从何谈起?([德]平特纳:《德国普通行政法》,朱林译,中国政法大学出版社 1999 年版,第 50 页)这也说明了这种判断的难度。行政诉讼不要求相对人具有违法性认识方可起诉,起诉期间的起算也不以违法性认识为起点。

Ⅳ 本判例的意义

本判例的意义在于,它详细说理论证了"知道或应该知道"不包含违法性认识,最高人民法院裁判理由的逻辑链条可以表述为:起诉期限目的(督促行使诉权)—拥有诉权的主观条件是"认为侵犯时"—诉权的产生不要求具有违法性认识—起诉期限的计算起点也不要求具有违法性认识—"知道或应当知道"不包含违法性认识。从"诉权产生于'认为侵犯时'",无须违法性认识,直接导出起诉期限的"知道"也不包含违法性认识。中间的逻辑可以填充为,起诉期限制度的目的既然是督促行使诉权,则应从诉权可以行使之时开始计算,法条规定的是"认为侵犯时",是主观标准,而援引此条的重点不在于"认为侵犯时",而在于强调程序上的诉权在影响相对人权益的行政行为作出之后的客观存在,而这种诉权具有行使的可能性是在"知道"之时,起诉期限的起算也应从权利具有客观上的行使的可能性开始计算,这种可能性源于"知道",而不需要违法性认识。

□ 参考文献

李广宇:《理性诉权观与实质法治主义》,法律出版社2018年版。
程琥等:《行政诉讼法疑难问题解析与实务指引》,中国法制出版社2019年版。
王利明主编:《中国民法典学者建议稿及立法理由·总则编》,法律出版社2005年版。
周永坤:《诉权法理研究论纲》,载《中国法学》2004年第5期。

055 起诉期限的理解与适用

马中现等诉汝州市人民政府登记案 | 最高人民法院(2017)最高法行申3010号行政裁定书

徐肖东 绍兴文理学院法律系

■ 事实概要

汝州市人民政府1991年为史二杆颁发临汝镇乡集建(1991)字第2－17－244号土地使用证。马中现、张爱勤不服,要求撤销该证。马中现、张爱勤为此于2016年1月提起行政诉讼。一审法院认为,《行政诉讼法》第46条第2款规定:“因不动产提起诉讼的案件自行政行为作出之日起超过二十年,其他案件自行政行为作出之日起超过五年提起诉讼的,人民法院不予受理。”本案中,汝州市人民政府颁发临汝镇乡集建(1991)字第2－17－244号土地使用证时间为1991年,马中现、张爱勤的起诉已超过20年的最长起诉期限,起诉应予驳回。

马中现、张爱勤不服一审裁定,提起上诉称:(1)上诉人在一审中向法庭提供的证据有1951年政府对宅基地的确权、上诉人及史二杆的长辈确认宅基地如何分割及使用的分单,且对分单的真实性与客观性,上诉人和史二杆均无异议。(2)诉讼时效应当从2015年12月起算。1991年汝州市人民政府为史二杆颁发宅基地使用权证的行为严重侵害了上诉人的合法权益并导致上诉人和史二杆的家族产生矛盾,由于上诉人不了解法律规定、无法取得相关证据,通过多年上访,直至2015年12月才最终取得汝州市人民政府为史二杆办证的档案材料,之后才能诉至法院,寻求司法救济。(3)一审适用行政诉讼时效的规定无法解决当事人诉争,有悖立法本意。行政诉讼虽然没有关于诉讼时效中止、中断的规定,但《行诉若干解释》第97条明确规定,人民法院审理行政案件除依照行政诉讼法和本解释外,可以参照民事诉讼法的有关规定。综上,一审认定事实清楚,但适用法律不当,请求撤销一审裁定,支持其诉讼请求。二审法院认为,汝州市人民政府1991年为史二杆颁发临汝镇乡集建(1991)字第2－17－244号土地使用证,马中现、张爱勤2016年1月起诉要求撤销该证,根据《行政诉讼法》第46条第2款关于20年起诉期限的规定,依法应当驳回马中现、张爱勤的起诉。一审裁定适用法律正确,应予维持。马中现、张爱勤不服二审裁定,向最高人民法院申请再审。

■ 裁判要旨

Ⅰ.行政行为在很多情况下只是送达直接相对人,其他因该行政行为受到不利影响的人未必能够及时得知，如果因为利害关系人无法“知道或者应当知道”行政行为的存在而不能开始计算起诉期限，将会造成行政行为的效力随时都可能产生争议，行政法律关系无限期地处于不稳定状态。为了实现行政法律关系的尽早安定，2014 年修改后的《行政诉讼法》增加了最长诉讼保护期限的规定，其含义是指，自行政行为作出之日起，经过一定的期间就不得提起撤销诉讼。这一期间属于客观期间，无论当事人是否知道或者应当知道行政行为的存在。即使确实是在知道或者应当知道行政行为之后的 6 个月内提起诉讼，也会因超过 20 年的最长诉讼保护期限，从而丧失寻求司法救济的权利。

Ⅱ. 行政诉讼与民事诉讼有许多共同点，民事诉讼的许多程序对行政诉讼是适用的。但是，作为解决行政争议的行政诉讼有其特有性质，《民事诉讼法》的一些规定并不能适用于行政诉讼。具体来讲，行政诉讼对于《民事诉讼法》的适用，应当排除两种情形：一是《行政诉讼法》已有规定的；二是《行政诉讼法》虽然没有规定，但《民事诉讼法》的规定与行政诉讼性质有所抵触的。《行政诉讼法》规定的最长诉讼保护期限，正是参照《民法通则》规定的二十年最长诉讼时效而设计的，但基于行政法律关系的特殊性，有意排除了《民法通则》关于“有特殊情况的，人民法院可以延长诉讼时效期间”的适用。因此，在撤销之诉中，不存在适用民事诉讼最长诉讼时效的空间，也不存在诉讼时效中止、中断、延长的可能。

■ 评　析

Ⅰ 以往判例的观点

行政诉讼中的起诉期限是指当事人能够向人民法院对行政行为提起行政诉讼的有效期限。超过了这一期限，则当事人丧失向人民法院提起行政诉讼的权利。《行政诉讼法》第 46 条规定了起诉期限和起诉期限的最长保护期。

在行政审判实践中，法院因原告超过法定起诉期限而裁定驳回起诉的案件较常见。以往关于起诉期限的判例主要聚焦的第一个问题是起诉期限是否可以扣除基于正当理由而无法起诉的时间。崔绍武诉乳山市人民政府征收及行政赔偿案[最高人民法院(2016)最高法行申 1798 号行政判决书]中，法院明确指出，行政相对人须在起诉期限内提起行政诉讼，起诉期限从行政相对人知道或应当知道行政行为时起算。超过诉讼期限起诉的，行政相对人主张扣除耽误期限的应当符合法律规定的“不可抗力”或“不属于其自身的原因”。行政相对人因为选择救济途径而耽误起诉期限的，不属于法定的“不属于其自身的原因”耽误的起诉期限，法院不予以扣除。与此对应的法律依据是《行诉若干解释》第 43 条，该条规定，由于不属于起诉人自身的原因超过起诉期限的，被耽误的时间不计算在起诉期间内。因人身自由受到限制而不能提起诉讼的，被限制人身自由的时间不计算在起诉期间内。在黄碧清不服南宁市住房保障和房产管理局房屋产权登记案[广西壮族自治区南宁市中级人民法院(2010)南市行终字第 85 号行政判决书]中，法院依据《行政诉讼法》(1989 年)第 39 条和《行诉若干解释》第 43 条的规定，认为行政机关将行政相对人居住的房屋登记在第三人名下，却从未告知其颁证行为的存在以及诉权，相对人应当在知道该具体行政行为之日起 3 个月内提起诉讼,其因不可抗力的事由不能提起诉讼的期限,应当依法扣除,不计算在起诉期间内。

也就是说,根据司法解释及已有的判例可知,起诉期限是不固定的,可以考虑到起诉人非自身原因等因素。但通过以往的判例可知,起诉期限的最长保护期限通常被认为是固定的不可变的。如在谢守德等诉环城镇政府计划生育行政强制上诉案[甘肃省庆阳市中级人民法院(2013)庆中行终字第12号行政裁定书]中,法院认为,根据《行政诉讼法》(1989年)第39条和《行诉若干解释》第42条的规定,谢守德、谢青辉所诉的计划生育行政强制行为分别发生于1996年和1999年,现其向人民法院提起行政诉讼,请求确认被上诉人的行政行为违法,明显超过法律和司法解释规定的起诉期限。同样是地方中级人民法院作出的判决,有法院在提及最长保护期限时指出了不可抗力等正当理由问题。如在陈潮亮诉广东省深圳市公安局交通警察支队车辆管理所登记行为案[广东省深圳市中级人民法院(2009)深中法行终字第256号行政裁定书]中,法院认为,“被诉行政行为是广东省深圳市公安局交通警察支队车辆管理所于2001年5月9日做出的核准转移登记行政行为,陈潮亮于2009年3月18日向法院针对上述具体行政行为提起行政诉讼已超过从该行为作出之日起5年的起诉期限,且陈潮亮未举证证明其未在法定起诉期限内起诉存在不可抗力或其人身自由受到限制等正当理由,故陈潮亮的起诉不符合起诉的法定要件,应依法予以驳回。陈潮亮起诉不符合起诉的法定要件”。尽管判例的结论正确,但裁判说理是不严谨的。

最高人民法院判例的立场是明确的,最长保护期限属于法定不变期限。如在马麻哈木等4人诉甘肃省广河县人民政府政府信息公开案[最高人民法院(2017)最高法行申5692号行政裁定书]中,最高人民法院的明确态度是,当事人因不动产提起行政诉讼,最长起诉期限为自行政行为作出之日起20年。该最长起诉期限是指向人民法院提起行政诉讼的起诉期限,属于法定不变的期限,并不扣除当事人向行政机关主张权利的期限。因此,当事人提出应当扣除其向相关行政机关主张权利的期限的,人民法院应不予支持。

此外,目前最高人民法院的判例还指出了最长保护期限不适用于行政相对人已知具体行政行为的情形。谭根松等诉肇庆市鼎湖区人民政府征收案[最高人民法院(2017)最高法行申384号行政裁定书]明确了该立场。

Ⅱ 起诉期限的学理框架

行政诉讼起诉期限是司法实践无法绕开的话题,同样也是学理上需要注重的问题。关于起诉期限,学理上有两种观点。一种观点认为,起诉期限不是起诉条件之一,而是受理后审理的条件或者对象。理由包括:(1)《行政诉讼法》(1989年)第41条明确规定了提起诉讼应当满足的四个条件中没有起诉期限;(2)案件受理的过程仅是原告和法院之间的关系,不包括与被告之间的关系。如果被告尚未介入案件即对起诉期限进行审查并且要求被告举证,不仅与法律规定相悖,而且还混淆了法院自身的职能,导致受案过程的不正当。(张弘:《行政诉讼起诉期限研究》,载《法学》2004年第2期)另一种观点是,起诉期限是起诉条件之一。起诉应当在法律规定的期限内提出。如果没有正当事由超过法定期限,起诉将无效,当事人丧失诉权。法院对于超过起诉期限的起诉也可以拒绝受理。

之所以明确起诉期限，主要考虑提起撤销诉讼往往会对行政行为的效率、法的安定性和法律秩序的稳定造成较大影响，为了避免行政行为合法性的争议长时间悬而未决并因此妨碍公益，故对撤销诉讼的提起有必要设置合理的时间限制。大陆法系国家的行政诉讼脱胎于民事诉讼，虽然公法诉讼与私法诉讼在性质上差别很大，但基本的原理相通。立法者借鉴民事诉讼形成之诉中撤销之诉的除斥期间规定，设置了行政撤销诉讼的起诉期限。由于撤销诉讼在性质上属于形成之诉，行政相对人行使的是形成诉权，而行政诉讼与民事诉讼的基本原理是相通的，因此，借鉴民事诉讼中形成之诉对应除斥期间的制度安排，对某项行政决定提起撤销诉讼的法定期间也应当是除斥期间。而除斥期间是一种不变期间，不能中断或者中止，特殊情况下才可申请延长或扣除被耽误的时间。不过，各国的立法和司法实践表明，行政法中的除斥期间与民法中的除斥期间还是存在一些差别的，比如行政诉讼超过起诉期限应当裁定驳回起诉或不予受理，属于程序法范畴；而民事诉讼超过除斥期间则是判决驳回诉讼请求，属于实体法范畴。

通过对《行政诉讼法》第 46 条，《行诉解释》第 64 条、第 65 条的解读，可将行政诉讼起诉期限整理如表 1 所示：

表 1　行政诉讼起诉期限比较

<table>
<tr><th colspan="2">行政行为</th><th>起诉期限</th><th>起诉期限起算点</th><th>最长保护期</th><th>最长保护期起算点</th></tr>
<tr><td colspan="2">作出行政行为时告知起诉期限</td><td>6 个月</td><td>知道或应当知道行政行为作出之日</td><td>无</td><td>无</td></tr>
<tr><td colspan="2">作出行政行为时未告知起诉期限</td><td>6 个月</td><td>知道或应当知道起诉期限之日</td><td>1 年</td><td>知道或者应当知道行政行为内容之日</td></tr>
<tr><td rowspan="2">不知道行政行为内容</td><td>不动产案件</td><td rowspan="2">6 个月</td><td rowspan="2">知道或应当知道起诉期限之日</td><td>20 年</td><td rowspan="2">行政行为作出之日</td></tr>
<tr><td>其他案件</td><td>5 年</td></tr>
</table>

Ⅲ 本判例的规范性逻辑

本案中法官的裁判逻辑是，根据原告的诉请将裁判理由分为两个方面：一是正面解读《行政诉讼法》第 46 条规定；二是反面阐释《行政诉讼法》第 101 条的适用范围不包括行政诉讼起诉期限。

1. 本案明确了《行政诉讼法》第 46 条的应有之义。法院认为，“为了实现行政法律关系的尽早安定，2014 年修正后的《行政诉讼法》通过本条第二款增加了最长诉讼保护期限的规定，其含义是指，自行政行为作出之日起，经过一定的期间就不得提起撤销诉讼。这一期间属于客观期间，不论当事人是否知道或者应当知道行政行为的存在”。也就是说，行政诉讼中的最长保护时间是学理上所讲的除斥期间，是客观保护期间，无论在什么情况下，都不存在时效的中止或中断。

另外，关于最长保护期限的起算时间，本案中，再审申请人主张，“其直至 2015 年 12 月才最终取得汝州市政府为史二杆办证的档案材料，之后才能诉至法院，所以诉讼时效应当从 2015 年 12 月起算”。对此，法官的思路是，其没有完整理解《行政诉讼法》第 46 条两个条款的内在联系。按照本条规定,即使再审申请人确实是在知道或者应当知道行政行为之后的6个月内提起诉讼,但也因超过了20年的最长诉讼保护期限,从而丧失了寻求司法救济的权利。第46条第1款的“知道或者应当知道”并不适用于第2款规定的最长保护期限。行政行为作出之后,无论当事人是否“知道”,自行政行为的作出之日起超过20年(不动产案件)或5年(其他案件)的,当事人便失去了诉权。《行诉解释》第65条对该问题作了较为明确的规定,公民、法人或者其他组织不知道行政机关作出的行政行为内容的,其起诉期限从知道或者应当知道该行政行为内容之日起计算,但最长不得超过《行政诉讼法》第46条第2款规定的起诉期限。也就是说,最长保护期限的起算点仅指行政机关作出行政行为之日。

2. 本案明确了《行政诉讼法》第101条的适用范围不包括行政诉讼起诉期限。《行政诉讼法》第101条规定,人民法院审理行政案件,关于期间、送达、财产保全、开庭审理、调解、中止诉讼、终结诉讼、简易程序、执行等,以及人民检察院对行政案件受理、审理、裁判、执行的监督,本法没有规定的,适用《民事诉讼法》的相关规定。本案中法院对于该条做了解释,认为“行政诉讼与民事诉讼有许多共同点,民事诉讼的许多程序对行政诉讼是适用的。但是,作为解决行政争议的行政诉讼毕竟有其特有性质,民事诉讼法的一些规定并不能适用于行政诉讼”。法院进一步指出了应当排除民事诉讼法适用的两种情形:一是行政诉讼法已有规定的;二是行政诉讼法虽然没有规定,但民事诉讼法的规定与行政诉讼性质有所抵触的。事实上,行政诉讼法规定的最长诉讼保护期限,正是参照《民法通则》规定的20年最长诉讼时效而设计,但基于行政法律关系的特殊性,有意排除了《民法通则》第137条关于“有特殊情况的,人民法院可以延长诉讼时效期间”的适用。因此,在撤销之诉中,不存在适用民事诉讼最长诉讼时效的空间,也不存在诉讼时效中止、中断、延长的可能。

综上可知,该判例明确了最长保护期限是客观期限,期限的起算时间为行政行为作出之日,不论当事人是否知道或者应当知道行政行为的存在。撤销之诉中,不存在适用民事诉讼最长诉讼时效的空间,也不存在诉讼时效中止、中断、延长的可能。

Ⅴ 本判例的意义

进一步明确了行政诉讼起诉期限最长保护期限的起算点及起诉期限与民事诉讼之诉讼时效的区别。首先,该判例明确了因不动产提起诉讼的案件自行政行为作出之日起超过20年,其他案件自行政行为作出之日起超过5年提起诉讼的,人民法院不予受理。其中的20年和5年均为法定不可变的固定期限。其次,该判例明确了行政诉讼时效的中止、中断、延长不适用《行政诉讼法》第101条的规定。在撤销之诉中,不存在适用民事诉讼最长诉讼时效的空间,也不存在诉讼时效中止、中断、延长的可能。

参考文献

李广宇:《理性诉权观与实质法治主义》,法律出版社2018年版。

何海波:《行政诉讼法》(第2版),法律出版社2016年版。

江必新、梁凤云:《行政诉讼法理论与实务》(第3版下卷),法律出版社2016年版。

056 “一行为一诉”规则的适用

马生忠诉宁夏回族自治区固原市人民政府等房屋拆迁补偿纠纷案

|《最高人民法院公报》2019 年第 12 期

朱可安 浙江大学光华法学院

■ 事实概要

2003 年 3 月 18 日，固原市政府基于固原市建设局的请示，作出有关“房屋拆迁重置价”的《关于房屋拆迁补偿基准价格及临时安置补助标准的批复》（固政函〔2003〕3 号，以下简称 3 号批复）。2006 年 6 月 15 日，固原市政府作出《关于规范房屋拆迁补偿的通知》（固政发〔2006〕83 号，以下简称 83 号通知），停止执行固原市政府第 5 号令公布的《固原市城市房屋拆迁管理暂行办法》部分规定，将拆迁补偿安置的方法限于产权调换，重置价由有资质的房屋评估中介机构进行评估。2006 年 9 月 1 日，基于固原市市政公司的申请，固原市建设局对被申请人马生忠作出固建裁字〔2006〕第 02 号房屋拆迁裁决书（以下简称 02 号拆迁裁决），并告知诉权和起诉期限。2007 年 7 月 27 日，固原市政府作出固政发〔2007〕87 号通知（以下简称 87 号通知），停止执行 83 号通知。

2018 年 10 月 12 日，马生忠以固原市政府为被告提起行政诉讼，后增加固原市建设局为被告。原告起诉称，3 号批复和 83 号通知停止执行第 5 号政府令公布的该市房屋拆迁补偿方法，侵犯了被拆迁人的合法权益，其依法请求被告固原市政府予以赔偿涉案被拆迁房屋自身补偿金、临时安置补助费用及因拆迁造成的停业损失费等各项主张，并有充分的证据证明。故请求：（1）判决确认固原市政府于 2003 年 3 月 18 日批复该市“房屋拆迁重置价”的行政行为违法；（2）判决撤销固原市建设局所作 02 号拆迁裁决的具体行为；（3）判决确认固原市政府于 2006 年 6 月 15 日停止执行该级人民政府第 5 号令部分内容的行政行为违法；（4）一并审查规范性文件 83 号通知和 87 号通知；（5）一并解决安置被拆迁人（原告）居住生活问题；（6）判决被告予以赔偿两次拆除其国有土地上房屋，曾经未按规定补偿的各项损失；（7）本案诉讼费用由被告全部承担。一审法院以相关行政行为均超过法定起诉期限为由，裁定不予立案。马生忠不服，向最高人民法院提起上诉。

■ 裁判要旨

Ⅰ.《行政诉讼法》第 49 条第 3 项规定的“有具体的诉讼请求”是法定起诉条件之一。通常认为，“有具体的诉讼请求”主要是指要有确切具体的被诉行政行为。被诉行政行为构成人民法院进行合法性审查的对象,亦决定了人民法院审理和裁判的范围。在一个行政案件中,被诉行政行为一般仅指一个行政机关作出的一个行政行为,或两个及两个以上的行政机关作出的同一个行政行为。尽管公民、法人或其他组织在起诉时可以提出多项具有内在逻辑牵连的诉讼请求,但作为诉讼请求基础的被诉行政行为须只有一个。此即通常所谓的"一行为一诉"的行政诉讼立案受理原则。在无法律规定的情况下,除非存在关联事实等特殊情况及出于诉讼经济的便宜考虑,一般不得在一个行政案件中将两个或两个以上的行政行为列为被诉行政行为。本案中,上诉人提出的前六项诉讼请求系对多个行为提出起诉,明显有违该原则,构成诉讼请求不具体。但依照《行诉解释》第68条第3款的规定,人民法院应当进行必要的指导和释明,以便协助诉讼能力不足的公民、法人或其他组织在一个行政案件中恰当确定一个被诉行政行为。原审裁定未显示原审法院进行了相关指导和释明,有欠妥当,但从接下来对上诉人所提诉讼请求逐项分析的情况看,此种欠妥并未影响到上诉人诉权的依法合理行使。

Ⅱ.第1项和第3项诉讼请求系针对3号批复和83号通知提出的起诉,是固原市政府对相关单位作出的内部批复,并未直接对特定的公民、法人或其他组织的权利义务产生法律效果,不属于可诉的行政行为。第2项诉讼请求涉及原固原市建设局作出的02号拆迁裁决,上诉人对该拆迁裁决提出起诉已远远超过当时有效的关于三个月的起诉期限的规定,且未显示存在超过法定起诉期限的正当理由。第4项诉讼请求涉及行政诉讼附带审查规范性文件的规定。因对行政行为的起诉尚不成立,故对83号通知和87号通知作规范性文件的附带审查也就无所依附。第5项诉讼请求,承担补偿安置义务的不是两被告,且上诉人已领取相应拆迁安置补偿款,故上诉人请求一并解决安置其居住生活问题显然缺乏事实根据。第6项诉讼请求为行政赔偿诉讼请求,但并未提交相应证据,故诉讼请求不具备基础。因此,就上诉人所提6项诉讼请求单个而论,均不符合法定起诉条件。综上,上诉人马生忠提出的起诉不符合法定起诉条件,本院对其上诉请求不予支持。原审法院笼统地以超过法定起诉期限为由裁定驳回上诉人的起诉,认定事实及适用法律存在瑕疵,但结果正确,应予维持。

■ 评　析

Ⅰ 相关的判例

"一行为一诉"作为行政诉讼立案受理的原则,其含义是在一个行政诉讼程序中通常只能有一个被诉行政行为,有时也表述为"一案一诉"。适用该原则的前提是原告的诉讼请求指向了两个或两个以上的被诉行政行为(包括作为和不作为)。

该原则是我国长期司法裁判所形成的共识,最高人民法院将其定性为我国行政诉讼的一项基本原则。在中国裁判文书网的检索范围内,在张建红不服被告沁县国土资源局、沁县人民政府的行政行为案[山西省襄垣县人民法院(2014)襄行初字第4号行政裁定书]中,"一行为一诉"首次在地方裁判文书中出现,"行政诉讼应当一行为一诉,一诉一立案,一案一判决，而不应当将三个具体行政行为视同一个行为进行诉讼”。在王小荣与唐山市古冶区人民政府申诉案［最高人民法院（2015）行监字第1384号行政裁定书］中，最高人民法院对“一行为一诉”的提炼初具雏形，法院认为：“本案中被诉危房改造行为系古冶区政府多个行政机关依职权作出的一系列行政行为，王小荣请求确认唐山市古冶区人民政府对古冶区大庄坨乡、永兴村、前兴村、北兴村危房改造行为违法的诉讼请求，属于请求不明确”。在河南省陕县原店镇农工贸实业公司与河南省三门峡产业集聚区管委会、河南省三门峡产业集聚区管委会建设投资开发中心再审案［最高人民法院（2016）最高法行申2989号行政裁定书］中，最高人民法院首次明确“一行为一诉”是行政诉讼的基本原则，同时起诉多个行政行为属于诉讼请求不明确，不符合行政诉讼法规定的起诉条件。

“一行为一诉”原则符合我国司法审判实践的需要，具有合理性。最高人民法院多次在裁判文书中对此作出详细阐释，如本判例“不同行政行为所依据的事实、适用的法律、作出的程序存在差别，人民法院进行合法性审查的范围、内容、强度等亦不完全一致。若在一个行政案件中同时对多个行政行为进行审理，往往对人民法院聚焦被诉行政行为，归纳争议焦点，组织举证质证，认定案件事实，安排法庭辩论，准确适用法律，作出清晰明确的裁判等诉讼活动的有序开展产生阻碍，进而影响到行政案件的及时公正审理”。

然而，不少案例也表明该原则不具有强制性，法院有较大的裁量权。在益民公司诉河南省周口市政府等行政行为违法案（《最高人民法院公报》2005年第8期）中，最高人民法院没有对原告起诉多个行政行为提出异议，法院认为，“益民公司对市计委作出的《招标方案》《中标通知书》以及市政府（2003）54号文授予亿星公司城市天然气独家经营权的行为均不服提起诉讼，应当分别对上述行为的合法性进行审查”。在环境公益诉讼典型案例九——六盘水市六枝特区人民检察院诉安顺市镇宁县丁旗镇人民政府案（最高人民法院2017年3月7日发布）中，检察机关提起的三项诉讼请求指向两个行政行为：一是被告违法指定某飞机制造厂用地作为临时垃圾堆放场的行政行为；二是被告放任其辖区的龙潭村在该地块倾倒垃圾的不作为。人民法院在立案时并未要求公益诉讼人变更诉讼请求，可见审判机关同意对公益诉讼人诉讼请求指向的两个行政行为进行实质合法性审查。在姬长友诉沁阳市人民政府城乡建设行政管房屋登记再审案［最高人民法院（2019）最高法行申6848号行政裁定书］中，最高人民法院明示“一行为一诉”原则不具有强制性，最典型的例外就是合并审理制度。最高人民法院认为：“行政诉讼法并未完全限制同一案件中对多个行为进行审查。行政诉讼原告同时提出多个诉讼请求的，人民法院既不能简单认为只要不符合‘一行为一诉’的原则即对案件不予受理，也不能认为在每一个案件中都要对被诉的多个行政行为逐一进行合法性审查并裁判，而要审查原告的起诉是否符合合并审理的条件，并根据审查结果决定案件处理方式。”

Ⅱ “一行为一诉”的学理框架

“一行为一诉”是我国立案受理的基本原则之一，但以若干法定情形为例外。

1. 原则的证成。“一行为一诉”原则无法律的直接规定，其合法性来自对“具体的诉讼请求”所作的法律解释。“具体的诉讼请求”要求被诉行政行为内容具有明确性。《行政诉讼法》第49条第3项规定有具体的诉讼请求是法定起诉条件之一。《行诉解释》第68条对“具体的诉讼请求”进行了列举加概括式的规定,强调原告应明确对被诉行政机关的权利主张以及请求法院作出何种裁判。通常认为,所谓有具体的诉讼请求是指原告请求法院通过审判程序保护自己合法权益的具体内容。[姜明安主编:《行政法与行政诉讼法》(第6版),北京大学出版社、高等教育出版社2015年版,第484页]对于“具体的诉讼请求”的理解应区分两个面向:一是争议的行政行为内容的明确性,二是请求司法保护的实体权利的具体性。现有法规范和学界观点大多强调的是第二个面向。由于当事人的诉讼请求围绕着被诉行政行为展开,请求的内容必须可以将被诉行政行为予以特定。诉讼请求之“具体”,最初步的要求是将被诉行政行为的内容予以明确,在此基础上才能对被诉行政行为的效力作出具体处理的意见。因此,“具体的诉讼请求”首先对被诉行政行为的内容提出了明确性的要求。

“具体的诉讼请求”亦要求被诉行政行为数量的唯一性。诉的不同根本上是诉讼标的的不同,只有存在两个或者两个以上的诉讼标的,才有诉的合并、分离、变更与追加。在民事诉讼中,诉讼标的是民事法律关系,对诉讼标的的唯一性提出要求的,正是《民事诉讼法》第122条中起诉必须得有“具体的诉讼请求”这一项。在民事诉讼的确认之诉和形成之诉中,“具体”的判断标准有二:一是看法律效果是否具体;二是看诉讼标的是否具体,即民事法律关系是否具体。(王学棉:《“具体”的诉讼请求》,载《国家检察官学院学报》2016年第2期)与民事诉讼同理,在行政诉讼中,诉讼请求亦是确定诉讼标的的载体,诉讼标的是确定诉之合并、变更的唯一依据,故诉讼请求之具体也要求诉讼标的之唯一。受《行政诉讼法》(1989年)第2条的影响,先前的学界通说将行政诉讼标的视为具体行政行为,法官亦形成了“一个案件只受理一个行政行为”的惯性思维。即便有学者廓清了行政诉讼标的是指被诉行政行为的合法性,但这并不动摇“具体的诉讼请求”对被诉行政行为提出唯一性要求的法理基础。

2. 原则的例外。因事关原告诉权能否为法院所认可,所以法院在诉讼请求是否具体的问题上必须综合、审慎判断。[章剑生:《现代行政法总论》(第2版),法律出版社2019年版,第532页]“一行为一诉”原则不具有强制性,现行多条法规范已突破其限定,成为法定例外情形。例如,《行政诉讼法》第26条、第79条确定了共同被告制度,使行政复议维持决定与原行政行为可在同一诉讼中被审查;第53条第1款确定了在对行政行为起诉时可以一并请求审查作为依据的规范性文件;第27条及《行诉解释》确定的合并审理制度,允许诉的主体或客体在符合特定条件的前提下合并,在行政诉讼中一并对被告的赔偿、补偿责任提起诉请就属于典型的诉的客观合并。法院在认定是否适用合并审理的情形时,对“关联性”的判断属于司法裁量范畴。此外,即使不存在上述法定例外情形,法院仍然可以运用裁量权,使多个被诉行政行为得到实体审查,益民公司诉河南省周口市政府等行政行为违法案即为一例。

“一行为一诉”为原则,法定情形为例外的制度安排,可以降低诉累压力,保护原告诉权,符合行政诉讼“解决行政争议”的立法目的,避免给行政审判带来“官了民不了,案结事不了”的问题。但由于法院有较大的裁量空间,“一行为一诉”原则在不同个案中发挥的强度存在差异,仍有待经验性的归纳和研究。

Ⅲ 本判例的裁判逻辑及规范意义

最高人民法院在说理中展现了两条驳回起诉的进路。第一条进路以“一行为一诉”原则说理,原告的诉讼请求在形式上指向两个行政机关所作的多个行政行为,被诉行政行为不唯一,诉讼标的无法确定,构成诉讼请求不具体,不满足法定起诉条件;第二条进路就原告的诉讼请求单个而论,均不符合起诉期限、受案范围、事实根据等其他法定起诉条件。在两条进路中任选其一即可得出“不符合法定起诉条件”的结论,但因原审法院未履行《行政诉讼法》第51条规定的指导和释明义务,对诉讼请求不具体负有结果上的责任,故最高人民法院单以第一条进路驳回起诉不如一并运用第二条进路更有说服力。

本判例具体呈现了“一行为一诉”原则的适用思路。最高人民法院认为:“‘有具体的诉讼请求’主要是指要有确切具体的被诉行政行为。”表明“一行为一诉”原则在规范上的逻辑起点是“具体的诉讼请求”。“在无法律规定的情况下,除非存在关联事实等特殊情况及出于诉讼经济的便宜考虑,一般不得在一个行政案件中将两个或两个以上的行政行为列为被诉行政行为。”表明“一行为一诉”虽是原则但存在例外,不具有强制性。

作为公报案例,本判例具有如下规范意义:第一,强调了起诉条件“具体的诉讼请求”易被忽视的面向,即诉讼请求应保证被诉行政行为具有内容明确性和数量唯一性。第二,原告可以提出多个诉讼请求,但它们应有内在逻辑牵连,通常只能指向一个被诉行政行为,人民法院应当对不符合此原则的起诉予以释明和指导。在原审法院未作释明即驳回起诉的情况下,再审法院应予以纠正,并对是否满足其他起诉条件进行实质审查。第三,为原则适用留出余地,若存在法律规定的关联事实等特殊情况,或出于诉讼经济的便宜考虑,在同一诉讼中对多个行政行为作实体审理亦是不被禁止的;即使不符合法定例外条件,法院仍可根据原告诉求的实质性质,选择最为合适也能最大限度实现其诉讼目的的诉讼类型和判决方式。

□ 参考文献

陈海萍:《行政诉讼起诉条件的规范缺陷与修正》,载《行政法学研究》2020年第1期。

张松波:《论行政诉讼原告诉讼请求对法院的拘束力》,载《行政法学研究》2019年第1期。

章文英:《当事人诉讼请求不具体的裁判规则——兼谈对行诉解释第68条规定的理解》,载《法律适用(司法案例)》2018年第8期。

057 重复起诉的构成要件

陈前生与安徽省金寨县人民政府房屋行政征收行政纠纷再审案 | 最高人民法院(2016)最高法行申2720号行政裁定书

王　勇　中国计量大学法学院

■ 事实概要

陈前生、张荣平曾于2014年9月22日对金寨县政府所作金政(2014)34号关于征收金寨县2014年重点民生工程江店棚户区改造项目(一期)规划范围内国有土地上房屋的决定向该院提起过诉讼。该院于2014年12月12日作出(2014)六行初字第00030号行政判决,驳回诉讼请求。安徽省高级人民法院于2015年4月作出(2015)皖行终字第00034号行政判决,驳回上诉,维持一审判决。另外,陈前生曾于2015年10月就房屋征收补偿协议向安徽省六安市中级人民法院提起过诉讼,该院以错列被告为由裁定驳回起诉。

陈前生向安徽省六安市中级人民法院起诉称:2014年,金寨县政府在重点民生工程江店棚户区改造项目(一期)中,滥用职权征收规划范围内国有土地上的房屋,强迫陈前生签订房屋征收补偿协议,拆除陈前生的房屋,侵犯了陈前生的合法权益。请求依法判决金寨县政府在2014年江店棚户区改造项目工程中的征收行政行为违法,一并判决房屋征收补偿协议无效并予以撤销。安徽省六安市中级人民法院一审认为:陈前生提起的本次诉讼属于重复诉讼。虽经释明,但陈前生不愿意撤诉。据此依照《行诉适用解释》第3条第1款第6项、第2款之规定,作出(2016)皖15行初31号行政裁定,驳回陈前生的起诉。陈前生不服,提起上诉。安徽省高级人民法院二审认为:陈前生对金寨县政府所作房屋征收决定不服,于2014年提起行政诉讼要求予以撤销,该院已作出生效判决。现陈前生起诉要求确认金寨县政府作出的房屋征收行为违法,虽然在诉讼请求上表述不同,但均是针对同一行政行为,故应属重复起诉。另对房屋征收补偿协议,陈前生也曾起诉要求予以撤销,对此该院也已作出生效裁定。现陈前生仍以金寨县政府为被告,起诉要求确认该协议无效,同样属重复起诉。故一审法院裁定驳回起诉并无不当。据此作出(2016)皖行终324号行政裁定,驳回上诉,维持一审裁定。

陈前生向最高人民法院申请再审称:(1)再审申请人此前针对金寨县政府征收决定提起的诉讼是请求撤销,本次诉讼是请求确认违法;此前针对房屋征收补偿协议提起的诉讼是请求撤销,本次诉讼是请求确认无效。请求不同,内容不同,是截然不同的两个诉讼。二审法院裁定也已认定"诉讼请求表述不同",因此不存在重复起诉。(2)针对房屋征收补偿协议提起的诉讼目前正在申请再审中,因而不构成重复起诉。请求撤销一审、二审裁定,判决金寨县政府在2014年江店棚户区改造项目工程中的征收行政行为违法。

■ 裁判要旨

Ⅰ.构成重复起诉的要件之一是后诉与前诉的诉讼标的相同。该要件对应的是既判力。所谓既判力是指,判决确定后,无论是否违法,当事人及法院均受其拘束,不得就该判决之内容再为争执。而既判力的客观范围恰恰是诉讼标的。如果后诉与前诉的诉讼请求完全相同,例如,都是请求撤销同一个行政行为,属于重复起诉自不待言。值得讨论的是,在后诉和前诉的诉讼请求表面上看并不相同的情况下,能否产生后诉被前诉之既判力所及的效果。通说认为,撤销诉讼的诉讼标的,系由违法性与权利损害两者所构成。换句话说,行政行为的违法性是撤销判决适用条件的核心。如果行政行为构成违法,且对原告的合法权益造成损害,人民法院就应当判决撤销。反之,如果人民法院判决驳回原告要求撤销行政行为的诉讼请求,即产生被诉行政行为并非违法的既判力,当事人不得在后诉中主张行政行为违法,后诉之法院亦受不得确认该行政行为违法之拘束。

Ⅱ.撤销(或确认违法),在程度上只是一般违法;确认无效,则须达到"重大且明显违法"因而"自始无效"的程度。故此两种诉讼其中之一被判决驳回诉讼请求后,其既判力似乎并不当然地及于另一诉讼。但通说认为,自始无效本身并不是诉之适法性的前提,而是理由具备性问题。实践中,真正的无效确认之诉,主要出现于辅助请求中,或者它是遵照法院的释明采取的一种转换形式。换句话说,即使原告的请求仅是撤销,法院经审理认为达到自始无效的程度,也会判决确认无效;反之,如果原告请求的是确认无效,法院经审理认为仅仅属于一般违法,也会转而作出撤销判决。因此,无论原告的诉讼请求是确认无效,还是请求撤销(或确认违法),法院通常都会对是否违法以及违法的程度作出全面的审查和评价。在对前诉实体上判决驳回之后,后诉即因前诉已经进行了全面的合法性审查而构成重复起诉。

■ 评　析

Ⅰ 类似判例的观点

本判例之前,仅有《行诉若干解释》第44条第1款第8项将重复起诉作为法院裁定不予受理或者驳回起诉的情形之一加以规定,对重复起诉的认定规则尚付阙如。《行诉适用解释》第3条第1款第6项延续了这一规定。直到《行诉解释》才在此基础上增加了一条,第106条专门规定了重复起诉的构成要件。在司法实务中,法院对行政诉讼重复起诉的认定也深受民事诉讼规则的影响,并未建立起行政诉讼重复起诉认定的特有规则体系。

在陈志勇与重庆市彭水苗族土家族自治县人民政府行政补偿申诉案[最高人民法院(2016)最高法行申93号行政裁定书]中,最高人民法院认定,再审申请人陈志勇的诉讼请求属于此前民事诉讼、行政诉讼中诉讼请求的一部分,原审法院据此认定其为重复起诉,裁定驳回起诉并无不当。在沈小云与杭州市下城区人民政府文晖街道办事处行政强制案[浙江省杭州市下城区人民法院(2015)杭下行初字第00056号行政判决书]中,原告沈小云不服被告文晖街道办事处对其房屋实施的拆除行为向法院提起诉讼,尽管此前原告就案涉限期拆除违法建筑公告提起过行政诉讼,法院已经作出撤销所涉公告的判决,且该公告与被告强制拆除行为系针对同一诉讼标的,但法院却并未将本诉认定为重复起诉,而是作出确认违法的判决。这不免让司法实务工作者和学者深思:作为行政诉讼重复起诉构成要件的"诉讼标的相同""诉讼请求相同"的具体含义究竟为何,其与民事诉讼重复起诉的构成要件是否存在区别;如果是,区别又在哪里?

Ⅱ 认定重复起诉的法理

所谓重复起诉,是指起诉人就同一行政行为重复提起行政诉讼,包括向同一法院,也包括向不同法院起诉的情况。(梁凤云:《新行政诉讼法逐条注释》,中国法制出版社 2017 年版,第 382 页)同一行政行为正处在诉讼之中,或者由已经生效的判决、裁定、调解书做了处理,同一当事人仍就此提起诉讼,便构成重复起诉。通说认为,重复起诉之所以被禁止,是因为它违反了诉讼系属、既判力和一事不再理原则。诉讼系属,是指诉讼事件在法院被依据判决程序进行审理及判决之状态。(陈清秀:《行政诉讼法》,法律出版社 2016 年版,第 380 页)既判力则指,判决确定后,无论是否违法,当事人及法院均受其拘束,不得就该判决之内容再为争执。而既判力的客观范围正是诉讼标的。一事不再理与既判力密切相关,正所谓既判的事实,应当视为真实,因而产生既判力的效果,所以,对已经发生法律效力的判决、裁定的案件,除法律另有规定外,不得就同一事实再行起诉和受理。正如学者所言,禁止重复起诉,是为了防止当事人纠缠不休,纠纷反复不断,白白消耗司法资源和浪费诉讼成本;也有助于避免司法裁判相互冲突,损害司法裁判的权威性和法律关系的稳定性。[何海波:《行政诉讼法》(第 2 版),法律出版社 2016 年版,第 244 页]

关键问题是如何对重复诉讼加以准确的认定,换言之,就是要找到重复诉讼的判断标准或者构成要件。对此,在很长一段时间内,法官只能参照适用《民事诉讼法》的相关规定。根据《关于适用〈中华人民共和国民事诉讼法〉的解释》第 247 条第 1 款的规定,前诉与后诉同时符合当事人相同、诉讼标的相同、诉讼请求相同(或者后诉的诉讼请求实质上否定前诉裁判结果)三个条件方构成重复起诉。有法官认为,"这一内容完全可以在行政诉讼中适用"。[江必新、梁凤云:《行政诉讼理论与实务》(下),法律出版社 2016 年版,第 1128 页]事实上,2018 年颁布实施的《行诉解释》也支持了这一观点,承继了前述民事司法解释关于重复起诉的规定,列出构成重复起诉必须同时具备的三个条件:(1)后诉与前诉的当事人相同;(2)后诉与前诉的诉讼标的相同;(3)后诉与前诉的诉讼请求相同,或者后诉的诉讼请求被前诉裁判所包含。据此,一般的重复诉讼不难判断。但是,一旦遇到复杂的情况或者体现行政诉讼特殊性的情况,对于诉讼标的和诉讼请求是否相同的判定将会变得相当棘手。此时,我们应回到行政诉讼的原点:人民法院审理行政案件,对行政行为是否合法进行审查。合法性审查原则决定了行政诉讼不同于民事诉讼,它自始便具有监督行政机关依法行政和维护行政法律秩序的客观功能,它以撤销诉讼为中心,以被诉行政行为的合法性为主要标的,而不拘泥于原告主观诉讼请求。这就决定了法院在审查原告的起诉是否构成重复起诉时,对于诉讼标的和诉讼请求的具体认定必须构建不同于民事诉讼的特有标准和规则。

Ⅲ 本判例的规范性逻辑

本判例中,再审申请人诉称其此前针对金寨县政府征收决定提起的诉讼是请求撤销,本次诉讼是请求确认违法;此前针对房屋征收补偿协议提起的诉讼是请求撤销,本次诉讼是请求确认无效。显然,其前后两次诉讼之诉讼当事人和诉讼标的相同,当无异议。值得商榷的是,其后诉与前诉的诉讼请求是否相同。具言之,针对金寨县政府征收决定提起撤销之诉与确认违法之诉、针对房屋征收补偿协议提起的撤销之诉与确认无效之诉,其诉讼请求在实质上是否相同。对此,法院不能仅从字面或者形式上判断,而应结合行政诉讼的特征,从其内涵上去把握。其具体逻辑思路有以下几个方面:

1. 对合法性审查的法律依据《行政诉讼法》第 6 条进行法理解读,设定第一个大前提。正所谓无论原告(上诉人、再审申请人)提出何种诉讼请求,法院均要对诉讼标的——涉案行政行为的合法性进行全面审查,无论是撤销之诉还是确认违法之诉抑或确认无效之诉概莫能外。从某种意义上看,行政诉讼中的诉讼请求并不具有民事诉讼中完全独立的意义,或者说,诉讼标的在很大程度上已经决定了诉讼请求。

2. 结合既判力理论,建立第二个大前提。如果人民法院判决驳回原告要求撤销行政行为的诉讼请求,即产生被诉行政行为并非违法的既判力,当事人不得在后诉中主张行政行为违法,后诉之法院亦受不得确认该行政行为违法之拘束。

3. 结合案情,涵摄小前提。本案中,第一项诉请,前诉是请求撤销,后诉是请求确认违法,表面上看并不相同,能否产生后诉被前诉之既判力所及的效果,还须进一步分析。对此,最高人民法院认为再审申请人此前提起撤销诉讼,经判决驳回后,即已确认该行政行为合法,再就同一行政行为提起确认违法之诉,应为前诉之既判力所及。第三步,得出结论。第一项诉讼请求属于重复起诉,裁定驳回起诉,并无不当。当然,法院的分析和说理并未就此止步,因为还有第二项更为复杂的诉讼请求,前诉是请求撤销,后诉是请求确认无效,而撤销之诉与确认无效之诉在对行政行为违法程度的判断上存在根本性的区别,两种诉讼其中之一被判决驳回诉讼请求后,其既判力似乎并不当然地及于另一诉讼。至此,法院须对第二步中的既判力前提进行深化,并对第三步的涵摄予以调整。但是,只要建立了上述分析框架,再复杂的情况也难不倒法官。合法性审查的基本原则和客观诉讼的功能定位决定了无论诉讼请求是确认无效,还是请求撤销,法院通常都会对涉诉行政行为是否违法以及违法的程度作出全面的审查和评价。在对前诉实体上判决驳回之后,后诉即因前诉已经进行了全面的合法性审查而构成重复起诉。至此,本案中重复起诉的种种疑团被一一解开。

Ⅳ 本判例的意义

本判例是最高人民法院关于认定行政诉讼重复起诉规则的一个重要判例,它标志着最高人民法院对行政诉讼重复起诉的认定开始精细化。本判例之前,法院在审理类似案件时,往往简单适用《行诉若干解释》第 44 条第 1 款第 8 项的规定裁定不予受理或者驳回起诉,不对重复起诉的构成要件符合性进行必要的适用解释与理由说明,局外人亦无从探知法院对于重复起诉的认定标准。本判例则截然不同,法官不仅围绕重复起诉的构成要件符合性进行了充分的说理,而且对其背后的法理逻辑也进行了一定程度的阐释。本判例中,法官面对的再审申请人诉讼请求和案件诉讼标的的复杂性与以往案件不可同日而语。可喜的是,法院面对如此复杂的难题,能够熟练地运用行政法学的基本原理,巧妙地予以应对,一层一层地解开了披在重复起诉案件上的面纱。认真梳理裁定书的表述后不难发现,法官对以合法性审查为原则、以撤销诉讼为中心的行政诉讼的特殊性给予了充分的重视,并在此基础上仔细区分了前诉驳回诉讼请求判决对后诉确认违法、确认无效诉讼请求的既判力。显然,这样的情况是民事诉讼重复起诉认定所不曾遇到过的。它彰显了行政诉讼重复起诉认定不同于民事诉讼的一面,记录着法院已经开启的建构不同于民事诉讼的行政诉讼重复起诉认定规则体系的努力。

最高人民法院在本判例中,坚持了行政诉讼的合法性审查原则,发挥了行政诉讼的客观功能,较好地回答了诉讼请求表面上不同时是否构成重复起诉的问题。本判例对构建相对独立的精细化的行政诉讼重复起诉构成要件和认定规则体系具有重要的探索意义。

□ 参考文献

江必新、梁凤云:《行政诉讼理论与实务》(下),法律出版社 2016 年版。

梁凤云编著:《新行政诉讼法逐条注释》,中国法制出版社 2017 年版。

陈清秀:《行政诉讼法》,法律出版社 2016 年版。

何海波:《行政诉讼法》(第 2 版),法律出版社 2016 年版。

058 诉讼类型的选择

刘书平诉郑州市郑东新区管理委员会拒收国家赔偿申请行为案 | 最高人民法院(2017)最高法行申6108号行政裁定书

章志远 华东政法大学法律学院

■ 事实概要

2016年11月23日,刘书平向郑东新区管委会邮寄国家赔偿申请信件,却最终收到了被中国邮政标注"拒收"而退回的信封原件。刘书平认为郑东新区管委会的拒收行为违法,并据此向河南省郑州市中级人民法院提起诉讼,请求依法判决郑东新区管委会拒收行为违法。河南省郑州市中级人民法院一审认为:刘书平2016年11月23日向郑东新区管委会邮寄国家赔偿申请信件,郑东新区管委会虽经中国邮政官网查询显示为本人已签收,但刘书平提交了该信件被中国邮政标注"拒收"而退回的信封原件,故刘书平所诉郑东新区管委会拒收其国家赔偿申请信件的行为,依法予以认可。但郑东新区管委会拒收刘书平国家赔偿申请信件的行为,实质上是拒绝接受刘书平的国家赔偿申请,即拒绝或不予国家赔偿。刘书平可以根据《国家赔偿法》第14条的规定直接将郑东新区管委会拒绝或不予国家赔偿的行为向人民法院提起诉讼,由人民法院对其国家赔偿问题直接作出裁判,而无须再将郑东新区管委会拒收国家赔偿申请信件的行为作为一个独立的行政行为提请人民法院对其进行司法审查,以免造成司法资源浪费。故刘书平的起诉不符合法定起诉条件,依法不应当立案受理;已经立案的,应当裁定驳回起诉。河南省高级人民法院二审认为:从逻辑上讲,在刘书平邮寄地址和收件人无误的情况下,郑东新区管委会拒收其信件的行为不符合依法行政的要求。但法律对于拒收这种申请的后果以及当事人对这种拒收行为的救济渠道已有明确的制度规定,即可以直接通过诉讼解决实质性争议,而不是对拒收行为本身提起行政诉讼。本案中,刘书平向郑东新区管委会邮寄信件的目的是获得国家赔偿,并在信封上写明信件是国家赔偿申请书,该管委会无须拆开信封即可获知邮寄人的目的,一审法院将该拒收行为理解为郑东新区管委会对国家赔偿申请的拒绝,实际上是对刘书平国家赔偿请求权的最大限度保护,况且经二审庭审调查,刘书平在信件被拒收后再次邮寄了申请,郑东新区管委会予以受理,相关国家赔偿争议已进入诉讼程序,本案对于刘书平实现国家赔偿的目的没有实际意义。据此,裁定驳回上诉,维持原裁定。

■ 裁判要旨

Ⅰ.本案再审申请人将行政机关告到法庭,这是行使诉讼权利的行为。然而,他选择的诉讼种类并不十分恰当,“依法宣告被告拒收信函违法”并不是最便捷、最有效解决实际问题的诉讼类型。行政诉讼法规定的确认判决多达7种,但通说认为,只有请求确认某种法律关系的存在或者不存在的一般确认之诉,才是“真正的”确认之诉,其他的确认之诉,如确认无效之诉、继续确认之诉,以及情势判决中的违法确认等,都不过是撤销之诉、义务之诉、给付之诉等诉讼类型的变种。正因如此,确认之诉具有补充性,也就是说,仅当原告不能通过其他诉讼类型达到其目的,才存在提起确认之诉的可能。

Ⅱ.再审申请人向行政机关邮寄信件,目的是要求行政机关作出国家赔偿决定,他在信封上明确信件内容是国家赔偿申请书。由于行政机关无须拆开信封即可获知寄件人的目的,那么其“拒收”信件就会明白无误地表明其在事实上拒绝了这个申请,“赔偿义务机关先行处理”这个前提条件就会成就,再审申请人可以毫无障碍地直接提起请求判令行政机关予以赔偿的诉讼。仅仅要求确认一个“拒收”行为违法,既缺乏“澄清”某种法律关系的需要,也不是最便捷、最有效解决实际问题的诉讼类型。

Ⅲ.提起再审要有实际利益。即使原审裁判存在某些瑕疵,如果通过再审并不能实质性解决争议,或者在再审之外另有更为便捷的解决途径,耗时费力地启动再审也是浪费资源、徒劳无益。本院在审查中查明,再审申请人在信件被拒收后已经再次邮寄了国家赔偿申请,再审被申请人予以受理,相关国家赔偿争议也已进入诉讼程序,在此情况下,没有提起再审的任何必要。选择一个最为适当的诉讼类型,对于当事人来讲也许并非十分容易,人民法院有义务进行必要的释明。如果受诉法院恰好具有赔偿之诉的管辖权,更应该建议原告对诉讼请求进行必要的变更,以使双方当事人都能减少诉累,行政争议能够尽早尘埃落定。

■ 评　析

Ⅰ 相关判例对诉讼类型化发展的推动

我国行政诉讼类型化总体上呈现一种“立法间接回应—司法解释隐含—法院判例释明—司法解释凝练”的特殊发展道路,不仅具有明显的包容性和开放性,而且还蕴含着重要的发展契机。(章志远:《社会转型与行政诉讼制度的新发展》,北京大学出版社2019年版,第85页)其中,司法机关通过行政审判不断丰富发展着诉讼类型化,在诉讼类型化发展进程中功不可没。在《行政诉讼法》(2014年)修正之前,法院致力于以个案突破受案范围的方式对诉讼类型进行拓展与提炼。例如,在田永诉北京科技大学拒绝颁发毕业证、学位证行政证讼案(最高人民法院指导案例38号)中,北京市海淀区法院实际上通过判决发展了法律关于“法律、法规授权组织”的规定,将更多的事业单位的履职行为纳入了司法审查范围。《行政诉讼法》(2014年)实施以来,司法机关继续肩负着时代发展所赋予的神圣使命,进一步丰富行政诉讼类型化的规则设计。最高人民法院在一系列行政案件的审理中秉承类型化的审查思路,在"诉讼类型化的意义""各类诉讼的具体规则""各类不同诉讼之间的关系"等几个方面迈开了坚实步伐。在郭传欣诉山东省巨野县人民政府等征收补偿决定及复议决定案[最高人民法院(2016)最高法行申2621号行政裁定书]中,裁判要旨指出:"如果对于侵犯公民权利的每一种国家权力行为都有一个适当的诉讼种类可供利用,则公民权益的受保护程度势必会得到大幅提高。"最高人民法院借此案宣示了行政诉讼类型的完善对《行政诉讼法》目的的实现的重要性。在张起诉内蒙古自治区赤峰市松山区人民政府征收决定案[最高人民法院(2018)最高法行申2496号行政裁定书]中,最高人民法院对无效确认诉讼的起诉期限、举证责任、法院释明等进行了阐述,丰富了确认诉讼的审理规则。在张富扬诉辽宁省沈阳市浑南区人民政府履行征收补偿职责案[最高人民法院(2019)最高法行申1240号行政裁定书]中,最高人民法院在课予义务诉讼和一般给付诉讼两类相近类型的诉讼之间搭起了桥梁,共同服务于行政争议的实质性化解。

Ⅱ 诉讼类型的基本样式与相互关系

诉讼类型的恰当选择,必须以实现公民权利完整而又有效的司法救济为核心指引,在此基础上进一步考虑各类型诉讼的特定内涵和独特特征,并结合各种类诉讼的相互关系,作出最佳选择。以诉讼请求的内容为主导性标准,我国行政诉讼的基本类型包括"行政撤销之诉""行政给付之诉""行政确认之诉"三种。其中,行政撤销之诉是指自然人或法人因违法行政行为致其权利受到不利影响,请求法院判令被告撤销该行政行为而提起的诉讼;行政给付之诉是指自然人或法人基于特定的给付请求权,请求法院判令被告作出相应给付而提起的诉讼;行政确认之诉则是指自然人或法人请求法院确认处于争议状态的行政活动是否无效、违法以及行政法律关系是否存在而提起的诉讼。各类诉讼类型的关系一般具有六种形态,分别是:(1)排斥关系。是指对于特定的诉讼标的、诉讼原因与救济目的,仅能有一种最适合的诉讼类型可供救济,排除其他诉讼类型适用的可能性。这种排斥关系,主要是基于各类诉讼之间的分工与合作以及诉讼经济的考虑。(2)交错关系。是指对于特定的诉讼标的、诉讼原因与救济目的,存在两种类型诉讼的要件及效果部分或完全重叠的关系。一般来说,除非不同类型诉讼完全重叠以致影响到当事人的选择,在仅存在部分重叠的情况下,法院不能据此认定原告的选择不正确,当然,法律另有规定的除外。(3)选择关系。按照诉讼经济的要求,对于特定案件事实本来是不允许两类诉讼相互并存的,但由于立法技术、解释或实践中的诸多理由,特别是各类型诉讼在适用范围的外延上往往无法彻底厘清,因而不可避免存在两种诉讼可以同时供当事人自由选择。最明显的选择关系经常发生在无效确认诉讼与撤销诉讼之间。(4)结合关系。是指如果通过某一类型的诉讼尚无法实现权利的无漏洞救济,即需要结合其他类型的诉讼以弥补相应欠缺,一般发生在撤销诉讼结合请求损害赔偿或其他财产给付上。(5)转换关系。是指在已经提起某一类型诉讼之后,因情势变迁或原诉讼类型业已失去实际意义,而转求其他更具救济效力的诉讼类型。(6)补充关系。是指一般应优先适用某一类型诉讼,但如果该类型诉讼的适用难以有效达致诉讼目的时,则适用另一类型诉讼以促成诉讼目的的实现,后一类型诉讼相对前者就是补充关系。(章志远:《行政诉讼类型构造研究》,法律出版社 2007 年版,第 220 - 222 页)具体到确认诉讼而言,因为确认诉讼具有典型的“诉讼目的宣告性”与“诉讼地位补充性”。相较其他种类的积极诉讼而言,确认诉讼只有在其他诉讼种类无法提供有效救济时才能够被适用。确认诉讼与其他诉讼类型呈现补充关系,且一般会“隐含”于其他诉讼类型中。时至今日,撤销诉讼和给付诉讼并驾齐驱,业已成为两类最为重要的行政诉讼,而确认诉讼则具有明显的“补充性”特征。在诉讼类型的选择上,撤销诉讼与给付诉讼处于“优位”地位,确认诉讼则处于“后备”地位。

回到本判例,针对刘书平提出的“确认拒收行为违法”请求,一审法院基于司法资源有效利用的理由,裁定驳回其起诉,并建议刘书平依据《国家赔偿法》直接提起赔偿诉讼,实现获得国家赔偿之根本诉讼目的。二审法院在认可一审法院裁定理由的基础上,进一步提出“争议实质性解决”观点,裁定驳回起诉。一审、二审法院的核心理由,实际上都是建立在对确认诉讼性质的充分认识基础之上。因为确认诉讼一般不具备可供执行的内容,且仅具有宣示性,所以其通常只是“最终替代手段”。如二审法院认为:刘书平案相关国家赔偿争议已进入诉讼程序,本案对于刘书平实现国家赔偿的目的没有实际意义。为了确保争议的有效解决,二审法院认定刘书平上诉理由不能成立,裁定驳回上诉,正是对诉讼类型相互关系及恰当选择理论在审判中的转化应用。再审法院继续遵循“诉讼类型化”的裁判思路,以诉讼类型的恰当选择与公民权利救济的有效性为主线,对诉讼的种类以及各类诉讼的相互关系作了详细阐述说明,据此认为当事人选择的诉讼种类并不十分恰当,原因在于“依法宣告被告拒收信函违法”并不是最便捷、最有效解决实际问题的诉讼类型。现代社会,行政诉讼类型设计及选择的出发点均在于民众权利司法救济的“有效性”,能否最大限度地实现权利的保护业已成为各类诉讼顺序优先与否的关键。对于当事人来说,在大多数情况下提起诉讼都是为了维护自身的实体权益,因而撤销诉讼及给付诉讼应当是优先考虑的诉讼方式。再审法院的裁判逻辑,完全符合现代社会对司法提出的公民权利保障有效性与诉讼经济性要求。

Ⅲ 理性诉权观中法院的释明义务

诉讼类型化的意义在于,对于侵犯公民权利的每一种国家权力行为,都必须有一个适当的诉讼种类可供利用。通过行政诉讼类型构造实现不同种类行政诉讼相互分工、相互协作的运作模式,对于民众权利有效且无漏洞司法救济旨趣的真正实现具有重要意义。诉讼类型构造鼓励原告在提起诉讼时选择适当的诉讼类型,以实现权利救济的有效性与完整性,但是诉讼类型构造设计的复杂性,可能使起诉人陷入类型化的迷宫中,很容易造成当事人的选择失误,反而不利于其法律机能的顺利进行。行政诉讼类型的精致构造并非苛求原告在起诉时必须一次性地正确选定具体的诉讼类型,这毕竟有违行政诉讼类型构造的初衷。而作为专业性机构的法院应承担起释明的义务。如果原告选择了错误的诉讼种类,法院必须予以解释,至少也要通过一个具体的指示,使之成为一个适当的诉讼类型。这也是保障当事人起诉权原则的具体落实。《行诉解释》第 68 条第 3 款也针对“当事人未能正确表达诉讼请求的"情形,人民法院必须给予释明作出规定。

本判例中,一审法院在审理刘书平的诉讼请求后,建议刘书平根据《国家赔偿法》第14条的规定直接将郑东新区管委会拒绝或不予国家赔偿的行为向人民法院提起诉讼,由人民法院对其国家赔偿问题直接作出裁判,实际上就是对诉讼类型的恰当选择做了释明。这样做既有利于争议的实质化解、权利的及时救济,也是对司法资源的节约。正如再审法院裁定指出的那样:"选择一个最为适当的诉讼类型,对于当事人来讲也许并不十分容易,人民法院就有义务进行必要的释明。"诉讼类型必须与法院的释明义务相配套。"理性行使诉权,实质解决纠纷",既是起诉人也是法院的责任。

Ⅳ 本判例的意义

本判例是《行政诉讼法》(2014年)实施以来最高人民法院推动诉讼类型构造的重要案例之一。法官借助该判例阐述了诉讼类型的基本样式,对各类型之间的相互关系,以及如何恰当选择等问题作了详细论述。法院明确说明确认诉讼的本质内涵和补充性地位,对完善行政诉讼类型的选择适用规则具有重要意义。诉讼类型的选择需以争议的实质性解决为目的,充分考虑各种类诉讼的相互关系及具体类型的特征,同时发挥法官的专业性提倡释明义务。如此才能既便利诉讼,节约诉讼资源,又有助于及时化解争议,为行政相对人提供完整而有效的司法救济。本判例不仅促使诉讼类型化从学理探讨进一步迈向实践运用并更好指导法院裁判,为当事人有效作出"最佳选择"提供司法经验,而且推动行政诉讼类型化体系更加精细化、科学化,是学理论证支撑审判实践与实务探索反哺学术研究的典型之作。

参考文献

章志远:《行政诉讼类型构造研究》,法律出版社2007年版。

章志远:《社会转型与行政诉讼制度的新发展》,北京大学出版社2019年版。

李广宇:《诉讼类型化与诉的利益》,法律出版社2018年版。

李广宇:《理性诉权观与实质法治主义》,法律出版社2018年版。

梁凤云:《行政诉讼法司法解释讲义》,人民法院出版社2018年版。

059 行政诉权的处分及其限制

韩甲文诉黑龙江省肇源县人民政府行政协议案 | 最高人民法院(2016)最高法行申45号行政判决书

陈思融 浙江财经大学法学院

■ 事实概要

2001年4月15日,民意乡建国村将“马场地”约600亩土地发包给韩甲文,承包期为15年(2001年至2015年)。2002年茂兴湖养殖场将乌拉哈达境内一块土地发包给建国村村民刘春等人,承包期为2年,自2002年至2003年。民意乡发包给韩甲文的土地,与茂兴湖养殖场发包给刘春等人的土地,实际上为同一块土地,由此引发两方承包人的纠纷。2003年3月28日,刘春等人起诉韩甲文侵权,请求确认韩甲文与民意乡建国村签订的承包合同无效,并赔偿经济损失、归还土地。案件历时6年,先后经肇源县人民法院一审、大庆市中级人民法院二审、黑龙江省高级人民法院指令再审。2009年4月15日,大庆市中级人民法院作出(2009)庆民再字第15号民事裁定,以涉案土地权属不清,应当依法先行解决土地权属纠纷为由,撤销一审、二审判决,驳回刘春等人的起诉。为此,韩甲文多次到市、省、国家等有关部门上访。肇源县政府对此高度重视,组成工作组对韩甲文上访诉求进行调查,确定韩甲文承包土地为600亩,并以此作为依据进行测算,给予韩甲文补偿。经双方共同协商,2011年4月7日,韩甲文与肇源县政府签订《协议书》,达成如下补偿协议:(1)经肇源县政府测算决定给韩甲文补偿158.4万元。(2)韩甲文收到158.4万元补偿款后,自愿放弃2001年4月15日与民意乡建国村签订的“马场地”合同,不再经营使用;对处理“马场地”引发的矛盾纠纷,各级政府机关、公安机关、审判机关及部门所做的一切公务行为,不再上访诉求,息诉罢访……2011年4月13日,韩甲文收到肇源县政府给付的158.4万元。同日,韩甲文在“撤回信访诉求申请书”中写明“同意处理意见”并签字。2015年韩甲文以《协议书》是在受胁迫情况下签订的为由,提起本案诉讼,请求撤销《协议书》,确认韩甲文对“马场地”土地享有合法经营权,赔偿经济损失248.4万元。本案经过一审、二审,韩甲文均不服,向最高人民法院申请再审。

■ 裁判要旨

Ⅰ.行政机关与上访人签订的息诉罢访协议,实质上是行政机关为了维护社会和谐稳定、公共利益和实现行政管理职能的需要,根据属地主义原则在其职责权限范围内,与上访人达成的有关政府补助,上访人不再诉讼、信访等具有行政法上权利义务内容的协议,属于可诉的行政协议范畴。本案被诉《协议书》符合行政协议的法定要件,属于行政协议,协议为韩甲文确立了新的权利义务关系,对其权利义务产生了新的实际影响,属于可诉的行政行为。

Ⅱ.2011 年 4 月 7 日,韩甲文与肇源县政府签订协议时,就已经知道被诉《协议书》的主要内容。根据当时有效的《行诉若干解释》第 41 条规定,至 2013 年 4 月 7 日,韩甲文 2 年的起诉期限既已届满,2015 年提起行政诉讼显然已经超过法定起诉期限。

■ 评　析

Ⅰ 最高人民法院对行政诉权处分的裁判观点

本判例中,最高人民法院认定包含行政诉权处分(放弃行使诉权)意思表示的息诉协议"符合行政协议的法定要件,属于可诉的行政协议",由此肯定可以以行政协议的方式处分行政诉权。息诉协议通常包含两方面内容:一是行政机关给予相对人某种利益,换取相对人对其所作行政行为(原行政行为)的认可,以解决由原行政行为引起的行政争议;二是当行政机关给予某种利益使得纠纷消失后,约定相对人放弃对该行政行为行使诉权。虽然本判例中最高人民法院以"提起行政诉讼显然已经超过法定起诉期限"裁定驳回韩甲文的再审申请,由此并未就息诉协议这一行政协议做实质审查,但行政协议在效力上至少包括有效行政协议和无效行政协议,当认定息诉协议为有效行政协议时,也就意味着承认行政机关与相对人之间约定的行政诉权处分的意思表示发生法律效力,产生放弃行使诉权的法律效果,即此时相对人不再享有诉权。在张有为与天津市人民政府房屋拆迁行政复议行政纠纷再审案[最高人民法院(2016)最高法行申 2385 号行政裁定书]中,最高人民法院更是明确指出"诉权可以自愿抛弃。抛弃权利保护的方式包括单方向人民法院表示、单方向诉讼的另一方当事人表示,也包括当事人之间自愿达成合意"。由此进一步肯定了"诉权可以自愿抛弃"的观点。

本判例之后,最高人民法院在向华英、胡小平诉湖北省武汉市硚口区人民政府等确认强拆行为违法及行政赔偿案[最高人民法院(2016)最高法行申 3212 号行政裁定书]中,对息诉协议的效力进行了审查,由此进一步明确了抛弃诉权的具体法律效果,即当放弃行使诉权意思表示发生法律效力时,法院不应就原行政行为争议进行实体审理,当驳回起诉。最高人民法院认为:向华英、胡小平同意罢访息诉、案结事了。该协议系双方真实意思的表示,向华英、胡小平也已实际收到了补助金。在向华英、胡小平并未举证证明该协议存在无效或可撤销事由的情况下,该协议对其具有约束力,据此,向华英、胡小平丧失了诉的利益,原审裁定驳回向华英、胡小平的起诉在结果上并无不当。此时放弃行使诉权产生了程序阻断的效果,相对人不再享有就原行政行为争议提起诉讼的权利。

Ⅱ 行政诉权处分的性质及其界限

息诉协议中处分的行政诉权,是针对原行政行为争议所享有的"具体的诉权"。一方面,当原行政行为争议产生时,相对人对该行政行为享有诉的利益,拥有向法院提起行政诉讼解决实体争议的权利,但通过行政诉讼途径解决行政争议是相对人的一项请求权而非义务,相对人可以放弃对该请求权的行使;另一方面,行政机关作为息诉协议的一方当事人,虽然其法定职权范围是既定且不可协商让渡的,但在其法定职责范围内,与相对人商定诸如对价、具体履行方式等权利义务条款,可以形成不触及合法性边界的合意性内容。因此,行政机关在息诉协议中,为解决行政争议而在其法定职责范围内以给予相对人某种利益,换取其放弃行使对具体行政争议的诉权,具有容许性。

以息诉协议方式处分行政诉权具有实体法行政协议与诉讼法诉讼行为的双重性质。息诉协议其实质是为了解决行政争议,行政机关与相对人就诉权不行使达成合意,以期相对人"诉的利益"消失,诉权消失。一方面,在息诉协议中会对相对人行政法上的权利义务关系作出安排,主要表现为行政机关给予相对人某种利益,由此影响当事人行政实体法上的法律地位,成立实体法上的行政协议;另一方面,行政诉权作为请求法院提供司法救济的请求权,体现了当事人与法院之间公法上的权利义务关系,息诉协议的目的在于发生一定诉讼法上的效果,本质上应是诉讼法上的诉讼行为,具有对诉讼程序的处分效力。就诉讼行为而言,如放弃诉权行为不符合行政诉权本身特质,则放弃诉权无效;就实体法上行政协议而言,如行政协议可撤销或无效,则诉讼行为部分亦无效,即放弃诉权意思表示不发生法律效力,相对人仍享有对原行政行为的诉权。因此,以息诉协议处分行政诉权,需同时符合行政诉权特质与行政协议有效要件,方能发生诉权抛弃的法律效力,诉权特质与行政协议有效要件构成行政诉权处分的界限。

行政诉权的特质要求放弃行政诉权的意思表示应遵守禁反言原则,须以明示方式作出,不得概括性地放弃诉权,不得就违法行政行为争议放弃诉权。在息诉协议中处分行政诉权是一种诉讼行为,诉讼行为具有相互性,为保障当事人平等对抗、防止诉讼突袭,放弃行使诉权应遵守禁反言原则,即相对人在诉讼外以协议方式放弃行使诉权,使行政机关相信其行为将出现不就原行政行为行使诉权的法律状态而给予相对人某种利益,这时只要从客观上来看行政机关的相信是合理的,就应受法律保护;另外,这种相互性也要求放弃行使诉权应当以明示方式放弃;息诉协议中处分的行政诉权并非作为观念意义上的基本人权而存在的诉权,而是针对具体个案而客观存在的"具体的诉权",抛弃诉权应当针对具体的争议事项或诉讼标的,不得概括性地、无具体指向地放弃诉权;行政诉权指向行政权,无论最后原告胜诉还是被告胜诉,其在很大程度上都起到监督行政权的作用,具有明显的公益性,由此决定不能就违法行政行为争议放弃行使诉权。息诉协议作为实体法上的行政协议,行政协议有效要件同样构成行政诉权处分的界限,基于行政协议的契约性和行政性的双重性质,其成立及生效要件应当依照私法以及行政实体法关于协议(合同)的有关规定。以息诉协议方式处分行政诉权,不符合行政诉权的特质要求或者不符合行政协议的有效要件,均导致行政诉权处分不发生法律效力,当事人仍然享有诉权。

Ⅲ 行政诉权处分的审查

相对人在息诉协议中作出放弃诉权处分的意思表示后,仍对原行政行为提起诉讼,由于息诉协议的目的是解决纠纷，行政诉讼的目的也包含纠纷的解决，因此在没有证据表明诉权处分违反诉权特质以及行政协议有效要件的情况下，法院应该秉持保守克制的态度，不宜主动破坏行政机关与相对人之间行政协议的契约效力，法院应推定因原行政行为产生的行政争议在主观上已经得到解决，相对人对此行政行为不再享有诉权。对于当事人没有诉权的情形，我国行政诉讼法上法院的裁判结果可以是“不予受理”或者“驳回起诉”的裁定。但由于以息诉协议处分行政诉权具有诉讼行为与行政协议双重性质，对于其是否具备诉权特质以及息诉协议是否符合生效要件的判断，均应当经过法院实质审查后才能确定，换句话说，应当经过实质审查后才能确定相对人放弃行政诉权的意思表示是否发生法律效力。因此，法院不应通过受理阶段的形式审查直接认定当事人不享有诉权而裁定“不予受理”，而是应当在受理后实体审查阶段，在获得诉讼双方对抗举证和辩论的前提下，实质审查相对人是否因息诉协议中的放弃行政诉权意思表示而不再享有诉权，对不再享有诉权的裁定“驳回起诉”。

最高人民法院在上述有关息诉协议案件中，认识到息诉协议的行政协议性质，也在实质审查息诉协议的有效性基础上判定相对人是否享有诉权，但尚未对以息诉协议处分行政诉权的诉讼行为性质有明确的认识，例如，本判例中当事人有关放弃行使诉权的约定表述为“对处理‘马场地’引发的矛盾纠纷过程中，各级政府机关、公安机关、审判机关及部门所做的一切公务行为，不再上访诉求，息诉罢访”，这种概括性地放弃诉权的意思表示因不符合诉讼行为特质，而应认定诉权放弃的意思表示不发生法律效力。

□ 参考文献

薛刚凌：《行政诉权研究》，华文出版社 1999 年版。

江必新，梁凤云：《行政诉讼法理论与实务》（第 3 版下卷），法律出版社 2016 年版。

张卫平：《论民事诉讼的契约化——完善我国民事诉讼法的基本作业》，载《中国法学》2004 年第 3 期。

060 行政诉讼中全面审查原则的适用

夏秀英诉山东省威海市政府行政复议再审案 |《最高人民法院公报》2020 年第 12 期

黄 娟 华东政法大学法律学院

■ 事实概要

2003 年 2 月 8 日,夏秀英与盘川夼村村民刘海静签订土地转包合同,约定刘海静将其在盘川夼村承包的 50 亩土地转包给夏秀英经营。2013 年,桥头镇政府修建 7 号公路占用夏秀英在盘川夼村承包地 4.44 亩,该部分承包地栽种白蜡树 2123 棵。2013 年 3 月 29 日,盘川夼村收到因修建 7 号公路的补偿款 93,624 元,刘海静于 4 月 3 日支付给夏秀英补偿款 7 万元。2013 年 7 月 11 日,威海市国土资源局作出威国土经监字(2013)第 015 号行政处罚决定,认定桥头镇政府修建公路占用盘川夼等村集体土地的行为违法,并给予罚款等处罚。2014 年,桥头镇政府修建金鸡大道占用姚家圈村部分集体土地。2014 年 10 月 30 日,夏秀英以桥头镇政府为被申请人向威海市政府提起行政复议申请,称桥头镇政府修建 7 号公路和金鸡大道分别占用其在盘川夼村、姚家圈村承包地并毁掉其栽种的树木,请求确认桥头镇政府占用其土地修建 7 号公路和金鸡大道的行为违法,责令桥头镇政府限期将违法占用的土地恢复原状,并赔偿因违法占用土地给其所造成的财产损失 170.1999 万元。2015 年 2 月 6 日,威海市政府作出威政复决字(2014)第 81 号行政复议决定书(以下简称 81 号复议决定),该复议决定确认桥头镇政府的行为违法;驳回夏秀英要求行政赔偿的请求。夏秀英不服 81 号复议决定,向山东省中级人民法院提起行政诉讼,请求撤销该复议决定的第二项决定,并判令威海市政府限期对其请求责令桥头镇政府恢复土地原状及赔偿损失部分重新审理,重新作出复议决定。一审法院作出(2015)威行初字第 3 号行政判决,撤销威海市政府作出的 81 号复议决定;责令威海市政府重新作出行政复议决定。夏秀英和威海市政府均不服,向山东省高级人民法院提起上诉。二审法院判决驳回上诉,维持一审判决。夏秀英不服向最高人民法院提出再审申请。

■ 裁判要旨

I. 在再审申请人只对 81 号复议决定中有关行政赔偿请求的处理提出起诉的情况下,一审法院却对该复议决定中有关行政行为的处理进行审查,并进而撤销了该复议决定,有违不告不理原则,超出了法定审理范围。另外,一审法院对本案的处理,使再审申请人行使诉权的结果比不行使诉权更加不利,对诉权的充分行使和诉讼渠道的畅通产生阻碍效果,与行政诉讼制度的宗旨显有不合。行政诉讼中的全面审查一般是指人民法院在行政案件审理中,应当对被诉行政行为的事实根据、法律依据、行政程序、职责权限等各方面进行合法性审查,不受诉讼请求和理由的拘束。全面审查原则通常适用于诉讼标的为行政行为的单一案件中,但81号复议决定对原行政行为的处理并非本案诉讼标的,故该原则不适用。二审法院以全面审查原则为据,对再审申请人就一审法院审判程序所提质疑不予采纳,判决理由显有不当。

Ⅱ. 对于以获得行政赔偿为目的的诉讼而言,《国家赔偿法》规定的救济方式是直接起诉赔偿义务机关,并不包括起诉复议机关,即不包括要求人民法院判决复议机关就赔偿义务机关的行政赔偿问题作出处理或者重新处理的情形。《行政诉讼法》有关复议机关为被告的规定同样不包括该情形。从实践层面看,以起诉复议机关履行法定职责的方式解决赔偿义务机关的行政赔偿问题,与直接起诉赔偿义务机关相比,不仅程序更加烦琐,耗费更多的资源,而且难以直接解决行政赔偿问题,容易形成循环诉讼。从行政诉讼实质解决行政争议的立法宗旨看,上述法律在这一问题上未作规定表明,以解决赔偿义务机关行政赔偿问题为目的的诉讼不宜以复议机关为被告。

■ 评　析

Ⅰ 全面审查原则的基本内涵

全面审查原则的关联规范是《行政诉讼法》第87条规定,其内容为:"人民法院审理上诉案件,应当对原审人民法院的判决、裁定和被诉行政行为进行全面审查。"行政审判实务中涉及全面审查原则适用问题的案件较少,理论研究中对该原则的探讨大体集中于对第87条的理解上。根据立法机关的意见,二审法院应当对案件进行全面审查,不受上诉人提起上诉范围的限制。全面审查原则内含的具体要求包括以下三项:其一,二审法院需要审查一审裁判的正确性与合法性,履行相应的监督职责;其二,全面审查的目的在于充分发挥二审法院的积极性与主动性,全面客观地了解案件事实,实现对起诉人诉权的保障;其三,二审法院仍需对行政行为的合法性进行审查,不受上诉人请求范围的限制。

Ⅱ 本判例对全面审查原则两层含义的厘清

本判例延展了目前理论界对行政诉讼中全面审查原则的理解,进一步明晰了全面审查原则的适用条件。已有的理论论述中对全面审查原则的理解止步于《行政诉讼法》第87条的基本文义,认为该条是关于二审法院审理范围的指向性条款。通过本判例,该条款中全面审查原则的两层含义不仅更为清晰,其适用条件也得以揭示。全面审查原则的第一层含义为,二审法院对一审法院裁判和涉诉行政行为合法性的全面审查。第二层含义为,二审法院应依据《行政诉讼法》第6条的规定,对被诉行政行为的事实根据、法律适用、行政程序等进行全面的合法性审查。本判例中,最高人民法院正是在准确解读全面审查原则第二层含义的基础上察知一审、二审法院裁判存在的问题。

对行政行为进行合法性全面审查是行政诉讼法中确立的基本原则，它具体表现为《行政诉讼法》第 6 条的规定。正因如此，对《行政诉讼法》第 87 条的理解应结合第 6 条进行体系性解读。虽然，行政诉讼区别于民事诉讼的特质就在于，无论当事人的诉求为何，均应对诉求所针对的行政行为进行合法性审查；但是，全面审查行政行为合法性的基本前提在于当事人的诉求能够锁定某一个明确的行政行为。本判例的意义正是明确了全面审查原则中行政行为合法性审查这一要求的适用条件，以当事人的诉讼请求为审判基础，是兼顾当事人诉权保障和行政行为合法性监督这两项制度目的的典型例证。

Ⅲ 全面审查原则的适用逻辑

本判例中，一审、二审法院以 81 号复议决定的合法性审查为起点，以夏秀英不具有复议申请人资格为由判定行政复议决定违法，应予以撤销。与之不同，再审法院以诉讼请求的内容为审查起点，并最终作出原告未满足起诉条件，一审、二审法院超出法定审理范围的裁断。相较于一审、二审法院的裁判，再审法院的裁判思路实际上展现了不告不理原则与全面审查原则的适用逻辑，展现了通过原告诉讼请求确定审理对象，进而确定救济程序的审理逻辑。

81 号复议决定包括两项内容：一是确认桥头镇政府占用再审申请人夏秀英土地修建 7 号公路和金鸡大道的行为违法，二是驳回再审申请人要求行政赔偿的请求。原告提起诉讼请求仅针对后者，而未提及前者。行政诉讼虽以行政行为合法性审查为基本原则，但同样奉行不告不理原则，上诉亦遵循不告不理原则。因此，本判例中再审法院就全面审查原则的适用遵循着以下裁判逻辑。

1. 不告不理原则优先于全面审查原则的适用。不告不理原则要求，原告没有起诉的行政行为，法院不能审查，原告没有提出的诉讼请求，法院不能主动给予救济。这是行政诉讼作为司法救济程序的基本定位使然。本判例中，再审法院正是优先以该原则的适用为前提，辨明原告的诉讼请求中并不包含对 81 号复议决定第一项内容的合法性审查，进而否定一审、二审法院直接适用全面审查原则的正确性，认为他们超出了法定审理范围。也就是说，唯有通过明确原告的诉讼请求，方能明确诉争的行政行为是哪一个，法院才能就此锁定审查哪一个行政行为的合法性。况且《行政诉讼法》第 49 条第 3 项中已有明确，“有具体的诉讼请求”为提起诉讼应具备的基本条件之一。因此，通过适用不告不理原则确定诉讼标的，可以说是全面审查原则实效发挥的基本前提。

2. 以诉争行政行为作为全面审查原则的适用对象。按照判例中以诉讼请求确定审理对象的裁判思路，原告的行政赔偿请求才是诉争内容，才是法院应当予以考虑的全面审查原则的适用对象。但需要注意的是，全面审查原则的核心内涵之一是对行政行为合法性的全面审查。因此，在通过不告不理原则明晰诉讼请求的前提下，还需要在此诉讼请求中确定诉请审查的行政行为为何。根据权威意见与实务做法，《行政诉讼法》第 49 条中“有具体的诉讼请求”正是要求原告的诉讼请求能够明确指向某一个行政行为。

3. 以全面审查原则导引救济程序的正确选择。全面审查原则适用中行政行为的合法性审查是其核心内容。当再审法院辨明原告的诉讼请求仅是行政赔偿后，裁判方向随之明朗。就基本法理而言，要求予以行政赔偿的诉讼请求背后是对相关联行政行为合法性的质疑。通过该行政赔偿请求旋即能够锁定某一行政行为，进而适用全面审查原则进行裁断。在本判例中，原告的行政赔偿请求为单独提出，对应的赔偿义务机关非案中复议机关，却列其为被告。《国家赔偿法》第 9 条第 2 款规定："赔偿请求人要求赔偿，应当先向赔偿义务机关提出，也可以在申请行政复议或者提起行政诉讼时一并提出。"由此可见，本判例中原告如果已经先向赔偿义务机关提出赔偿请求，那么其进行复议或诉讼时应针对赔偿义务机关（桥头镇政府）的行政赔偿决定；如果未先向赔偿义务机关提起赔偿请求，那么其进行复议或诉讼请求时应针对桥头镇政府违法占地行为，且一并提出赔偿请求。然而，从本判例中的情形来看，原告救济方案的选择并不符合相关法律要求。

▣ 参考文献

梁凤云：《行政诉讼讲义》（下），人民法院出版社 2022 年版。

何海波：《行政诉讼法》（第 3 版），法律出版社 2022 年版。

最高人民法院行政审判庭编著：《最高人民法院行政诉讼法司法解释理解与适用》（上），人民法院出版社 2018 年版。

061 被告不举证与第三人举证责任

王玉春诉郑州市中原区人民政府撤销行政决定案 | 最高人民法院(2017)最高法行申5835号行政裁定书

李明超 深圳大学法学院

■ 事实概要

王玉春与王东来、王俊春、王俊杰系兄弟关系。2014 年 4 月 22 日,王玉春与中原区桐柏路街道城中村改造指挥部签订拆迁补偿安置协议(宅基地户)一份,编号纺 -30。2015 年 7 月 15 日,中原区政府作出《中原区桐柏路街道城中村改造关于牛砦村城中村改造居民王玉春安置协议作废问题的决定》,认为因王玉春其他家属持郑州市西站路 38 号院宅基地使用权证复印件、38 号院房产证提出产权归属异议,决定将中原区桐柏路街道"城中村"改造指挥部与王玉春所签协议(编号纺 -30)作废,待其家庭内部达成协议后另行处理。王玉春不服,遂提起本案行政诉讼,请求撤销《中原区桐柏路街道城中村改造关于牛砦村城中村改造居民王玉春安置协议作废问题的决定》。本案中,中原区政府应诉后未在法定期限内向法院履行其举证责任,虽然一审第三人提供了部分证据,但中原区政府未答辩、未出庭。

一审法院认为,中原区政府对作出的行政行为负有举证责任,应当提供作出该行政行为的证据和所依据的规范性文件。不提供证据,视为没有相应证据。本案中,中原区政府应诉后未在法定期限内向法院履行其举证责任,虽然一审第三人提供了部分证据,但中原区政府未答辩、未出庭,而王玉春与一审第三人的分歧较大,无法确定一审第三人提交的证据是中原区政府作出被诉具体行政行为时所依据的证据,无法确认被诉具体行政行为的合法性。判决撤销中原区政府 2015 年 7 月 15 日作出的《中原区桐柏路街道城中村改造关于牛砦村城中村改造居民王玉春安置协议作废问题的决定》。

二审法院认为,中原区政府未出庭履行举证责任,应视为其作出的被诉作废决定没有相应证据支持,而应承担败诉责任。但是,本案被诉决定涉及王玉春的其他家属等第三人的合法权益,王玉春的其他家属等第三人提供的证据依法应作为被诉作废决定相应的证据,且王玉春的其他家属等第三人已提供证据证明郑州市西站路 38 号院可能存在王玉春、王东来、王俊春、王俊杰对该物权合法权益的争议,故对一审行政判决予以撤销。王东来、王玉春、王俊春、王俊杰兄弟之间的纠纷,可通过其他途径寻求救济。依据《行政诉讼法》第 49 条、第 89 条第 1 款第 2 项之规定,判决撤销郑州铁路运输中级法院(2015)郑铁中行初字第 193 号行政判决,驳回王玉春的诉讼请求。

■ 裁判要旨

Ⅰ.《行政诉讼法》第 34 条第 2 款规定:“被告不提供或者无正当理由逾期提供证据,视为没有相应证据。”这是因为,被告对作出的行政行为负有举证责任,应当在法定期限内向人民法院提供作出该行政行为的证据,不提供或者无正当理由逾期提供证据,或者不出庭应诉,会导致证据失权,承担“视为没有相应证据”的法律后果。这一后果相当严重,因为根据《行政诉讼法》第 70 条第 1 项的规定,行政行为“主要证据不足的”,将会被判决撤销或者部分撤销。

Ⅱ.《行政诉讼法》第 34 条第 2 款规定的“被告不提供或者无正当理由逾期提供证据,视为没有相应证据”,主要适用于行政机关针对行政相对人作出的损益性行政行为,因为按照先取证后裁决的原则,行政机关在作出一个损益性行政行为时,必须已经收集到充分确凿的证据,行政机关在诉讼中不提供或者无正当理由逾期提供证据,则人民法院对该损益性行政行为难以支持。但在行政行为涉及第三人合法权益的情况下,简单适用这一规则,则是将不利后果转嫁到第三人的头上。正因如此,《行政诉讼法》第 34 条第 2 款特别规定:“但是,被诉行政行为涉及第三人合法权益,第三人提供证据的除外。”这一特别规定还表明,行政诉讼的证据并非只应由行政机关提供,凡是能够证明案件事实的合法证据,都能成为行政诉讼的定案依据。

■ 评　析

Ⅰ 举证责任制度的变革

对于行政诉讼中举证责任的分配,1989 年《行政诉讼法》第 32 条规定:“被告对作出的具体行政行为负有举证责任,应当提供作出该具体行政行为的证据和所依据的规范性文件。”由此确立了行政诉讼中,被告对被诉行政行为合法性负举证责任的规则。之后,《行诉若干问题意见》和《行诉若干解释》也都只是针对被告的举证责任作了规定,即被告不提供或者无正当理由逾期提供作出具体行政行为时的证据、依据的,应当认定该具体行政行为没有证据、依据。

对于第三人的举证规则,《行政诉讼证据规定》第 7 条首次明确作出规定,即第三人应当在开庭审理前或者人民法院指定的交换证据之日提供证据,因正当事由申请延期提供证据的,经人民法院准许,可以在法庭调查中提供;逾期提供证据的,视为放弃举证权利。对于被告不提供或者无正当理由逾期提供证据时第三人的举证规则,最高人民法院 2009 年发布的《关于审理行政许可案件若干问题的规定》第 8 条作了规定,即与被诉行政许可行为有利害关系的第三人可以向人民法院提供证据,第三人对无法提供的证据,可以申请人民法院调取;第三人提供或者人民法院调取的证据能够证明行政许可行为合法的,人民法院应当判决驳回原告的诉讼请求。可见,对于第三人举证的相关规定出现较晚,而且都是由最高人民法院的司法解释作出的。直到 2014 年《行政诉讼法》的修正,第 34 条第 2 款才作了规定,即“被告不提供或者无正当理由逾期提供证据,视为没有相应证据。但是,被诉行政行为涉及第三人合法权益,第三人提供证据的除外”。

Ⅱ 本判例的规范性逻辑

在本判例中,从最高人民法院的裁判说理中可以提炼出《行政诉讼法》第 34 条第 2 款适用的基本条件和规则要求。具体来说:

1. 存在被告不提供或者无正当理由逾期提供证据的情形。一般来说,被告应当在收到起诉状副本之日起 15 日内向人民法院提交作出行政行为的证据和所依据的规范性文件,并提出答辩状。本案中,被告未答辩亦未出庭,属于典型的不提供证据的情形,但这并不影响案件的审理。

2. 被诉行政行为涉及第三人合法权益。一般来说,被告不提供或者无正当理由逾期提供证据,视为没有证据。这是因为,在行政诉讼中被告对作出的行政行为负有举证责任,应当在法定期限内向人民法院提供作出该行政行为的证据,不提供或者无正当理由逾期提供证据,或者不出庭应诉,会导致证据失权,承担“视为没有相应证据”的法律后果。这一后果相当严重,因为根据《行政诉讼法》第 70 条第 1 项的规定,行政行为“主要证据不足的”,将会被判决撤销或者部分撤销。本判例中,一审法院采用此观点,认为中原区政府应诉后未在法定期限内向法院履行其举证责任,虽然一审第三人提供了部分证据,但中原区政府未答辩、未出庭,无法确定一审第三人提交的证据是中原区政府作出被诉具体行政行为时所依据的证据,也无法确认被诉具体行政行为的合法性,故作出判决撤销中原区政府作出的《中原区桐柏路街道城中村改造关于牛砦村城中村改造居民王玉春安置协议作废问题的决定》。“被告不提供或者无正当理由逾期提供证据则视为没有证据”的规则主要适用于行政机关针对行政相对人作出的损益性行政行为,因为按照先取证后裁决的原则,行政机关在作出一个损益性行政行为时,必须已经收集到充分确凿的证据,行政机关在诉讼中不提供或者无正当理由逾期提供证据,人民法院对该不利行政行为难以支持。然而,在被诉行政行为涉及第三人合法权益时,简单适用上述规则,则是将不利后果转嫁于第三人,极有可能损害第三人的合法权益。因为,第三人在行政诉讼中是独立的诉讼参加人,有自己独立的诉讼利益。此时,行政诉讼的证据并非只应由行政机关提供,第三人也可以提供证据以保护自身合法权益,法院不应当忽视第三人的举证责任。

3. 第三人在举证期限内提交证据。根据《行诉解释》第 35 条的规定,第三人举证期限应遵循如下规则:第三人应当按照原告的举证期限,在开庭审理前或者人民法院指定的交换证据清单之日提供证据;因正当事由申请延期提供证据的,经人民法院准许后,可以在法庭调查中提供;第三人无正当理由逾期提供证据的,原则上应当不予接纳。本案中,第三人在开庭审理前提交了相关证据,符合第三人举证期限的要求,其提供的证据应当由法院进行审查认证。

4. 第三人提供的证据能够作为定案的依据。根据《行诉解释》第 42 条的规定,能够反映案件真实情况、与待证事实相关联、来源和形式符合法律规定的证据,应当作为认定案件事实的根据。也就是说,第三人提供的证据应当具有关联性、合法性和真实性。本案中,第三人提供的证据是郑州市西站路38号院宅基地使用权证复印件和38号院房产证,是客观真实、合法有效的证据;而且,该证据能够证明郑州市西站路38号院可能存在王玉春、王东来、王俊春、王俊杰对该物权合法权益的争议,与本案存在关联性。因此,本案中,第三人提供的证据是能够证明案件事实的合法证据,二审和再审法院予以采纳符合法律规定。

综上所述,在被告不提供或者无正当理由逾期提供证据的情形下,与被诉行政行为有利害关系的第三人所提供的证据符合上述条件时,法院应当采纳第三人提供的证据,作为定案的依据,以此维护行政诉讼中第三人的合法权益。

Ⅲ 本判例的意义

《行政诉讼法》没有规定第三人的举证责任,但在第34条第2款中规定,如果行政行为涉及第三人合法权益,第三人可以提供证据。该条对第三人举证规则的细节规定得比较原则,在实践中仍存在一定困惑。本判例明确了第三人的举证规则,特别是在被告不举证的情形下,第三人所提供证据的法律效力,即被诉行政行为在涉及第三人合法权益时,行政诉讼的证据并非只能由行政机关提供,凡是能够证明案件事实的合法证据,都能成为行政诉讼的定案依据。本判例的重要意义体现在两个方面:(1)本判例明确了第三人举证责任的独立性。作为第三人的公民、法人或者其他组织(不包括行政机关)参加行政诉讼谋求的利益有时具有独立性,有时则与原告或被告一致,但无论哪种利益模式,第三人都可以为自己的主张承担举证责任,无论被告是否依法提供了证据,第三人提供的合法证据都能成为行政诉讼的定案依据。(2)本判例具有实践指导意义。本判例是最高人民法院对《行政诉讼法》第34条第2款规定的具体运用,具有一定的引导示范意义,可以有效促进地方各级法院对该条款理解和适用的统一性。

参考文献

章剑生:《现代行政法总论》(第2版),法律出版社2019年版。

阎巍:《行政诉讼证据规则:原理与规范》,法律出版社2019年版。

程琥等:《新行政诉讼法疑难问题解析与实务指引》,中国法制出版社2019年版。

062 优势证明标准

廖宗荣诉重庆市公安局交通管理局第二支队道路交通管理行政处罚决定案 |《最高人民法院公报》2007 年第 1 期

宋华琳 南开大学法学院

■ 事实概要

2005 年 7 月 26 日 8 时 30 分，原告廖宗荣驾驶车牌号为渝 AA4760 的小轿车，沿滨江路向上清寺方向行驶。在大溪沟滨江路口，被告重庆市公安局交通管理局第二支队（以下简称交警二支队）的执勤交通警察陶祖坤示意原告靠边停车。陶祖坤向廖宗荣敬礼后，请廖宗荣出示驾驶执照，指出廖宗荣在大溪沟嘉陵江滨江路加油站的道路隔离带缺口处，无视禁止左转弯交通标志违规左转弯。廖宗荣申辩自己未左转弯，警察未看清楚。陶祖坤认为廖宗荣违反禁令标志行车的事实是清楚的，其行为已违反《道路交通安全法》的规定，依法应受处罚，遂当场制作编号为 10001750516 号的重庆市公安局交通管理局公安交通管理简易程序处罚决定书（以下简称“516 号行政处罚决定书”）并向廖宗荣出具。廖宗荣拒绝在处罚决定书上签字，但仍缴纳了 200 元罚款，后因不服“516 号行政处罚决定书”，向重庆市公安局申请行政复议。2005 年 9 月 13 日，重庆市公安局作出行政复议决定，维持了“516 号行政处罚决定书”。廖宗荣不服，遂提起行政诉讼，请求判令撤销“516 号行政处罚决定书”。

■ 裁判要旨

Ⅰ. 对廖宗荣是否在此处违反禁令左转弯，虽然只有陶祖坤一人的陈述证实，但只要陶祖坤是依法执行公务的人员，其陈述的客观真实性得到证实，且没有证据证明陶祖坤与廖宗荣之间存在利害关系，陶祖坤一人的陈述就是证明廖宗荣有违反禁令左转弯行为的优势证据，应当作为认定事实的根据。

Ⅱ. 道路交通安全管理具有其特殊性。道路上的交通违法行为一般都是瞬间发生的，对这些突发的交通违法行为如果不及时纠正，就会埋下交通安全隐患，甚至当即引发交通安全事故，破坏道路交通安全秩序。但要及时纠正这些突发的交通违法行为，则会面临取证难的问题。交通警察发现交通违法行为后应当及时纠正，如果必须先取证再纠正违法，则可能既无法取得足够的证据，也无法及时纠正违法行为，甚至还可能影响在场车辆、行人的通行。因此，交通警察一人执法时，当场给予行政管理相对人罚款 200 元的行政处罚，是合法的具体行政行为。

■ 评 析

1 证明标准的规范及学理基础

根据《行政诉讼法》第 69 条的规定,“行政行为证据确凿,适用法律、法规正确,符合法定程序的,或者原告申请被告履行法定职责或者给付义务理由不成立的,人民法院判决驳回原告的诉讼请求”,行政诉讼证明标准为“证据确凿”。我国行政诉讼的证明标准似乎是确定的,但问题在于,“证据确凿”并非严格意义上的法律概念,其内涵和判断要素并不明晰。欲判断何时达到“证据确凿”,还需考察涉案行政行为所依据的实体法。

最高人民法院曾表现出行政诉讼证明标准多元论的立场。其在《行政诉讼证据规定》送审稿中提出了三类证明标准:明显优势证明标准、优势证明标准和排除怀疑标准。2003 年,时任最高人民法院副院长的李国光在讲话中指出,“由于被诉具体行政行为的类型多样化,与刑事诉讼和民事诉讼相比,行政诉讼证据的证明标准也不是单一的,因此因具体行政行为性质的不同而应适用不同的证明标准。行政案件证明标准的高低,原则上取决于被诉具体行政行为对原告权益影响的大小。从目前的审判实际看,对于涉及限制人身自由、大额罚没等对行政相对人人身、财产权益影响较大的具体行政行为的案件,可以比照适用类似于刑事案件的证明标准对于行政裁决类行政案件和其他行政案件,可以比照适用类似于民事案件的证明标准”。(李国光:《努力开创行政审判工作新局面　为全面建设小康社会提供司法保障》,载《最高人民法院公报》2003 年第 2 期)

长期以来,学界通说也采用多元论,认为根据行政诉讼的特点,行政诉讼法应当规定一个多元证明标准体系(章剑生:《行政诉讼法修改的基本立场》,载《广东社会科学》2013 年第 1 期),不同的行政案件所涉及的权益大小及所适用的程序繁简各不相同,所要求的证明标准也不相同(徐庭祥:《论建构我国行政诉讼的一般证明标准》,载《政治与法律》2019 年第 12 期),应根据行政活动的类型、行政案件的性质及对当事人权益影响的大小等因素,具体确定行政案件的证明标准。讨论相对较多的有排除合理怀疑标准、明显优势证据标准(清楚而有说服力的证明标准)和优势证据标准。不过,通说之外,亦有学者提出应构建一元多层次的证明标准,或基于事实与法律的二分构建证明标准体系等。(徐庭祥:《论建构我国行政诉讼的一般证明标准》,载《政治与法律》2019 年第 12 期;曹恒民:《行政诉讼中证明标准的重构》,载《法学杂志》2012 年第 8 期)

本案涉及的优势证据标准,是指当证据表明待证事实存在的可能性明显大于不存在的可能性,或此种事实存在的可能性明显高于彼种事实存在的可能性,按照可能性占优势的证据来认定事实的证明标准。学界普遍认为,最高人民法院《关于民事诉讼证据的若干规定》第 73 条第 1 款确立了民事诉讼中的优势证据标准,而《行政诉讼证据规定》第 63 条“证明同一事实的数个证据,其证明效力一般可以按照下列情形分别认定:……”则是优势证据标准在行政诉讼领域的首次亮相。(黄琳:《优势证据在行政诉讼中的构成及适用——以廖宗荣案为分析对象》,载《证据科学》2014 年第 6 期)优势证据标准反映的是一种占优势的盖然性,尽管适用优势证据标准应符合的两点要求:一是优势必须具有一定的幅度,不是微弱的优势;二是优势足以使法庭形成有利于优势一方当事人的确信,虽其适用依然有较大的不确定性,但这种情况自本判例被《最高人民法院公报》刊登后发生了变化。

Ⅱ 本判例对于优势证据标准的适用

适用优势证据标准的论证包括递进的两个层次,其一,本案为何可选取优势证据标准作为诉讼证据标准;其二,如何判断证据具有优势证据效力。

本判例中,优势证据相关的部分,即争议焦点一“交通警察一人执法时的证据效力如何认定?”仅就优势证据的判断做了论述。至于为何选取优势证据标准,则只能从争议焦点二“交通警察一人执法时当场给予行政管理相对人罚款 200 元的行政处罚,是否合法?”的论证中寻找端倪。在对争议焦点二的论证中,法院运用目的解释的方法,分析了《道路交通安全法》第 3 条、第 79 条和第 107 条,考虑了立法的整体目的,具体制度、具体条文的规范目的,衡量了社会利益,从而阐发了道路交通管理立法和制度的目的、意图,将及时纠正交通违法行为置于价值序列中更为优越的地位,在加强涉案行政处罚合法性论证的同时,也反映了降低证明标准的必要性。

另外,《行政诉讼法》第 69 条虽确定了“证据确凿”的证明标准,但根据该法第 70 条第 1 项,主要证据不足,人民法院才会判决撤销或者部分撤销行政行为。而“证据确凿”和“主要证据不足”并不是非此即彼,其间存在一段“光谱”。这段“光谱”便是多元化的诉讼证明标准得以存在的空间。故欲分析本案应适用的证明标准,还需诉诸涉案行政行为所依据的实体法,即行政处罚法。依据《行政处罚法》第 51 条的规定,简易程序的行政处罚应“违法事实确凿”,该法第 54 条则要求一般程序的行政处罚“必须全面、客观、公正地调查,收集有关证据”,有学者据此认为,简易程序要求的“确凿”并非确凿无疑,而是清楚明了、一见即明,且无须进行“全面、客观、公正地调查”,故其证明的程度要低于一般程序。加之简易程序的行政处罚对相对人权益的影响较小,故证明标准可以降低。(王贵松:《一对一证据的审查与认定——廖宗荣诉重庆市交警二支队行政处罚决定案评析》,载《华东政法大学学报》2012 年第 3 期)

本判例中,目的解释部分直接服务于争议焦点二,且并未就降低证明标准进行规范分析,因而该判决在为何可选取优势证据标准这一问题上说理有缺憾,不过这并不影响本案适用优势证据标准的合理性。明确本案能够适用优势证据标准后,还需分析证据何以成为优势证据。本案中,一审法院认为交通警察陶祖坤的书面陈述构成优势证据,并将其作为了认定事实的根据。法院如此认定的理由有:其一,陶祖坤是依法执行公务的人员;其二,陶祖坤陈述的客观真实性得到证实;其三,没有证据证明陶祖坤与廖宗荣之间存在利害关系。《最高人民法院公报》的裁判摘要中则将理由二表述为“没有相反证据否定交通警察对违法行为所作陈述的客观真实性”。

根据《行政诉讼法》第 33 条的规定,当事人的陈述为法定证据类型。而本案中原告诉称,其曾申辩“没有违章掉头,你一个人躲在树林后面看不清楚”,这与陶祖坤的陈述针锋相对,也就是说存在相反证据,正因如此,优势证据标准的适用在本案中才尤为重要,故而理由二并不成立。法院的有效论证便只剩下理由一与理由三。另外,根据《行政诉讼证据规定》第 63 条第 1 项的规定,“国家机关以及其他职能部门依职权制作的公文文书优于其他书证”。这是由于公文书证是公权力机关在其管理权限内，出于维护公共利益的需要，按照法定程序所制作的文书。而根据《道路交通安全法》第79条的规定，交通警察拥有道路交通安全管理的法定职权，因此在本案中，与公文书证具有优势证据地位的原理类似，交通警察陶祖坤作为依法以交警二支队名义履行行政处罚权的执法人员，他就当场行政处罚事实所作的当事人陈述，或可被视为优势证据。但陶祖坤的书面陈述毕竟不是公文书证，其优势证据地位还需要进一步补强，而这正是理由三的价值。执法人员与相对人之间不存在利害关系有助于执法人员在事实认定、法律适用等环节保持公正性。

法院的以上理由虽能够论证陶祖坤书面陈述的优势证据地位，但仍存在一些疑点。例如，陶祖坤的书面陈述是否属于法定证据类型？由于此书面陈述系事后作出，故不属于现场笔录，而陶祖坤并非本案的诉讼当事人，亦非被告的代理人，故此书面陈述恐怕难以认定为当事人陈述。[赵元成：《行政执法人员陈述的证据属性——廖宗荣案及其展开》，载《杭州师范大学学报(社会科学版)》2013年第2期]将此书面陈述作为定案根据甚至有违背“先取证，后裁决”之嫌。又如，陶祖坤在行政处罚被诉后才作出书面陈述，此时其虽与案件处理结果没有直接的、法律上的利害关系，但不排除事实上的利害关系，毕竟若交警二支队败诉，则可能会令有故意或者重大过失的执法人员承担责任。因而此书面陈述的公正性或许并不能保证。再如，既然公文书证具有优势证据地位，可否将“516号行政处罚决定书”作为本案中的优势证据？毕竟行政处罚决定书记载的事实与现场笔录应该记载的事实有交叉，且将其作为证据不会违反“先取证，后裁决”。这些问题在本案中并未得以解决。(王贵松：《一对一证据的审查与认定——廖宗荣诉重庆市交警二支队行政处罚决定案评析》，载《华东政法大学学报》2012年第3期)

Ⅲ 本判例的适用范围

就本判例中优势证据相关分析能够适用的案件种类，学界有多种表述，如“当场行政处罚中的证明标准”“一对一证据的审查与认定”“实施简易程序的行政执法行为”“交通安全管理、治安管理以及其他具有违法行为瞬时性、关涉安全秩序性等性质的管理活动”等，(周欣：《从廖宗荣案论法院对行政行为的审查——从证据提供、审查范围以及证明标准角度看》，载《黑龙江省政法管理干部学院学报》2008年第2期)若着眼于降低证明标准，适用优势证据标准合理性的规范分析，本判例的影响范围或许应相对限定为依据简易程序实施的行政行为，其间也体现了在有效实现行政任务与相对人权利保障之间的利益衡量，也提示了对不同的行政行为类型，设计不同的行政程序，并明确相应的证明标准。本判例丰富了我国优势证据标准的司法实践，明晰了优势证据的构成要件，对行政机关依据简易程序实施行政行为，为针对此类行政行为的行政复议、行政诉讼，均有导引意义。

□ 参考文献

[德]莱奥·罗森贝克：《证明责任论》，庄敬华译，中国法制出版社2002年版。

姜世明：《举证责任与证明度》，厦门大学出版社2017年版。

裴苍龄：《论证明标准》，载《法学研究》2010年第3期。

063 行政赔偿诉讼中的举证责任转移

沙明保等诉马鞍山市花山区人民政府房屋强制拆除行政赔偿案 | 最高人民法院指导案例91号

黄　琳 清华大学法学院

■ 事实概要

2011年12月5日,安徽省人民政府作出皖政地〔2011〕769号关于马鞍山市2011年第35批次城市建设用地的批复,批准征收马鞍山市花山区霍里街道范围内农民集体建设用地10.04公顷,用于城市建设。2011年12月23日,马鞍山市人民政府作出2011年37号马鞍山市人民政府征收土地方案公告,将安徽省人民政府的批复内容予以公告,并载明征地方案由花山区人民政府实施。苏月华名下的花山区霍里镇丰收村丰收村民组B11－3房屋在本次征收范围内。苏月华于2011年9月13日去世,其生前将该房屋处置给四原告所有。原告古宏英系苏月华的女儿,原告沙明保、沙明虎、沙明莉系苏月华的外孙。在实施征迁过程中,征地单位分别制作了马鞍山市国家建设用地征迁费用补偿表、马鞍山市征迁住房货币化安置(产权调换)备案表,对苏月华户房屋及地上附着物予以登记补偿,原告古宏英的丈夫领取了安置补偿款。2012年年初,被告组织相关部门将苏月华户房屋及地上附着物拆除。原告沙明保等四人认为马鞍山市花山区人民政府非法将上述房屋拆除,侵犯了其合法财产权,故提起诉讼,请求人民法院判令马鞍山市花山区人民政府赔偿房屋损失、装潢损失、房租损失共计282.7680万元;房屋内物品损失共计10万元,主要包括衣物、家具、家电、手机等5万元,实木雕花床5万元。马鞍山市中级人民法院判决驳回原告沙明保等四人的赔偿请求。沙明保等四人不服,遂提起上诉。

■ 裁判要旨

Ⅰ.根据《土地管理法实施条例》第62条的规定,土地行政主管部门责令限期交出土地,被征收人拒不交出的,申请人民法院强制执行。马鞍山市花山区人民政府提供的证据不能证明原告自愿交出了被征土地上的房屋,其在土地行政主管部门未作出责令交出土地决定亦未申请人民法院强制执行的情况下,对沙明保等四人的房屋组织实施拆除,行为违法。根据《行政诉讼法》第38条第2款之规定,在行政赔偿、补偿的案件中,原告应当对行政行为造成的损害提供证据。因被告的原因导致原告无法举证的,由被告承担举证责任。马鞍山市花山区人民政府组织拆除上诉人的房屋时,未依法对屋内物品登记保全,未制作物品清单并交上诉人签字确认，致使上诉人无法对物品受损情况举证，故该损失是否存在、具体损失情况等，依法应由马鞍山市花山区人民政府承担举证责任。

Ⅱ. 上诉人主张5万元的屋内物品包括衣物、家具、家电、手机等，均系日常生活必需品，符合一般家庭实际情况，且被上诉人亦未提供证据证明这些物品不存在，故对上诉人主张的屋内物品种类、数量及价值应予认定。上诉人主张实木雕花床价值为5万元，已超出市场正常价格范围，其又不能确定该床的材质、形成时间、与普通实木雕花床有何不同等，法院不予支持。但出于最大限度保护被侵权人的合法权益考虑，结合目前普通实木雕花床的市场价格，按"就高不就低"的原则，综合酌定该实木雕花床价值为3万元。

■ 评　析

Ⅰ 以往判例观点

在行政赔偿诉讼案件中，法院需要着重解决两个问题：一是原被告双方的举证责任分配问题，二是具体赔偿金额的确定问题。在过去的司法实践中，法院一般会采用两类方式来处理上述两个问题。

1. 法院更加关注具体赔偿金额，而或多或少地回避原被告双方的举证责任分配，对于"被告是否应当承担举证责任"的问题含糊其词。这也是过去大多数法院倾向于选择的解决思路。例如，在上海姿博汽车维修有限公司与上海市浦东新区周浦镇人民政府行政赔偿纠纷上诉案（《人民司法·案例》2011年第22期）中，被告周浦镇政府强制拆除引发火灾，并不顾原告阻止，强制清理了该火灾现场，导致该案"赔偿损失数额举证困难"。面对这样的情形，法院放弃了追究被告应当承担的举证责任，转而关注具体的赔偿数额。在原告已无法举证的情况下，"法院选择采用委托评估的方法来确定赔偿数额"，以此来实现案结事了的目的。又如，在辽宁省高级人民法院发布的参考案例——吕新蕾诉沈阳市铁西区人民政府行政赔偿案［辽宁省高级人民法院（2016）辽行赔终17号行政判决书］中，由于被告铁西区政府强制拆除了原告吕新蕾的房屋，且在强拆时"未对室内物品进行保全及公证"，导致原告无法对室内财产提供证据。法院在审理过程中仅仅确认了原告吕新蕾对被告违法实施强制措施行为造成其财产损失承担举证责任，但忽略了被告铁西区政府应承担的举证责任，并在此基础上得出结论：因吕新蕾未能对物品损失尽到初步的举证责任，对此项主张不予支持。

2. 法院坚持认为"因被告的原因导致原告无法举证的"，应当由被告承担举证责任。但由于缺少切实可行的操作性指南，法院对于"如何根据被告的举证来确定行政赔偿金额"的问题往往含糊其辞、在判决中试图回避详细的论证。例如，在2012年发布的河南省高级人民法院参考性案例——禄久顺、邢瑞英诉郑州市中原区人民政府行政赔偿纠纷案［河南省高级人民法院（2008）豫法行终字第00126号行政判决书］中，被告中原区政府在违法拆迁过程中强制转移了原告的财产，且在移转物品时，原告禄久顺及其家人被限制人身自由或强制带离现场。面对这一情形，法院审理后认为，对禄久顺财产受到损害以及损失大小的事实的存在，应由中原区政府负举证责任。但对于具体的赔偿金额，法院仅简单的表示：由于中原区政府不能提供充分证据否定禄久顺的事实主张,应认定禄久顺主张的事实成立。因此,在禄久顺主张的合理范围内,判决中原区政府将现存财产返还给禄久顺,并赔偿禄久顺因无法返还财产而造成的损失 1,878,120.72 元是适当的。

Ⅱ 行政赔偿诉讼举证责任的规范分析与学理脉络

举证责任制度被理论界称为"诉讼的脊梁",而举证责任分配更是被视为举证责任制度的灵魂,受到我国诉讼法学界的高度关注。在《行政诉讼法》制定初期,对于举证责任分配问题理论界提出了两种不同主张:"有的人提出,行政诉讼中的举证责任应同民事诉讼一样,即"谁主张,谁举证"。有的人主张,对举证责任的分担应视诉讼请求所针对的行政行为的内容与性质来进行分配。"(郑淑娜:《论行政诉讼中的举证责任》,载《中国法学》1989 年第 5 期)考虑到我国行政诉讼的特点,立法者突破了当时的民事诉讼、刑事诉讼制度中的举证责任模式,创立了我国行政诉讼中"被告负举证责任"的原则,理由是:(1)由被告方负举证责任,有利于保护原告一方的诉权(与证据的距离);(2)由被告方负举证责任,有利于充分发挥行政主体的举证优势(举证能力与专业知识);(3)由被告方负举证责任,有利于促进行政主体依法行政("先取证,后裁决")。[姜明安主编:《行政法与行政诉讼法》(第 7 版),北京大学出版社、高等教育出版社 2019 年版,第 348 页]但随着行政诉讼法的实施,理论界逐渐发现,全部都由被告来举证的做法不符合诉讼制度的抗辩特质。当时学界普遍认为,"原告指控行政机关滥用职权(如行政机关工作人员殴打辱骂原告)时,或被告履行其举证责任之后原告还主张被告行为违法时,原告是要承担与其主张相应的举证责任的"。(姜明安:《行政诉讼法学》,北京大学出版社 2001 年版,第 143 - 145 页)正因如此,我国行政赔偿诉讼案件中原被告双方举证责任分配原则的确立也经历了一个较为漫长的发展演进过程。

最初的法规范仅规定了原告的举证责任,要求原告证明损害事实与行政行为之间具有因果关系。如 1997 年的最高人民法院《关于审理行政赔偿案件若干问题的规定》第 32 条规定:"原告在行政赔偿诉讼中对自己的主张承担举证责任。被告有权提供不予赔偿或者减少赔偿数额方面的证据。"2000 年《行诉若干解释》第 27 条第 3 款规定:"原告对下列事项承担举证责任:(三)在一并提起的行政赔偿诉讼中,证明因受被诉行为侵害而造成损失的事实。"随后,最高人民法院在 2002 年发布的司法解释中对这一要求作了细化,并免除了原告对因果关系的举证责任。《行政诉讼证据规定》第 5 条规定:"在行政赔偿诉讼中,原告应当对被诉具体行政行为造成损害的事实提供证据。"由此可知,根据 2002 年的最高人民法院司法解释,原告只对损害事实承担举证责任,而无须提供证据证明被诉行政行为与损害事实之间存在因果关系。

2014 年修正的《行政诉讼法》进一步减轻了原告在行政赔偿诉讼案件中的举证责任负担。《行政诉讼法》第 38 条第 2 款规定:"在行政赔偿、补偿的案件中,原告应当对行政行为造成的损害提供证据。因被告的原因导致原告无法举证的,由被告承担举证责任。"这与《国家赔偿法》第 15 条、第 26 条的规定一脉相承。根据这一规定,原告在行政赔偿诉讼中只对自己主张的损害事实承担举证责任,由被告对行政行为合法性以及原告受到的财产损失与行政行为或行政不作为之间不具有因果关系负举证责任。与此同时,《行政诉讼法》特意提及了举证责任的例外情形,即若原告无法举证是由于被告的原因造成的,此时举证责任发生转移,由被告承担举证责任。

Ⅲ 本判例的意义

行政行为违法给当事人合法权益造成损害的,行政机关应当承担行政赔偿责任,依法对当事人给予赔偿。这符合行政赔偿诉讼的目的与宗旨。本案对于人民法院如何处理行政赔偿案件中的举证责任转移,如何确定具体赔偿金额等问题具有借鉴意义。

1. 本案直面"因被告的违法行为导致原告存在举证困难"的问题,灵活运用了《行政诉讼法》中有关行政赔偿诉讼举证责任转移的规定来解决纠纷。不同于一般行政诉讼案件中的"被告负举证责任"原则,考虑到行政赔偿诉讼的特点,《行政诉讼法》针对行政赔偿诉讼作了特殊的举证责任转移规定:通常情况下,原告应当对行政行为造成的损害提供证据;但例外情况下,若因被告的原因导致原告无法举证的,由被告承担举证责任。本案中,因被告花山区人民政府强制拆除原告房屋时未依法对屋内物品登记保全、未制作物品清单并交原告签字确认,客观上造成原告未能在拆除前及时清理处置屋内财产,进而导致原告无法对物品受损情况举证。对此,本案法院依法确认存在举证责任转移的例外情形,要求被告对拆除中损毁的财产价值负举证责任。

2. 本案判决在行政赔偿诉讼的赔偿金额认定方面作出了开拓性裁判,具有典型意义。对于如何确定具体赔偿金额的问题,在以往的判例中各地人民法院做法不一,或是委托第三方机构对原告损失的财物进行评估,或是在原告主张的损失数额内确定合理赔偿范围,缺乏统一规范的赔偿计算标准。有别于以往的处理方式,本案法院在确认赔偿金额过程中列出了若干项清晰可辨、切实可行的操作指南:(1)原告的日常生活必需品;(2)符合一般家庭实际情况的;(3)未超出市场价值的;(4)被告未提供证据证明这些物品不存在的。只有同时符合这四项要求的财产,才属于行政赔偿金额的计算范围。

可以说,本判例解决了困扰法院多年的难题,对于解决行政赔偿诉讼纠纷大有裨益。自本判例之后,各地人民法院在处理行政赔偿诉讼案件时逐渐改变了以往对于举证责任分配和赔偿金额认定的模糊姿态,转而采用本判例确立的解决办法直面这两类问题。例如,在耿宗平与泗县人民政府拆迁行政赔偿上诉案[安徽省高级人民法院(2017)皖行赔终15号行政判决书]、魏尚生与泗县人民政府拆迁行政赔偿上诉案[安徽省高级人民法院(2017)皖行赔终14号行政判决书]、汤明建等与泗县人民政府拆迁行政赔偿上诉案[安徽省高级人民法院(2017)皖行赔终16号行政判决书]、位猛与泗县人民政府拆迁行政赔偿上诉案[安徽省高级人民法院(2017)皖行赔终9号行政判决书]、郑某诉北京市海淀区人民政府行政赔偿案(北京四中院2017年度行政审判十大典型案例之五)等相似案由的行政赔偿案件中,针对被拆房屋装潢及屋内物品损失的赔偿问题,各审理法院都不约而同地沿循了本判例的审理思路,运用本判例确立的举证责任转移原则和赔偿金额计算准则来解决行政赔偿纠纷。

▣ 参考文献

张树义主编:《行政诉讼证据判例与理论分析》,法律出版社 2002 年版。

蔡小雪:《行政诉讼证据规则及运用》,人民法院出版社 2006 年版。

余凌云:《行政法讲义》(第 3 版),清华大学出版社 2019 年版。

064 尊重行政专业判断

广州德发房产建设有限公司诉广东省广州市地方税务局第一稽查局税务处理决定案 | 最高人民法院(2015)行提字第13号行政判决书

宋华琳 南开大学法学院

■ 事实概要

2004年11月30日,广州德发房产建设有限公司(以下简称德发公司)委托广州穗和拍卖行有限公司(以下简称穗和拍卖行)拍卖其自有的总面积为63,244.7944平方米的“美国银行中心”房产。德发公司在拍卖合同中对上述房产的估值金额为5.3076942708亿港元。2004年12月19日,盛丰实业有限公司(香港公司)通过拍卖,以底价1.3亿港元(按当时的银行汇率,兑换人民币为1.38255亿元)竞买了上述部分房产,面积为59,907.0921平方米。之后,德发公司按成交价格,先后向税务部门缴付了营业税6,912,750元及堤围防护费124,429.5元,并取得了相应的完税凭证。2006年,广东省广州市地方税务局第一稽查局(以下简称广州税稽一局)在检查德发公司2004年至2005年地方税费的缴纳情况时,认为德发公司以1.38255亿元出售上述房产,拍卖成交单价仅为2300元/平方米,不及市场价的一半,价格严重偏低。遂于2009年8月11日根据《税收征收管理法》第35条及《税收征收管理法实施细则》第47条的规定,作出税务检查情况核对意见书,核定德发公司委托拍卖的房产的交易价格为3.11678775亿元,并以该金额为标准核定应缴纳营业税及堤围防护费。据此,德发公司应补缴营业税8,671,188.75元,堤围防护费156,081.40元。该意见书同时载明了广州税稽一局将按规定加收滞纳金及罚款的情况。

德发公司于2009年8月12日收到上述税务检查情况核对意见书后,于同月17日向广州税稽一局提交了复函,认为广州税稽一局对其委托拍卖的房产价值核准缺乏依据。广州税稽一局没有采纳德发公司的陈述意见,且于2009年9月14日作出穗地税稽一处(2009)66号税务处理决定,认为德发公司存在违法违章行为,决定追缴德发公司未缴纳的营业税8,671,188.75元,加收滞纳金2,805,129.56元,并追缴德发公司少申报的堤围防护费156,081.40元,加收滞纳金48,619.36元。德发公司不服广州税稽一局的处理决定,向广州市地方税务局申请行政复议。广州市地方税务局经复议后于2010年2月8日作出穗地税行复字(2009)8号行政复议决定,维持了广州税稽一局的处理决定。德发公司不服复议决定,遂提起行政诉讼。

■ 裁判要旨

Ⅰ.在国家税务总局对税务局和稽查局职权范围未另行作出划分前,各地税务机关根据通知确立的职权划分原则,以及在执法实践中形成的符合税务执法规律的惯例,人民法院应予尊重。

Ⅱ.“计税依据明显偏低,又无正当理由”的判断,具有较强的裁量性,人民法院一般应尊重税务机关基于法定调查程序作出的专业认定,除非这种认定明显不合理或者属于滥用职权。广州税稽一局在被诉税务处理决定中认定涉案拍卖行为存在一人竞拍、保留底价偏低的情形,广州市地方税务局经复议补充认为,涉案拍卖行为保证金设置过高、一人竞拍导致拍卖活动缺乏竞争,以较低的保留底价成交,综合判定该次拍卖成交价格不能反映正常的市场价格,且德发公司未能合理说明上述情形并未对拍卖活动的竞价产生影响的情况下,广州税稽一局行使核定权,依法核定德发公司的应纳税款,并未违反法律规定。

■ 评　析

Ⅰ 以往判例观点

根据《行政诉讼法》第5条“人民法院审理行政案件,以事实为根据,以法律为准绳”及《行政诉讼证据规定》第53条“人民法院裁判行政案件,应当以证据证明的案件事实为依据”的规定,我国行政诉讼制度要求法院对案件事实进行重新审理。也因如此,法院不考虑行政机关认定的事实,似乎已经成为对于我国行政诉讼的固有印象。(徐继敏:《我国行政诉讼全面审查制度再思考——法院对行政机关认定事实的态度分析》,载《现代法学》2004年第6期)

然而,行政诉讼实践并非如此。在本案之前,已有最高人民法院及地方高级人民法院发布的典型案例涉及尊重行政机关的专业判断。例如,最高人民法院认为周锟、张文波诉中华人民共和国环境保护部环评批复案(最高人民法院于2016年3月发布的第二批环境保护行政案件典型案例之八)的典型意义在于,“本案中,人民法院着重对评价单位编制环评报告和行政许可的程序进行审查,充分保障了公众的参与权与知情权;对于环评内容则着重对环评采用的标准是否符合国家强制性规定,是否存在明显不合理等情形进行审查。对于环评涉及的专业性、技术性问题,则尊重行政机关基于专业性的裁量所作的判断与选择,既有力监督了行政机关依法行使职权,也准确把握了司法审查的范围和界限”。又如,山东省高级人民法院就于钦业等与高密市规划局工程规划许可纠纷上诉案[山东省高密市人民法院(2011)高行初字第57号行政判决书]的评析中,也提及“由于建设工程规划许可的专业性、技术性强,需由规划行政执法人员利用其专业知识及工作经验作出判断和决定。该决定具有独立性、权威性,独占判断的特点非常鲜明。同时,规划行政执法人员又可以在法律确定的原则、范围内,依其主观判断,做灵活性选择,进行自由裁量”。(《人民司法·案例》2013年第4期)

由此可见,德发公司案之前,尊重行政专业判断已经得到了法院系统相当程度的认可,只是尚未触及行政专业判断获得尊重的条件,而德发公司案恰恰填补了这一空缺。

Ⅱ 尊重行政专业判断的学理基础

1. 大陆法系上的行政判断余地理论。行政判断余地往往发生于涵摄过程中,仅当规范中有不确定法律概念时,行政专业判断才有存在的空间。行政判断余地欲获得法院尊重,还需相应不确定法律概念具有判断余地。与行政裁量不同,不确定法律概念原则上要接受全面的司法审查,仅带有判断余地的不确定法律概念例外地接受有限度审查。针对带有判断余地的不确定法律概念,法院不能以自己的判断取代行政机关作出的判断,只要后者的判断具备可接受性,法院就应当予以尊重,并且要压缩审查的范围与深度。(张福广:《德国行政判断余地的司法审查》,载《行政法学研究》2017 年第 1 期)

德国法上,判断余地仅限于通过司法确定且被明示列举的特定情形,例如,考试决定;与考试决定类似的决定,特别是教育领域;公务员法上的考核;由专家和/或利益代表人组成的独立委员会作出的判断性决定;主要在环境法和经济法领域的预测性决定和风险评估决定;具有不确定法律概念具体因素的决定,特别是政策性的行政决定。[陈敏:《行政法总论》(第 9 版),台北,新学林出版有限公司 2016 年版,第 197 – 203 页]按照所规范客体的特点,上述情形又被划分为:预测性决定;能力与资格判断性决定;高度属人性判断;独立机构的专业性判断;计划性与政策性决定等。

肯定判断余地的学说主要有判断余地理论、接受可能性理论和估测特权理论,毛雷尔认为上述三种理论都基于如下相同的考虑:立法机关通过不确定法律概念赋予行政机关以自负其责、只受有限司法审查的决定权;不确定法律概念允许各种不同的判断;从规范逻辑的角度看,存在两个以上的“正确判断”;行政机关具有更多的专业知识和经验,更接近具体的行政问题;有一些行政决定是不正确的或不可撤回的;作为独立的国家权力,行政机关应被赋予独立于司法权的自主领域。([德]哈特穆特・毛雷尔:《行政法学总论》,高家伟译,法律出版社 2000 年版,第 134 页)

在晚近德国法的发展中,认为应建构考察行政判断余地的对话模式。考察是否存在行政判断余地,不仅要从基本权利保障角度进行剖析,还要从权力配置高度,考察法律本身的规范意图和具体的制度构造。司法对行政判断余地仍应保持尊重,但可以考察的事项包括:行政机关是否考虑了所有科学和技术上合理的认知并予以衡量;行政机关是否对专家的各种意见加以吸纳;行政决定是否经过了必要的公众参与程序;行政决定是否遵守了法律的要求和所包含的价值;行政决定是否考察了科学技术水平的最新发展。(伏创宇:《核能规制与行政法体系的变革》,北京大学出版社 2017 年版,第 173 – 174 页)

2. 美国法上的机构能力理论。美国法官在 1973 年的判决中写道:苏格拉底说,智慧在于认识到自己有多无知。如果这就算智慧,那么我还算明智,因为我认识到对于机械力的探究、劣化系数的调整,以及去判定政府在这些事项上所采取的进路是否在统计学上是有效的,自己了解的都很不够。[International Harvester Co. v. Ruckelshaus, 478 F. 2d 615 at 650 – 51 (D. C. Cir. 1973)]在 1976 年的四乙铅公司诉环保署案中,该案法官则明确提出了机构能力(institutional competence)的概念,指出这些更为微妙,更加不为人所见的科学判断事项,已经完全超越了我们法官的机构能力。

在美国1983年的巴尔的摩天然气和电力公司诉自然资源保护委员会案中,哥伦比亚特区巡回法院判决核能规制委员会的规则制定是恣意和反复无常的,最高人民法院推翻了这个判决,并指出:“审查法院必须铭记,(核能规制)委员会是在其有着特别专长的领域,站立在科学前沿,做出预测。与单纯的事实认定不同,当审查这类科学决断时,法院通常必须对其予以最大限度的尊重。”(宋华琳:《制度能力与司法节制——论对技术标准的司法审查》,载《当代法学》2008年第1期)

尊重行政专业判断是全面司法审查的例外,而行政专业判断能否获得尊重的关键,在于是否存在判断余地,也即作出该专业判断的情形是否属于带有判断余地的特定情形,或者是否具备与这些情形相似的特质。

Ⅲ 对于本判例中相关说理的评述

本案中的行政专业判断是广州税稽一局认定德发公司房产拍卖价格构成“计税依据明显偏低,又无正当理由”。最高人民法院对应当尊重这一专业判断的论证可分解为如下三个要素:其一,“计税依据明显偏低,又无正当理由”的判断,具有较强的裁量性;其二,这是税务机关基于法定调查程序作出的专业认定;其三,这一认定不存在明显不合理或者滥用职权的情况。

“计税依据明显偏低,又无正当理由”系不确定法律概念,要素一不言自明。计税依据问题确系税务机关专业领域,相较于法院,税务机关具备这一领域更多的具体知识,但这种“专业性”是否达到了不宜由司法判断取代行政判断的程度,还存有疑问。要素二恐需进一步论证。对于要素三,最高人民法院引述广州税稽一局认定的“涉案拍卖行为存在一人竞拍、保留底价偏低”及广州市地方税务局经复议补充的“涉案拍卖行为保证金设置过高、一人竞拍导致拍卖活动缺乏竞争”,通过展示涉案专业判断的合理性反证不存在明显不合理或者滥用职权。由此,要素一、要素三都得到了相对充分的论证,但由于更为核心的要素二存疑,本案中对于尊重行政专业判断的论证是有缺憾的。

观察最高人民法院引述的税务机关作出本案专业判断时所根据的事实,可以发现,这些认定并没有超出一般理性人的认知能力和判断能力,这种专业判断只是税务机关本于其专业的实务经验、法规的规范内容,在其职掌范围内,就法规的诠释,所做的裁量与判断,(陈新民:《论行政惯例的适用问题——评最高人民法院“广州德发房产建设有限公司诉广州市地方税务局第一稽查局税务处理决定案”判决》,载《法学评论》2018年第5期)而非税务机关就不确定法律概念在判断余地内作出的选择。本案的专业判断对法院并无拘束力,应当接受司法全面审查。

在行政惯例和行政专业判断的认识上,本案也有遗留问题。最高人民法院再审判决书中,行政惯例出现在执法权限问题的论证中,与行政专业判断分属不同的争议焦点。然而,最高人民法院将本案作为典型案例发布时,却将二者置于同一项典型意义,且在行政专业判断之前也冠上了“行政机关长期执法活动中形成的”,这与行政惯例和行政专业判断的学理并不相符。

行政惯例体现为行政自我拘束,当行政机关依法行使职权,尤其是涉及裁量权时,若长期对类似案件作出特定裁量,就可以要求行政机关今后遇到类似案件时,也作出同样的裁量。行政惯例发挥作用的机理是平等原则、信赖保护及法的安定性、可预见性。法院无须尊重行政惯例。与行政惯例不同,行政专业判断并非形成于行政机关长期的执法活动,而是存在于对不确定法律概念的涵摄之中,虽仅当不确定法律概念具有判断余地时,行政专业判断才能获得法院的尊重,但行政专业判断一旦具备获得尊重的条件,就会对法院产生拘束力。

在行政诉讼中,要顺应裁量和不确定法律概念的原理,既要避免"一刀切"式的全面司法审查,也要警惕以"专业性"的面纱遮蔽应有的司法审查。(戴加佳:《我国司法尊重的现状与检讨——以判断余地理论为分析工具》,载《福建警察学院学报》2019 年第 6 期)

☐ 参考文献

王锴:《行政诉讼中的事实审查与法律审查——以司法审查强度为中心》,载《行政法学研究》2007 年第 1 期。

江必新:《论行政诉讼的事实审查》,载《法律科学(西北政法学院学报)》1988 年第 4 期。

杨伟东:《行政行为司法审查强度研究——行政审判权纵向范围分析》,中国人民大学出版社 2003 年版。

065 行政裁量与司法审查的限度

黄绍花诉辉县市人民政府提高抚恤金标准案 ｜ 最高人民法院
(2017)最高法行申7073号行政裁定书

王　军　华东师范大学法学院

■ 事实概要

河南省辉县市政府发放抚恤金的标准一直按辉政〔2002〕65号文件执行，后经2008年、2011年、2014年三次调整。黄绍花因辉县市兴修水利工程致残，因认为抚恤金发放标准过低，在向各级部门反映得不到解决的情况下，其于2016年4月1日致函辉县市政府要求调整抚恤金标准未得到答复，故诉至法院要求判令辉县市政府作出提高发放抚恤金标准的行政行为。

■ 裁判要旨

Ⅰ. 涉案水利伤残抚恤金的标准由辉县市当地人民政府根据当地的经济发展状况和居民收入水平等因素综合确定，没有可直接适用或参照的法定标准，属于当地人民政府的行政裁量权范围。因人民法院不能替代行政机关直接行使行政裁量权，对行政机关行使自由裁量权行政行为的司法变更限于该行为畸轻或畸重的情形，故在辉县市政府没有对该标准调整的情况下，人民法院不宜通过裁判方式直接确定抚恤标准。这一认识也符合行政诉讼中司法权与行政权界限的划分。

Ⅱ. 法院是解决法律问题的，不宜解决政策问题。对行政机关采取的存在较大裁量余地、具有较多政策因素的处理行为，因其缺乏可以直接适用或参照的法定标准，人民法院很难进行司法审查。

■ 评　析

Ⅰ 本案判决思路

本案的争点为法院能否以及如何对行政机关行使裁量权的行为开展司法审查。本案一审中，法院以"抚恤标准系辉县市政府制定的具有普遍约束力的决定，不具有可诉性"为由驳回了原告起诉，这种形式化的审查进路，并未进一步就抚恤标准可能涉及行政裁量权的行使进行审查，从而基本与争点无涉。与此不同，二审法院在否定了一审法院不具有可诉性的判断后，直接切入"抚恤标准的制定系行政裁量权行使行为"这个核心问题，从行政权与司法权有别、司法审查有限两方面得出法院无权通过裁判直接确定抚恤标准的结论。在此基础上，最高人民法院的裁定书中进一步显示如下裁判思路。

1. 应对行政权与司法权划分界限，也即行政机关作出的“政策问题”不是“法律问题”，不属于法院的权力范围。具体而言，抚恤金标准应是行政机关行使行政权的“政策范畴”，而不是直接进入法院职权范围予以裁判的“法律事项”。

2. 可对行使行政裁量权的行为开展司法审查，但因为适用或参照的标准缺乏，司法审查殊难展开。由此，法院承认了以下两个的观点：(1)并非所有行使裁量权的行为都不能进行司法审查。也即行政裁量权的形势并不必然排斥司法审查的介入。(2)司法审查可以介入的结论得以成立后，合法性审查的审查标准、审查强度皆不确定，一般只有“畸轻畸重”等极端情形方可以判决(广义)变更。

Ⅱ 既有学说框架

自《行政诉讼法》(2014 年)实施以来，有关行政诉讼只审查合法性问题(而不审查合理性问题)的认识更为统一，毕竟“明显不当”这一主要用于审查行政裁量的标准与“事实不清、主要证据不足”“法律、法规适用错误”“违反法定程序”等合法性判断标准并列规定在同一法条之中。由此，在学理上，针对行政裁量及其司法审查的认识也逐渐趋于统一、成熟，其核心观点是在“尊重—介入”的二元框架下看待该问题：一方面，无论是羁束裁量还是自由裁量，行政裁量应得到司法的尊重，这可以从行政机关的专家地位、初次判断权、行政效率等方面得以证成；另一方面，行政裁量也应接受司法的审查，裁量中存在的恣意、滥用等情形及其可能带来的行政权失控危险为司法介入提供了充足的必要性。基于此，应明确(1)审查依据：“明显不当”“滥用职权”“超越职权”等应成为行政裁量司法审查的主要依据，而《行政诉讼法》(2014 年)第 70 条的其他标准也有可能成为审查依据。(2)审查方式：与一般行政行为司法审查采取“替代式判断”不同，行政裁量的司法审查主要采取“逾越式判断”方式。(3)审查强度：应根据行政裁量权的种类、行使情形等确定不同程度的审查，并可采用类型化方式加以处理。(4)审查标准：应对行政裁量权的行使是否符合比例原则、是否符合正当程序、是否正当合理开展审查，并以“撤销判决”为核心、其他判决方式为补充作出判决。

Ⅲ 本案之前的判决状况

在本判例之前，行政裁量和司法审查的限度的问题，最高人民法院一直以“行政裁量可审查”“审查强度有限度”作为基本判断态度，因而该判例是在该观点的延长线上。

就“行政裁量可审查”而言，(1)法院认定行政裁量权的行使应符合比例原则。在陈宁诉辽宁省庄河市公安局不予行政赔偿决定案[最高人民法院行政庭编：《中国行政审判指导案例》(第 1 卷)第 19 号案例，中国法制出版社 2010 年版，第 94－98 页]中，法院认为，“人民法院不仅应当对行政行为的合法性进行审查，而且应当用比例原则等规则对行政裁量的适当性予以审查”。由此可见，行政裁量可司法审查，比例原则即是重要审查标准之一。在王丽萍诉中牟县交通局行政赔偿纠纷案(《最高人民法院公报》2003年第3期)中,法院认为,“具体行政行为的合法性,不仅包括认定事实清楚、适用法律正确、符合法定程序,还包括行政机关在自由裁量领域合理使用行政自由裁量权,明显不合理的具体行政行为构成滥用职权”。由此可见,法院明确认为行政裁量可进行司法审查。具体而言,根据《行政诉讼法》(1989年)第54条的规定,是否“滥用职权”成为判断行政机关行使裁量权合法性的标准。此时,“明显不合理”应也置于“合法性审查”的框架下予以理解,更为直接的表述是:行政机关行使行政裁量权不合法(明显不合理),法院以滥用职权评价之。与之类似,刘云务诉山西省太原市公安局交通警察支队晋源一大队道路交通管理行政强制案(《最高人民法院公报》2017年第2期)中,法院认为,“行政机关进行社会管理的过程,也是服务社会公众和保护公民权利的过程。建设服务型政府,要求行政机关既要严格执法以维护社会管理秩序,也要兼顾相对人实际情况,对虽有过错但已作出合理说明的相对人可以采用多种方式实现行政目的时,在足以实现行政目的的前提下,应尽量减少对相对人权益的损害。实施行政管理不能仅考虑行政机关单方管理需要,而应以既有利于查明事实,又不额外加重相对人负担为原则。实施扣留等暂时性控制措施,应以制止违法行为、防止证据损毁、便于查清事实等为限,不能长期扣留而不处理,给当事人造成不必要的损失”。如苏州鼎盛食品公司不服苏州市工商局商标侵权行政处罚案(《最高人民法院公报》2013年第10期)类似,法院认为行政裁量权的行使应遵循比例原则,如若违反则构成裁量权行使不当,并以“滥用职权”为由作出撤销判决。在曹伟勇诉福建省安溪县人民政府等不履行法定职责及行政赔偿案[最高人民法院行政庭编:《中国行政审判案例》(第2卷)第75号案例,中国法制出版社2011年版,第214-218页]中,最高人民法院在评析中指出,“紧急情况下,行政机关依法律规范与技术操作规范享有更大的裁量空间,但面临重大安全隐患时,该行政裁量同样需要以比例原则进行制约,要审查行政机关依技术规范错采取的措施是否必要、能否有效、是否最大限度地防范损害扩大”。在郑仲华不服福建省莆田市建设局拆迁行政裁决案[最高人民法院行政庭编:《中国行政审判案例》(第3卷)第107号案例,中国法制出版社2013年版,第133-136页]中,最高人民法院在评析中认为,“被告所做的被诉裁决行为,虽然没有明确违反法律的规定,属其自由裁量权范围,但是这种产权内容发生变化的调换方式并非拆迁安置所必须,被告在可以采取更为明确甚至专有的产权形式予以补偿的情况下,未征得原告的同意,径行裁决以按份共有的方式予以补偿,不符合比例原则,裁量权的行使存在明显的不合理,构成滥用职权”。在苏州鼎盛食品公司不服苏州市工商局商标侵权行政处罚案(《最高人民法院公报》2013年第10期)中,法院认为,工商行政机关依法对行政相对人的商标侵权行为实施行政处罚时,应遵循过罚相当原则,综合考虑处罚相对人的主观过错程度,违法行为的情节、性质、后果及危害程度等因素行使自由裁量权。工商行政机关如果未考虑上述应当考虑的因素,违背过罚相当原则,导致行政处罚结果显失公正,人民法院有权依法判决变更。可以看出,针对行政机关在行政处罚过程中行使裁量权(效果裁量)的行为,法院认为应当遵循比例原则。如裁量未考虑应当考虑的因素,则人民法院在司法审查时可对此予以否定评价,并作出变更判决。(2)法院认定行政裁量权的行使应符合法定程序(正当程序)。在彭淑华诉浙江省宁波市北仑区人民政府工伤行政复议案[最高人民法院行政庭编:《中国行政审判指导案例》(第1卷)第20号案例,中国法制出版社2010年版,第99-104页]中,法院认为,行政机关行使行政裁量权(行政复议机关拟作出对利害关系人产生不利影响行政复议决定无法律规定需进行通知)时,应当按照正当程序原则的要求作出,否则构成违法。在郑仲华不服福建省莆田市建设局拆迁行政裁决案中,最高人民法院指出,被告所作裁决属于自由裁量权限范围,但将当事人有异议、未经专家鉴定的评估报告结果直接作为裁决补偿依据,不仅证据不确凿,而且违反了法定程序。此外,被告受理未经前置补偿协商程序的裁决申请,且遗漏了必须参加拆迁补偿的房屋承租人,也不符合法定程序,因此依法应当判决撤销。

就"司法审查有限度"而言,在周锟、张文波诉中华人民共和国环境保护部环评批复案(最高人民法院于2016年3月发布的第二批环境保护行政案件典型案例之八)中,最高人民法院在该案的典型意义中提道:本案中,人民法院着重对评价单位编制环评报告和行政许可的程序进行审查,充分保障了公众的参与权与知情权;对于环评内容则着重对环评采用的标准是否符合国家强制性规定,是否存在明显不合理等情形进行审查。对于环评涉及的专业性、技术性问题,则尊重行政机关基于专业性的裁量所作的判断与选择,既有力监督了行政机关依法行使职权,也准确把握了司法审查的范围和界限。除了认为"行政裁量可司法审查"以外,最高人民法院在最后重点突出了"专业技术问题尊重行政裁量"的观点,这也成为司法审查的"止步之处",也即明确了行政裁量司法审查的有限性。在彭淑华诉浙江省宁波市北仑区人民政府工伤行政复议案[最高人民法院行政庭编:《中国行政审判指导案例》(第1卷)第20号案例,中国法制出版社2010年版,第99-104页]中,最高人民法院在评析中指出,通常认为,行政机关自由裁量行为仅存在不当的瑕疵,则司法审查不应当介入;如行政机关自由裁量行为构成违法,则应当接受司法审查。对这一观点的理解,应注意在认识到是"瑕疵"还是"违法"时,司法审查实际上已经介入了。所以更好地理解应是,最高人民法院在此表达出"司法审查有限性"的观点,也即在某些行政裁量权行使的情形下有尊重行政裁量的可能,这也与"逾越式判断"的审查方式是一脉相承的。

Ⅳ 本案规范的适用范围

比照已有学说及在前判例实践,就本案而言,可能在以下方面对后续同类或类似案件有参考意义:

1. 针对未有明确法律规定的给付标准(如抚恤金标准),本案创设的规范为,法院一般应对行政机关行使裁量权确定的标准(政策行为)给予充分尊重,当事人提出的裁量基准等仅仅作为行政机关的参考。进而,这一规则可扩展到,针对行政机关行使裁量权的行为,原则上予以尊重,这虽符合"行政裁量"概念创造的初衷,但绝不意味着司法审查无法介入。

2. 司法审查的介入。无论是羁束行为还是裁量行为,司法审查都有介入的余地和必要性,只不过后者相较前者而言存在"难度"(缺乏可以直接适用或参照的法定标准,人民法院很难进行司法审查)。进一步讲,"知难而退"这种放弃司法审查的做法远远不如"知难而进"来得更贴近实际需求,也更为必要。

3. 司法审查的限度。行政裁量一般可以进行“逾越式”审查,只在明显不当(畸轻畸重)的情形下方才进行“替代式”审查,此时与羁束行为无异。由此,“尊重—介入”的框架本身存在基于个案变动的自由空间,并非恒定不变。

参考文献

章剑生:《现代行政法基本理论》(第2版下卷),法律出版社2014年版。

王贵松:《行政裁量的构造与审查》,中国人民大学出版社2016年版。

姜明安主编:《行政法与行政诉讼法》(第7版),北京大学出版社、高等教育出版社2019年版。

余凌云:《行政自由裁量论》(第3版),中国人民公安大学出版社2013年版。

066 旧下位法的适用规则

博坦公司诉厦门海关行政处罚决定纠纷案 ｜《最高人民法院公报》2006 年第 6 期

郑　磊 浙江大学光华法学院

■ 事实概要

1997 年 3 月至 1998 年 6 月，赫斯特拉号轮等 64 艘次船舶将未在中国境内办理报关纳税手续的柴油 1,150,156.9 吨、毛豆油 256,569.64 吨、毛菜籽油 15,568.344 吨、棕油 7171.22 吨、精豆油 30,008.01 吨、精棕油 5633.231 吨、大豆油 15,945.921 吨走私入境后，在原告博坦公司所属的油库卸载、仓储，博坦公司因此收入 5,797,142.97 美元，折合人民币 47,985,271 元，其间向国家缴纳税款人民币 3,006,505 元。据此，被告厦门海关于 2004 年 10 月 27 日依据《海关法行政处罚实施细则》（以下简称《海关行政处罚细则》）第 6 条第 2 款作出 028 号行政处罚决定，决定没收博坦公司的违法所得人民币 44,978,766 元，并处罚款人民币 1000 万元。2005 年 2 月 4 日，海关总署作出（2004）0037 号行政复议决定书，决定驳回博坦公司的复议申请，维持厦门海关作出的 028 号行政处罚决定。

作为厦门海关行政处罚决定之法律依据的《海关行政处罚细则》，是依据 1987 年通过并实施的《海关法》第 60 条制定，并于 1987 年 6 月 30 日由国务院批准、1987 年 7 月 1 日由海关总署发布。然而，在该案行政处罚决定作出时，《海关法》已根据 2000 年 7 月 8 日第九届全国人大常委会第十六次会议的决定进行了修正。于是，作为上位法的《海关法》的修正，是否引起“旧”下位法《海关行政处罚细则》第 6 条第 2 款不再适用，成为此案的争议焦点。

■ 裁判要旨

Ⅰ. 行政机关为实施法律而根据法律制定的实施细则、条例等行政法规，在相关法律修改后，只要没有被法律、行政法规或者制定机关明令废止，并且不与修改后的法律相抵触，就仍然可以适用。

Ⅱ.《海关法》（1987 年），对走私犯罪行为的表现形式规定得不够仔细，特别是对走私共犯之间的责任如何承担未作规定，以至实际操作中产生不少问题。为了执行原暂行海关法中关于法律责任的规定，根据该法第 60 条的授权，国务院批准制定和修订了《海关行政处罚细则》，其中第 6 条第 1 款规定：“对两人或者两人以上共同所为的走私行为，应当区别情节及责任,分别给予处罚。"第 2 款规定:"知情不报并为走私人提供方便的,没收违法所得,可以并处违法所得两倍以下的罚款。"这一条不仅第一次提到共同走私,也第一次将"知情不报并为走私人提供方便"的行为列为共同走私。

Ⅲ. 为了与修正后的刑法一致,修正后的《海关法》(2000 年)第 84 条规定:"伪造、变造、买卖海关单证,与走私人通谋为走私人提供贷款、资金、账号、发票、证明、海关单证,与走私人通谋为走私人提供运输、保管、邮寄或者其他方便,构成犯罪的,依法追究刑事责任;尚不构成犯罪的,由海关没收违法所得,并处罚款。"此时首先考虑追究行为人的刑事责任,其次才考虑对不构成犯罪的给予行政处罚。两相比较,《海关行政处罚细则》第 6 条第 2 款的规定与修正后的《海关法》第 84 条规定不冲突,只是处罚程度没有修正后的《海关法》第 84 条严厉,可以对本案适用。

■ 评　析

Ⅰ 旧下位法适用的规定

最高人民法院在《适用法律座谈会纪要》中,对"法律、行政法规或者地方性法规修改后",它的实施性规定的适用问题分情形进行了阐述,这是判断旧下位法适用性的重要参考。《适用法律座谈会纪要》在"关于法律规范冲突的适用规则"部分对上位法修改后的下位法适用问题作出如下规定:"法律、行政法规或者地方性法规修改后,其实施性规定未被明文废止的,人民法院在适用时应当区分下列情形:实施性规定与修改后的法律、行政法规或者地方性法规相抵触的,不予适用;因法律、行政法规或者地方性法规的修改,相应的施性规定丧失依据而不能单独施行的,不予适用;实施性规定与修改后的法律、行政法规或者地方性法规不相抵触的,可以适用。"根据这一规定,《适用法律座谈会纪要》以旧下位法在上位法修改后是否丧失上位法依据、是否与之相抵触,作为判断"旧"下位法是否可以继续适用的两项主要依据,由此区分出"相抵触""丧失依据且不能单独施行""不相抵触"三类情形,并分别规定了相应的适用准则:(1)对"与修改后的法律、行政法规或者地方性法规相抵触"的实施性规定,不予适用。(2)法律、行政法规或者地方性法规修改后,对因此而"丧失依据而不能单独施行"的实施性规定,不予适用。(3)与修改后的上位法"不相抵触"的实施性规定,可以适用。

Ⅱ 下位法立法依据的修改与丧失

1987 年《海关行政处罚细则》第 1 条明确规定《海关法》(1987 年)是其上位法的制定依据,《海关法》(1987 年)第 60 条是授权海关总署制定《海关行政处罚细则》的依据。2000 年 7 月 8 日第九届全国人大常委会第十六次会议通过的《关于修改〈中华人民共和国海关法〉的决定》(以下简称《修改〈海关法〉的决定》)第 71 项删去《海关法》第 60 条。从形式上看,《海关行政处罚细则》因《海关法》第 60 条的删减而丧失了直接的授权依据,厦门海关再依照《海关行政处罚细则》作出的行政处罚似乎没有依据。对此,两审法院分别从不同角度进行了论述。在一审中,厦门市中级人民法院从《海关法行政处罚实施条例》生效时间即形式角度予以反驳,认为“厦门海关作出行政处罚决定的时间为2004年10月27日,而《海关行政处罚实施条例》将于11月1日生效,所以《海关行政处罚细则》在此之前仍然是生效的”。[厦门博坦仓储有限公司诉福建省厦门海关行政处罚案,福建省高级人民法院行政判决书(2005)闽行终字第22号]公允地说,一审的这项论据并不充分,因为判断旧下位法是否属于“丧失依据且不能单独施行”关注的正是仍未被废止的旧下位法。对此,福建省高级人民法院在二审中则选取了“《海关行政处罚细则》关于‘协助走私’的规定与新海关法相关规定是否冲突”的实质角度进行论证,是更为妥帖的。

《修改〈海关法〉的决定》中与《海关行政处罚细则》直接或间接相关的增、改、删,均应成为关注的对象。除了《修改〈海关法〉的决定》第71项与《海关行政处罚细则》在形式上直接相关之外,第56项与其在内容上密切相关,该项规定了增加一条,作为第84条。根据《行政处罚法》(1996年)第12条第1款的规定“国务院部、委员会制定的规章可以在法律、行政法规规定的给予行政处罚的行为、种类和幅度的范围内作出具体规定”,《海关行政处罚细则》第6条第2款正可以视为在《海关法》(2000年)第84条规定给予行政处罚的行为、种类和幅度的范围内作出的具体规定。在这个意义上,《海关法》(2000年)第84条以行政处罚条款的形式,承接了《海关法》(1987年)第60条以授权立法条款形式作为《海关行政处罚细则》立法依据的功能。福建省高级人民法院在二审中正是关注到了这项论据,指出“无论是对行为人的主客观方面要求,还是对行为人构成相应行政违法行为所应承担的法律责任”,《海关行政处罚细则》第6条第2款规定与《海关法》(2000年)第84条规定均未抵触。

由此可见,判断上位法的修改是导致相应的旧下位法是“丧失依据而不能单独施行”还是“不相抵触”,仅仅着眼于旧下位法的具体的原上位法依据、旧下位法的废止时间等形式性因素,进行片面或静态考察,是失之偏颇的。这需要对修改后的上位法进行全面把握,通过体系解释等方法从实质上考察,原上位法依据是否在修改中移转到其他条款中以不同或类似的方式成为相应的旧下位法的依据。

Ⅲ 规范内容实质性考察:“不抵触”的判断

本判例的第二个争议点是《海关行政处罚细则》第6条第2款关于协助走私处罚的界定是否与《海关法》(2000年)相关规定相抵触。《海关行政处罚细则》第6条第2款规定“知情不报并为走私人提供方便”的,属于处罚情形之一。判断协助走私行为是否与上述条款相符,必须要看其行为是否同时具备知情不报、为走私人提供方便这两个客观要件。《海关法》(1987年)对走私犯罪行为的表现形式规定得不够仔细,导致实际操作中产生了不少问题。国务院批准制定的《海关行政处罚细则》第6条第一次提到共同走私并将“知情不报并为走私人提供方便”的行为列为共同走私,与《刑法》(1999年)第156条规定之“通谋”保持一致。修改后的《海关法》(2000年)第84条规定:“伪造、变造、买卖海关单证,与走私人通谋为走私人提供贷款、资金、账号、发票、证明、海关单证,与走私人通谋为走私人提供运输、保管、邮寄或者其他方便,构成犯罪的,依法追究刑事责任;尚不构成犯罪的,由海关没收违法所得,并处罚款。"由此,《海关行政处罚细则》中的"知情不报"与《海关法》(2000年)中的"通谋"之间的关系如何,直接涉及两者是否相抵触的问题。

对此,可以从两个层面来分析"知情不报"与"通谋"之间的关系:(1)法律责任。对于《海关法》(2000年)第84条的"通谋"行为,首先考虑追究行为人的刑事责任而后考虑不构成犯罪的给予行政处罚;而《海关行政处罚细则》第6条第2款对"知情不报"行为设定的是行政处罚,两者相比后者的责任更轻。在新法科以更严厉罚则情形下,从法不溯及既往原则的角度来看,不属于有利溯及的例外情形,不适用有利溯及,应当适用较宽松罚则的旧法。这一点可以支持《海关行政处罚细则》在本判例中的适用性,与《海关法》(2000年)不相抵触。(2)适用范围。"知情不报"显然宽于"通谋"。对于这样一种情形,我们可以理解为新的《海关法》(2000年)是对《海关行政处罚细则》作了限缩性的解释,这并不能成为否定《海关行政处罚细则》第6条第2款规定的理由。因为我们可以采取"合法性限定解释"(郑磊:《制度层面的合宪性限定解释》,载《浙江社会科学》2010年第1期)的方法,也就是将"知情不报"限定到"通谋"的范围内,通过限缩解释技术,在保持上位法和下位法统一性的基础上避免对《海关行政处罚细则》的无效性判断。

Ⅳ 本判例的意义

综上,除了两类"不予适用"的情形外,对于同修改后的上位法"不相抵触"的实施性规定,"可以适用"。不相抵触情形,可以理解为所有"可以适用"情形的概称。质言之,各类"可以适用"的情形,均属于上位法修改后相关下位法适用规范仍与之不相抵触的情形,具体包括三种情况:(1)上位法的修改未涉及实施性规定的上位法依据。(2)相关上位法依据被修改,实施性规定与之不相抵触。(3)相关上位法依据被删除,但不影响实施性规定的继续适用。从上述细分中可见,并非上位法的修改必然影响到"旧"下位法的上位法依据。其修改会影响相关下位法规范之适用性的上位法规范主要有两类:一是作为整部下位法之立法依据的规范,通常体现为立法目的条款或授权立法条款;二是相关下位法适用规范之直接依据的规范。然而上位法的修改,使相应的"旧"下位法规范归于"丧失依据而不能单独施行"的情形,抑或"不相抵触"的情形,在实践中常常出现竞合,这也是区分《适用法律座谈会纪要》确定的第2项与第3项适用准则的难点所在。本判例正是出现于这个交叉区域,为具体化这类情形的条件,提供了范例。通过形成个案规范补充并强化的《适用法律座谈会纪要》的明确性,是判例具体化功能的典型体现。

□ 参考文献

杨登峰:《新旧法的适用原理与规则》,法律出版社2008年版。

杨登峰:《法律冲突与适用规则》,法律出版社2017年版。

刘莘:《行政立法研究》,法律出版社2003年版。

067 参照规章及其规则

鲁潍(福建)盐业进出口有限公司苏州分公司诉江苏省苏州市盐务管理局盐业行政处罚案 | 最高人民法院指导案例5号

徐　键 上海财经大学法学院

■ 事实概要

2007年11月12日,原告鲁潍(福建)盐业进出口有限公司苏州分公司(以下简称鲁潍公司)从江西等地购进360吨工业盐。被告江苏省苏州市盐务管理局(以下简称苏州盐务局)认为鲁潍公司进行工业盐购销和运输时,应当按照《江苏省〈盐业管理条例〉实施办法》(以下简称《江苏盐业实施办法》)的规定办理工业盐准运证,鲁潍公司未办理工业盐准运证即从省外购进工业盐涉嫌违法。2009年2月26日,苏州盐务局经听证、集体讨论后认定,鲁潍公司未经江苏省盐业公司调拨或盐业行政主管部门批准从省外购进盐产品的行为,违反了《盐业管理条例》第20条,《江苏盐业实施办法》第23条、第32条第2项的规定。根据《江苏盐业实施办法》第42条的规定,苏州盐务局对鲁潍公司作出了(苏)盐政一般(2009)第001－B号处罚决定书(以下简称001－B号处罚决定书),决定没收鲁潍公司违法购进的精制工业盐121.7吨、粉盐93.1吨,并处罚款122,363元。鲁潍公司不服该决定,于2月27日向苏州市人民政府申请行政复议。苏州市人民政府于4月24日作出了(2009)苏行复第8号复议决定书,维持了苏州盐务局作出的处罚决定。鲁潍公司为此提起行政诉讼。

■ 裁判要旨

Ⅰ.苏州盐务局对盐业违法案件进行调查和处理时,应当适用合法有效的法律规范。《立法法》第99条规定,法律的效力高于行政法规、地方性法规、规章;行政法规的效力高于地方性法规、规章。《江苏盐业实施办法》先于《行政许可法》《行政处罚法》制定实施。但是,《行政许可法》第83条第2款规定,本法施行前有关行政许可的规定,制定机关应当依照本法规定予以清理;不符合本法规定的,自本法施行之日起停止执行。《行政处罚法》(1996年)第64条第2款规定,本法公布前制定的法规和规章关于行政处罚的规定与本法不符合的,应当自本法公布之日起,依照本法规定予以修订,在1997年12月31日前修订完毕。苏州盐务局的具体行政行为涉及行政许可、行政处罚,因此,应当依照《行政许可法》《行政处罚法》的规定实施。

Ⅱ.根据《行政许可法》第15条第1款、第16条第3款的规定,在已经制定法律、行政法规的情况下,地方政府规章只能在法律、行政法规设定的行政许可事项范围内对实施该行政许可作出具体规定,不能设定新的行政许可。法律及《盐业管理条例》没有设定工业盐准运证这一行政许可,地方政府规章不能设定工业盐准运证制度。根据《行政处罚法》第13条的规定,在已经制定行政法规的情况下,地方政府规章只能在行政法规规定的给予行政处罚的行为、种类和幅度内作出具体规定,《盐业管理条例》对盐业公司之外的其他企业经营盐的批发业务没有设定行政处罚,地方政府规章不能对该行为设定行政处罚。人民法院审理行政案件,依据法律、行政法规、地方性法规,参照规章。《江苏盐业实施办法》有关设定许可、处罚的规定违反了法律规定,人民法院在行政审判中不予适用。苏州盐务局在依职权对鲁潍公司作出行政处罚时,未遵循《立法法》第99条关于法律效力等级的规定,未依照《行政许可法》和《行政处罚法》的相关规定,属于适用法律错误,依法应予撤销。

■ 评　析

1 以往判例观点

人民法院审理行政案件,以事实为根据,以法律为准绳。法律适用是行政审判工作的基本构成。《行政诉讼法》第63条规定,“人民法院审理行政案件,以法律和行政法规、地方性法规为依据……参照规章”。对于如何参照规章,立法未予明确。本判决之前,在参照规章及其规则的问题上,最高人民法院在《最高人民法院公报》中先后公布了三个公报案例,确立了“根据原则”和“不抵触原则”。

在任建国不服劳动教养复查决定案(《最高人民法院公报》1993年第3期)中,判决认为,可以参照的规章,是指根据法律和行政法规制定的规章;对于不是根据法律和行政法规制定的规章,或者规定的内容与法律和行政法规相抵触的规章,不在人民法院参照之列。该判例确立了行政审判中判断可予参照之规章的“根据原则”和“不抵触原则”。在宜昌市妇幼保健院诉宜昌市工商行政管理局行政处罚决定案(《最高人民法院公报》2001年第4期)中,判决认为,在法律(《行政处罚法》)仅概括规定较大数额罚款处罚应适用听证程序的情况下,行政机关参照规章(《工商行政管理机关行政处罚听证暂行规则》)有关罚款处罚听证程序的具体规定。该判例在可予参照的角度重申了“根据原则”和“不抵触原则”。在江苏省泗洪县建明食品有限责任公司诉泗洪县人民政府检疫行政命令纠纷案(《最高人民法院公报》2006年第1期)中,判决在确定动物防疫监督机构是否具有生猪检疫法定职责时指出,参照《动物检疫管理办法》第5条和第8条的规定,依法设立的生猪定点屠宰点,有向动物防疫监督机构报检的权利和义务;动物防疫监督机构接到报检后,对生猪进行检疫是其应当履行的法定职责。相比于前两个判例,该判例未明示案涉规章是否具有上位法的根据,也没有说明案涉规章是否与上位法不相抵触,而是径行对案涉规章予以了参照适用。

除公报案例外,最高人民法院还通过司法解释、会议纪要和答复或复函对参照规章及其规则进行了阐释、说明。2000年《行诉若干解释》第62条第2款规定,“人民法院审理行政案件,可以在裁判文书中引用合法有效的规章及其他规范性文件”。这暗含着法院在行政审判中拥有对规章是否“合法有效”的判断权及规章的选择适用权。2004 年《适用法律座谈会纪要》进一步指出,“在参照规章时,应当对规章的规定是否合法有效进行判断,对于合法有效的规章应当适用”,即法院在参照规章时,应当审查判断规章是否合法有效;对合法有效的规章应当适用。在具体的审查判断上,最高人民法院通过 3 个答复或复函分别从不同的角度作了说明。《关于人民法院审理行政案件对缺乏法律和法规依据的规章的规定应如何参照问题的答复》(法行复字〔1993〕5 号)认为,在规章缺乏法律和法规依据的情况下,应适用上位法。《关于公安部规章和国务院行政法规如何适用问题的复函》(〔1996〕法行字第 19 号,已失效)指出,规章的规定与上位法相抵触时,应适用上位法。《关于道路运输市场管理的地方性法规与部门规章规定不一致的法律适用问题的答复》(〔2003〕行他字第 4 号),涉及的是部门规章与地方性法规的冲突适用问题,但是,该答复有关在国家尚未制定道路运输市场管理的法律或者行政法规之前,人民法院在审理有关道路运输市场管理的行政案件时,可以优先选择适用本省根据本地具体情况和实际需要制定的有关道路运输市场管理的地方性法规的表述,可以被认为其将缺乏法律、行政法规依据的部门规章排除于参照范围之外。

由此可见,在本判例之前,从最高人民法院的公报案例、司法解释、会议纪要和答复或复函的内容看:(1)关于规章的“参照”。法院有权审查案涉规章并进行是否合法有效的判断;对经审查判断合法有效的规章,法院应当予以适用(否定了选择适用权)。(2)关于应予参照之条件的“合法有效”。法院对合法有效的判断遵从“根据原则”和“不抵触原则”。对于没有法律、法规依据的规章,或者与法律、法规相抵触的规章,法院不予适用。

Ⅱ 参照规章及其规则的学理框架

规章是《立法法》规定的法的表现形式之一,具有法的一般效力,理论上是法院裁判的依据。但是,根据《行政诉讼法》的规定,法院审理行政案件可参照规章,但不能将其直接作为裁判的依据。在法律适用中,参照和依据的法律地位及效力不同。学理上认为,参照是指法院在审理行政案件时可以参考、依照规章的规定。它实质是赋予法院在审理行政案件时对规章以一定的审查权及在审查基础上的选择适用权。因此,规章对法院的裁判活动不具有当然的拘束力;对经审查不符合或不完全符合法律、法规的规章,法院有灵活处理、拒绝适用的权力。不过,作为法的表现形式的规章,在我国现有国家权力的组织与结构框架下,对其是否适当的审查及对不适当的规章的改变或者撤销,属于法定的有权机关的权限(《立法法》第 108 条)。法院在参照规章时对其是否合法有效的审查判断及对不合法规章的拒绝适用,在法律效果上仅及于本案,而不能对规章的规定作无效或者予以撤销的效力性判断。同时,作为法的表现形式的规章,只要是合法有效的,就对法院的裁判活动具有拘束力。法院在参照规章时拥有的选择适用权,不是指法院具有在是否适用规章上的自由决定权。经审查合法有效的规章,与法律、法规一样具有法律效力,法院在审理行政案件时应当适用。

法院参照规章的前提是审查和判断规章是否合法有效。规章是否合法有效的审查内容主要包括三个方面:一是制定主体是否具有制定规章的法定权限;二是制定规章的程序是否合法;三是规章的制定是否具有法律、法规的根据及规章的内容是否与法律、法规的规定相抵触。其中,第三方面涉及的"根据原则"和"不抵触原则"是法院审查规章是否合法有效的重点。"根据原则"源于《行政诉讼法》(1989 年)第 53 条及《立法法》第 80 条和第 82 条的规定。不过,这些规定只是确立了抽象意义上的"根据原则",即作为整体的规章在制定时应当具有上位法的根据。在一些情形下,规章规定的具体内容也应当具有上位法的根据。有学者将该种"根据"称为"消极不抵触"。具体而言,在没有法律、法规的依据的情况下,规章不得设定减损公民、法人和其他组织权利或者增加其义务的规范,部门规章不得增加本部门的权力或者减少本部门的法定职责。"不抵触原则"通常指积极不抵触。它是在法律效力等级体系下,通过下位法的规定不得违反上位法的规定来确保法制统一。

Ⅲ 本判例的规范逻辑与规范拓展

在本判决中,法院的裁判思路可以归结为如下 4 段逻辑结构:(1)法院审理行政案件,对行政行为是否合法进行审查。行政行为是否合法的审查,以法律和行政法规、地方性法规为依据,参照规章。苏州盐务局在对鲁潍公司作出行政处罚决定时适用了《江苏盐业实施办法》。因该办法属于地方政府规章,法院在对该处罚决定进行合法性审查时,只能参照而不能将其直接作为依据。(2)法院在参照规章时,应当对规章的规定是否合法有效进行审查和判断。审查和判断规章的规定是否合法有效的关键是,规章是否有上位法的根据,以及规章的规定是否符合上位法的规定。经审查,《江苏盐业实施办法》设定了上位法《盐业管理条例》没有设定的工业盐准运证这一行政许可和上位法《盐业管理条例》没有设定的对盐业公司之外的其他企业经营盐的批发业务的行政处罚。这与《行政许可法》第 15 条第 1 款、第 16 条第 3 款和《行政处罚法》第 13 条的规定相抵触,不具有合法有效性。(3)法院在参照规章时,有选择适用权。对于合法有效的规章,法院在审理行政案件时应当适用,否则不予适用。苏州盐务局在依职权对鲁潍公司作出行政处罚时,适用了《江苏盐业实施办法》,但该规章中作为苏州盐务局作出行政处罚依据的相关规定与《行政许可法》《行政处罚法》的规定相抵触。在审查苏州盐务局所作的行政处罚是否合法时,法院不予适用《江苏盐业实施办法》。(4)行政行为适用法律、法规错误的,法院应当判决撤销或者部分撤销。苏州盐务局在作出行政处罚决定时,未遵循《立法法》第 99 条关于法律效力等级的规定,未依照《行政许可法》和《行政处罚法》的相关规定,适用了法院审查认为不予适用的《江苏盐业实施办法》,属于适用法律错误,依法应予撤销。

本判例关于"参照规章时应当审查其是否合法有效""与上位法相抵触的规章不予适用"的立场与前述学理框架一致,也与司法解释的规定、以往判例的观点一致。不过,本判决尽管明确了规章之合法有效性审查的"不抵触原则",但未直接触及消极不抵触意义上的"根据原则"。在以往判例中,任建国不服劳动教养复查决定案(《最高人民法院公报》1993 年第 3 期)的判决仅涉及了"不抵触原则"(积极不抵触)。在江苏省泗洪县建明食品有限责任公司诉泗洪县人民政府检疫行政命令纠纷案(《最高人民法院公报》2006 年第 1 期)中,法院参照该规章的目的是确认动物防疫监督机构是否具有生猪检疫的法定职责,因而涉及了规章有关法定职责的规定是否具有上位法的依据(消极不抵触意义上的“根据原则”),但法院未作相应论证、说明。在本判例中,对案涉的规章进行是否合法有效的审查和判断时,法院聚焦于规章是否可以设定工业盐准运许可、是否可以设定对盐业公司之外的其他企业经营盐的批发业务的行政处罚。规章设定有关许可和处罚的规定是否合法,确实也可以从其是否与《行政许可法》《行政处罚法》的有关规定相抵触(积极不抵触)的角度展开论证。不过,倘若能从《江苏盐业实施办法》的规定是否有上位法《盐业管理条例》的依据(消极不抵触意义上的“根据原则”)的角度入手,可能更能体现判例的规范拓展意义。因为它涉及法院在参照规章时,如何运用《立法法》第 93 条第 6 款关于“没有法律、行政法规、地方性法规的依据,地方政府规章不得设定减损公民、法人和其他组织权利或者增加其义务的规范”的规定去审查和判断规章是否合法有效。

☐ 参考文献

章剑生:《行政诉讼中规章的“不予适用”——基于最高人民法院第 5 号指导案例所作的分析》,载《浙江社会科学》2013 年第 2 期。

姜明安主编:《行政法与行政诉讼法》(第 7 版),北京大学出版社、高等教育出版社 2019 年版。

全国人大常委会法制工作委员会行政法室编著:《中华人民共和国行政诉讼法解读》,中国法制出版社 2014 年版。

068 参照规章的规范结构

任建国不服劳动教养复查决定案 ｜《最高人民法院公报》1993 年第 3 期

张　文 山西师范大学社会学与法学学院

■ 事实概要

1992 年 7 月 15 日下午,原告任建国到高阳煤矿矿长张福保的办公室,见张福保正与本矿一干部谈话。任建国让该干部先出去一下,他要与张福保谈分房一事。张福保对任建国说:你先出去,我们正在研究工作。任建国不出去,张福保便上前往外推任建国。这时任建国就拽住张福保的领口来回推拉,并抓其头发。经他人劝阻,平息了事端。被告根据上述事实,以任建国不听劝阻,实施暴力推拉矿长,阻碍矿长执行职务,影响了企业生产的正常进行为由,于 1992 年 8 月 28 日根据国务院劳动教养有关规定和山西省人民政府《关于保护企业厂长、经理依法执行职务的规定》第 8 条第 2 项决定对任建国劳动教养 1 年。任建国不服,依法于 9 月 9 日向被告申请复查。被告于 9 月 28 日以原决定事实清楚,定性准确,处罚适当为由,维持原劳动教养决定。任建国对复查决定仍不服,遂提起诉讼。

■ 裁判要旨

Ⅰ. 可以参照的规章,是指那些根据法律和国务院的行政法规制定的规章。对于那些不是根据法律和行政法规制定的规章,或者其内容与法律和行政法规相抵触的规章,则不在人民法院参照之列。

Ⅱ. 国务院有关劳动教养的行政法规中,对劳动教养的适用对象已有明确的规定,山西省人民政府《关于保护企业厂长、经理依法执行职务的规定》第 8 条第 2 项,把劳动教养的适用范围作了扩大的规定。对于这样的规章,人民法院只在符合行政法规规定的范围内参照适用,即行政法规规定的劳动教养适用对象有以暴力、威胁方法阻碍厂长、经理依法执行职务的行为时,可对其实行劳动教养。

Ⅲ. 如果不属于劳动教养适用对象,则不能仅参照规章对其适用劳动教养。对于法律和行政法规中的实体与程序规定,都全面、准确无误地适用,才是依法办案;仅适用程序而不适用实体规定,或者仅适用实体而不适用程序规定,都不是依法办案。原审以适用法律错误为由,判决撤销上诉人山西省吕梁行署劳动教养管理委员会对被上诉人任建国作出的劳动教养 1 年的决定,是正确的。

■ 评　析

Ⅰ “参照规章”的学理框架:从“参照权”到“审查权”?

1990年《行政诉讼法》第53条第1款规定,“人民法院审理行政案件,参照国务院部、委根据法律和国务院的行政法规、决定、命令制定、发布的规章以及省、自治区、直辖市和省、自治区的人民政府所在地的市和经国务院批准的较大的市的人民政府根据法律和国务院的行政法规制定、发布的规章”。自此,“参照规章”成为人民法院裁判行政诉讼案件的规范性要求。

针对“参照规章”的规范内涵,章剑生教授曾经指出,“行政规章当然也是法院审查行政案件的依据,当《行政诉讼法》在行政规章之前加上‘参照’后,实质上是赋予了法院审查规章合法性的权力”,“在个案中经法院审查,合法的行政规章是审判依据,具有法效力,不合法的行政规章不是审判依据,法院不予适用”。(章剑生:《现代行政法总论》,法律出版社2014年版,第492页)从这个意义上来说,“参照规章”之规范内涵的核心,即在于人民法院在行政诉讼过程中对规章合法性进行审查的权力。章剑生教授还直接将法院的此种审查权视为一种针对规章的重要监督机制,即“行政规章由具有处理个案职权的行政机关制定发布,并有《立法法》赋予其法效力,因此,在行政诉讼中增设一个监督机制是妥当的”。(章剑生:《现代行政法总论》,法律出版社2014年版,第493页)

也正因如此,姜明安教授认为最高人民法院通过本案这一“公报案例”,为行政审判“参照规章”确立了如下规则:(1)行政审判“参照规章”,首先要审查规章,判断规章的合法性;(2)行政审判“参照规章”,不是无条件适用规章,而是只适用合法的规章,对违法的规章不予适用;(3)行政审判“参照规章”,如认为行政机关在行政行为中适用的规章违法,决定在行政裁判中不予适用,可在裁判文书中说明理由,但不得在裁判文书中直接对规章的效力作出处分。(姜明安:《为行政审判“参照规章”确立规则——评任建国不服劳动教养复查决定案》,载《中国法律评论》2019年第2期)其中,针对人民法院应当如何认定规章之合法性的问题,姜明安教授着重指出,任建国案给出的标准“虽然正确,但尚不完全”,并在此基础上认为审查和衡量一项规章是否合法应综合考虑下属因素:其一,制定主体是否合法,即制定规章的行政机关是否有权制定相应规章,判断其是否越权;其二,规章内容是否合法,即相应规章是否有上位法依据,是否与上位法相抵触,或是否有规避上位法规定的情形;其三,规章制定目的是否违法,相应规章是否符合法律的基本原则或基本法理;其四,规章制定程序是否违法,相应规章的制定是否遵循了《立法法》和《规章制定程序条例》规定的程序。(姜明安:《为行政审判“参照规章”确立规则——评任建国不服劳动教养复查决定案》,载《中国法律评论》2019年第2期)这实际上意味着法院将对规章之合法性展开相当全面、充分的审查作业,实现了法院针对规章所具有的“参照权”到“审查权”的跨越。

Ⅱ “参照规章”与“依据法律、法规”的逻辑关系

细究任建国案的裁判思路,笔者发现法院在践行如何“参照规章”的过程中,首先是塑

造了“参照规章”与“依据法律、法规”之间的某种逻辑关系。在法院看来,行政审判过程中的“参照规章”,似乎并不具有独立的“法规范适用”的地位,其实践依归仍然在于“依据法律、法规”。换言之,人民法院在选择和适用法律规范的整体性作业中,“依据法律、法规”处于主导地位,而“参照规章”则在相当程度上附属于甚至是依附于前者。

离石县人民法院在一审过程中,其“参照规章”的具体思路可以做如下归整:

1. 人民法院审理行政案件应当“依据法律、法规”,而非其他,即《行政诉讼法》第 52 条第 1 款规定:“人民法院审理行政案件,以法律和行政法规、地方性法规为依据。”

2. 列明任建国案可适用的 3 部行政法规,即分别为国务院《关于劳动教养问题的决定》(1957 年)、《关于劳动教养的补充规定》(1979 年)和公安部制定的《劳动教养试行办法》(1982 年)。

3. 指出对山西省人民政府规章中的相关条文只能做如下理解,即“只有法规规定的劳动教养对象兼有以暴力、威胁方法阻碍厂长、经理依法执行职务的行为,尚不够刑事处罚时,才可对其实行劳动教养。否则,不能单独依规章对其实行劳动教养”。

4. 进一步认为原告任建国侵犯张福保的行为虽然违法,但此种行为并不为相应的劳动教养法规所调整,即“这种违法行为不属于我国劳动教养法规调整的对象,对其实行劳动教养不符合法规的规定”。

5. 最终认定:“被告在决定对任建国劳动教养时,由于无法引用劳动教养法规适用对象的具体规定,因此,笼统地表述为依据国务院关于劳动教养的有关规定和山西省人民政府《关于保护企业厂长、经理依法执行职务的规定》第 8 条第 2 项”,被告的违法行为属于“适用法律不当”之范畴。

吕梁市中级人民法院在二审过程中,其“参照规章”的思路也可做类似归整:

1. 首先对可以参照的规章之范围做了基本的界分,即“可以参照的规章,是指那些根据法律和国务院的行政法规制定的规章。对于那些不是根据法律和行政法规制定的规章,或者其内容与法律和行政法规相抵触的规章,则不在人民法院参照之列”。

2. 进一步认为,国务院有关劳动教养的行政法规中,对劳动教养的适用对象已有明确的规定,山西省人民政府《关于保护企业厂长、经理依法执行职务的规定》第 8 条第 2 项,把劳动教养的适用范围作了扩大的规定。对于这样的规章,人民法院只在符合行政法规规定的范围内参照适用,即行政法规规定的劳动教养适用对象有以暴力、威胁方法阻碍厂长、经理依法执行职务的行为时,可对其实行劳动教养。此一表述便在相当程度上将“参照规章”的司法作业直接“嵌入”到“依据法律、法规”中。

3. 更为充分、全面地强调“依据法律、法规”的某种规范化要求,即如果不属于劳动教养适用对象,则不能仅参照规章对其适用劳动教养。对于法律和行政法规中的实体与程序规定,都全面、准确无误地适用,才是依法办案;仅适用程序而不适用实体规定,或者仅适用实体而不适用程序规定,都不是依法办案。

总体上来说,两审法院的整个裁判过程,均以如何准确、全面适用国务院的三个行政法规为轴心展开,法院在很大程度上将“参照规章”嵌入了“依据法律、规章”的作业之中,国务院法规关于劳动教养对象的规定，是被告依据相关规章对任建国作出劳动教养决定的前提，否则，不能直接单独依据规章对任建国实行劳动教养。

Ⅲ “参照规章”的具体作业任务

基于“参照规章”与“依据法律、法规”的相互逻辑关系，法院在具体开展“参照规章”之司法作业的过程中，其侧重点并不在于，也不应该在于对规章本身的合法性作全面、整体的审查，而在于有效处理处于“参照”地位的规章与处于“依据”地位的法律、法规之间的关系。在某种意义上来说，“参照规章”仅仅是针对人民法院选择和适用法律规范的整体过程提出的一种实证法规范层面的要求，而其中所蕴含的针对规章及其制定者所具有的监督和制约，实则是一种客观效果，而非“参照规章”的规范目的所在。

基于实证法规范体系针对“参照规章”的前述定位，法院“参照规章”的具体作业任务可以从逻辑上分解为如下两个大的方面予以说明。

1. 如果行政机关作出行政决定的“依据”中包含了规章层面的相关条文，法院需要先行认定被诉行政决定是否存在法律、法规层面的依据。如果存在，法院可径直以相应的“法律、法规”作为裁判的依据认定被诉行政决定的合法性，至于被诉行政决定中明确援引的“规章”及其合法性判断过程，便在很大程度上被前述过程所遮蔽。换言之，法院在整个行政审判过程中所从事的“参照”作业，包括判定此类“规章”是否与前述“法律、法规”相抵触已经被前述“适用法律、法规”的作业整合和吸收，恰如法院在任建国案中所展示裁判思路。如果被诉行政决定不存在法律、法规层面的依据，法院可以因该行政行为仅有规章层面的依据，将此情形视为法学方法论意义上的“法律漏洞”，并对此“法律漏洞”进行司法填补作业，（［德］卡尔·拉伦茨：《法学方法论》，陈爱娥译，商务印书馆2003年版，第249页以下）而无须打破我国当前权力架构对法院的规范化定位。

2. 如果行政机关作出行政决定的“依据”中没有明确指向具体的规章及其相关条文，则法院径直以法律、法规作为审查行政决定合法性的依据即可，而无须直接涉及“参照规章”的议题。当然，法院在具体裁判说理的过程中，也可以适度考察是否存在被作出行政决定的主体遗漏，但客观上不与上位的法律、法规相抵触的可敷适用的规章如果存在，则可以此作为强化裁判说理的依据；如果不存在，则无须理会“参照规章”之谓。

Ⅳ 行政行为适用规章错误的司法认定

在《行政诉讼法》规定的几种可撤销违法行政行为中，并无所谓“适用规章错误”，而只有“适用法律、法规错误”的表述。按照权威人士的解读，后者似乎并不包含前者。（胡康生主编：《行政诉讼法释义》，北京师范学院出版社1989年版，第90－91页；袁杰主编，全国人大常委会法制工作委员会行政法室编著：《中华人民共和国行政诉讼法解读》，中国法制出版社2014年版，第195页）但该如何定性“适用规章错误”，到底能否将其归入“适用法律、法规错误”？结合本案裁判思路，似乎能得到一个相对让人信服的方案。

在本案中，二审法院认定，“原审以适用法律错误为由，判决撤销上诉人山西省吕梁行署劳动教养管理委员会对被上诉人任建国作出的劳动教养一年的决定,是正确的"。不难理解,法院将形式上"适用规章错误"的情形认定为《行政诉讼法》上的"适用法律、法规错误"。法院此种认定思路的合理之处恰恰在于,上文关于"参照规章"与"依据法律、法规"之间的依附与被依附关系。质言之,正因为法院将"参照规章"的作业过程嵌入在了"依据法律、法规"的实际操作之中,使"适用规章错误"并不构成独立的行政行为违法类型之一,而是被"适用法律、法规错误"的情形所吸收。就此而言,本文以任建国案作为切入点,对"参照规章"的内涵,尤其是"参照规章"与"依据法律、法规"逻辑关系的表述,与《行政诉讼法》上"适用法律、法规错误"及其司法适用形成了某种呼应。

□ 参考文献

章剑生:《现代行政法总论》,法律出版社 2014 年版。

姜明安:《为行政审判"参照规章"确立规则——评任建国不服劳动教养复查决定案》,载《中国法律评论》2019 年第 2 期。

[德]卡尔·拉伦茨:《法学方法论》,陈爱娥译,商务印书馆 2003 年版。

069 行政行为未引用具体法律条款

宣懿成等诉浙江省衢州市国土资源局收回国有土地使用权案 ｜
最高人民法院指导案例41号

张　亮　上海社会科学院法学研究所

■ 事实概要

原告宣懿成等18人系浙江省衢州市柯城区卫宁巷1号(原14号)衢州府山中学教工宿舍楼的住户。2002年12月9日,衢州市原发展计划委员会根据第三人建设银行衢州分行(以下简称衢州分行)的报告,经审查同意衢州分行在原有的营业综合大楼东南侧扩建营业用房建设项目。同日,衢州市规划局制定建设项目选址意见,衢州分行为扩大营业用房等,拟自行收购、拆除占地面积为205平方米的府山中学教工宿舍楼,改建为露天停车场,具体按规划详图实施。同月18日,衢州市规划局又规划出衢州分行扩建营业用房建设用地平面红线图。同月20日,衢州市规划局发出建设用地规划许可证,衢州分行建设项目用地面积756平方米。同月25日,被告衢州市原国土资源局(以下简称衢州市国土局)请示收回衢州府山中学教工宿舍楼住户的国有土地使用权187.6平方米,报衢州市人民政府审批同意。同月31日,衢州市国土局作出衢市国土(2002)第37号收回国有土地使用权通知(以下简称收回通知),并告知宣懿成等18人其正在使用的国有土地使用权将收回及诉权等内容。该收回通知说明了行政决定所依据的法律名称,但没有对所依据的具体法律条款予以说明。原告不服,提起行政诉讼。

■ 裁判要旨

I.被告衢州市国土局作出收回通知时,虽然说明了该通知所依据的法律名称,但并未引用具体法律条款。在庭审过程中,被告辩称系依据《土地管理法》(2004年)第58条第1款作出被诉具体行政行为。《土地管理法》(2004年)第58条第1款规定:“有下列情况之一的,由有关人民政府土地行政主管部门报经原批准用地的人民政府或者有批准权的人民政府批准,可以收回国有土地使用权:(一)为公共利益需要使用土地的;(二)为实施城市规划进行旧城区改建,需要调整使用土地的……”衢州市国土局作为土地行政主管部门,有权依照《土地管理法》对辖区内国有土地的使用权进行管理和调整,但其行使职权时必须具有明确的法律依据。被告在作出衢市国土(2002)第37号收回通知时,仅说明是依据《土地管理法》及浙江省的有关规定作出的,但并未引用具体的法律条款,故其作出的具体行政行为没有明确的法律依据,属于适用法律错误。

Ⅱ.衢州市国土局提供的衢州市原发展计划委员会(2002)35 号关于同意扩建营业用房项目建设计划的批复、建设项目选址意见书审批表、建设银行衢州分行扩建营业用房建设用地规划红线图等有关证据,难以证明其作出的衢市国土(2002)第 37 号收回通知符合《土地管理法》第 58 条第 1 款规定的"为公共利益需要使用土地"或"实施城市规划进行旧城区改造需要调整使用土地"的情形,主要证据不足,故被告主张其作出的衢市国土(2002)第 37 号收回通知符合《土地管理法》规定的理由不能成立。根据《行政诉讼法》及其相关司法解释的规定,在行政诉讼中,被告对其作出的具体行政行为承担举证责任,被告不提供作出具体行政行为时的证据和依据的,应当认定该具体行政行为没有证据和依据。

■ 评 析

Ⅰ 以往判例的观点

本判例之前,在行政行为未引用具体法律条款的问题上,最高人民法院以及下级法院的裁判思路并不统一。1995 年至 2014 年,最高人民法院对"未引用"问题明确表达观点的判决书有 8 份,从中可见其在不同时期对"未引用"问题的观点有变化。1997 年在深圳市工商行政管理局等与泰国贤成两合公司等行政纠纷上诉案[最高人民法院(1997)行终字第 18 号行政判决书]中认为,"注销登记通知书中亦未引用有关法律依据"是"缺乏法律依据"。1999 年在赵立新不服宁夏国有资产管理局资产产权界定案[最高人民法院(1999)行终字第 15 号行政判决书]中,由于原告提出异议的依据不适用于该案,最高人民法院认为"宁国资发(1997)46 号批复未引用前述规定的条、款、项,不影响其行为的合法性"。在兰州常德物资开发部不服兰州市人民政府收回土地使用权批复案(《最高人民法院公报》2000 年第 4 期)中,最高人民法院则认为,行政机关所作批复只笼统提到有关规定,未引出适用的具体条文,违反了法定程序。在路世伟不服靖远县人民政府行政决定案(《最高人民法院公报》2002 年第 3 期)中,地方法院认为,行政机关没有说明作出该具体行政行为的法律依据,属适用法律不当。在罗伦富诉泸州市公安局交通警察支队三大队道路交通事故责任认定案(《最高人民法院公报》2002 年第 5 期)中,地方法院在先予确定行政机关事实认定不清的情况下,附随认定交警队作出的道路交通事故责任认定只笼统适用《道路交通事故处理办法》第 19 条的规定,没有指明适用哪一款的具体情况,属适用法律错误。2002 年在开封市豫东房地产实业公司与河南省开封市人民政府等撤销国有土地使用权证上诉案[最高人民法院(2002)行终字第 5 号行政判决书]中,最高人民法院认为,行政机关的决定未引用法律条款,形式上存在瑕疵。在宣懿成等诉浙江省衢州市国土局收回国有土地使用权案(《最高人民法院公报》2004 年第 5 期)中,最高人民法院通过本判例首次明确提出审理"未引用"问题的裁判要点,即将"未引用"有条件地推定为"适用法律错误"。自此,最高人民法院的立场趋于稳定,再没有将"未引用"当作程序问题对待,并且在 2014 年将该案确定为指导案例 41 号。

虽然 2004 年后,最高人民法院的裁判观点已经不再变化,但是本判例作为公报案例并未达到预期的司法示范效果。地方法院对“未引用”问题的判断有4类:(1)未明确。有的法院虽然在判决理由中提到了“未引用”问题,但没有明确其法律后果,实际上隐含了对行政行为合法性的肯定,包括否定违法性的评价、肯定合法性的评价、不予置否的陈述等。(2)违反法定程序。行政机关在程序上应当引用具体法律条款,《行政处罚法》、《行政强制法》以及地方的行政程序立法中都有若干表达。可以说,无论学理还是规范,将援引具体法律条款作为程序义务已经没有太大争议,但审判实践中判定其违反法定程序是比较罕见的。(3)适用法律、法规错误。这是审判实践中的普遍观点,但是其中的裁判路径仍有不同。其一,实质审查后一体两面的“适用法律、法规错误”与“瑕疵”。法院在司法审查中要求(允许)行政机关说明法律适用的相关依据,结合案件事实,对行政行为适用法律正确与否作实质审查。在对适法效果作出评价的同时,也一并强调行政机关的援引义务。但是,这里的“未引用”实际上只依附于其他违法情形的判断,已经丧失单独定性的价值。在此路径中,“瑕疵”判断通常与行政行为的实质审查相结合。一定程度上,“瑕疵”标准其实是“适用法律、法规错误”的另一个面向。一旦经实质审查认为行政行为适用法律正确,由于“未引用”未影响相对人的实体权益,法院往往会在法技术上认定为“瑕疵”,从案例数量上可以看出这种偏好。其二,将“未引用”形式等同为“适用法律错误”,即单独作为违法事由,进而以三段论得出结论。这种思路比较清晰,但是对形式问题直接以实体标准作出裁判,以此否定行政行为的法效力,在逻辑上无法自洽,法院不免有懈怠之嫌,而且对行政争议的实质解决未必有益。另外,也有观点认为,行政依据应适用行政诉讼证据规则。循此思路,法院若认定行政行为作出时没有引用具体法律条款,行政机关在事后也不得进行补正,视为行政行为没有依据,实际上是将行政依据等同于证据对待,但这种做法并不符合我国行政诉讼证据规则的相关规定。综上所述,审判实践中针对“未引用”问题的主要分歧在于是作形式审查,抑或实质审查。若进入实质审查,还能否以适当的合法标准来评价“未引用”问题。

Ⅱ 撤销规则的学理框架

要求行政行为引用具体法律条款兼具程序法与实体法的双重意义,因此对“未引用”问题的学理分析,存在“行政程序”和“法律适用”两种认知进路。一方面,行政机关向相对人告知明确的法律依据是行政程序法中说明理由制度的重要内容;另一方面,透过“未引用”这一形式,亦可能存在实体违法的多种可能,当形式简陋到一定程度时,会被认定为行政行为在实体上没有法律依据或适用法律错误。基于前者延伸出的“程序违法”观点,也存在积极的“撤销说”与消极的“瑕疵说”之分歧。后者是指“适用法律错误”论,学理上有两种观点。第一种为“等同说”,它直接将“未引用”归入“适用法律错误”的概念范畴,从而指向相同的法律效果。第二种是“形式推定说”,将“未引用”形式推定为“适用法律错误”。也就是说,“未引用”导致法官无法审查行政行为作出时行政主体适用法律的真实意图,无论实体上的合法性如何,均不能消除“未引用”形式的违法性。

Ⅲ 本判例的规范性逻辑

在本判例中,考虑到行政法秩序暂时优位与司法认知限制,法官不宜直接对“未引用”

形式作出定性,而应当要求(允许)行政机关在诉讼中补正依据,若既有的举证事实无法涵摄至具体依据,则不认可事后补正的具体依据,推定"未引用"为"适用法律错误"。具体而言,可以提炼出一个三层次的审查路径。

1. 不予定性。法律依据是行政行为的构成要件之一,故无论原告有无对援引问题提出异议,法院都应当主动审查,但由于行政法秩序的暂时优位与司法认知限制,此时尚不能对"未引用"形式直接定性。也就是说,法院对待"未引用"问题,既不能依事实认定自行补正相关依据或代行政机关进行法律解释,也不宜忽视实质的法律适用效果而直接判决违法。因此,"未引用"不等同于行政行为作出时没有法律依据或适用法律错误,法院应当要求(允许)行政机关补正具体法律条款,而不能直接跳过事实认定与法律解释的审查。目前,虽然行政依据已经被排除出行政诉讼证据规则的适用范围,逾期提供依据不会承担举证责任上的不利后果,但是,法官依职权主动查明依据的完整情况是对法律适用的审查。若行政机关在法庭释明后仍未予(无法)补正,可直接认定行政行为实体上没有适用正确的法律依据。

2. 事实审查。在行政机关补正具体依据后,法院以事实要素为主导,进一步审查法律适用情况。行政行为的依据要件完整后,行政机关应当对其法律适用所认定的事实承担证明责任,且只能举证行政行为作出时的证据来涵摄补正依据,若认定法律适用的主要证据不足,则可同时评价"未引用"形式的违法性。虽然该种进路对行政行为的形式要求有所降低,但行政机关仍不可在事后随意选择相关依据。实际上,在《行政诉讼法》(1989 年)对"违反法定程序"只能判决撤销与否的情况下,将"未引用"的效果判断依附于实质审查结果,既表明对行政行为的违法情况主张全面审查的态度,也可以看出最高人民法院在强调援引义务的重要性。否则,法院只需审查依据补正后的行政行为即可,是否评价"未引用"问题并不影响审查结果。本案中,行政机关举证的事实无法涵摄至具体规定的"公共利益"或者"为实施城市规划进行旧城区改建的需要",据此,法院不认可行政机关补正的依据,行政行为再次被还原为没有法律依据之状态(没有适用应当适用之依据)。

3. 违法推定。司法上的"视为"是法院根据法律规定,将系争不同的法律事实在规范上给予相同评价的裁判过程。法律对"未引用"的效果规范没有明确规定,并不意味着这是评价欠缺型的法律漏洞。从体系解释可以得出,引用具体法律条款是行政行为合法包含的应有之义。当这种违法情形出现后,在对"未引用"作否定性评价的基础上,如何判断行政行为的法律效果则落实到司法层面,需要均衡行政法秩序、相对人权益、司法谦抑等多重价值。法院进行实质审查时,发现行政机关的证据无法支持其适用补正依据时,在认定行政行为主要证据不足的同时,反向将"适用法律错误"的构成要件规则转用于法律未明确规定的"未引用",二者在没有引用(无法证明引用了)应当适用的法律依据的重要观点上类似,由此附带对"未引用"形式作出评价。

Ⅳ 本判例的意义

本判例是最高人民法院在如何对待行政行为"未引用"具体法律条款的审查规则上明

确立场的一个重要判例。最高人民法院将指导性案例裁判要点总结为:行政机关作出具体行政行为时未引用具体法律条款,且在诉讼中不能证明该具体行政行为符合法律的具体规定,应当视为该具体行政行为没有法律依据,适用法律错误。考察自此以后的判例,对“未引用”问题的裁判思路基本统一。本判例虽然对长期以来的司法争议进行了归一,却仍避免对明显的程序问题统一作否定性评价。

□ 参考文献

章剑生:《现代行政法总论》(第2版),法律出版社2019年版。

胡建淼:《行政法学》(第5版),法律出版社2023年版。

张亮:《对行政行为未引用具体法律条款的司法审查——兼评指导案例41号》,载《政治与法律》2015年第9期。

070 滥用职权的认定

刘云务诉山西省太原市公安局交通警察支队晋源一大队道路交通管理行政强制案 ｜《最高人民法院公报》2017 年第 2 期

于 洋 上海财经大学法学院

■ 事实概要

2001 年 7 月,刘云务通过分期付款的方式在山西省威廉汽车租赁有限公司购买了一辆东风 EQ1208G1 型运输汽车,发动机号码 133 × × ×,车架号码 11022 × × ×,合格证号 0140 × × ×,最终上户车牌为晋 A2 × × × × 号。刘云务依约付清车款后,车辆仍登记挂靠在该公司名下。2006 年 12 月 12 日,刘云务雇用的司机任治荣驾驶该车辆行驶至太原市和平路西峪乡路口时,晋源交警一大队的执勤民警以该车未经年审为由将该车扣留并于当日存入存车场。2006 年 12 月 14 日,刘云务携带该车审验日期为 2006 年 12 月 13 日的行驶证去处理该起违法行为。晋源交警一大队执勤民警在核实过程中发现该车的发动机号码和车架号码看不到,遂以该车涉嫌套牌及发动机号码和车架号码无法查对为由对该车继续扣留,并口头告知刘云务提供其他合法有效手续。刘云务虽多次托人交涉并提供相关材料,但晋源交警一大队一直以其不能提供车辆合法来历证明为由扣留该车。刘云务不服,提起行政诉讼,请求法院撤销晋源交警一大队的扣留行为并返还该车。

■ 裁判要旨

Ⅰ. 晋源交警一大队扣留车辆后,应依照《道路交通安全法》第 96 条第 2 款和《道路交通安全违法行为处理程序规定》第 15 条的规定,分别作出相应处理,晋源交警一大队既不返还机动车,又不及时主动调查核实车辆相关来历证明,也不要求刘云务提供相应担保并解除扣留措施,以便车辆能够返回维修站整改或者返回原登记的车辆管理所在相应部位重新打刻号码并履行相应手续,而是反复要求刘云务提供客观上已无法提供的其他合法来历证明,滥用了法律法规赋予的职权。

Ⅱ. 行政机关进行社会管理的过程,也是服务社会公众和保护公民权利的过程。建设服务型政府,要求行政机关既要严格执法以维护社会管理秩序,也要兼顾相对人实际情况,对虽有过错但已作出合理说明的相对人可以采用多种方式实现行政目的时,在足以实现行政目的的前提下,应尽量减少对相对人权益的损害。实施行政管理不能仅考虑行政机关单方管理需要,而应以既有利于查明事实,又不额外加重相对人负担为原则。实施扣留等暂时性控制措施,应以制止违法行为、防止证据损毁、便于查清事实等为限,不能长期扣留而不处理,给当事人造成不必要的损失。因此,晋源交警一大队扣留涉案车辆后,既不积极调查核实车辆相关来历证明,又长期扣留涉案车辆不予处理,构成滥用职权。

■ 评　析

Ⅰ 以往判例观点

本判例之前,各级法院以"滥用职权"认定行政行为违法的判例并不多,同时没有形成稳定的裁判思路。以下列举司法实践中的几种常见情形:

1. 违背立法目的。在潘龙泉诉新沂市公安局治安行政处罚案[最高人民法院行政庭编:《中国行政审判案例》(第4卷)第144号案例,中国法制出版社2012年版,第125－130页]中,原告等人于1997年8月26日因打麻将涉嫌赌博,某公安局已于当日对与原告参加打麻将的两名人员作出治安处罚。在无违反治安管理的当事人逃跑等客观原因的情况下,于2007年1月31日对原告潘某作出治安处理处罚。原告不服,提起诉讼。法院认为:"行政机关在没法定及其他正当理由的情况下,法定办案期间内没有积极履行职责,而在不合理的时间内作出处罚决定,有违我国《行政处罚法》设立追究时效制度的目的,是'滥用职权'。"可见,法院将滥用职权解释为行政机关没有正当理由逾期作出行政行为,背离了法律授权的目的。

2. 无依据实施行政行为。在路世伟不服靖远县人民政府行政决定案(《最高人民法院公报》2002年第3期)中,法院认为,"县政府无权用这种于法无据的独特关系去影响他人,去为他人设定新的权利义务,去妨碍他人的合法权益。县政府在靖政发(1999)172号文件中实施的这些具体行政行为,不仅超越职权,更是滥用职权"。显然,法院是将行政机关无依据实施的行为认定为滥用职权。

3. 在滥用行政裁量的意义上进行认定。在王丽萍诉中牟县交通局行政赔偿纠纷案(《最高人民法院公报》2003年第3期)中,法院认为,具体行政行为的合法性,不仅包括事实清楚、适用法律正确、符合法定程序,还包括行政机关在自由裁量领域合理使用行政自由裁量权,明显不合理的具体行政行为构成滥用职权。县交通局工作人员不考虑该财产的安全,甚至在王丽萍请求将生猪运抵目的地后再扣车时也置之不理,把两轮拖斗卸下后就驾主车离去。县交通局工作人员在执行暂扣车辆决定时的这种行政行为,不符合合理、适当的要求,是滥用职权。可见该案中法院从"是否合理适当"进行认定。

4. 滥用职权的泛化认定。在薛谊花诉青铜峡市城乡建设局行政赔偿案[最高人民法院中国应用法学研究所编:《人民法院案例选》2000年第3辑(总第33辑),人民法院出版社2001年版,第449－454页]中,法院认为,城建局人员"超标准征收城市卫生费,并提前预收,强行扣押公民个人财产,殴打致伤他人"的行为属于滥用职权的行为,并作出行政赔偿判决。可见,法院事实上用"滥用职权"涵盖了城建局的各种违法行为。

Ⅱ 滥用职权的学理框架

回顾中国的行政学术史,关于"滥用职权"的认定一直在学界颇有争议,主要存在以下几种观点,其中“违反目的、原则说”占据主流、通说的地位。

1.“违反目的、原则说”,是指行政机关行使职权背离法律、法规目的,背离法律的基本原则。其所实施的具体行政行为虽然形式上在其职权范围内,但其内容与法律、法规设定该职权的用意和目的相去甚远。滥用具有如下表现:(1)以权谋私;(2)武断专横;(3)反复无常;(4)具体行政行为的方式方法违法;(5)故意拖延。

2. 主观过错说,认为行政机关的主观故意是滥用职权与其他不当行政行为差别的主要表现,主观上必须出于故意,过失不构成滥用职权,即实施的行政行为违背了法律规定的目的、精神和原则。(皮宗泰、李庶成:《行政审判中作为撤销根据的超越职权和滥用职权》,载《现代法学》1990 年第 6 期)在《行政诉讼法》(2014 年)修改实施后,支持这一观点的学者逐渐增多。学者大多结合《行政诉讼法》中的“明显不当”条款进行分析,认为“新法增加了明显不当条款,立法上考量明显不当与滥用职权都针对裁量权,但规范角度不同,明显不当是从客观结果角度提出的,滥用职权则是从主观角度提出的”。(朱思懿:《“滥用职权”的行政法释义建构》,载《政治与法律》2017 年第 5 期)“滥用职权是一种严重主观过错。”(全国人大常委会法制工作委员会行政法室编:《〈中华人民共和国行政诉讼法〉解读与适用》,法律出版社 2015 年版,第 158 页)

3. 显失公正说,认为滥用职权即滥用裁量权,是指行政主体在自由裁量权限范围内不正当行使权力造成显失公正的行政违法行为。其具有三个特征:一是行政滥用职权发生在自由裁量权限范围之内;二是行政滥用职权表现为不正当的行使权力(如不正当的迟延);三是行政滥用职权是指不正当行使权力造成显失公正的后果。(胡建淼:《有关行政滥用职权的内涵及其表现的学理探讨》,载《法学研究》1992 年第 3 期)

4. 违反原则说,认为滥用职权,即滥用自由裁量权,是指行政主体及其工作人员在职务范围内严重违反行政合理性原则的自由裁量行为。其特点表现为:第一,滥用职权是一种违法的行为;第二,滥用职权只发生在自由裁量权限范围内;第三,滥用职权是严重违反行政合理性原则的自由裁量行为,轻微的不合理、一般的不当行为不发生对行政合理性原则的违反,这种行为属行政不当,不构成滥用职权;第四,滥用职权是发生在自由裁量权限范围内,严重违反行政合理性原则的行为的总概念。[应松年主编:《当代中国行政法》(下卷),中国方正出版社 2005 年版,第 1533 - 1535 页]

Ⅲ 本判例的规范性逻辑

本案争议的焦点之一为:在扣留车辆后,晋源交警一大队既不调查核实又长期扣留涉案车辆是否构成滥用职权。在本案中,最高人民法院事实上运用了“故意拖延”的标准来认定是否构成“滥用职权”,论证逻辑为,行政机关具有履行法定职责的义务,但是在法定或者合理期限内不履行或拖延履行法定职责,构成滥用职权。法院的具体论证思路如下:

1. 论证晋源交警一大队具有相应的法定职责(义务)。法院指出,“扣留车辆属于暂时性的行政强制措施,不能将扣留行为作为代替实体处理的手段”。接着根据《道路交通安全法》第 96 条第 2 款“当事人提供相应的合法证明或者补办相应手续的,应当及时退还机动车”和 2004 年《道路交通安全违法行为处理程序规定》第 15 条“需要对机动车来历证明进行调查核实的,扣留机动车时间不得超过十五日;需要延长的,经县级以上公安机关交通管理管理部门负责人批准,可以延长至三十日”的规定,指出晋源交警一大队在扣留车辆后,具有在法律规定的期限内积极主动调查取证的职责,这种“主动调查取证的职责”是晋源交警一大队在作出扣留车辆决定之后所产生的附随法定职责(义务)。如果认为刘云务已经提供相应的合法证明,则应及时返还机动车;若对刘云务所提供的机动车来历证明仍有疑问则应尽快调查核实;若认为刘云务需要补办相应手续,则应依法明确告知补办手续的具体方式方法并依法提供必要的协助。

2. 论证晋源交警一大队不履行或拖延履行法定职责(义务)。法院接着指出,在刘云务提供已经能够证明涉案事实的证明的情况下,晋源交警一大队“既不返还机动车,又不及时主动调查核实车辆相关来历证明,也不要求刘云务提供相应担保并解除扣留措施,以便车辆能够返回维修站整改或者返回原登记的车辆管理所在相应部位重新打刻号码并履行相应手续,而是反复要求刘云务提供客观上已无法提供的其他合法来历证明,滥用了法律法规赋予的职权”。在此,需要注意的是,法院不仅论证了晋源交警一大队不履行或拖延履行法定职责(义务),并且还间接论证了晋源一大队增加了原告刘云务的义务,即“反复要求刘云务提供客观上已无法提供的其他合法来历证明”。

由此可见,法院事实上采取了“具有法定职责(义务)+不履行/拖延履行法定职责(义务)”的论证思路,运用“故意拖延”的标准来认定“滥用职权”。

Ⅳ 本判例的意义

滥用职权是一个极为复杂的行政法理论问题。由于“滥用职权”的认定涉及对行政机关裁量权是否合法的认定,可能具有一定的主观色彩;同时由于《刑法》中有“滥用职权罪”,导致有的法官有顾虑,认为一旦以“滥用职权”作为裁判理由,行政机关的相关人员就可能被滥用职权罪追究刑事责任。(江必新:《行政强制司法审查若干问题研究》,载《时代法学》2012年第5期)所以导致司法实践中法院一般不会轻易运用“滥用职权”这一审查标准。在少量适用“滥用职权”进行认定的案件中,大多是基于学理判断框架展开,而不是基于积累的判例而形成的稳定、可操作的法律框架,适用情形亦相对混乱。

本判例是最高人民法院在这个问题上的最新态度,推进了最高人民法院认定“滥用职权”的思路与框架。本案的裁判要旨是,“建设服务型政府,要求行政机关既要严格执法以维护社会管理秩序,也要兼顾相对人实际情况。行政处理存在裁量余地时,应当尽可能选择对相对人合法权益损害最小的方式;实施扣留等暂时性控制措施不能代替对案件的实体处理,行政机关无正当理由长期不处理的,构成滥用职权”。本案例虽为公报案例,不是指导案例,但是基于最高人民法院的权威性和审级制度,其对地方各级人民法院审理行政案件将具有在一定程度的事实上的指导作用。

□ 参考文献

章剑生:《现代行政法基本理论》(第2版上卷),法律出版社2014年版。

姜明安主编:《行政法与行政诉讼法》(第7版),北京大学出版社、高等教育出版社2019年版。

071 因政策性原因实施关闭取缔行为的合法性审查

永兴县鲤鱼塘东风机砖厂诉湖南省永兴县人民政府行政强制及行政赔偿案 | 最高人民法院(2020)最高法行申7018号行政裁定书

陈　鹏 厦门大学法学院

■ 事实概要

永兴县鲤鱼塘东风机砖厂(以下简称东风砖厂)属个体工商户,经营者为刘方华。2016年8月22日,永兴县原国土资源局向李毛益、刘方华颁发了采矿许可证,有效期限至2018年8月22日。2017年12月22日,永兴县经济和科学技术综合执法大队向东风砖厂作出停止电力供应告知书,内容是,东风砖厂:为贯彻落实《中央环保督查反馈意见整改工作方案》、《湖南省淘汰落后产能和企业兼并重组工作领导小组办公室督办函》(湘淘汰落后办〔2017〕19号)等文件精神,依法整顿取缔烧结砖企业。根据《循环经济促进法》《矿产资源法》《湖南省大气污染物防治条例》《湖南省新型墙体材料推广应用条例》等法律法规及地方规定《郴州市依法取缔粘土砖企业专项行动工作方案》的要求,经县政府领导批示,对未按要求在2017年12月25日前停产关闭的烧结砖企业,依法于2017年12月28日起实施停止生产供电。停电期间如擅自搭线用电,属盗窃电能行为,将依法从严打击。该告知书于2017年12月25日送达刘方华。2017年12月27日,永兴县政府办公室印发《永兴县依法整顿证件不齐、淘汰落后产能砖厂专项行动工作方案》,其附件《永兴县砖厂拟关闭名单》载明有东风砖厂。2018年1月18日,永兴县政府办公室作出《关于印发〈永兴县砖厂综合整治实施方案〉的通知》,明确东风砖厂为整合保留对象,要求县砖厂整治领导小组负责指导相关砖厂进行整合,在2018年6月30日前完成整合工作,逾期未完成整合的,对相关砖厂予以关闭。2018年10月12日,永兴县砖厂综合整治和规范发展工作领导小组办公室向东风砖厂作出通知,通知载明:"鲤鱼塘东风砖厂:你砖厂存在生产工艺使用的窑体属于国家产业政策淘汰类的无顶轮窑及手续不齐等问题,根据省市淘汰落后产能专项整治及《永兴县砖厂综合整治实施方案》(永政办函〔2018〕9号)文件精神,你砖厂被列为整合保留对象。按照中央环保督察整改要求,东风砖厂须按'两断三清'(断水、断电、清除原料、清除产品、清除设备)要求处理到位,限你砖厂于2018年10月15日前自行处置到位,逾期未按'两断三清'要求处置到位的,县人民政府将组织开展集中整治,强制按'两断三清'要求处置到位。"该通知于2018年10月14日送达刘方华。2018年10月19日,永兴县政府联合多个部门对东风砖厂实施了强制拆除。

东风砖厂提起诉讼，请求人民法院确认行政强拆行为违法，并责令永兴县政府赔偿损失5,379,592元及利息，本案诉讼费由永兴县政府负担。终审后，湖南省高级人民法院判决：限永兴县人民政府在收到判决书之日起60日内对补偿问题作出处理，驳回东风砖厂的其他诉讼请求。

■ 裁判要旨

Ⅰ.关闭取缔不符合国家产业政策粘土砖企业，是事关安全生产、生态保护和环境资源有效利用的专项工作，有利于促进国民经济和社会的发展，但应当依法开展并注重砖厂权人的权益保护。虽然现行立法未对不符合国家产业政策粘土砖企业的关闭退出工作及程序作出具体、明确的规定，但实践中仍应遵守正当程序与法治秩序的基本要求。

Ⅱ.由于东风砖厂未依照"两断三清"的要求自行处置到位，永兴县政府在关闭验收时间将至之际，开展集中整治，联合多个部门对其实施强制拆除，通过永兴县经济和科学技术综合执法大队发出永电法告〔2017〕1212号停止电力供应告知书，永兴县砖厂综合整治和规范发展工作领导小组办公室向东风砖厂发出通知，载明相关事项，履行了提醒、告知义务，并未通过炸毁等暴力方式对东风砖厂进行关闭取缔，亦未超出必要的限度，无明显不当。永兴县政府根据省、市、县三级政府政策作出的关闭取缔及"两断三清"行为，是依据中央及地方政策而不是依据法律作出的，总体上符合国务院和湖南省人民政府相关文件的规定。

Ⅲ.东风砖厂因政策性原因关闭，是多环节的综合过程，涉及不同主体不同行为，历经不同程序不同阶段，不同于通常意义的生效行政许可的撤回，而是永兴县政府贯彻落实产业结构调整、满足社会公共利益的现实需要。因此，不应以个别程序瑕疵作为认定整个关闭退出行为违法的依据，应当对整个关闭行为的合法性予以肯定。东风砖厂因公共利益而关闭退出，对因此所受的直接损失有权利主张公平合理的补偿。永兴县政府应在一定期限内与东风砖厂就有关补偿问题进行协商，协商不成的，应尽快就补偿金额、如何采取补偿措施等相关问题作出相应的补偿决定。

■ 评　析

Ⅰ 政策性关闭的性质

政策性关闭是实务中发展出的概念。本案中，明确政策性关闭行为的性质，是法院开展合法性判断的前提。此前，最高人民法院曾在若干案件中明确将政策性关闭界定为行政许可的撤回。[最高人民法院(2020)最高法行申4496号行政裁定书；最高人民法院(2020)最高法行申3768号行政裁定书]在曾传高诉四川省广元市利州区人民政府、四川省广元市利州区煤炭工业管理局行政补偿案[最高人民法院(2019)最高法行申4752号行政裁定书，以下简称曾传高案]中，最高人民法院判示，由于涉案煤矿许可证的有效期限均已届满，因而区政府关闭煤矿不属于撤回行政许可，而是依据省政府的文件实施的政策性关闭。尽管该案在形式上区分了政策性关闭与行政许可的撤回，但仍不排除将行政许可效力存续期间的关闭行为视作撤回行政许可。

而在本案中,虽然停止电力供应告知书设定的停止供电期日处于采矿许可证有效期届满之前,但通知以及强制拆除是于东风砖厂采矿许可证有效期届满后作出。如果分别判断停止电力供应告知书、通知、强制拆除行为的性质及合法性,则法院原本亦可沿袭曾传高案的裁判思路,直接将通知这一真正意义上的关闭决定界定为不属于撤回行政许可的政策性关闭。但法院转换了裁判思路,将政策性关闭视作由上述行为构成的整体,进而否定了关闭行为作为撤回生效行政许可的性质。本案之后,最高人民法院在永兴县马田镇忠和五矿因诉被申请人湖南省永兴县人民政府行政强制及行政赔偿案[最高人民法院(2020)最高法行申1472号行政裁定书]中延续了类似的界定方式,判示"整个关闭退出过程是多环节的综合过程"。值得注意的是,与本案不同,该案中县政府强制拆除、关闭矿井时,当事人的许可证有效期均未届满[湖南省郴州市中级人民法院(2017)湘10行初53号行政判决书],这意味着强制关闭原本即具有使行政许可归于消灭的效果,但法院仍未将关闭行为视作撤回行政许可。于此可管窥本案裁判对于后续案件的影响。

从规范层面言之,本案中的关闭行为是否满足行政许可撤回的要件,确有疑问。依照《行政许可法》第8条第2款的规定,撤回行政许可应当满足两个要件,一是行政许可所依据的法律、法规、规章修改或者废止,或者准予行政许可所依据的客观情况发生重大变化;二是为了公共利益的需要。本案中,法院判示关闭不符合国家产业政策的企业"事关安全生产、生态保护和环境资源有效利用""有利于促进国民经济和社会的发展",是"贯彻落实产业结构调整、满足社会公共利益的现实需要",可谓认可了要件二。但本案中并不存在法规范改废的情形,并且法院亦未论证关闭行为是否源自客观情况发生重大变化。学理上,客观情况变化属于事实判断(李尧:《撤回行政许可的乱象及法律规制——基于121份裁判文书的实证考察》,载《交大法学》2021年第4期),即作为行为基础的事实已消解(杨登峰:《论合法行政行为的撤回》,载《政治与法律》2009年第4期),产业政策本身仍然处于规范的应然层面,而非事实的实然层面。因此,将本案中的政策性关闭行为理解为撤回行政许可,不免将在是否满足要件一这一问题上面临解释论层面的考问。必须指出的是,《行政许可法》第8条本质上是对消灭行政许可效力的约束。在不满足该条所规定的要件时作出政策性关闭决定,使被许可人事实上无法从事许可事项活动,则该决定的合法性更值得审思。

Ⅱ 政策性关闭的程序合法性

如果分别判断停止电力供应告知书、通知、强制拆除的性质,那么强制拆除原本应被视作是对通知的执行,从而应受《行政强制法》约束。本案中的强制拆除并未遵守该法规定的行政强制执行的一般程序以及强制拆除的特别程序,这也是本案的争议焦点。然而法院将政策性关闭视作一个整体性活动,否定了"行政决定—强制执行"这一程序结构,进而排除了《行政强制法》的适用,代之以关闭行为整体上应遵守正当程序这一概括性要求。"正当程序"在学理层面上通常被理解为程序参与、告知、说明理由等"实现最低限度的程序正义的基本要求",司法实践中则通常呈现为行政机关应遵循告知、送达或听取意见等程序。于是在法院看来,行政机关仅在政策性关闭的个别环节中载明相关事项、履行提醒和告知义务,便足以支撑关闭行为在整体上的程序合法性。

值得注意的是,最高人民法院判示"不应以个别程序瑕疵作为认定整个关闭退出行为违法的依据",间接承认了强制拆除存在程序合法性问题。然而程序瑕疵及其后果是司法实践中发展出的命题,现行法并未规定。相反,按照《行政诉讼法》第 74 条第 1 款第 2 项的规定,即便是行政程序轻微违法,人民法院亦应作出确认违法的判决。尽管理论界对于有限度地引入程序瑕疵及其裁判方式有所支持(梁君瑜:《行政程序瑕疵的三分法与司法审查》,载《法学家》2017 年第 3 期;杨登峰:《行政行为程序瑕疵的指正》,载《法学研究》2017 年第 1 期),但学者也意识到,这一裁判方式的滥用将减损行政程序的独立价值。(柳砚涛:《认真对待行政程序"瑕疵"——基于当下行政判决的实证考察》,载《理论学刊》2015 年第 8 期)而在本案中,法院既未指出政策性关闭存在何种程序瑕疵,亦未在程序瑕疵与程序违法之间划定清晰的界限。

Ⅲ 政策性关闭的实体合法性

1. 政策性关闭属于对财产权的强力限制,理论上应服从法律保留原则。但当前我国的行政法制并未确立严格意义上的法律保留原则。国务院发布的《全面推进依法行政实施纲要》和国务院《关于加强法治政府建设的意见》仅要求"没有法律、法规、规章的规定,行政机关不得作出影响公民、法人和其他组织合法权益或者增加公民、法人和其他组织义务的决定"。此种规范现象只是对侵害性活动的"法规范保留"。(王贵松:《行政活动法律保留的结构变迁》,载《中国法学》2021 年第 1 期)本案中,法院甚至认可以政策文件作为关闭行为的规范基础,判示"关闭取缔及'两断三清'行为,是依据中央及地方政策而不是依据法律作出的,总体上符合国务院和湖南省人民政府相关文件的规定"。

2. 最高人民法院在开展目的正当性和适当性审查时,将关闭行为视作一个整体,判示关闭取缔不符合国家政策的企业"是事关安全生产、生态保护和环境资源有效利用的专项工作,有利于促进国民经济和社会的发展"。而在开展必要性审查时,则判示行政机关"并未通过炸毁等暴力方式对东风砖厂进行关闭取缔,亦未超出必要的限度,无明显不当",即将审查对象限定于当事人争议的强制拆除行为。

Ⅳ 赔偿(补偿)请求的裁判方式

本案中,法院并未确认强制执行违法,故赔偿请求无法成立。然而最高人民法院在以往的案件[最高人民法院(2016)最高法行申 4765 号行政裁定书]中曾判示:如果确认违法并赔偿损失的请求包含了"行政行为违法应当赔偿、即使合法也应当补偿"的内容,则无论关闭行为合法与否,法院皆应对赔偿和补偿请求作出处理。本案中法院延续并拓展了这一裁判思路,直接判示东风砖厂有权主张补偿。最高人民法院并未直接依照《行政诉讼法》第 73 条的规定作出给付判决,而是认可二审法院依照《行政诉讼法》第 72 条作出的履责判决,即要求补偿义务机关先行处理,这与其在先前涉及行政补偿的司法解释中的立场一脉相承。按照最高人民法院《关于审理行政许可案件若干问题的规定》第 14 条的规定,行政机关撤回已经生效的行政许可,公民、法人或者其他组织仅主张行政补偿的,应当先向行政机关提出申请。在以往的给付之诉案件中,最高人民法院也有判例[最高人民法院(2018)最高法行申5903号行政裁定书]判示,如果须由行政机关事先核定给付金额,则应当由行政机关先行处理。现行法并未规定政策性关闭的补偿程序。本案中法院要求县政府与当事人就补偿问题进行协商,似乎是借鉴了房屋及土地征收的补偿程序,即原则上应由当事人与补偿义务机关达成合意。此外,最高人民法院判示"协商不成的,应尽快就补偿金额、如何采取补偿措施等相关问题作出相应的补偿决定",则是明确了仅履行协商程序尚不能视为补偿义务机关已先行处理。

◻ 参考文献

杨登峰:《论合法行政行为的撤回》,载《政治与法律》2009年第4期。

周佑勇:《司法判决对正当程序原则的发展》,载《中国法学》2019年第3期。

李尧:《撤回行政许可的乱象及法律规制——基于121份裁判文书的实证考察》,载《交大法学》2021年第4期。

072 判决重作行政行为的限制

从淑萍诉阜新蒙古族自治县人民政府撤销房屋所有权证决定案 |
辽宁省高级人民法院(2016)辽行终195号行政判决书

梁 亮 宁波行政学院

■ 事实概要

上诉人(一审原告)丛淑萍系辽宁省阜蒙县旧庙镇旧庙村村民。2006年11月24日,丛淑萍经申请取得阜蒙县政府为其颁发的阜蒙集建(2006)字6071429号集体土地建设用地使用证。丛淑萍在该建设用地上有砖石结构房屋一座,并于2006年取得了该房屋的所有权证。一审第三人王春萍认为丛淑萍房屋侵占其建设用地,于2009年向阜蒙县法院提起行政诉讼,请求撤销阜蒙县政府为丛淑萍颁发的集体土地建设用地使用证,在重审过程中,阜蒙县政府于2009年9月17日作出关于撤销阜蒙集建(2006)字6071429号集体土地建设用地使用权核准登记事项的决定。因王春萍不同意撤诉,故阜蒙县法院作出(2009)阜县行初字第18号行政判决,确认阜蒙县政府为丛淑萍颁发集体土地建设用地使用证的行为违法。丛淑萍不服,提起上诉,阜新市中级人民法院作出(2010)阜行终字第18号行政判决,维持原判。丛淑萍对撤销土地使用权核准登记决定不服,提起行政诉讼,被驳回。

2015年3月16日,阜蒙县政府作出《关于旧庙镇旧庙村丛淑萍宅基地问题的勘测结论》,决定不能重新为丛淑萍登记发放集体土地建设用地使用证。丛淑萍不服,向法院提起行政诉讼,请求撤销勘测结论,执行(2010)阜行终字第18号判决为其核发土地使用证,并赔偿其各项经济损失。阜新市中级人民法院作出(2015)阜行初字第26号行政判决,撤销勘测结论,驳回丛淑萍的其他诉讼请求。丛淑萍不服,提起上诉。辽宁省高级人民法院作出(2016)辽行终字第77号行政判决,维持原判。丛淑萍不服,又向最高人民法院提出申诉。2017年5月18日,最高人民法院作出(2017)最高法行申992号行政裁定,驳回丛淑萍的再审申请。

2015年7月13日,阜蒙县政府以丛淑萍所持有的集体土地建设用地使用证已经被该政府撤销为由,作出了《关于撤销丛淑萍持有的卷号为20060800号〈房屋所有权证〉的决定》。丛淑萍对此决定不服,向法院提起行政诉讼。阜新市中级人民法院作出(2015)阜行初字第67号行政判决,撤销阜蒙县政府作出的《关于撤销丛淑萍持有的卷号为20060800号〈房屋所有权证〉的决定》,驳回其他诉讼请求。丛淑萍不服,提起上诉。辽宁省高级人民法院2017年7月25日作出(2016)辽行终195号行政判决书,撤销阜新市中级人民法院(2015)阜行初字第67号行政判决、驳回丛淑萍的诉讼请求。丛淑萍不服,向最高人民法院申请再审。最高人民法院 2019 年 5 月 14 日作出(2018)最高法行申 98 号行政裁定书,驳回再审申请。

■ 裁判要旨

Ⅰ.王春萍取得农村土地承包经营权在前,丛淑萍取得集体土地建设用地使用权在后,丛淑萍在二审庭审中自认其建房一共占了 2 亩多地,包含王春萍的一部分土地。由此可见,丛淑萍建房占地确实包含了一部分王春萍的承包地。一审法院关于没有确定所建房屋是否占用了其他权利人的土地的观点与客观事实不符。建房的前提条件是依法取得集体土地建设用地使用权,在丛淑萍取得的集体土地建设用地使用证已被依法撤销的情况下,其所建房屋缺乏取得房屋所有权证的前提基础,阜蒙县政府为了便于确认土地权属,撤销丛淑萍的房屋所有权证具备事实基础,并无不当。一审法院关于撤证条件不具备的观点不能成立。

Ⅱ.《房屋登记办法》(已失效)第 82 条第 1 款规定,依法利用宅基地建造的村民住房和依法利用其他集体所有建设用地建造的房屋,可以依照本办法的规定申请房屋登记。第 89 条规定,房屋登记机构对集体土地范围内的房屋予以登记的,应当在房屋登记簿和房屋权属证书上注明"集体土地"字样。该办法第 1 条亦明确了制定依据除《物权法》、《城市房地产管理法》以外,还包括《村庄和集镇规划建设管理条例》。从上述规定来看,《房屋登记办法》不仅适用于国有土地上的房屋登记,也适用于集体土地上的房屋登记。一审法院以《房屋登记办法》仅适用于国有土地上的房屋登记为由,认定被诉撤销房屋所有权证决定适用法律错误不当,应予纠正。

Ⅲ.被诉的撤销房屋所有权证决定并不违法,故不存在行政赔偿的前提条件。关于其提出的被诉撤证决定与阜蒙县住房和建设局和阜蒙县房产处分别于 2012 年 5 月 25 日和 2013 年 5 月 14 日作出的行政决定的事实和理由均相同,违反《行政诉讼法》规定的上诉理由,《行政诉讼法》第 71 条规定,人民法院判决被告重新作出行政行为的,被告不得以同一的事实和理由作出与原行政行为基本相同的行政行为。本案不存在人民法院判决重作的情况,也不是同一个行政机关作出的行政行为,故不适用于上述法律规定,上诉人的该项上诉理由不能成立。

■ 评　析

Ⅰ 重作判决的意义与功能

重作判决是在法院判决撤销具体行政行为的同时可以附带使用的一种判决形式,其内容是责令行政机关重新作出一个新的行政行为。法律之所以规定法院可以判决重作,是为了防止被告以法院未判决重作为由消极行使职权,从而损害行政相对人的合法权益或社会公共利益。重作判决并不是一个独立的判决形式,它一般依附于撤销判决。重作判决适用的前提条件是必须存在一个具体行政行为被判决撤销或部分撤销。这里首先涉及一个问题,即行政行为被撤销后,原告的权利是否必然回到行政机关作出行政行为之前的状态,如果答案是否定的,还有没有必要通过判决的形式要求行政机关重作?

人民法院判决撤销被诉行政行为后,原告的权利是否必然回到被撤销的行政行为作出之前的状态,要根据案件的具体情况确定。通过本案,可以看出,法院认为可能存在两种不同的情形:一是生效行政判决彻底否定被诉行政行为认定的事实,认为被诉行政行为完全没有事实根据或法律依据,撤销被诉行政行为意味着原告的合法权利恢复到被诉行政行为作出之前的状态。二是生效行政判决撤销被诉行政行为,理由是行政行为认定的主要事实不清、证据不足,或者是作出被诉行政行为的程序违法、适用法律错误、超越职权等,判决在实体上只是对被诉行政行为的合法性作出判断,并未对原告主张的权利是否合法作出判断,且判决作出后仍需要行政机关依法重新作出处理。这种情况下,原告主张的权利并不能当然地回到被诉行政行为作出之前的状态。也正因如此,《行政诉讼法》第70条规定了重作判决之种类。重作判决的功能就在于督促行政机关依法及时履行职责,保护行政相对人的合法权益。

Ⅱ 重作判决的适用

撤销判决并不意味着必然附带重作判决。《行政诉讼法》第70条规定,行政行为有下列情形之一的,人民法院判决撤销或者部分撤销,并可以判决被告重新作出行政行为:(1)主要证据不足的;(2)适用法律、法规错误的;(3)违反法定程序的;(4)超越职权的;(5)滥用职权的;(6)明显不当的。该条规定用了"可以"判决被告重作,法理上认为"可以"就是赋予了人民法院一定的裁量空间,根据具体的案件情况选择在撤销或部分撤销的行政行为的同时是否附带要求重作。"可以"也即意味着"可以不"。这个规定导致了实践中法院如何适用重作判决往往难以把握。一般认为,重作判决的适用要满足这样几个条件:首先,被诉行政行为被人民法院撤销或部分撤销,这是前提;其次,具有重作的必要性,也即被告行政机关重新作出行政行为是为了保护国家利益、公共利益或者他人合法权益的需要;最后,要具有重作的可能性,行政机关再次作出新的行政行为需不存在法律上的或者客观上的条件或障碍。如果被诉行政行为本身就不属于被告的职权范围,则不具备判决被告重作的可能。

本案中,一审法院认为阜蒙县政府于2015年7月13日作出的《关于撤销丛淑萍持有的卷号为20060800号〈房屋所有权证〉的决定》主要证据不足,适用法律错误,应予撤销。故一审法院判决撤销了阜蒙县政府作出的《关于撤销丛淑萍持有的卷号为20060800号〈房屋所有权证〉的决定》。一审法院判决没有彻底否定阜蒙县政府作出撤销决定所认定的事实,只是对该撤销决定的证据和适用法律进行了否定性的评价。判决只对被诉行政行为进行了合法性与否的评判,未对丛淑萍所主张的权益是否合法进行评判,因此本案中一审法院作出撤销判决后,一审原告丛淑萍的权利并未回复到被诉行政行为作出之前的状态,后续仍需阜蒙县政府作出进一步处理。本案中,一审法院在作出撤销判决时,未附带作出重作判决。

因此,司法实践中,需要进一步明确《行政诉讼法》所规定的"可以判决被告重新作出行政行为"什么情况下法院适宜作出"可以"的选择,什么情况下适宜作出"可以不"的选择。一般认为,以下情形下法院作出撤销判决的同时适宜一并判决重作:

1. 不判决重作,将对原告或者第三人的利益造成法律上的不利影响。这主要适用于被诉的具体行政行为是对原告或者原告与第三人之间既存的法律关系作出处理的情形,如类似本案中的房屋登记以及土地权属争议的处理决定等。如果房屋登记被撤销是由于登记的面积、位置错误引起,那么在登记行为被撤销之后,房屋的权利仍需在法律上得到确认,法律关系需要得到处理,否则将会对原告或第三人带来不利的影响。

2. 一般情况下,如果被诉行政行为认定的事实清楚,不判决重作将会对国家利益或社会公共利益造成较大不利影响,法院也应考虑一并作出重作判决。但是,有些情形下,不宜判决重作。例如,原告的违法行为轻微,其起诉要求撤销具体行政行为,经审查,被诉具体行政行为被撤销,但认定的事实清楚。这种情形下,是否再对原告的行为进行处理,可由被告自由裁量。因此,在此种情形下,如果原告没有主动诉请要求重作,只有当不判决重作将对国家利益或者公共利益造成较大不利影响时,才可判决重作。重作判决的适用是不以当事人的诉请为前提的。至于何为较大不利影响,需法官根据具体案情进行裁量。

Ⅲ 重作判决的限制

虽然在《行政诉讼法》明确规定的6种情形下,法院可以适用重作判决,但是,实践中并不是出现此6种情形都可以要求重作,重作判决的适用受到一定的限制。一般认为,以下几种情形,一般不宜判决重作:(1)事实行为因无内容可撤销,无法适用撤销判决,自然不能适用重作判决。(2)行政行为由于主要证据不足被判决撤销,如果根据现有的证据,被告认定的事实不能成立或者处于不明状态,一般不能判决重作,但被告认定的事实系某否定性事实以及解决平等主体间的民事争议的行政行为除外。(3)行政行为适用法律、法规错误被撤销,如果被告是因为定性错误,将原告的合法行为定为违法行为,不能判决重作。(4)行政行为由于超越职权被撤销,如果被告对其处理的事项没有管辖权,不能判决重作。

此外,重新作出行政行为所涉及事项一般属于依职权的事项。依申请的事项一般需要行政相对人主动先提出申请,行政机关才能作出相应的处理,所以一般不宜判决重作。从理论上说,依职权的事项,即使法院不判决重作,行政机关也具有相应的法定管理职责和职权,行政机关应当依法主动履行,对相关事项作出处理。但是,法院在判决被告重新作出行政行为时,如果不及时重新作出行政行为将会给国家利益、公共利益或者当事人的合法权益造成损失,法院在判决重作的同时还可以限定重作的期限。

《行政诉讼法》第71条对行政机关重新作出行政行为也进行了限制。法律要求人民法院判决被告重新作出行政行为的,被告不得以同一的事实和理由作出与原行政行为基本相同的行政行为。对这一限制,笔者认为,可以从以下几个方面把握:一是以法院判决重作为前提,如果法院未判决重作,则不受此限制的约束;二是被告,也即判决重作义务的履行主体,不得以同一事实和理由作出基本相同的行为;三是基于不同的事实和理由,作出相同的处理决定，亦不违反此规定；四是不得以同一事实和理由作出与原行政行为基本相同的行政行为，如果虽然是同一事实和理由，但作出了不同的行政行为或有较大差异的行政行为，则不违反重作的限制。如果行政机关违反该规定，以同一事实和理由重新作出与原行政行为基本相同的行政行为，行政相对人可以向法院提起行政诉讼，法院应撤销或部分撤销该行为，并按照《行政诉讼法》第 96 条的规定，将行政机关拒绝履行的情况予以公告，向监察机关或者该行政机关的上一级行政机关提出司法建议。拒不履行判决、裁定、调解书，社会影响恶劣的，可以对该行政机关直接负责的主管人员和其他直接责任人员予以拘留；情节严重，构成犯罪的，依法追究刑事责任。

本判例中当事人上诉时提出被诉撤证决定与阜蒙县住房和建设局和阜蒙县房产处分别于 2012 年 5 月 25 日和 2013 年 5 月 14 日作出的行政决定的事实和理由均相同，违反《行政诉讼法》对重作的限制性规定。法院认为不存在人民法院判决重作的情况，也不是同一个行政机关作出的行政行为，故不适用上述法律规定，上诉人的该上诉理由不能成立。

☐ 参考文献

章剑生：《判决重作具体行政行为》，载《法学研究》1996 年第 6 期。

姜明安主编：《行政法与行政诉讼法》（第 7 版），北京大学出版社、高等教育出版社 2019 年版。

073 行政机关重作行政行为与滥用职权

余姚市甬兴气体分滤厂与余姚市住房和城乡建设局燃气经营许可纠纷案 ｜《最高人民法院公报》2022年第2期

俞　祺 北京大学法学院

■ 事实概要

2016年12月2日，余姚市人民政府办公室印发经余姚市人民政府同意的《余姚市域燃气专项规划(2014—2030)》，该专项规划第49条第2项规定，泗门镇可根据区域瓶装燃气实际供应的需要，在现状基础上新增液化石油气储配站1座，储罐规模为100立方米。2018年8月17日，原告余姚市甬兴气体分滤厂向被告余姚市住房和建设局(以下简称住建局)申请核发瓶装燃气经营许可证。被告于2018年8月27日作出行政许可决定书，以目前泗门镇已有一座瓶装液化石油气储配站，不存在供气不足现象为由，决定不予核发原告瓶装燃气经营许可证。原告不服，于2018年11月8日向余姚市人民法院提起行政诉讼。经审理，余姚市人民法院于2019年4月4日作出(2018)浙0281行初94号行政判决书，认定行政许可决定适用法律不当，依据不足，理由难以成立，判决撤销行政许可决定书并责令被告重新作出决定。后被告委托杭州城乡建设设计公司(以下简称城建设计公司)就《余姚市域燃气专项规划(2014—2030年)》中"泗门镇储配站是否新增"的规划问题进行咨询评估，该公司针对"泗门镇可根据区域瓶装燃气实际供应的需要，在现状基础上新增液化石油气储配站1座，储罐规模为$100m^3$"这一规划条文作出说明，形成了相关情况说明，其结论为泗门镇2030年前无须新增储配站。2019年7月11日，被告以城建设计公司出具的相关情况说明作为依据，以不符合规划条件作为理由，重新作出不予行政许可决定书。原告对此不予许可决定不服，再次提起行政诉讼。

■ 裁判要旨

Ⅰ.城建设计公司的相关情况说明，系根据余姚市住建局自身提供的现状实际相关数据出具，非系该公司调查研究分析的结果，并与该公司参与编制的《余姚市域燃气专项规划(2014—2030)》自相矛盾，故不能作为本案的定案依据。《余姚市域燃气专项规划(2014—2030)》系经科学调查、论证并经余姚市人民政府常务会议审议通过，未经法定程序审议不得随意变更。现余姚市住建局仅凭参与该专项规划的编制单位出具的相关情况说明就擅自变更《余姚市域燃气专项规划(2014—2030)》中的具体规划，缺乏法律依据。

Ⅱ.在法院审理期间,余姚市住建局虽然一再强调液化石油气是易燃、易爆、有毒的危化物品,直接关系公共安全和反恐防范,不能降低准入条件,必须严格按照法定条件、标准实施行政许可,且燃气经营许可后难以监管,但却未能提交申请人提出的申请不符合案涉行政许可的法定条件、标准依据以及存在安全隐患的相关证据。余姚市住建局在余姚市人民政府复议和余姚市人民法院判决撤销其不予行政许可行为的情况下,仍然以相同理由作出不予行政许可决定,严重违反了《行政诉讼法》第71条规定,浪费了有限的司法资源,增加了当事人的讼累,显系滥用职权。

■ 评　析

Ⅰ 行政机关重作被撤销行为的规范要求

《行政诉讼法》第71条规定:"人民法院判决被告重新作出行政行为的,被告不得以同一的事实和理由作出与原行政行为基本相同的行政行为。"《行诉解释》第90条第1款规定:"人民法院判决被告重新作出行政行为,被告重新作出的行政行为与原行政行为的结果相同,但主要事实或者主要理由有改变的,不属于行政诉讼法第七十一条规定的情形。"第90条第2款规定:"人民法院以违反法定程序为由,判决撤销被诉行政行为的,行政机关重新作出行政行为不受行政诉讼法第七十一条规定的限制。"

根据上述规定,行政行为被法院判决撤销并责令重作后,行政机关可以作出与原行政行为结果相同的行为,但重作行为的事实、理由或程序应当与原行为有所不同。若法院认为原行为事实不清、证据不足,则行政机关应当在重作时进一步补充证据;若法院认为原行为适用法律错误,则行政机关应当在重作时调整所适用的法律依据或对相关问题的定性;若法院认为原行为程序违法,则行政机关应当依照正确的程序重作行为。因此,重作行为的内容或程序并非单纯地与原行为不同即可,还应当回应法院撤销判决所指出的原行为中存在的问题。

本案中,余姚市人民法院作出的(2018)浙0281行初94号行政判决书认为:"被告在不予行政许可决定书中没有针对原告的申请说明不予许可的理由,补充说明缺乏专业评判依据。"该判决指出了原行政行为中的事实依据问题,因此,被告在重作行为时需要重点补充其决定的专业性事实基础,并加强对原告的理由说明。本案被告后续委托城建设计公司出具相关情况说明,即在一定程度上调整了行政决定的事实依据。

不过,实践中的复杂之处在于,行政机关在重作行为时,其对法院撤销判决的回应可能只是表面的、非实质性的。而从《行政诉讼法》的立法目的上说,行政机关重新作出的行政行为应当对原行为中存在的问题进行实质性改正,不能只作形式上的应付。接下来的问题是,行政机关什么样的调整才能构成对事实及理由的实质性改变。

Ⅱ 事实和理由实质性改变的判断标准

本判例蕴含了识别事实和理由在重作行政行为中是否实质性改变的标准。在该案中,原告认为被告所提供的相关情况说明的内核,就是原不予许可决定认定中的相同数据和理由,现在只是由所谓第三方公司出具了一份与原行为相同事实基础的说明而已,其实质并没有改变,并没有足以改变原认定事实或理由的新内容。原告的这一观点得到了再审法院的回应,法院也指出,城建设计公司的相关情况说明,系根据余姚市住建局自身提供的现状实际相关数据出具,非系该公司调查研究分析的结果。另外,法院还认为,虽然被告一再强调液化石油气是易燃、易爆、有毒的危化物品,直接关系公共安全和反恐防范,不能降低准入条件,必须严格按照法定条件、标准实施行政许可,但却未能提交申请人提出的申请不符合案涉行政许可的法定条件、标准依据以及存在安全隐患的相关证据。因此,被告的行为仍然是以同一事实和理由作出与原行政行为基本相同的行政行为。

根据再审法院的上述观点,行政机关在重作行为中对事实进行补充说明时,不能仅仅提供新的论点或考虑方面,还必须切实提供新的数据、资料,作为其所提出的论点的依据,也即重作的行政行为中必须要有"新的内容"。在本案中,城建设计公司和余姚市住建局所利用的事实材料均为既存资料,相关情况说明乃是对已知事实的重新表述,并未提供新的信息,因此不构成对事实和理由的实质性改变。

相对而言,在广东省连平县元善镇新龙村上谢经济合作社与广东省连平县人民政府等山林行政确权纠纷案[最高人民法院(2020)最高法行申12193号行政裁定书]中,最高人民法院认为,被告连平县政府在原处理决定被判决撤销后,重新启动山林权属纠纷调处程序,组织争议双方实地勘察……针对司法鉴定意见书中提出的锅耳屋经济社两份社员自留山证填写时间存疑的问题,连平县政府提交了该证的公社存查联用以比对。因此,不能认为被告以同一事实和理由作出了与原行为相同的行政行为。相似地,在荣佳与长沙市人力资源和社会保障局工伤认定纠纷案[湖南省高级人民法院(2020)湘行申443号行政裁定书]中,湖南省高级人民法院认为,(2019)015号不予认定工伤决定书虽认定事实相同,但证据并不同一,此次被申请人补充了现场照片和尸表检验情况的证据,故其作出不予认定工伤决定的行政行为不属于《行政诉讼法》第71条规定的情形。由此可见,事实和理由的实质性改变,要求行政机关在重作行为中收集新的证据,形成新的事实内容;即便所认定的事实结论与原行为相同,行政机关也至少应当进行新的、独立的证据收集活动。单纯对原有证据进行重新组合和说明不能构成事实和理由的实质性改变。

Ⅲ 行政机关以同一事实和理由重作行为,情节严重的可构成滥用职权

《最高人民法院公报》所登载的关于本案的裁判摘要指出:"具有行政许可权的行政机关作出不予行政许可决定的理由不能成立,且该决定已被人民法院判决撤销并责令重作的情况下,行政机关仍以相同理由再次作出不予行政许可决定,应认定为滥用职权。"若对该裁判摘要进行延展,可以得出的推论是,以同一的事实和理由作出与原行政行为基本相同的行政行为构成滥用职权。这形成了对《行诉解释》以及最高人民法院的既往判决的发展。

《行诉解释》第90条第3款规定:"行政机关以同一事实和理由重新作出与原行政行为基本相同的行政行为,人民法院应当根据行政诉讼法第七十条、第七十一条的规定判决撤

销或者部分撤销,并根据行政诉讼法第九十六条的规定处理。”该款内容分为两个部分,一是对被重新作出的行为的处理,即由法院再次判决撤销或部分撤销;二是对实施重作行为的行政机关的处理,即由法院追究行政机关拒绝履行生效判决的责任。

在既有的案例中,法院一般会将重点置于行政机关拒不履行判决之上,而较少讨论对行政机关重作行为本身的认定。例如,在丁勇诉怀化市人民政府房屋征收补偿案[最高人民法院(2018)最高法行申6904号行政裁定书]中,最高人民法院认为,怀化市政府以丁勇不具备安置资格为由,再次拒绝对丁勇进行安置补偿,是以同一事实和理由作出与原行政行为基本相同的行政行为,其实质是拒绝履行人民法院的生效判决。又如,在胡国华与沅陵县工伤保险管理中心工伤保险纠纷案[湖南省高级人民法院(2019)湘行申1080号行政裁定书]中,湖南省高级人民法院认为,沅陵县工伤保险管理中心以同一事实和理由作出本案被诉《关于不予支付胡国华工伤待遇的决定》,其实质仍是拒绝履行支付工伤保险待遇法定职责,与人民法院生效判决相抵触。在上述两个案例中,法院均只确定了重作行为对已生效判决的违反,而没有对被重新作出的行为本身进行定性。

本判例则将行政机关以同一事实和理由重作行为认定为滥用职权的行为。这事实上是对行政机关违法重作行为的更进一步否定,其中隐含了对行政机关主观恶意的评价。在少有法院直接适用《行政诉讼法》第96条追究行政机关责任的情况下,这种认定方式有利于促进行政机关积极改正原行为中存在的问题。

不过,根据再审法院的裁判理由,被认定为滥用职权的重作行为应当具有一定的严重性,其中应可识别出行政机关消极应付,不愿履行生效裁判的主观恶意。本案中,再审法院强调,被告余姚市住建局是在余姚市人民政府复议和余姚市人民法院判决撤销其不予行政许可行为的情况下,仍然以相同理由作出不予行政许可决定。这就意味着被告的不予许可决定先前已经被有权机关两次撤销,本案已属第三次撤销该行为。故被告此行为乃是对《行政诉讼法》第71条的严重违反,浪费了有限的司法资源,增加了当事人的讼累,可归入滥用职权项下。

参考文献

章剑生:《现代行政法总论》(第2版),法律出版社2019年版。
姜明安主编:《行政法与行政诉讼法》(第7版),北京大学出版社、高等教育出版社2019年版。
何海波:《行政诉讼法》(第3版),法律出版社2022年版。

074 情况判决的适用条件

郑州市中原区豫星调味品厂诉河南省郑州市人民政府行政处理决定案 | 最高人民法院(2014)行提字第21号行政判决书

查云飞 浙江大学光华法学院

■ 事实概要

原告为郑州市中原区豫星调味品厂,坐落于闫垌村三组集体所有的某地块上,1993 年该厂经申请获发了营业执照,经济性质为个体工商户。1995 年该厂欲申请补办征地手续,1996 年郑州市土地管理局按当年所发的《关于清查处理违法用地若干问题的通知》,同意该厂征用其所在地块并告知其抓紧办理拆迁、补偿、安置等手续,该厂提出申请时在申请表中经济性质一栏填写了“个体”,1996 年年底郑州市政府为原告颁发了国有土地使用证。原告在办证前未对原土地所有权人进行过任何补偿和安置。

2006 年郑州市政府经调查,发现原告的经济性质为个体工商户而非村办集体企业且原告未实施任何补偿、安置举措,故不满足 1996 年《关于清查处理违法用地若干问题的通知》中补办用地手续的条件。按照《河南省实施〈中华人民共和国土地管理法〉办法》第 11 条的规定,土地登记和颁发土地证书后发现有错登、漏登或有违法情节的,原登记发证机关应依法更正,收回或注销原核发土地证书,换发新的土地证书。据此,被告作出了注销原告国有土地使用证的决定。涉案土地在诉讼过程中已出让并用于房地产开发。原告在申请复议未果后,提起行政诉讼,请求撤销被告所作的注销国有土地使用证的决定。

■ 裁判要旨

Ⅰ. 郑州市政府给豫星调味品厂颁发涉案土地使用证,是对该厂违法占地进行处理的结果。因此,判断该厂获颁国有土地使用证资格是否存在问题,关键看是否符合郑州市当时处理违法占地的政策。从法律上来看,个体工商户实为个人兴办的经济实体,而非“农村集体经济组织兴办的经济实体”,客观上不具备补办违法占地用地手续的资格。此外,按照河南省土地管理局豫土(1996)239 号文件就补办用地审批手续规定的“被占地群众的生产和生活已得到依法补偿和妥善安置”条件,郑州市政府当年在补偿安置未予落实的情形下,给作为个体工商户的豫星调味品厂颁发土地性质为“划拨”的涉案国有土地使用证,与上述条件不符,属于错误颁证。

Ⅱ. 被告所作注销国有土地使用证的决定虽然有法律上的授权依据,但存在两个问题,第一,为事实认定有误,被告及所属土地管理部门在办理登记的过程中未尽审慎审查的义务,不应将错误登记和颁证完全归因于原告和所在村三组的"欺骗手段";第二,有违正当程序,未在作出注销决定前告知原告并给予其陈述和申辩的机会。因此,被告注销国有土地使用证的决定违法。

Ⅲ. 注销国有土地使用证的决定违法,本应判决撤销,但考虑到涉案土地已出让他人开发建成住宅并已使用多年,判决撤销不利于保护为数众多的善意第三人的合法利益,且原告确实不具备获得土地使用证的条件,判决撤销无必要。被告未经审慎审查的颁证行为使得原告产生了信赖利益,为保护相对人的信赖利益,应当确认错误颁证行为违法。至于原告的信赖利益如何弥补的问题,因原告未就此提出诉讼请求,不属于本案受理范围。

■ 评 析

Ⅰ 情况判决的适用逻辑

本案涉及撤销判决与确认违法判决的界分问题,法院针对违法的行政行为本应予以撤销,但经过利益衡量后发现撤销将给国家利益、社会公共利益造成重大损害,则此时不应撤销该违法行政行为,仅确认其违法。这样的判决选择,在学理上被称为"情况判决"。问题是,应如何确定情况判决的适用标准,是本案直接面对的核心问题。

情况判决源自日本,在我国立法例上首次出现在2000年《行诉若干解释》第58条:"被诉具体行政行为违法,但撤销该具体行政行为将会给国家利益或者公共利益造成重大损失的,人民法院应当作出确认被诉具体行政行为违法的判决,并责令被诉行政机关采取相应的补救措施;造成损害的,依法判决承担责任。"《行政诉讼法》第74条和第76条吸纳了上述条文,第74条规定:"行政行为有下列情形之一的,人民法院判决确认违法,但不撤销行政行为:(1)行政行为依法应当撤销,但撤销会给国家利益、社会公共利益造成重大损害的……"第76条规定:"人民法院判决确认违法或者无效的,可以同时判决责令被告采取补救措施;给原告造成损失的,依法判决被告承担赔偿责任。"

根据《行政诉讼法》第6条的规定,法院审理行政案件,对行政行为是否合法进行审查,若行政行为违法,则应按照《行政诉讼法》第70条的规定判决撤销行政行为。问题在于,行政行为一经撤销则效力终止,但在行政行为效力存续期间已经产生了许多新的利益,若撤销将对这些利益产生影响,正如最高人民法院在李丙申诉方城县人民政府行政征收案[最高人民法院(2017)最高法行申6227号行政裁定书]中所述:"……在行政行为效力存续期间,以被诉行为为核心会产生各种新的利益,此种新的利益与原行政行为之间存在法律上的因果关系。法院作出撤销原行政行为的判决,可能使上述新的利益失去继续存在的法律基础,而当这些利益事关国家或公共福祉时,就会造成公共利益的浪费或损失。"所以,当撤销判决可能给国家利益、社会公共利益造成重大损失时,法院应作出确认违法判决,一方面对行政行为的合法性予以否定,另一方面对其效力予以保留。

由上可见,情况判决适用的核心在于利益衡量,即在法律所确认的利益之间发生冲突时,如何对冲突的利益予以权衡和取舍。违法的行政行为可能侵害相对人的人身权、财产权等合法权益,不予撤销将有损相对人的个人利益,若撤销又可能损及国家利益、社会公共利益,如何判断两者之间的利益孰轻孰重,国家利益与社会公共利益皆属不确定法律概念,虽然有学者在此界定了国家利益和社会利益,即国家利益是指各级政府以全体人民的名义所代表的具有全国性的利益,公共利益应当是各级政府以管辖权区域内不特定多数公众的名义所代表的地方的、局部地区的利益,但两者的概念确定以及相关的利益权衡仍无法概而论之,只得在积累个案的基础上提炼案件类型,从而形成"个案—规范—个案"的良性循环,但至少应当排除的是,个人利益不应无条件让位于国家利益与社会公共利益。

由于确认违法判决并未否定行政行为的法效力,法院只作出确认违法判决并不能有效保护相对人的权利,也未实质解决争议。为弥补这一判决本身的制度缺陷,需通过同时判决被告行政机关采取补救措施或予以赔偿来恢复、弥补原告受到的损害,以实现司法的公正性。

Ⅱ 情况判决的司法适用及问题

已有的司法判例已经对情况判决的适用形成了一些裁判规则,这些判决主要集中在土地与房屋登记、城乡规划、房屋拆迁、重大公共工程建设领域,这些领域往往涉及较大范围的利益群体,但也包括诸如婚姻登记这样的涉及个别利益相关人的案件。

从已有的情况判决适用情况看,裁判数量虽然不少,但所触及的裁判要点较为集中。为数不多的案例谈及了情况判决的前提条件,即行政行为违法且本应依法撤销,例如,在黄刚华诉荆州市荆州区人民政府行政补偿案[最高人民法院(2018)最高法行申4757号行政裁定书]中,法院认为:"适用《行政诉讼法》第74条第1款第1项规定的'情势判决',其前提必须是针对一个行政行为,该行政行为应当撤销且具有可撤销内容。在本案,被诉的搭建围墙的行为显然不是一个具有可撤销内容的行政行为,当事人也没有提出撤销一个行政行为的诉讼请求,一审和二审法院适用'情势判决',显然误用了诉讼种类。"但总的来看,情况判决的司法裁判仍主要聚焦于对利益的权衡与判断。从司法适用看,论及利益衡量时,存在以下问题:

1. 案件在作出情况判决时缺少对"国家利益"与"社会公共利益"的界定,而且在"国家利益"与"社会公共利益"之间一般选择"社会公共利益"或者"公共利益"而非"国家利益"作为权衡对象。海南鑫铭房地产有限公司与海南华琦实业开发公司颁发国有土地使用证纠纷再审案[最高人民法院(2016)最高法行再2号行政裁定书]是比较少见地对"社会公共利益"作出界定的案例,法院认为,"社会公共利益为社会全部或者部分成员所享有的利益,强调利益享有者的公共性,受益范围一般是不特定多数人,应是在一定范围内带有共同性、普遍性、整体性的利益,同时还应涉及诚信、公平、秩序、稳定等基本的促进社会整体发展的因素"。

2. 在具体权衡原告的个人利益与公共利益时,司法适用尚未有明晰的论证框架,也缺少详细的论证,一般以撤销违法的行政行为将导致"诸多法律关系不确定"、"众多利益造成重大损害”或“不利于保护众多的合法利益”作为简单的论证理由。例如，在万文胜诉河南省光山县城乡规划管理局行政许可案［河南省光山县人民法院（2009）光行初字第15号行政判决书］中，法院认为，“被告不能证明绿化率符合标准，所作的建设规划许可违法。但撤销许可将导致诸多法律关系处于不确定法律状态，有损公共利益，遂判决确认被告为第三人颁发的建设工程规划许可证关于批准在13、14、15号楼之间建设车库的规划违法”。又如，在武汉市中山医药集团股份公司诉武汉市住房保障和房屋管理局房屋登记案中，法院判决，被告向第三人颁发的房屋权属证书本应撤销，但因涉案房屋大部分已作为安置用房过户到被拆迁户名下，撤销该房屋权属证书将会给众多被拆迁户的利益造成重大损害。据此，判决确认被诉颁证行为违法。本案也为一例，法院认为，“考虑到涉案土地已出让他人开发建成住宅并已使用多年，判决撤销不利于保护为数众多的善意第三人的合法利益，且豫星调味品厂确实不具备获得涉案土地使用证的条件，判决撤销亦无必要”。

3.《行政诉讼法》第74条要求“撤销会给国家利益、社会公共利益造成重大损害”，从以上案例可看出，司法适用中对“重大损害”未必进行了实质判断，诸多判决并未谈及“重大损害”，至于“为何重大”的论证自然也缺失。

4.《行政诉讼法》第74条只规定与国家利益、社会公共利益权衡，并未提及与其他主体“个人利益”的权衡，但司法适用中并不缺乏这样的判决。例如，在许群峰诉阳西县人民政府颁发土地使用证案［广东省高级人民法院（2010）粤高法行终字第152号行政判决书］中，法院认为，“对国有土地使用权多次转移登记行为进行司法审查时，对善意受让人取得的合法权益应当依法予以保护，不能仅以前证违法为由认定后证亦违法。对善意受让人取得的土地使用证原则上不应判决撤销”。在海南华琦实业开发公司、海口市人民政府、海南鑫铭房地产有限公司其他审判监督案［最高人民法院（2016）最高法行再2号行政裁定书］中，法院进行了详细论证：“情况判决的适用条件中除涉及国家利益或社会公共利益外，还包括涉及善意第三人的情形。最高人民法院《关于审理房屋登记案件若干问题的规定》第11条第3款规定，被诉房屋登记行为违法，但判决撤销将给公共利益造成重大损失或者房屋已为第三人善意取得的，判决确认被诉行为违法，不撤销登记行为。该司法解释明确规定，人民法院审理房屋登记案件，可以根据《物权法》等实体法律规范判断当事人是否属于善意取得，并确立了房屋登记案件中第三人善意取得可以阻却撤销登记的裁判规则。本案虽为土地登记案件，但因土地与房屋均属于不动产，按照《物权法》的规定均以登记作为发生物权变动的生效要件，土地登记与房屋登记的法律后果相同，故当事人主张善意取得土地使用权的，应当参照最高人民法院《关于审理房屋登记案件若干问题的规定》进行审理。”

5.作出情况判决后，法院并不一定根据《行政诉讼法》第76条要求被告采取补救措施或者承担赔偿责任，由此原告的损害可能无法获得恢复或弥补。在本案中，法院适用了“不告不理”原则，因原告未就信赖利益的损失提起诉讼请求，所以法院不予处理。虽然被告此后仍可以提起行政赔偿之诉，但就情况判决的设计初衷而言，不予撤销而确认行政行为违法，应当与采取补救措施或者承担赔偿责任紧密相连，如此才能实质解决行政争议。

Ⅲ 情况判决的未来发展

以上所论及之问题,即缺少对“国家利益”与“社会公共利益”的界定、缺乏明晰的论证框架和足够的论证、对“重大损害”未有实质判断,都需要司法裁判规则的进一步提炼。情况判决本身存有诸多争议,其中之一便是担心该种相较于撤销判决不利于原告的判决类型会被扩大适用,从目前的司法适用状况看,有些情况判决在利益衡量时包含了后果考量,将判决可能产生的社会后果与公共利益相连,例如,本案中法院认为,“将涉案土地使用证一注了之,未充分考量各种因素,加之涉案土地很快用于房地产开发,无疑增大了后续权益实现、矛盾化解的难度”。后果考量尤其是化解社会矛盾角度的考量,可能会泛化对公共利益的理解,从而导致情况判决的扩大适用。

在利益权衡方面,比例原则的分析框架尤其是均衡原则能在此发挥功效,例如,在刘春洪与云南省昆明市西山区人民政府土地行政管理再审案[最高人民法院(2017)最高法行申8518号行政裁定书]中,法院强调,“本案争议焦点在于撤销本案收回国有土地使用权的行为是否会给社会公共利益造成重大损害。公共利益属于不确定法律概念,一种公共利益的实现经常是以私人利益的减损作为代价的,故在界定公共利益时应当遵循比例原则,对可能减损的私人利益与可能增长的公共利益加以权衡,通过权衡,最大限度地避免因小失大”。情况判决的未来发展重点可以在比例原则的分析框架下进行利益权衡。

此外,还有针对补救或赔偿措施方面的批评,情况判决是否应与补救或赔偿形成“唇齿条款”,如何形成,应当判决作出何种补救措施以及期限如何设定,这些都有待于继续探索。

参考文献

章剑生:《现代行政法基本理论》(第2版下卷),法律出版社2014年版。

何海波:《行政诉讼法》(第2版),法律出版社2016年版。

江必新主编,最高人民法院行政审判庭编著:《最高人民法院行政诉讼法司法解释理解与适用》,人民法院出版社2018年版。

075 适用情况判决应当考虑的因素

张道文、陶仁等诉四川省简阳市人民政府侵犯客运人力三轮车经营权案 | 最高人民法院指导案例88号

胡若溟 浙江省社会科学院

事实概要

1994年12月12日，简阳市政府以通告的形式，对本市区范围内客运人力三轮车实行了限额管理。从1996年11月开始，简阳市政府开始实行经营权的有偿使用，有关部门也对限额的401辆客运人力三轮车收取了相关的规费。1999年7月15日、7月28日，简阳市政府针对有偿使用期限已届满两年的客运人力三轮车，发布《关于整顿城区小型车辆营运秩序的公告》（以下简称《整顿公告》）和《关于整顿城区小型车辆营运秩序的补充公告》（以下简称《补充公告》）。其中，《整顿公告》要求"原已具有合法证照的客运人力三轮车经营者必须在1999年7月19日至7月20日到市交警大队办公室重新登记"，《补充公告》要求经审查，取得经营权的登记者，每辆车按8000元的标准（符合《整顿公告》第六条规定的每辆车按7200元的标准）交纳经营权有偿使用费。

张道文等182名经营者认为简阳市政府作出的《整顿公告》第6条和《补充公告》第2条的规定侵犯其经营自主权，向简阳市人民法院提起行政诉讼，其一审后认为简阳市政府发出《整顿公告》和《补充公告》的决定证据充分，适用法规正确，符合法定程序，应予维持。张道文等不服，向四川省资阳地区中级人民法院申请二审。在二审驳回上诉，维持原判后，四川省高级人民法院于2001年6月13日以（2001）川行监字第1号行政裁定指令四川省资阳市（原资阳地区）中级人民法院进行再审。再审结果虽以"原二审判决未列原审未上诉的原审原告，违反法定程序"为由撤销原一审、二审判决，但仍驳回张道文等的诉讼请求。张道文等依然不服，向四川省高级人民法院提出申诉。2002年7月11日，四川省高级人民法院作出（2002）川行监字第4号驳回再审申请通知书。张道文等不服，向最高人民法院申请再审。2016年5月18日，最高人民法院裁定提审该案。

裁判要旨

Ⅰ. 从法律适用上看，《四川省道路运输管理条例》（1996年）第4条规定"各级交通行政主管部门负责本行政区域内营业性车辆类型的调整、数量的投放"和第24条规定"经县级以上人民政府批准，客运经营权可以实行有偿使用"。四川省交通厅制定的《四川省小型车

辆客运管理规定》(川交运〔1994〕359 号)第 8 条规定:“各市、地、州运管部门对小型客运车辆实行额度管理时,经当地政府批准可采用营运证有偿使用的办法,但有偿使用期限一次不得超过两年。”可见,四川省地方性法规已经明确对客运经营权可以实行有偿使用。四川省交通厅制定的规范性文件虽然早于地方性法规,但该规范性文件对营运证实行有期限有偿使用与地方性法规并不冲突。基于行政执法和行政管理需要,客运经营权也需要设定一定的期限。从被诉的行政程序上看,程序明显不当。被诉行政行为的内容是对原已具有合法证照的客运人力三轮车经营者实行重新登记,经审查合格者支付有偿使用费,逾期未登记者自动弃权的措施。该被诉行为是对既有的已经取得合法证照的客运人力三轮车经营者收取有偿使用费,而上述客运人力三轮车经营者的权利是在 1996 年通过经营权许可取得的。前后两个行政行为之间存在承继和连接关系。对于 1996 年的经营权许可行为,行政机关作出行政许可等授益性行政行为时,应当明确告知行政许可的期限。行政机关在作出行政许可时,行政相对人也有权知晓行政许可的期限。行政机关在 1996 年实施人力客运三轮车经营权许可之时,未告知张道文、陶仁等人人力客运三轮车两年的经营权有偿使用期限。张道文、陶仁等人并不知道其经营权有偿使用的期限。简阳市政府 1996 年的经营权许可在程序上存在明显不当,直接导致与其存在前后承继关系的本案被诉行政行为的程序明显不当。

Ⅱ. 简阳市政府根据当地实际存在的道路严重超负荷,空气和噪声污染严重,“脏、乱、差”,“挤、堵、窄”等问题进行整治,符合城市管理的需要,符合人民群众的意愿,其正当性应予肯定。简阳市政府为了解决因本案诉讼遗留的信访问题,先后作出两次“惠民”行动,为实质性化解本案争议作出了积极的努力,其后续行为也应予以肯定。最高人民法院对张道文、陶仁等人接受退市营运的运力配置方案并作出承诺的事实予以确认。但是,行政机关在作出行政行为时必须恪守依法行政的原则,确保行政权力依照法定程序行使。

Ⅲ. 简阳市政府作出《整顿公告》和《补充公告》在行政程序上存在瑕疵,属于明显不当。但是,虑及本案被诉行政行为作出之后,简阳市城区交通秩序得到好转,城市道路运行能力得到提高,城区市容市貌持续改善,以及通过两次“惠民”行动,绝大多数原 401 辆三轮车已经分批次完成置换,如果判决撤销被诉行政行为,将会给行政管理秩序和社会公共利益带来明显不利影响。最高人民法院根据《行诉若干解释》第 58 条有关情况判决的规定确认被诉行政行为违法。

■ 评 析

Ⅰ 情况判决的原理

情况判决制度的原理可参考日本,其在日本行政法中意指在撤销诉讼中,处分或者裁决虽然违法,但将其撤销会给公共利益造成显著损害的,法院可以在对原告蒙受损害的程度、赔偿或者安置该损害的程度与方法以及其他一切情况进行考虑,认为撤销处分或者裁决不符合公共福祉的情况下,驳回请求。其在日本法中的规范基础为《日本行政案件诉讼法》第31条第1款的规定:“关于撤销诉讼,虽然处分或裁决是违法的,但撤销它对公共利益又会产生明显障碍时,法院对原告受损程度、损害赔偿或防止程度,以及其他一切事情作出考虑的基础上,认为作出撤销处分或裁决反而不符合公共福利时,可以驳回请求。”于此情形,法院必须在该判决主文中,宣告处分或裁决是违法的。情况判决的意义实际上是在诉讼法层面,以效率为导向,对既成事实的行政违法行为加以容忍,因此该制度赋予法院以裁量权,在特定情况下使公共利益优先于私人利益的保护。虽然在该制度创设之时即有批评者担心其如果在特定领域被定型化,可能导致这一领域“法治主义的空洞”与“权利救济制度的自杀”,但因其能够在一定程度上平衡传统行政诉讼制度和现代计划行政之间的落差(传统撤销诉讼事宜行政处分为对象的主观诉讼,不允许就行政计划本身起诉,也不允许原告在诉讼中主张与自己法律上的利益无关的违法;而现代计划行政需要行政机关对多数人的权利、利益进行有计划的整理和调整,一个行政机关甚至其所伴随的行政处分,往往牵涉众多人的利益甚至重大公共利益),因此得以在日本行政诉讼制度中占有一席之地。

Ⅱ 确认违法判决与“情况判决”的衔接

在中国,2000年《行诉若干解释》第58条规定:“被诉具体行政行为违法,但撤销该具体行政行为将会给国家利益或者公共利益造成重大损失的,人民法院应当作出确认被诉具体行政行为违法的判决,并责令被诉行政机关采取相应的补救措施;造成损害的,依法判决承担赔偿责任。”虽然有学者认为日本的情况判决属于驳回判决的类型,而依据《行诉若干解释》第58条预设的路径,我国“基于公益考量”的确认违法判决的内容包含了对原告要求确认被诉行政行为违法的诉讼请求的支持,法院作出“基于公益考量”的确认违法判决,至少意味着对原告诉讼请求的部分支持,但无论是日本法“驳回判决+主文宣告行为违法”模式还是中国法中“确认违法+补救措施”模式,本质上都未曾背离容忍“既成”事实,保障特定情形下公共利益优先的制度创设目的,且结果都是维持既有行为效力,至于是否在主文还是判决结果中指出违法,只是对违法性的判断位置不同,对结果而言似乎不产生太大影响。(郑春燕:《论“基于公益考量”的确认违法判决——以行政拆迁为例》,载《法商研究》2010年第4期)更为重要的是,这种“驳回 vs 认可”之间的区别似乎并不影响多数学者对于《行诉若干解释》第58条情况判决性质的认可,而这种区别出现的原因,可能也如某些论者所言:“我国法院作出确认违法判决的情况判决更能满足国民情感。”而在此基础上,2014年修正的《行政诉讼法》对《行诉若干解释》第58条内容进行了吸纳升级,在第74条第1款规定,“行政行为有下列情形之一的,人民法院判决确认违法,但不撤销行政行为:(1)行政行为依法应当撤销,但撤销会给国家利益、社会公共利益造成重大损害的”;第76条规定,“人民法院判决确认违法或者无效的,可以同时判决责令被告采取补救措施;给原告造成损失的,依法判决被告承担赔偿责任”。

Ⅲ 情况判决适用的“三要件”适用体系

确认违法判决背后是有着“情况判决”理念的。从本判例中,可以提炼出情况判决的

“三要件”适用要求。

1. 违法性轻微至瑕疵。法院在判决中首先以“程序瑕疵”为由认定了被诉行为的违法性,从而形成“应当撤销”的基础,但其过程却存在明显的目的导向,如法院认为,“市政府在作出行政许可行为的过程中未履行相应的告知义务”,而其在结果上被认定为“程序明显不当”,根据《行政诉讼法》第70条的规定,“明显不当”应属撤销判决之涵盖,但令人疑惑的是法院同时将行政行为的违法性认定为“程序瑕疵”。实践中,当法院使用狭义的“程序瑕疵”而非“违反法定程序”或“对原告权利不产生实际影响”的“程序轻微违法”时,其一般指单纯通过静态的救济或补正遗漏程序而无须确认违法,因此,其更类似“程序不规范”而非“违法”,既然仅仅是“不规范”,那么违法性便无法达到“应当撤销”,那么导入确认判决的便不是公共利益而是轻微违法,可以说,最高人民法院在此的“程序明显不当视为违法性瑕疵”的逻辑存在违法性认定上的悖论,其在程度上淡化违法性以在利益衡量中做“被倾斜方”,但用以淡化违法性的“瑕疵”在一般意义上却无法达到适用情况判决所需要的“违法性当量”,而适用“广义程序瑕疵”的“违反法定程序”可能会产生当量不利于权衡的问题。因此,虽然我们认可最高人民法院以“瑕疵”淡化违法性的思维,但是却并不能认同其在论证中的语词选择,其解释也有待商榷。在作出轻微违法性的认定后,法院引入了两个“撤销阻却要素”,即现行管理秩序和社会公共利益。

2. 被诉行政行为对社会公共利益产生了相当程度的正向影响。法院认为,被诉行政行为作出之后,简阳市城区交通秩序得到好转,城市道路运行能力得到提高,城区市容市貌持续改善。在此,法院对社会公共利益的认定附加了限制条件,即程度性,这种公共利益必须是具有相当程度的,语词体现为“持续改善”。也就是说,公共利益在相当一段时间内得到体现,而非一时的难以保持的治理效果。

3. 被诉行政行为意在建构的行政管理秩序已经形成或大部分形成。如果说前两个要件只是《行诉若干解释》第58条的体现的话,那么该要件便是法官的引进。情况判决制度本身就是要尊重既成事实的稳定性,而本案中的既成事实便是“大多数原401辆三轮车已经分批次完成置换”,因此撤销会给既成的行政管理秩序造成影响。但是这种行政管理秩序的既存性认可同样需要结合“公共利益”要件加以理解,即行政行为塑成的管理秩序必须是符合公共利益的秩序,否则便不应维持,因此这里的秩序带有价值取向,而非政府政策的中立结果。

▣ 参考文献

王天华:《行政诉讼的构造:日本行政诉讼法研究》,法律出版社2010年版。

梁君瑜:《行政程序瑕疵的三分法与司法审查》,载《法学家》2017年第3期。

郑春燕:《论“基于公益考量”的确认违法判决》,载《法商研究》2010年第4期。

076 履行职责之诉中的“法定职责”

叶胜等诉湖北省武汉市武昌区人民政府不履行法定职责案 ｜ 最高人民法院(2020)最高法行申9586号行政裁定书

贾圣真 中国民航大学法学院

■ 事实概要

本案是最高人民法院审判监督案件。再审申请人(一审原告)叶胜等3人诉称，其房屋被武昌土地储备整理中心非法强拆，致使合法财产遭受侵害，其根据《地方各级人民代表大会和地方各级人民政府组织法》(2015年修正，以下简称《地方组织法》)第59条第6项的规定向武昌区政府提出保护申请，武昌区政府应该按照《物权法》的相关规定，将其房屋恢复原状或者责令武昌土地储备整理中心赔偿损失，并依法追究相关人员的刑事责任。再审申请人认为，其提起本案诉讼是要求武昌区政府履行保护公民财产权的法定职责而非履行层级监督职责，一审、二审裁定认定事实错误，适用法律不当，请求撤销一审、二审裁定，支持其各项诉讼请求。

■ 裁判要旨

Ⅰ.《地方组织法》第59条第6项规定，“县级以上的地方各级人民政府行使下列职权：……(六)保护社会主义的全民所有的财产和劳动群众集体所有的财产，保护公民私人所有的合法财产，维护社会秩序，保障公民的人身权利、民主权利和其他权利”。该项规定的地方人民政府职权是宏观意义上的管理职权，不针对具体的行政领域，由哪一级政府履行，如何履行相应职责，亦需要法律法规或规章的具体规定。而属于行政诉讼受案范围的不履行法定职责行为，是指行政主体在行政管理活动中，基于特定的事实和条件应为一定行为的具体法律义务，行政主体不履行相应义务的，将直接导致特定相对人合法权益受到损害。针对此类具体职责，法律、法规或规章一般均明确规定了具体履行职责的内容及方式，在没有相关具体规定的情况下，笼统地根据《地方组织法》第59条第6项的规定要求人民政府履行特定职责，不符合行政诉讼起诉条件。

Ⅱ.本案叶胜等3人起诉要求武昌区政府根据《地方组织法》第59条第6项的规定查处武昌土地储备整理中心强拆房屋行为并将其被拆除的房屋恢复原状，在没有具体法律、法规、规章规定区级人民政府具有相关职责的情况下，起诉不符合起诉条件。叶胜等3人如对拆除房屋或补偿等行为不服，可直接针对相关行为主张权利，在存在更为有效便捷的救济方式的情况下,叶胜等3人提起本案诉讼亦不具有权利保护的必要性和实效性,也不利于纠纷的及时解决。

■ 评　析

Ⅰ 履行职责之诉的审查思路整理

《行政诉讼法》第12条第1款第6项规定,申请行政机关履行保护人身权、财产权等合法权益的法定职责,行政机关拒绝履行或者不予答复的,属于行政诉讼的受案范围。履行职责之诉作为一种特殊的诉讼类型,其起诉条件、审查重心、裁判方式都有自己的特点,最高人民法院在一系列再审裁定中表明了自己的观点。

在李国秀诉山东省人民政府不履行法定职责案[最高人民法院(2016)最高法行申2864号行政裁定书]中,最高人民法院指出提起履行职责之诉的5个条件:第一,原告向行政机关提出过申请,并且行政机关明确予以拒绝或者逾期不予答复。第二,申请的事项具有实体法上的请求权基础。这种请求权基础可以产生于或者基于某一法律、某一行政机关的保证以及某一行政合同。总之,要求行政机关依照其申请作出一个特定行政行为,必须具有法定的权利依据。第三,向有管辖权的行政机关提出。第四,申请行政机关作出的行为应当是一个具体的、特定的行政行为。第五,行政机关对于原告申请的拒绝,可能侵害的必须是属于原告自己的主观权利。在原告不具备主观权利的情况下,即使行政机关的不作为有可能侵害公共利益,个体也未必具有提起行政诉讼的权利。在明爱清、曾飞诉武汉市武昌区人民政府不履行法定职责案[最高人民法院(2017)最高法行申1467号行政裁定书]中,最高人民法院指出,提起履行职责之诉,对于原告来讲,需具有实体法上的请求权基础;对于被告来讲,需具有相应的法定职责。在张月仙诉太原市人民政府不履行法定职责案[最高人民法院(2018)最高法行申906号行政裁定书]中,最高人民法院指出,对于履行法定职责之诉而言,不仅要看当事人是否向行政机关提出过申请,行政机关是否拒绝履行或者不予答复,更要看当事人申请行政机关履行的是否属于该行政机关的法定职责。《地方组织法》第59条第6项、第9项规定了县级以上人民政府保护公民财产权、人身权,保障《宪法》和法律赋予妇女的男女平等权利的法定职责,但是,由哪一级政府履行、如何履行这些法定职责,需要法律、法规或者规章的具体规定。本案在上述判例的延长线上,进一步阐述了履行职责之诉中"法定职责"的内涵。

Ⅱ 法律如何规定"法定职责"

"职权"与"职责"是一体两面的关系,2022年修正后的《地方组织法》第62条将"权责法定"作为法治政府建设的一项基本要求。从行政法理论上,赋予行政机关的职权或职责的规范,可以划分为组织规范和行为规范两类。

在日本法上,组织规范是指使某自然人行为的效果归属于国家、地方公共团体等行政主体的规范。此种规范以有关行政机关设立的规定及该机关所掌管事务的规定为核心,进而包括规定行政机关关系的规范。([日]盐野宏:《行政组织法》,杨建顺译,北京大学出版社2008年版,第5页)我国行政法理论对“组织规范”这一概念的运用和研究较少,但不可否认立法中某些职权条款属于组织规范的性质。例如,本案涉及的《地方组织法》(2015年)第59条规定的县级以上地方各级人民政府的各项职权。在具体行政管理领域的立法中,也存在对行政机关及其相关部门权责范围作出的概括式规定。例如,《道路交通安全法》第5条规定:“国务院公安部门负责全国道路交通安全管理工作。县级以上地方各级人民政府公安机关交通管理部门负责本行政区域内的道路交通安全管理工作。县级以上各级人民政府交通、建设管理部门依据各自职责,负责有关的道路交通工作。”此类规范的作用在于在行政系统内分配行政任务,明确相关行政机关的各自地位,划分部门间、层级间的权责,也属于组织规范。

行为规范,是赋予行政机关处理行政事务、作成行政决定的权限的规范。考虑到依法行政和权利保障的原因,立法一般不会进行单纯、概括的授权,而是在赋予行政机关权限的同时,规定其行使职权的条件、内容和方式。我国主要通过各行政管理领域的实体法规定行政机关的行为规范。例如,《道路交通安全法》第9条规定了机动车登记制度,详细规定了申请机动车登记的条件、受理期限、处理方式等。如果采用严格的法律保留理论,行政机关对外作出行政行为,特别是影响相对人权利或法律保护的利益的行政行为时,不仅需要有组织法上的依据,还需要有行为法上的依据,即只有组织规范还不够,还需要在进行该行为时依照特别根据的规范。仍以道路交通领域为例,实施机动车登记,既需要依据《道路交通安全法》第5条确定由哪一层级、哪一部门实施,又需要依据《道路交通安全法》第9条作出具体的处理决定,如果没有行为规范的授权,公安机关交通管理部门无权实施机动车登记。

总之,组织规范与行为规范的法律性质不同,组织规范对行政机关权责的规定是一般性的宏观、整体的表述,行为规范进一步将其转化为行政机关处理行政事务、作成行政决定的具体的职权或职责,二者共同界定行政机关的法定职权或职责,是实现“权责法定”的立法方式。

Ⅲ 履行职责之诉中“法定职责”的限缩解释

在本案和上述相关案例中,最高人民法院认为履行职责之诉中“法定职责”,应该是由法律、法规或规章明确规定的具体履行职责的内容及方式,而将《地方组织法》规定的宏观意义上的管理职权排除在外,这是对履行职责之诉中行政机关的“法定职责”的限缩解释,即公民、法人和其他组织据以提起履行职责之诉的“法定职责”的规范根据,应该是行为规范,而非组织规范。作这样的限缩解释,可以举出以下理由。

1. 从行政诉讼的制度功能来说,其主要目的是解决行政争议,保护公民、法人和其他组织的合法权益,如果承认我国行政诉讼“主观诉讼”的总体定位,那么履行职责之诉也应该限于解决具体的行政纠纷,实现对相对人合法权益的个别化保护。

2. 组织规范是针对行政机关的职责所作的宏观、整体性规定,一般比较笼统和抽象,缺乏对行政机关具体履行职责的内容及方式的规定,因而不能从中推导出在个别情景下行政机关基于特定的事实和条件应为一定行为的具体法律义务。从相对人角度来说,也就难以证明其合法权益因行政机关的不作为受到损害。

3. 行为规范授予行政机关对外作出行政行为的权限,并且在大多数情况下同时规定了其行使职权的条件、内容和方式,从而使行政机关的作为义务得以具体化。事实上,此类规定越具体,就越容易解释出相对人的个别的、特定的合法权益,进而从法律对行政机关的义务性规定中导出相对人针对行政机关的履行职责请求权。就此问题,可以援引最高人民法院在刘广明案等一系列案例中阐释的保护规范理论进一步解释和判断,在此不再展开。

4. 如果行政机关实施了行政行为,则可以针对该行政行为提起撤销之诉,在存在更为有效便捷的救济方式的情况下,对上级行政机关提起履行职责之诉不具有权利保护的必要性和实效性,也不利于纠纷的及时解决。

由此可见,基于我国行政诉讼中履行职责之诉的定位,将《行政诉讼法》第 12 条第 1 款第 6 项中的“法定职责”解释为行为规范属性上的法定职责,是妥当的。至于“法定职责”之“法”的范围,从“权责法定”的要求出发,应该限定为法律、法规、规章等正式立法,但是由于我国组织法制度在某些方面不够完备、立法技术不够完全成熟,行政组织法和行为法对行政机关职权或职责的规定存在一定程度的模糊性,行政机关的职权或职责大量依赖“三定规定”甚至行政协议等方式来划分和确定。当前,行政过程中不可能将行政机关的权责划分依据完全限定在正式立法的范围内,仍有通过司法裁判进一步澄清不同类型的案件中“法定职责”之“法”的范围的必要。

☐ 参考文献

贾圣真:《行政诉讼制度的组织法功能:现实图景与未来走向》,载《苏州大学学报(法学版)》2022 年第 2 期。

周楚韩:《履责之诉、请求权及其规则——基于张月仙诉太原市政府不履行法定职责案展开分析》,载章剑生主编:《公法研究》(第 20 卷),浙江大学出版社 2020 年版,第 1 - 42 页。

077 履职期限的裁判规则

启东市发圣船舶工程有限公司诉启东市人民政府渡口行政许可及南通市人民政府行政复议案 |《最高人民法院公报》2020 年第 12 期

施立栋 苏州大学王健法学院

■ 事实概要

江苏省启东市境内的红阳港至启隆乡的长江段原设有汽渡，启东市发圣船舶工程有限公司（以下简称发圣公司）为该汽渡客渡船运输的经营者。2011 年，因汽渡沿岸进行围垦，位于南岸的启隆码头被拆除，该汽渡停止运营。2012 年 5 月 10 日，启东市人民政府作出《关于同意撤回红阳港和兴隆沙渡口设置的批复》，以附近的崇启大桥建成通车、渡口存在的必要性已消失，以及渡口北岸有暗沙严重影响渡船安全航行等为由，撤回了该渡口设置的行政许可。2015 年，发圣公司提交了关于筹建和经营红阳港至兴隆沙渡口的报告，但启东市人民政府未予答复。为此，发圣公司提起行政诉讼，南通市中级人民法院于 2016 年 11 月 21 日作出行政判决，责令启东市人民政府在判决生效后 60 日内作出答复。启东市人民政府于同年 11 月 26 日收到该判决。

2016 年 12 月 12 日，启东市人民政府向发圣公司寄送行政许可申请材料补正告知书。2016 年 12 月 29 日，启东市人民政府向启东海事处发函，就发圣公司申请筹建和经营渡口事项向该单位征求意见，后者在 2016 年 12 月 30 日作出回复。2016 年 12 月 30 日，启东市人民政府又向启东市交通运输局征求意见，后者于 2017 年 2 月 6 日作出回复。此外，启东市人民政府还于 2017 年 1 月 5 日向崇明海事局征求意见，后者在 2017 年 1 月 11 日作出复函。从反馈结果来看，以上三个行政机关均对重设渡口持反对意见。据此，启东市人民政府在 2017 年 2 月 24 日对发圣公司作出不予行政许可的决定。

发圣公司不服启东市人民政府的不予行政许可决定，申请行政复议，南通市人民政府维持了不予行政许可决定。发圣公司仍不服，提起行政诉讼。南通市中级人民法院一审判决驳回发圣公司的诉讼请求，江苏省高级人民法院二审判决驳回上诉，维持原判。

■ 裁判要旨

Ⅰ.《行政诉讼法》第 72 条赋予人民法院在“一定期限内”判决行政机关履行法定职责之职权。人民法院在确定履职期限时，虽然拥有一定的裁量空间，但是该职权的行使并非不受限制，而应当遵循一定的原则。法律规范明确规定了行政机关履职期限的，除因特殊情形外,人民法院一般应当参照相关法律规范的规定确定行政机关的履职期限。法律规范未对履职期限作出明确规定的,人民法院应结合个案具体情况,充分考虑当事人合法权益保护的及时性和行政机关履职的可行性等因素,根据《行政诉讼法》第 47 条的规定,合理确定行政机关的履职期限。

Ⅱ. 一旦人民法院在履行判决中为行政机关指定了履职期限,即便该期限与相关法律规范上的履职期限不一致,行政机关也应当依据生效判决所确定的期限作出相关行政决定。因为人民法院拥有司法裁判权,有权在案件审理中最终确定行政机关履行法定职责的期限。

Ⅲ. 行政机关超出人民法院生效判决所指定的期限作出行政决定,若存在正当理由或不可抗力,则不能认定该行政决定构成程序违法。在本案中,启东市人民政府在作出行政许可决定前,向海事、交通运输等部门征求意见,系履行《内河交通安全管理条例》、《江苏省渡口管理办法》(已失效)等法律文件所要求的程序。尽管这些法律文件并未对渡口设置相关部门何时反馈征求意见作出明确规定,但启东市人民政府向启东海事处、启东市交通运输局、崇明海事局三机关征求意见的所用时间均在合理范围之内。在扣除征求意见的实际所用时间后,启东市人民政府作出的不予行政许可决定并未超过生效判决所确定的 60 日履职期限,其行政程序合法。

■ 评 析

Ⅰ 以往判例观点

《行政诉讼法》第 72 条规定:"人民法院经过审理,查明被告不履行法定职责的,判决被告在一定期限内履行。"该条法律规定要求法院在适用履行判决时向行政机关指明履职期限,但对于如何确定该期限,又给法院留下了裁量空间。在实践中,法院在指定履职期限时大多选择在裁判文书中一笔带过,对于该期限的确立过程及考量因素往往按下不表。不过,以往最高人民法院发布的相关判例中隐含着行使司法裁量权的若干判断思路。

在田永诉北京科技大学拒绝颁发毕业证、学位证行政诉讼案(《最高人民法院公报》1999 年第 4 期)中,北京市海淀区人民法院判决北京科技大学"在本判决生效之日起 30 日内向原告田永颁发大学本科毕业证书",以及"在本判决生效之日起 60 日内召集本校的学位评定委员会对原告田永的学士学位资格进行审核"。可以看出,法院根据所作履行判决的性质为实体性判决还是程序性判决,以及行政机关履职的难易程度,确定了差异化的期限。同样是涉及判决履行毕业证颁发职责,在杨宝玺诉天津服装技校不履行法定职责案(《最高人民法院公报》2005 年第 7 期)中,天津市河东区人民法院判决"自本判决生效之日起 60 日内,被告天津市服装技术学校颁发原告杨宝玺的毕业证书"。该案指定的毕业证颁发期限之所以长于上述"田永案",是因为原告的毕业证在工作分配过程中被上交到上级主管单位,且在判决时该主管单位已发生变动,被告向其颁发毕业证需要新的主管单位给予协调配合。这个案件同样是考虑到了行政机关履职存在的实际困难因素,确定了合理的履职期限。

而在溆浦县中医院诉溆浦县邮电局不履行法定职责案(《最高人民法院公报》2000年第1期)中,履职期限的考量重心被放在了及时保护行政相对人的权利和督促行政机关履职这一侧。怀化市中级人民法院二审判决“被上诉人溆浦县邮电局从接到本判决书的次日起15天内为上诉人溆浦县中医院履行法定职责”。该案中确定的履职期限之所以仅为15天,是因为考虑到存在如下两点因素:一是溆浦县中医院所申请履行的是开通“120”急救专用电话的职责,该职责事关医院及时抢救病人,具有迫切的公益保护需求;二是溆浦县邮电局存在多次推脱履职以及私自为另一家未经行政审批的医院开通急救电话的情况。

以上三个案件均为相关法律没有明文规定行政机关的履职期限的情形。如果案涉领域的法律规定了履职期限,法院在确定期限时还需处理与实定法上期限的关系。在最高人民法院发布的典型案例“张风竹诉濮阳市国土资源局行政不作为案”中,濮阳市华龙区人民法院判决“限被告于本判决生效之日起按《土地违法案件查处办法》的规定履行法定职责”。(《人民法院关于行政不作为十大案例》,载《人民法院报》2015年1月16日,第3版)尽管《土地违法案件查处办法》(已失效)第16条并未明确地设定土地违法案件的查处期限,而是仅笼统地规定应“及时立案查处”,但从该案判决中仍可提炼出法院应以实定法上的期限为依据来确定履职期限之裁判规则。不过,从司法实践来看,上述规则并未获得严格遵循。例如,在丁永华等诉通辽市科尔沁区人民政府不履行政府信息公开纠纷案[内蒙古自治区通辽市中级人民法院(2015)通行初字第30号行政判决书]中,法院判决被告自判决生效之日起30日内针对原告的信息公开申请进行答复,这一履职期限与当时施行的《政府信息公开条例》(2007年)第24条规定的15个工作日的答复期限并不一致。

综上所述,对于法院如何确定履职期限,以往判例已经蕴含了初步的判断规则,但在如何处理与实定法上的履职期限的关系问题上仍未达成共识。另外,如果法院指定的期限与实定法上的期限不一致,行政机关在后续作出行政决定时应遵循何种期限,这在以往判决中也未给出明确答案。本判例回应了上述两个层面的问题,推动了履职期限裁判规则的明晰化。

Ⅱ 法院确定履职期限的判断框架

严格来说,法院在确定履职期限时应考量哪些因素并非本判例直接争议的内容,但它属于本案判决的前提问题。在二审判决中,江苏省高级人民法院对履职期限的裁判规则作了专门阐述,确立了两层次的判断框架:

其一,法律规范明确规定了行政机关履职期限的,除因特殊情形外,法院一般应当参照相关法律规范的规定确定行政机关的履职期限。在相关法律规范对履职期限作出明确规定的场合,法院应如何指定履职期限,以往的学理观点可谓众说纷纭。有的观点认为应完全遵循法律规定来确定期限。(江苏省高级人民法院课题组:《关于审理行政不作为案件中的几个问题》,载李国光主编,中华人民共和国最高人民法院行政审判庭编:《行政执法与行政审判》2003年第1辑,法律出版社2003年版,第192页)有的观点考虑到在诉讼期间行政机关的履行期限已经有所耽误,故应在短于法定期限的范围内确定履职期限。[江必新、梁凤云:《行政诉讼法理论与实务》(第3版下卷),法律出版社2016年版,第1668页]还有的学者主张法院有权修正履职期限,依据具体案情确定短于或长于法定期限的期限。(吴振宇:《行政诉讼履行判决研究》,载章剑生主编:《行政诉讼判决研究》,浙江大学出版社2010年版,第290页)在上述争议的背后,涉及如何处理审判权与立法权关系的问题。本判例主张原则上应参照相关法律规范的期限,表达了应尊重立法意志的原则性立场,同时容许法院在特定个案中偏离法定期限,以便兼顾实现个案正义。这一裁判规则较好地平衡了前述两项权力的关系,是妥当的。

其二,如果法律规范未对履职期限作出明确规定,法院应充分考量个案相关因素,根据《行政诉讼法》第47条的规定合理确定履职期限。在不存在法定期限的场合,法院在确定履职期限时就拥有了广泛的裁量空间。本判例对此从考量因素和基准线两个方面提出了规范此种司法裁量权行使的规则。在考量因素上,要求法院在个案中全面考量当事人合法权益保护的及时性、行政机关履职的可行性等因素,这在总体上延续了以往判例的立场。在基准线方面,提出应以《行政诉讼法》第47条上的履职期限规定(常规情形下2个月与紧急情况下不受此限)为基准来合理确定,这与以往学理上的见解保持一致(闫尔宝:《行政不作为的合法性审查》,载高家伟主编:《行政行为合法性审查类型化研究》,中国政法大学出版社2019年版,第225页),为今后各级法院指定履职期限树立了一个相对统一的参考尺度。

Ⅲ 对超过法院指定的履职期限作出的行政决定的审查基准

本案涉及的核心争点:启东市人民政府作出的不予行政许可决定超过了南通市中级人民法院指定的60日履职期限,该行政决定程序是否违法?对此,本判例持否定性态度,并从两个方面展开了论证:首先,法院指出,一旦履行判决生效,即便法院确定的履行期限与相关法律规范上的期限不一致,行政机关也应当遵循法院所指定的期限。这一点无疑是正确的,因为它既是既判力的客观要求,也有助于防止前面确立的履职期限司法判断规则被架空。由此,本判例确立了法院在审理此类案件时应以前一诉讼中法院指定的期限为审查基准的规则。紧接着,法院笔锋一转,提出即便行政机关超过法院指定的期限作出行政决定,只要存在正当事由或者不可抗力,法院就不能认定其构成程序违法。在本案中,南通市中级人民法院当初在指定60日的履职期限时,仅考虑到了启东市人民政府作出许可决定需要勘查及对发圣公司的申请材料进行审核这两个因素,没有兼顾须按照相关法律规定向有关部门征求意见这一因素。鉴于此,法院认定启东市人民政府因履行法定的征求意见程序所耗费的时间构成超期的正当事由,所用时间应从履职期限中扣除。在上述判决意见中,还隐含着如下两项规则值得关注:

1. 前诉法院确定履职期限与后诉法院审查履职期限存在紧密关联。本案是因前一诉讼的法院没有全面考量确定履职期限的相关因素,导致所指定的期限无法满足行政机关履职的客观需要。为此,在后一诉讼中,法院通过提出正当事由这一例外事项,为行政机关的超期履职行为开设了“绿灯”。换言之,前诉法院在指定履职期限上的失误,通过后诉法院的裁判获得了矫正,后诉对前诉起到了“补位”作用。

2. 扣除征求意见程序的时间并非无条件的,应以实际所用时间在合理范围内为限。对于渡口设置相关部门何时反馈意见,相关法律并未作出明确规定。在本判例中,法院强调,之所以要扣除这一期限,是因为启东市人民政府向启东海事处、启东市交通运输局、崇明海事局三机关征求意见的实际所用时间均“在合理范围之内”。由此,该判例还确立了如下规则,即行政机关履行法定程序所用的时间并不能当然地予以全部扣除,如果相关行政机关不当地拖延履行职责,法院仍保留判决其构成程序违法的权力。这对于督促行政机关及时履职具有重要意义。

Ⅳ 本判例的意义

在履职期限如何确定这一问题上,与以往裁判文书采取隐而不显的做法不同,本判例将其摆在明面上加以阐释,并从中提炼出了两层次的判断框架以及对后续行政决定的司法审查基准。借由《最高人民法院公报》这一权威性载体,该案所确立的裁判规则有助于统一今后法院审理类似案件的判断思路,在一定程度上改变在以往的司法实践中履职期限的确定主要依靠法官的经验直觉、依赖个案具体判断的状况,进一步推动了司法裁量权的规范行使。

参考文献

江必新、梁凤云:《行政诉讼法理论与实务》(第3版下卷),法律出版社2016年版。

吴振宇:《行政诉讼履行判决研究》,载章剑生主编:《行政诉讼判决研究》,浙江大学出版社2010年版。

史笔、张松波:《履行判决期限的法律属性及确定原则》,载《人民司法》2021年第14期。

078 行政给付判决的适用范围与条件

王岸峰、邓业召诉万宁市农业农村局渔业行政给付案 | 最高人民法院(2019)最高法行申1507号行政裁定书

李大勇 西北政法大学行政法学院

■ 事实概要

2013年1月,王岸峰与邓业召联合向马亚娇购置"琼万宁70169船"并向万宁市海洋与渔业局(后因职权调整,并入万宁市农业局)提交渔船买卖申请审批表,申请办理该船所有人变更登记,万宁市海洋与渔业局审批同意。同年,王岸峰取得渔业船舶证书、渔业船舶登记证书以及渔业船舶检验证书。2014年,海南省海洋与渔业厅办公室发布《关于执行渔船普查和油补发放两个方案的补充通知》(琼海渔办〔2014〕227号,以下简称227号通知)并对船证不符的渔船进行分类处理,船主不符的,须完善相关变更手续后按规定和程序发放油补;船体尺寸不符,不影响渔船油补资金核算的,须提交船主个人户籍证明以及相应证书后,按程序发放2012年度油补资金。该办公室随后逐年发文规定船证不符渔船2013年度、2014年度的油补发放也按照227号通知规定处理。2016年,原万宁市海洋与渔业局批准同意邓业召对船舶更新改造。同年邓业召以王岸峰拟将涉案船52%的股份转让给邓业召为由,申请办理登记手续。原万宁市海洋与渔业局审批同意登记,重新向其颁发渔业船舶登记证书和渔业船舶所有权证书。2018年1月10日,王岸峰、邓业召提起本案行政诉讼,请求判决原万宁市海洋与渔业局发放2013年度、2014年度油补。

海口海事法院(2018)琼72行初1号行政判决驳回了王岸峰、邓业召的诉讼请求。王岸峰、邓业召不服,提起上诉。海南省高级人民法院(2018)琼行终299号行政判决撤销一审判决,责令万宁市农业局在判决生效之日起60日内对王岸峰、邓业召要求发放2013年度、2014年度油补的请求作出处理。万宁市农业局不服二审判决,向最高人民法院申请再审。

■ 裁判要旨

Ⅰ.《行政诉讼法》第73条规定,人民法院经过审理,查明被告依法负有给付义务的,判决被告履行给付义务。也就是说,原告请求履行金钱给付义务,人民法院查明被告负有给付义务的,应依法作出具有具体给付金额的给付判决,不得以履行判决替代给付判决。否则,违反行政诉讼法实质化解行政争议的立法目的,适用法律错误,判决方式不当。

Ⅱ.王岸峰、邓业召起诉请求判令原万宁市海洋与渔业局发放2013年度、2014年度油

补，二审判决在查明被告负有给付义务后，不是依照《行政诉讼法》第 73 条规定判决原万宁市海洋与渔业局限期向王岸峰、邓业召发放 2013、2014 年度具体金额的油补，而是依照《行政诉讼法》第 70 条第 1 项规定，判令原万宁市海洋与渔业局 60 日内对原告王岸峰、邓业召请求发放 2013、2014 年度油补的请求作出处理，判决适用法律和处理结果显然不妥，予以指正。

Ⅲ. 万宁市农业局主张二审应实质明确是否向王岸峰、邓业召发放 2013 年度、2014 年度油补，而不应责令万宁市农业局重新作出处理，其该项申请再审理由是成立的。但是，本案二审判决之后，万宁市农业局已按照判决要求对王岸峰、邓业召作出发放 2013 年度、2014 年度油补的行政决定，再审本案已经没有实际意义，本案不予再审。

■ 评　析

Ⅰ 给付判决的实务发展过程

基于行政审判的实践需要，也是因福利行政在我国管理领域中越发重要，2014 年修正的《行政诉讼法》新增加了给付判决。在此之前，法院对于具有给付义务的行政机关，根据 1989 年《行政诉讼法》第 54 条第 3 项"被告不履行或者拖延履行法定职责的，判决其在一定期限内履行"的规定，往往会采取履行判决的方式。但给付判决的雏形已在相关裁判和案例中有所体现，尤其是涉及履行判决内容具体化的问题时，"被告不履行法定职责，人民法院认为应当履行且无裁量余地的，可以直接判决其作出特定行政行为"。[2014 年 2 月 24 日，最高人民法院办公厅《关于印发〈行政审判办案指南（一）〉的通知》，法办〔2014〕17 号]例如，在杨宝玺诉天津服装技校不履行法定职责案（《最高人民法院公报》2005 年第 7 期）中，根据《教育法》（1995 年）第 42 条第 3 项的规定，受教育者享有完成规定的学业后获得相应的学业证书的权利。教育机构以毕业证书已交上级主管单位为由，不向受教育者颁发学业证书的，构成不履行法定职责。法院判决被告天津服装技校颁发杨宝玺的毕业证书，第三人天津防止集团（控股）有限公司予以协助办理。又如，在谢文杰诉山西师范大学不履行颁发毕业证法定职责案中，高等学校不予颁发毕业证，理由不能成立的，法院可以直接判决高校为学生颁发毕业证书。[江必新主编，中华人民共和国最高人民法院行政审判庭编：《中国行政审判案例》（第 2 卷），中国法制出版社 2011 年版，第 227 - 228 页]此可谓给付判决之雏形。

《行政诉讼法》第 73 条规定："人民法院经过审理，查明被告依法负有给付义务的，判决被告履行给付义务。"但该条文并未对给付判决的适用范围和条件予以明确。2018 年出台的《行诉解释》第 92 条规定："原告申请被告依法履行支付抚恤金、最低生活保障待遇或者社会保险待遇等给付义务的理由成立，被告依法负有给付义务而拒绝或者拖延履行义务的，人民法院可以根据行政诉讼法第七十三条的规定，判决被告在一定期限内履行相应的给付义务。"该解释第 93 条进一步明确规定："原告请求被告履行法定职责或者依法履行支付抚恤金、最低生活保障待遇或者社会保险待遇等给付义务，原告未先向行政机关提出申请的，人民法院裁定驳回起诉。人民法院经审理认为原告所请求履行的法定职责或者给付义务明显不属于行政机关权限范围的,可以裁定驳回起诉。”以上条文共同构成了给付判决的法定依据。

不履行法定职责判决和给付判决的关系上仍存在较大的争议,两者之间是种属关系还是并列关系?由于对一些概念和情形理解上的不一致,法官在适用判决时往往缺乏客观标准,这导致判决带有较大主观性和随意性。一种较权威的观点认为,《行政诉讼法》第73条规定一般给付判决是作为一般规定存在的,第72条规定的课以义务判决是作为特殊的给付判决存在的。(江必新主编:《新行政诉讼法专题讲座》,中国法制出版社2015年版,第276页)在王岸峰、邓业召诉万宁市农业农村局渔业行政给付案中,法院认为,给付判决源于不履行法定职责判决,是不履行法定职责判决的一种特定形态。(最高人民法院行政审判庭编著:《最高人民法院行政诉讼法司法解释理解与适用》,人民法院出版社2018年版,第428页)基于行政权与司法权的关系,司法权在履行判决中发挥的作用较小,因此,法院只能要求被诉行政机关履行职责,并不能判决被诉行政机关作出原告所申请特定内容的行政行为。而给付判决的内容是判令被诉行政机关对原告实施某种行政机关以外的给付,如请求发给补偿金、抚恤金、荣誉证书等,法院可以直接判决被诉行政机关履行支付义务。

Ⅱ 给付判决的学理框架

行政诉讼给付判决的适用要件呈现为“给付请求权→给付义务→不履行给付义务”的三阶层审查结构,分述如下:

1. 公法上的给付请求权。行政给付判决以保护行政相对人公法上的请求权为主要目的,该请求权的内容以财产权或金钱给付为主。给付请求权为行政给付之诉的基础,包括原告需具有该给付请求权的基础,该给付请求权的对象为被告,原告应当与该权利具有利害关系且该利害关系应当针对给付行为。立法部门与司法部分也存有一定的认识分歧。立法部门倾向于限缩解释,“本次修改将受案范围中行政给付案件由支付抚恤金扩大为最低生活保障费、社会保险待遇等事项,对行政给付已经成为行政行为重要类型的现实作出了回应。需要说明的是,在有的诉讼理论上,给付诉讼是一个广义概念,包括了履行法定职责和依法给付钱财物,甚至还包括要求被告不作出一定行为。本条(第73条)规定的给付判决,要比给付诉讼窄很多,是专门针对给付行为设置的相应判决”。(袁杰主编,全国人大常委会法制工作委员会行政法室编著:《中华人民共和国行政诉讼法解读》,中国法制出版社2014年版,第202页)《行诉解释》第92条列举了抚恤金、最低生活保障待遇及社会保险待遇等三项具体的财产性给付内容,此处的“等”是“等内等”还是“等外等”?除了这三项财产性给付事项之外,是否还包含其他给付义务呢?尽管从相关判例上不断突破金钱给付的限制,但结合《适用法律座谈会纪要》中“法律规范在列举其适用的典型事项后,又以‘等’、‘其他’等词语进行表述的,属于不完全列举的例示性规定。以‘等’、‘其他’等概括性用语表示的事项,均为明文列举的事项以外的事项,且其所概括的情形应为与列举事项类似的事项”的规定可以看出,给付判决的适用范围不局限于抚恤金、最低生活保障待遇及社会保险待遇这三类,所有涉及公民人身权利和财产权利而又应由行政机关发给的救济金、福利金、保险金、奖励金以及最低生活保障金等都在此范围之内,受行政诉讼制度的保护。

2. 行政机关依法具有相应的给付义务,即行政机关等依照法律法规等负有给付相对人权益的义务。相应的给付义务主要包括法律法规明确规定的义务,特定行政机关所负有的义务,行政协议、行政允诺等合意行为约定的义务,因先行行为形成的义务,因对行政行为的信赖而形成的义务。[江必新主编,最高人民法院行政审判庭编著:《中华人民共和国行政诉讼法及司法解释条文理解与适用》,人民法院出版社2015年版,第484页]"行政机关在职权范围内以公告、允诺等形式为自己设定的义务,可以作为人民法院判断其是否对原告负有法定职责的依据。"(最高人民法院办公厅《关于印发〈行政审判办案指南(一)〉的通知》,法办〔2014〕17号)在黄银友、张希明诉湖北省大冶市保安镇人民政府允诺案[江必新主编,中华人民共和国最高人民法院行政审判庭编:《中国行政审判指导案例》(第1卷),中国法制出版社2010年版,第110－111页]中,行政机关为促进辖区经济社会发展而制定的奖励文件,若所包含的允诺性内容与法律法规不相违背,则应视为合法有效。当引资人按照文件规定,通过发挥中介作用客观上促成本地招商引资时,行政允诺关系成立,引资人依法要求兑现相关奖励的权利受法律保护。在杜三友等人诉临汾市政府不履行给付待遇案[最高人民法院(2017)最高法行申3461号行政裁定书]中,法院明确"依法支付抚恤金、最低生活保障待遇或者社会保险待遇,是行政机关重要的给付义务,但绝不仅仅是给付义务的全部内容。只要公民、法人或者其他组织具有给付请求权,就可以依法向人民法院提起给付之诉。而这种给付请求权,既有可能来自法律、法规、规章的规定,来自一个行政决定或者一个行政协议的约定,也有可能来自行政机关作出的各种形式的承诺"。广义理解更多是采用目的解释方法,这些规范尽管不是法律法规,但符合法律原则或精神,属于被法律认可的规范形式。我国行政组织法无论是研究还是制度建设都属于薄弱环节,通过广义理解把这些规范纳入"法定"的范围更有利于监督行政机关依法行政,强化对公民信赖利益的保护,符合实质性解决纠纷司法政策的要求。立法机关与司法机关对法定职责认识的差异性也反映了应然与实然、理想与现实之间的差距。

3. 行政机关不履行给付义务。当行政机关在一定条件下需要作出一定的行政行为时,行政机关没有作出该行政行为的,行政机关这一不作为属于行政诉讼的受案范围。这一不作为直接损害相对人的权利。不依法给付义务的行为从形式上既包括作为形式的违法行政行为,也包括行政不作为。司法审查既要控制行政机关越权,也要防范行政机关失职。故不履行给付义务的具体形式包括违法履行给付义务、拒绝履行给付义务、不予答复、不完全履行给付义务、迟延履行给付义务、推诿履行给付义务等多种形态。

人民法院直接作出给付判决的时机是所有事实和法律上的要件均已具备,具体包括:(1)案件事实已经审查明确,相应的给付义务查证属实。"'相应的给付义务'是指按照原告申请的内容明确履行给付义务,并明确给付的内容和方式……如果事证明确,法律对于给付事项规定比较明确,行政机关的裁量已经缩减甚至缩减为零,为了尽快实现当事人的实体权利,应当直接针对给付事项作出判决。"[贺小荣主编:《最高人民法院第二巡回法庭法官会议纪要》(第1辑),人民法院出版社2019年版,第320页]在金旭鹏与辽宁省沈阳市浑南区人民政府履行征收补偿职责再审案[最高人民法院(2019)最高法行申1248号行政裁定书]中,法院认为:

"在课予义务诉讼和一般给付诉讼的关系上,如果人民法院对于当事人的损失能够查清,相关补偿方式和数额依据比较明确,人民法院应当作出切合当事人诉求的一般给付判决,以便尽快稳定行政法律关系,尽快实现案结事了。对于补偿的项目、补偿的数额,人民法院在查明事实的基础上,可以对补偿权益直接作出判决。"(2)需要行政机关所作出的给付行为属于羁束性决定,或者虽然是裁量性决定,但行政机关已无裁量余地。若行政机关还有裁量空间,还需要行政机关调查或裁量,则不适用给付判决。在太湖县海乐烟花制造有限公司诉安庆市人民政府、太湖县人民政府行政决定及补偿案[最高人民法院(2017)最高法行申317号行政裁定书]中,法院明确"提起请求金钱补偿的一般给付之诉,必须是请求金额或者补偿标准已获明确,如果行政机关在作出实际给付之前尚有优先判断或者裁量余地,则不能直接起诉,而是应与行政机关先行协商解决"。给付判决中的给付数额必须是明确、具体的。在黄银友、张希明诉湖北省大冶市保安镇人民政府允诺案[中华人民共和国最高人民法院行政审判庭编:《中国行政审判指导案例》(第1卷),中国法制出版社2010年版,第110-111页]中,法院之所以没有支持大冶市政府、保安镇政府给付奖励款336万元的请求,是因为黄某友和张某明两人在招商引资过程中所起的作用及金额的确定是行政机关的职责,政府应当通过调查与核实之后兑现奖励。法院需尊重行政机关的专业判断和裁量权,而不能由法院直接判决给付。

Ⅲ 本判例的裁判逻辑

本案二审判决采取了履行判决。基于司法权尊重行政权的一般原理,法院要尊重行政机关的首次专业判断,不对当事人所请求的具体内容进行判决,而只是判决行政机关履行一定的作为义务。这对法院来讲是一种较为稳妥的判决路径。但具体到本案来讲,在案件事实和补贴数额都明确的前提下,采用履行判决有一定的不足:(1)履行判决作出之后,行政机关重新作出行政处理通常不能使行政争议得到彻底解决,双方当事人对履行判决的内容也会存有较大分歧。(2)履行判决也会使新一轮的诉讼变得更为复杂。新一轮审判组织成员及当事人对上一轮裁判内容理解有分歧会使涉案争议解决难度变大。(3)履行判决可能会引发新一轮诉讼,即便行政机关作出一定作为义务,当事人也可能会因与其预想的结果不同而再次提起诉讼,程序空转也会延迟解决行政争议的最佳时机,导致司法资源的浪费。

再审裁判采用给付判决的形式在本案中的优势较为明显:(1)当事人提起诉讼的目的就是获得补贴,而非仅仅局限于对行政机关进行监督,法院有义务通过相应的裁判形式对当事人的诉讼请求予以回应,采取给付判决形式符合原告的诉讼请求,尊重了当事人的诉权。(2)在本案中采取给付判决能够彻底解决行政争议,实现案结事了人和。行政诉讼以实质性解决争议为立法目的,在当事人明确提出诉讼请求的前提下,人民法院通过调查案件事实确定具体的给付数额,及时作出符合当事人诉讼请求的给付判决,能够使法律关系尽快稳定下来,符合诉讼经济。

Ⅳ 本判例的意义

本判例显示了法院对案涉从旧法到新法过渡时期行政争议的裁判方法。当案件事实已经审查明确,相应的给付义务查证属实时,由法院判断直接取代行政判断有助于实质性化解纠纷,提升权利救济的效率及效果,并可避免在法院判决撤销被诉行为后。实质性解决行政纠纷意味着要尽可能一次性、快速性地解决行政争议,避免形成诉累,以达到"诉讼经济"的目的。这样既节省了司法资源、防止诉累、避免程序空转,又实质性地解决了行政争议。本判例澄清了履行判决和给付判决之间的界限,是最高人民法院如何适用给付判决的一个重要判例。本判例有最高人民法院"统一法律适用标准、指导下级法院审判工作"的作用,对正确适用判决,实质性地解决行政争议具有重要的推动价值。

□ 参考文献

最高人民法院行政审判庭编著:《最高人民法院行政诉讼法司法解释理解与适用》,人民法院出版社 2018 年版。

最高人民法院行政审判庭编著:《中华人民共和国行政诉讼法及司法解释条文理解与适用》,人民法院出版社 2015 年版。

江必新主编:《新行政诉讼法专题讲座》,中国法制出版社 2015 年版。

梁凤云:《行政诉讼讲义》,人民法院出版社 2022 年版。

079 继续确认之诉与诉的利益

李汴菊诉开封市鼓楼区人民政府征收补偿决定案 | 最高人民法院(2017)最高法行申2290号行政裁定书

汪敬涛 浙江大学光华法学院

■ 事实概要

2013年3月25日,开封市鼓楼区人民政府作出并公告了《关于对州桥遗址及周边环境整治建设项目实施房屋征收的决定》,原告李汴菊的房屋在征收范围之内。因与李汴菊在征收补偿方案确定的签约期限内未达成补偿协议,开封市鼓楼区人民政府经房屋征收部门报请,于2014年6月23日作出鼓政征补决〔2014〕004号房屋征收补偿决定。李汴菊不服,申请复议后于2014年10月10日向河南省开封市中级人民法院提起行政诉讼,请求撤销开封市鼓楼区人民政府对其作出的鼓政征补决〔2014〕004号房屋征收补偿决定。在一审诉讼期间,开封市鼓楼区人民政府作出对被诉的补偿决定终止执行的决定,并于2015年9月1日重新对李汴菊作出鼓政征补决〔2015〕19号房屋征收补偿决定。因此,一审法院认为本案被诉的补偿决定实质上已经不再发生法律效力,对李汴菊的权利义务不再有不利影响,其诉讼目的已经实现,再行诉讼已无实际意义,判决驳回李汴菊的诉讼请求。李汴菊不服,提起上诉。二审法院与一审法院秉持同样见解,判决驳回上诉,维持原判。李汴菊向最高人民法院申请再审。

■ 裁判要旨

Ⅰ. 行政机关能否自行改变行政行为。法院认为,行政机关虽然受行政行为的约束,但在特定条件下可以自行改变(包括撤销、废止)行政行为。行政机关可以在行政诉讼程序之外及行政诉讼程序进行当中自行改变其作出的行政行为。行政机关在起诉前自行改变行政行为的,原行政行为尽管再也不会产生法律效果,但当事人仍可以就原行政行为提起确认违法之诉;如果行政机关是在诉讼进行中改变被诉行政行为,当事人可以要求继续初始的诉讼,只是将原来的撤销请求转换为确认违法。这种诉讼才被称为继续确认之诉。

Ⅱ. 继续确认之诉须有确认利益。法院认为,之所以允许对一个已经终结的、再也不会产生效果的行政行为继续进行确认,是因为在有些情况下仍然存在确认的利益。例如,确认原行政行为违法有利于当事人后续主张国家赔偿等权利;又如,有利于完成对于那些随诉讼终结被弃置不顾的法律问题的继续澄清。但是,这种继续确认的利益通常只有在被改变的行政行为属于对原告不利的负担行政行为时才会存在,因为该行政行为尽管已经终结,但其违法性曾经存在,违法的后果未必会随着行政行为的终结而自行终结。对一个授益行政行为而言,由于该行政行为自始就不曾对当事人施加过任何负担,所以不会存在确认原行政行为违法的利益。就本案而言,被诉行政行为是一个房屋征收补偿决定,这类决定并非负担行政行为,当它被另一个补偿决定替代之后,不会产生任何遗留下来的不利影响。坚持对已经不存在的原补偿决定进行违法性确认没有任何实际意义。

Ⅲ.复议决定与原行政行为的关系。申请再审理由之一为"一审和二审判决遗漏对行政复议决定的判决""因复议决定未被撤销,被诉补偿决定实质上还在发生效力,对再审申请人不但以前发生过不利影响,以后还继续发生不利影响"。对此法院认为,原行政行为既然不存在,维持该行政行为的复议决定也就没有了任何意义。并且一般情况下,对原行政行为和维持原行政行为的复议决定的判决也应当是一致的。在已经被行政机关自行改变的原行政行为不存在确认违法的利益的情况下,已经失去基础的复议决定同样不具备确认违法的利益,也没有单独予以撤销的必要。

■ 评 析

Ⅰ 继续确认之诉的确认利益

继续确认之诉发端于德国法上的续行确认之诉。《德国行政法院法》第 113 条第 1 项规定:行政处分前已撤销,或因其他原因已经解消者,法院得依声请以判决确认行政处分为违法。对于此句规定,学者与实务界称为续行确认诉讼。该条文明文规定续行确认诉讼"以原告就此有正当利益为限"。

本判例中,法院将继续确认之诉定义为因行政机关在诉讼进行中改变被诉行政行为,当事人将原来的撤销请求转换为确认违法的诉讼类型,即继续确认之诉是基于《行政诉讼法》第 74 条第 2 款第 2 项提起的诉讼。但是在张远凤等诉丹江口市人民政府不履行行政复议法定职责案[最高人民法院(2018)最高法行申 9422 号行政裁定书]中,法院认为对不履行或者拖延履行法定职责的违法性进行事后确认的诉讼也属于继续确认之诉。这种理解与德国法上的续行确认之诉类似,最早,《德国行政法院法》第 113 条规定的续行确认诉讼仅明确适用于提起撤销诉讼后法院判决前该行政处分已经了结之情形。而学说及实务上均认为,该规定亦可类推适用于课以义务之诉和起诉前行政处分已经了结等两种情形。

但是值得注意的是,无论是基于《行政诉讼法》第 74 条第 2 款第 2 项还是第 3 项提起的继续确认之诉,条文本身并未像德国法的相关规定,限定提起继续确认之诉需有诉的利益。因此,最高人民法院在本判决中对继续确认之诉施加条文文义之外的限制条件或许需要充分说理。但在本判决中,就为何继续确认之诉需有确认利益,法院并未展开论证。虽然在前述张远凤案中,最高人民法院补充了相关论述,认为《行政诉讼法》第 69 条与第 74 条第 2 款第 3 项之间是一种一般与特殊的关系,在不存在特殊确认利益的情况下,可以优先适用一般性规范。但就为何继续确认诉讼需有特殊确认利益,仍旧以"正如一般确认之诉需要具备确认的利益一样,要求继续确认也要具备某种特殊的确认利益"这样的语句一笔带过。究竟《行政诉讼法》第 74 条第 2 款第 2 项及第 3 项的立法用意除定分止争外,是否还包括以确认违法判决的形式震慑行政机关,促进其依法行政,还是该条款本身已经内含了确认利益这一要素,这或许并非不证自明之事。

Ⅱ 继续确认之诉的确认利益的认定标准

本判例中,在符合以下条件之一时可以认定继续确认之诉存在确认利益:(1)确认原行政行为违法有利于当事人后续主张国家赔偿等权利;(2)有利于完成对那些随诉讼终结被弃置不顾的法律问题的继续澄清。法院认为继续确认的利益通常只有在被改变的行政行为属于对原告不利的负担行政行为时才会存在。而对于授益行政行为,由于该行政行为自始就不曾对当事人施加过任何负担,就不会存在确认原行政行为违法的利益。从表述上来看,法院并未限定只有前述两种情形中才可以认定确认利益的存在,事实上,在前述张远凤案中,最高人民法院补充了确认利益的类型,包括存在重复危险、存在恢复名誉的利益、存在进一步请求赔偿的可能等。这与德国法上对续行确认之诉所要求的确认利益十分相似,虽然《德国行政法院法》第 113 条并未明确正当利益为何,但学者基于诉讼实务总结出了三条标准:(1)有重复发生的危险;(2)有助于损害赔偿或损失补偿之进行;(3)恢复名誉利益。

在本判例之后,部分法院亦开始在继续确认之诉中审查原告的确认利益,其中既有原本依照本判决标准认定继续确认利益的案例,如沈彬、张芷英诉上海市不动产登记局房屋登记案[上海铁路运输法院(2017)沪 7101 行初 1087 号行政裁定书]中,法院即认为被告行为的违法后果已随着诉讼中继续履职而消失,未曾对两原告产生负担,也未有不利影响的继续存在,因此作出确认判决已无必要。也有标准与本判决并非一致的案例,如徐存镖诉宁波市生态环境局鄞州分局、宁波市生态环境局不履行法定职责案[宁波市鄞州区人民法院(2018)浙 0212 行初 231 号行政裁定书]中,法院认为,虽然被告在原告申请信息公开后逾期至原告申请行政复议后才作出答复,但原告请求确认被告未履行法定职责的行为违法,明显不具有继续确认的利益。至于判定明显不具有确认利益的标准为何,法院未作进一步说明。又如,孙丁丁诉苏州市姑苏区市场监督管理局不履行法定职责案[江苏省昆山市人民法院(2018)苏 0583 行初 247 号行政判决书]中,法院以涉诉行政行为已被内容相同的另一行政行为取代,已告终结,不会再产生法律效果,原告可以通过针对新的告知行为提起诉讼等途径主张权利为由,认定原告不具有继续确认的利益。

此外,本判决将继续确认之诉的对象限定为负担行政行为,认为授益行政行为因自始就不曾对当事人施加过任何负担,所以不会存在确认原行政行为违法的利益,更进一步限缩了《行政诉讼法》第 74 条第 2 款第 2 项规定的确认诉讼的范围。此种限缩亦有讨论的余地。试举一个例子,补助金的发放行为属于典型的授益行政行为,但是如果补助金过少发放,导致行政相对人损失了本应得的部分,就会产生国家赔偿上的问题。这或许就能与本判决提供的标准之一的"有利于当事人后续主张国家赔偿等权利"衔接,从而有确认违法的必要。因此,从行政行为是负担还是授益来预先筛选确认利益的有无,这点是否妥当,值得进一步讨论。

就确认利益的举证责任,本判决并未说明。地方法院实务中,有认为应由原告方承担证明存在确认利益的举证责任的案例,如山东省荣成市北海石油有限公司诉被告国家税务总局荣成市税务局税收强制执行案[山东省荣成市人民法院(2019)鲁1082行初19号行政裁定书]中,法院即以原告未对其存在继续确认的利益作出合理的说明为由,认定原告对继续确认之诉无诉的利益。

Ⅲ 本判例的适用范围

需要说明的是,本判决区分了确认违法之诉与继续确认之诉,前者是行政机关在起诉前自行改变行政行为,当事人就原行政行为请求确认违法的诉讼类型,而后者是行政机关在诉讼进行中改变被诉行政行为,当事人变更诉讼请求,将原来的撤销请求转换为确认违法的诉讼类型。而本判决关于诉的利益的讨论仅围绕继续确认之诉。

那么确认违法之诉是否同样要求诉的利益?除前述两种确认诉讼外,《行政诉讼法》第74条规定的其他确认诉讼是否要求诉的利益?对于前一个问题,答案或许比较容易得出,确认违法之诉与继续确认之诉唯一的区别仅在于行政机关改变行政行为的时间点,在性质上并无实质不同,因此将诉的利益要件适用于确认违法之诉并无不妥。而后一个问题,即本判决所谓确认违法之诉或是继续确认之诉均指行政相对人基于《行政诉讼法》第74条第2款第2项"被告改变原违法行政行为,原告仍要求确认原行政行为违法的"这一条文规定的诉讼类型,那么依第74条第1款,第74条第2款第1、3项提起的确认之诉是否要求诉的利益?关于这点,需要区分论述。

对于依《行政诉讼法》第74条第2款第3项提起的确认之诉,按前述张远凤案的判决,最高人民法院的观点是认为亦需确认利益。其次,对于依《行政诉讼法》第74条第2款第1项提起的确认之诉是否需要确认利益,最高人民法院的态度似乎不甚明确。在拜朝阳、陈冰剑诉郑州市中原区人民政府确认拆迁行为违法案[最高人民法院(2017)最高法行申1159号行政裁定书]中,最高人民法院以再审申请人缺少确认利益为由驳回了再审申请。但在许永云诉金华市婺城区人民政府房屋行政强制及行政赔偿案[最高人民法院(2017)最高法行再101号行政判决书]中,最高人民法院支持了原告请求确认被告强制拆除房屋的行政行为违法的诉请,而并未审查确认利益。虽然该案涉及国家赔偿,似与前述"确认原行政行为违法,有利于当事人后续主张国家赔偿等权利"标准相符,但实际上或并非如此。首先,该案在最高人民法院裁判理由中并未提及诉的利益,也未见相关论述。其次,本案是在行政诉讼中合并提起国家赔偿,既然是在同一个案件中审理,就无所谓有利于后续当事人主张权利,若依本判例的标准,此时单独对涉诉行政行为确认违法已无实益,直接作出要求行政机关赔偿的判决即可。与许水云案类似的案件还有广西南宁桥牌木业有限公司诉广西壮族自治区南宁市江南区人民政府等强制拆除行为及行政赔偿再审案[最高人民法院(2019)最高法行申4006号行政裁定书]。

相较于《行政诉讼法》第74条第2款各项,第74条第1款规定的情况判决与程序瑕疵确认违法判决是否需要有诉的利益更具有商榷的空间。如就程序瑕疵确认判决而言,提起该确认诉讼的要件之一便是对行政相对人权利不产生实际影响。既然无实际影响,又谈何确认利益。可以说此判决类型本身就排斥确认利益的存在。因此,对于除依《行政诉讼法》第74条第2款第2项提起的继续确认之诉外,其他确认诉讼类型是否亦需确认利益,有待学理上进一步讨论。

就依《行政诉讼法》第74条第2款第2项提起的继续确认之诉而言,最高人民法院的态度也难谓一以贯之。在一起最高人民法院审结的涉及该类继续确认之诉的案件,即卢建达诉被申请人广东省兴宁市人民政府、广东省梅州市人民政府房屋征收补偿决定及行政复议案[最高人民法院(2017)最高法行再2号行政判决书]中,被告在诉讼期间自行撤销涉诉行政行为,但因再审申请人仍不撤回起诉,最高人民法院遂依《行政诉讼法》第74条第2款第2项的规定直接判决确认涉诉行政行为违法。在该案中,一无申请人对确认利益的主张,二无最高人民法院对确认利益的审查,类似的案件还有卓伟杏诉被申请人广东省罗定市人民政府政府信息公开案[最高人民法院(2018)最高法行申1798号行政裁定书]。这似乎又与李汴菊案的观点相异,而回到了李汴菊案之前无须确认利益要件的审查模式,具体最高人民法院的态度如何,有待判例的累积。

Ⅳ 本判例的意义

本判例中最引人注目的一点是明确了继续确认之诉需有确认利益。在本判例之前,对于继续确认之诉,各地法院均认为只要原行政行为违法,即可依《行政诉讼法》第74条第2款第2项的规定判决确认违法,而无须确认利益要件。如罗元昌诉重庆市彭水苗族土家族自治县地方海事处政府信息公开案(最高人民法院指导案例101号)就是一个典型的继续确认之诉。虽该案被告诉讼期间主动撤销了涉诉行政行为,但因原告仍坚持诉讼,故法院判决确认涉诉行政行为违法,而并未审查原告是否具有确认利益。在确认利益的认定上,本判例提供了一些标准,这些标准对实务与理论均有参考价值。事实上,在本判例之后,部分法院开始在审理继续确认之诉中审查原告是否具有确认利益,如沈彬、张芷英诉上海市不动产登记局房屋登记案[上海铁路运输法院(2017)沪7101行初1087号行政裁定书]、徐存镖诉宁波市生态环境局鄞州分局、宁波市生态环境局不履行法定职责案[宁波市鄞州区人民法院(2018)浙0212行初231号行政裁定书]等。

□ 参考文献

王贵松:《论我国行政诉讼确认判决的定位》,载《政治与法律》2018年第9期。

刘飞:《行政诉讼类型制度的功能》,载《法学研究》2013年第5期。

廖永安:《论诉的利益》,载《法学家》2005年第6期。

张卫平:《诉的利益:内涵、功用与制度设计》,载《法学评论》2017年第4期。

080 诉的利益与权利救济

何恬诉重庆市沙坪坝区人民政府确认行政行为违法案 | 最高人民法院(2017)最高法行申2885号行政裁定书

马立群 西南政法大学行政法学院

■ 事实概要

2011年,铁道部、重庆市与四川省计划在原重庆市沙坪坝火车北站的宗地范围内改扩建高铁站,修建成渝客运专线。原告何恬认为,沙坪坝区人民政府借部、市共建高铁站的机会,对不在该规划范围内的站东路200号怡馨大厦以公共利益需要为由进行强制征收。根据重庆市发展和改革委员会《关于沙坪坝铁路枢纽综合改造工程可行性研究报告的批复》,该工程系改造项目,不需要进行征收。根据《重庆市沙坪坝区国有土地上房屋征收与补偿实施细则(试行)》的规定,重庆市沙坪坝区房屋管理局未征收而先评估,对不需要征收的范围违反法律规定进行行政征收,也没有依法向被征收人送达征收决定和征收补偿决定书。2014年5月28日,沙坪坝区人民政府向重庆市沙坪坝区人民法院申请强制拆除,2014年9月26日,重庆市沙坪坝区人民法院对何恬位于站东路200号怡馨大厦12-8室的家实施了强制搬迁。何恬认为沙坪坝区人民政府违法向人民法院申请司法强拆的行为损害了其合法利益,请求依法确认沙坪坝区人民政府对站东路200号怡馨大厦申请强制搬迁的行为违法。

重庆市第一中级人民法院一审作出(2015)渝一中法行初字第00348号行政裁定,认为本案被诉行为系沙坪坝区人民政府2014年5月28日向重庆市沙坪坝区人民法院申请强制执行的行为,行政机关申请强制执行的行为是否合法应当由受理该申请的人民法院审查并作出裁定,被申请人如果认为行政机关申请强制执行的行为不合法,应当在该案件的审查程序中提出,故行政机关申请人民法院强制执行的行为不属于行政诉讼受案范围。据此,重庆市第一中级人民法院裁定驳回何恬的起诉。原告向重庆市高级人民法院提起上诉,重庆市高级人民法院二审作出(2016)渝行终367号行政裁定。二审法院认为,原告如果认为沙坪坝区人民政府的申请强制执行行为不合法,应在非诉审查程序中提出。何恬提起行政诉讼,请求确认沙坪坝区人民政府申请强制执行行为违法,不符合法律规定,一审法院据此裁定驳回何恬的起诉并无不当。重庆市高级人民法院裁定驳回上诉,维持原裁定。何恬不服二审裁定,向最高人民法院申请再审。

■ 裁判要旨

Ⅰ. 本案被诉行为系沙坪坝区人民政府2014年5月28日向重庆市沙坪坝区人民法院申请强制执行的行为。本案的焦点在于,何恬请求人民法院确认沙坪坝区人民政府申请强制搬迁的行为违法是否具有通过行政诉讼加以救济的必要性及实效性。在实践中,当事人若认为行政机关申请人民法院强制执行不合法,目前有以下两种救济途径:一是在申请人民法院强制执行的非诉审查程序中提出异议。二是对人民法院强制执行不服的可以提出申诉。当事人认为人民法院违法受理和审查行政机关强制执行的申请并裁定执行的,可以向人民法院提出申诉,人民法院可以将其作为申诉案件进行审查并根据情况作出处理。

Ⅱ. 诉的利益是指当事人起诉应当具有的人民法院对其诉讼请求进行判决的必要性及实效性。它关注的重点是人民法院有无必要、是否能够通过判决解决当事人之间的纠纷。再审申请人认为沙坪坝区人民政府的申请强制搬迁行为不合法,应在所涉非诉审查程序中提出,对本案所涉强制搬迁不服的可以提出申诉寻求救济,而无须就沙坪坝区人民政府的申请强制搬迁行为单独提起诉讼。法律没有明确规定可以对沙坪坝区人民政府申请强制搬迁行为违法提起行政诉讼,且存在更为有效便捷救济方式的情况下,何恬提起的本案行政诉讼有舍近求远之嫌,不具有保护其权利的必要性及实效性,缺乏诉的利益。同时,何恬的起诉不利于纠纷的及时解决,易于形成当事人的诉累,且会造成有限司法资源的浪费。

■ 评　析

Ⅰ 诉的利益学理框架

诉的利益是行政诉权的构成要件之一,也是本案实体判决的要件之一。在学理上,诉的利益有广义说和狭义说两种观点。广义的诉的利益包括纠纷是否由法院审判解决、当事人对诉讼请求是否有正当的利益(主观的诉的利益)、当事人的诉讼请求通过法院审理的必要性和实效性(客观的诉的利益)。其中,主观的诉的利益通过当事人适格(主要是原告资格)制度予以确定,具体而言,其是从特定当事人的主观面向来判断原告是否具有资格进行诉讼的利益。对此,《行政诉讼法》第25条将"利害关系"这一概念作为判断原告资格的标准。狭义的诉的利益也称为权利保护的必要性,仅指客观的诉的利益,即从客观的面向判断对原告的诉讼请求进行审理和裁判的必要性和实效性。必要性是指有无必要通过本案判决解决当事人之间的纠纷;实效性是指通过本案判决能否使纠纷获得实质性解决。将广义的诉的利益(尤其是原告资格)与狭义的诉的利益进行区分是近年来学理和司法判例发展的一种趋势。如最高人民法院在邓尚孝诉银川市兴庆区人民政府、银川市兴庆区草原管理站案[最高人民法院(2017)最高法行申3090号行政裁定书]中指出,诉的利益是当事人向法院提出的诉讼请求,具有必须通过法院审理并作出判决予以解决的必要性和实效性。

除了一审和二审程序外,在申请再审程序中,诉的利益是指再审利益,享有申请再审权的诉讼主体必须具备再审利益。判定行政诉讼中诉的利益的法规范基础是《行政诉讼法》第2条第1款"公民、法人或者其他组织认为行政机关和行政机关工作人员的行政行为侵犯其合法权益,有权依照本法向人民法院提起诉讼”的规定,在个案中判断诉的利益的焦点是,对原告因“合法权益”受侵害而提出的诉讼请求是否具有通过行政诉讼予以救济的必要性和实效性。在诉的利益的判断上,法官在个案中享有判断裁量权。法官可以对具体个案情形中的“合法权益”应否通过行政诉讼予以保护进行考量和决断。

Ⅱ 本判例的规范性逻辑

在本判例中,一审、二审和再审法院都以现行法的规定作为个案适用和解释的逻辑起点,并以起诉不具备合法性为由作出了诉讼判决。一审和二审法院在本判例中的法律依据和裁判理由一致。从裁判结论的形成过程来看,一审和二审法院并没有直接以该“申请行为”不属于《行政诉讼法》受案范围的规定为由裁定驳回起诉。而是首先对《行政强制法》和《行政诉讼法》以及相关司法解释中针对这类“申请行为”的救济途径进行了分析和论证,并在此基础上排除了该“申请行为”的可诉性。从本判例的规范性逻辑来看,根据《行政诉讼法》(1989 年)第 66 条、《行诉若干解释》第 86 条、第 93 条等规定,行政机关申请强制执行的行为是否合法,应当由受理该申请的人民法院审查并作出裁定,当事人如果认为行政机关申请强制执行的行为不合法,应当在该案件的审查程序中提出。故行政机关申请人民法院强制执行的“申请行为”不属于行政诉讼受案范围。再审法院肯定了一审和二审法院的法律依据和裁判理由,但增加了说理论证。首先,再审法院对该类“申请行为”的救济途径进行了补充。最高人民法院《对〈当事人对人民法院强制执行生效具体行政行为的案件提出申诉人民法院应如何受理和处理的请示〉的答复》(法行〔1995〕12 号)规定:“公民、法人和其他组织认为人民法院强制执行生效的具体行政行为违法,侵犯其合法权益,向人民法院提出申诉,人民法院可以作为申诉进行审查。人民法院的全部执行活动合法,而生效具体行政行为违法的,应转送作出具体行政行为的行政机关依法处理,并通知申诉人同该行政机关直接联系;人民法院采取的强制措施等违法,造成损害的,应依照国家赔偿法的有关规定办理。”再审法院认为,参酌上述规定,当事人认为人民法院违法受理和审查行政机关强制执行的申请并裁定执行的,可以向人民法院提出申诉,人民法院可以将其作为申诉案件进行审查并根据情况作出处理。其次,再审裁判以诉的利益为分析工具,以上述法律和司法解释的规定为依据,论证了该案“请求确认申请强制搬迁的行为违法”这一诉讼请求缺乏通过行政诉讼途径救济的必要性和实效性。

综合上述分析,这一判例不仅为判断行政机关向法院提出强制执行的“申请行为”是否具有可诉性以及具体的救济途径提供了依据和理由,也为行政审判中如何解释诉的利益裁判类似的案例提供了参考范例。

Ⅲ 本判例的意义

以往涉及国有土地上房屋征收的行政诉讼,原告起诉的对象通常是征收决定行为或者行政强制行为。与之不同,本案的诉讼对象是行政机关向人民法院申请强制执行的“申请行为”。这种“申请行为”既不属于《行政诉讼法》第 12 条列举的范围,也不在第 13 条排除范围之列。因此,在具体的案件中,对于这一问题存在司法判断的空间和解释的必要性。在本判例之前,理论上和实践中对于这类申请行为的性质以及救济途径问题缺乏统一的定位。通过本判例解决了以下两个方面的争议点:(1)在行政行为的属性方面,明确了行政机关申请人民法院强制执行的"申请行为"不属于行政诉讼的受案范围;当事人针对该类"申请行为"提起行政诉讼不具有权利保护的必要性及实效性,缺乏诉的利益。(2)在行政行为的救济方面,明确了当事人对行政机关的该类"申请行为"存在异议时的救济途径:一是在申请人民法院强制执行的非诉审查程序中提出异议;二是对人民法院强制执行不服的可以向人民法院提出申诉。

除此之外,在本判例中,对于原告针对非诉强制执行"申请行为"的起诉,法院没有直接根据行政诉讼受案范围的规定作出驳回结论,而是基于对已有法律救济途径的分析,通过权利保护的必要性得出该类行为不属于行政诉讼受案范围的结论。该判例中的论证方式超越了"个案中的行政行为—比对法定受案范围—作出裁判结论"这种单一的判断方式,增强了裁判结论的说服力和正当性。这种裁判思维和说理方式亦具有推广意义。

▣ 参考文献

林莉红:《行政诉讼法学》(第5版),武汉大学出版社2020年版。

江必新、梁凤云:《行政诉讼法理论与实务》(第3版上下卷),法律出版社2016年版。

王贵松:《论行政诉讼的权利保护必要性》,载《法制与社会发展》2018年第1期。

张卫平:《诉的利益:内涵、功用与制度设计》,载《法学评论》2017年第4期。

081 诉的利益与诉权

尚淑琴诉郑州市金水区人民政府复议案 | 最高人民法院(2017)最高法行申4726号行政裁定书

闫尔宝 南开大学法学院

■ 事实概要

2015年4月2日,尚淑琴向金水区人民政府申请行政复议,请求撤销郑州市公安局未来路分局(以下简称未来路分局)作出的郑公未(治)行罚决字(2015)0057号行政处罚决定(以下简称0057号处罚决定书)。6月26日,金水区人民政府以未来路分局在答辩期内未能提供其作出处罚所依据的证据视频资料,属于证据不足为由,依据《行政复议法》(2009年)第28条第1款第3项之规定,撤销了0057号处罚决定书。尚淑琴不服,向郑州铁路运输中级法院提起诉讼,请求维持复议决定书撤销行政处罚决定部分,变更撤销理由部分。

郑州铁路运输中级法院一审认为:金水区人民政府作出的行政复议决定具有法律依据,且程序合法。依照《行政诉讼法》第69条之规定,判决驳回尚淑琴的诉讼请求。尚淑琴不服,提起上诉。河南省高级人民法院二审认为:金水区人民政府决定撤销未来路分局的处罚决定正确。尚淑琴与他人存在因琐事而起的纠纷,涉诉行政复议决定对此予以认定并无不当。一审行政判决驳回尚淑琴的诉讼请求,认定事实清楚,适用法律正确,依法应予维持。据此判决驳回上诉,维持原判。尚淑琴向最高人民法院申请再审称:其为履行小区监督员职责,揭发了小区的腐败而遭到"蝇贪"团伙的打击报复,法院没有从政治上看问题,把一场严肃的"斗争"定性为琐事。一审、二审法院对案件起因的定性不清,对案发时的客观事实认定不清,对违法人认定不清,一审法院对再审申请人提供的证据、证明目的辨认不清,二审法院对再审申请人提供的新证据没有认证,故请求撤销二审行政判决,发回重审。

■ 裁判要旨

Ⅰ.一个不利行政行为的相对人总是有诉权的,因为被诉行政行为对其施加的负担显而易见。基于同样的道理,一个不利行政行为的相对人也有权选择行政复议,以维护自己的合法权益。

Ⅱ.再审申请人在受到公安机关行政处罚的情况下提出行政复议申请,复议机关最终撤销了这个处罚决定。按理说,不利行政行为的效力已经消灭,再审申请人的目的已经达到,其却针对这个对其有利的复议决定提起了行政诉讼。其诉讼请求竟然是要求法院维持该复议决定书撤销行政处罚决定的主文,只是变更复议决定的部分理由……司法资源毕竟有限,有限的司法资源应当真正用于解决那些确有权利保护需要的请求。对于明显缺乏权利保护需要的起诉,人民法院不能仅仅因为其是行政程序或者复议程序的相对人,就当然地认可其诉权。正确的做法应当是不予立案或者裁定驳回起诉,没有必要任由没有实际意义的起诉进入审理程序。

■ 评 析

Ⅰ 以往判例情况

本判例之前,较早涉及诉的利益判断的是陆红霞诉南通市发展和改革委员会政府信息公开答复案(《最高人民法院公报》2015 年第 11 期)。审理法院认为,陆红霞的起诉缺乏诉的利益、目的不当、有悖诚信,构成滥用诉权行为,遂裁定予以驳回。此后,缺少"诉的利益"逐渐成为人民法院重要的裁判理由。不过,在既有裁判中,诉的利益概念指向的对象并不相同。如在李帮君诉中华人民共和国公安部复议再审案[最高人民法院(2016)最高法行申 4396 号行政裁定书]中,最高人民法院认定李帮君的起诉缺少应予保护的诉讼利益的理由之一是李帮君的起诉对象是对信访处理行为不予受理的行政复议决定。显然,此处所说的诉讼利益指向的是行政诉讼受案范围。在常艳飞诉中华人民共和国国家质量监督检验检疫总局不履行法定职责再审案[最高人民法院(2016)最高法行申 2844 号行政裁定书]中,最高人民法院认为,根据《行政诉讼法》第 25 条第 1 款的规定,提起行政诉讼的公民、法人或者其他组织须与行政行为有利害关系。常艳飞在一审庭审中认可其所购宝马汽车型号不在召回范围之内,也未提供有效证据证明与要求国家质量监督检验检疫总局履行法定职责之间存在利害关系,因此,常艳飞不具有诉的利益。显然,该案裁判中的诉的利益指向的是原告资格。在徐占山、王素芹与河北省平泉县人民政府强制拆迁及行政赔偿再审案[最高人民法院(2016)最高法行申 4445 号行政裁定书]中,最高人民法院认为,徐占山、王素芹对于因强拆行为而遭受的损失,已通过签订《房屋拆迁补偿协议书》而获得补偿,其利益已得到保障,日后再次对强拆行为提起诉讼并要求赔偿缺乏诉的利益。显然,该案裁判中所说的诉的利益指向的是通过司法程序获得权利保护的必要性。

Ⅱ 本判例对诉的利益理论的应用

1. 狭义诉的利益(权利保护必要)概念的引入。本判例中,最高人民法院并未使用"诉的利益"这一语词,而是使用了"权利保护需要"概念。但结合诉的利益的基本理论可以认为,本判例使用的"权利保护需要"只是"狭义的诉的利益"(权利保护必要)的另一种表达方式。[陈清秀:《行政诉讼法》(第 3 版),台北,元照出版有限公司 2009 年版,第 216 页]

在学理上,诉的利益具有三种理解方式:(1)最广义理解。该种理解方式认为诉的利益的判断需要考虑三方面内容:一是请求的内容是否适合作为审判的对象(诉讼对象问题);二是当事人对于请求是否具有正当的利益(当事人适格问题);三是从周围情况看,是否存在足以使法院对请求作出判断的具体实际利益(具体利益或者必要性问题,即狭义的诉的利益)。([日]原田尚彦:《诉的利益》,石龙潭译,中国政法大学出版社 2014 年版,第 2 页)(2)广义理解。该种理解方式认为诉的利益包括主观诉的利益与客观诉的利益,前者指有无对特定当事人作成本案判决之必要与实效(当事人适格问题),后者指就原告的诉讼请求内容有无作成本案判决之必要与实效(权利保护必要)。[翁岳生编:《行政法》(下册),中国法制出版社 2009 年版,第 1423 页](3)狭义理解(狭义诉的利益,或称权利保护必要)。诉的利益单纯指原告有无请求作出本案判决的必要性与实效性。([日]盐野宏:《行政法Ⅱ:行政救济法》,有斐阁 2010 年版,第 143 页)

本判例中,金水区人民政府作出的行政复议决定属于行政诉讼受案范围,诉讼对象没有问题;尚淑琴属于该行政复议决定的直接相对人,其原告资格也没有问题;最高人民法院之所以认为其不具有权利保护需要,主要是因为其对一个对其有利的行政行为提起行政诉讼,其起诉没有权利保护需要。因此,本判例中,最高人民法院运用的是“狭义的诉的利益”概念。

2. 尚淑琴的起诉属于“无用的权利保护”。本判例中,最高人民法院认为,尚淑琴的起诉明显缺乏权利保护需要,法院没有必要进入审理程序。其论证逻辑如下:第一,《行政诉讼法》的立法目的之一是“保护公民、法人和其他组织的合法权益”,当事人提起行政诉讼,必然是基于被诉行政行为侵害了其合法权益。第二,本案中,在未来路分局未履行答辩义务导致作出的处罚决定被认定为缺乏证据的情况下,金水区人民政府复议撤销了该局的处罚决定,该复议决定属于对尚淑琴有利的行政行为。第三,尚淑琴仅仅因为对其有利的复议决定中说理部分的个别文字表述有异议便起诉请求法院加以变更,其诉求不但没有法律依据,而且明显缺乏法律保护需要,不足以启动实体审理程序以致浪费有限的司法资源。

学理认为,缺少权利保护必要(狭义的诉的利益)的情况包括以下几种:(1)无效率的权利保护。原告有其他更简便、更完整、更迅速或更便宜的救济途径以达到权利保护的目的。(2)无用的权利保护。即使原告起诉也不能改善其地位,因为根本就不存在一项不利益,或存在一项不可能再以法律救济方法排除的不利益。(3)权利滥用。原告起诉的目的完全在于损害相对人(造成机关困扰),或增加法院的工作负担。(4)不适时的权利保护。原告过早提起行政诉讼。(5)诉讼程序上的权利失效。原告过迟向法院起诉,以致违背诚信原则。(6)权利保护之抛弃。[陈清秀:《行政诉讼法》(第 3 版),台北,元照出版有限公司 2009 年版,第 247 - 250 页]结合本案的案情,对照既有学理,可以认为,尚淑琴的起诉可以归入“无用的权利保护”这一缺少狭义诉的利益的情形,不足以启动实体审理程序。

3. 诉权判断的“双阶审查范式”。本判例先后两次提到行政相对人的诉权问题。即“一个不利行政行为的相对人总是有诉权的,因为被诉行政行为对其施加的负担显而易见”,以及“对于明显缺乏权利保护需要的起诉,人民法院不能仅仅因为其是行政程序或者复议程序的相对人,就当然地认可其诉权”。单纯基于对前后两句表意逻辑的分析可以认为:第一句中的“诉权”指向的是原告资格。([德]弗里德赫尔穆·胡芬:《行政诉讼法》,莫光华译,法律出版社 2003 年版,第 245 页)第二句中的“诉权”指向的是狭义的诉的利益。而且,从第二句话还可以引申出以下结论:在个案中判断相对人的起诉能否受理,除考虑原告资格条件外,还有必要进一步考察原告的起诉是否具有司法救济的必要性和实效性(狭义的诉的利益),其起诉是否属于无效率的、无用的起诉,是否属于权利滥用等情况。由此可以认为,本判例中,最高人民法院提供了赋予相对人诉权的"双阶审查范式":原告资格 + 狭义诉的利益(权利保护必要) = 诉权。

4. 缺少狭义诉的利益的起诉的裁判方式。本判例中,一审、二审法院均未就尚淑琴的起诉是否具有狭义诉的利益展开审查,而是直接受理了其起诉,并通过实体审理进而作出驳回尚素琴诉讼请求的判决。针对此种做法,最高人民法院指出:"对于明显缺乏权利保护需要的起诉……正确的做法应当是不予立案或者裁定驳回起诉,没有必要任由没有实际意义的起诉进入审理程序。"此种裁判观点的明确具有以下意义:第一,明示了狭义诉的利益作为一个独立起诉条件的地位,要求法院在进入实体审理之前就相对人的起诉是否缺乏权利保护必要作出判断;第二,在认定当事人起诉缺乏狭义诉的利益(权利保护必要)的情况下,应当直接裁定不予立案或者驳回起诉,而不应进入实体审理,徒然浪费司法资源。

Ⅲ 本判例的后续影响

1. 对司法实践的影响。本判例对各级人民法院的案件审理产生了较大影响,评判当事人的起诉是否具有"权利保护必要"逐渐成为人民法院的一项重要审查内容。对于相似内容和性质的诉请,一些法院的裁判文书甚至原样照搬了本判例的裁判说理。典型的如刘靖诉北京市工商行政管理局行政复议决定案[北京市第一中级人民法院(2018)京01行终854号行政裁定书]、钱相菁诉庆阳市人民政府信息公开行政复议决定案[甘肃省高级人民法院(2018)甘行终482号行政裁定书]、陈勇诉武汉市武昌区人民政府行政复议决定案[湖北省高级人民法院(2019)鄂行终370号行政裁定书]等。

2. 对行政诉讼理论的影响。本判例提出了很多值得深入研究的问题:第一,诉的利益含义界定。本案裁判之后,仍有很多法院裁判使用广义诉的利益概念进行裁判说理,指向狭义诉的利益以外的受案范围、原告资格等问题。因此,在我国,诉的利益到底应当在何种意义上使用,依然需要统一认识。第二,诉的利益与起诉条件的关系。诉的利益是在德、日等大陆法系国家区分诉讼要件审查与本案要件审查的背景下,作为诉讼要件审查的构成内容被讨论的。我国行政诉讼学理尚无诉讼要件与本案要件的区分,诉的利益审查也是由司法实践率先提出的,为此,如何处理诉的利益与既有起诉条件制度的关系,进而在受案范围、原告适格等起诉条件已由立法明定的情况下,诉的利益审查应当针对指向哪些事项,需要进一步明确。第三,狭义诉的利益涵盖范围的扩充问题。本判例只涉及缺乏狭义诉的利益的一种情形,司法实践中,缺乏诉的利益的情形不限于此,为此,需要随着司法实践的发展不断加以补充。

Ⅳ 本判例的意义

本判例是适用狭义诉的利益观念判断当事人的起诉能否进入实体审理程序的一个重

要案例。鉴于当前学界对诉的利益理论尚未展开深入研究与司法实践对诉的利益理论的应用各行其是的客观现实,本判例的作出必将引发对该问题的深层次思考。

☐ 参考文献

[日]原田尚彦:《诉的利益》,石龙潭译,中国政法大学出版社 2014 年版。
陈清秀:《行政诉讼法》(第 3 版),台北,元照出版有限公司 2009 年版。
翁岳生编:《行政法》(下册),中国法制出版社 2009 年版。
[德]弗里德赫尔穆·胡芬:《行政诉讼法》,莫光华译,法律出版社 2003 年版。
李广宇:《诉讼类型化与诉的利益》,法律出版社 2018 年版。

082 裁判基准时

陈春晓等诉浙江省杭州市人民政府行政赔偿案 ｜ 最高人民法院
(2017)最高法行申121号行政裁定书

陈思融 浙江财经大学法学院

■ 事实概要

2006年12月4日，因浙江省杭州市荷花池头R2组团地块项目建设需要，陈春晓、张卫斌户位于浙江省杭州市上城区旧仁和村13号西单元401室房屋被列入拆迁许可范围。因拆迁双方未达成补偿安置协议，浙江省杭州市原房产管理局于2008年2月19日依申请作出杭房拆裁上字〔2008〕第24号《拆迁纠纷裁决书》(以下简称《24号裁决书》)。之后，杭州市人民政府于2008年4月21日作出杭政拆责令上字(2008)08号《责令实施行政强制拆迁决定书》(以下简称《8号决定书》)，浙江省杭州市城市管理行政执法局于2008年5月22日对上述房屋实施强制拆除。张卫斌不服《24号裁决书》，提起行政诉讼，该案经过一审、二审、再审，最后浙江省杭州市中级人民法院于2015年3月27日作出(2013)浙杭行再字第1号行政判决，撤销一审、二审判决，撤销《24号裁决书》，责令浙江省杭州市住房保障和房产管理局重新作出行政行为。之后，陈春晓不服《8号决定书》，提起行政诉讼，浙江省杭州市中级人民法院一审裁定以超过法定起诉期限为由不予立案、浙江省高级人民法院二审裁定驳回其上诉。陈春晓、张卫斌于2015年7月26日向杭州市人民政府申请行政赔偿，杭州市人民政府于2015年10月8日作出杭政赔决(2015)2号《不予行政赔偿决定书》。陈春晓、张卫斌于2016年1月4日提起本案行政赔偿诉讼，请求撤销上述不予赔偿决定，由杭州市人民政府承担相应行政赔偿责任。本案经过一审、二审，陈春晓、张卫斌均不服，向最高人民法院申请再审。

■ 裁判要旨

Ⅰ. 行政行为作出、被诉请人民法院审查、人民法院对其合法性作出裁判之间必然存在时间间隔，以上述不同时间为裁判基准时，将可能对行政行为合法性得出不同结论。一般而言，行政行为是行政机关根据作出时的事实、证据和法律作出的，对行政行为合法性的评价一般也只能以该行为作出时的事实、证据和法律为标准，而不能以所依据的事实、证据或法律发生变更为由认定原行政行为合法或违法，否则将不利于法律秩序的稳定，有损行政行为的公定力。当然，基于行政行为性质的不同，行政诉讼的裁判基准时也相应有所区别。但是，对行政行为的效力内容已于行为作出时确定并实现的，该行政行为的合法性要件就仅与处分时的事实、证据和法律有关，而不能将行政机关当时无法预见到的事实、证据和法律作为认定原行政行为违法的依据。

Ⅱ. 根据浙江省杭州市原房产管理局杭房拆许字〔2006〕第037号房屋拆迁许可证的规定，案涉房屋已被列入拆迁范围，因拆迁双方未达成补偿安置协议，浙江省杭州市原房产管理局作出《24号裁决书》，杭州市人民政府以此为前提作出《8号决定书》，符合相关法律、法规规定，且《8号决定书》作出后，案涉房屋已于2008年5月22日被强制拆除。因此，对《8号决定书》是否合法，只能根据该决定书作出当时的情形作出判断，即便此后《24号裁决书》被依法撤销，也不能仅以该撤销的事实来否定杭州市人民政府当时作出《8号决定书》的合法性。

Ⅲ. 再审申请人陈春晓、张卫斌所称财产损害赔偿，其实质仍属于相关拆迁补偿安置利益补偿，《24号裁决书》被依法撤销后，浙江省杭州市住房保障和房产管理局已经作出杭房拆裁上重字〔2016〕第1号《拆迁纠纷裁决书》，对再审申请人陈春晓、张卫斌相关利益予以相应安排，陈春晓、张卫斌如不服，仍可依法寻求救济。

■ 评　析

Ⅰ 行政诉讼裁判基准时的法规范及其推论

行政诉讼裁判基准时指某一提交至法院审理的行政行为争议从行政行为作出至法院作成实体判决前，发生事实或法律状态变动情形时，法院应以何时点的事实或法律状态为基础来判断诉的理由具备性的问题。我国现行《行政诉讼法》中并无对行政诉讼裁判基准时的明文规定，但部分条文的逻辑仍反映出立法者对此问题的认识。

1. 部分条文以行政行为作出时为行政诉讼裁判基准时。《行政诉讼法》第34条第1款规定："被告对作出的行政行为负有举证责任，应当提供作出该行政行为的证据和所依据的规范性文件。"该款明确被告应当提供行政行为作出时的证据，其反映的是行政行为作出时的事实状态，即以行政行为作出时为行政诉讼裁判事实基准时；另外，该条还明确被告应当提供行政行为作出时的规范性文件，其反映的是行政行为作出时的法律状态，即以行政行为作出时为行政诉讼裁判法律基准时。《行诉解释》第45条规定："被告有证据证明其在行政程序中依照法定程序要求原告或者第三人提供证据，原告或者第三人依法应当提供而没有提供，在诉讼程序中提供的证据，人民法院一般不予采纳。"该条规定同样包含对事实基准时原则上采行政行为作出时的立法意图。

2. 部分条文隐含以判决时为行政诉讼事实裁判基准时的取向。《行政诉讼法》第36条第2款规定，原告或者第三人提出了其在行政处理程序中没有提出的理由或者证据的，经人民法院准许，被告可以补充证据。此时原告或第三人提供的可能是行政行为作出后对发生变更的事实状态收集的证据，被告补充的证据也可能包含行政行为作出之后产生的证据，其反应的是行政行为作出后的事实状态，法院应当依据双方提供的证据，通过查明事实依法裁判，即以判决时为行政诉讼裁判事实基准时。《行政诉讼证据规定》第60条第3项规定：原告或者第三人在诉讼程序中提供的、被告在行政程序中未作为具体行政行为依据的证据,不能作为认定被诉行政行为合法的依据。原告或第三人提供的证据并不排除是对行政行为作出后发生变更的事实状态所收集,且该部分证据亦未禁止原告或第三人用以证明行政行为违法。可见,这些证据所支撑起来的嗣后事实状态仍在法院考虑之列,只不过在证明事项上受限制罢了,故该条同样隐含以判决时为行政诉讼事实裁判基准时的取向。

3. 部分条文以复议决定作出时为行政诉讼事实裁判基准时。《行诉解释》第 135 条第 3 款规定:"复议机关作共同被告的案件,复议机关在复议程序中依法收集和补充的证据,可以作为人民法院认定复议决定和原行政行为合法的依据。"复议机关在复议程序中依法收集和补充的证据反映的可能是行政行为作出后发生变更的事实状态,即复议决定时的事实状态,法院在审理过程中可以将复议机关在复议程序中依法收集和补充的证据作为认定原行政行为合法的依据,即以复议决定作出时为行政诉讼裁判基准时。

Ⅱ 确定行政诉讼裁判基准时的学理分歧

对于行政诉讼裁判基准时的确定,学理上普遍存在行政行为作出时说与判决时说,两种学说均采"原则/例外"模式:(1)行政行为作出时说认为行政诉讼的首要目的是监督行政,司法权应维持在事后审查之性格,法院仅能审查在行政行为作出时对事实的认定以及法律的解释适用是否存在错误。行政行为是行政机关根据作出时的事实和法律作出的,在行政行为作出后,事实或法律状态的变更并非作出机关所能预断的,法院对行政行为的合法性评价,原则上应当以行政行为作出时的事实及法律状态为基础。当发生因行政行为作出后事实或法律变更而致行政行为不应被维持的情形时,为尊重行政机关的首次判断权,当事人应先向行政机关申请处理。例外情形下为保护当事人权利,以判决时的事实及法律状态为基础评价行政行为的合法性,如持续性效力行政行为以及尚未执行的行政行为等情形的裁判基准时,在法律没有不同规定且当事人诉请因新事实或法律变化而废弃原行为时,应当以判决时为准。(2)判决时说主张行政诉讼的首要目的是为原告提供有效的权利保护,法院审查的范围除行政行为是否有违法瑕疵外,亦应审查行为结果所生违法状态有无侵害人民权益。在言词辩论终结时,若变更后的事实或法律状态致使系争行政行为违法、损及原告的合法权益,法院应对行政行为予以否定性评价,即原则上应当以言词辩论终结时的事实和法律状态为基础,例外情形下以行政行为作出时的事实及法律状态为基础,无持续性效力的行政行为且已经执行完毕,以及程序瑕疵等情形的裁判基准时,应以行政行为作出时为准。

在价值取向上,行政行为作出时说更注重秩序,认为行政诉讼的目的是监督行政优先,强调裁判基准时原则上采行政行为作出时有利于法安定性的实现;判决时说侧重对实质公正的追求,认为行政诉讼目的是权利保护优先,强调的裁判基准时原则上采判决时更有利于在个案中为原告提供及时且有效的权利保护。但由于秩序与公正价值,以及监督行政与权利保护均为行政诉讼制度所共同追求的,所以在侧重某一价值和目的时,为兼顾另一价值和目的的实现,上述两种学说都在考虑了个别法律的具体规定、行政诉讼类型、诉讼请求、行政行为性质等因素,以及权衡权力分立、诉讼经济、法安定性等原则的基础上,提出了裁判基准时的诸多例外情形。

Ⅲ 本判例的规范性逻辑

在本判例中，再审申请人提出《24号裁决书》是《8号决定书》的基础行为，“由于《24号裁决书》已被撤销，《8号决定书》亦归于违法”，其认为应当以行政行为作出后变更的事实即《24号裁决书》被撤销来判定行政行为的合法性。而再审法院认为原则上不应以发生变更的事实、证据或法律来认定原行政行为合法或违法，但存在例外情形。其论证理由如下：(1)强调法律安定性的维护。以变更后的事实、证据或法律认定原行政行为合法或违法，不利于法律秩序的稳定，有损行政行为的公定力，原则上应当以作出时的事实、证据和法律为标准，认定原行政行为合法或违法。《8号决定书》作出时，其依据的事实均符合相关法律、法规规定。(2)行政行为的性质会影响裁判基准时的选择。对行政行为的效力内容已于行为作出时确定并实现的，应当以行政行为作出时为裁判基准时。《8号决定书》作出后，案涉房屋也已于2008年5月22日被强制拆除，即该行政行为的效力内容已经被执行。(3)由于在本案中并不考虑行政行为作出后事实或法律状态的变动，所以需要在其他行政程序或诉讼程序中妥适处理上述行政行为作出后事实或法律状态的变动对当事人产生的影响。对于《24号裁决书》被依法撤销后再审申请人权利的保护，可以通过另一行政行为——〔2016〕第1号《拆迁纠纷裁决书》主张。

最高人民法院在本判例中对行政诉讼裁判基准时的选择明显采行政行为作出时说，其更强调对法安定性的维护，当然也强调通过其他行政程序或诉讼程序考虑变更的事实或法律状态。本判例虽然并非最高人民法院发布的指导性案例，但自本判例后，司法实践中出现相当一部分案件，如在启东市兄弟驾校有限公司与启东市交通运输局行政许可案[江苏省南通市中级人民法院(2018)苏06行终488号行政判决书]、盛新亮与梁山县公安局公安治安管理案[山东省济宁市中级人民法院(2018)鲁08行终144号行政判决书]等案件中，法院直接引用了本判例中有关行政诉讼裁判基准时的表述，以行政行为作出时的事实、证据或法律来认定原行政行为合法或违法，这足以说明该判例对下级法院选择行政诉讼裁判基准时具有事实上的影响力。但从诉讼经济和权利有效保护的角度来看，以判决时为行政诉讼裁判基准时也有其发挥作用的巨大空间，我国现有行政诉讼法规范也存在隐含以判决时或者复议决定作出时为裁判基准时的规定。因此，行政诉讼裁判基准时的确定应根据个案的特性，在综合考虑法律的具体规定、一般法律原则、当事人的主张、行政行为性质、利益衡量等因素之后，找出最合理的裁判基准时。

参考文献

最高人民法院行政审判庭编著：《最高人民法院行政诉讼司法解释理解与适用》，人民法院出版社2018年版。

陈清秀：《行政诉讼法》(第7版)，台北，元照出版有限公司2015年版。

083 裁判时机成熟

晏春林诉安阳市文峰区人民政府信息公开案 | 最高人民法院（2018）最高法行申543号行政裁定书

查云飞 浙江大学光华法学院

■ 事实概要

2015年12月，原告晏春林向安阳市文峰区人民政府申请信息公开，对象为该政府2009年1月批准的关于文峰区后张村156.471亩社会养老保险基金每亩168,000元的文件。2016年1月8日，文峰区人民政府以《政府信息告知书》作出答复：(1)申请中涉及156.471亩征收土地的信息属于政府公开范围，见附件《安阳市人民政府征收土地方案公告》；(2)有关"社会养老保险基金"中余留"三保"金的依据为2006年10月23日安阳市委办公室《关于文峰区征地有关问题的会议纪要》第2条——"征地农民'三保'金问题，每亩地'三保'金1万元，由市财政局专户保存，用于农民'三保'费用"。晏春林收到答复后提起行政诉讼，请求撤销《政府信息告知书》中的第2项答复，并公开上述所涉地块社会养老保险基金每亩168,000元的文件。

河南省安阳市中级人民法院一审认为，文峰区人民政府虽在庭审中辩称晏春林申请公开的政府信息不存在，但其未在2016年1月8日作出的《政府信息告知书》中明确说明，故文峰区人民政府作出的该告知书明显不当。晏春林要求撤销该《政府信息告知书》第2项的理由成立，予以支持。鉴于对晏春林申请公开的政府信息是否存在、是否属于其公开的范围等情况，文峰区人民政府需进一步调查和裁量，故晏春林要求责令文峰区人民政府公开"安阳市人民政府2009年1月5日批准文峰区后张村156.471亩被征收土地社会养老保险基金每亩168,000元的批准文件"的诉讼请求，不予支持。河南省高级人民法院二审认为，一审法院判决撤销《政府信息告知书》第2项，责令文峰区人民政府限期重新作出答复的处理正确。据此判决驳回上诉，维持原判。晏春林不服申请再审。

■ 裁判要旨

I.被告文峰区人民政府所作《政府信息告知书》与原告申请的政府信息明显不符，不具有针对性。被告在庭审中辩称原告申请的政府信息不存在，但其未在《政府信息告知书》中明确说明，而是用告知其他政府信息的方式进行答复，故被告作出的该项告知内容明显不当，应予撤销。

Ⅱ.政府信息公开诉讼在诉讼类型上属于履行法定职责之诉。在裁判时机成熟时，人民法院应当直接判决行政机关作出原告所申请的特定的行政行为。所谓的裁判时机成熟，意味着作出这样一个具体的、全面满足原告诉讼请求的判决所依赖的所有事实和法律上的前提都已具备。如果“案件事证尚未臻明确”，或者“尚需被告调查或者裁量”，就属于裁判时机不成熟，应按照《行诉解释》第 91 条的规定，判决被告针对原告的请求重新作出处理。对此，最高人民法院《关于审理政府信息公开行政案件若干问题的规定》第 9 条第 1 款也早已明确规定：“被告对依法应当公开的政府信息拒绝或者部分拒绝公开的，人民法院应当撤销或者部分撤销被诉不予公开决定，并判决被告在一定期限内公开。尚需被告调查、裁量的，判决其在一定期限内重新答复。”鉴于原告申请公开的政府信息尚不能确定是否存在、是否属于其公开的范围等情况，需要被告进一步调查和裁量，所以只能责令被告在一定期限内重新作出答复。

■ 评　析

Ⅰ 拟解决的问题

当行政机关违法不履行法定职责时，法院是应当判决行政机关重新作出处理或者作出答复，还是直接责令行政机关作出特定的行政行为，从裁判要旨中透露出这是本案拟解决的问题。

《行政诉讼法》第 72 条规定：“人民法院经过审理，查明被告不履行法定职责的，判决被告在一定期限内履行。”该条是履行法定职责判决的现有依据，按文意，立法者只规定了“在一定期限内履行”，并没有指明履行法定职责的程度和内容，既存在要求行政机关重新作出处理的可能，也没有排除要求其直接作出特定行政行为的情形。从历史解释的角度来看，司法应当尊重行政的首次判断权，不能代替行政机关作出决定，这是我国行政诉讼法一直秉持的基本理念，王汉斌在 1989 年第七届全国人民代表大会第二次会议上所作的《关于〈中华人民共和国行政诉讼法（草案）的说明〉》中表示，法院只对具体行政行为的合法性进行审查，至于具体行政行为是否适当，法院不能代替行政机关作出决定。在此种理念的支配下，法院只能“被动”和“消极”地评价行政机关所作行政行为的合法性，而不能“主动”和“积极”地要求行政机关作出某种特定的行政行为。然而，司法的“被动”和“消极”尊重了行政机关的首次判断权，却并没有为相对人提供有效的权利保护，并不能防止行政机关履行职责后再次对权利人造成侵害，从而也并未实质性地解决行政争议。

面对上述问题，学界将履行法定职责判决分为两种方案，即程序性裁判和实体性裁判。程序性裁判是指法院判令行政机关在一定期限内履行法定职责，即要求行政机关就被指摘的不履行或者拖延履行予以处理或者作出答复，至于履行法定职责的程度和内容，法院不作限定，这样的判决形式在德国和日本也被称为“答复判决”或“指令判决”。实体性裁判即法院直接判令行政机关履行特定行政行为，这在比较法上被称为“特定决定判决”。在两者关系上，履行法定职责判决以程序性裁判为主，当个案情形中不再需要行政机关调查或者裁量时,法院作出实体性裁判。

这样的理解也直接反映在了早期的司法裁判中。履行法定职责判决以程序性裁判居多,例如,在汤晋诉当涂县劳动局不履行保护人身权、财产权法定职责案(《最高人民法院公报》1996 年第 4 期)中,对于原告请求被告当涂县劳动局履行保护劳动者合法权益法定职责的请求,法院判决被告对当涂县建材公司遵守劳动法律、法规的情况进行监督检查,并在两个月内对原告作出书面答复。但也存在一些实体性裁判,例如,在溆浦县中医院诉溆浦县邮电局不履行法定职责案(《最高人民法院公报》2000 年第 1 期)中,对于县邮电局不开通"120"急救电话的行为,法院认为被告作为法定被授权组织有义务履行该职责,判决被告纠正其错误行政行为。又如,在杨宝玺诉天津服装技校不履行法定职责案(《最高人民法院公报》2005 年第 7 期)中,法院判决被告天津市服装技术学校颁发原告杨宝玺的毕业证书,第三人天津纺织集团(控股)有限公司予以协助办理。

从司法解释来看,上述程序性裁判为主、实体性裁判为辅的理念并没有首先针对履行判决,而落实在了重作判决中。在行政许可领域,2009 年最高人民法院《关于审理行政许可案件若干问题的规定》第 11 条规定:"人民法院审理不予行政许可决定案件,认为原告请求准予许可的理由成立,且被告没有裁量余地的,可以在判决理由写明,并判决撤销不予许可决定,责令被告重新作出决定。"在信息公开领域,2011 年最高人民法院《关于审理政府信息公开行政案件若干问题的规定》第 9 条第 1 款规定:"被告对依法应当公开的政府信息拒绝或者部分拒绝公开的,人民法院应当撤销或者部分撤销被诉不予公开决定,并判决被告在一定期限内公开。尚需被告调查、裁量的,判决其在一定期限内重新答复。"而在行政诉讼一般法层面,2015 年通过的《行诉适用解释》第 22 条终于直接针对履行职责判决进行了区分处理,即一般情况下被告在一定期限内依法履行原告请求的法定职责,如果尚需被告调查或者裁量,应当判决被告针对原告的请求重新作出处理。2018 年《行诉解释》第 91 条作出了同样规定。

Ⅱ 裁判规则的逻辑进路

本判例将《行诉解释》第 91 条和最高人民法院《关于审理政府信息公开行政案件若干问题的规定》第 9 条第 1 款列为裁判依据,在裁判类型的选择上值得商榷。本判例被告已经针对原告的请求作出了答复,因"答非所问"被法院撤销从而被要求重新作出答复,这在诉讼类型上更接近于撤销并重作判决。本判例的裁判思路是先将案件界定为政府信息公开诉讼,然后将该领域的诉讼直接统归于履行法定职责之诉,并未细致考虑履行法定职责之诉与重作判决之间的区别。

抛开裁判类型的选择瑕疵,若顺延裁判思路,在履行法定职责判决之下讨论法院要求被告行政机关答复或作出特定具体行为的问题,本判例秉持了司法裁判的一贯立场。但本判例的意义在于,其提出了"裁判时机成熟"这一学说。

在我国,在履行法定职责诉讼中直接引入"裁判时机成熟"学说并非本案首创。例如,在李某章等诉新密市国土资源局、新密市人民政府土地行政案[河南省高级人民法院(2015)豫法行提字第 00015 号行政判决书]中,法院不仅确认了裁判时机成熟的标准,还强调此种情形下作出要求行政机关履行具体行政行为的判决是法院的职责所在:“无论是按照申请颁证时的《土地登记规则》或是按照现在实施的《土地登记办法》的规定,原告均已达到颁发国有土地使用权证的条件,行政机关在对原告颁发国有土地使用权证的事项上已不具有裁量空间,因此可以认为已经达到‘成熟的裁判时机’,可以直接判令行政机关履行向原告颁发国有土地使用权证的行政行为……当颁发土地证不具有行政裁量的空间时,行政机关就应履行法定的颁证义务,对此作出具体判决也是法院的职责。”

就“裁判时机成熟”学说本身,最高人民法院行政庭就尹荷玲诉台州市国土资源局椒江分局土地行政批准案[江必新、贺荣主编,中华人民共和国最高人民法院行政审判庭编:《中国行政审判案例》(第 4 卷),中国法制出版社 2012 年版,第 168 – 171 页]也曾有过精彩论述,强调行政诉讼以实质性化解行政争议为旨归,应结合“以事实为根据,以法律为准绳”的行政诉讼法原则正确理解“司法审查有限性”原则,即“在案证据反映的事实、应当适用的法律规范,只能得出一个行政处理结论时,行政机关作为执法机关,其职权来源于法律规范,其行使应当遵守法律规范,在其并不具有进一步裁量审查判断的余地时,司法权进一步裁判的时机已经成熟,可以径直设定被告作出的具体行政行为的内容,这属于对作出的具体行政行为‘内容上的进一步限定’,而不构成司法权代替、超越行政权的情形”。

本案同样强调了履行法定职责判决的目的,从而引出了“裁判时机成熟”学说,并从正反两面详细阐述了该学说的内涵。所谓的“裁判时机成熟”,意味着作出这样一个具体的、全面满足原告诉讼请求的判决所依赖的所有事实和法律上的前提都已具备。如果“案件事证尚未臻明确”,或者“尚需被告调查或者裁量”,就属于裁判时机不成熟。虽然此前也有诸多裁判考虑到应作出实体性裁判,比如前文已经提到的溆浦县中医院诉溆浦县邮电局不履行法定职责案(《最高人民法院公报》2000 年第 1 期)和杨宝玺诉天津服装技校不履行法定职责案(《最高人民法院公报案例》2005 年第 7 期)。与之相比,引入“裁判时机成熟”学说不仅使得判决更具说理性,也更有利于引导法院在审判时思考如何要求被告履责的问题。

Ⅲ 裁判规则的进一步发展可能

如前所述,比起履行法定职责判决,本案选择撤销并重作判决更为妥当,但这并不妨碍“裁判时机成熟”学说的引入。行政诉讼的类型在广义上可分为形成之诉、给付之诉和确认之诉三大类型,虽然我国没有引入诉讼类型,但存在判决类型,比照诉讼类型,我国也存在形成型判决、给付型判决和确认型判决,那么我国具体细分的履责判决、重作判决、给付判决、责令采取补救措施判决、行政赔偿判决以及行政补偿判决都属于广义上的给付型判决,也都会涉及“裁判时机成熟”问题。

重作判决的例子如在尹荷玲诉台州市国土资源局椒江分局土地行政批准案[浙江省台州市中级人民法院(2011)浙台行终字第 136 号行政判决书]中,法院认为“可以判决‘被告重新作出具体行政行为’,这不仅指人民法院可以原则判令被告重新作出行政行为,也包括在裁判时机成熟时,直接判令被告作出内容明确的特定行政行为”。给付判决的典型例子如在李艳艳诉巩义市社会保险事业管理局工伤保险案[河南省郑州市中级人民法院(2016)豫01行终字第247号行政裁定书]中,法院点明“给付之诉存在裁判时机问题……人民法院行政审判工作并不是要人民法院代替行政机关行使行政管理职能,成为‘万能机关’。因此,在给付诉讼中,人民法院需要对行政机关的行政裁量权给予充分尊重,其适用给付判决,尤其是明确给付内容的给付判决的情形需要受到严格限定”。责令采取补救措施判决的例子如在应龙标诉三门县人民政府房屋搬迁行政协议案[浙江省高级人民法院(2015)浙行终字第750号行政判决书]中,法院在确认拆迁补偿协议无效的同时要求行政机关作出具体行为予以补救,认为“原审基于涉案搬迁安置工作已在该案诉前全面启动,且其他安置户的房屋已在建房之中的实际情况,判令被上诉人限期给予上诉人安置宅基地。”行政赔偿案件的例子如王清亭诉聊城市东昌府区人民政府行政赔偿案[山东省高级人民法院(2017)鲁行终1226号行政判决书],法院认为上诉人并未提供被上诉人的行政行为造成损害的证据,上诉人也未就赔偿计算的基数来源和方法提供事实证据和法律依据,法院判决被上诉人承担赔偿责任的裁判时机尚未成熟,上诉人的主张可在土地行政征收程序中主张。行政补偿的例子如在张万国诉太谷县人民政府行政补偿案[山西省高级人民法院(2018)晋行终373号行政判决书]中,法院认为“此类诉讼,只有在行政机关依职权对补偿标准、补偿方式及补偿数额等作出首次判断后,行政相对人对该首次判断不服诉至法院,人民法院才有权对该补偿决定是否合法合理作出裁判,并在条件成熟时直接就补偿方式、补偿数额作出裁判。在行政机关就补偿问题尚未作出首次判断前,当事人诉请人民法院判令给予其具体补偿数额,应视为裁判时机不成熟,人民法院不宜径行对此作出裁判,否则有司法权代替行政权之嫌疑”。

从以上所举之例可看出,广义的给付型判决都将涉及“裁判时机成熟”问题,判断思路也较为一致,因此有必要提炼“裁判时机成熟”的一般规则而非局限于履行法定职责判决一处。

从司法判例来看,“裁判时机成熟”的判断标准已日臻完善,但从实质性解决行政争议的角度出发,法院尚停留在“判断”裁判时机成熟而非“促进”裁判时机成熟的阶段。正如有学者所批评的,若案件事实(如案涉房屋面积、房屋用途、房屋评估等事实)能在审判中予以澄清,则不能因此说裁判时机不成熟,通过庭审促进裁判时机成熟,有利于减少循环诉讼,实质解决纠纷。(周作彩:《房屋征收补偿中判决类型的适用》,载《交大法学》2018年第4期)

裁判规则另一个发展可能性在于,若裁判时机尚未成熟,法院是否可以通过说理为行政机关提供指导指引,例如,在苏真诉儋州市人民政府不履行法定职责案[江必新、贺荣主编,中华人民共和国最高人民法院行政审判庭编:《中国行政审判案例》(第4卷),中国法制出版社2012年版,第181页]中,法院面对法律关系较为复杂的案件若不宜在判决主文中直接判令行政主体履行特定法定职责,可以通过裁判说理的形式,理清或确认法律关系,提示行政机关依照法院的法律见解作出特定行为。

▣ 参考文献

章剑生:《现代行政法基本理论》(第2版下卷),法律出版社2014年版。

何海波:《行政诉讼法》(第2版),法律出版社2016年版。

084 滥用诉权的判断

崔志惠等诉天津市人民政府复议案 ｜ 最高人民法院(2016)最高法行申5034号行政裁定书

沈广明 杭州师范大学法学院

■ 事实概要

原告崔志惠等8人系天津市滨海新区驴驹河集体经济组织成员，天津市滨海新区驴驹河实施整体拆迁，包括原告在内的驴驹河集体经济组织成员已签订拆迁协议，但其对滩涂权属、拆迁等问题仍有争议。于是原告等驴驹河集体经济组织成员采取多人多次重复申请公开相同、同类政府信息，继而申请行政复议、提起行政诉讼的方式，引发了大量政府信息公开行政争议以及行政复议、行政诉讼案件。之后包括原告在内的驴驹河集体经济组织成员20余人交叉组合，就7份相关政府信息向天津市海洋局提出30份政府信息公开申请，天津市海洋局已经公开部分政府信息。但原告并未根据已获知的政府信息寻求实质救济，而是针对天津市海洋局予以公开和不予公开政府信息的行为，均以政府信息公开行为违法为由分别向被告申请行政复议，继而提起包括本案在内的30起行政诉讼案件。

天津市第二中级人民法院一审认为：本案原告系天津市滨海新区驴驹河集体经济组织成员，经询问，原告不能明确其申请公开相关政府信息及行政复议是基于生产、生活、科研等何种需要，而是通过申请政府信息公开及行政复议、行政诉讼反映其所在村滩涂权属、拆迁等问题。依照《行政诉讼法》第2条第1款的规定，公民、法人或者其他组织认为行政机关和行政机关工作人员的行政行为侵犯其合法权益的，有权依照该法向人民法院提起诉讼。而本案原告提起的行政复议及行政诉讼与其作为集体经济组织成员所要反映的相关问题并无直接联系，原告起诉不具备起诉条件。原告所反映的问题可以通过信访等其他途径表达。

天津市高级人民法院二审认为：上诉人通过申请政府信息公开继而提起行政复议、行政诉讼，以期达到扩大影响、反映信访诉求的目的，其起诉不具有依法应予救济的诉讼利益，这与《行政诉讼法》第1条“解决行政争议，保护公民、法人和其他组织的合法权益”的立法本意相悖，浪费了行政资源和司法资源，已构成诉讼权利的滥用。

■ 裁判要旨

Ⅰ.“无诉则无判”，诉乃发动审判权的前提。然而，是不是只要诉具备了法定形式并符合法定程序,人民法院就必须进行实体审理?现有法律虽然未作出明确规定,但根据审判权的应有之义,结合立法精神以及司法实践可知,答案并非绝对的。诉最终能否获得审理判决还要取决于诉的内容,即当事人的请求是否足以具有利用国家审判制度加以解决的实际价值和必要性。

Ⅱ.再审申请人无论是申请政府信息公开还是采取行政复议、行政诉讼等救济手段均不是为了保障其可以依法获取政府信息。原审法院认定上述人员欲采取这种多人多次重复申请公开相同、同类政府信息,继而申请行政复议、提起行政诉讼的方式,是为了达到扩大影响、反映信访诉求的目的并无不当。原审法院以崔志惠等8人的起诉不具有依法应予救济的诉讼利益,与《行政诉讼法》第1条的立法本意相悖,浪费了行政资源和司法资源,已构成诉讼权利的滥用为由裁定驳回崔志惠等8人的起诉符合行政诉讼制度的立法目的和精神。

■ 评　析

Ⅰ 滥用诉权的学理框架

滥用诉权一般是指当事人具有主观恶意,试图通过诉讼获得不法利益的行为。从其概念上看,构成滥用诉权的要件主要有两个。第一,主观上有恶意。《民事诉讼法》第13条规定的诚实信用原则为此主观要件提供了规范依据,诚实信用原则不仅是民事诉讼的基本原则,在滥用诉权的问题上,行政诉讼与其有共通性,同样须遵循诚实信用原则。如果当事人提起大量琐碎的、不能胜诉的、有骚扰性质的诉讼,可以认定其主观上有恶意。第二,客观上存在为获取不法利益而提出的诉讼行为。"在权利滥用的情形中,原告之诉通常是合法的,而且对原告而言,诉讼有一定的用处,可是其请求法律保护的目的,与法律保护制度存在的目的不符,因此不能承认其法律保护必要。"[陈清秀:《行政诉讼法》(第3版),台北,元照出版有限公司2009年版,第248页]这里的不法利益不一定是指违法的利益,也指那些不通过对应的诉讼实现救济的利益。例如,当事人系因不满房屋拆迁补偿费用而与行政机关发生纠纷,但其没有就相应的拆迁安置补偿方案起诉,而是以行政机关未依申请公开有关政府信息为由提起大量琐碎的诉讼,以争取谈判筹码,试图获得更多的安置补偿;在政府信息公开诉讼中,当事人欲间接获得的安置补偿利益也属于不法利益。

从文义上看,滥用诉权与诉权之间有紧密联系,但对于认定滥用诉权是否应当以当事人有诉权为前提,学界尚有争议。有学者认为,当事人有诉权是认定滥用诉权的前提。(章剑生:《行政诉讼中滥用诉权的判定——陆红霞诉南通市发展和改革委员会政府信息公开答复案评释》,载《交大法学》2017年第2期)也有学者认为,认定滥用诉权并不要求当事人有诉权,诉讼当事人主观存在过错,明知在不享有诉权的情况下提起诉讼的(张晓薇:《民事诉权正当性与诉权滥用规制研究》,法律出版社2014年版,第188页),也属于滥用诉权。

如果承认具有诉权是滥用诉权的前提,那么需要进一步讨论诉权的内涵与构成要件。诉权就是指提起诉讼的权利。在诉权的构成要件上,一般认为,诉权由当事人适格和诉的利益两要件构成。(江伟等:《民事诉权研究》,法律出版社 2002 年版,第 167 页)第一,当事人适格,就是符合原告资格。《行政诉讼法》第 25 条第 1 款规定:“行政行为的相对人以及其他与行政行为有利害关系的公民、法人或者其他组织,有权提起诉讼。”由此可见,只有当事人系行政行为相对人或者与行政行为有利害关系的公民或组织时,其才有原告资格。第二,诉的利益,通常是指当事人就其权利主张请求法院予以裁判的必要性与实效性;其中,必要性是指“有无必要通过本案判决来解决当事人之间的纠纷”,实效性则是指“通过本案判决能否使纠纷获得解决”。([日]新堂幸司:《新民事诉讼法》,林剑锋译,法律出版社 2008 年版,第 187 页)

需要说明的是,对于当事人是否具备诉的利益,分形式与实质两种不同的理解视角。仍以上文的房屋拆迁安置补偿纠纷为例,当事人系以政府不依法公开相应政府信息为由提起诉讼,但其最终目的是获得安置补偿的利益。在形式意义上,当事人肯定具备诉的利益,即请求法院裁判以保障其知情权的必要性与实效性;但在实质意义上,当事人欲解决的是拆迁安置补偿纠纷,而对于能否获得相关政府信息或者能否保障知情权,当事人实际上完全不在意,实质上没有请求法院裁判政府信息公开纠纷的必要性与实效性,因而不具备实质意义上的诉的利益。在滥用诉权的案例中,当事人往往只具备形式上的诉的利益,不具备实质上的诉的利益。

Ⅱ 本案的裁判思路

本案中,最高人民法院的裁判思路基本遵循了学理上滥用诉权的判定框架。首先,最高人民法院明确了诉的利益对于审判活动得以进行的重要性。最高人民法院指出:“诉乃发动审判权的前提。然而,是不是只要诉具备了法定形式并符合法定程序,人民法院就必须进行实体审理?现有法律虽然未作出明确规定,但根据审判权的应有之义,结合立法精神以及司法实践可知,答案并非绝对的。”也就是说,当事人提起的诉讼欲进入实体审理以获得裁判的,不仅要符合法定诉讼程序及其形式要件,如当事人依法起诉、有明确的被告与诉讼请求等,而且必须符合实质要件。

那么,什么是诉的实质要件?最高人民法院接着列明了诉的利益的构成要件:“诉最终能否获得审理判决还要取决于诉的内容,即当事人的请求是否足以具有利用国家审判制度加以解决的实际价值和必要性。”这里所说的起诉的“必要性”和“具有利用国家审判制度加以解决的实际价值”,即与学理中提出的诉的利益的两个构成要件相对应。

本判例中,再审申请人表面上是因不服再审被申请人逾期未作出行政复议决定而提起诉讼,但实际上其志不在此。根据原审法院已经查明的事实可知:崔志惠等 8 人系对天津市滨海新区驴驹河实施整体拆迁中所涉的滩涂权属、拆迁等问题有争议。包括本案再审申请人在内的驴驹河集体经济组织成员 20 余人交叉组合,就 7 份相关政府信息向天津市海洋局提出 30 份政府信息公开申请,天津市海洋局已经公开了部分政府信息,上述人员并未根据已获知的政府信息寻求实质救济,而是针对天津市海洋局予以公开和不予公开政府信息的行为,均以政府信息公开行为违法为由分别向天津市人民政府申请行政复议,继而提起包括本案在内的30起行政诉讼案件。由此可见,再审申请人虽在形式上具备请求法院裁判关于行政机关逾期未作出行政复议决定的诉的利益,但其起诉的最终目的是解决滩涂权属、拆迁等纠纷,实际上完全不在意相关政府信息公开申请复议的合法性,因而不具备实质意义上的诉的利益。因此,最高人民法院下结论道:"据此可知,再审申请人无论是申请政府信息公开还是采取行政复议、行政诉讼等救济手段均不是为了保障其可以依法获取政府信息。原审法院认定上述人员欲采取这种多人多次重复申请公开相同、同类政府信息,继而申请行政复议、提起行政诉讼的方式,是为了达到扩大影响、反映信访诉求的目的并无不当。原审法院以崔志惠等8人的起诉不具有依法应予救济的诉讼利益……"从最高人民法院的认定结果看,作为其评价对象的诉的利益是实质意义上的诉的利益。

既然诉的利益有形式与实质之分,那么相应的诉权也有形式与实质之分。当事人作为行政复议不作为的相对人,自然具备原告资格,因而是否具备诉权由诉的利益决定。当事人在形式上具备提起行政复议诉讼的权利,在实质上却不具备。本案中,最高人民法院在认定诉的利益时采形式标准,那么在判断诉权时也应当采形式标准,即当事人具备行政诉权。

在滥用诉权问题的判定上,最高人民法院依次考察了当事人的主观意图与客观行为。在主观方面,再审申请人通过多次重复申请公开相同、同类政府信息,继而多次重复申请行政复议及提起行政诉讼,明知大部分行政复议与诉讼没有实质意义,性质上有骚扰性,因而具有明显的主观恶意。在客观方面,再审申请人提起多次行政诉讼,实际上"是为了达到扩大影响、反映信访诉求的目的",其所追求的利益不是本案行政诉讼应当加以保障的,因此属于不法利益。综上,当事人在主观上有恶意,客观上为获取不法利益而提起行政诉讼,构成滥用诉权。

Ⅲ 滥用诉权的适用尺度

有权利就存在权利被滥用的可能。事实上,滥用诉权的问题自政府信息公开制度施行之初就已存在,而且高发于土地征收、房屋安置补偿等与公民人身、财产利益紧密相关的领域中,随着经济发展与城市化进程的不断推进,利益冲突更为激烈,滥用诉权的现象也日益突出。一方面,为了保证行政诉讼制度的正常运作,法院有必要通过判定相关诉讼滥用诉权的方式实现诉讼制度的正本清源;另一方面,我们需要认识到,在现今制度下,公民维权通道不足、不畅的现象同样客观存在,保障公民正当、合法权利亦刻不容缓。此外,实定法至今没有明确滥用诉权的标准。因此,法院有必要将滥用诉权的具体情形以列举方式限缩至最小范围,在保障公民权利与维护诉讼制度有效运行之间达至平衡。

□ 参考文献

张晓薇:《民事诉权正当性与诉权滥用规制研究》,法律出版社2014年版。

[日]新堂幸司:《新民事诉讼法》,林剑锋译,法律出版社2008年版。

江伟等:《民事诉权研究》,法律出版社2002年版。

085 诉权与滥用诉权

陆红霞诉南通市发展和改革委员会政府信息公开答复案 |《最高人民法院公报》2015 年第 11 期

章剑生 浙江大学光华法学院

■ 事实概要

2013 年至 2015 年 1 月，原告陆红霞及其父亲陆富国、伯母张兰三人以生活需要为由，分别向南通市人民政府等提起至少 94 次政府信息公开申请，要求公开南通市人民政府财政预算报告等政府信息。在以上提出的政府信息公开申请中，原告陆红霞、张兰分别向南通市人民政府等申请公开“南通市人民政府 2013 年度政府信息公开工作年度报告、南通市港闸区人民政府 2007 年度《财政预算决算报告》”等内容相同的信息；陆富国、张兰分别向南通市人民政府等单位申请公开城北大道工程征地的供地方案等内容相同的信息。原告陆红霞及其父亲陆富国、伯母张兰在收到行政机关作出的相关《政府信息公开申请答复》后，分别向江苏省人民政府等复议机关共提起至少 39 次行政复议。在经过行政复议程序之后，三人又分别以政府信息公开申请答复“没有发文机关标志、标题不完整、发文字号形式错误，违反《党政机关公文处理工作条例》的规定，属形式违法；未注明救济途径，属程序违法”等为由向南通市中级人民法院等提起政府信息公开之诉至少 36 次。

■ 裁判要旨

Ⅰ. 公民在行使权利的时候，不得损害国家的、社会的、集体的利益和其他公民的合法权利。作为权利之一的获取政府信息公开权和诉权当然也不能滥用。上诉人陆红霞的起诉源于政府信息公开申请，其起诉的理由多以被诉答复无发文机关标志、标题不完善、无发文字号、程序违法为由，反复多次提起相同或类似的诉讼请求。陆红霞不当的申请和起诉多次未获人民法院的支持，而其仍然频繁提起行政复议和行政诉讼，已经使有限的公共资源在维护个人利益与他人利益、公共利益之间有所失衡，超越了权利行使的界限，亦有违诚实信用原则，已构成诉讼权利的滥用，一审法院驳回其起诉并无不当。

Ⅱ.《政府信息公开条例》(2008 年) 第 13 条规定，除行政机关主动公开的政府信息外，公民、法人或者其他组织还可以根据自身生产、生活、科研等特殊需要，向国务院部门、地方各级人民政府及县级以上地方人民政府部门申请获取相关政府信息。《政府信息公开条例》(2008 年) 第 20 条规定了政府信息公开申请应当包括申请人的姓名或者名称、联系方式;申请公开的政府信息的内容描述;申请公开的政府信息的形式要求。《政府信息公开条例》(2008 年)没有规定申请人在提出政府信息公开申请时要说明使用信息的用途、理由等,故政府信息主管部门和工作机构在实务中不得随意增设申请人的义务。但上诉人陆红霞持续、琐碎、轻率甚至带有骚扰性质的滥用获取政府信息权、滥用诉权的行为,超越了权利行使界限,应当对其设定一个限制反复的约束。一审法院从维护法律的严肃性、促进公共资源的有效利用出发,同时为了保障诉讼权利平衡、保障陆红霞依法获取政府信息,对其今后再次申请类似信息公开、提起行政诉讼设定了一定的条件,符合《政府信息公开条例》(2008 年)的立法精神和目的。

■ 评　析

Ⅰ 行政诉权的构成要件

第一个要件是当事人适格。在行政诉讼中判定当事人是否适格,其法规范基础是《行政诉讼法》第 25 条。该条第 1 款规定:"行政行为的相对人以及其他与行政行为有利害关系的公民、法人或者其他组织,有权提起诉讼。"也就是说,判断当事人是否适格,基准是当事人是否是行政行为相对人或者其他与被诉行政行为之间是否存在利害关系的公民、法人或者其他组织。由于行政法律关系中存在多边性、复杂性等因素,运用这一判断基准时,需要以行政法律关系类型为基础,如此方能得出妥当性的结论。

行政法律关系可以分为两种基本类型:(1)直线型,其模型为"A→B"。在这里,A 代表行政机关,B 代表当事人。这一类型作文字可以表述为,行政机关(A)作出的行政行为直接指向公民、法人或者组织(B)时,B 即适格的当事人。例如,因闯红灯被交警行政处罚的驾驶员,就是对该行政处罚决定提起诉讼的适格当事人。在直线型行政法律关系中,判定当事人是否适格几乎不存在问题。(2)三角型,即由 A、B、C 三个法律主体构成的三角型结构模式。在这里,A 代表行政机关,B 代表相对人,C 代表与 A 向 B 作出的行政行为之间有利害关系的人。这种情形在行政法学理上称为"具有第三人效力的行政行为"。在这个行政法律关系类型中,判断 C 是否是适格的当事人问题,最大的困难是何为"利害关系"?当然,在许多情况下,判断 C 是否是利害关系人并不困难,也少有争议,如行政处罚中的受害人、与建设规划许可申请人有相邻关系的人等。在本案中,陆红霞因不服南通市发展和改革委员会(以下简称南通市发改委)向其作出的通发改信复(2013)14 号《政府信息公开申请答复书》,向法院提起行政诉讼,请求法院撤销该答复书,其行政法律关系类型为直线型,故陆红霞作为本案当事人是适格的。

第二个要件是诉的利益。如何充分、有效地利用有限的司法资源,是国家在设置法院之后需要借助法律技术加以解决的问题。作为法律技术,诉的利益赋予了法官在个案中的裁量权,旨在确定当事人诉讼请求是否需要法院通过审判权予以保护。《行政诉讼法》第 25 条仅规定了"原告适格"的判定标准,未及诉的利益。判定行政诉讼中诉的利益法规范基础应当是《行政诉讼法》第 2 条第 1 款,即"公民、法人或者其他组织认为行政机关和行政机关工作人员的行政行为侵犯其合法权益,有权依照本法向人民法院提起诉讼"。在这里,《行政诉讼法》明确宣旨:"合法权益"将受到行政诉讼的保护。在这里,尚有两个问题有待于展开讨论:(1)行政诉讼中"客观诉讼"成分与诉的利益。《行政诉讼法》第1条通过"监督行政机关依法行使职权"之语句,在行政诉讼中添加了一种客观诉讼成分,或者说寓客观诉讼于主观诉讼之中。尽管对行政诉讼从民事诉讼中引入诉的利益理论不能从方法论上加以否定,但从诉讼目的、功能等角度出发,因行政诉讼具有"客观诉讼"的成分,诉的利益也应当循着这些因素加以适当微调,否则在行政诉讼制度内部容易产生紧张关系,消解了诉的利益这一法律技术在保护行政相对人合法权益方面的价值。(2)对合法权益之外"正当权益"的保护。在社会变迁与法的稳定之间的紧张关系中,一个难以消解的后果是,在法外产生了应当予以保护的"正当利益"时,如何通过诉的利益这一法律技术加以解决。本文认为,基于保护"正当利益"的必要性和实效性,《行政诉讼法》第2条应当保持一种开放性的规范结构,不断地吸纳因社会变迁而产生的新的利益诉求;当然,在这个过程中,司法权的能动性同样不可或缺。因此,从这个意义上说,诉的利益往往是产生"新权利"类型的重要推手。

在本案中,陆红霞向被告南通市发改委申请公开"长平路西延绿化工程的立项批文",针对南通市发改委的答复,陆红霞认为自己申请公开的是"长平路西延绿化工程",南通市发改委公开的却是"长平路西延工程",虽只有两字之差,但内容完全不同。对此,陆红霞请求法院依法撤销南通市发改委作出的通发改信复(2013)14号《政府信息公开申请答复书》并责令重新作出答复。单就本案的诉讼请求来说,陆红霞依法提出了申请,南通市发改委也认为陆红霞有权获得其所申请的政府信息,否则就不会作出这样的答复(同意公开)。争执的焦点是,陆红霞认为南通市发改委"答非所问",故请求法院保护其法律规定的获取政府信息的权利。这种"答非所问"的行政行为若不纳入司法审查范围,就不足以保护陆红霞的政府信息获取权,也只有这样,陆红霞才能实现其获取政府信息的权利。在民事诉讼中,通说认为,给付之诉、形成之诉中关于诉的利益不是个问题,只有在确认之诉中才生成是否有诉的利益之争。在行政诉讼中,虽然在规范上未有诉的类型划分,但也有学者认为诉的类型是客观存在的。这里姑且不讨论这个问题。就本案而言,其诉讼请求是撤销"答复",并要求法院判令被告重新作出答复,其诉讼请求的重心不在于撤销而是重新作出答复,其"给付之诉"成分浓厚。"在给付之诉中,一旦发生给付请求权存在与否的争议,就此而提起诉讼,法院当然受理,其中当然也就没有必要逐一考虑进行诉讼无有利益的问题。"可见,陆红霞提起本案诉讼有诉的利益,应该可以认定。

Ⅱ 滥用诉权与司法审查

权利不得滥用,此为法治国家一条不可逾越的戒律。权利的实现以损耗公共财政为前提,故权利人负有纳税义务也就有了宪法基础。但无论如何,一个国家的公共财政都是有限的,因此每一项权利的实现都不得过度损耗公共财政,否则就不具有正当性。《宪法》第51条规定:"中华人民共和国公民在行使自由和权利的时候,不得损害国家的、社会的、集体的利益和其他公民的合法的自由和权利。”本条中虽然没有出现“滥用”字眼,但可以认为其要义中包含了“权利不得滥用”之意。

诉权,无论是源于实体法还是诉讼法,都属于权利的一种,必有权利的各种属性,故诉权滥用不仅在逻辑上成立,在实务中也并不少见。制定法至今尚未对“滥用诉权”作出规定,《民事诉讼法》第13条第1款规定,民事诉讼应当遵循诚信原则,这可能是制定法与滥用诉权在意义上最为接近的条款。2015年最高人民法院《关于人民法院推行立案登记制改革的意见》规定,对虚假诉讼、恶意诉讼、无理缠诉等滥用诉权行为,明确行政处罚、司法处罚、刑事处罚标准,加大惩治力度。在这里,最高人民法院列出了虚假诉讼、恶意诉讼、无理缠诉等滥用诉权的情形,但并没有给出“诉权滥用”的概念。

当事人提起诉讼符合诉权的两个构成要件,即可认定具有诉权。当事人行使诉权,符合下述两个要件的,即构成滥用诉权。第一,主观上有恶意。确立这一判定标准的是《民事诉讼法》第13条规定的诚信原则。“诚信原则及其派生之真实义务原则在界定诉权滥用问题上有着共通的重要性。诚信原则的确立弥补了对当事人行使诉权时主观意图在规范上的缺陷,为法庭提供了认定诉权滥用的另一判断标准。”[张晓薇:《民事诉权滥用规制论》,四川大学2005年博士学位论文,第49页]国家设置诉讼制度,要求各方当事人在诚信原则的指引和规范下行使诉讼权利,如此方能符合诉讼制度的要旨。所以,对琐碎的、多余的、大批量的、不可能胜诉的、骚扰的甚至诈欺的诉讼,可以违反诚信原则为由判定当事人主观上有恶意。第二,客观上是为了获取违法权益。诉讼保护的是当事人合法权益,但当事人将提起诉讼作为一种手段,谋求若通过诉讼不能获取的违法权益,则本要件成立。“在权利滥用的情形中,此时原告之诉通常是合法的,而且对原告而言,诉讼有一定的用处,可是其请求法律保护的目的,与法律保护制度存在的目的不符,因此不能承认其法律保护必要。”[陈清秀:《行政诉讼法》(第3版),台北,元照出版有限公司2009年版,第248页]例如,为了获取违法建筑与合法建筑相同的补偿,被征收人提起大批量的诉讼,以达到法外目的。

唯一需要指出的是,作为基本权的诉权对于个人而言是十分重要的一种权利,是人身权、财产权等权利的重要保障性程序权利,因此,从最大限度地保护当事人诉权角度出发,上述要件中“恶意”“违法权益”的概念,应当遵循最小范围原则从严解释。

Ⅲ 本判例的意义

诉权,简言之,即当事人请求法院保护其权益的一种程序性权利。国家设置法院是为了满足当事人行使诉权的要求,旨在保护其实体法权益的需要,从最大限度地保护当事人权益的角度看,法院“大门”的门闩不可以太多、太密;但由于法院启动诉讼程序是需要人力、财物等公共财务成本的,故当事人不可以滥用诉权,不正当损耗有限的公共财政资源。本案中,在形式上,原告陆红霞依法提起行政诉讼,请求法院依法撤销被告南通市发改委作出的通发改信复(2013)14号《政府信息公开申请答复书》,并责令其重新作出答复。但经法院查明,陆红霞及其父亲陆富国、伯母张兰此前至少已有94次政府信息公开申请、39次政府信息公开行政复议和36次政府信息公开行政诉讼。法院以滥用诉权为由,作成了一个被不少人认为是“法外”的行政裁判，具有预防滥用诉权的法律意义。

参考文献

耿宝建、周觅：《政府信息公开领域起诉权的滥用和限制——兼谈陆红霞诉南通市发改委政府信息公开案的价值》，载《行政法学研究》2016 年第 3 期。

高慧铭：《论基本权利滥用的认定标准》，载《比较法研究》2016 年第 1 期。

徐国栋：《罗马民事诉讼法对滥诉和滥用程序的预防和制裁——兼论拉丁法族主要国家（地区）的这些方面》，载《中外法学》2016 年第 4 期。

梁艺：《“滥诉”之辩：信息公开的制度异化及其矫正》，载《华东政法大学学报》2016 年第 1 期。

086 裁判理由与既判力

王世友诉江苏省徐州市泉山区人民政府房屋面积认定案 ｜ 最高人民法院(2017)最高法行申265号行政裁定书

王 浩 西南石油大学法学院

■ 事实概要

2014年,泉山区人民政府启动金山东路东延(七里沟棚改)项目,并于2014年5月23日作出徐泉征字〔2014〕第5号《徐州市泉山区人民政府房屋征收决定》(以下简称5号征收决定)并予以公告。因未与原告王世友达成房屋征收安置补偿协议,泉山区人民政府于2014年9月12日作出泉房征补字〔2014〕第152号《房屋征收补偿决定书》(以下简称152号补偿决定),认定王世友房屋合法建筑面积为135.66平方米。王世友不服152号补偿决定,提起行政诉讼,江苏省徐州市中级人民法院于2015年3月13日作出(2014)徐行初字第00087号行政判决,驳回王世友的诉讼请求。王世友不服提起上诉后,江苏省高级人民法院于2015年6月10日作出(2015)苏行终字第00346号行政判决,驳回上诉,维持一审判决。之后,王世友以泉山区人民政府未按照法律规定认定其房屋合法面积、侵犯其合法权益为由,提起本案诉讼,请求确认泉山区人民政府未依法认定其房屋合法面积的行为违法。

江苏省高级人民法院二审裁定认为,根据《行诉适用解释》第3条第1款第10项的规定,起诉不符合其他法定起诉条件,已经立案的,应当裁定驳回起诉。本案中,王世友提起行政诉讼,请求法院确认泉山区人民政府未依法认定其房屋合法面积的行为违法。泉山区人民政府作出5号征收决定和152号补偿决定前,已对涉案房屋的合法面积予以认定。王世友不服152号补偿决定而提起诉讼,生效行政判决已驳回其诉讼请求。被征收房屋合法面积的认定行为是否合法是房屋征收补偿决定合法的前提,在王世友诉152号补偿决定案件的审理过程中,法院已对涉案房屋合法面积的认定行为进行审查并予以评价。在此情况下,王世友提起本案行政诉讼不符合起诉条件,且无实际意义。因此,江苏省徐州市中级人民法院裁定驳回起诉并无不当,依照《行政诉讼法》第89条第1款第1项的规定,裁定驳回上诉,维持一审裁定。

■ 裁判要旨

I. 泉山区人民政府于2014年9月12日作出152号补偿决定,载明王世友房屋合法面积为135.66平方米,房屋用途为住宅。王世友不服152号补偿决定,提起诉讼,江苏省徐州市中级人民法院、江苏省高级人民法院分别作出(2014)徐行初字第00087号行政判决、(2015)苏行终字第00346号行政判决。在此诉讼中,当事人争议的焦点之一即涉案房屋面积认定是否合法的问题,一审、二审法院也均将该问题作为争议焦点进行了审理。庭审中,与房屋面积直接有关的证据均经过当庭举证、质证,房屋面积认定方法也经各方辩论,上述一审、二审判决对此认定方法和具体面积的认定,均予以支持。可见,人民法院在前诉案件中对征收补偿决定进行合法性审查时,已经在当事人质证辩论的基础上对房屋面积认定问题进行了审查并作出了合法性认定。因此,有关房屋面积认定的合法性问题,已经受到前诉判决羁束。

Ⅱ. 已经生效的前诉裁判具有既判力,后诉不得作出与前诉相反的判断;已经前诉裁判羁束的内容,当事人不得再次诉请裁判;当事人坚持起诉的,法院应当裁定不予立案或者驳回起诉。前诉裁判所列争议焦点在经过当事人充分辩论后,前诉对争议焦点所作的实质性判断即具有既判力,特别是前诉将案件的主要事实列为争议焦点时,更应如此。只要前诉已将权利发生、变更或消灭之法律效果中直接且必要的主要事实列为案件的争议焦点,并在经过当事人质证、辩论后作出了认定,那么该直接且必要的主要事实即发生争点效,形成既判力。该裁判的当事人及相关权利、义务的承担人不得在后诉中对前诉裁判已经查明和认定的主要法律事实和法律关系提出争议,在此情况下,王世友提起本案行政诉讼,不符合起诉条件,且无实际意义。因此,江苏省徐州市中级人民法院裁定驳回起诉并无不当。

■ 评　析

Ⅰ 本判例的审理逻辑

从一审法院到最高人民法院,其审理逻辑均以“前诉生效裁判具有既判力”为前提。一审和二审法院在本判例中的立场基本一致。一审法院对被告的辩称予以支持,分别从两方面进行说理:(1)认为(2014)徐行初字第00087号行政判决已对被告确认原告房屋合法面积的行为作出了评判。(2)“原告提起本案诉讼的诉讼标的已为该生效判决所羁束。”二审法院则对一审法院的论证逻辑进行了补充,认为“被征收房屋合法面积的认定行为是否合法是房屋征收补偿决定合法的前提”,在原告诉152号补偿决定案件的审理过程中,法院已对涉案房屋合法面积的认定行为进行了审查并予以评价,故认为原告提起行政诉讼“不符合起诉条件,且无实际意义”,裁定驳回上诉。一审和二审法院其实已经隐隐意识到前诉生效裁判理由的既判力问题,并援引《行诉适用解释》第3条第1款第6项、第9项“重复起诉的”“诉讼标的已为生效裁判所羁束的”的规定,“已经立案的,应当裁定驳回起诉”,裁定驳回原告上诉。

最高人民法院在理由论证中同样以“已经生效的前诉裁判具有既判力”为论证基础展开其论证逻辑:(1)前诉生效裁判的既判力仅限于裁判主文确定的范围,裁判主文对被诉行政行为合法性的评价构成该裁判既判力的客观范围。(2)后诉判断同一行政行为的合法性,要受前诉生效裁判的羁束。(3)只要前诉已将权利发生、变更或消灭之法律效果中直接且必要的主要事实列为案件的争议焦点,并在经过当事人质证、辩论后作出了认定,那么该直接且必要的主要事实即发生争点效,形成既判力。(4)在本案中,涉案房屋面积认定是否合法的问题已经作为前诉的争议焦点进行了审理,相关证据及房屋面积认定方法均经过当庭举证、质证和辩论,最终对涉案房屋的合法建筑面积进行了计算确认,故对涉案房屋面积认定已经具有既判力,受到前诉判决的羁束,驳回再审申请人的再审申请。较之一审和二审法院,最高人民法院在"生效前诉裁判具有既判力"这一理论基础之上,就此案对裁判理由的既判力问题有了进一步的论证。

Ⅱ 本判例的学理框架

在行政诉讼法中,关于判决的效力一般准用民事诉讼法的做法。我国《民事诉讼法》虽未通过法律形式确定裁判理由的既判力,但目前已有直接肯定判决理由有既判力、争点效理论、赋予判决理由以拘束力、引入中间确认之诉四种主要学说对该问题予以讨论,这四种主要学说均对裁判理由的既判力予以不同程度的认可。本判例则针对裁判理由既判力构建了较为完整的学理,这个学理框架在肯定生效前诉裁判具有既判力的基础之上,主要构成了以下逻辑:(1)裁判理由既判力的范围:裁判理由既判力的范围仅限于前诉法院对争议焦点的认定和对法律事实的认定。(2)裁判理由既判力的判断规则:前诉法院对一般性事实及次要事实的认定不具有既判力;前诉法院对争议焦点和主要法律事实的认定具有既判力;主要法律事实是指在诉讼中对权利的发生、变更或消灭有直接必要的影响,经过了当事人的质证辩论,并被列为案件的争议焦点的法律事实。(3)裁判理由既判力的效力:当前诉生效裁判理由中已经过前诉法院确认的争议焦点和主要法律事实出现在其他后诉的审理中时,既不允许后诉当事人提出违反前诉判断的主张及举证,也不允许后诉法院作出相矛盾的判断。

Ⅲ 本判例的后续影响

最高人民法院在2017年审理多件同时间段发生的不同当事人诉徐州市泉山区人民政府的房屋面积认定案件时,如赖广祥诉徐州市泉山区人民政府房屋面积认定案[最高人民法院(2017)最高法行申235号行政裁定书],均采用了本判例关于裁判理由既判力认定的理论。而后,最高人民法院在蒋若云诉贵州省普安县人民政府、贵州省普安县县城开发管理委员会房屋行政征收补偿协议案[最高人民法院(2018)最高法行申10379号行政裁定书]中,同样适用了本判例的裁判理由既判力理论,认为"诉争《安置协议》的合法有效性已被生效的民事判决确认,蒋若云提起本诉应受该民事生效判决的羁束",再次对裁判理由的既判力予以认可。因此,本判例也是最高人民法院构建行政诉讼生效裁判既判力理论制度的一个重要的案例。

Ⅳ 本判例的意义

在本判例之前,针对裁判理由既判力认定的问题,最高人民法院在行政诉讼审理中始终秉持"前诉生效裁判具有既判力"的原则,表现出与本判例相同的理念。

在陈前生诉金寨县人民政府房屋行政征收及补偿协议案[最高人民法院(2016)最高法行申2720号行政裁定书]中,针对"再审申请人陈前生对再审被申请人金寨县人民政府提起的本案诉讼是否构成重复起诉"的问题,最高人民法院认为,人民法院判决驳回陈前生要求撤销行政行为的诉讼请求已经产生被诉行政行为并非违法的既判力,当事人再就同一行政行为提起确认违法之诉,即违反了既判力的原则,属于重复起诉的情形,依据《行诉适用解释》第3条第1款第6项规定以及最高人民法院《关于适用〈中华人民共和国民事诉讼法〉的解释》第247条规定,应当裁定驳回起诉。在这个判例当中,最高人民法院已经对前诉生效裁判的既判力予以认可,但该判例的认定重点在"是否构成重复起诉"上,仅对"重复起诉违反了既判力原则"予以说理。同样,在王薇与山东省青岛市市南区人民政府、山东省青岛市人民政府再审案[最高人民法院(2016)最高法行申4713号行政裁定书]中,最高人民法院肯定了前诉判决的既判力,并按照既判力扩张的理论,认定再审申请人王薇虽在前诉中为第三人,但其同样被判决的既判力拘束,故王薇就同一事项再次向市南区人民政府申请行政赔偿并进而提起诉讼不符合《行政诉讼法》的相关规定。

通过梳理最高人民法院在本判例之前作出的相关行政裁判,可见在行政诉讼当中,"前诉生效裁判具有既判力"这一原则已经成为共识,但是否前诉生效裁判文书的所有内容均具有既判力,尤其是包含法官主观判断的裁判理由的既判力认定问题,最高人民法院尚未有所回应。

本判例是最高人民法院首次对行政诉讼裁判理由既判力的认定规则予以详细阐述的一个重要判例。传统的既判力理论源于民事诉讼法理论,是指确定判决在实体上对于当事人和法院所具有的强制性通用力,表现为判决确定后,当事人不得就判决确定的法律关系另行起诉,也不得在其他诉讼中就同一法律关系提出与本案诉讼相矛盾的判决,法院亦不得作出与该判决所确定的内容相矛盾的判断。但因我国民事诉讼制度在规范层面尚未确立既判力制度,针对生效裁判理由是否具有既判力的问题目前仍然存在争议。行政诉讼制度脱胎于民事诉讼,至今仍对民事诉讼法律制度有所参照,《行政诉讼证据规定》第70条以及《行诉适用解释》第3条第1款第9项对生效裁判的既判力进行了确认,较之民事诉讼已有所进步,但针对裁判理由的既判力认定问题,行政诉讼也尚未形成具体的适用规则。

从本判例开始,最高人民法院对裁判理由既判力的认定规则有了进一步发展完善,即在肯定生效前诉裁判具有既判力的基础之上,将其既判力限于裁判主文确定的范围,并赋予裁判理由中对案件争议焦点和主要法律事实的实质性判断以一定程度的既判力,这既是裁判理由既判力理论在行政案件审判实务中的创新适用,也进一步丰富发展了生效裁判既判力的法理。本判例对于裁判理由既判力理论的发展完善,一方面保证了既决事项禁止重复争讼达到一事不再理的效果;另一方面并未对裁判既判力给予全面肯定,保障了当事人的救济途径,对在行政诉讼中实现"维护裁判权威"与"维护人民权益"之间的价值平衡颇有实益。

□ 参考文献

江伟主编:《民事诉讼法专论》,中国人民大学出版社2005年版。
张卫平:《既判力相对性原则:根据、例外与制度化》,载《法学研究》2015年第1期。
杨建顺:《论行政诉讼判决的既判力》,载《中国人民大学学报》2005年第5期。
朱川、周晶:《判决理由既判力的再认识》,载《人民司法》2011年第8期。

087 既判力的时间范围

周口市利民垃圾处理有限公司诉周口市人民政府行政赔偿案 | 最高人民法院(2017)最高法行申1185号行政裁定书

夏　雨 宁波大学法学院

■ 事实概要

2008年,周口市利民垃圾处理有限公司(以下简称利民公司)诉称,周口市人民政府于2003年2月14日以协议书的形式许可利民公司建设城市生活垃圾处理工程并将周口市所有生活垃圾交利民公司处理,但周口市人民政府违反协议和法律,又将项目交第三人实施,导致利民公司无法存续。该案经由周口市中级人民法院审理并作出了(2008)周行初字第19号行政判决,确认周口市人民政府行为违法。判决生效后,利民公司起诉赔偿,因证据不足被河南省商水县人民法院作出的(2013)商行初字第104号行政判决驳回,并经周口市中级人民法院作出(2015)周行终字第92号二审判决终审,该判决已发生法律效力。

判决生效后,利民公司以有新证据为由再次起诉,请求判令周口市人民政府赔偿其经济损失1,283,725.99元及利息。河南省开封市中级人民法院一审认为,该案已有由河南省商水县人民法院作出的(2013)商行初字第104号行政判决和周口市中级人民法院作出的(2015)周行终字第92号二审判决,且该判决已发生法律效力。因此,开封市中级人民法院作出(2016)豫02行初147号行政裁定,对利民公司的起诉不予立案。利民公司不服,提起上诉。河南省高级人民法院作出(2016)豫行终1666号行政裁定,驳回上诉,维持原裁定。利民公司不服,向最高人民法院申请再审。

■ 裁判要旨

Ⅰ.判决一旦获得确定对后诉具有既判力,当事人对于同一事项的再次起诉将会被禁止。既判力的界限可以分别表述为时间范围、物的范围以及人的范围。就时间范围而言,既判力的基准时为事实审言词辩论终结时,确定判决仅对基准时之前发生的事项具有既判力,对基准时之后的事项没有既判力。正是基于这一原理,最高人民法院《关于适用〈中华人民共和国民事诉讼法〉的解释》第248条明确了一种既判力排除的情形,该条规定:“裁判发生法律效力后,发生新的事实,当事人再次提起诉讼的,人民法院应当依法受理。”

Ⅱ.在既判力排除的情形中,关键是对“新的事实”的认定。“新的事实”实质是在既判力基准时之前没有发生的新事由,并且由于不具有可预料性,当事人在前诉中对此不可能予以主张。由于在前诉中对后发事由不可能预料并主张,原告就后发事实提起再诉,不受前诉既判力的遮断。这也意味着,后诉中基于新事由提出的诉讼主张因与前诉具有可分性,从而形成了与前诉不同的可以另行起诉的诉讼对象。但针对"旧的事实"的"新的证据"不是可以遮断既判力的"新的事实"。

■ 评　析

Ⅰ 既判力时间范围的学理框架

既判力效力范围的确定涉及权利保护和法的安定性。在既判力效力范围的探究上,往往从主观范围、客观范围、时间范围三个角度进行。

主观范围解决的是什么样的人受到既判力约束。由于既判力理论主要发于民事诉讼,而民事诉讼受民事审判中当事人处分权主义的影响,注重解决当事人之间的纠纷,并在诉讼过程中奉行当事人处分权主义和辩论主义,当事人在诉讼中具有不可替代的作用。无论是诉讼标的的确定、诉讼请求的提出还是案件争点的归纳,都受到当事人主张和辩论的限制。这些权利使当事人成为诉讼的主导,每一个案件都成为某两方当事人"设计"的场景和"定制"的目标,案外人很难完全同意或者符合先前诉讼中的情景。因此,既判力原则上适用于"参加诉讼的双方当事人"。但是在行政诉讼中,由于行政行为的特点,大家对于行政诉讼中主观范围扩张又有不一样的看法。由此便有了上文中我国最高人民法院在面对共同诉讼和非共同诉讼时对待既判力的不同处理。

既判力的客观范围是指判决中的哪些内容能够产生既判力。一般认为,既判力在判决主文上产生,而不及于判决理由部分。判决主文是法院针对当事人的诉讼请求所作出的判断。之所以将范围集中在判决主文上,也是因为这一部分是诉讼的核心,是双方充分辩论、举证后形成的结论,应是确认无疑的。

既判力的时间范围按照民事诉讼中的情况,一般是指当事人提出作为审判的基础资料的事实的最终时间,即庭审言辞辩论结束之时。也就是本案判决据以作出的事实的最终提交时间。但是这一理论在行政诉讼中也遇到了争议。产生争议的主要原因是被诉行政行为合法性证明时须使用行政行为作出前收集的证据,因此就不再是庭审的言辞辩论结束之时。所以,有观点认为,根据最高人民法院行政诉讼司法解释的有关规定可以判断,中国行政诉讼判决的既判力的标准时间应当是具体行政行为生效时。但也需要看到,对于行政相对人来说,这一时间节点又不符合其证据提交等情况。因此,既判力在我国行政诉讼中的时间范围的构建需要充分结合行政诉讼证据制度,也要区分行政主体和行政相对人在诉讼中的不同情况。

此外,我们的诉讼制度中还存在再审制度。再审是对不当判决的纠错,也是既判力效力的例外情况。可以说,再审程序中包含的追求个案正义的精神弥补了既判力制度的不足。形象地说,再审制度是在不断地减少既决判决的错误,为既判力打扫后方,让正确的判决具有既判力。

Ⅱ 本判例的规范性逻辑

《行政诉讼法》并未明确规定判决的既判力，但相反地规定了破除既判力的再审制度。该法第 90 条规定，“当事人对已经发生法律效力的判决、裁定，认为确有错误的，可以向上一级人民法院申请再审，但判决、裁定不停止执行”。当事人符合这一条件的，就可以请求启动破除既判力的再审程序。而另一重要相关条款是《行诉适用解释》第 3 条第 1 款第 9 项，它相对正面地就既判力作出规定，诉讼标的已为生效裁判所羁束的，已经立案的，应当裁定驳回起诉。

本案中，利民公司所主张的“新的事实”是指该案件所涉及的会计鉴定确定的内容和项目，在先前的诉讼中，该部分内容被法院认定为“会计鉴定超鉴定范围及鉴定结论确定损失事实的真实性不足”，此次起诉则是根据再审申请人“重新提供的新的司法会计鉴定，系有资质的第三方对其财务支出重新实施的审计和认定”。利民公司因此认为，这是新的事实、新的起诉，与原判决已决的案件事实不同，是新的案件。同时，利民公司指出，既判案件的再审期限已过，不通过重新起诉的话，不能获得救济。

最高人民法院审理后，事实上面临两条路线，一是基于既判力例外情形的再审，二是作为一个新案件的受理。由于利民公司别无选择地走了第二条路，因此核心问题便是这个案件是否属于新案件，即是否属于“重复起诉”。在重复起诉中，涉及的要件有以下三个：(1)后诉与前诉的当事人相同；(2)后诉与前诉的诉讼标的相同；(3)后诉与前诉的诉讼请求相同，或者后诉的诉讼请求实质上否定前诉裁判结果。从这个角度来说，区分的重点落在了诉讼标的是否相同，即利民公司所说的“新的事实”。

在对“新的事实”的认定中，最高人民法院从既判力时间范围的角度进行了论述，认为既判力的基准时为事实审言词辩论终结时，确定判决仅对基准时之前发生的事项具有既判力，对基准时之后的事项没有既判力。这种没有既判力的现象即最高人民法院《关于适用〈中华人民共和国民事诉讼法〉的解释》第 248 条所明确了的既判力排除的情形。该条规定：“裁判发生法律效力后，发生新的事实，当事人再次提起诉讼的，人民法院应当依法受理。”利民公司也正是以该条规定为依据主张其符合再次起诉的条件。但所谓“新的事实”，实质是指在既判力基准时之前没有发生的新事由，并且由于其不具有可预料性，当事人在前诉中对此不可能予以主张。换言之，后诉中基于新事由提出的诉讼主张因与前诉具有可分性，从而形成了与前诉不同的可以另行起诉的诉讼对象。

据此，法院认为本案中利民公司在后诉中的诉讼主张与前诉中的诉讼主张并无二致，都是请求判令周口市人民政府因违法重复许可赔偿其经济损失。其所称“新的事实”只不过是原鉴定机构对于其经济损失重新作出的司法会计鉴定，就其性质而言，应当属于针对事实审言词辩论终结之前就已存在的“旧的事实”所提供的“新的证据”。

综上所述，从“新的事实”与“新证据下的旧事实”这两者在既判力上的区别出发，最高人民法院认为并非新的事实，因此驳回再审申请。若将这一逻辑在“重复起诉”的几个要件中继续延伸，那么也就意味着申请人的申请并未提出新的诉讼标的。

Ⅲ 本判例的意义

既判力是指已经发生法律效力的判决、裁定对后诉的羁束力,其作用体现在消极和积极两个方面。消极作用是指,基于国家司法权的威信以及诉讼经济,在人民法院作出生效判决、裁定后,不准对同一事件再次进行诉讼。与禁止重复起诉属于同一原理。既判力的积极作用则体现了法的安定性,是指人民法院不得在其后的诉讼中作出与该判决、裁定内容相抵触的新的判决、裁定。在行政诉讼判决中确立起既判力对于解决法院判决、裁定的反复是非常必要的,但在我国行政诉讼中,无论既判力理论研究还是司法适用,都是相对欠缺的。

最高人民法院在几个再审案件中逐步涉及了既判力的范围问题。例如,在王薇诉山东省青岛市市南区人民政府、山东省青岛市人民政府行政赔偿及行政复议再审案[最高人民法院(2016)最高法行申4713号行政裁定书]中,针对共同诉讼的情况,明确了基于共同诉讼促进诉讼经济的目的,确立了"对于任一共同诉讼人作出的判决,其既判力也及于其他的共同诉讼人"的规则,这意味着在任一共同诉讼人提起诉讼后,其他共同诉讼人就同一事项再次提起行政诉讼即为法所不许。而在张刚诉武汉市武昌区人民政府城建行政征收再审案[最高人民法院(2017)最高法行申411号行政裁定书]中,法院基于对是否属于"重复起诉"的分析,结合重复起诉的三个要件,即前后诉当事人相同、诉讼标的相同、诉讼请求相同来对案件进行分析,最终认为,该案中虽然针对的行政行为是相似的,但当事人并不相同,因此不能认为属于既判力的范围。为了促进诉讼的经济,提出了标准诉讼的方案。所谓标准诉讼,是指首先审理其中一个或数个有代表性的诉讼,并中止其他诉讼。在首先审理的诉讼中作出的裁判发生法律效力的情况下,如果其他诉讼的当事人认为其案件与首先审理的案件之间并无事实上或法律上的重要区别且案件事实清楚,人民法院可以参照《民事诉讼法》第57条第4款的规定,裁定对中止的诉讼适用已经生效的判决裁定。

可以看到,行政诉讼判决的既判力问题在最近得到了最高人民法院的关注,并在既判力的主观范围上有了厘清。而本案的意义在于对既判力时间范围的一次界定。既判力范围的扩张,如主观范围的扩张,会形成越来越多当事人不得再行争议的法律事实,使许多的案外人在未经由"正当程序"保障的审判程序之前就被剥夺了权利,同时将法院紧紧地束缚在了前诉判决上,失去了再度从个案正义的角度去判断案件的可能性。因此,明确既判力范围并在其范围内运用非常关键。

□ 参考文献

杨建顺:《论行政诉讼判决的既判力》,载《中国人民大学学报》2005年第5期。

王贵松:《行政诉讼判决对行政机关的拘束力——以撤销判决为中心》,载《清华法学》2017年第4期。

[日]高桥宏志:《民事诉讼法制度与理论的深层分析》,林剑锋译,法律出版社2003年版。

邓辉辉:《既判力理论研究》,中国政法大学出版社2005年版。

088 既判力对共同诉讼人的效力

王薇诉山东省青岛市市南区人民政府等行政赔偿及行政复议案 |
最高人民法院(2016)最高法行申4713号行政裁定书

冯子轩 西南政法大学行政法学院

■ 事实概要

王薇与王壮、王君系兄妹关系。经山东省潍坊市中级人民法院(以下简称潍坊中院)和山东省高级人民法院审理后认定市南区人民政府行政强拆青岛市市南区枣庄路12号内6户房产行为违法。2012年1月19日,三人共同向市南区人民政府提出行政赔偿申请。同年3月20日,市南区人民政府作出行政赔偿决定书。王壮对该决定书不服,向潍坊中院提起诉讼,潍坊中院依法追加了王薇、王君为第三人,2014年7月23日,潍坊中院作出(2014)潍行初字第23号行政判决书,撤销了市南区人民政府作出的行政赔偿决定书,王壮对该判决不服,向山东省高级人民法院提起上诉。2015年6月11日,山东省高级人民法院作出(2015)鲁行终字第47号行政判决,驳回上诉,维持了潍坊中院作出的(2014)潍行初字第23号行政判决,2015年4月26日,在二审审理期间,王薇再次向市南区人民政府提出国家赔偿申请书,同年4月29日,市南区人民政府作出答复:"……待司法机关就相关赔偿案件作出终审判决后,区政府将视判决结果,决定是否重新赔偿。"王薇不服,于2015年5月4日向青岛市人民政府提出行政复议,青岛市人民政府于2015年6月1日作出青政复决字(2015)81号行政复议决定书,维持了该通知书。王薇于2015年6月11日向山东省青岛市中级人民法院提起行政诉讼。青岛市中级人民法院判决驳回了王薇的诉讼请求。王薇向山东省高级人民法院上诉。山东省高级人民法院判决驳回上诉,维持原判决。王薇为此向最高人民法院提出再审申请。

■ 裁判要旨

Ⅰ.根据原审查明的事实,再审申请人王薇与王壮、王君系兄妹关系。2012年1月19日,王壮、王薇、王君因其房产被违法强制拆迁,共同向市南区人民政府提出行政赔偿申请。2012年3月20日,市南区人民政府就该行政赔偿申请作出行政赔偿决定书,并送达王壮、王薇、王君。此后,王壮针对该行政赔偿决定书向潍坊中院提起诉讼,该院在审理过程中追加王薇、王君为第三人。潍坊中院显然注意到了王薇、王君的合法权益可能会受到即将作出的裁判的影响,将其追加为第三人,也有利于为其提供法律保护。但是,王薇、王君在该案中真正的诉讼地位不应当是第三人,而应当是共同原告,因为王薇、王君与王壮共同构成被诉行政赔偿决定的相对人,在行政赔偿法律关系中具有共同的权利义务,该案的诉讼对象只有在所有的共同原告合一时才能确定。

Ⅱ.设置共同诉讼的目的固然有诉讼经济的考虑,但同时更是基于法的安定。具体而言,不仅是为了回避对同一事件进行再度审理、判决,也是为了防止因再度审理作出与前次判决相矛盾的判决。正因如此,学理上将诉讼对象的合一确定理解为判决既判力的合一确定,即对于任一共同诉讼人作出的判决,其既判力也及于其他的共同诉讼人。就本案而言,当王壮针对行政赔偿决定书提起诉讼时,该案的既判力也及于王薇,即使王薇在该案中事实上是被追加为第三人,按照既判力扩张之理论,其亦为判决既判力所拘束。王薇就同一事项再次向市南区人民政府申请行政赔偿并进而提起行政诉讼,为法所不许。因此,市南区人民政府通知其"等司法机关就相关赔偿作出终审判决后,区政府将视判决结果,决定是否重新赔偿",并无不当。对于王薇的重复起诉,最适当的裁判方式应当是驳回起诉,考虑到驳回诉讼请求的判决已经作出,且其针对的只是一个并无实体处理内容的告知,因而并无提起再审予以纠正的必要。

■ 评　析

Ⅰ 以往判例的观点

在本判例之前,最高人民法院运用既判力理论作出判决的较少,典型的如陈前生诉安徽省金寨县人民政府行政征收案[最高人民法院(2016)最高法行申2720号行政裁定书]中,原告针对同一事项分别向同一法院提起诉讼请求不同的诉讼,在其中一个诉讼已经作出生效裁判的情况下提起了"第三诉",最高人民法院认为:"原告提起撤销诉讼,经判决驳回后,即已确认该行政行为合法,再就同一行政行为提起确认违法之诉,应为前诉之既判力所及。"该案虽然不是关于既判力主观范围的扩张,但与本判例相同的是二者都体现了既判力的实质即"禁止针对同一事项重复起诉",可以看出最高人民法院关于既判力的本质把握的内涵实质是相同的。

在《行政诉讼法》及其相关司法解释的法律框架中,均无关于行政判决既判力的直接规定,只是2007年最高人民法院《关于加强和改进行政审判工作的意见》(法发〔2007〕19号)中提到过行政判决的既判力问题。其中指出:要充分尊重生效裁判的既判力,防止对同一事实或者同一法律问题作出不同裁判。无论是行政案件还是民事案件,在裁判发生法律效力后未经法定程序改判之前,对当事人、司法机关以及其他主体都具有拘束力,其他法院均不得作出与生效裁判不一致的裁判。即使生效裁判确有错误,也必须通过法定程序依法予以纠正,不得无视生效裁判的存在。尽管它是一个内部指导性文件,但具有一定程度的约束能力。各级人民法院在具体的审判工作中仍需要遵循它的指引。

Ⅱ 既判力主观范围理论的学理框架

我国在既判力问题的研究上起步较晚,也不断形成了多种观点,但通说理论将既判力称为实质确定力，是指当事人及法院均被赋予确定效力的判决约束，法院不得针对同一裁判事实作出重复性或矛盾性判决，当事人不得针对判决内容再次申请法院作出裁判，这就是我国诉讼制度中的“一事不再理”。一事不再理，是指纠纷所涉案件经过法院裁决处理，当事人不得就该案件申请再审，法院就该纠纷也不得再次审理。广义上的一事不再理不仅包括诉讼制度中的一事不再理，还包括行政法范畴内的一事不再理。此处仅指在行政诉讼中狭义上的一事不再理，即法院对该纠纷不得再次审理，当事人不得再次申请起诉，其中当事人仅指生效判决的原告，不包含被告，因为行政诉讼不仅是不平等主体之间对抗的诉讼制度，也是作为保障行政相对人合法权益的制度，作为具有公权力的行政机关并没有被赋予与原告相同或相等的权利。在这一问题中，民事诉讼既判力与行政诉讼既判力差异不大，均是指具有确定效力的终极判决对当事人及法院具有羁束力，对于前者是积极的“禁止重复起诉”，对于后者是消极的“避免抵触或矛盾”。

对于行政判决的既判力本质还存在实体法上确定力说和程序法上确定力说，同时根据受到既判力约束的对象不同将行政判决的既判力分为实体法上确定力和程序法上确定力，在一般的行政判决中仅对被诉行政行为的合法性作出裁判，而不直接影响行政机关和行政相对人之间的权利义务关系，故在实体法上既判力仅约束行政主体，同时，诉讼活动的进行基于行政相对人的推动，程序保障是行政相对人受到既判力约束的根据，这就要求行政相对人对于生效的行政判决不得就同一诉讼标的另行提起行政诉讼，行政机关也不得在行政程序中作出与生效判决相违背的行政行为，故在程序法上不仅约束行政相对人，也约束行政主体。

行政判决的既判力本质上是对产生纠纷的双方当事人权利义务的总结赋予特定的效力，对于产生实际影响的两造当事人来说必须遵守，至于该效力涉及的主观范围如何，目前我国法律及相关司法解释还未作明确规定（既判力的主观范围就是指既判力及于哪些人或者是既判力对哪些人产生了实际影响），有学者曾作过概念界定，但都是以主观范围的相对性为始发点（邓辉辉：《既判力理论研究》，中国政法大学出版社 2005 年版，第 163 页），不证自明的是具有原告身份的当事人必属其中，那么既判力主观范围的扩张应当突破相对性，我国学界形成了基本一致的观念，认为行政判决既判力主观范围的扩张是指行政判决对于除当事人以外的第三人发生既判力的情况，该第三人并非泛指案外人，而是指向特定的与本判决有利害关系但未能直接参与诉讼的第三人。

根据《行诉解释》第 26 条和第 30 条关于行政诉讼第三人的规定，一审法院将本判例中王薇的诉讼地位归属于第 30 条第 1 款规定的“行政机关的同一行政行为涉及两个以上利害关系人，其中一部分利害关系人对行政行为不服提起诉讼，人民法院应当通知没有起诉的其他利害关系人作为第三人参加诉讼”的情形。但本案中王薇应当是共同原告，因为王薇、王君与王壮共同构成被诉行政赔偿决定的相对人，在行政赔偿法律关系中具有共同的权利义务，该案的诉讼对象只有在所有的共同原告合一时才能确定。所以王薇具有原告的诉讼地位，最高人民法院在裁判理由中也证实了这一结论，即“学理上将诉讼对象的合一确定理解为判决既判力的合一确定，即对于任一共同诉讼人作出的判决，其既判力也及于其他的共同诉讼人”,故王薇必定受到其他共同诉讼人的诉讼行为的羁束,在本判例中就表现为共同诉讼人王壮作为原告方当事人的生效判决,但不可忽视的是最高人民法院提出了王薇在作为本案第三人时,应适用行政判决既判力的扩张理论,虽然我国行政法学界的通说观点认为原告的范围包括了与案件有利害关系的第三人,本不属于扩张的范围,但最高人民法院至少在本判例中间接适用了狭义的原告范围,即原告仅指具体行政行为所直接侵犯其合法利益而向人民法院提起诉讼的主体。这时我们就必须解决一个问题,如果按照最高人民法院的观点,且王薇作为实际上的第三人而不是原告时,是否属于既判力主观范围扩张。

根据既判力扩张之理论,诉讼结果影响其实际权利的利害关系人都应当受到既判力的约束,本判例中王薇不仅是与原告利益相同的利害关系人且亲自参加到诉讼程序中,在实体上和程序上均保障了王薇的权利,结论不言而喻,即应当受到既判力的约束。

Ⅲ 本判例的规范性逻辑

在本判例中,法院首先考虑到本案再审申请人在原审中的诉讼地位,其次根据既判力扩张理论,并结合共同诉讼的设置目的作出判决。

再审申请人认为自己有权向市南区人民政府申请行政赔偿并进而提起行政诉讼,但其忽视了在之前进行的一审程序中被追加为第三人,已经实际参与了案件的审理,属于既判力的主观范围,故根据行政判决既判力理论,不得就同一事项再次向人民法院提起诉讼。

一审和二审法院在本判例中的立场基本一致。均认为“在行政赔偿决定书尚处于司法审查阶段,其效力未定的情况下,市南区政府向王薇作出通知书,告知王薇‘等司法机关就相关赔偿作出终审判决后,区政府将视判决结果,决定是否重新赔偿’,并无不当”,虽然没有如本判例般引用既判力主观范围理论,但其本质上都是为了维护判决的规范效力和禁止重复起诉,并且如前所述,一审法院在审理过程中已经注意到了再审申请人的诉讼地位问题,“其合法权益可能会受到即将作出的判决的影响,将其追加为第三人”。

本判例在作出判决时部分改变了原审法院的审理思路,采用了既判力扩张之理论并结合共同诉讼,认为再审申请人虽然在“本案中事实上是被追加为第三人”,但是“其亦为判决既判力所拘束”,进而作出驳回再审申请的裁定。

Ⅳ 本判例的意义

本判例表明了最高人民法院持既判力扩张的立场。通常情况下,既判力都只及于当事人,即行政诉讼原告与被告,对于是否及于第三人尚无定论,而学界对此也有争议。在该立场被确定之前,实践中有的共同诉讼第三人对争议反复诉讼,这不仅不利于争议的解决,浪费司法资源,影响法院的司法威信力,更甚者会动摇法律的安定性。所以,为了提高行政审判的权威,实现诉讼经济,提高诉讼效率,也为了更有效地发挥司法解决纠纷的功能,可以适用既判力扩张理论。

最高人民法院在本判例中确定了这一立场,可在一定范围内减少争议。同时本判例有最高人民法院“统一法律适用标准、指导下级法院审判工作”的作用,对实现诉讼效益与法的安定颇有实益。在郭静、赵钢斧等人诉郑州市管城回族区人民政府房屋征收决定案[最高人民法院(2018)最高法行申2948—2950号行政裁定书]中,再审申请人请求撤销的房屋征收决定已被郑州市铁路运输中级人民法院生效判决确认合法。最高人民法院指出"撤销诉讼具有代表诉讼或者客观诉讼的性质,撤销之诉的判决具有普适性的效力,因此应当承认撤销之诉判决的效力及于与原告利益相同的第三人,包括同一行政行为针对的另一部分没有起诉的相对人。对于第三人嗣后提起的诉讼,应当以'诉讼标的已为生效裁判所羁束'为由不予立案或者裁定驳回起诉",这类案例与本案例均指出了既判力对于共同诉讼人的同等效力,这正是最高人民法院支持既判力扩张理论在司法实务中的体现,反映了本判例所确立的规则对于实务的指引作用。

参考文献

江伟主编:《民事诉讼法专论》,中国人民大学出版社2005年版。
邓辉辉:《既判力理论研究》,中国政法大学出版社2005年版。
汪汉彬:《行政判决既判力研究》,法律出版社2009年版。
张卫平:《程序公正实现中的冲突与衡平——外国民事诉讼研究引论》,成都出版社1993年版。

089 既判力对第三人的效力

张刚诉湖北省武汉市武昌区人民政府征收案 | 最高人民法院 (2017)最高法行申411号行政裁定书

吴振宇 浙江医药高等专科学校商学院

事实概要

张刚对武汉市武昌区人民政府于2015年1月20日作出的武昌征决字〔2015〕1号房屋征收决定不服,向湖北省武汉市中级人民法院提起诉讼,请求确认该房屋征收决定违法并予以撤销。湖北省武汉市中级人民法院受理后,因该院已经受理并正在审理的(2015)鄂武汉中行初字第00185号奚小弟等420人诉武汉市武昌区人民政府城建行政征收案中,原告奚小弟等人同样不服武昌征决字〔2015〕1号房屋征收决定,请求判决确认该房屋征收决定违法并予以撤销,遂中止了本案的审理。2015年9月8日,武汉市中级人民法院作出(2015)鄂武汉中行初字第00185号行政判决,驳回了奚小弟等人的诉讼请求。奚小弟等人不服,向湖北省高级人民法院提起上诉,该院于2015年12月29日作出(2015)鄂行终字第00134号行政判决,驳回上诉,维持原判。(2015)鄂行终字第00134号行政判决生效后,本案经湖北省武汉市中级人民法院一审,湖北省高级人民法院二审,以"诉讼标的已为生效裁判所羁束"为由裁定驳回原告起诉。原告张刚不服,向最高人民法院申请再审,最高人民法院于2017年3月31日审查终结。

裁判要旨

Ⅰ.既判力的消极作用体现的是"一事不再理",就此而言,其与禁止重复起诉属于同一原理。关于重复起诉,最高人民法院《关于适用〈中华人民共和国民事诉讼法〉的解释》第247条第1款规定:"当事人就已经提起诉讼的事项在诉讼过程中或者裁判生效后再次起诉,同时符合下列条件的,构成重复起诉:(一)后诉与前诉的当事人相同;(二)后诉与前诉的诉讼标的相同;(三)后诉与前诉的诉讼请求相同,或者后诉的诉讼请求实质上否定前诉裁判结果。"依此规定,所谓重复起诉,必须是当事人、诉讼标的、诉讼请求这三者同时具备"相同性"。

Ⅱ.《行政诉讼法》在撤销诉讼之外新增了履行诉讼、给付诉讼、确认诉讼等诉讼类型,而在这些类型的诉讼中,常常没有一个行政行为存在,因此将行政行为统一地确定为行政诉讼的诉讼标的难以起到统领各种诉讼类型的作用。即使在撤销诉讼中,行政行为的合法性也只属于人民法院的审查对象,审理对象则还包括该行政行为是否对原告合法权益构成侵犯等行政行为引起的行政法律关系。撤销诉讼的诉讼标的应当是"行政行为违法并损害原告权利这样一个原告的权利主张"。本案中,后诉与前诉起诉的虽然是同一个行政行为,但因原告不同,权利损害的主张亦有可能不同,因此不能简单地认定"后诉与前诉的诉讼标的相同"。

Ⅲ.在当事人一方人数众多、针对同一个行政行为分别提起撤销诉讼的情况下,分别对每一个起诉进行审理确实不符合诉讼经济原则;人民法院对被诉行政行为的合法性进行全面审查,也决定了不可能在不同的案件中对同一个行政行为的合法性作出相反的认定。在这种情况下,比较恰当的做法是采用标准诉讼,即首先审理其中一个或数个有代表性的诉讼,并中止其他诉讼。在首先审理的诉讼中作出的裁判发生法律效力的情况下,如果其他诉讼的当事人认为其案件与首先审理的案件之间并无事实上或法律上的重要区别且案件事实清楚,人民法院可以参照《民事诉讼法》第57条第4款的规定,裁定对中止的诉讼适用已经生效的判决裁定。

■ 评　析

Ⅰ 以往判例观点

本判例之前,适应行政诉讼以审查行政行为的合法性为主要任务的特点,各级人民法院均将"行政行为"等同于"诉讼标的",只要被诉行政行为已被生效裁判拘束,就一概驳回起诉,表现出与本判例相左的态度。

在李育明、谢永瑞与浙江省温州市人民政府土地行政征收及浙江省人民政府土地征收行政复议申诉案[最高人民法院(2016)最高法行申2656号行政裁定书]中,一审、二审法院和最高人民法院均认为本案被诉行为是温州市人民政府2009年11月19日作出的140号批复,与浙江省温州市中级人民法院(2010)浙温行初字第76号行政案件的被诉行为一致,该生效行政判决已经认可被诉140号批复的合法性,并判决驳回该案原告叶绍丰、朱岳林的诉讼请求。据此,本案诉讼标的已为(2010)浙温行初字第76号行政判决所羁束,李育明、谢永瑞请求撤销温州市人民政府作出的140号批复,不符合起诉条件,原审裁定驳回起诉符合法律规定。在这个判例中,原告同样并非已生效判决的当事人,最高人民法院却并未考虑"当事人不具备相同性"的问题。最高人民法院专家法官著述与主流观点认为,"何为'羁束'?目前有一点是明确的:行政行为在其他案审判中仅作为证据使用的,不属于'羁束'情形。这种观点后来被部分修正了。最主要的就是基于刑事审判需要而出具鉴定结论(鉴定意见)的行为,如果被刑事审判采纳,则属于'羁束'的情形"。[刘德权主编:《最高人民法院司法观点集成》(第4辑),人民法院出版社2010年版,第190页]

由此可见,在本判例之前,最高人民法院对生效裁判的"羁束"情形,是以行政行为在审判中是否全面审查为中心的,并未考虑"当事人是否具备相同性"问题。适应行政诉讼以全面审查行政行为的合法性为主要任务的特点,在"行政行为"等同于"诉讼标的"的主流观点的影响下,为确保对同一行政行为司法处理的一致性和权威性,行政诉讼裁判的既判力向未参与诉讼之第三人扩张。

Ⅱ 既判力主观范围的学理框架

有学者指出,行政诉讼的既判力又称实质确定力,它是指已经生效的判决在后一诉讼中对法院和当事人所具有的拘束力,即当事人不得提出与已生效判决的标的不同的主张,法院也不得作出与生效判决相矛盾的判决。一般认为,生效裁判的既判力范围限于案件当事人,当事人对生效裁判主文处理过的事项,再次提起诉讼的,法院不应受理。[何海波:《行政诉讼法》(第2版),法律出版社2016年版,第246页]例外情况下,既判力扩张至诉讼继受人、标的物持有人和诉讼担当下的被担当人(诉讼代表下的被代表人)以及行政机关的关系机关,(汪汉斌:《行政判决既判力研究》,法律出版社2009年版,第64页)等。(1)当事人。当事人受生效裁判羁束的行政行为再次提起同类或相似的诉讼请求,属于重复起诉,法院不予受理,已经受理的,裁定驳回起诉。(2)与行政案件处理结果有利害关系,申请或者法院通知参加诉讼的第三人。司法解释规定人民法院判决其承担义务或者减损其权益的第三人,有权提出上诉或者申请再审,因此,其亦应受生效裁判直接羁束。(3)起诉时人数确定的代表人诉讼。起诉时,人数确定的代表人诉讼,法院生效裁判的既判力直接扩张至未能参加诉讼的"被代表人"。(4)起诉时人数不确定的代表人诉讼。这种情形下,既判力表现为两个方面:其一,对于已经登记的全体权利人有直接的拘束力,"代表人"和已经登记的其他权利人均受生效裁判既判力的直接拘束。其二,对于未参加登记的权利人,具有预决的效力,即未参加登记的权利人在诉讼时效期间提起诉讼,人民法院认为其诉讼请求成立的,裁定适用人民法院已经作出的判决、裁定,而不需要另行裁判。

Ⅲ 本判例的裁判逻辑

在本判例中,一审、二审法院的处理基于既判力的客观范围,即"诉讼标的已为生效裁判所羁束",最高人民法院则遵循民事诉讼更精细的既判力主观范围理论和规范进行审理。

一审和二审法院在本判例中的立场一致,即认为原告诉请撤销的武昌征决字(2015)1号房屋征收决定与(2015)鄂行终字第00134号行政判决的诉讼标的同一,人民法院不能再对同一诉讼标的进行审理,故依据《行诉适用解释》第3条第1款第9项的规定,裁定驳回原告起诉。再审中,最高人民法院并不认可本案属于"诉讼标的已为生效裁判所羁束"的情形。在理由中,最高人民法院以"重复起诉,必须是当事人、诉讼标的、诉讼请求这三者同时具备'相同性'"为基础展开论证逻辑:(1)诉讼标的已为生效裁判所羁束的,裁定不予受理或者驳回起诉。这一规定的理论基础是既判力。既判力的消极作用体现的是"一事不再理",就此而言,其与禁止重复起诉属于同一原理。(2)本案与前诉当事人不同。生效裁判的原告是奚小弟等人,本案的原告则是张刚,这显然不具备"后诉与前诉的当事人相同"这一主体要件。而判决作为解决特定当事人之间具体争议的意思宣言,其既判力显然不应及于别的事件或者没有关系的第三者。(3)本案与前诉诉讼标的可能不同。撤销诉讼的诉讼标的应当是“行政行为违法并损害原告权利这样一个原告的权利主张”。本案中,后诉与前诉起诉的虽然是同一个行政行为,但因原告不同,权利损害的主张亦有可能不同,因此不能简单地认定“后诉与前诉的诉讼标的相同”。需要注意的是,诉讼标的实体上是否相同,需要进入实体审理来判断(这一审理可能是书面的),据此,最高人民法院否定了原审法院径行驳回起诉的做法。(4)本案应当采用标准诉讼。在当事人一方人数众多、针对同一个行政行为分别提起撤销诉讼的情况下,分别对每一个起诉进行审理不符合诉讼经济原则;人民法院对被诉行政行为的合法性进行全面审查,也决定了不可能在不同的案件中对同一个行政行为的合法性作出相反的认定。在这种情况下,比较恰当的做法是采用标准诉讼,即首先审理其中一个或数个有代表性的诉讼,并中止其他诉讼。在首先审理的诉讼中作出的裁判发生法律效力的情况下,如果其他诉讼的当事人认为其案件与首先审理的案件之间并无事实上或法律上的重要区别且案件事实清楚,人民法院可以参照《民事诉讼法》第 57 条第 4 款的规定,裁定对中止的诉讼适用已经生效的判决裁定。

由此,最高人民法院在本判例中确立了行政诉讼生效裁判对未参加诉讼的第三人的预决效力。

Ⅳ 本判例的意义

本判例是最高人民法院在如何处理行政诉讼生效裁判对未参前诉之第三人的效力规则上转变立场的一个重要判例。以往情况下,只要被诉行政行为已经被生效裁判拘束,一概驳回起诉,不问后诉当事人是否参与前诉。与行政诉讼的处理不同,民事诉讼中较为严格地区分生效裁判既判力主观范围的“相对性”与“扩张性”。作为原则的“相对性”,在立法例中是最高人民法院《关于适用〈中华人民共和国民事诉讼法〉的解释》第 247 条第 1 款规定:“当事人就已经提起诉讼的事项在诉讼过程中或者裁判生效后再次起诉,同时符合下列条件的,构成重复起诉:(一)后诉与前诉的当事人相同;(二)后诉与前诉的诉讼标的相同;(三)后诉与前诉的诉讼请求相同,或者后诉的诉讼请求实质上否定前诉裁判结果。”作为例外补充的“扩张性”,在立法例中表现为《民事诉讼法》第 57 条关于代表人诉讼的规定,并进一步细化为两种类型:对参加登记的全体权利人发生效力;未参加登记的权利人在诉讼时效期间提起诉讼的,适用该判决、裁定。两者在是否需要针对后诉诉讼请求进行实体处理上显然有所区别。

从本判例开始,最高人民法院在行政诉讼生效裁判对未参与前诉之第三人效力问题上,已经从既判力的直接效力转向预决效力,从而实现保护当事人诉权与维护生效裁判既判力、诉讼经济原则之间的利益平衡。

参考文献

章剑生:《现代行政法基本理论》(第 2 版上卷),法律出版社 2014 年版。
何海波:《行政诉讼法》(第 2 版),法律出版社 2016 年版。
张卫平:《民事诉讼法》(第 4 版),法律出版社 2016 年版。

090 判断行政行为是否受生效判决效力羁束的关键点

王希华诉北京市东城区人民政府房屋征收决定案 | 最高人民法院(2017)最高法行申8830号行政裁定书

刘绍宇 浙江大学光华法学院

■ 事实概要

2016年1月20日,北京市东城区人民政府发布《北京市东城区人民政府关于天坛周边简易楼腾退项目范围内房屋征收的决定》(东政发〔2016〕1号,以下简称被诉征收决定)。根据该决定,东城区人民政府对天坛周边简易楼进行征收,并收回国有土地使用权。征收范围包括天坛南里东区等5个区域的57栋简易楼,涉及2597户户籍家庭。该地原居民董明崑因不服本案被诉征收决定,向北京市第四中级人民法院提起诉讼,该院于2016年7月28日作出(2016)京04行初369号行政判决书,认定本案被诉房屋征收决定证据确凿、适用法律规定正确、程序合法,并据此判决驳回董明崑诉请撤销本案被诉征收决定的诉讼请求。该判决被北京市高级人民法院于2016年10月21日作出的(2016)京行终4352号行政判决终审维持。在此之后,另一位原居民王希华向北京市第四中级人民法院提起行政诉讼,请求确认被诉征收决定违法,并请求附带审查《北京市旧城区改建房屋征收实施意见》。一审法院认为:被诉征收决定已为一审法院和北京市高级人民法院的生效行政判决效力所羁束,故王希华提起本案诉讼不符合法定起诉条件。遂于2016年10月28日作出(2016)京04行初1416号行政裁定,驳回王希华的起诉。王希华不服,向北京市高级人民法院提起上诉,请求撤销一审裁定,确认被诉征收决定违法,并附带审查《北京市旧城区改建房屋征收实施意见》。二审法院认为,一审法院裁定驳回王希华的起诉正确,应予维持,王希华的上诉请求和理由缺乏事实和法律依据,不予支持。遂于2017年1月22日作出(2016)京行终5529号行政裁定,驳回上诉,维持一审裁定。

■ 裁判要旨

Ⅰ. 判断行政行为是否受生效判决效力羁束的关键点,不仅基于裁判理由和裁判结果的羁束,也基于案件认定事实的羁束;不仅重在审查当事人所诉行政行为与作出生效裁判案件所审查的行政行为的关联性,而且要注重审查被诉行政行为与不同案件的当事人之间是否存在相同或相似的诉的理由与诉的利益。如此,人民法院在充分比较鉴别的基础上,审慎认定是否属于“已为生效的行政判决的效力所羁束”。

Ⅱ.从再审申请人原审诉求及理由看，是要求确认被诉征收决定违法，诉讼理由也与上述生效判决中的原告董明崑的诉讼理由基本相同；从诉的利益角度分析，都是要求法院从整体上否定征收决定的合法性，并未体现出不同的原告在本案中有别于其他人的特定的需要法律保护的合法的诉讼利益与实体权益，即诉的利益也基本相同。如果再审申请人在征收过程中对于补偿方式或者补偿额度等涉及其本人的具体权益存有异议，其完全有权利针对后续的经过评估后作出的分户征收补偿决定或者其与征收部门所达成的征收协议，以提起行政诉讼的方式寻求司法救济。而在本案诉讼当中，即便法院启动对被诉征收决定合法性的审查，在审查内容、审查方式、审查标准上亦与上述生效判决所涉案件没有明显区别。故整体来看，本案实无启动再审之必要。

■ 评　析

Ⅰ 以往判例观点

在本判例之前，在如何处理因同一行政行为发生的行政案件的既判力这一问题上，法院普遍认为诉讼标的均是被诉行政行为具有同一性，进而径直运用既判力规则实现前诉对后诉裁判的羁束。例如，在徐万兴与长沙市天心区人民政府上诉案[湖南省高级人民法院行政裁定书(2014)湘高法行终字第48号，以下简称“徐万兴案”]中，二审法院认为：该案与李娜等12人案件的诉讼标的，即被诉具体行政行为为同一房屋征收决定，李娜等12人案件的终审判决已经发生法律效力，故该案诉讼标的为生效判决所羁束。法院依据的是2000年《行诉若干解释》第44条第1款第10项中“诉讼标的为生效判决的效力所羁束的”规定，进而驳回起诉。然而，该做法存在两点问题：一是诉讼标的行政行为说的传统观点无法回应日益复杂多样的行政诉讼类型，将行政行为认定为诉讼标的的做法受到学界和实务界的集体质疑；二是传统既判力理论认为前诉裁判既判力仅具有相对性，只在当事人之间发生作用，如何解释既判力的扩张构成了一个难题。为了解决这两点问题，各地法院进行了富有成效的探索，形成了诸多行之有效的方案。

在张刚诉湖北省武汉市武昌区人民政府城建行政征收案[最高人民法院行政裁定书(2017)最高法行申411号，以下简称“张刚案”]中，最高人民法院直接表明了对上述做法的质疑。首先，最高人民法院批判了行政行为作为行政诉讼标的的观点，认为“修改后的《行政诉讼法》(2014年)在撤销诉讼之外新增了履行诉讼、给付诉讼、确认诉讼等诉讼类型，而在这些类型的诉讼中，常常并没有一个行政行为存在，因此将行政行为统一地确定为行政诉讼的诉讼标的，难以起到统领各种诉讼类型的作用。即使在撤销诉讼中，行政行为的合法性也只属于人民法院的审查对象，而审理对象还包括该行政行为是否对原告合法权益构成侵犯等行政行为引起的行政法律关系”。最高人民法院在此基础之上指出，“撤销诉讼的诉讼标的应当是行政行为违法并损害原告权利这样一个原告的权利主张”。其次，最高人民法院批判了行政诉讼裁判既判力的扩张，坚守了既判力的相对性，认为“判决作为解决特定当事人之间具体争议的意思宣言,其既判力显然不应及于别的事件或者没有关系的第三者”。综合上述两点,最高人民法院认为比较恰当的做法是标准诉讼,即首先审理其中一个或数个有代表性的诉讼,并中止其他诉讼。

在2018年郭静与郑州市管城回族区人民政府申请再审案[最高人民法院(2018)最高法行申2950号行政裁定书]中,前诉针对房屋征收决定的诉讼请求被法院驳回。在该案中,最高人民法院尽管大量援引了“张刚案”裁判文书中的内容,但并未采取同样的裁判方式。在该案中,法院指出:在一部分相对人提起撤销诉讼的时候,另一部分相对人此前针对同一行政行为另案提起的撤销诉讼已经发生法律效力。对此如何处理,应当根据不同情况,综合考虑各种因素之后作出权衡。通常情况下,撤销诉讼具有代表诉讼或者客观诉讼的性质,撤销之诉的判决具有普适性的效力,因此应当承认撤销之诉判决的效力及于与原告利益相同的第三人,包括同一行政行为针对的另一部分没有起诉的相对人。对于第三人嗣后提起的诉讼,应当以“诉讼标的已为生效裁判所羁束”为由不予立案或者裁定驳回起诉。该案实际上又推翻了“张刚案”中的做法,回归了既判力的扩张立场,主要理由是撤销诉讼的客观诉讼属性。

Ⅱ 既判力规则的学理框架

本判例主要涉及行政诉讼裁判的既判力规则。该规则源自民事诉讼法,最早由学界讨论和引入,目前已在行政审判活动中得到广泛运用。该规则的法律基础是2018年《行诉解释》第69条第1款第9项:诉讼标的为已生效裁判所羁束的,已经立案的,应当裁定驳回起诉。根据最高人民法院的裁判,既判力是指已经发生法律效力的判决、裁定对后诉的羁束力,主要包括消极作用和积极作用这两个方面。消极作用旨在禁止重复起诉,是指基于国家司法权的威信以及诉讼经济,在人民法院作出生效判决、裁定后,不准对同一事件再次进行诉讼。积极作用旨在禁止矛盾裁判,是指人民法院不得在其后的诉讼中作出与该判决、裁定内容相抵触的新的判决、裁定[最高人民法院(2017)最高法行申411号行政裁定书]。既判力规则适用的关键在于确定适用范围,主要包括客观范围和主观范围。

既判力客观范围是指什么内容产生既判力,一般来说由诉讼标的决定。将行政诉讼标的等同于行政行为是我国行政法学界早期的通说,也是行政审判活动中的通行做法,例如,最高人民法院在梁乙香与海口市美兰区人民政府再审案[最高人民法院(2019)最高法行申889号行政裁定书]中明确指出:“行政诉讼的诉讼标的是被诉行政行为。”然而,近年来该做法被认为混淆了程序标的和诉讼标的,在司法实践中也不断被否认。替代性的理论包括两种:一是认为行政诉讼标的是行政行为合法性(王贵松:《行政诉讼判决对行政机关的拘束力——以撤销判决为中心》,载《清华法学》2017年第4期),二是认为行政诉讼标的包括权利侵害和行政行为违法性这两项要素。就目前来说,第二种理论在“张刚案”中确立后越来越在司法实践中被肯定,不仅在撤销诉讼中被广泛援引,在履责诉讼中也被大量运用。(马立群:《行政诉讼标的理论溯源及其本土化路径》,载《比较法研究》2022年第6期)

既判力主观范围是指主体界限。一般来说,尤其是在民事诉讼中,既判力仅具有相对效力,仅及于当事人。但由于行政诉讼除了权利保护功能之外还具有秩序维持和公益保护的功能，行政诉讼中既判力规则主观范围具有扩张性。（田勇军：《行政判决既判力主观范围扩张理论探析》，载《行政法论丛》第 17 卷，法律出版社 2019 年版，第 211 页）存在争议的是，在针对众多特定行政相对人的行政行为中，既判力究竟是否及于所有行政相对人？对于这一情形，学理上存在不同观点，司法实践中的做法也不尽相同。从学理上来看，肯定说秉持既判力的扩张性，认为考虑到行政诉讼的特殊性，该类行政行为的裁判具有对世效力（王贵松：《行政诉讼判决对行政机关的拘束力——以撤销判决为中心》，载《清华法学》2017 年第 4 期）；否定说则坚守既判力的相对性，认为该类行政行为的裁判欠缺当事人的同一性而不具有既判力。（陈清秀：《行政诉讼法》，台北，元照出版有限公司 2021 年版，第 767－768 页）从司法实践来看，肯定说一直以来占据主流，但在"张刚案"中被推翻。值得注意的是，否定说认为替代方案应为共同诉讼或标准诉讼，但共同诉讼和标准诉讼实际上也被认为是既判力的扩张。在王薇因诉山东省青岛市市南区人民政府、山东省青岛市人民政府行政赔偿及行政复议案中，最高人民法院直接指出：学理上将诉讼对象的合一确定理解为判决既判力的合一确定，即对于任一共同诉讼人作出的判决，其既判力也及于其他的共同诉讼人。［最高人民法院（2016）最高法行申 4713 号行政裁定书］

Ⅲ 本判例的规范性逻辑

本判例采取了两步骤的判断路径。在第一个步骤，本判例坚持了诉讼标的行政行为说的传统观点，进而根据《行诉若干解释》第 69 条第 1 款第 9 项的规定，只要行政行为为生效裁判所拘束，法院即可驳回起诉。正基于此，本判例中"诉讼标的为已生效裁判所羁束"的法律表述直接被替换为"行政行为是否受生效裁判效力羁束"，这表明法官理所当然地持行政行为作为诉讼标的的观点。这种理解无可厚非，因为该观点是一直以来我国司法实践中的通行做法，至今仍有法院坚持。

接下来的关键便在于如何判断行政行为是否为生效裁判所拘束，即第二个步骤。在该步骤，法院引入了一个判断标准，即存在相同或类似的诉的理由和诉的利益。法院认为："不仅重在审查当事人所诉行政行为与作出生效裁判案件所审查的行政行为的关联性，而且要注重审查被诉行政行为与不同案件的当事人之间是否存在相同或相似的诉的理由与诉的利益。"然而值得注意的是，本判例中诉的利益并不是学理意义上的诉讼利益。学理上的诉的利益是指"根据每个具体请求的内容，来考量作出本案判决的必要性及其实际上的效果"。（黄锴：《论行政诉讼中诉的利益的审查路径》，载《人民司法》2022 年第 1 期）其在我国司法实践中也日益获得肯定，主要包括必要性和实效性这两个审查标准，前者是指法院针对原告提起的诉讼所作出的判决必须是必要的，后者是指法院针对原告提起的诉讼所作出的判决必须是有效的，否则法院均应当予以驳回。

根据本判例裁判文书的表述，法院这里理解的诉的利益包括"要求法院从整体上否定征收决定的合法性"和"需要法律保护的合法的诉讼利益与实体权益"，实际上并不是学理意义上的诉的利益，而是一个包含行政行为合法性评价、诉讼权利和实体权利的集合概念。意识到该点十分重要，有学者从学理上诉的利益来理解本判例中的概念，便难以真正理解法院的真正意图，因而对本判例产生了一定的疑惑，指出法院也未对诉的利益为何形成既判力予以解释。[黄涧秋:《因同一行政行为发生的行政案件的既判力问题——基于诉讼标的之考察》,载《苏州大学学报(法学版)》2021年第4期]

总之,本判例中法院回避了诉讼标的的观点分歧和学理概念,转向径直通过诉的理由与诉的利益,即诉讼请求、行政行为的合法性、诉讼权利和实体权利等具体事项构成的判断标准。该方案与“张刚案”尽管在论证步骤上完全不同,但论证结果毫无二致。这是因为两种方案所考虑的因素具有共通性,均包括行政行为合法性和当事人权利,只不过“张刚案”中这些因素直接被纳入诉讼标的概念中,而本判例中这些因素被纳入行政行为是否受生效裁判效力所羁束的判断中。遵循该判断路径,法院进一步指出,如果再审申请人在征收过程中对于补偿方式或者补偿额度等涉及其本人的具体权益存有异议,其完全有权利针对后续的经过评估后作出的分户征收补偿决定或者其与征收部门所达成的征收协议,以提起行政诉讼的方式寻求司法救济。

Ⅳ 本判例的意义

本判例在既判力的判断中引入了诉的理由与诉的利益是否相同或者相似这一判断标准,在传统方案和新方案的基础之上提供了一个折中方案。该方案不仅克服了传统方案的不足,而且避免了全新方案的激进,在创新与守正之间达到了一个平衡。

具体来说,与“徐万兴案”中所表现的传统方案相比,本判例通过引入诉的理由和诉的利益这一考量因素,更能够回应诉讼类型多样化的现实需求,进而更好地保护当事人诉权。与“张刚案”中提出新方案相比,本判例采取了更加经验主义的论证路径,回避了诉讼标的的理论分歧与学理表达,在司法实践中具有较强的可操作性。更为重要的是,“张刚案”中提出的新方案,即采取共同诉讼或标准诉讼的形式,尽管在理论上是最优方案,但司法实践中并不是在所有情况下都具有可行性。就目前来说,法院运用共同诉讼解决涉众纠纷的动力不足,而标准诉讼仍在制度摸索之中,大多数地方并不具有运用新方案的可能,这也是新方案在司法实践中并未受到广泛遵循的原因之一。

尽管关于该问题,目前我国司法实践中尚未形成稳定的裁判模式,但本判例也影响了不少后续裁判。在卜红俊与江苏省泰兴市人民政府房屋征收纠纷再审案[最高人民法院(2019)最高法行申413号行政裁定书]中,最高人民法院也运用了诉的利益判断标准,直接援引了本判例中的内容:从诉的利益角度分析,都是要求人民法院从整体上否定被诉征收决定的合法性,并未体现出不同的原告在个案中有别于其他人的、特定的、需要法律保护的合法诉讼利益与实体权益,即诉的利益也基本相同。

▢ 参考文献

王贵松:《行政诉讼判决对行政机关的拘束力——以撤销判决为中心》,载《清华法学》2017年第4期。

马立群:《行政诉讼标的理论溯源及其本土化路径》,载《比较法研究》2022年第6期。

田勇军:《行政判决既判力扩张问题研究:兼与民事判决既判力相关问题比较》,中国政法大学出版社2015年版。

091 生效民事裁判理由对行政裁判的既判力

单君廷诉辽宁省绥中县人民政府、辽宁省绥中县海洋与渔业局发放污染赔偿行政争议案 | 最高人民法院(2015)行提字第39号行政裁定书

贾媛媛 桂林电子科技大学法学院

■ 事实概要

康菲石油公司蓬莱19-3油田溢油事故污染到中国海域,辽宁省绥中县海水养殖区域也在受污染范围内。事故发生后,康菲石油公司将赔偿款缴付中国政府,由中国政府负责赔偿款的发放工作。辽宁省海洋与渔业厅则将绥中县渔业养殖户的损失赔偿款发放工作交由绥中县人民政府负责。2012年6月26日,绥中县人民政府作出绥政发〔2012〕67号《关于印发绥中县蓬莱19-3溢油事故赔偿补偿工作实施方案的通知》,指定绥中县海洋与渔业局具体负责养殖户损失申报审查和赔偿款发放工作。单君廷作为受损养殖户,申报了损失赔偿,并通过初审。在领取赔偿款之前,单君廷将海域使用证转让给案外人唐祯兴,并将海域使用证原件交给了唐祯兴,但未办理海域使用证过户登记手续。在领取赔偿款时,因未能出具海域使用证原件,绥中县海洋与渔业局拒绝向单君廷支付赔偿款。单君廷遂以绥中县海洋与渔业局为被告,提起民事诉讼,请求判令绥中县海洋与渔业局发放赔偿款。绥中县人民法院依职权追加唐祯兴为第三人,并判决绥中县海洋与渔业局将康菲石油公司支付的赔偿款129,377.60元发放给单君廷。唐祯兴上诉,葫芦岛市中级人民法院以该案不属于民事诉讼受理范围为由,裁定撤销一审民事判决,驳回单君廷的起诉。为此,单君廷以绥中县人民政府、绥中县海洋与渔业局为被告,向大连海事法院提起行政诉讼,要求二被告履行向其发放赔偿款的职责。大连海事法院以绥中县人民政府负责污染赔偿款的发放、绥中县海洋与渔业局具体实施发放的行为均不属于行政机关在行政管理活动中行使行政职权作出的行政行为为由,驳回单君廷的起诉。辽宁省高级人民法院作为二审法院,以绥中县人民政府负责发放污染赔偿款、绥中县海洋与渔业局具体实施发放的行为并非法律、法规赋予行政机关的行政管理职责,单君廷的诉讼请求不属于行政诉讼受案范围为由,维持了该裁定。单君廷不服,向最高人民法院提起再审申请。

■ 裁判要旨

Ⅰ.绥中县人民政府制定赔偿款发放规则,绥中县海洋与渔业局确定受污染养殖户及其

赔偿款数额、实施发放赔偿款的行为,是接受上级行政机关的指令,根据行政管理职权,履行交办事项的行为,属于依职权行使行政权的行政行为。

Ⅱ.根据《行政诉讼证据规定》第70条的规定,在生效民事裁定已经将绥中县人民政府、绥中县海洋与渔业局的行为定性为行政行为的情况下,一审、二审法院即便认为单君廷请求绥中县人民政府、绥中县海洋与渔业局发放赔偿款的诉讼应当属于民事诉讼的理由成立,也应当中止本案审理,通过审判监督程序,撤销生效民事裁定后,才能裁定驳回单君廷的起诉。一审、二审法院直接以本案"不属于行政诉讼的受案范围"为由,裁定驳回单君廷的起诉,与生效的民事裁定相抵触,审判程序违法,依法应予纠正。

■ 评 析

Ⅰ 既往的学说观点

在司法实践中,虽然《行诉解释》第69条第1款第9项、《行政诉讼证据规定》第70条和2011年最高人民法院《第一次全国民事再审审查工作会议纪要》(法〔2011〕159号)第28条等规定都在不同程度上为处理生效裁判既判力问题提供了依据,但是对于"生效裁判"是否包括民事裁判、如何判定"确认的事实"范围和认定事实有"重大问题"等问题,立法均未作明确规定,各地法院对民事裁判说理的既判力问题表现出较大的犹疑:有的法官以"生效裁判"的文书种类仅指生效行政裁判而非民事裁判为由,否定民事裁判文书对后续行政裁判的既判力(王海燕:《如何认定诉讼标的为生效判决的效力所羁束》,载《人民法院报》2012年7月11日,第6版);有的法官则在将判决理由区分为诉请型、要件型、辅助型的同时,主张诉请型判断具有既判力,要件型判断具有约束力,辅助型判断无约束力。(朱川、周晶:《判决理由既判力的再认识》,载《人民司法》2011年第8期)实践中的这些分歧最早可追溯至20世纪90年代发生在焦作市纺织工业局、高永善、焦作市房产管理局、焦作市影视器材公司、焦作市纺织集团之间的一起房屋所有权纠纷。在法院为之作出的8份民事和行政裁判文书中,河南省高级人民法院的行政再审判决虽纠正了焦作市中级人民法院的行政判决,但没有确认争议房屋所有权归属,而之前已生效的焦作市中级人民法院民事终审判决已明确地将争议房屋所有权判给焦作市纺织集团。该案行政和民事判决对争议房屋所有权判定的效力冲突暴露出的问题,曾一度引发行政法学界的热议。(王光辉:《一个案件 八份判决——从一个案例看行政诉讼与民事诉讼的交叉与协调》,载《中外法学》1998年第2期)

这场关于生效民事裁判对后续行政裁判是否有既判力的争论一直持续。学界关于民事裁判说理的既判力问题大致可归纳为以下三种学说:一是"标的效力说"。该说以诉讼标的为判断标准,主张既判力原则上只及于与诉讼标的有关的理由,而不及于与诉讼标的无关的其他理由。该说认为作为理由的"事实上或者法律上的判断只不过是对判决要解决的前提手段的判断,并不是判决所要解决的直接问题,不能认为有既判力"[李龙:《论民事判决的既判力》,载《法律科学(西北政法学院学报)》1999年第4期],因此,在别的诉讼中争执同一事实或者同一法律问题时,法院可以作出另外的认定和判断。[田勇军:《论行政判决之既判力——以与民事判决既判力比较为视角》,载姜明安主编:《行政法论丛》第13卷,法律出版社2011年版]二是“争点效说”。该说以日本新堂幸司教授的“争点效”理论为依据,主张将诉讼标的以外的各个争执点也纳入判决拘束力的范围。依照该学说,后诉不再对前诉判决理由中已确定的争点进行再考察,即认可前诉判决理由中的争点裁判。[吴英姿:《预决事实无需证明的法理基础与适用规则》,载《法律科学(西北政法大学学报)》2017年第2期]三是“充分争讼说”。以“争点排除效”和“预决事实效”为代表的该学说主张,只有充分争讼过的“预决事实”和“争议焦点”才对后续诉讼具有拘束力。其中,“争点排除效”是指在原、被告就相同或不同的请求而发生的后续诉讼中,对于曾经在先前的诉讼中已经充分争讼并被法院裁判认定,且对判决具有重要意义的争点,前诉判决将排除当事人对该争点的再次争议([美]斯蒂文·N.苏本等:《民事诉讼法:原理、实务与运作环境》,傅郁林等译,中国政法大学出版社2004年版,第761页);“预决事实效”将已为法院生效裁判所确认的事实称为“预决事实”,在将预决事实分为主要事实、间接事实以及辅助事实的基础上,该说认为只有主要事实才具有预决效力,“没有真正展开彻底的攻击防御,或者为了把精力集中于案件的中心问题而简单地采取了默认等行为”的间接事实、辅助事实不具有预决效力,后续法院可以“自由地做出认定”。(常廷彬:《预决事实若干问题研究》,载《河北法学》2008年第5期)

Ⅱ 以往的判例状况

以生效民事裁判与后续行政裁判是否围绕同一争点或事实为观察标准,涉及民事裁判说理既判力问题的以往案例大致可分为以下两种类型:

1. 前后诉讼非同一争点的案件,生效民事判决说理无既判力。在周佛来等诉陈智力股东出资纠纷案[江苏省南京市中级人民法院(2013)宁商终字第372号民事判决书]中,针对原告以行政机关拟撤销创恒公司登记为由要求中止诉讼的请求,南京市中级人民法院在民事判决书说理部分言明“本案争议焦点为周佛来对创恒公司是否履行了270万元实物出资的义务,并不以工商行政部门对创恒公司设立中是否存在问题的处理结果为依据,故本案不应中止诉讼”。随后,在陈智力诉南京市工商行政管理局处罚案[江苏省高级人民法院(2015)苏行监字第00377号行政裁定书]中,一审法院与民事判决保持了同样的立场,认为被告作出的撤销创恒公司登记的行政处罚决定并不影响民事判决的法律效力。二审法院也在判决书中载明“被上诉人陈智力认为被诉行政处罚决定与生效民事判决相抵触、适用法律错误,缺乏相应的事实和法律依据,依法不应予以支持”。

2. 前后诉讼系同一争点的案件,生效民事判决说理对后续行政判决有既判力。在李泰谕诉李甲和、冯体芳、玉林市新港家具制品有限公司用益物权纠纷案[广西壮族自治区博白县人民法院(2014)博民初字第1180号民事判决书]中,一审法院虽然认定“从该土地使用权的根本来源及其合法性来说,实际使用人、权利人应为原告李泰谕”,但以行政机关颁发的土地使用权登记在他人名下为由,驳回了原告要求确认涉讼地使用权为其所有的诉讼请求。二审法院亦维持了一审的该项判决。在后续的李泰谕诉博白县住房和城乡规划建设局建设用地规划许可证颁发案中,法院以“民事判决已驳回了李泰谕关于确认涉讼地使用权为其享有的民事诉讼请求,民事判决具有法律拘束力,非经法定程序撤销不得否定民事判决的判决结果"为由,驳回了李泰谕要求撤销行政机关颁发给第三人的涉案土地规划许可证的诉讼请求。

由此可见,在本判例之前,虽然没有法律的明文规定与学理通说,但审判实务呈现出以争议焦点判断生效民事判决说理对后续行政裁判既判力的实践倾向。

Ⅲ 本判例的意义

本判例是最高人民法院在生效民事判决说理对后续行政裁判是否有既判力和对于当事人不服生效民事判决说理能否单独提起再审问题上明确立场的一个重要判例。受传统大陆法系既判力理论和日本"争点效"理论的影响,我国学界或认为民事诉讼裁判的既判力客观范围只限于判决的主文(纪格非:《"争点"法律效力的西方样本与中国路径》,载《中国法学》2013年第3期),或认为只有针对"争点"的判决理由才对后续行政裁判具有既判力。司法实践则不仅在生效民事裁判说理对后续行政裁判是否有既判力问题上态度含糊,对于当事人不服生效民事判决说理能否单独提起再审也疑虑重重。(朱川、周晶:《判决理由既判力的再认识》,载《人民司法》2011年第8期)分歧的存在不仅导致各地裁判不统一,损害司法公信力,而且客观上造成了当事人的讼累和司法资源的浪费。本案一审、二审行政裁判即这一分歧的体现。

从相关的规范看,一方面,2016年最高人民法院印发的《人民法院民事裁判文书制作规范》对"事实"和"理由"作了明确界分,言明说理应当根据案件的性质、争议的法律关系、认定的事实,依照法律、司法解释规定的法律适用规则进行分析,作出认定;另一方面,《行政诉讼证据规定》第70条"生效的人民法院裁判文书或者仲裁机构裁决文书确认的事实,可以作为定案依据。但是如果发现裁判文书或者裁决文书认定的事实有重大问题的,应当中止诉讼,通过法定程序予以纠正后恢复诉讼"的规定仅明确了裁判文书查明的"事实"既判力和纠正"事实"的路径,对于裁判文书"理由"的效力问题却只字未提。由此引申出一个问题:能否适用《行政诉讼证据规定》第70条对不服"说理"的生效民事判决单独提起再审?在本判例中,最高人民法院的再审裁定书通过对《行政诉讼证据规定》第70条的适用不仅将"说理"纳入了民事裁判的既判力范围,还对上述能否通过审判监督程序单独就生效民事判决说理提起再审问题给出了肯定的回答,对于统一司法实践关于生效民事裁判对行政裁判的既判力认识具有积极的意义。

Ⅳ 本判例的裁判思路

从《人民法院民事裁判文书制作规范》"理由"部分中第4条和第5条规定来看(《人民法院民事裁判文书制作规范》"理由"部分中第4条规定,"说理应当围绕争议焦点展开,逐一进行分析论证,层次明确。对争议的法律适用问题,应当根据案件的性质、争议的法律关系、认定的事实,依照法律、司法解释规定的法律适用规则进行分析,作出认定,阐明支持或不予支持的理由";第5条规定,"争议焦点之外,涉及当事人诉讼请求能否成立或者与本案裁判结果有关的问题,也应在说理部分一并进行分析论证”),民事裁判文书的“说理”可分为“围绕争议焦点”和“争议焦点之外”两种类型。在本判例中,一审、二审民事诉讼的争议焦点均在于绥中县海洋与渔业局是否负有向单君廷发放赔偿款的义务,双方当事人对于案件是否属于民事法律关系问题并未产生争议,不属于“充分争讼”的情形。二审裁判文书查明的事实亦是围绕支付赔偿款的争议焦点展开,只是在“说理”部分就案件是否属于民事受案范围展开了论述,属于“争议焦点之外”的说理类型。倘若依据前述“争点效”或“充分争讼说”及以往案例的裁判思路,本案生效民事判决书中“绥中县海洋与渔业局是绥中县人民政府的行政职能部门,具体负责赔偿、补偿资金的审核发放工作。绥中县海洋与渔业局履行的行为依附在行政权利之下,其与被赔偿、补偿人之间主体地位不平等。为此,本案不属于人民法院民事案件受理范围”的“说理”应当对后续的行政诉讼不具有既判力。也正因为如此,行政诉讼的一审、二审判决以“单君廷的诉讼请求不属于行政诉讼受案范围”为由,作出了与生效民事判决“说理”相抵触的裁定。

在立法没有明确规定的情况下,最高人民法院没有沿袭上述传统裁判思路,而是转向从证据出发、以“预决事实”为中心确定生效民事裁判的既判力范围的逻辑进路:首先以《行政诉讼证据规定》第70条为逻辑起点,将生效民事裁判说理中“非争点”的“预决事实”纳入行政诉讼的证据范畴;其次通过明确不采信该证据的必要前提是经过审判监督程序的方式,一方面赋予了该类证据在行政诉讼中的免证效力,另一方面肯定了生效民事裁判“说理”对后续行政裁判的既判力。与此同时,最高人民法院的该裁判“说理”本身对如何理解《行政诉讼证据规定》第70条给出了规范性解释:一是“生效的人民法院裁判文书或者仲裁机构裁决文书确认的事实”中的“生效的人民法院裁判文书”不仅包括民事裁判文书,而且该“事实”系涵盖裁判文书“说理”的广义“预决事实”。二是纠正生效裁判文书“事实认定”中的“重大问题”的法定程序是审判监督程序,当事人不服包括“说理”在内的生效裁判文书“事实认定”的,可以单独提起再审申请。

最高人民法院的上述裁判逻辑不仅突破了大陆法系国家“仅将前判的事实认定作为证据使用,而没有赋予其确定的拘束力”(纪格非:《“争点”法律效力的西方样本与中国路径》,载《中国法学》2013年第3期)的传统思路,而且在实践中具有更强的中国问题解决力,更易于实务人员的把握和操作。

参考文献

汪汉斌:《行政判决既判力研究》,法律出版社2009年版。

邓辉辉:《既判力理论研究》,中国政法大学出版社2005年版。

田勇军:《行政判决既判力扩张问题研究:兼与民事判决既判力相关问题比较》,中国政法大学出版社2015年版。

092 规范性文件的合法性审查

陈爱华诉南京市江宁区住房和城乡建设局不履行房屋登记法定职责案 |《最高人民法院公报》2014 年第 8 期

李晨溪 浙江大学光华法学院

■ 事实概要

南京市江宁区双龙大道 833 号南方花园 A 组团 23－201 室房屋所有权人为曹振林。2011 年 5 月 23 日,曹振林亲笔书写遗嘱,将该房产及一间储藏室(8 平方米)以及曹振林名下所有存款金、曹振林住房中的全部用品无条件赠给陈爱华,其后曹振林去世。2011 年 7 月 22 日,陈爱华经江苏省南京市南京公证处作出公证,声明接受曹振林的全部遗赠。2011 年 8 月 3 日,陈爱华携带曹振林遗嘱、房产证、公证书等材料前往被告江宁区住房和城乡建设局下设的房地产交易中心办理房屋所有权转移登记被拒绝。2011 年 10 月 10 日,陈爱华向被告提出书面申请,要求被告依法为其办理房屋所有权转移登记,被告于 2011 年 10 月 27 日书面回复,根据司法部、原建设部《关于房产登记管理中加强公证的联合通知》(以下简称《联合通知》,已失效)第 2 条,以"遗嘱未经公证,又无遗嘱继承公证书"为由,不予办理遗产转移登记。陈爱华对此不服,提起行政诉讼。原告陈爱华认为,被告强制公证的做法与我国《继承法》(已失效)、《物权法》、《公证法》等多部法律相抵触,故提起行政诉讼,要求法院确认被告拒为原告办理房屋所有权转移登记的行为违法,责令被告就该涉案房屋为原告办理房屋所有权转移登记。被告认为,司法部、原建设部《联合通知》第 2 条规定:"遗嘱人为处分房产而设立的遗嘱,应当办理公证。遗嘱人死亡后,遗嘱受益人须持公证机关出具的'遗嘱公证书'和'遗嘱继承权公证书'或'接受遗赠公证书',以及房产所有权证、契证到房地产管理机关办理房产所有权转移登记手续。处分房产的遗嘱未经公证,在遗嘱生效后其法定继承人或遗嘱受益人可根据遗嘱内容协商签订遗产分割协议,经公证证明后到房地产管理机关办理房产所有权转移登记手续。对遗嘱内容有争议,经协商不能达成遗产分割协议的,可向人民法院提起诉讼。房地产管理机关根据判决办理房产所有权转移登记手续。"而本案原告陈爱华仅以曹振林所立书面遗嘱为依据提出房屋所有权转移登记申请,该遗嘱并未经过公证,且原告未提供该遗嘱分割协议,故不符合《联合通知》的规定,不应为其办理房屋所有权转移登记。

■ 裁判要旨

Ⅰ.《行政诉讼法》(1989 年)第 52 条第 1 款规定:“人民法院审理行政案件,以法律和行政法规、地方性法规为依据。地方性法规适用于本行政区域内发生的行政案件。”第 53 条第 1 款规定:“人民法院审理行政案件,参照国务院部、委根据法律和国务院的行政法规、决定、命令制定、发布的规章以及省、自治区、直辖市和省、自治区的人民政府所在地的市和经国务院批准的较大的市的人民政府根据法律和国务院的行政法规制定、发布的规章。”《物权法》第 10 条第 2 款规定:“国家对不动产实行统一登记制度。统一登记的范围、登记机构和登记办法,由法律、行政法规规定。”《继承法》第 16 条第 3 款规定:“公民可以立遗嘱将个人财产赠给国家、集体或者法定继承人以外的人。”第 17 条第 2 款规定:“自书遗嘱由遗嘱人亲笔书写,签名,注明年、月、日。”《房屋登记办法》(已失效)第 32 条规定:“发生下列情形之一的,当事人应当在有关法律文件生效或者事实发生后申请房屋所有权转移登记……(三)赠与……”此外,《房屋登记办法》并未规定遗嘱受益人须持公证机关出具的遗嘱公证书才能办理房屋转移登记。

Ⅱ.《联合通知》是由司法部和原建设部联合发布的政府性规范文件,不属于法律、行政法规、地方性法规或规章的范畴,其规范的内容不得与《物权法》《继承法》《房屋登记办法》等法律法规相抵触。行政机关行使行政职能时必须符合法律规定,行使法律赋予的行政权力,其不能在有关法律法规规定之外创设新的权力来限制或剥夺行政相对人的合法权利。行政机构以此为由干涉行政相对人的合法权利,要求其履行非依法赋予的责任义务,法院不予支持。故被告依据《联合通知》的规定要求原告必须出示遗嘱公证书才为其办理房屋转移登记的行为与法律法规相抵触,对该涉案房屋不予办理房屋所有权转移登记的具体行政行为违法。

■ 评　析

Ⅰ 本判例的裁判思路

本案的争议焦点是司法部、原建设部的《联合通知》是否适用。法院在对这一问题进行审查时,首先,确定了《联合通知》的性质,它既不是法律、行政法规,也不属于规章的范畴,而是由司法部和原建设部联合发布的政府性规范文件。然而在案件发生时,《行政诉讼法》(1989 年)还没有关于规范性文件的附带性审查的规定,法院此时根据《行政诉讼法》(1989 年)第 52 条、第 53 条的规定,在审理行政诉讼案件时适用法律法规,参照规章。《联合通知》作为规范性文件,并不在此范围内,因此对于其在诉讼中的适用与否就有了讨论的空间。法院借此进入了对规范性文件合法性的观察。也有学者运用法解释学的方法,认为从 2000 年《行诉若干解释》第 62 条第 2 款的规定可以推导出人民法院对规章和规范性文件的司法审查权。(余军、张文:《行政规范性文件司法审查权的实效性考察》,载《法学研究》2016 年第 2 期)其次,法院从职权主体、规范内容两个方面对《联合通知》进行了审查。所谓职权主体的审查,即审查行政机关是否有权制定该规范性文件。按照“法无授权即禁止”的公法原则,所有行政行为的作出都必须有法律、法规的明确规定,规范性文件的制定也不例外。在司法实务中,行政机关制定规范性文件的权力是否获得了法律、法规的明确授予以及该权力的行使是否在法律、法规所允许的范围之内,是法院认定规范性文件是否合法的主要依据。根据《立法法》等相关法律规定,行政机关不能在有关法律法规规定之外创设新的权力来限制或剥夺行政相对人的合法权利,而《联合通知》恰恰创设性地规定了遗嘱继承人或者遗嘱受益人需要持公证遗嘱或经过公证的财产分割协议才可以申请房产所有权转移登记,为公民创设了新的义务。因此,司法部、原建设部并没有权力制定《联合通知》这部分的内容;从规范内容上来审查,主要是审查规范性文件的规定是否依据了上位法,以及是否与上位法相一致或相抵触,而由于《物权法》《房屋登记办法》等法律法规都没有规定遗嘱受益人须持公证机关出具的遗嘱公证书才能办理房屋转移登记,因此《联合通知》的这部分规定也与相关法律法规相抵触。

在本判例中,虽然不抵触标准很好地解决了规范性文件的合法性审查问题,但此标准也存在问题,首先,从法律体系的统一性和整体性角度来看,不抵触标准是所有法规范的审查标准,对规范性文件的司法审查适用不抵触标准并不能反映出规范性文件的特殊性;其次,规范性文件区别于一般法律,也存在即使不与上位法相抵触,法院也不适用的情形;最后,不抵触标准本身缺乏具体的内涵,什么才构成不抵触成为司法实践中面对的难题。与上位法规定不一致、改变上位法规定的内涵、明确上位法尚未明确的概念是不是都构成了抵触,不同的法院可能会有不同的答案,不抵触标准已经不足以解决规范性文件合法性审查的问题。除了审查标准之外,在本判例中,法院最终并没有对《联合通知》本身的合法性作出判断,而是直接指出其不能作为行政行为作出的依据。最高人民法院的裁判摘要实际上也认可了这样的处理,“司法部、建设部《关于房产登记管理中加强公证的联合通知》不属于法律、行政法规、地方性法规、规章的范畴,且与《物权法》《继承法》《房屋登记办法》等有关法律法规相抵触,不能成为房屋登记主管部门不履行房屋登记法定职责的依据”。本判例实际上确立了这样一个裁判原则,即规范性文件相关内容与法律规定相抵触时,法院不将其作为认定行政行为合法的依据。

本判例确定的上述审查标准和处理方法也为后续立法所吸收。法院本着司法谦抑的态度,仍然避免对行政机关立法的规范性文件进行是否合法的直接评价,而是通过是否认定为行政行为的依据对其进行判断,行政规范性文件经审查合法的,应当认定为行政行为的依据,经审查不合法的,不作为认定行政行为合法的依据,并在裁判理由中予以阐明,《行政诉讼法》(2014 年)还规定法院应当向指定机关提出处理建议。但总体来说,法院倾向于将对规范性文件的最终处理权留给行政机关。

Ⅱ 本判例之后的发展

由于规范性文件附带性审查的复杂性,本案所确定的审查标准并不完全适用于所有的规范性案件审查。2015 年,在全国首例涉及对国务院部委制定的行政规范性文件附带审查的案件即华源医药股份有限公司诉国家工商总局商标局等商标行政纠纷案[北京知识产权法院(2015)京知行初字第177号行政判决书]中,法院提出了一个新的审查框架,即从主体、权限、内容和程序四个方面对规范性文件的合法性进行审查(朱芒:《规范性文件的合法性要件——首例附带性司法审查判决书评析》,载《法学》2016年第11期),而判断内容是否合法又主要从其具体规定是否符合上位法、制定目的是否正当、是否符合法律的基本原则、是否有事实依据等角度进行。而这一套审查标准较之以往的不抵触标准在内容上丰富了许多,在标准上也确切了很多,这可以说是一个极大的突破,对此后规范性文件附带性审查也产生了巨大的影响。当然,也有不少学者对规范性文件合法性审查进行研究,对具体审查标准提出了不同的观点。(程琥:《新〈行政诉讼法〉中规范性文件附带审查制度研究》,载《法律适用》2015年第7期)

经过司法实践和理论探讨的积累,2018年《行诉解释》对规范性文件的附带性审查进行了进一步的细化,相关审查规则也比较健全,指出可以从规范性文件制定机关是否超越权限或者违反法定程序、作出行政行为所依据的条款以及相关条款等方面对其合法性进行审查,同时进一步列举了规范性文件不合法的五种情形。然而,对于其中仍然具有争议性的问题,司法解释进行了回避,留待学术界和实务界继续探讨。

Ⅲ 本判例的意义

2014年修正的《行政诉讼法》正式将规范性文件纳入了司法审查的范围,赋予了当事人提起行政诉讼时一并审查行政行为所依据的规范性文件的请求权。自此,法院审查规范性文件具备了明确的法律依据。这一修正在一定程度上改变了以往司法审判中法院对案件相关规范性文件不知如何处理的尴尬境地。尽管《行政诉讼法》规定人民法院对规范性文件可以一并审查,但由于法律规定中,规范性文件司法审查的相关概念模糊以及具体审查标准缺乏,在现实的司法审判中,不同法院对规范性文件附带性审查往往适用不同的标准,呈现不同的态度。而本判例的意义就在于,它基本确定了“一般审查—适当评价—选择适用”的模式(徐肖东:《行政诉讼规范性文件附带审查的认知及其实现机制——以陈爱华案与华源公司案为主的分析》,载《行政法学研究》2016年第6期),提供了规范性文件附带性审查的审查标准和相关负面的法律后果,而这一模式影响了后续许多规范性文件附带性审查行政案件的审理。

参考文献

章剑生:《现代行政法总论》(第2版),法律出版社2019年版。
应松年主编:《行政法与行政诉讼法学》(第2版),法律出版社2009年版。
江必新、梁凤云:《最高人民法院新行政诉讼法司法解释理解与适用》,中国法制出版社2015年版。

093 规范性文件一并审查

章新宝诉池州市贵池区人民政府等土地行政补偿案 | 最高人民法院(2018)最高法行申3312号行政裁定书

凌维慈 华东师范大学法学院

■ 事实概要

2010年11月，贵池区人民政府制定贵政〔2010〕16号文件《池州市贵池区农村集体土地征地补偿安置及被征地农民自愿参加补充养老保险实施办法》(以下简称贵政〔2010〕16号文件)第1条第2项"土地补偿款分配办法"规定，"从农用地、建设用地及未利用地征地补偿款的土地补偿费中提取30%作为被征地农民养老保险统筹基金，由区财政直接拨至村委会集体账户，再由村委会缴至区财政专户，专项用于失地农民养老保障"。2013年，清溪街道办联盟社区新丰组的集体土地被征收，章新宝系联盟社区新丰组村民。清溪街道办联盟社区新丰组分别于2013年9月25日、2014年12月2日、2016年6月28日向农户发放了征地补偿款的70%，扣缴了征地补偿款的30%作为养老保险统筹基金，章新宝领取了上述款项，并在天堂湖新区征地补偿款及应缴养老保险统筹基金情况表上签字确认。2016年8月、11月，章新宝分别向贵池区人民政府、清溪街道办提出信息公开申请，获取章新宝户依据贵政〔2010〕16号文件提取的被征地农民养老保险统筹基金数额为65,387.69元等相关信息。2016年12月，章新宝以贵政〔2010〕16号文件制定违法，清溪街道办扣缴养老保险统筹基金违法为由向法院提起诉讼，请求对贵政〔2010〕16号文件的合法性进行审查，退还其被扣缴的30%土地补偿款共计65,387.69元并支付相关利息。

一审法院认为：2004年修正的《土地管理法》第10条规定，农民集体所有的土地依法属于村农民集体所有的，由村集体经济组织或者村民委员会经营、管理。2014年修订的《土地管理法实施条例》第26条规定，土地补偿费归农村集体经济组织所有。贵池区人民政府依据《关于深化改革严格土地管理的决定》(国发〔2004〕28号)、国务院办公厅转发《劳动保障部关于做好被征地农民就业培训和社会保障工作指导意见的通知》(国办发〔2006〕29号)、《关于加强土地调控有关问题的通知》(国发〔2006〕31号)等行政法规的规定，制定贵政〔2010〕16号文件符合法律规定，其中由村委会提取部分土地补偿款作为被征地农民养老保险统筹基金的条款符合《土地管理法》及以上行政法规的规定，章新宝关于被征地农民养老保险统筹资金应当依据"谁征地，谁负责"，由各级财政负担的诉讼理由系对法律文件的理解错误，其关于贵政〔2010〕16号文件制定的程序和内容违法的诉讼请求与理由不能成立，不予支持。

二审法院认为：建立和完善被征地农民社会保障制度，为被征地农民提供稳定的生活来源和可靠的基本生活保障，有利于解决被征地农民的长远生计问题和后顾之忧，对于切实维护被征地农民的基本权益有重要的意义。2004 年修正的《土地管理法》第 10 条规定，农民集体所有的土地依法属于村农民集体所有的，由村集体经济组织或者村民委员会经营、管理。2014 年修订的《土地管理法实施条例》第 26 条规定，土地补偿费归农村集体经济组织所有。国务院办公厅国办发〔2006〕29 号文件明确了被征地农民社会保障资金筹集办法由各省、自治区、直辖市人民政府制定；安徽省人民政府皖政〔2005〕63 号《关于做好被征地农民就业和社会保障工作的指导意见》明确规定了在安徽省内被征地农民养老保险资金的筹集办法，即“被征地农民养老保险资金由当地政府、村（组）集体和个人共同出资筹集。政府出资部分从土地出让收入等国有土地有偿使用收入中列支，村（组）集体出资部分从土地补偿费、集体经济组织经营收入、村（组）集体其他收益中列支”。据此，贵池区人民政府制定的贵政〔2010〕16 号文件符合法律法规的规定和规范性文件要求。

■ 裁判要旨

Ⅰ. 人民法院审查针对规范性文件合法性的再审申请，根据再审理由和案件实际情况，可以针对规范性文件合法性的所有方面进行审查，也可以主要针对再审申请人质疑的方面进行审查。

Ⅱ.《行诉解释》第 147 条第 1 款规定：“人民法院在对规范性文件审查过程中，发现规范性文件可能不合法的，应当听取规范性文件制定机关的意见。”这里所说的“规范性文件制定机关”，既包括被请求审查的规范性文件的制定机关，也包括更高等级的规范性文件的制定机关。

Ⅲ. 人民法院在审查规范性文件是否存在“与法律、法规、规章等上位法的规定相抵触”的情形时，应当注意听取上位法制定机关的意见。在上位法制定机关对规范性文件的合法性予以认可且不存在与更上一级法律、法规、规章等上位法的规定相抵触的情况下，应当尊重上级机关的意见。

Ⅳ. 所谓下位法与上位法相抵触，必须是针对同一事项或对象，在不是针对同一事项或对象时，不能适用上位法优于下位法的规则。

■ 评　析

Ⅰ 规范性文件合法性审查的具体规则

1. 审查的方法。《行诉解释》第 147 条第 1 款规定，“人民法院在对规范性文件审查过程中，发现规范性文件可能不合法的，应当听取规范性文件制定机关的意见”。制定机关既包括被请求审查的规范性文件的制定机关，也包括更高等级的规范性文件的制定机关。

2. 抵触上位法的判断方法之一。人民法院在审查规范性文件是否存在“与法律、法规、规章等上位法的规定相抵触”的情形时，应当注意听取上位法制定机关的意见。在上位法制定机关对规范性文件的合法性予以认可且不存在与更上一级法律、法规、规章等上位法的规定相抵触的情况下,应当尊重上级机关的意见。所谓下位法与上位法相抵触,必须是针对同一事项或对象,在不是针对同一事项或对象时,不能适用上位法优于下位法的规则。

Ⅱ 学理到达点

本判例涉及规范性文件内容合法性判断中如何判断"与法律、法规、规章等上位法的规定相抵触的"的不合法情形,尤其针对规范性文件缺少明确上位法规范,法院应当如何判断抵触的问题。学理上,林莉红、李淮认为,首先要对上位法规范是否明确进行考察(如上位法是否明确授权下级机关作出裁量规定或是否已就价值、精神和原则作出了选择等),其次要对规范性文件的效力进行判断。只要不与上位法和法律原则相抵触,一般不能将其认定为违法。(林莉红、李淮:《行政规范性文件司法审查构造论》,载《学术论坛》2017 年第 6 期)俞祺分析了 66 个典型案例,认为法院对没有直接、明确上位法依据的规范性文件效力评价,可从"肯定或否定性结果""较浅或较深审查"两个维度划分为"效力肯定且审查较浅""效力肯定且审查较深""效力否定且审查较浅""效力否定且审查较深"四种样态。(俞祺:《上位法规定不明确之规范性文件的效力判断——基于 66 个典型判例的研究》,载《华东政法大学学报》2016 年第 2 期)李成认为,在上位法规则不明,禁止规则抵触无法适用的情况下,法院得以禁止原则抵触检视。(李成:《行政规范性文件附带审查进路的司法建构》,载《法学家》2018 年第 2 期)可见,理论上的主流学说认为,针对规范性文件缺少明确上位法依据的,首先,上位法不仅包含法律、法规、规章,也应包含规范性文件;其次,一般而言规范性文件只需不抵触上位法的原则即可。而本判例实际上再审时,最高人民法院[最高人民法院(2018)最高法行申 3312 号行政裁定书]提出了另外一种判断方法,即"人民法院在审查规范性文件是否存在'与法律、法规、规章等上位法的规定相抵触'的情形时,应当注意听取上位法制定机关的意见。在上位法制定机关对规范性文件的合法性予以认可,并且不存在与更上一级法律、法规、规章等上位法的规定相抵触的情况下,应当尊重上级机关的意见"。

Ⅲ 本判例的规范性逻辑

在本案中,原告对被告扣缴养老保险统筹基金的行为提起诉讼时,一并请求对该扣缴行为所依据的规范性文件贵政〔2010〕16 号文件的合法性进行审查。其后对一审、二审裁判结果均不服,提出再审申请。

一审和二审法院在本判例中的立场基本一致,均认为贵政〔2010〕16 号文件合法,对原告的诉讼请求不予支持。一审法院认为:制定贵政〔2010〕16 号文件符合法律规定,其中由村委会提取部分土地补偿款作为被征地农民养老保险统筹基金的条款符合《土地管理法》及相关行政法规的规定,章新宝关于被征地农民养老保险统筹资金应当依据"谁征地,谁负责",由各级财政负担的诉讼理由系对法律文件的理解错误。

二审法院首先指出被征地农民社会保障资金筹集办法的制定通过国务院办公厅国办发〔2006〕29 号文件授权给了各省、自治区、直辖市人民政府。据此,本判例则是由安徽省人民政府皖政〔2005〕63 号《关于做好被征地农民就业和社会保障工作的指导意见》明确规定了在安徽省内被征地农民养老保险资金的筹集办法。该文件明确规定了村(组)集体出资部分从土地补偿费、集体经济组织经营收入、村(组)集体其他收益中列支,只是没有明确规定列支多少比例。据此,二审法院认为,贵池区人民政府制定的贵政〔2010〕16 号文件符合法律法规的规定和规范性文件要求,即首先明确了案件争议的规范性文件属于上位法是授权地方规定的情形,上位法也是规范性文件;其次上位法部分明确,只是列支比例没有明确规定,但这不妨碍法院以符合国务院和省政府相关规范性文件精神进行判决。

最高人民法院根据再审申请人的再审理由,指出再审焦点在于贵政〔2010〕16 号文件是否违反池政〔2007〕123 号文件的规定。法院引用《行诉解释》第 147 条第 1 款的规定,从审查方法入手,指出:发现规范性文件可能不合法的,应当听取规范性文件制定机关的意见。这里所说的规范性文件制定机关,既包括被请求审查的规范性文件的制定机关,也包括更高等级的规范性文件的制定机关。池州市人民政府在听证程序中也说明,两个规范性文件解决的不是同一事项,不存在冲突问题,在上位法制定机关对规范性文件的合法性予以认可且不存在与更上一级法律、法规、规章等上位法的规定相抵触的情况下,应当尊重上级机关的意见。在不是针对同一事项或对象时,不能适用上位法优于下位法的规则。

Ⅳ 本判例的意义

行政规范性文件一并审查制度在 2014 年修正的《行政诉讼法》中正式得到立法确认。但由于其仅对规范性文件审查作了框架性规定,此后的审查实践中仍然存在审查标准模糊等较多的问题。在《行诉解释》中,最高人民法院从审查方式、审查标准等多个角度对规范性文件审查进行了具体的规定。

最高人民法院在本判例中对《行诉解释》第 147 条第 1 款"人民法院在对规范性文件审查过程中,发现规范性文件可能不合法的,应当听取规范性文件制定机关的意见"这一规定中"规范性文件制定机关"的范围进行了进一步解释,即最高人民法院将"规范性文件制定机关"解释为既包括被请求审查的规范性文件的制定机关,也包括更高等级的规范性文件的制定机关。这样一来,在一并审查规范性文件是否合法的过程中就要听取规范性文件的上位法的制定机关的意见,最高人民法院的这一解释就在审查方法中将听取意见与规范性文件不合法情形之一的"与法律、法规、规章等上位法的规定相抵触的"联系在一起了。法院也在判决指出,"在上位法制定机关对规范性文件的合法性予以认可,并且不存在与更上一级法律、法规、规章等上位法的规定相抵触的情况下,应当尊重上级机关的意见",确认了上位法制定机关的意见对法院进行合法性审查的作用。本判例有最高人民法院"统一法律适用标准、指导下级法院审判工作"的作用,对各级法院如何适用规范性文件一并审查的相关规定具有一定的指导作用,尤其是在法院判断规范性文件是否抵触上位法时,是否要听取上位法制定机关意见,以及其意见对法院的合法性判断会产生何种影响这一问题上具有重要的指导性意义。

□ 参考文献

江必新、梁凤云:《最高人民法院新行政诉讼法司法解释理解与适用》,中国法制出版社 2015 年版。
朱芒:《规范性文件的合法性要件——首例附带性司法审查判决书评析》,载《法学》2016 年第 11 期。
俞祺:《上位法规定不明确之规范性文件的效力判断——基于 66 个典型判例的研究》,载《华东政法大学学报》2016 年第 2 期。

094 规范性文件作为被诉行政行为合法性的判断标准

东风机砖厂诉永兴县人民政府行政强制拆除及赔偿案 | 最高人民法院(2020)最高法行申7018号行政裁定书

梅 扬 武汉大学法学院

■ 事实概要

2017年9月4日,湖南省淘汰落后产能和企业兼并重组工作领导小组办公室作出《关于落实中央环保督察反馈意见全面取缔违反法律法规及不符合国家产业政策粘土砖企业的督办函》(湘淘汰落后办〔2017〕19号)。2017年9月13日,郴州市淘汰落后产能工作领导小组办公室作出《郴州市依法整顿取缔粘土砖企业专项行动工作方案》(郴淘汰落后办〔2017〕1号)。2017年12月22日,永兴县经济和科学技术综合执法大队向东风机砖厂作出《停止电力供应告知书》(永电法告〔2017〕1212号)。2018年1月18日,永兴县人民政府办公室作出《关于印发〈永兴县砖厂综合整治实施方案〉的通知》(永政办函〔2018〕9号),明确东风机砖厂和石溪砖厂为整合保留对象,要求如下:县砖厂整治领导小组负责指导相关砖厂进行整合,在2018年6月30日前完成整合工作,经验收合格后,方可组织生产,逾期未完成整合的,对相关砖厂予以关闭。2018年10月12日,永兴县砖厂综合整治和规范发展工作领导小组办公室向东风机砖厂作出一份通知,该通知载明:"鲤鱼塘东风机砖厂:你砖厂存在生产工艺使用的窑体属于国家产业政策淘汰类的无顶轮窑及手续不齐等问题,根据省市淘汰落后产能专项整治及《永兴县砖厂综合整治实施方案》(永政办函〔2018〕9号)文件精神,你砖厂被列为整合保留对象。按照中央环保督察整改要求,东风砖厂须按'两断三清'(断水、断电、清除原料、清除产品、清除设备)要求处理到位,限你砖厂于2018年10月15日前自行处置到位,逾期未按'两断三清'要求处置到位的,县人民政府将组织开展集中整治,强制按'两断三清'要求处置到位。"该通知于2018年10月14日送达刘方华。2018年10月19日,永兴县人民政府联合多个部门对东风机砖厂实施了强制拆除,东风机砖厂为此提起行政诉讼。

■ 裁判要旨

Ⅰ.关闭取缔不符合国家产业政策的粘土砖企业,是事关安全生产、生态保护和环境资源有效利用的专项工作,有利于促进国民经济和社会的发展,应当依法开展并注重砖厂权人的权益保护。虽然现行立法未对不符合国家产业政策粘土砖企业的关闭退出工作及程序作出具体、明确的规定,但实践中仍应遵守正当程序与法治秩序的基本要求。湖南省淘汰落后产能和企业兼并重组工作领导小组办公室《关于落实中央环保督察反馈意见全面取缔违反法律法规及不符合国家产业政策粘土砖企业的督办函》(湘淘汰落后办〔2017〕19号)、郴州市淘汰落后产能工作领导小组办公室《郴州市依法整顿取缔粘土砖企业专项行动工作方案》(郴淘汰落后办〔2017〕1号)等文件从实际出发,对不符合国家产业政策的粘土砖企业的退出条件、程序和步骤进行了规定,应当作为被诉行政行为合法性的判断标准。

Ⅱ.东风机砖厂存在使用国家产业政策淘汰类的无顶轮窑及手续不齐等问题,依照上述政策精神,属于依法直接关闭之列。永兴县人民政府根据省、市、县三级政府作出的关闭取缔及“两断三清”行为,是依据中央及地方政策而不是依据法律作出的,总体上符合国务院和湖南省人民政府相关文件的规定。东风机砖厂主张永兴县人民政府在整个关闭取缔程序中未履行催告、公告、充分听取其陈述和申辩等法定程序,径行关闭,造成其财产损失。但东风机砖厂因政策性原因关闭是多环节的综合过程,涉及不同主体不同行为,历经不同程序不同阶段,不同于通常意义下的生效行政许可的撤回,而是永兴县人民政府贯彻落实产业结构调整、满足社会公共利益的现实需要。因此,不应将个别程序瑕疵作为认定整个关闭退出行为违法的依据,应当对整个关闭行为的合法性予以肯定。东风机砖厂因公共利益而关闭退出,因此所受的直接损失有权利主张公平合理的补偿。永兴县人民政府应在一定期限内与东风机砖厂就有关补偿问题进行协商,协商不成的,应尽快就补偿金额、如何采取补偿措施等相关问题作出相应的补偿决定。

■ 评　析

Ⅰ 以往判例观点

在“其他规范性文件作为被诉行政行为合法性的判断标准”的问题上,最高人民法院早在2000年发布的《行诉若干解释》第62条第2款规定中就已表明态度:“人民法院审理行政案件,可以在裁判文书中引用合法有效的规章及其他规范性文件。”2004年最高人民法院发布的《适用法律座谈会纪要》对此进一步明确:“行政机关往往将这些具体应用解释和其他规范性文件作为具体行政行为的直接依据。这些具体应用解释和规范性文件不是正式的法律渊源,对人民法院不具有法律规范意义上的约束力。但是,人民法院经审查认为被诉具体行政行为依据的具体应用解释和其他规范性文件合法、有效并合理、适当的,在认定被诉具体行政行为合法性时应承认其效力;人民法院可以在裁判理由中对具体应用解释和其他规范性文件是否合法、有效、合理或适当进行评述。”2009年最高人民法院发布的《关于裁判文书引用法律、法规等规范性法律文件的规定》第6条规定:“对于本规定第三条、第四条、第五条规定之外的规范性文件,根据审理案件的需要,经审查认定为合法有效的,可以作为裁判说理的依据。”2018年最高人民法院发布的《行诉解释》第100条第2款规定:“人民法院审理行政案件,可以在裁判文书中引用合法有效的规章及其他规范性文件。”

在柳名扬诉黑龙江省农垦宝泉岭管理局退休待遇行政确认案[最高人民法院(2016)最高法行申1980号行政裁定书]中,最高人民法院认为《养老保险处理意见》是黑龙江省劳动和社会保障厅制定的其他规范性文件,双方当事人对该规范性文件的合法性和适当性没有异议,可以作为判断被诉确认退休待遇行为是否合法的根据。宝泉岭社保局根据《养老保险处理意见》,在2008年柳名扬补缴个人养老保险费用后,为其办理退休手续,发放养老金,是合法的。在翟好志等人诉海棠区政府不履行安置法定职责案[最高人民法院(2017)最高法行申5250号行政裁定书]中,最高人民法院认为海棠区政府2013年制定的《海棠湾镇安置工作实施细则》不存在违反上位法规定的情形,属于合法有效的行政规范性文件,应当作为判断被诉的海棠区政府与翟好志等人签订2015年补偿协议行为以及不履行依法安置法定职责行为是否合法的根据。从2015年补偿协议的内容来看,2015年补偿协议有关对翟好志等人安置房屋的约定明显与《海棠湾镇安置工作实施细则》的规定不符,严重损害了翟好志等人依照该实施细则应当获得的补偿安置权利,是违法的。在王保贤等诉沧州市人民政府土地行政处理案[最高人民法院(2019)最高法行申492号行政裁定书]中,最高人民法院认为人民法院审理行政案件,可以在裁判文书中引用合法有效的规章及其他规范性文件。再审申请人认为一审和二审法院引用的原国土资源部办公厅《关于土地登记发证后提出的争议能否按权属争议处理问题的复函》不属于裁判文书应当引用的法律、法规等的范围,引用上述文件属于适用法律错误,并以此为由申请再审,理由不能成立。

由此可见,在本判例之前,从最高人民法院的相关司法解释、批复、答复以及行政裁判的内容来看,在"其他规范性文件为被诉行政行为合法性的判断标准"的问题上,最高人民法院一直秉持肯定立场,只是附加一个基本前提,即该文件必须是合法有效的。人民法院在引用其他规范性文件之前,应对其"合法有效性"进行审查,而后选择是否引用。

Ⅱ 本判例的意义

本判例延续最高人民法院的一贯立场和做法,合法有效的其他规范性文件可以作为被诉行政行为合法性的判断标准,其意义主要体现在适用对象上。尽管最高人民法院的司法解释、批复、答复均没有限定具体的适用对象,但从以往的判例来看,人民法院引用其他规范性文件主要集中于社会保障、征收补偿、行政奖励等具有较强授益性色彩的行政行为领域,在其他规范性文件"合法有效性"的审查上亦较为简单和粗糙。基于此类行政行为的特性,这种做法尚可理解和接受。本判例所涉及的则是具有较强干预性色彩的行政行为,是对公民财产权的一种实质性限制,在近年来的环境治理中比较多见。对于此类行政行为,行政机关直接依据其他规范性文件作出,最高人民法院在裁判中直接以其他规范性文件为合法性判断标准,且仅以"事关安全生产、生态保护和环境资源有效利用,有利于促进国民经济和社会的发展"这一理由论证其他规范性文件的"合法有效性"。此种做法值得商榷。

Ⅲ 行政审判引用其他规范性文件的学理框架

得益于司法实践的长期努力,学界在"其他规范性文件作为被诉行政行为合法性的判断标准”的问题上已经基本达成共识,即基于我国的现实国情,规章以下的其他规范性文件在行政管理中发挥着重要作用,是沟通抽象法律与复杂个案的重要媒介。人民法院在行政审判中可以选择引用合法有效的其他规范性文件,但须遵循如下三个规则:(1)先审后引。其他规范性文件的制定主体非常庞杂,制定程序亦无严格限制,导致其数目种类繁多,质量良莠不齐。为防止不当引用或滥用,一旦法院“根据审理案件的需要”认为有必要引用其他规范性文件,应首先履行审查义务,判断其是否合法有效。若合法有效,则可作为被诉行政行为合法性的判断标准;反之则不能。(2)充分审查。人民法院应对其他规范性文件展开充分审查并在裁判文书中载明审查过程与结果,如此方能对其他规范性文件的合法有效形成内心确信,并完成裁判说理义务,提高判决的可接受性。关于审查范围和标准,目前法律上还没有权威、明确的规范指引。但参照2018年最高人民法院发布的《行诉解释》第148条第1款和第2款的规定,应包括是否超越制定机关的法定权限、是否与法律法规规章等上位法的规定相抵触、是否违反制定程序等。(3)一并适用。其他规范性文件一般是在法律法规规章未加详细规定的情况下作为其细化或补充的角色出现的,在适用上应从属于法律法规规章,不能单独作为行政审判的依据。人民法院在引用合法有效的其他规范性文件作为被诉行政行为的判断标准时,应同时列明相应的法律法规规章,相互补强和支撑。需要指出的是,基于人权保障原则、法律保留原则的考量,较之具有授益性色彩的行政行为,具有干预性色彩的行政行为对上述三个规则的要求更为严格。

Ⅳ 本判例的规范性逻辑

在本判例中,被告永兴县人民政府依据上级人民政府制定的两份其他规范性文件关闭并强制拆除了原告不符合国家产业政策的粘土砖企业。这是一个具有较强干预性色彩的行政行为,是对原告财产权的一种实质性限制。原告在对该行政行为提起行政诉讼时,并没有要求人民法院附带审查行政行为所依据的两份其他规范性文件,而是认为行政行为违反法定程序,包括未履行催告、公告等步骤,未告知原告陈述权和申辩权以及提起行政复议或者行政诉讼的途径和期限,未制作并向原告交付查封、扣押决定书,未制作扣押清单,等等。

对此,一审人民法院和二审人民法院均回避了对两份其他规范性文件的审查,而是聚焦被诉行政行为的“程序”问题,只是在程序审查上展现出截然不同的立场。一审人民法院直接依据《行政许可法》第8条第2款、第47条第1款以及《行政强制法》第18条第6项的规定,认为永兴县人民政府实施的行政行为违反法定程序,属于程序违法。二审人民法院则认为,东风机砖厂被关闭系政策性的原因,不同于通常意义下的生效行政许可的撤回。永兴县人民政府实施的强制拆除行为也是依据政策而不是依据法律作出的,因此其程序不适用《行政强制法》。原审认定事实基本清楚,但适用法律错误,处理不当,予以纠正。

最高人民法院在再审中则注意到案件的关键点在于两份其他规范性文件,并按照如下逻辑展开审查:(1)两份其他规范性文件是合法有效的,因为关闭取缔不符合国家产业政策的粘土砖企业,是事关安全生产、生态保护和环境资源有效利用的专项工作,有利于促进国民经济和社会的发展;(2)两份其他规范性文件从实际出发,对不符合国家产业政策的粘土砖企业的退出条件、程序和步骤进行了规定,应作为被诉行政行为合法性的判断标准;(3)按照两份其他规范性文件的规定,东风机砖厂存在使用国家产业政策淘汰类的无顶轮窑及手续不齐等问题,属于依法直接关闭之列。东风机砖厂因政策性原因关闭是多环节的综合过程,涉及不同主体不同行为,历经不同程序不同阶段,不同于通常意义下的生效行政许可的撤回,而是永兴县人民政府贯彻落实产业结构调整、满足社会公共利益的现实需要。因此,不应将个别程序瑕疵作为认定整个关闭退出行为违法的依据,应当对整个关闭行为的合法性予以肯定。

综上分析,最高人民法院在本判例中"根据审理案件的需要"认为有必要引用两份其他规范性文件,但没有严格遵循具体的引用规则。一方面,最高人民法院仅以"事关安全生产、生态保护和环境资源有效利用,有利于促进国民经济和社会的发展"这一理由论证两份其他规范性文件的"合法有效性",没有展开充分审查和评述;另一方面,最高人民法院仅依据合法有效的两份其他规范性文件即判定强制拆除行为合法,没有同时列明相关的法律法规规章。对于具有较强干预性色彩的被诉行政行为而言,此种做法释法略显说理不足,难谓妥当。

☐ 参考文献

江必新、梁凤云:《行政诉讼法理论与实务》(第3版上下卷),法律出版社2016年版。

何海波:《论法院对规范性文件的附带审查》,载《中国法学》2021年第3期。

汪君:《民事裁判援引规章及行政规范性文件的审查义务》,载《法学研究》2021年第5期。

李成:《行政规范性文件附带审查进路的司法建构》,载《法学家》2018年第2期。

095 规范性文件的审查规则

上海中燃船舶燃料有限公司诉上海市质量技术监督局行政处罚决定案 |《最高人民法院公报》2020年第10期

韩思阳 上海师范大学法政学院

■ 事实概要

2016年3月,上海市环境保护局、上海市经济和信息化委员会、上海市质量技术监督局、上海市住房和城乡建设管理委员会、上海市交通委员会、上海市农业委员会共同制定发布了《关于实施普通柴油与国Ⅳ标准车用柴油相同硫含量要求的通告》(以下简称《110号文》)。被告上海市质量技术监督局接举报,于2016年11月对原告上海中燃船舶燃料有限公司位于上海市杨浦区军工路3500号的经营场所进行执法检查,后将相关产品样品送交有关部门检验。根据检验结果,被告依据《110号文》,认定原告的产品为不合格产品,并于2017年5月向原告送达了行政处罚告知书。原告提出听证申请,被告依法召开行政处罚听证会,并于2017年6月作出被诉处罚决定。原告不服,向上海市徐汇区人民法院提起行政诉讼,并请求对被诉处罚决定所依据的《110号文》的合法性进行审查。原告认为,《110号文》提前实施普通柴油的新标准,未报上海市人民政府备案,并非现行有效的地方产品质量标准;行政处罚决定依据的《上海市大气污染防治条例》(2014年)第47条等规定与《大气污染防治法》及《环境保护法》等上位法规定相抵触。被告认为,《110号文》由上海市环境保护局主动向社会进行信息公开,属于《上海市大气污染防治条例》(2014年)第47条第2款中提到的"本市规定的质量标准",是认定上海市油品质量标准之合法依据。

上海市徐汇区人民法院一审认为,《110号文》为减少大气流动污染物源排放、改善城市空气质量而制定,且已由相关部门主动向社会进行信息公开,可以作为被告对原告进行处罚的合法依据。因此一审驳回了原告的诉讼请求。原告不服,向上海市第三中级人民法院提起上诉。

■ 裁判要旨

Ⅰ.根据《上海市大气污染防治条例》(2014年)第47条第1款、第2款的规定,上海市质量技术监督管理部门可以根据实际情况,会同有关部门制定严于国家标准的车、船、非道路移动机械燃料地方质量标准。上海市销售的车、船、非道路移动机械燃料必须符合国家和上海市规定的质量标准。在进一步强化大气污染治理,改善环境空气质量,保障人民群众身体健康,大力推进生态文明建设的指导思想下,《上海市清洁空气行动计划(2013—2017)》和经第90次国务院常务会议审议通过的《加快成品油质量升级工作方案》明确要求开始在东部地区重点城市供应与国Ⅳ标准车用柴油相同硫含量的普通柴油的工作目标,经上海市环境保护局牵头由六部门共同制定《110号文》,提前实施柴油国家标准的有关规定,具有充分的政策、法律基础和现实可行的必要性。

Ⅱ.《上海市产品质量条例》第27条明确规定,检验、判定产品质量的依据包括:(1)国家标准、行业标准、地方标准和企业标准;(2)产品标识、产品包装上明示的内容,或者以产品说明、实物样品等方式表明的质量状况;(3)国家和市质量技术监督部门批准的产品质量监督抽查技术规范;(4)法律、法规的其他规定。该条规定的第4项,是为了落实法律、法规等其他规定的要求,通过设立兜底条款,保证了规定的全面。结合本案而言,《110号文》作为《上海市大气污染防治条例》(2014年)第47条所规定的燃料地方质量标准,严于柴油国家标准,同样构成了检验、判定上海市生产、销售的普通柴油产品质量的依据。换言之,以"法律、法规的其他规定"对外的地方质量标准,是独立于《上海市产品质量条例》第27条前3项规定的检验、判定产品质量的依据,是与国家标准、行业标准、地方标准和企业标准相区别的检验、判定产品质量的依据。

Ⅲ.是否报送备案并非规范性文件的生效要件。结合本案而言,《110号文》经制定、发布、公布、施行,具备作为实施行政管理依据的行政法律效力。需要指出的是,《上海市行政规范性文件制定和备案规定》(第26号市府令)第44条(督促检查)第2款规定,市和区(县)人民政府办公厅(室)和法制办对规范性文件制定和备案情况进行监督检查,督促制定机关及时执行市、区(县)人民政府的有关决定以及法制办的法制建议;发现应当报备而未报备规范性文件的,督促制定机关限期补报。《110号文》制定后,牵头制定机关未依上述(第26号市府令)报送上海市人民政府备案,工作上确有不规范之处,应以此为戒。然而,这并不构成《110号文》不得作为实施行政管理依据的足够理由,该问题应通过行政机关内部对规范性文件报备情况督促检查的法定途径予以解决。

■ 评　析

Ⅰ 行政规范性文件审查规则的沿革

2014年《行政诉讼法》修正之前,法院可对行政规范性文件进行审查,部分缘于法院选择适用法律规范的司法裁量权,部分缘于2004年《适用法律座谈会纪要》的授权。尽管"人民法院可以在裁判理由中对具体应用解释和其他规范性文件是否合法、有效、合理或适当进行评述",但法院往往选择隐形审查方式。2014年修正的《行政诉讼法》第53条将行政规范性文件的隐形审查转为显性审查。2018年《行诉解释》第145—151条将显性审查制度细化。

Ⅱ 本判例的意义

显性审查制度确立后,运行状况不佳。2016年1月到2018年10月,全国一审行政案件共65万余件,其中行政规范性文件附带审查约为3880件,约占0.6%。在2015年5月至2018年年底907个行政规范性文件一并审查的案件中,只有21个行政规范性文件被认定为违法,约占2.3%。(何海波:《论法院对规范性文件的附带审查》,载《中国法学》2021年第3期)实践中,法院往往以超过审查期限、不属于行政规范性文件、不具有关联性等为由回避审查。即使进行审查,法院也往往持肯定行政规范性文件的态度,且裁判文书缺乏说理。背后原因一是法院本能地规避风险,二是在某些领域司法相比行政缺乏专业性,三是审查标准不成熟。(卢超:《规范性文件附带审查的司法困境及其枢纽功能》,载《比较法研究》2020年第3期)本判例中,法院没有回避对行政规范性文件的审查,且从三个方面详细论证。尽管最终肯定了行政规范性文件,但仍明确指出其存在的问题。从审查标准看,本判例包含罕见的对行政规范性文件制定程序的审查。从审查过程看,法院针对不同问题采用了不同的审查强度,可为进一步完善行政规范性文件审查规则提供借鉴。

Ⅲ 行政规范性文件审查标准的框架

行政规范性文件的审查标准主要有"依据与不抵触"以及"合法性要件"两个框架。前者区分负担性文件和非负担性文件(授益性或指导性),并分别以授权依据和不抵触上位法的标准进行审查。(戴杕:《论规范性文件实体合法性的司法审查框架》,载《华东政法大学学报》2022年第1期)后者早在华源医药股份有限公司诉国家工商总局商标局等商标行政纠纷案[北京知识产权法院(2015)京知行初字第177号行政判决书]中就展露雏形,包括主体合法、权限合法、内容合法,并通过《行诉解释》第148条正式确立,包括不超越职权授权范围、不抵触上位法、无依据规定负担性内容、不违反法定程序以及其他情形。"依据与不抵触"框架不够周延,不含程序标准,且对授权依据的审查较为宽松,实际仅剩不抵触标准。"合法性要件"框架比较周延,但由于与"依据与不抵触"框架存在一定重叠,所以也存在类似问题,且该框架未类型化,未区分不同行政规范性文件适用不同审查标准。两框架都未针对不同审查标准设计不同的审查强度,当然,这应细化为制度还是交给司法裁量,值得讨论。

Ⅳ 本判例的规范性逻辑

本判例中,法院主要采用"合法性要件"框架进行审查,从不超越职权授权范围、具有依据效力以及不违反法定程序三个方面展开详细论证。

1.《110号文》不超越职权授权范围。原告在上诉中聚焦不抵触标准,认为《上海市大气污染防治条例》(2014年)第47条的燃料地方质量标准规定与上位法相抵触。对此,一方面国家标准的效力、是否属上位法存在争议;另一方面这涉及地方性法规审查问题,已偏离行政规范性文件审查的重心,因此法院未予回应。法院同时回避《110号文》作为地方标准与国家标准的关系问题,而主要将《110号文》与《上海市大气污染防治条例》(2014年)第47条进行比较,认为该条例第47条已对上海市质量技术监督管理部门制定严于国家标准的地方标准作出授权,且由上海市六部门共同制定的《110号文》也未超出授权范围。需注意的是,法院不仅从合法性角度审查,还从政策、现实可行性方面进行合理性审查,体现出较高的审查强度。

2.《110号文》具有依据效力。通常情况下,行政规范性文件的依据效力无须论证。早在2000年《行诉若干解释》第62条第2款就规定,“人民法院审理行政案件,可以在裁判文书中引用合法有效的规章及其他规范性文件”,即行政规范性文件只要合法有效就具有依据效力,但本判例属特殊情形。由于《上海市产品质量条例》第27条对判定产品质量的依据作了专门规定,所以《110号文》是否符合《上海市产品质量条例》第27条决定了其是否具有依据效力。法院运用体系解释方法认为《110号文》属于《上海市产品质量条例》第27条第4项的“法律、法规的其他规定”,从而肯定其依据效力。法院裁判在多处将《110号文》认定为地方质量标准,此处却刻意绕开《上海市产品质量条例》第27条第1项规定的地方标准,原因可能仍是如上所述的回避《110号文》作为地方标准与国家标准的关系问题。本部分属纯粹法律问题,也体现出较高的审查强度。

3.《110号文》不违反法定程序。司法解释所规定的程序审查要件是“未履行法定批准程序、公开发布程序,严重违反制定程序的”,即区分批准公开程序和制定程序,前者是未履行构成违法,而后者是严重违反构成违法。本判例中,法院未围绕该条文进行法律解释,而是区分作为生效要件的程序与不作为生效要件的程序,认为违反后者不构成违法,体现出司法创造力。当然,本判例情形也可被解释为已部分履行批准公开程序或未严重违反制定程序,从而实现对现有制度的发展。需注意的是,立法程序极为复杂,不同地域、不同部门对行政规范性文件的程序要求差异极大,且一旦被认定为程序违法,行政规范性文件就面临整体被否定的后果,因此在“合法性要件”框架下,程序要件的适用率最低,法院即使适用也往往采用较低的审查强度。本判例中,尽管《110号文》违反程序要求,但法院最终仍肯定其依据效力,即属较低审查强度。未来可借鉴具体行政行为出现程序问题时的处理方式,对程序轻微违法的行政规范性文件确认违法或予以补正。

综合来看,包括本判例在内,现有案例中,对行政规范性文件的审查呈现明显的主观诉讼特征,即法院仅审查争议问题,而区别于针对具体行政行为的全面审查。但从强化行政规范性文件审查的发展趋势看,未来应针对不同行政规范性文件建构细化相对应的审查标准,并在诉讼阶段全面加以适用。

□ 参考文献

章剑生:《现代行政法基本理论》(第2版上卷),法律出版社2014年版。

姜明安主编:《行政法与行政诉讼法》(第7版),北京大学出版社2019年版。

黄学贤:《行政规范性文件司法审查的规则嬗变及其完善》,载《苏州大学学报(哲学社会科学版)》2017年第2期。

李成:《行政规范性文件附带审查进路的司法建构》,载《法学家》2018年第2期。

096 “国办发”文件的法效力

张殿珍等诉河南省光山县人民政府批复行政纠纷案 ｜ 最高人民法院(2016)最高法行申135号行政判决书

于　洋　上海财经大学法学院

■ 事实概要

河南省光山县人民政府于2007年将海营路贯通工程列入该县重点工程项目,决定对海营路实施贯通与局部改造统筹规划同步建设。2007年10月27日,光山县海营路贯通工程建设指挥部制订了《光山县海营路拆迁安置补偿方案》。2008年2月12日,光山县人民政府作出光政土〔2008〕7号《关于收回海营东路及其两侧拆迁改造区域国有土地使用权的决定》(以下简称光政土〔2008〕7号决定),决定收回涉案工程项目范围内的国有土地使用权。张殿珍等4人所用土地均位于其范围内。2008年2月18日,光山县人民政府对光山县国土资源局呈报的《海营路两侧拆迁改造区域范围内国有土地使用权出让方案》作出光政土〔2008〕8号《关于对〈海营路两侧拆迁改造区域范围内国有土地使用权出让方案〉的批复》(以下简称光政土〔2008〕8号批复),同意该方案。此时,张殿珍与潘学明仍在使用涉案土地及房产,黄俊与付鹏飞仍在使用涉案土地。张殿珍等4人对光政土〔2008〕8号批复不服,提起本案行政诉讼,请求撤销该批复。

一审判决根据国土资源部有关土地招标、拍卖、挂牌出让的相关规定,告知听证权并不是用地批复必须履行的法定前置程序;有关土地和房屋的补偿是否应当在用地批复之前,法律、法规没有规定,认为光山县人民政府作出的批复事实清楚,适用法律正确,程序合法,故而维持光山县人民政府作出的光政土〔2008〕8号批复。张殿珍等4人不服提起上诉。二审法院认为,河南省光山县人民政府在张殿珍等4人土地房产未经拆迁安置补偿的情况下,作出光政土〔2008〕8号批复,同意光山县国土资源局拟定的将涉案土地以毛地进行公开出让的方案,违反国务院办公厅国办发〔2004〕46号《关于控制城镇房屋拆迁规模严格拆迁管理的通知》(以下简称国办发〔2004〕46号通知,已失效)关于“严禁未经拆迁安置补偿,收回原土地使用权而直接供应土地”的规定,属程序违法,并对张殿珍等4人产生了实际影响。而判决撤销光政土〔2008〕8号批复将会给社会公共利益造成重大损害,故判决撤销一审判决,确认光政土〔2008〕8号批复涉及张殿珍等4人合法权益的部分违法。光山县人民政府申请再审,认为国办发〔2004〕46号通知不属于法律、行政法规、地方性法规和规章范畴,不应作为审理行政案件的依据,并且与《城市房屋拆迁管理条例》(国务院令第305号,已失效)相互矛盾,故而认为二审法院适用法律法规错误,请求撤销二审判决,维持一审判决。

■ 裁判要旨

Ⅰ.依照《城市房屋拆迁管理条例》第2条之规定,在城市规划区内国有土地上实施房屋拆迁,并需要对被拆迁人补偿、安置的,适用该条例。国办发〔2004〕46号通知第5条有关"严格拆迁许可证的发放,对违反城市规划及控制性详细规划,没有拆迁计划、建设项目批准文件、建设用地规划许可证、国有土地使用权批准文件,以及拆迁补偿资金、拆迁安置方案不落实的项目,不得发放拆迁许可证。严禁未经拆迁安置补偿,收回原土地使用权而直接供应土地,并发放建设用地批准文件"之规定是具体落实《城市房屋拆迁管理条例》相关条款的要求,与《城市房屋拆迁管理条例》并不矛盾。

Ⅱ.该通知是国务院为了进一步规范拆迁管理秩序、切实保障人民群众合法权益而制定下发的,其所重申和强调的行政程序,各级政府都应当认真贯彻执行,特别是明令禁止的内容理应作为判断行政程序合法性、正当性的重要依据之一,除非该通知依相关程序被认定为不合法。

■ 评　析

Ⅰ 以往判例的观点

之前,法院对行政规范性文件效力的认识不一致,有以下几种观点:一是将其作为证据进行审查。在念泗三村28幢楼居民35人诉扬州市规划局行政许可行为侵权案(《最高人民法院公报》2004年第11期)中,法院将规范性文件作为证据,对被告提供的《念泗二村地段控制性详细规划》的合法性进行了质证、审查。二是不认可规范性文件在司法适用中的效力。例如,在桐庐县桐君街道阆苑村民委员会与桐庐县人民政府案[浙江省杭州市中级人民法院(2014)浙杭行初字第116号行政判决书]中,法院认为《桐庐县采矿权有偿出让实施办法(试行)》只是一个规范性文件的一般规定,其本身不能直接作为支持原告诉讼请求的依据。三是经合法性判断,如果认为行政规范性文件违法、无效,则在个案中不予适用;如果规范性文件合法有效,则将其作为行政行为合法的依据。前者如陈爱华诉南京市江宁区住房和城乡建设局不履行房屋登记法定职责案(《最高人民法院公报》2014年第8期)中,法院指出司法部、原建设部《关于房产登记管理中加强公证的联合通知》(已失效)与上位法相抵触,不能成为房屋登记主管部门不履行房屋登记法定职责的依据。后者如吴国柱诉慈溪市住房和城乡建设局房屋拆迁纠纷案[浙江省慈溪市人民法院(2012)甬慈行初字第23号行政判决书]中,法院认为《慈溪市城市房屋拆迁补偿安置管理暂行规定》《关于公布2010年度慈溪市征收集体所有土地房屋拆迁补偿安置价格及有关补偿费用标准的通知》是规章以下的其他规范性文件,与上位法无冲突,可认可其效力。

法院在对行政规范性文件的合法性判断方法上主要从以下方面进行判断:一是制定规范性文件的主体是否适格,主要集中于是否具有制定职权。在王大成诉四川省环境保护厅环保案[四川省高级人民法院(2014)川行终字第91号行政判决书]中,法院认为:"根据《四川省机动车排气污染防治办法》第26条第2款的规定,市(州)县(市、区)环境保护行政主管部门负责制定机动车排气污染防治实施方案,负责合法机动车环保检验合格标准并监督管理。”进而认定四川省环境保护厅具有制定四川省环境保护厅办公室《关于进一步加强机动车环保检验合格标志管理工作的通知》的资格,在案件中予以适用。二是审查规范性文件的内容是否合法,且主要是以“是否与上位法相抵触”为核心标准进行审查。例如,前述陈爱华诉南京市江宁区住房和城乡建设局不履行房屋登记法定职责案(《最高人民法院公报》2014 年第 8 期)。同时有部分法院从制定目的、原则出发,适度评价规范性文件的合理性。又如,在宜昌市国际惯例认证认可促进会诉宜昌市规划局规划行政许可案[湖北省宜昌市中级人民法院(2006)宜中行终字第 22 号行政判决书]中,法院认为:“该《通告》和《报建指南》中的相应规定并未违反法律、地方性法规的禁止性规定,相应内容也未违反法律、地方性法规的立法原则和目的。在本案中,该《通告》及《报建指南》作为被上诉人作出《审查告知书》的依据应属合法、有效。”

Ⅱ 国办发文件效力的学理框架

国办发文件从性质上来看属于行政规范性文件。关于行政规范性文件的效力,学界主流观点认为“合法有效的规范性文件,不仅可以作为行政主体实施具体行政行为的依据,而且还将得到司法的尊重,即在司法裁判中予以引用”。在对规范性文件合法效力的判断方式上,存在以下两种路径:

一是基于法律适用进行判断。根据《适用法律座谈会纪要》,行政规范性文件不是正式的法律渊源,对人民法院不具有法律规范意义上的拘束力。但是人民法院经审查认为被诉具体行政行为依据的具体应用解释和其他规范性文件合法、有效并合理、适当的,在认定被诉具体行政行为合法性时应承认其效力。《行政诉讼法》第 63 条规定,人民法院审理行政案件,以法律和行政法规、地方性法规为依据。地方性法规适用于本行政区域内发生的行政案件。人民法院审理民族自治地方的行政案件,并以该民族自治地方的自治条例和单行条例为依据。人民法院审理行政案件,参照规章。基于举重以明轻的解释方法,由于规范性文件的效力低于规章,法院自然具有在个案中“参照”规范性文件的权力,由此判断规范性文件是否合法,是否可以在个案中予以适用。

二是借由规范性文件一并审查制度进行判断。为从源头上解决纠纷,保障公民合法权益,《行政诉讼法》第 53 条规定:公民、法人或者其他组织认为行政行为所依据的国务院部门和地方人民政府及其部门制定的规范性文件不合法,在对行政行为提起诉讼时,可以一并请求对该规范性文件进行审查。《行政诉讼法》第 64 条规定:人民法院在审理行政案件中,经审查认为该法第 53 条规定的规范性文件不合法的,不作为认定行政行为合法的依据,并向制定机关提出处理建议。由此确立了行政规范性文件一并审查制度,法院可以基于公民的“一并审查请求”,对行政行为所依据的规范性文件进行合法性审查。

由上可见,行政规范性文件对法院并不具有天然的拘束力,法院可以通过行政审判的法律适用以及规范性文件一并审查制度,对行政规范性文件的合法性进行判断。合法有效的规范性文件将得到司法的尊重,在司法裁判中予以适用。在对行政规范性文件的合法性判断方法上，主要从以下几个方面展开：一是主体合法，即行政规范性文件的主体具有制定权，并且没有超越制定权限。二是内容合法，行政规范性文件不得与法律、法规、规章和上级规范性文件相抵触，没有内容上不适当的情形。三是程序合法，行政规范性文件不得违背法定程序。

Ⅲ 本判例的规范性逻辑

针对是否应当适用国办发〔2004〕46号通知的问题，再审法院采用了基于法律适用的方式来判断规范性文件国办发〔2004〕46号通知的合法性，认可了“合法有效的规范性文件，不仅可以作为行政主体实施具体行政行为的依据，而且还将得到司法的尊重即在司法裁判中予以引用”的观点。在具体的判断方法上，法院主要从国办发〔2004〕46号通知内容合法的层面进行判断。首先，从是否符合上位法规则的角度进行合法性审查，认为其不与上位法《城市房屋拆迁管理条例》相抵触。法院认为国办发〔2004〕46号通知第5条有关“严格拆迁许可证的发放，对违反城市规划及控制性详细规划，没有拆迁计划、建设项目批准文件、建设用地规划许可证、国有土地使用权批准文件，以及拆迁补偿资金、拆迁安置方案不落实的项目，不得发放拆迁许可证。严禁未经拆迁安置补偿，收回原土地使用权而直接供应土地，并发放建设用地批准文件”之规定是具体落实《城市房屋拆迁管理条例》相关条款的要求，与《城市房屋拆迁管理条例》并不矛盾。其次，从是否符合公共政策的角度进行合理性考量，认可了国办发〔2004〕46号通知的合理性。认为“该通知正是国务院为了进一步规范拆迁管理秩序、切实保障人民群众合法权益而制定下发，所重申和强调的行政程序各级政府都应当认真贯彻执行”。最后，法院认可了国办发〔2004〕46号通知的效力，对再审申请人的请求不予支持。

□ 参考文献

黄书芃：《行政命令》，台北，三民书局2011年版。

俞祺：《行政规则的司法审查强度——基于法律效力的区分》，法律出版社2018年版。

章剑生：《现代行政法基本理论》（第2版上卷），法律出版社2014年版。

097 行政奖励规范性文件的选择适用与信赖利益保护

唐家洲诉海南省食品安全委员会办公室、海南省人民政府行政奖励及行政复议案 | 最高人民法院(2021)最高法行申8524号行政裁定书

王明喆 南京师范大学法学院

■ 事实概要

原告(二审上诉人、再审申请人)唐家洲向三亚市原食品药品监督管理局投诉举报三亚千润超市经营超过保质期的食品,该局经调查,认定该超市经营的“协成牌盐焗鸡翅”食品已超过保质期限,遂于2019年1月3日对该超市作出罚款50,009.5元的行政处罚。该局于同年1月17日根据原国家食品药品监督管理总局和财政部公布的《食品药品违法行为举报奖励办法》(食药监稽〔2017〕67号,以下简称《2017年总局办法》,已失效)第9条和第10条第1款第1项规定,向海南省食品安全委员会办公室(二审被上诉人、再审被申请人,以下简称海南省食安办)提出将唐家洲的举报行为奖励标准认定为一级并奖励2000.38元的建议。海南省食安办据此于2019年4月28日对唐家洲作出编号201900009号《海南省食品安全有奖举报奖励通知书》(以下简称系争《奖励通知》),认定唐家洲举报有功,根据《2017年总局办法》有关规定,决定奖励人民币2000.38元。但原告认为海南省食安办应当依据海南省政府办公厅于2015年7月16日印发的《海南省食品药品安全有奖举报实施办法(试行)》(琼府办〔2015〕118号,以下简称《2015年省办法》,已失效)对自己进行奖励,行政机关适用规范性文件错误,侵害了自己的信赖利益,故向海南省人民政府(二审被上诉人、再审被申请人)申请行政复议。海南省人民政府于2019年10月22日作出琼府复决〔2019〕189号《行政复议决定书》(以下简称系争《复议决定》),决定维持原行政行为。唐加洲不服该行政复议决定,遂提起诉讼。一审法院判决确认系争《复议决定》违法,驳回唐家洲的其他诉讼请求,二审法院判决驳回上诉,维持原判。唐加洲不服二审法院判决,向最高人民法院申请再审。

另查明,原国家食品药品监督管理(总)局、财政部于2013年发布《食品药品违法行为举报奖励办法》(国食药监办〔2013〕13号,以下简称《2013年总局办法》,已失效)。2017年8月9日,原国家食品药品监督管理总局、财政部重新修订发布《2017年总局办法》,《2013年总局办法》同时废止。其间,海南省人民政府办公厅于2015年7月16日根据《2013年总局办法》印发《2015年省办法》。

■ 裁判要旨

Ⅰ. 根据国务院办公厅《关于加强行政规范性文件制定和监督管理工作的通知》,《2017年总局办法》与《2015年省办法》均属行政机关制定的行政规范性文件,且不违反法律、法规或规章规定,原则上均可以作为行政执法与行政诉讼审查的依据。《2017年总局办法》属国务院部门行政规范性文件,《2015年省办法》属地方政府行政规范性文件,二者之间非上位法与下位法关系,对于二者之间规定不一致时如何确定位阶与选择适用,现行法律并无明确规定;但立法法等确立的上位法优于下位法、后法优于前法以及特别法优于一般法等法律适用的一般规则仍应遵循。《适用法律座谈会纪要》中有关部门规章与政府规章不一致时的选择适用精神亦可参考。

Ⅱ. 海南省食安办于2019年4月28日依据《2017年总局办法》作出本案系争《奖励通知》,并不违法。首先,原国家食品药品监督管理(总)局和财政部先后制定的《食品药品违法行为举报奖励办法》(《2013年总局办法》和《2017年总局办法》)系依据相关法律、法规授权而制定的实施性规定。其次,根据《立法法》规定的精神,当规范性文件对具体事项规定不一致导致行政行为结果出现较大差别时,应优先适用作为制定依据的规范性文件。最后,《2017年总局办法》与《2015年省办法》两者虽然制定机关不同,不能简单适用新法优先旧法的原则,且效力优先也不等于适用优先。然而,《2017年总局办法》作为后法,正是为了因应已经变化了的食品药品投诉举报奖励领域的社会实际,为鼓励社会公众积极举报食品药品违法行为,而放宽了前法(《2013年总局办法》)规定的举报奖励条件并提高了最低奖励标准。因此,从后法优先于前法原则来看,《2017年总局办法》的新规定精神应当优先适用。尤其重要的是,在《2017年总局办法》替代《2013年总局办法》后,《2015年省办法》关于举报奖励标准等规定已经失去了原有立法性规范、创制性规范作为依据的基础,存在合法性瑕疵,且已经处于修改废止过程中。

Ⅲ. 行政奖励是行政机关实施的授益性行政行为。新法与旧法、后法与前法变动后,相对人主张适用旧法、前法以保护信赖利益的,必须同时具备以下三个要件:一是存在信赖基础,二是相对人实施了信赖行为,三是相对人所形成的信赖利益值得保护。本案中,唐家洲主张其对按照《2015年省办法》规定获得奖励有合理信赖而实施了举报行为,故应适用《2015年省办法》。诚然,在该省办法未被废止的情况下,普通的相对人对适用该办法获得奖励存在合理预期。然而,与普通举报人投诉举报后请求奖励不同,唐家洲在《2017年总局办法》实施后获得的多份奖励均是依据《2017年总局办法》而非《2015年省办法》,因此唐家洲对必须适用《2015年省办法》获得奖励并未形成稳定的信赖基础,进而其主张存在值得保护的信赖利益,缺乏事实与法律依据。因此,对于唐家洲而言,本案系争《奖励通知》未适用《2015年省办法》并不违反信赖利益保护原则。

■ 评　析

Ⅰ 本判例的争议焦点

与本案相关的规范性文件共有三份,即原国家食品药品监督管理(总)局、财政部发布的《2013 年总局办法》、《2017 年总局办法》以及海南省人民政府办公厅发布的《2015 年省办法》。其中,《2015 年省办法》是依据《2013 年总局办法》制定的规范性文件,但是在《2013 年总局办法》被《2017 年总局办法》代替之后,海南省人民政府办公厅并未及时对《2015 年省办法》进行更新。本案中行政机关依据《2017 年总局办法》对原告作出行政奖励决定,但原告认为行政机关适用规范性文件错误,应当依据《2015 年省办法》对自己进行奖励,适用《2017 年总局办法》违反了信赖保护原则。故本案的争议焦点主要在于以下两点:(1)行政规范性文件的选择与适用是否合法;(2)行政机关是否侵害了原告的信赖利益。

Ⅱ 行政规范性文件的选择适用

在我国现行法律体系之下,行政规范性文件并不属于"法"的范畴。《立法法》并未将行政规范性文件定位为"法",《行政诉讼法》第 53 条对于规章与行政规范性文件也表现出不同的态度。因而行政规范性文件的选择适用不能直接适用《立法法》的规定。本案判决在明确这一前提的基础上进一步指出,虽然行政规范性文件的选择适用并无可以直接适用的法律规范,但是可以参考《立法法》等确立的上位法优于下位法、后法优于前法、特别法优于一般法等一般规则,以及《适用法律座谈会纪要》中确立的规章不一致时的选择适用精神。规章和行政规范性文件虽然性质不同,但是具有诸多相似之处。首先,在制定主体上,行政规章和行政规范性文件的制定主体都是行政机关。其次,在制定程序上,行政规范性文件的制定程序需要参照规章制定程序。最后,在司法实践中,行政规范性文件可以被裁判文书引用,具备事实上的法效力。因此,在选择适用行政规范性文件时参照《立法法》和《适用法律座谈会纪要》的精神和规则的做法是合理的。

具体到本案,法院以三点理由判定行政机关适用《2017 年总局办法》的做法合法。其一,《2017 年总局办法》是依据法律、法规授权而制定的实施性规定,应当优先适用;其二,规范性文件不一致时应当优先适用作为制定依据的规范性文件,本案中的总局办法是省办法的制定依据,二者不一致时应当优先适用总局办法;其三,依据后法优于前法原则,应当优先使用作为"后法"的《2017 年总局办法》。因此,法院认为,本案中行政机关适用《2017 年总局办法》并不违法。

Ⅲ 信赖保护原则的适用

本案中,原告认为适用《2017 年总局办法》侵害了其信赖利益,违反信赖保护原则,而法院并未支持原告的主张。

本案判决首先明确给出了信赖保护原则的适用要件,即存在信赖基础、相对人实施了信赖行为、相对人形成的信赖利益值得保护。本案给出的信赖保护原则适用要件与学界观点基本一致,但是在要件的具体理解上有些许偏差。信赖保护原则的适用要件一般被概括为三点:一是信赖基础,即须行政机关做出了一定的行政行为;二是信赖表现,人民须因信赖行政行为而有客观上具体表现信赖的行为;三是信赖值得保护,如果相对人以欺诈、胁迫或贿赂等不正当手段使行政机关做出行政行为,或明知行政行为违法或者因重大过失而不知行政行为违法,则信赖利益不值得保护。[《行政法与行政诉讼法学》编写组编:《行政法与行政诉讼法学》(第 2 版),高等教育出版社 2018 年版,第 37 页]在本案中,法院虽未对各个要件的具体内涵展开论述,但是以“唐家洲对必须适用《2015 年省办法》获得奖励并未形成稳定的信赖基础”为由否定了原告的诉求。由此不难看出,法院理解的“信赖基础”并非行政机关做出了一定的行为,而是行政相对人对行政行为产生了稳定的信赖,实际上包含行政机关做出行政行为以及行政相对人对行政行为产生稳定信赖两个方面。在“信赖基础”这一要件上,学界观点和本案判决的理解并不完全相同。实际上,也有一些学者主张“信赖基础”要件并非单纯指行政机关单方面做出行政行为,而是包含行政机关做出行政行为和行政相对人产生信赖两个方面。(胡若溟:《行政诉讼中“信赖利益保护原则”适用——以最高人民法院公布的典型案件为例的讨论》,载《行政法学研究》2017 年第 1 期)本案中对“信赖基础”的理解,与这种观点更为接近。

Ⅳ 规范性文件选择适用与信赖保护原则的关系

规范性文件虽然不是“法”,但其适用需要参考《立法法》和《适用法律座谈会纪要》的原则和精神,适用正确的规范性文件其实是依法行政的要求。本案判决虽未直接提及,但本案中实际上还存在一个关键问题,即规范性文件的选择适用(依法行政原则)与信赖保护原则的关系问题。理论上讲,依法行政原则与信赖保护原则之间可能存在一致与冲突两种关系。所谓一致关系,是指依法行政原则和信赖保护原则的适用共同导向同一个结果。例如,在益民公司诉河南省周口市政府等行政行为违法案[最高人民法院(2004)行终字第 6 号行政判决书]中,行政机关的行政行为既违反了法律,又损害了相对人的信赖利益,无论是从依法行政原则还是从信赖利益保护原则出发,都将得出撤销行政行为的结论(该案最终并未撤销行政行为,而是确认其违法)。所谓冲突关系,是指适用依法行政原则和信赖保护原则将分别得出两个结果,且二者互相冲突。以行政许可的撤销为例,行政机关违法做出行政许可但行政相对人对此形成合法信赖利益时,若严格贯彻依法行政法原则则需要撤销违法的行政许可,而适用信赖利益保护原则则可能保留行政行为,二者之间存在冲突。此时,如果实定法有规定,则从其规定,如《行政许可法》第 69 条;实定法无规定时,如何在依法行政原则与信赖保护原则之间进行取舍,需要法院进行具体判断。

本案中,原告主张行政机关适用《2017 年总局办法》侵害其信赖利益,如果这一主张可以成立,依法行政原则将和信赖利益保护原则形成冲突关系。但是本案判决否定了原告的这一主张,法院认为在《2015 年省办法》未被废止的情况下,普通的行政相对人可能存在合理信赖,但是原告已经依据《2017 年总局办法》获得过多次行政奖励,其明显不具备合理信赖,不存在值得保护的信赖利益。因此,法院并未对行政奖励中依法行政原则和信赖保护原则冲突时应当如何选择作出明确判断。最高人民法院在这一问题上的态度仍有待观察。

▣ 参考文献

姜明安主编:《行政法与行政诉讼法》(第7版),北京大学出版社2019年版。

胡若溟:《行政诉讼中“信赖利益保护原则”适用——以最高人民法院公布的典型案件为例的讨论》,载《行政法学研究》2017年第1期。

刘飞:《行政法中信赖保护原则的适用要件——以授益行为的撤销与废止为基点的考察》,载《比较法研究》2022年第4期。

098 行政协议的识别

黄石市明灯食品厂诉大冶市人民政府、大冶市金山店镇人民政府不履行法定职责案 ｜ 最高人民法院(2017)最高法行再72号行政判决书

韩 宁 浙江工商大学法学院

■ 事实概要

2008年12月3日,武汉钢铁集团矿业有限责任公司与大冶市人民政府、金山店镇人民政府签订《武汉钢铁集团矿业有限责任公司金山店铁矿东区地表和新火车站及铁灵线改线金山店段征地搬迁项目委托协议》(以下简称《委托协议》),约定甲方为武汉钢铁集团矿业有限责任公司金山店铁矿(以下简称武钢金山店铁矿),乙方为大冶市人民政府,丙方为金山店镇人民政府。乙方应完成的工作内容包括:(1)在甲方争取用地指标的同时,负责为甲方办理征用土地全部手续;(2)负责组织、协调、督办市直相关单位和丙方工作;(3)负责协议费用专款专用,并及时足额向丙方支付各项费用;(4)负责拆迁新址规划设计工作。丙方应完成的工作内容包括:(1)负责委托评估单位对地表搬迁设施及附属物进行评估,负责与被拆迁户签订补偿协议并及时补偿到位;(2)负责按进度完成征地、拆迁和安置工作;(3)负责拆迁新址的选择及征地迁建工作;(4)及时处理工农关系,保证甲方工程顺利实施。黄石市明灯食品厂(以下简称明灯食品厂)的厂房在搬迁范围内。明灯食品厂诉至法院,请求判令大冶市人民政府、金山店镇人民政府履行职责,安排明灯食品厂搬迁并负责恢复重建。

■ 裁判要旨

I.对于案件所涉及的《委托协议》,再审被申请人大冶市人民政府和金山店镇人民政府均坚称其属于民事合同,一审和二审法院也认可了这一观点。但通说认为,协议的属性应从协议本身客观判断,协议当事人的主观意思并不能作为判断标准。《行诉适用解释》第11条第1款规定:"行政机关为实现公共利益或者行政管理目标,在法定职责范围内,与公民、法人或者其他组织协商订立的具有行政法上权利义务内容的协议,属于行政诉讼法第十二条第一款第十一项规定的行政协议。"据此,认定行政协议的客观标准应当包括以下三个方面:第一,协议的一方当事人是行政机关;第二,协议的内容涉及行政法上的权利义务;第三,协议的目的是实现公共利益或者行政管理目标。本案中,《委托协议》的乙方大冶市人民政府和丙方金山店镇人民政府均属行政机关;该协议所约定的乙方和丙方的义务——

“征地及征地手续的办理”“土地权属登记、发证”“搬迁”“与被搬迁者签订相关补偿协议”“组织地表设施及附属物拆除”“搬迁新址选择、规划设计、迁建组织工作”等,均属行政职权范畴;协议的目的——“治理重大地质灾害”“实现安全生产”,显然也具有公共利益性质。再审被申请人一再主张,系根据武钢金山店铁矿的委托对家庭户财产进行拆迁安置,但如果被委托方不是行政机关,仅是一个普通的民事主体,断然不会具有被委托的这些权能。

Ⅱ.一审和二审法院亦以“合同相对性原则”为据,否定再审申请人要求大冶市人民政府、金山店镇人民政府履行合同约定的搬迁安置义务的请求权。固然,民事合同原则上仅具有相对效力,其权利义务关系仅可约束合同双方当事人。行政协议既采民事合同之形式,便应遵循合同相对性原则。但行政协议之所以属于“行政”,是因为其有不同于民事合同之处。当行政协议属于补充或者替代诸如征收拆迁这样的单方高权行为时,当行政协议具有针对诸如竞争者、邻人等第三方的效力时,则不应简单地以合同相对性原则排除合法权益受到行政协议影响的第三方寻求法律救济。本案中,再审申请人尽管不是《委托协议》的当事人,但是《委托协议》约定的“整体搬迁重建”范围内的利害关系人。《委托协议》既然约定了再审被申请人的搬迁安置义务,则应当赋予搬迁安置的对象寻求法律救济的权利。行政协议的功能是丰富行政机关的行政手段,增进行政相对方的合作与信任,扩大解决问题的弹性余地,如果法律、法规没有作相反规定,行政机关原则上有权以协议方式活动,但不能通过协议方式扩大法定的活动空间,使之成为规避依法行政的特殊领地,更不能借此减损行政管理相对人的合法权益与救济权利。

■ 评 析

Ⅰ 行政协议的识别标准

《行政诉讼法》第 12 条规定:“人民法院受理公民、法人或者其他组织提起的下列诉讼:……(十一)认为行政机关不依法履行、未按照约定履行或者违法变更、解除政府特许经营协议、土地房屋征收补偿协议等协议的……”于此,《行政诉讼法》仅对行政协议作出了不完全列举,未作定义。《行诉适用解释》与《行政协议规定》则先后对行政协议进行了定义和列举。《行政协议规定》第 1 条规定,行政协议应当包含主体要素(行政机关与公民、法人或者其他组织)、目的要素(为了实现行政管理或者公共服务目标)、意思要素(协商订立)与内容要素(具有行政法上权利义务内容)。针对行政协议的范围,《行政协议规定》第 2 条在《行政诉讼法》第 12 条的基础上进行了不完全列举,包括政府特许经营协议,土地、房屋等征收征用补偿协议,矿业权等国有自然资源使用权出让协议,政府投资的保障性住房的租赁、买卖等协议,符合《行政协议规定》第 1 条规定的政府与社会资本合作协议,以及其他行政协议。

不少论者或是结合司法实践,或是通过理论分析,试图提炼出行政协议认定的关键标准。第一种观点认为,“行政法上的权利义务”是判断行政协议的关键。有论者指出,行政协议的根本性标准包括以下四点:(1)协议中必须引入一些非民事合同所有、不符合民事原理的特别约定与内容;(2)协议中直接规定了某种行政权力,以及行政法上的义务;(3)双方在协议中约定了对行政权的未来处分;(4)行政协议实际上也约定了其他相关行政机关对行政权的未来处分。(余凌云:《行政协议的判断标准——以“亚鹏公司案”为分析样本的展开》,载《比较法研究》2019 年第 3 期)第二种观点认为,在众多的判断要素要件中,“公权力的作用”可以被视为行政协议与民事合同区分的核心标准。(于立深:《行政协议司法判断的核心标准:公权力的作用》,载《行政法学研究》2017 年第 2 期)有论者进一步指出,行政裁量扩张下,公务标准作为现代行政的正当性基础可成为公权力标准的拓展。(杨靖文:《行政协议的识别标准与类型研究——从公权到公务标准的渐进》,载《法律适用》2020 年第 14 期)第三种观点认为,在所有标准中应将法定职责确立为判断行政协议的核心标准,《行政协议规定》删去《行诉适用解释》中的法定职责标准并不妥。(韩思阳:《行政协议判断标准的体系化——以司法裁判为中心的考察》,载《行政法论从》2021 年第 1 期)

本判例中,最高人民法院特别强调了判定行政协议的客观标准,具体包括“协议的一方当事人是行政机关”、“协议的内容涉及行政法上的权利义务”以及“协议的目的是为实现公共利益或者行政管理目标”等三项要素。最高人民法院在本判例中提取出上述三项具体要素是出于对识别标准客观性的考量。最高人民法院从《行诉适用解释》第 11 条第 1 款提取出的识别标准,正是为了驳斥一审、二审判决所持的“根据协议当事人的主观意思,应将《委托协议》认定为民事合同”之观点。与《行诉适用解释》《行政协议规定》相关条文比对后可以发现,最高人民法院在本判例中有意识地降低了“协商订立”这一探寻主观意思的识别要素的权重,提升了其他三项侧重于客观性的要素的地位。虽然学界对于行政协议认定的关键标准存在不同意见,但在大方向上与最高人民法院保持了一致。

Ⅱ 行政协议的订立主体

值得特别注意的是,本判例所涉的《委托协议》是一份三方行政协议,其订立主体包括武钢金山店铁矿(甲方),大冶市人民政府(乙方)和金山店镇人民政府(丙方)。一般来说,常见的行政协议仅包含两方主体,即一方为行政机关,另一方为公民、法人或其他组织。《委托协议》包含了三方主体,其中两方为行政机关,一方为法人,虽然符合《行诉适用解释》《行政协议规定》对行政协议的定义,但仍迥异于常见的行政协议。最高人民法院在对《委托协议》作出认定时,并未刻意区分大冶市人民政府(乙方)和金山店镇人民政府(丙方)各自应履行的义务或法定职权,而是将两方行政机关的义务或法定职权“打包处理”、综合判断。可见,在对多方主体的行政协议进行认定的过程中,可以采用宏观视角,而无须拘泥于某一特定的主体。

当前的司法实践中也存在其他类型的三方行政协议。例如,在黄璟诉江苏省教育厅行政协议纠纷案[江苏省高级人民法院(2015)苏行终字第 00282 号行政判决书]中,所争议的《师范生免费教育协议书》即由黄璟(乙方)、江苏省教育厅(丙方)和华东师范大学(甲方)共同签订。该协议对各方的权利义务约定为:乙方“毕业后一般回生源所在地省份从事中小学教育工作不少于十年。毕业时由丙方安排,在需求岗位范围内进行双向选择,或服从分配,到中小学任教”;丙方“做好接受和安排免费师范毕业生到中小学任教的各项工作,确保其有编有岗。在乙方毕业时,组织用人单位与其在需求岗位范围内进行双向选择,落实任教学校”。对于此类多方主体行政协议案件的审理和裁判,仍有待判例的进一步发展。

Ⅲ 行政协议对合同相对性原则的突破

根据通说,行政协议同时具有行政性与契约性已无须质疑,然而行政性与契约性的边界究竟应当划在何处,仍需要根据个案的情况具体分析。在本判例中,一审、二审法院首先认定《委托协议》为民事合同,随即以合同相对性原则排除合法权益受到行政协议影响的第三方寻求法律救济的权利。对此,最高人民法院持截然不同的见解,其在认定《委托协议》为行政协议后即指出:“行政协议既采民事合同之形式,合同相对性原则亦应遵循……当行政协议属于补充或者替代诸如征收拆迁这样的单方高权行为,当行政协议具有针对诸如竞争者、邻人等第三方的效力,则不应简单地以合同相对性原则排除合法权益受到行政协议影响的第三方寻求法律救济。”换言之,在肯定案涉协议为行政协议这一大前提下,法院就需要对该行政协议内含的“行政性要素”与“契约性要素”进行切割。

根据最高人民法院的裁判思路,既然行政协议具有民事合同的外观,故理论上还是要遵循合同相对性原则,但是出现例外情况时,合同相对性原则可以被突破。对此,最高人民法院指出:“本案中,再审申请人尽管不是《委托协议》的当事人,但却是《委托协议》约定的‘整体搬迁重建’范围内的利害关系人。”对此,我们可以解读出两点:其一,《委托协议》约定的“整体搬迁重建”属于传统高权行政行为之范围,故其具有行政性之成分,不应受合同相对性原则之拘束;其二,再审申请人与《委托协议》中涉及行政权行使的部分内容具有利害关系,即可“自动”与《委托协议》之整体产生利害关系,进而获得寻求法律救济的权利。这也从侧面说明,行政协议的利害关系人并非仅局限于行政协议的当事人,还包括与行政协议中“行政性要素”产生利害关系的公民、法人或其他组织。《行政协议规定》第5条规定了行政协议外利害关系人的原告资格,与本判例的裁判思路一脉相承。实际上,观察从《行诉适用解释》到《行政协议规定》的发展历程可以发现,最高人民法院不断地在判例中抽取裁判要旨,并在时机成熟后将其固定为司法解释。通过这种在判例、规则之间循环往复、螺旋上升的方式,我国的行政协议制度可以逐步构建。

参考文献

章剑生:《现代行政法总论》(第2版),法律出版社2019年版。

江必新、梁凤云:《行政诉讼法理论与实务》(第3版上下卷),法律出版社2016年版。

最高人民法院行政审判庭编著:《最高人民法院关于审理行政协议案件若干问题的规定理解与适用:条文主旨·起草背景·条文释义·实务指导》,人民法院出版社2020年版。

099 招商引资协议的性质

香港斯托尔实业(集团)有限公司诉泰州市人民政府等招商引资协议再审案 | 最高人民法院(2017)最高法行再99号行政裁定书

杨登峰 南京师范大学法学院

■ 事实概要

海陵工业园管委会作为甲方,香港斯托尔实业(集团)有限公司(以下简称斯托尔公司)作为乙方,先后于2013年9月16日、2013年12月15日签订苏泰海园合字〔2013〕第02号《海陵工业园区工业项目招商合同书》和《补充协议书》(以下简称招商引资协议),斯托尔公司于2014年12月1日完成土地摘牌,以新注册的森托尔机器人有限公司为受让人,与出让人泰州市国土资源局签订合同编号为3212022014CR0014的《国有建设用地使用权出让合同》。因认为泰州市人民政府、海陵区人民政府、海陵工业园管委会未依照招商引资协议的约定履行义务,斯托尔公司于2015年5月18日向江苏省泰州市中级人民法院提起行政诉讼,请求判令:(1)泰州市人民政府、海陵区人民政府、海陵工业园管委会立即履行招商引资协议;(2)海陵工业园管委会支付土地差价款1625万元,并承担相应的违约责任。江苏省泰州市中级人民法院于2015年10月26日作出(2015)泰中行初字第00063号行政裁定,驳回斯托尔公司的起诉。斯托尔公司不服提起上诉后,江苏省高级人民法院于2016年12月12日作出(2015)苏行终字第00736号行政裁定,驳回上诉,维持一审裁定。斯托尔公司仍不服,在法定期限内向最高人民法院申请再审,请求撤销一审、二审法院裁定,指令再审。最高人民法院于2017年11月24日作出(2017)最高法行申218号行政裁定,裁定提审本案。

■ 裁判要旨

Ⅰ. 随着行政管理方式的多样化和行政管理理念从高权命令向协商、合作的转变,行政机关在法律规定的职权范围内,通过协商一致的方式约定其与行政管理相对人之间的权利义务关系,此种协议也被统称为行政协议(行政契约、行政合同);由此引发的纠纷一般通过行政救济程序解决。行政协议一般包括以下要素:一是协议有一方当事人必须是行政主体;二是该行政主体行使的是行政职权;三是协议目的是实现社会公共利益或者行政管理目标;四是协议的主要内容约定的是行政法上的权利义务关系。由于行政管理的复杂性以及双方当事人协议约定内容的多样性,判断一项协议属于行政协议还是民事协议,不能仅看其名称,也不能仅依据其中的少数或者个别条文来判定,而应当结合以上要素和协议的主要内容综合判断。

Ⅱ.对于本案的招商引资协议而言:(1)该协议的一方当事人海陵工业园管委会是行政机关。海陵工业园管委会是经江苏省人民政府批准设立,作为海陵区人民政府派出机构,对开发区实行统一领导和管理的行政机构;案涉协议权利义务的最终承担者系海陵区人民政府,因此具备协议订立一方必须是行政主体的形式特征。(2)海陵工业园管委会在该协议中处分的虽有民事机关法人的职权,但主要是行政职权。招商引资协议约定的海陵工业园管委会行使的职权和义务,如有关土地出让金价格的确定、二期项目开发用地的预留、配套平整土地、给予政策补贴、帮助减免相应税费、对开发利用土地及未来改变土地用途时的同意并逐级上报审批、对斯托尔公司可能存在的违法用地行为的监督管理和行政处罚等,均属《江苏省经济技术开发区管理条例》(已失效)规定以及海陵区人民政府所授予的行政管理职权。(3)该协议的目的是实现公共利益。《江苏省经济技术开发区管理条例》第3条第2款规定:"开发区旨在发展对外经济技术合作,引进外资、先进技术、先进设备、人才和科学管理方式,以兴办外商投资、出口创汇、高新技术项目为主,相应发展第三产业,加强与省内外的经济技术合作,促进对外开放和经济技术发展。"招商引资协议正是为了实现上述目的,为了实现公共利益需要而签订的。案涉协议的如约履行将相应提高当地经济生产总量,提高政府财税收入,部分解决就业问题,有助于对外开放、经济技术发展和产业结构调整,有利于地方的长远发展。(4)该协议的主要内容约定的是行政法上的权利义务。该协议虽有海陵工业园管委会借款给斯托尔公司,支付国有建设用地使用权招拍挂成交价与5万元/亩基数差额部分的约定,但该协议的主要内容仍然为行政法上的权利义务。该协议约定,斯托尔公司负担保证所使用土地为拟申报项目的工业用地性质,不擅自改变土地使用用途,如需改变土地使用用途,应征得海陵工业园管委会同意并报上级有权部门批准,重新签订土地使用权出让合同,调整土地使用权出让金并办理登记等义务;……

Ⅲ.本案招商引资协议一方为行政主体,协议目的符合公共利益需要,海陵工业园管委会行使的主要是《江苏省经济技术开发区管理条例》规定的行政职权,协议内容除包括相关民事权利义务约定外,还包括大量难以与该协议相分离的行政权利义务约定,依法属于《行诉适用解释》第11条第1款规定的行政协议范畴。一审法院仅凭双方约定的部分内容,即认定招商引资协议仅系形成借款与赠与的民事法律关系,而不具有行政法上的权利义务内容,属于认定事实错误。

■ 评　析

[I] 以往判例的观点

行政协议在我国行政审判实践中早已得到认可。1997年,最高人民法院审理的大连市华运产业房地产开发公司诉大连市房地产开发管理领导小组办公室废止中标案[最高人民法院(1997)行终字第2号行政判决书]中就引入行政协议原理裁判行政案件。该案判决指出:

“《会议纪要》中的部分条款设定了教育行政管理部门行使职权的内容,且该纪要条款以举办人各方签名同意为生效要件,应视为中牟县教委与电器化学校的两名举办人三方签订的行政协议。”可以看出,这里以“部分条款设定了教育行政管理部门行使职权的内容”为标准,认定《会议纪要》为行政协议。此后,此类判决不时出现。2014 年修正《行政诉讼法》之前,经由江西省萍乡市安源区人民法院于 2014 年 4 月 23 日作出的(2014)安行初字第 6 号行政判决和萍乡市中级人民法院于 2014 年 8 月 15 日作出的(2014)萍行终字第 10 号行政判决所判决的萍乡市亚鹏房地产开发有限公司诉萍乡市国土资源局不履行行政协议案,后来经最高人民法院审判委员会讨论于 2016 年 12 月 28 日发布为指导案例 76 号。其裁判理由指出:“行政协议是行政机关为实现公共利益或者行政管理目标,在法定职责范围内与公民、法人或者其他组织协商订立的具有行政法上权利义务内容的协议,本案行政协议即是市国土局代表国家与亚鹏公司签订的国有土地使用权出让合同。”这一界定基本与 2015 年《行诉适用解释》第 11 条第 1 款对行政诉讼法中行政协议的界定一致。

此外,就在本判例前不久,最高人民法院在四川省大英县人民政府诉大英县永佳纸业有限公司等不履行行政协议纠纷案[最高人民法院(2017)最高法行申 195 号行政裁定书]中也就行政协议认定标准作了阐述。该判例认为,行政协议应包括五个方面的要素:(1)主体要素。行政协议的主体是行政主体和行政相对人,其中具有优势地位的行政主体是不可缺少的主体。(2)目的要素。行政协议的目的是实现公共利益或者行政管理目标这一行政法上的目的。(3)职责要素。行政协议必须是行政机关行使行政职权、履行行政职责的一种方式。(4)内容要素。行政协议的内容是行政法上的权利义务。(5)意思要素。行政协议必须经过协商,意思表示一致。以上五个要素可再分为形式标准和实质标准两个方面。形式标准也就是主体标准,实质标准也就是标的及内容标准。实质标准可以从以下三方面进行判断:一为是否行使行政职权、履行行政职责;二为是否为实现公共利益或者行政管理目标;三为在协议里或者法律上是否规定了行政机关的优益权。

Ⅱ 行政协议的学理界定

行政协议,学理上通常称为行政合同或者行政契约。对于行政合同,民法学界长期持否认态度。即便在《行政诉讼法》(2014 年)修改之后,民法学者仍坚持认为,行政协议只能存在于狭窄领域,大多数兼有行政因素与民商因素的合同都应被界定为民事合同。(崔建远:《行政合同族的边界及其确定根据》,载《环球法律评论》2017 年第 4 期)至于行政法学界,虽然都积极认可行政合同的存在,承认它的独立性,但对于行政合同及其要素始终有不尽相同的认识。这种情形在《行政诉讼法》修订和最高人民法院发布司法解释之后也没有完全消除。这里以《行政诉讼法》(2014 年)修改后出版的教科书关于行政合同概念、特征和要素的论述来说明。例如,有学者认为,行政合同“系指行政主体为了实现行政管理目的,与行政相对人或另一个行政主体,经双方协商一致所达成的合意”。行政合同的基本特征是,第一,行政合同当事人中必有一方是行政主体;第二,签订合同的目的在于实现国家行政管理目标;第三,以双方当事人意思表示一致为成立要件;第四,在合同履行、变更或解除过程中,行政主体享有行政优益权。[胡建淼:《行政法学》(第4版),法律出版社2015年版,第455页]也有学者认为,行政合同"是指行政主体为了行使行政职能,实现行政管理目的,与其他行政机关或者公民、法人、和其他组织之间通过协商的方式,经过双方意思表示一直所达成的设立、变更或者终止某种权利义务关系的协议",其基本特征是:第一,以设立、变更或者终止某种权利义务关系为内容;第二,必有一方为行政主体;第三,双方意思表示一致才能成立。[周佑勇:《行政法原论》(第3版),北京大学出版社2018年版,第319页]还有学者认为,行政协议有自己独特的要素,这些要素是其有别于行政决定和民事合同的根本所在,主要包括以下三点:第一,实现行政管理目标;第二,协商订立;第三,属于行政法定职责范围。[章剑生:《现代行政法总论》(第2版),法律出版社2019年版,第199-201页]当然,上面论述中的共同点还是显而易见的。除了上述教科书的一般性论述外,一些学术论文还专门讨论了行政协议的认定问题。有的学者认为识别行政协议应采用"行政主体"单一标准,从而将所有有行政主体参与的合同都划为行政协议。(陈无风:《行政协议诉讼:现状与展望》,载《清华法学》2015年第4期)也有学者认为,应对行政协议的边界予以缩限解释,主张区分行政决定与行政决定之后所签订的普通合同,从而将政府采购合同与保障房租赁买卖协议认定为民事合同。(凌维慈:《保障房租赁与买卖法律关系的性质》,载《法学研究》2017年第6期)还有学者认为,"需要引入比例原则,即只有当行政职责足够重要时行政主体才可适用行政协议制度,若通过民事合同便能确保行政职责的实现,则显然不必认定为行政协议"。(陈天昊:《行政协议的识别与边界》,载《中国法学》2019年第1期)

Ⅲ 本判例的规范性逻辑

最高人民法院分析招商引资协议的法律性质时,采用的是典型的"三段论"的演绎推理的方法,其规范性逻辑分析过程大致可分为三步:

1. 引述相关法律和司法解释的规定。《行政诉讼法》第12条第1款规定:"人民法院受理公民、法人或者其他组织提起的下列诉讼:……(十一)认为行政机关不依法履行、未按照约定履行或者违法变更、解除政府特许经营协议、土地房屋征收补偿协议等协议的……"《行诉适用解释》第11条第1款规定:"行政机关为实现公共利益或者行政管理目标,在法定职责范围内,与公民、法人或者其他组织协商订立的具有行政法上权利义务内容的协议,属于行政诉讼法第十二条第一款第十一项规定的行政协议。"

2. 抽离出认定行政协议的要素。(1)协议有一方当事人必须是行政主体;(2)该行政主体行使的是行政职权;(3)协议目的是实现社会公共利益或者行政管理目标;(4)协议的主要内容约定的是行政法上的权利义务关系。在该步骤采用实质主义的认定原则,即由于行政管理的复杂性以及双方当事人协议约定内容的多样性,判断一项协议属于行政协议还是民事协议,不能仅看其名称,也不能仅依据其中的少数或者个别条文来判定,而应当结合以上要素和协议的主要内容综合判断。

3. 逐项比对系争招商引资协议。通过对比,认定系争招商引资协议符合或者满足行政协议的四个要素,从而认定其为行政协议而非民事协议。

Ⅳ 本判例的意义

《行政诉讼法》第12条规定,公民、法人或者其他组织认为行政机关不依法履行、未按照约定履行或者违法变更、解除政府特许经营协议、土地房屋征收补偿协议等协议而提起诉讼的,人民法院应当受理。自此,行政协议成为行政诉讼的主要对象之一。但法律界并没有对行政协议的认定形成统一的认识。2015年《行诉适用解释》第11条对行政协议作了如下界定:"行政机关为实现公共利益或者行政管理目标,在法定职责范围内,与公民、法人或者其他组织协商订立的具有行政法上权利义务内容的协议,属于行政诉讼法第十二条第一款第十一项规定的行政协议。"但这仅仅是抽象的或者说是一般性的定义,有待通过具体案件的应用加以具体化。本判例是在具体案件中对行政协议构成要件的一次解读和应用,明确提出行政协议一般应包括以下四个要素:一是协议有一方当事人必须是行政主体;二是该行政主体行使的是行政职权;三是协议目的是实现社会公共利益或者行政管理目标;四是协议的主要内容约定的是行政法上的权利义务关系。这对指导行政审判实践具有重要意义,为后续进一步界定行政协议作了铺垫。《行政协议规定》第1条规定:"行政机关为了实现行政管理或者公共服务目标,与公民、法人或者其他组织协商订立的具有行政法上权利义务内容的协议,属于行政诉讼法第十二条第一款第十一项规定的行政协议。"这一规定基本上可以看作最高人民法院对以往判例的一个小结。

参考文献

胡建淼:《行政法学》(第4版),法律出版社2015年版。

周佑勇:《行政法原论》(第3版),北京大学出版社2018年版。

陈天昊:《行政协议的识别与边界》,载《中国法学》2019年第1期。

100 行政协议中的行政附随义务

汪慧芳诉龙游县人民政府行政征收案 | 最高人民法院(2018)最高法行申2624号行政裁定书

陈天昊 清华大学公共管理学院

■ 事实概要

2015年6月9日,龙游县城市发展投资公司(以下简称龙游城投公司)与龙游县旧城改造征收指挥部办公室(以下简称龙游旧改办)签订委托书,委托龙游旧改办实施龙游县大南门历史文化街区保护项目(一期)国有土地上房屋收购项目(以下简称大南门房屋收购项目),期限自项目调查摸底至收购项目实施完成。2015年12月9日,龙游城投公司发布公告,公告该公司作为收购单位,收购灵山江以西,太平路以南,西湖沿巷一、二弄以东,巨龙路以北,保留房屋除外的国有土地上房屋。并明确龙游旧改办为委托收购实施单位及收购时间、大南门房屋收购项目实施方案等。汪慧芳的房屋位于收购范围内。2016年1月5日,龙游县房屋征收管理办公室(以下简称龙游征管办)分别与衢州市恒泰房屋征迁服务有限公司、临海市伟群拆迁有限公司针对龙游县城区大南门区域被收购房屋事项签订《房屋拆除工程合同》,约定大南门区域被收购的房屋由衢州市恒泰房屋征迁服务有限公司、临海市伟群拆迁有限公司负责拆除,并承担相应的行为责任。汪慧芳未提出收购申请,也未签订房屋收购协议,其房屋也未被拆除。2016年5月21日,龙游城投公司、龙游旧改办向汪慧芳作出书面通知,告知"在2016年6月9日(含)前未提交收购申请,未签订房屋收购协议的,不再享受大南门历史文化街区保护项目(一期)房屋收购特别奖政策",并于2016年5月28日送达汪慧芳。2016年9月27日,汪慧芳楼上住户均已签订收购协议,被收购房屋腾空交付房屋拆除单位。在汪慧芳未签订收购协议并在涉案房屋居住的情况下,龙游征管办委托的房屋拆除公司自2016年9月27日起开始破坏性拆除汪慧芳楼上以及周边住户已被收购的房屋,对汪慧芳房屋的居住以及经商环境已经造成严重影响。汪慧芳不服,以收购工作系由龙游县人民政府组织实施,强制收购行为侵犯其合法权益为由,向法院提起行政诉讼,请求确认龙游县人民政府以收购代替征收的行政行为违法,判令龙游县人民政府按行政征收的法律规定依法进行征收工作。

■ 裁判要旨

I. 本案"征购"纠纷并非行政机关或者国有公司收购个别房屋引发,而系龙游县人民政府在旧城改造过程中为实现公共利益和行政管理目标,以委托国有公司“收购”来代替应当依法进行的“征收”而引发。虽然该项收购协议名义上的签订主体是国有龙游城投公司,但此种收购本身属于政府征收职能的委托,并服务和服从于旧城改造这一公共利益需要,因而此种收购协议也具有了行政协议的属性。

Ⅱ.龙游征管办委托的房屋拆除公司自2016年9月27日起已经开始破坏性拆除汪慧芳楼上以及周边住户已被收购的房屋,对汪慧芳房屋的居住以及经商环境已经造成严重影响。由于旧城改造项目系政府推动实施,相关拆除工作也系政府职能部门委托实施,此种侵权即构成行政侵权。

Ⅲ.由于龙游县人民政府已经收购了该街区的绝大部分房屋并正在进行成片的拆除改造,汪慧芳户的居住环境和经营环境已经因为涉案收购和拆除行为发生了巨大变化,其所从事的商业经营活动实际上已经停止,特别是龙游征管办委托的房屋拆除公司实施的破坏性拆除行为,既严重影响汪慧芳房屋的安全性、舒适性,也导致房屋周围居住环境与商业功能基本丧失。在此情形下,龙游县人民政府因自己的先行行为而产生了对汪慧芳房屋进行征收并补偿的附随义务或者赔偿房屋价值的附随义务。汪慧芳依法具有选择征收补偿程序或者侵权赔偿程序的权利。

Ⅵ.鉴于汪慧芳选择征收补偿程序且龙游县人民政府也已经在法院听证后主动启动征收补偿程序,并于2018年11月5日作出房屋征收决定,汪慧芳涉案房屋在征收范围内,本案汪慧芳有关征收诉求已经得到支持。需要特别说明的是,无论是收购程序、征收程序还是赔偿程序,对房屋产权的保障,原则上均应以当时当地同区位同类房屋的市场评估价为基准。若汪慧芳房屋2018年度市场评估价因周边环境的巨大变化而受到影响,则龙游县人民政府应当以2016年启动收购以来的市场评估价就高确定标准。同时,对于因不恰当拆除本身造成的损失赔偿问题,龙游县人民政府在作出补偿决定时应当一并予以考虑。

■ 评　析

Ⅰ 以往判例观点

本判例之前,最高人民法院从未在行政协议中明确提出“行政附随义务”,但通过对以往判例的分析可以看到,最高人民法院其实已经从两方面触及了该问题。(1)依据诚实信用原则,行政协议中的双方当事人在合同给付义务之外尚应承担《合同法》(已失效)所要求的一般附随义务。在黄璟诉江苏省教育厅不履行教育行政协议案[最高人民法院(2016)最高法行申1991号行政裁定书]中,最高人民法院指出,协议当事人在履行《师范生免费教育协议书》中的就业条款时,依据《合同法》第60条的规定,应当承担相应的附随义务:与南长区教育局面谈、参加南长区教育局组织的体检等事务需黄璟本人参与,这些事务虽在协议书中未作约定,但根据该协议的目的和性质,应认定属于协议书的附随义务,而黄璟未予以协助,致该合同目的未能实现,不能认定江苏省教育厅不履行该协议书的约定。在该判例中,最高人民法院将民事合同制度中的一般附随义务适用于行政协议案件争议。(2)行政协议的履行给协议关系外的第三人造成影响时,行政机关应该履行职责及时处理,这为此后行政附随义务的提出进行了准备。在宁都县人民政府等诉宁都县梅川供水有限公司征收补偿职责案[最高人民法院(2017)最高法行申8090号行政裁定书]中,宁都县土地收购储备中心与江西金龙塑业有限公司签订《国有土地使用权收回及房屋收购合同》,对江西金龙塑业有限公司位于七里科技工业园区的国有土地使用权及地上建筑物和其他附属设施进行收购。这导致宁都县梅川供水有限公司失去了园区唯一的供水客户,于是提起行政诉讼请求确认宁都县人民政府、宁都县土地收购储备中心只征收江西金龙塑业有限公司资产,不征收宁都县梅川供水有限公司资产的行政行为违法,同时判令赔偿经济损失。最高人民法院审理后认为,"宁都县人民政府对江西金龙塑业有限公司进行整体收回和收购的行为已对宁都县梅川供水有限公司的经营权益产生了不利影响。因此……宁都县人民政府应当依法予以受理并及时作出处理"。在该判例中,最高人民法院不再局限于民事合同制度中的一般附随义务,而提出了行政协议履行给第三人造成影响时,作为行政协议一方当事人的行政机关应该依职权采取善后措施及时处理。

Ⅱ 行政附随义务的学理框架

2014年修正的《行政诉讼法》首次明确将行政协议争议纳入行政诉讼的受案范围,然而,相比于成熟的民事合同制度,行政协议相关的实体法律制度仍然存在"供给不足"的现象,本案的裁判要旨为我们初步分析行政附随义务的学理框架提供了可能。

由于行政协议兼有"行政性"与"契约性",所以,一方面,行政协议的双方当事人都应遵守《合同法》第60条所规定之一般附随义务的相关要求,即双方当事人在履行协议给付义务的同时应当"遵循诚实信用原则,根据合同的性质、目的和交易习惯履行通知、协助、保密"等附随义务,就此而言,行政协议与民事合同不存在任何区别。前引黄璟诉江苏省教育厅不履行教育行政协议案[最高人民法院(2016)最高法行申1991号行政裁定书]已经佐证了这一点。另一方面,行政协议中的行政主体还具有"公共事务的管理者"之身份,这便使其区别于民事合同中的当事人,而应基于行政职责进一步承担相应的行政附随义务。

行政附随义务具有如下四个方面的特点:(1)外部性。民事合同中的附随义务仅及于合同当事人,而并不涉及合同关系之外的第三人,然而行政附随义务表现为行政主体对协议关系外的第三人所承担的附随义务。(2)职权性。民事合同中的附随义务根源于诚实信用原则,然而行政附随义务源于行政主体所承担的行政职责,由于行政协议的履行行为对第三人的权益造成了影响,所以应当基于行政职责采取必要的善后措施,在本判例中就表现为启动行政征收程序并依法对当事人进行公平补偿。(3)延伸性。民事合同中的附随义务表现为行为义务,而并不要求特定结果的出现,若采取了相应行为但未实现特定结果,也应被视为履行了附随义务而不产生损害赔偿义务,然而行政附随义务具有延伸性,其既可能表现为行为义务,亦可能发展成为结果义务,如本判例中法院便明确要求行政机关启动行政征收程序,并对当事人依照市场价予以公平补偿。(4)可诉性。民事合同中的附随义务并不具有独立可诉性,在违反附随义务的情况下,仅产生次位的赔偿请求权,然而行政附随义务根源于行政主体所承担之行政职责，因此权益受到行政协议履行影响的第三人自然有权提起行政诉讼，以督促行政机关依法履职，即履行行政协议中的行政附随义务。

Ⅲ 本判例的规范性逻辑

在本判例中，最高人民法院首先论证了相关收购协议属于行政协议，理由在于该类协议构成行政机关政府征收职能的延伸，这符合最高人民法院过往裁判中主要以“职责要素”判断协议属性的规范逻辑。其次，最高人民法院指出，对已经签订收购协议的房屋的拆除行为严重影响了当事人汪慧芳房屋的居住功能与商业功能，该先行行为的存在导致行政机关需承担相应的附随义务，即对汪慧芳的房屋启动行政征收程序，并以市场评估价为基准对其进行公平补偿。

Ⅵ 本判例的意义

在前述两判例的基础上，借助本判例，最高人民法院超越了基于诚实信用原则的一般附随义务，而首次明确提炼了行政协议所特有的行政附随义务概念，并对其制度内容作了细致阐释。通过分析本案的判决要旨，我们可以看到，行政协议中的行政附随义务具有外部性、职权性、延伸性、可诉性等特点，从而区别于民事合同中的一般附随义务。在后续判例中，最高人民法院再次肯定了行政协议中的行政附随义务及其相关制度内容，如汪建生诉浙江省龙游县人民政府其他行政行为案[最高人民法院(2019)最高法行申923号行政裁定书]。由此，行政协议实体法律制度得到进一步发展。本判例继承了最高人民法院相关过往判例的裁判思路，并创造性地提炼了行政协议中的行政附随义务及相关制度，推动了行政协议实体法律制度的发展。

□ 参考文献

刘飞：《行政协议诉讼的制度构建》，载《法学研究》2019年第3期。

余凌云：《行政协议的判断标准——以“亚鹏公司案”为分析样本的展开》，载《比较法研究》2019年第3期。

陈天昊：《行政协议的识别与边界》，载《中国法学》2019年第1期。

101 行政协议中的行政解释

萍乡市亚鹏房地产开发有限公司诉萍乡市国土资源局不履行行政协议案 | 最高人民法院指导案例76号

陈国栋 大连理工大学法律系

■ 事实概要

2006年2月12日，萍乡市亚鹏房地产开发有限公司(以下简称亚鹏公司)通过招投标的方式获得了TG－0403号国有土地使用权，并于2006年2月21日与被告萍乡市国土资源局签订了《国有土地使用权出让合同》，约定出让宗地的用途为商住综合用地，冷藏车间维持现状。随后萍乡市国土资源局颁发了两本国有土地使用证，一本为工业，使用权类为出让；另一本为商住综合用地。对此，亚鹏公司认为约定的“冷藏车间维持现状”是维持冷藏库的使用功能，并非维持地类性质，要求将其中一证地类由“工业”更正为“商住综合”；但萍乡市国土资源局认为维持现状是指冷藏车间保留工业用地性质出让，且该公司也是按照冷藏车间为工业出让地缴纳的土地使用权出让金，故不同意更正土地用途。2012年7月30日，萍乡市规划局向萍乡市土地收购储备中心作出《关于要求解释〈关于萍乡市肉类联合加工厂地块的函〉》中有关问题的复函，主要内容如下：萍乡市规划局在2003年10月8日出具规划条件中已明确了该地块用地性质为商住综合用地(冷藏车间约7300平方米，下同)，但冷藏车间维持现状。根据该地块控规，其用地性质为居住(兼容商业)，但由于地块内的食品冷藏车间是目前萍乡市唯一的农产品储备保鲜库，也是萍乡市重要的民生工程项目，所以暂时保留地块内约7300平方米冷藏库的使用功能，未经政府或相关主管部门批准不得拆除。萍乡市国土资源局遂同意变更用地性质，并要求亚鹏公司补缴一定金额的出让金，因为亚鹏公司取得该宗地中冷藏车间用地使用权是按工业用地价格出让的，根据《城市房地产管理法》之规定，亚鹏公司申请TG－0403号地块中冷藏车间用地的土地用途由工业用地变更为商住用地，应补交土地出让金。亚鹏公司向法院提起行政诉讼，要求法院判决萍乡市国土资源局履行变更登记义务，并撤销要求补缴出让金的决定。

■ 裁判要旨

Ⅰ.行政协议是行政机关为实现公共利益或者行政管理目标，在法定职责范围内与公民、法人或者其他组织协商订立的具有行政法上权利义务内容的协议。本案行政协议即萍乡市国土资源局代表国家与亚鹏公司签订的国有土地使用权出让合同。行政协议强调诚实信用、平等自愿,一经签订,各方当事人必须严格遵守,行政机关无正当理由不得在约定之外附加另一方当事人义务或单方变更解除协议。

Ⅱ.萍乡市规划局的解释与挂牌出让公告明确的用地性质一致,且该解释是萍乡市规划局在职权范围内作出的,符合法律规定和实际情况,有助于树立诚信政府形象,并无重大明显的违法情形,具有法律效力,并对萍乡市国土资源局关于土地使用性质的判断产生约束力。

■ 评 析

Ⅰ 以往判例观点

在行政协议审判中,有权机关对行政协议条款解释如何适用的问题,在本判例之前尚未有明确的法律规定与司法解释,在实践中,法院之间的态度也并不一致。根据《行政诉讼法》、《行诉解释》以及《适用法律座谈会纪要》所确定的行政诉讼审判依据适用框架,行政规章、行政规范性文件并不具有法律依据的地位,更遑论对规范性文件的行政解释。因此,在本判例之前,行政机关在其职权范围内对行政协议条款所作的解释是不会被法院视为可以适用的审判依据的。

本判例原审一审、二审判决皆将萍乡市规划局的解释视为证据[江西省萍乡市中级人民法院(2014)萍行终字第10号行政判决书],即将之作为理解萍乡市规划局原意的证据,以确定系争土地的性质。换言之,在原审一审、二审法院看来,萍乡市规划局控规(控制性规划)对双方的约束力是不言自明的,而审判的关键在于确定萍乡市规划局的原意是什么。在另一个判例中,最高人民法院却采取了不同的态度。在成都鹏伟实业有限公司与江西省永修县人民政府、永修县鄱阳湖采砂管理工作领导小组办公室采砂权纠纷案[最高人民法院(2008)民二终字第91号民事判决书]中,江西省水利厅在法定职权内作出的据以确定合同所约定采砂范围的批复实际上相当于本判例中萍乡市规划局对可出让的系争土地性质的解释,即确定亚鹏公司可用来开发商住用地的范围到底有多大的复函,与确定成都鹏伟实业有限公司可开采的河砂范围有多大的江西省水利厅的批复在本质上是一样的。但是,最高人民法院既没有将类似的解释视为证据,也没有适用甚至是无视该批复对合同双方的约束力,同时没有给出为何不予适用该批复的裁判理由。

Ⅱ 作为审判依据的协议条款解释

之前,学说与实务中不承认规章、规范性文件及其解释的审判依据地位,主要是为了维护民主与保障公民权利尤其是消极权利。换言之,若普遍承认规章乃至规范性文件可适用于判断被诉行政行为合法性的依据,那么民主的价值将可能被“架空”,个人的权利将动辄可能为行政机关制定的规章乃至规范性文件所限制或剥夺。那为什么本判例中有权机关在其职权范围内对协议条款的解释对双方都有法律约束力?为什么法院在审查之后根据具体情况要承认其效力,并将之作为审判的依据?答案就在于本判例中的萍乡市规划局所行使的是配置公共资源的财产性权力(dominium),而不是通过限制公民自由而实现公共利益、维护公共秩序的主权性统治权力(imperium);而相对人在本判例中的权利属于请求国家给付、配置公共资源的积极权利。所以,以往行政诉讼法律适用框架的内在逻辑在本判例中无法适用。公共资源的有限性原则与公共性原则使公共资源必须由行政机关根据社会经济与民生发展的需要灵活配置,法律、行政法规充其量只能为公共资源的配置设置程序规则与实体底线,但无法事无巨细地规定每一份公共资源的用途、交易对价、开发主体等事项。进言之,这些方面只能由行政机关在法律、法规、规章所规定的范围内通过规范性文件细化规则来配置。这也就是福利行政难以法治化、司法化,公民福利权需要行政机关通过规则具体化的根由所在。根据依法行政原则,行政机关必须依照这些具体化规则来配置公共资源。即使是以行政协议的方式来配置公共资源,行政机关也不能不遵守这些具体化规则。就此而言,我们获得公共资源的法律制度是由宪法、法律、法规、规章以及规范性文件建构的,规范性文件是这个法制体系不可或缺的一环。缺乏这一环去细化公共资源的配置秩序,我们就无法通过行政协议获得公共资源的使用与开发权;缺乏这一环,法院也无法确定具体案件中公共资源的配置法则到底是什么。进言之,这些规则构成行政机关协议缔结权的合法要件,构成行政协议有效性乃至公民协议权利有效性的判断标准。在本判例中,如果法院不适用规划机关根据其控制性规划所作出的行政解释,就等于否定规划机关通过行政规划配置土地资源的权力,就难以确定系争土地的性质,毕竟系争土地的性质是由规划局通过控规确定的;而且,本判例中的国土资源局的解释也有其合理理由,法院不能排除这样一种可能性。更不用说本判例背后涉及国有资产的保护问题与公共资源的价值最大化问题。就此而言,人民法院在类似行政协议案中不是可以适用有权机关的行政解释乃至其制定的规范性文件,而是应当适用它们。

Ⅲ 协议条款解释的司法审查

法院在司法审查中应当适用有权机关就行政协议条款所作的解释,这并不意味着法院在适用前不应当对其进行审查。相反,为确保依法行政与权利保障,法院在对之审查后方可适用。在本判例中,法院确立了两大审查原则,即诚实信用原则与合法性审查原则。

按照本判例的逻辑,诚实信用是指行政机关作出解释时,不得背离此前协议约定的条款,否则就违背了相对人对协议条款的信赖。不过,因为协议中约定条款源于有权机关在其职权范围内制定的资源配置性行政规范性文件,所以“不得背离”实际上就是指作出解释的机关不得违背自己所制定的规范性文件。在本判例中,就是萍乡市规划局不得违背自己此前所制定的控制性规划。这实际上是依法行政原则的要求,而不是民法诚实信用原则的要求。法院需要从行政协议所约定的条款出发,去寻找这些条款所依据的规范性文件是什么,再从这些规范性文件出发来审查行政机关所作的解释是否违背了该规范性文件。

对行政协议解释的合法性审查还需要遵循不抵触原则。行政机关有权通过规划性文件来配置公共资源,形成公民获得公共资源开发、使用权的权力。这种权力可以没有上位法的依据,因为行政机关在获得公共资源配置权时已经获得了上位法的概括性授权,行政机关基于公共资源物有所值原则可以制定规范性文件，而无须像行政处罚设定那样必须寻得上位法依据。但是，其不得抵触上位法中有关资源配置的规定，也不得限缩上位法中公民获得公共资源的权利。

Ⅳ 本判例的意义

法律适用是建构行政协议之诉的重要问题之一。不过，无论是《行政诉讼法》还是最高人民法院的相关司法解释对此都无明确而系统的规定。2019 年《行政协议规定》发布之后，人民法院审理行政协议案件可以依照该司法解释的相关规定，在法律适用方面可以援用行政诉讼法、民事诉讼法以及合同法的有关规定。但这个框架依然是粗疏的，难以有效指导行政协议的审判实践。根据一般行政诉讼的框架，以往行政诉讼法律适用的基本框架是以法律法规为依据，以规章为参照。在规章仅为参照适用的情况下，行政解释是难以纳入审理行政协议的依据之中的。《适用法律座谈会纪要》认为，行政规范性文件不是正式的法律渊源，对人民法院不具有法律规范意义上的约束力。但是，人民法院经审查认为被诉具体行政行为依据的具体应用解释和其他规范性文件合法、有效并合理、适当的，在认定被诉具体行政行为合法时应承认其效力。《行诉解释》第 100 条第 2 款规定："人民法院审理行政案件，可以在裁判文书中引用合法有效的规章及其他规范性文件。"尽管这些司法解释间接承认了行政解释与规范性文件的效力，但并未明确提出法院可以将其作为裁判的法律依据予以适用。

就此而言，本判例具有了突破性意义。因为它明确了行政解释乃至规范性文件的审判依据地位，这对行政协议审判法律依据乃至整个行政诉讼审判依据制度的法律建构具有重要意义。换言之，既然法院要适用行政解释，那自然也要适用该解释所依据的上位阶的规范性文件。进言之，在行政协议诉讼中，法院要适用规范性文件并将之作为审判依据，那么在其他行政诉讼中也没有充分的理由加以否认。本判例将行政机关在职权范围对协议条款的解释视为审判依据，比原审一审、二审法院将之视为证据的做法更具有规范意义。尽管原审法院将之视为证据，但在实质上也承认该解释乃至萍乡市规划局此前关于该地块性质的控制性规划（控规）对萍乡市国土资源局与亚鹏公司的约束力。当然它意义有限，这一裁判理由也值得商榷。一方面，确定双方权利义务关系的不是证据而是法律规范，在本判例中它是萍乡市规划局此前作出的控制性土地规划；该解释所依据的正是确定土地性质，进而作为确定行政机关出让权规范性文件的控制性规划。在这样的情况下，再将其界定为证据是定性错误。另一方面，将其确立为审判依据是确立行政协议的审判依据这一更为根本的全局性规则，是在承认协议之外有权机关所确立的规则对于行政协议双方当事人的约束力和法院的适用义务。同时，这一判例凸显了行政协议制度乃至行政协议审判的独立性与必要性。在前述成都鹏伟实业有限公司中，最高人民法院无视甚至否定江西省水利厅这一有权机关解释的一个非常重要的原因是，在民事合同理论以及民事诉讼法的审判依据适用框架中，并没有对行政规范性文件乃至对该文件所作行政解释的适用余地，法院没有适用行政规章、其他规范性文件乃至行政解释的义务。在这一点上，行政诉讼与民事诉讼的法律适用之前是高度契合的,即其也只是适用法律、法规,而不适用规章。但本判例突破了这一点,承认在行政协议诉讼中规范性文件乃至相应解释的审判依据的地位,正视了规章乃至规范性文件对于行政协议以及行政协议审判不可或缺的地位,从而凸显行政协议之诉与民事合同之诉的区别,以及行政协议之诉独立于民事合同之诉的必要性、必然性。

☐ 参考文献

姜明安主编:《行政法与行政诉讼法》(第7版),北京大学出版社2019年版。
朱芒、陈越峰主编:《现代法中的城市规划:都市法研究初步》,法律出版社2012年版。
俞祺:《行政规则的司法审查强度——基于法律效力的区分》,法律出版社2018年版。

102 行政协议的单方变更

何胜贵等诉贵州省铜仁市碧江区人民政府等征收补偿协议案 | 最高人民法院(2017)最高法行申4592号行政裁定书

韩　宁　浙江工商大学法学院

■ 事实概要

2011年8月23日,贵州省原铜仁市人民政府(现为碧江区人民政府)公布铜府办发〔2011〕168号市人民政府《关于印发灯塔办事处龙田村下龙田片区房屋征收补偿安置实施方案的通知》(以下简称铜府办发〔2011〕168号通知),确定原铜仁市人民政府为征收人,灯塔街道办为实施征收单位,对灯塔街道办龙田村下龙田片区用地规划范围内的所有建(构)筑物及附属物进行征收,房屋征收补偿实行货币补偿、产权调换、异地安置三种方式。其中,异地安置方式为正房占地面积180平方米(含180平方米)以内安置一块安置地,180平方米以上安置两块安置地,每户最多安置两块安置地,安置地每块面积为120平方米。2012年3月8日,灯塔街道办、九龙拆迁公司与何胜贵签订《房屋搬迁补偿安置协议书》,约定对何胜贵实行异地安置,安置地在贵州省原铜仁市九龙大道原龙田小学至杨家湾安置区,安置宅基地面积为240平方米,宅基地编号为140#、141#,灯塔街道办负责完成安置地"三通一平"工作等。2011年11月,国务院撤销原铜仁地区建制,设立地级铜仁市。2012年4月23日,铜仁市人民政府为了推进城镇化战略步骤,调整和重新制订市域城镇体系规划和城市总体规划,下发铜仁市人民政府《关于在铜仁城市规划区范围内停止私人建房的紧急通知》,要求"从即日起,铜仁城市规划区范围内停止审批私人建房申报,已批准但还未开工建设的,由审批部门通知建房户停止建设;今后在铜仁城市规划区内农村居民确因困难或因拆迁需要安置建房的,必须分别由各区、县政府进行统一规划,并经市人民政府批准后方可实施"。2012年11月22日,碧江区人民政府作出碧府办发〔2012〕272号碧江区人民政府办公室《关于印发灯塔办事处龙田村下龙田片区房屋拆迁参与式开发建设安置补偿方案的通知》,决定用参与式开发建设安置代替宅基地安置方式,并明确废止依据铜府办发〔2011〕168号通知签订的异地安置拆迁合同。2014年4月14日,经过招投标,案涉地块由铜仁市碧江区城市建设开发投资有限公司竞得。碧江区人民政府对征收何胜贵房屋的相关补偿已全部付清,何胜贵多次要求碧江区人民政府交付按原协议约定安置区的宅基地。何胜贵于2014年11月提起民事诉讼,请求碧江区人民政府履行原协议,经过一审、二审,何胜贵的起诉被驳回。2015年11月2日,何胜贵提起行政诉讼。

■ 裁判要旨

Ⅰ. 本案审查的焦点是2012年3月8日灯塔街道办、九龙拆迁公司与何胜贵签订的《房屋搬迁补偿安置协议书》应如何履行的问题。行政协议作为一种新型且重要的行政管理和公共服务方式,将传统上认为水火不容的行政和合同两种行为方式奇迹般地结合在一起。现在多数人认为,行政协议既有行政性又有合同性,是行政性和合同性的创造性结合,其因行政性有别于民事合同,又因其合同性而不同于一般行政行为。行政协议强调行政性是必要的,唯有如此才能解释为什么行政协议需要在行政程序相关法律中进行规定,并且应获得行政复议、行政诉讼救济,也能解释在行政协议中,行政机关为什么享有单方变更、解除行政协议等有别于民事合同的优益权。与民事合同主体签订合同是为了自身利益不同,行政机关签订行政协议是为实现公共利益或者行政管理目标。不仅签订行政协议本身是实现公共利益或者行政管理目标的方式,而且在履行协议过程中,行政机关可以根据实现公共利益或者行政管理目标的需要单方变更、解除行政协议,甚至可以依法单方作出行政强制、行政处罚。

Ⅱ. 行政机关只有在行政协议订立后出现了由于实现公共利益或者行政管理目标的需要或者法律政策的重大调整,必须变更或者解除行政协议时,才能行使单方变更、解除权,由此造成公民、法人或者其他组织合法权益损失的,亦应依法予以补偿。本案中,2012年3月8日,灯塔街道办、九龙拆迁公司与何胜贵签订的《房屋搬迁补偿安置协议书》并不违反法律、行政法规强制性规定,合法有效。然而,案涉《房屋搬迁补偿安置协议书》涉及的安置宅基地的土地规划已变更,碧江区人民政府据此对原协议的安置方式进行变更、实行参与式开发建设安置,系为了公共利益的需要,故该单方变更行为合法。与此同时,本案所涉地块已挂牌出让,何胜贵请求按《房屋搬迁补偿安置协议书》约定的宅基地进行安置建房已无实现的可能。

Ⅲ. 维护公共利益是行政机关的重要职责,在公共利益与私人利益发生矛盾时,应优先考虑公共利益的实现,但是承认公共利益优先并不否认个人利益的存在及实现。碧江区人民政府出于公共利益的需要,单方变更、解除行政协议,必须对相对人进行补偿。碧江区人民政府应及时履行上述补偿的法定职责,何胜贵亦可就上述补偿依法要求碧江区人民政府履行法定职责。

■ 评　析

Ⅰ 单方变更、解除权的规范基础与学理解读

《行政诉讼法》第12条规定:“人民法院受理公民、法人或者其他组织提起的下列诉讼:……(十一)认为行政机关不依法履行、未按照约定履行或者违法变更、解除政府特许经营协议、土地房屋征收补偿协议等协议的……”《行政协议规定》出台后,部分论者认为该规定第16条赋予行政机关单方变更、解除权有可能损害协议相对人的权益。然而,切不可忽视的是,行政机关单方变更、解除行政协议的相关规定实则早已存在于部分规范中。例如,《北京市

储备粮管理办法》(2010 年)第 8 条规定:“承储企业应当遵守下列规定:……承储企业违反前款规定情节严重的,市粮食行政管理部门有权解除承储合同。”或许是因为此类规范的专业性过强,较难直接进入学者的视野,故在先前的研究成果中,此类规范的引用频率并不高。总体来说,在《行政诉讼法》(2014 年)修改前,单方变更、解除的规定可见于专门行政领域的行政程序规范中,在此基础之上,修改后的《行政诉讼法》(2014 年)及《行政协议规定》又添加了对单方变更、解除行为进行司法审查的依据。

长久以来,学界对行政机关之“优益权”(又称“特权”)着墨颇多,一般认为其属于单方变更、解除权之上位概念。例如,行政主体在行政合同中的特权乃“在行政法上确认的或在行政合同条款中规定的作为签约一方的行政主体为实现公共利益之目的而享有的对合同单方行使公权力的强制性特权”[戚建刚、李学尧:《行政合同的特权与法律控制》,载《法商研究(中南政法学院学报)》1998 年第 2 期],“行政机关在行政合同的履行过程中,可以根据国家行政管理的需要,依法变更、解除合同或行使制裁权等行政优益权”。(何彤文、刘慧娟:《行政优益权行使的合法性审查》,载《人民司法》2015 年第 22 期)可见,优益权的行使与传统意义上的行政行为有极高的相似度,同样应遵循《行政诉讼法》第 6 条“人民法院审理行政案件,对行政行为是否合法进行审查”之规定。在本判例中,最高人民法院正是通过对行政协议行政性的阐释,提出了优益权的存在基础:“行政协议强调行政性是必要的,唯有如此才能解释为什么行政协议需要在行政程序相关法律中进行规定,并且应获得行政复议、行政诉讼救济,也能解释在行政协议中行政机关为什么享有单方变更、解除行政协议等有别于民事合同的优益权。”晚近有论者指出,“行政机关在行政协议中不具有抽象的、普遍的、无条件的优益权”“行政机关只有在有法律直接而具体授权的前提下,或者有合同具体约定的条件下才享有优益权”。(胡建淼:《对行政机关在行政协议中优益权的重新解读》,载《法学》2022 年第 8 期)实际上,行政优益权绝非泛泛的、笼统的、无限制的,其行使本身就需要有相应的依据,认为《行政协议规定》无条件赋予行政机关单方变更、解除权的观点显属误读。

Ⅱ 单方变更行为的合法性审查

本判例中,最高人民法院对碧江区人民政府单方变更《房屋搬迁补偿安置协议书》的行为进行了合法性审查。在正式进入该步骤前,最高人民法院先对《房屋搬迁补偿安置协议书》本身的合法性与效力状态进行了认定,指出:“2012 年 3 月 8 日灯塔街道办、九龙拆迁公司与何胜贵签订的《房屋搬迁补偿安置协议书》并不违反法律、行政法规强制性规定,合法有效。”质言之,即使《行政诉讼法》并未作出明确规定,在对单方变更行为进行合法性审查之前,法院也应当先对单方变更行为存在的基础——行政协议本身——的合法性与效力状态作出判定,即只有在案涉行政协议合法有效的前提下,方能进行单方变更行为的合法性审查。

《行政诉讼法》第 12 条、第 78 条仅概括地指出“违法变更、解除协议”和“变更、解除协议合法”,均未明确单方变更行为合法性审查的具体考量因素。《行诉适用解释》第 15 条第 3 款、《行政协议规定》第 16 条对此作出了更为细致的阐释,着重点出了公共利益这一关键要件。《行政协议规定》第 11 条第 1 款更进一步明确,“人民法院审理行政协议案件,应当对被告订立、履行、变更、解除行政协议的行为是否具有法定职权、是否滥用职权、适用法律法规是否正确、是否遵守法定程序、是否明显不当、是否履行相应法定职责进行合法性审查”。在本判例中,最高人民法院指出:“行政机关只有在协议订立后出现了由于实现公共利益或者行政管理目标的需要或者法律政策的重大调整,必须变更或者解除时,才能行使单方变更、解除权……案涉《房屋搬迁补偿安置协议书》涉及的安置宅基地的土地规划已变更,碧江区政府据此对原协议的安置方式进行变更、实行参与式开发建设安置,系为了公共利益的需要。”基于此,最高人民法院正是通过对公共利益这一要素的剖析,对该单方变更行为的合法性进行了具体化的证成。此外,最高人民法院还对个人利益与公共利益的先后次序作出了论证,指出:“维护公共利益是行政机关的重要职责,在公共利益与私人利益发生矛盾时,应优先考虑公共利益的实现,但是承认公共利益优先并不否认个人利益的存在及实现。”值得注意的是,最高人民法院还进一步指出:“本案所涉地块亦已挂牌出让,何胜贵请求按原《房屋搬迁补偿安置协议书》约定的宅基地进行安置建房已无实现的可能。”本段裁判理由似乎对合同法上的情势变更制度进行了适用,可惜的是,最高人民法院并未对其作进一步展开。(陈天昊:《行政协议变更、解除制度的整合与完善》,载《中国法学》2022 年第 1 期)

需要特别指出的是,在本判例中,作出单方变更行为的主体并不是案涉《房屋搬迁补偿安置协议书》的订立主体。根据案情,《房屋搬迁补偿安置协议书》由灯塔街道办、九龙拆迁公司与何胜贵签订,但单方变更该协议的是碧江区人民政府,即灯塔街道办的上级行政机关。这不禁引人疑惑,行政协议的变更主体是否必须为行政协议的订立主体?上级行政机关可以单方变更下级行政机关订立的行政协议吗?若要对该问题进行解答,则有待行政协议相关判例的进一步发展。

Ⅲ 行政机关单方变更行政协议后应予以补偿

在对单方变更行为的合法性进行论证后,最高人民法院指出,根据《行政诉讼法》第 78 条第 2 款、《行诉适用解释》第 15 条第 3 款的规定,碧江区人民政府应及时履行上述补偿的法定职责,何胜贵亦可就上述补偿依法要求碧江区人民政府履行法定职责。值得注意的是,在本判例中,二审法院仅笼统地作出了“由碧江区政府对何胜贵房屋被征收拆迁履行行政补偿的法定职责”的判决,对此,最高人民法院也予以了重申,并未就碧江区人民政府究竟应当如何履行补偿的法定职责作出实体性裁判。可见,在解决行政协议争议的过程中,法院应当对行政机关予以一定的尊让。在司法实践中,如何确定行政协议案件的补偿标准也是较为复杂的一个问题。一般来说,如果在协议中有约定,应当按照预定的标准计算,如果没有约定,原则上可以参照适用民事法律规范的规定。

此外,《行政诉讼法》第 78 条第 2 款、《行政协议规定》第 16 条第 1 款中有关补偿的规定,与《行政诉讼法》第 72 条“人民法院经过审理,查明被告不履行法定职责的,判决被告在一定期限内履行”的规定是否存在一定程度的重叠?本判例中,最高人民法院指出:“碧江区政府出于公共利益的需要,单方变更、解除协议,必须对相对人进行补偿。二审法院判决碧江区政府对何胜贵房屋被征收拆迁履行行政补偿的法定职责,并无不当。”换言之,对何胜贵房屋被征收拆迁履行行政补偿的法定职责之来源似为《行政诉讼法》,而非其他法律规定,这与通常意义上法定职责的来源并不相同。于此,最高人民法院究竟应当采“判决补偿”还是“判决履行补偿的法定职责”之措辞,仍有待商榷。

参考文献

章剑生:《现代行政法总论》(第 2 版),法律出版社 2019 年版。

江必新、梁凤云:《行政诉讼法理论与实务》(第 3 版上下卷),法律出版社 2016 年版。

江必新、梁凤云:《最高人民法院新行政诉讼法司法解释理解与适用》,中国法制出版社 2015 年版。

最高人民法院行政审判庭编著:《最高人民法院关于审理行政协议案件若干问题的规定理解与适用:条文主旨·起草背景·条文释义·实务指导》,人民法院出版社 2020 年版。

103 行政协议非基于优益权的单方变更、解除权

贵州省关岭布依族苗族自治县人民政府与唐仕国房屋征收补偿纠纷再审案 | 最高人民法院(2018)最高法行申8980号行政裁定书

陈无风 浙江财经大学法学院

■ 事实概要

贵州省关岭布依族苗族自治县人民政府(以下简称关岭县政府)因实施棚户区改造项目而作出《2017年永宁镇东片区城市棚户区改造项目房屋征收决定》,一并发布征收补偿安置方案。唐仕国坐落于关岭县永宁镇永关路108号的房屋在征收范围内,该房屋为砖混结构,一栋三层共354.23平方米,第一层(负一层)113.49平方米位于路面以下,用于堆放货物;第二层113.49平方米与路面相平,用于经营便利店。2016年11月,贵州黔峰源工程管理咨询有限公司(以下简称黔峰源公司)出具房屋面积测绘报告,载明唐仕国房屋砖混结构三层面积共354.23平方米,第一层及第二层共226.98平方米为经营面积。2017年2月6日,永宁镇政府根据上述测绘报告确定的面积,参照相关补偿标准,测算出唐仕国房屋货币补偿款共计3,411,681.30元,并与唐仕国签订房屋征收补偿协议。补偿款全额支付后,唐仕国主动搬迁腾房交征收部门拆除。此后永宁镇政府发现测绘报告误将唐仕国房屋第一层面积认定为经营面积,导致补偿款多算。经与唐仕国协商返还未果,便以返还不当得利为由将唐仕国诉至关岭县人民法院,后该案中止审理。2017年8月21日,关岭县政府根据黔峰源公司对唐仕国房屋重新作出的房屋面积测绘报告与情况说明,以及贵州安顺九鼎房地产估价有限公司作出的唐仕国户房屋征收评估分户报告等,作出《关于对被征收人唐仕国房屋征收补偿协议变更的行政决定书》,以征收部门永宁镇政府与唐仕国签订的房屋征收补偿协议对房屋经营性面积认定错误,导致补偿数额多算为由,责令唐仕国退回多领金额980,678.50元。该决定书送达后,唐仕国不服,向法院起诉,要求撤销关岭县政府作出的行政决定书。一审法院认为双方签订的房屋征收补偿协议属因重大误解而订立,符合《合同法》(已失效)第54条规定的法定变更、撤销情形,故关岭县政府作为征收主体,为维护公共利益、国家利益,出于国家行政管理需要,有权单方变更该行政协议。因此,判决驳回唐仕国的诉讼请求。二审法院认为涉诉的行政决定对经营性用房的认定事实不清,主要证据不足,缺乏法律依据。因此,判决撤销一审判决和被诉行为。关岭县政府不服,向最高人民法院申请再审。

■ 裁判要旨

Ⅰ.修改后的《行政诉讼法》(2014年)第12条第1款第11项虽将行政机关违法变更、解除行政协议纳入行政诉讼受案范围,但法律、司法解释未对行政机关单方行使变更、解除权的条件进行明确规定。一般认为,行政机关对行政协议内容的单方变更、解除权只能在国家法律政策和协议基础事实发生变化,履行协议会给国家利益或者社会公共利益带来重大损失这一特定情形下才能行使。结合本案事实,仅以多支出一部分补偿款就认定关岭县政府可以基于行政优益权行使单方变更协议权,缺乏事实根据和法律依据,亦对唐仕国不公。

Ⅱ.关岭县政府在本案中不能行使行政优益权,案涉协议对变更没有约定且双方无法对变更协议协商一致,而该协议因正当理由需要变更的,关岭县政府通过何种方式寻求救济,是目前行政协议审判中面临的一个重要问题。当关岭县政府缺乏行使行政优益权的条件,且不能通过提起行政诉讼或者民事诉讼进行救济,又面临案涉协议因故需要变更的情况时,赋予其一定程度的非基于行政优益权的单方变更权实属必要。为防止行政机关滥用上述权力,侵害当事人的合法权益。一般来说,该权力的行使应仅限于行政相对人存在欺诈、胁迫等主要归责于行政相对人,或者权利义务存在极度无正当理由的显失公平而损害国家利益和社会公共利益等情形。

■ 评　析

Ⅰ 本判例的说理逻辑

本案因唐仕国地下一层房屋是否属于经营性用房,以何种标准进行补偿产生分歧,关岭县政府事实上先提起了民事诉讼,无果后又作了单方变更行政协议的决定,试图脱离原协议的拘束。对此争议,一审法院径行适用当时有效的《合同法》第54条,认定重大误解合同可以变更、撤销,支持了关岭县政府的诉请。二审法院则采用行政行为合法性审查思路,认定关岭县政府的单方变更决定事实不清,主要证据不足,缺乏法律依据,撤销了变更决定。最高人民法院在裁定中一方面不认为关岭县政府可以直接行使《合同法》上的单方变更、撤销权,因为基于重大误解的变更、撤销只能通过诉讼来完成。另一方面否认了关岭县政府可以行使优益权,因为即使关岭县政府主张的经营性用房认定错误成立,多支付补偿款本身不足以构成公益损害,且唐仕国在本案中有值得保护的信赖利益,故不符合优益权的行使条件。换言之,若主张优益权,则本案因行政协议变更造成唐仕国利益损失需要给予补偿,而这恰恰与关岭县政府的诉请相悖。至此,本判例便有了更为紧迫的问题,即当存在相对人欺诈、胁迫、显失公平、或者情势变更、不可抗力等情形,导致公益受损,需要经诉讼来完成对行政协议的撤销、变更、解除时,行政机关一方无法起诉,应如何获得救济。法院认为再走回民事诉讼容易导致判决不一致,实有必要认定行政机关可以不经诉讼,直接行使单方的变更、解除权。法院进一步指出,为了防止该权力滥用,需要将这类单方变更、解除权限定于"行政相对人存在欺诈、胁迫等主要归责于行政相对人,或者权利义务存在极度无正当理由的显失公平而损害国家利益和社会公共利益等情形"。本案由于行政相对人不具有可归责性，且是否存在“重大误解”尚存疑虑，也不直接影响国家利益，所以最后法院驳回了再审申请。需要讨论的问题有以下几点。

1. 本案对行政机关非基于优益权的单方变更、解除权的认定是否可得证立。法院指出其规范依据为《行政诉讼法》第 12 条第 1 款第 11 项规定，同时法院类比了《合同法》上的单方变更解除权，这可以视为对《合同法》规定的类推适用。首先，由于《行政诉讼法》第 12 条第 1 款第 11 项为受案范围规定，是否可从中解释出行政机关具有非基于优益权的单方变更、解除权的实体性规定，不无疑问。当然，本案裁定于 2018 年作出，当时有关行政协议的规范仍非常稀缺。2019 年《行政协议规定》出台后，有学者曾尝试通过对该规定第 16 条第 1 款因优益权行使“给原告造成损失的，判决被告予以补偿”的反向解释，结合对民事规定的参照，得出在出现情势变更情形等时，行政机关可单方变更、解除合同的结论。（章程：《论行政协议变更解除权的性质与类型》，载《中外法学》2021 年第 2 期）申言之，因优益权的单方变更、解除需要补偿，则其他情形造成的单方变更、解除无须补偿，至于其他情形的变更解除权如何行使，可参照民法上的情势变更、合同目的无法实现、协议相对方根本性违约等情形下的单方解除权行使制度。这似乎可以作为本案规范基础论证的补强。

2. 本案在作漏洞填补时类推适用了《合同法》关于撤销、单方变更、解除合同的相关规定。行政协议案件在行政法律规范不足的情况下，可以参照适用民事法律规范关于民事合同的相关规定。关于如何参照适用，有直接适用、补充适用、类推适用、区别适用、复合适用和选择适用等不同观点。（梁凤云：《行政协议案件适用合同法的问题》，载《中国法律评论》2017 年第 1 期）总结各类观点，在行政法律规范不足时，如何准用民事法律规范，大体有直接适用民事规范与适度修正民事规范后再行适用两种模式。而本案关岭县政府主张工作失误导致对营业用房面积确认错误，可认定为重大误解，依照民事法律规范，构成可撤销合同。但于本案中，法院直接适用了撤销权的前提要件，而将撤销权的法律后果转换为合同单方变更，且将通过诉讼实现的撤销权转变为单方的变更权，这属于民事法律规范的修正适用。协议双方本应严守契约，但出现意思合致瑕疵或其他显失公平、合同难以履行等情形时，既有规范也提供了协议一方经由适当途径摆脱合约束缚的可能。变更、解除、撤销在民法上分别针对有效合同与效力存疑合同设置，本有差异，但皆属于摆脱合同表面拘束力的方式，在制度功能上殊途同归，故上述法律效果的变通并无不可。另外，民事合同双方法律地位平等，以意思表示一致的双方法律行为引起法律关系变动为原则，任意一方意思表示产生单方变动法律关系的效力则属例外，协议主体只在法定情形下方能行使单方形成权，故若本案重大误解撤销权无法获得合同相对方认可，则需经由诉讼为之。而行政机关变更行政协议的意思表示亦属行政行为，鉴于行政行为具有不同于民事行为的存续力、确定力、拘束力等效力，协议单方变更行为一经作出便产生一定效力，无须经由诉讼为之。加之行政机关本无法提诉，该制度选择更具有现实合理性。

3. 还需要关注的是，本判例就行政机关非基于行政优益权的单方变更、解除权的行使条件作了限定，即可归责于行政相对人的意思表示瑕疵或极度显失公平、国家利益受损、无法通过民事诉讼或行政诉讼获得救济。可见法院认为该变更、解除权属于备位性质，只有按照既有规则无法救济时才可启用。

Ⅱ 本案的意义

本判例对行政机关单方变更、解除行政协议权的行使条件和适用情形作了厘定。实务中,大量的行政协议纠纷是行政机关单方变更、解除行政协议造成的。学理上一般承认特定条件下行政机关一方在行政协议履行中的优益权,但其作为一般性规则,尚未获得实定法的确认。正如本判例所述,“法律、司法解释亦未对行政机关单方行使变更、解除权的条件进行明确规定”。另外,由于行政协议可以准用民事法律规范,《民法典》中关于合同变更、解除的规则体系如何适用于行政协议案件也容易产生争议。规则的叠床架屋往往导致当事人无所适从,也给司法审判带来一定的困扰,亟待发展出一套逻辑自洽、明晰的行政协议单方变更、解除规则。

1. 本判例就行政优益权的行使条件作了阐释,“行政机关对协议内容的单方变更、解除权只能在国家法律政策和协议基础事实发生变化,履行协议会给国家利益或者社会公共利益带来重大损失这一特定情形下才能行使”。该问题在多个司法裁判中都有提及,大致的观点为:行政优益权的行使需要具备为了公共利益或其他法定事由的前提条件,具备事实根据、履行正当程序、对相对人损失进行补偿等。[太原市杏花岭区人民政府与王金凤回迁安置再审审查与审判监督案,最高人民法院(2018)最高法行申3007号行政裁定书]上述说理互为补充,呈现了行政优益权合法行使条件的基本轮廓。

2. 本判例就行政机关非基于优益权的单方变更、解除权如何行使作了论述。法院指出,当出现可归责于相对人的协议意思表示瑕疵、显失公平而损及国家利益、社会公益时,行政机关可以不经诉讼单方变更、解除行政协议。由于我国行政诉讼主要还是定位于保护行政相对人权益、监督行政机关,难以突破传统的“民告官”诉讼格局,所以在行政协议的诉讼结构上也承袭了该单向的构造,行政机关无法作为原告起诉行政相对人。尽管学界早有将行政协议诉讼改造为双向性结构的呼声(余凌云:《论对行政契约的司法审查》,载《浙江学刊》2006年第1期),但修改后的《行政诉讼法》(2014年)及其司法解释仍然坚持了既有格局。本案所涉争点便是既有制度下的难题。本案确认了行政机关具有既非以行政优益权为基础,又不是以合同单方变更、解除权为依据的行政协议调整权,填补了既有规范体系的漏洞,尤其值得关注。另一些案例也表达了类似的司法倾向,如在广东省高级人民法院发布的2018年度行政诉讼典型案例中,法院在郑某强诉紫金县紫城镇人民政府行政协议纠纷案中也提出,“行政机关为了公共利益的需要,在行政协议约定事项有误的情况下有权依法单方变更协议”。

Ⅲ 延伸讨论

行政协议履约过程中的变更、解除较易产生纠纷,由于行政协议采“行政法 + 民法”双重法律适用模式,规则选择往往如林中寻路,容易迷失。协议变更、解除的情形在民法上本就较为复杂,加入行政优益权下的变更、解除后,处理其间关系就十分困难。学界曾就行政优益权之下的变更、解除与民法上情势变更导致的变更、解除的关系进行过诸多讨论。有认为行政优益权行使实为情势变更的一种情形的,也有认为情势变更制度与行政优益权在是否补偿上有本质区别的,故有分殊,还有观点认为情势变更的适用条件与行政优益权的适用条件有部分竞合,需要个案判断。因此,如何构建清晰、明了的行政协议实体规则体系,仍是未来努力的方向。

☐ 参考文献

章剑生:《现代行政法基本理论》(第2版上下卷),法律出版社2014年版。

章程:《论行政协议变更解除权的性质与类型》,载《中外法学》2021年第2期。

李广宇:《审理行政协议案件对民事法律规范的适用》,载《中国法律评论》2016年第1期。

104 行政协议无效的判断

石继洲诉湖北省大冶市人民政府行政协议案 | 最高人民法院(2017)最高法行申633号行政裁定书

李　芹 河北大学法学院

■ 事实概要

2014年12月2日,国土资源部向湖北省国土资源厅作出国土资厅函〔2014〕1259号《关于新建大冶北至阳新铁路控制性工程先行用地的复函》,同意该重点交通工程项目先行用地,并要求湖北省国土资源厅抓紧用地报批工作。大冶市人民政府据此成立了武九客运专线大箕铺建设协调领导小组,专门负责对该工程所涉土地上的群众进行土地安置补偿工作。2015年6月16日,大冶市大箕铺镇计生办发出通知,以石继洲违法生育第五个孩子为由,要求其缴纳社会抚养费249,234元。2015年6月18日,武九客运专线大箕铺建设协调领导小组(甲方)与石继洲(乙方)签订了《武九客运专线大箕铺段项目建设房屋及地面附着物拆迁协议书》(以下简称《拆迁协议书》),约定乙方必须在规定的时间内自行拆除,甲方对乙方所属房屋主体面积补偿380,632.8元;地面附着物补偿17,100元;租房过渡安家及搬迁费用8000元。该协议签订后,石继洲收到补偿款共计405,732.80元。石继洲以计生部门要求其缴纳社会抚养费为由,提出其是在受胁迫的情况下签订《拆迁协议书》的,请求法院确认该协议无效。

湖北省黄石市中级人民法院一审认为:大冶市人民政府成立了武九客运专线大箕铺建设协调领导小组,负责与包括石继洲在内的涉地群众就拆迁补偿工作进行沟通协商。该领导小组与石继洲签订《拆迁协议书》的行为是受大冶市人民政府委托所为,该行为所产生的法律后果亦由大冶市人民政府承担。该协议在双方平等自愿的基础上经协商达成,合法有效。石继洲提出其是在受到胁迫的情况下所签,并提供了计生部门作出的要求其缴纳社会抚养费的通知予以印证。由于石继洲违法生育第五个孩子是不争的事实,计生管理部门要求其缴纳相关费用是履行法定职责的行为,石继洲对该通知有异议可通过诉讼或其他合法途径解决,故该通知不能成为其受胁迫签订案涉协议的事由或证据。石继洲请求确认该协议无效,应不予支持。

湖北省高级人民法院二审认为:按照国土资源部作出国土资厅函〔2014〕1259号《关于新建大冶北至阳新铁路控制性工程先行用地的复函》的要求,大冶市人民政府成立武九客运专线大箕铺建设协调领导小组,负责与包括石继洲在内的涉地群众就拆迁补偿工作进行协商。该机构与石继洲签订《拆迁协议书》所产生的法律后果应由大冶市人民政府承担。

《拆迁协议书》是双方在平等自愿的基础上所签订的,一审判决认定《拆迁协议书》合法有效,适用法律正确。石继洲上诉提出其在受胁迫的情况下签订《拆迁协议书》,但未提交相关证据,上诉理由不能成立,其上诉请求本院不予支持。

石继洲不服上述判决,申请再审。

■ 裁判要旨

Ⅰ.再审申请人主张大冶市大箕铺镇计生办以其违法生育为由,向其送达了缴纳249,234元社会抚养费的通知,逼迫其在拆迁协议上签字,其是在受胁迫的情况下签订的拆迁协议。社会抚养费征收系卫生和计划生育管理部门依职权作出的行政行为,如果认为该行为违法,可通过提起行政诉讼或申请行政复议等途径予以救济,虽然客观上该行为给再审申请人造成了压力,但不可能损害国家利益,故不符合《合同法》(已失效)第52条第1项规定的无效情形。

Ⅱ.再审申请人主张再审被申请人大冶市人民政府并不具有进行征地补偿安置、签订补偿安置协议的职责。根据2014年修订的《土地管理法实施条例》第25条的规定,补偿安置方案的组织实施主体是土地行政主管部门,但作为土地行政主管部门的上一级人民政府,还是土地征收方案的组织实施部门、补偿安置方案的批准部门,由其签订补偿安置协议,不宜认定为重大且明显的违法行为,亦不能认定其属于无效的情形。

■ 评　析

Ⅰ 行政协议无效的判断标准

行政协议既有作为行政管理方式的"行政性"面向,也具备作为公私主体合意结果的"契约性"面向。"行政性"与"契约性"的双重属性决定了在认定行政协议效力时存在不同的判断标准。关于行政协议无效的判断标准,学理上主要有三种观点:(1)行政协议的本质属性为"行政性",协议只不过是行政机关为实现行政管理目标所选择的一种行政行为方式,这并未改变其作为公权力行政的本质属性,理应受行政行为无效理论的约束。因此,应当按照行政行为无效标准来判断行政协议的效力。(2)行政协议是公私主体双方意思表示一致而成立的行政行为,合意过程决定其应受契约自由原则的约束,注重保障双方意思表示真实、充分。因此,在认定行政协议无效时,要准用民事合同无效标准。(3)无效行政协议的认定既不能等同于无效行政行为的判断,也不能完全类比民事合同无效标准,而应当同时考量行政行为无效和民事合同无效的判断标准。这一观点逐渐获得学理上的普遍认同。

Ⅱ 相关判例的法律适用

司法实务层面在认定行政协议效力时法律适用不一,尚未形成明确的法律适用规则。在尹殿武诉瓦房店市政府、九龙村委会确认拆迁补偿协议无效再审案[最高人民法院(2018)

最高法行申9884号行政裁定书]中,最高人民法院单独适用《行政诉讼法》第75条、《行诉解释》第99条有关无效行政行为的规定,审查行政协议的效力,认为瓦房店市政府与尹殿武签订、履行拆迁补偿协议的行为不存在法律和司法解释规定的行政行为有实施主体不具有行政主体资格或者没有依据等重大且明显违法的情形。尹殿武要求确认拆迁补偿协议无效,没有事实和法律依据。在宁海县辛岭橡塑五金厂诉宁海县人民政府、宁海县人民政府跃龙街道办事处房屋拆迁补偿安置协议案[浙江省高级人民法院(2017)浙行终396号行政判决书]中,法院单独适用民事法律规范中关于民事合同无效的规则,认为因宁海县辛岭橡塑五金厂的集体土地并未经有权机关批准征收,其与铁路指挥部、宁海县人民政府跃龙街道办事处就该土地上的房屋拆迁所签订的补偿安置协议属于《合同法》第52条第5项规定的"违反法律、行政法规的强制性规定"的情形,应认定无效。

在本判例中,最高人民法院则同时适用行政法律规范和民事法律规范来判断行政协议的效力。首先,按照《行诉适用解释》第15条第2款的规定,准用民事法律规范关于法定无效情形的规定,审查再审申请人石继洲是否受胁迫签订协议,是否构成《合同法》第52条第1项列举的法定无效情形。继而审查是否存在《行政诉讼法》第75条规定的"重大且明显违法情形"。

Ⅲ 行政协议行政机关方主体适格与行政协议无效的认定

无论是从"契约性"面向还是"行政性"面向来看,行政协议主体是否适格均关乎行政协议效力的认定。对于行政协议行政机关方而言,仅具备民事合同订立资格所要求的权利能力和行为能力尚不足以判断其主体适格与否。根据职权法定原则,行政协议行政机关方还应当享有相应的法定职权且不得超出职权范围。具体而言,行政协议行政机关方主体适格与否的判断涉及两个层面的问题:(1)行政协议订立资格的审查,即作为行政协议行政机关方的主体是否为行政机关,法律、法规、规章授权进行行政管理的组织,或受行政机关委托的组织。(2)行政协议订立权的审查,即行政协议所涉行政管理事项是否属于行政机关方的职权范围。关于行政协议行政机关方主体适格与否,本判例一审和二审法院的审查重点在于武九客运专线大箕铺建设协调领导小组的行政协议订立资格。一审法院认为,尽管武九客运专线大箕铺建设协调领导小组以自己的名义与石继洲签订了《拆迁协议书》,但其与大冶市人民政府之间实际属于"委托"关系,应由大冶市人民政府来承担其对外行为的法律后果。二审法院则着眼于武九客运专线大箕铺建设协调领导小组的法律地位,认为大冶市人民政府临时组建该领导小组,并赋予了其管理该工程涉地群众补偿安置工作的职责。从法律地位上来看,该领导小组相当于大冶市人民政府的内部机构,它对外行为的法律后果应由大冶市人民政府承担。

在再审申请人石继洲主张大冶市人民政府不具有对辖区内土地及附着物进行征收补偿的法定职责的基础上,再审法院的审查重点转向大冶市人民政府的行政协议订立权。行政协议订立权直接关乎大冶市人民政府的行政主体资格。根据《行政诉讼法》第75条,行政行为实施主体不具有行政主体资格属于重大且明显违法情形,继而可认定该行政行为无效。基于此,再审法院展开对大冶市人民政府行政协议订立权的审查。再审法院未作明确区分,但其论证理由中隐含了权能和权限两个层面的问题。在行政权能上,再审法院认为征地补偿安置工作属于大冶市人民政府的法定职责。建设项目用地需遵循如下程序:批准征收土地方案,组织实施征收土地方案,按照经批准的征收土地方案拟定征地补偿安置方案,批准征地补偿安置方案,组织实施征地补偿安置方案。其中,包括签订补偿安置协议在内的征地补偿安置工作属于征收土地方案组织实施过程中的重要一环。根据2014年修订的《土地管理法实施条例》第25条的规定,大冶市人民政府既是征收土地方案的组织实施部门,也是征地补偿安置方案的批准部门。故而,大冶市人民政府在组织实施征收土地方案的过程中委托临时组建的武九客运专线大箕铺建设协调领导小组与石继洲就征收补偿事宜签订协议属于依法履行职责。在行政权限上,再审法院认为,尽管根据2014年修订的《土地管理法实施条例》第25条的规定,补偿安置方案的组织实施主体是土地行政主管部门,"但作为土地行政主管部门的上一级人民政府",大冶市人民政府自己实施征地补偿安置工作并未超越权限范围。这一方面是基于人民政府与所属工作部门之间的领导关系,另一方面是考虑到,作为征地补偿安置方案的批准部门,大冶市人民政府具有对征地补偿安置工作的法定监督职权。

无论是一审、二审法院,还是再审法院,均没有按照合同相对性原则审查武九客运专线大箕铺建设协调领导小组是否有权签订协议,而是关注组建该领导小组的大冶市人民政府的协议订立权。可见,在行政协议行政机关方主体适格审查层面,法院遵循了这样一种思路,即按照行政主体理论确定适格被告,进而审查最后承担责任的被告在实体上的协议订立权,至于协议实际签订主体是否享有相应的协议订立权,并不作为审查重点。

Ⅳ 行政协议意思表示真实性与行政协议无效的认定

行政协议的"契约性"面向关注双方合意过程,双方当事人的意思表示会影响行政协议的效力。那么,意思表示真实性也是司法认定行政协议效力时的审查要素之一。

《民法总则》(已失效)第150条规定,受一方或者第三人胁迫而作出的意思表示属于意思表示不真实的情形。但是,协议签订过程中存在意思表示不真实的情形并非当然认定该协议无效,而是允许表意自由受不当干扰一方请求撤销,只有同时符合《合同法》第52条规定的情形时,才径行认定为无效。根据《合同法》第52条第1项,一方以欺诈、胁迫的手段订立合同,损害国家利益的,合同无效。据此,只有同时满足"一方以欺诈、胁迫的手段订立合同"与"损害国家利益"要件时,才可认定该合同无效。

在本判例中,对再审申请人石继洲意思表示真实性的审查实际上分为两个层次:其一,大冶市大箕铺镇计生办以石继洲违法生育为由,向其送达缴纳社会抚养费通知的行为是否构成对其随后签订《拆迁协议书》的胁迫。再审法院认为,"客观上该行为给再审申请人造成了压力",即在一定程度上影响了再审申请人签订《拆迁协议书》时的表意自由。其二,此种压力导致的意思表示瑕疵是否属于法定的合同无效情形。再审法院认为,社会抚养费征收系卫生和计划生育管理部门依职权作出的行政行为,不可能"损害国家利益",也就不符合《合同法》第52条第1项规定的法定合同无效情形。

□ 参考文献

余凌云:《行政契约论》(第2版),中国人民大学出版社2006年版。
王敬波:《司法认定无效行政协议的标准》,载《中国法学》2019年第3期。
陈无风:《司法审查图景中行政协议主体的适格》,载《中国法学》2018年第2期。
刘飞:《行政协议诉讼的制度构建》,载《法学研究》2019年第3期。

105 行政协议无效的判断标准

郭尔罗斯银行诉利通区政府、金银滩镇政府行政协议案 | 最高人民法院(2020)最高法行申8309号行政裁定书

尹少成 首都经济贸易大学法学院

■ 事实概要

2010年9月,九州大地公司将其名下的国有土地使用权及地上房产向前郭县农村信用合作联社设定抵押。之后,吉林省高级人民法院作出终审民事判决,判决前郭县农村信用合作联社对涉案国有土地使用权及地上房产行使抵押权。该判决生效后,委托宁夏回族自治区吴忠市中级人民法院执行。郭尔罗斯银行于2015年12月17日成立,承继前郭县农村信用合作联社的所有债权债务。2017年2月27日,利通区政府作出《关于金银滩镇美丽小城镇建设项目征地拆迁的通告》(吴利政通字〔2017〕2号,以下简称2号通告)。该通告的内容为:"一、拆迁范围。1. ……2. ……3. 金银滩镇区307县道西侧农业银行办公楼及九州大地公司土地及地上附着物。二、拆迁时间。2017年2月20日—2017年4月30日。三、拆迁责任单位。拆迁工作由利通区建设交通运输局牵头,金银滩镇政府、利通区财政局、审计局、吴忠市国土资源局利通区分局配合实施。四、拆迁的补偿标准。房屋拆迁工作严格按照吴忠市人民政府《关于吴忠市城市规划控制区拆迁补偿安置暂行规定》(吴政发〔2003〕54号)和《关于印发吴忠市统一征地管理办法的通知》(吴政发〔2010〕57号)的有关规定执行。五、其他事项……"2017年2月28日,金银滩镇政府与九州大地公司签订《征地拆迁补偿合同》。该合同约定,依据2号通告等,双方按照相关法律规定协商订立协议,就涉案国有土地使用权及地上房产补偿九州大地公司2,089,505元。《征地拆迁补偿合同》签订后,郭尔罗斯银行向吴忠市中级人民法院提起本案诉讼,请求判决金银滩镇政府与九州大地公司签订的《征地拆迁补偿合同》无效。

■ 裁判要旨

Ⅰ. 依照《行政诉讼法》第75条的规定,行政行为没有依据系重大且明显违法的情形之一。对于国有土地使用权的收回和补偿,法律明确规定了两种程序:(1)金银滩镇政府与九州大地公司签订《征地拆迁补偿合同》时的《土地管理法》(2004年)第58条第1款规定的国有土地使用权的收回和补偿程序;(2)《国有土地上房屋征收与补偿条例》第13条第3款、第17条第1款等条款规定的征收国有土地上房屋同时收回国有土地使用权程序和相应

的补偿程序。

Ⅱ.从本案已有证据看,对于涉案国有土地使用权的收回和补偿,利通区政府、金银滩镇政府并未依法选择其中任何一种途径。因此,金银滩镇政府与九州大地公司签订《征地拆迁补偿合同》及相关补偿约定明显缺乏依据,构成无效行政行为。一审、二审法院虽适用了《行政诉讼法》第75条和《行诉解释》第99条的规定,但认定金银滩镇政府与九州大地公司签订《征地拆迁补偿合同》不具有无效情形,构成适用法律错误。裁定指令宁夏回族自治区高级人民法院再审本案。

■ 评　析

Ⅰ 行政协议无效的规范基础与学理阐释

《行政诉讼法》第75条规定:"行政行为有实施主体不具有行政主体资格或者没有依据等重大且明显违法情形,原告申请确认行政行为无效的,人民法院判决确认无效。"这为行政行为无效奠定了实定法上的规范基础。但是,该条并未详细列举"重大且明显违法"的具体情形,这给法律适用带来了一定的困难。随后,《行诉解释》第99条对"重大且明显违法"罗列了四种情形:一是行政行为实施主体不具有行政主体资格;二是减损权利或者增加义务的行政行为没有法律规范依据;三是行政行为的内容客观上不可能实施;四是其他重大且明显违法的情形。以上是关于行政行为无效的规定,是否也适用于行政协议,理论上尚存不同解释。(余凌云:《论行政协议无效》,载《政治与法律》2020年第11期)2020年1月1日起施行的《行政协议规定》第12条第1款、第2款规定:"行政协议存在行政诉讼法第七十五条规定的重大且明显违法情形的,人民法院应当确认行政协议无效。人民法院可以适用民事法律规范确认行政协议无效。"据此,《行政诉讼法》第75条规定可以适用于行政协议得以明确,上述司法解释还明确规定法院可以适用民事法律规范确认行政协议无效,这是该司法解释的重要突破。

理论上,学术界一般认为行政协议无效的认定涉及两个可以类比的制度,一个是行政行为的无效,另一个是民事合同的无效。行政协议的本质是行政性,协议只是行政机关履行职责的一种形式,其作为公权力行政的属性并未因其形式的不同而改变,关于其效力问题适用公法规则似乎天经地义。因此,有学者提出行政协议诉讼应当优先适用《行政诉讼法》关于无效行政行为的规定。但是行政协议毕竟不同于单方行政行为,行政协议的合意过程和外在的合同形式同样决定了合同相对性、契约自由等私法原则亦可应用于行政协议。行政协议也是一种合同,在判断行政协议是否无效时,有学者主张也可以准用民事合同的无效标准。因此,理论上普遍认同行政协议的法律适用不限于行政法律规范,民事法律规范同样适用。(王敬波:《司法认定无效行政协议的标准》,载《中国法学》2019年第3期)这也得到了《行政协议规定》的回应。

Ⅱ 行政协议无效判断的法律适用

行政协议兼具行政性与契约性的特点决定了在认定其效力时既可能适用行政法律规

范,也可能适用民事法律规范。对此,立法已经予以明确。但问题在于,应当如何处理行政法律规范与民事法律规范之间的关系,理论研究上存在不足,实践中也未形成稳定的司法裁判规则。司法实践中主要有三种法律适用标准:一是只适用《合同法》(已失效),并未考虑《行政诉讼法》的适用。例如,在黄义华与湖南郴州市国土资源局房屋拆迁补偿行政协议案中,法院认为:"郴州市征地拆迁事务中心与黄义华签订的《房屋拆迁补偿协议》《村民房屋拆迁及公寓楼安置货币化补偿协议》,系双方当事人的真实意思表示,内容没有违反法律、行政法规的强制性规定,属有效协议,双方当事人应当按照约定全面履行自己的义务。"法院在裁判中只引用了《合同法》第52条第5项,并没有适用《行政诉讼法》关于行政协议无效的规定进行效力的认定。二是只适用《行政诉讼法》,完全没有提及《合同法》。例如,在郭尔罗斯银行诉利通区政府、金银滩镇政府行政协议案[最高人民法院(2020)最高法行申8309号行政裁定书]中,法院认为:"对于国有土地使用权的收回和补偿,法律法规规定了两种法定程序,本案没有证据证明涉案征地拆迁补偿合同的签订系遵循了上述两种法定程序之一,明显缺乏依据,构成《行政诉讼法》第75条规定的无效行政行为。"三是同时适用《行政诉讼法》与《合同法》。例如,在吴晴诉太和县城关镇人民政府补偿安置行政协议案[安徽省高级人民法院(2016)皖行终501号行政判决书]中,法院认为:"行政协议属于行政行为的一种,对行政协议效力的判断应当适用行政诉讼法关于无效行政行为的规定。行政协议区别于一般的行政行为,兼具行政与合同的双重特征,对行政协议效力的判断可以适用相关民事法律规范的规定。城关镇政府与吴晴签订的补偿安置协议不存在合同无效的法定情形,吴晴诉请确认涉案补偿安置协议无效不符合《合同法》第52条的规定。"法院在本案中采用的逻辑是既不存在《行政诉讼法》规定的"重大且明显违法情形",也不存在《合同法》规定的无效情形,因此判断涉案补偿安置协议有效。

Ⅲ 行政协议无效的具体判断标准

结合立法和司法实践,行政协议无效的具体判断标准包括以下几个方面:(1)主体无资格。《行政诉讼法》第75条列举的行政行为无效事由中,第一项是行政行为实施主体不具有行政主体资格,换言之,即实施主体没有权限。缔约权限是行政主体缔结行政协议必备前提要件之一,缔约行政主体若超越职权与相对人缔结行政协议,则可以被认定为无效行政协议。在申蓉汽车公司诉翠屏区人民政府行政协议赔偿案[四川省宜宾市中级人民法院(2015)宜行初字第88号行政判决书]中,法院认为,被告不具有国有土地使用权的审批权限,故没有主体资格,所签订的行政协议无效。(2)行为无依据。《行政诉讼法》第75条列举的第2项是行政行为实施主体没有依据。此处的"依据"具有模糊性,其内涵可能包括:事实或证据依据;法律依据。在郭尔罗斯银行诉利通区政府、金银滩镇政府行政协议案中,法院详细论证了对于国有土地使用权的收回和补偿的两种方法,分别是依据《土地管理法》(2004年)规定的程序和《国有土地上房屋征收与补偿条例》规定的程序,涉案征地拆迁补偿合同的签订未遵循上述两种法定程序之一,明显缺乏依据,构成无效行政协议。(3)内容客观不能。《行诉解释》第99条第3项将"行政行为的内容客观上不可能实施"加入"重大且明显违法”情形中,从而进一步完善了行政行为无效的标准体系。(4)《民法典》关于民事法律行为无效的情形。这是适用民事法律规范确认行政协议无效,是适用行政法律规范确认行政协议无效的重要补充。

Ⅳ 本判例的意义

征地拆迁作为一种典型的行政协议,其背后涉及行政相对人重大权益。实践中,部分地方政府为了尽快完成征地拆迁,不严格依法履行相关征地拆迁程序,侵犯行政相对人或者第三人合法权益。本判例以《征地拆迁补偿合同》及其相关补偿约定明确缺乏依据为由,直接认定相关行政协议无效,这对于规范地方政府依法开展征地拆迁活动具有重要意义。同时,再审判决指出,一审、二审法院虽适用了《行政诉讼法》第 75 条和《行诉解释》第 99 条的规定,但最终认定金银滩镇政府与九州大地公司签订的《征地拆迁补偿合同》不具有无效情形,构成适用法律错误。再审依法纠错,并指令宁夏回族自治区高级人民法院再审。这对于下级法院如何正确理解和适用“重大且明显违法”中没有依据的情形有了更加清晰的认定,有利于规范行政机关签订征地拆迁协议,保障征地拆迁中行政相对人或第三人的合法权益。

□ 参考文献

王敬波:《司法认定无效行政协议的标准》,载《中国法学》2019 年第 3 期。
余凌云:《论行政协议无效》,载《政治与法律》2020 年第 11 期。
陈天昊:《行政协议合法性审查机制的构建》,载《法学》2020 年第 12 期。
韩思阳:《无效行政协议审查规则的统一化——兼评〈行政协议解释〉》,载《法学杂志》2020 年第 10 期。

106 无效行政协议的认定规则

濮阳市华龙区华隆天然气有限公司诉河南省濮阳市城市管理局、河南省濮阳市人民政府确认行政协议无效再审案 | 最高人民法院(2020)最高法行再509号行政判决书

张青波 中南财经政法大学法学院

■ 事实概要

2012年8月21日,华润公司与河南省濮阳市城市管理局(以下简称濮阳市城管局)签订《濮阳华润燃气有限公司管道燃气特许经营协议》,约定特许经营权行使范围为:濮阳市规划区及濮阳市原天然气公司已取得的其他经营区域,并随所在区域的扩大而扩大,但在《设立濮阳华润燃气有限公司合资合同》签署时,在濮阳市规划区内已经由濮阳市城管局批复的中原油田内部职工自供用户范围、濮阳市天伦燃气有限公司的供气区域除外。2013年12月10日,濮阳市城管局作为甲方与乙方华隆公司签订被诉协议,约定华隆公司的特许经营权范围为:(1)清丰县南县界以南、文化路以东、绿城路以北、龙乡路以西,该区域不包括油田内部单位、企业和职工住宅区;绿城路以南、盘锦路以东、黄河路以北、龙乡路以西;在规定区域内,由其他燃气公司供应的原用户保持不变;特殊情况由市燃气主管部门根据情况确定。(2)在濮阳市市城区内,乙方不得超出该协议第3条、第4条第1项所划定的特许经营区域经营管道燃气。毗邻乙方的管道燃气特许经营者的供气管道需要通过乙方的特许经营区域并影响乙方的燃气设施建设或安全时,毗邻双方先自行协商确定路由等建设方案;双方无法达成一致意见的,管道燃气建设方应制订详细的方案,甲方在听取乙方的合理意见后有权依法确定方案,甲方有权通知乙方执行该方案,乙方不得拒绝执行。(3)在濮阳市城区内,乙方的供气管道需要通过毗邻的特许经营区域时,乙方有权提请甲方协调按照该协议第3条、第4条第2项约定的同等条件和程序执行,乙方的供气管道允许通过,但不许开口或安装阀门。(4)在濮阳市市城区内,乙方与其他毗邻管道燃气经营者就管道燃气特许经营区域产生争议的,在争议解决之前,任何一方不得改变供气现状、擅自停止供气及调整供气量、擅自建设。

2015年8月1日,濮阳市城管局又与华润公司签订《濮阳华润燃气有限公司管道燃气特许经营补充协议》,该协议又将华润公司特许经营范围确定为:(1)清丰县南县界以南、金堤路以东、绿城路以北、文化路以西;(2)绿城路以南、开州路以东、黄河路以北、盘锦路以西;(3)黄河路以南、濮阳市界以东、濮阳市市区行政辖区南界以北、106国道以西;(4)黄河路以南的王助乡和新习乡行政所辖区;(5)濮阳市工业园区;(6)龙乡路以东岳村乡行政所

辖区;(7)黄河以南、106 国道以东、濮阳县北县界以北、西县界以西的濮阳市区行政管辖区;(8)特殊情况由市燃气主管部门根据情况确定。

■ 裁判要旨

Ⅰ.被诉协议约定了华隆公司在濮阳市特许经营管道燃气的区域、年限等内容。《城镇燃气管理条例》第 5 条第 2 款规定:“县级以上地方人民政府燃气管理部门负责本行政区域内的燃气管理工作。”《市政公用事业特许经营管理办法》第 4 条第 3 款规定:“直辖市、市、县人民政府市政公用事业主管部门依据人民政府的授权(以下简称主管部门),负责本行政区域内的市政公用事业特许经营的具体实施。”据此,濮阳市城管局具有负责濮阳市包括城市供气在内的市政公用事业特许经营管理工作的职权。根据原建设部《关于印发〈关于加快市政公用行业市场化进程的意见〉的通知》中“由城市市政公用行业主管部门代表城市政府与被授予特许经营权的企业签订特许经营合同”的规定,濮阳市城管局作为城市市政公用行业主管部门,与华隆公司签订被诉协议具有法律依据,因此,该协议不存在“签订主体没有行政主体资格或者超越法定权限”的情形。此外,该协议中也不存在《行诉解释》第 99 条规定的“减损权利或者增加义务的行政行为没有法律规范依据”“行政行为的内容客观上不可能实施”或者其他重大且明显违法的情形。因此,被诉协议不存在《行政诉讼法》第 75 条规定的无效情形。本案被诉协议签订时尚为有效的《合同法》第 52 条规定:“有下列情形之一的,合同无效:(一)一方以欺诈、胁迫的手段订立合同,损害国家利益;(二)恶意串通,损害国家、集体或者第三人利益;(三)以合法形式掩盖非法目的;(四)损害社会公共利益;(五)违反法律、行政法规的强制性规定。”华润公司未提出被诉协议违反前述法律规定的主张,且被诉协议作为在濮阳市城管局和华隆公司之间签订的政府特许经营协议,不存在《合同法》第 52 条规定的无效情形。

Ⅱ.签订管道燃气特许经营协议时,应将特许经营的范围标明地理四至,即东西南北各至何路、何界,该特许经营的范围应当是相对固定的。华润公司于 2012 年 8 月 21 日与濮阳市城管局签订《濮阳华润燃气有限公司管道燃气特许经营协议》,将特许经营范围约定为“濮阳市规划区”,该约定并没有明确的地理四至,且“濮阳市规划区”非一级行政区划。据此,华润公司虽与濮阳市城管局签订特许经营协议的时间早于本案被诉协议的签订时间,但因《濮阳华润燃气有限公司管道燃气特许经营协议》约定的特许经营区域四至不明,故不能证明被诉协议与其经营区域部分重叠,亦不能证明华润公司的合法权益受到侵害,故法院认为华润公司关于被诉协议侵害其权益的主张不能成立。基于行政协议的订立是为了进行行政管理和提供公共服务,从维护国家利益和社会公共利益的角度出发,对行政协议无效的认定要采取谨慎的态度,如果可以通过瑕疵补正,应当尽可能减少无效行政协议的认定,以推动协议各方主体继续履行义务。本案中,濮阳市城管局通过与华润公司签订补充协议明确四至,以及华隆公司、华润公司各自按照实际经营区域办理燃气特许经营许可证,都可以说明市场秩序已经稳定。

■ 评 析

Ⅰ 本判例的裁判逻辑

《行政协议规定》第 12 条规定,行政协议是否无效要分别根据其有无《行政诉讼法》第 75 条所规定的重大且明显违法以及有无民法规定的无效事由加以认定。在本判例中,最高人民法院首先判断被诉行政协议有无《行政诉讼法》第 75 条和《行诉解释》第 99 条规定的实施主体不具有行政主体资格、减损权利或增加义务没有法律规范依据、内容不可能客观实施等重大且明显违法之情形。在此,最高人民法院对于"实施主体不具有行政主体资格"这一要件作了切合行政协议实践需要的解释,即最高人民法院实际上是通过判断缔约行政机关有无法定职权来判断它有无行政主体资格的。因为在实践中,代表行政机关缔结行政协议的一方(如行政主体的内设或派出机构)即便不具有行政主体资格,更不是适格的缔约主体,法院也会将其背后的行政主体作为诉讼的被告,只要缔约方背后的行政主体具有订约资格,就会承认协议的效力。(陈无风:《司法审查图景中行政协议主体的适格》,载《中国法学》2018 年第 2 期)而且,《行政协议规定》第 4 条第 2 款规定,因行政机关委托的组织订立的行政协议发生纠纷的,委托的行政机关是被告。可见,不能说缔约行政机关没有行政主体资格就会妨碍行政协议的生效。相比之下,有别于主体资格的要求,行政主体或其隶属机构不得超越职权签订协议,否则将抵牾职权法定,并紊乱行政机关之间的组织分工。[倪志凤:《教育行政协议中免费师范生的配合与协助义务——黄某诉江苏省教育厅教育行政协议案》,载《法律适用(司法案例)》2017 年第 4 期]何况,《行政协议规定》第 11 条第 1 款明确要求对被告订立行政协议的行为是否具有法定职权进行审查,因而超越法定权限的行政机关签订的行政协议就难免存有效力瑕疵。因此,本案中将缔约行政机关"没有行政主体资格"理解为"不超越法定权限",或者说有意忽略有无行政主体资格的审查而专注于有无法定权限的判断是有其合理性的。随后,最高人民法院根据缔约当时作为民事合同效力判准的《合同法》第 52 条审视被诉行政协议有无罹患民事合同的效力瑕疵。在依次排除了被诉行政协议具有行政法上的重大且明显违法之可能或者民事合同效力瑕疵之后,法院才得出被诉行政协议有效的结论。

在本判例中,最高人民法院还提出应尽可能减少无效行政协议的认定,推动各方当事人继续履行义务的裁判方针,这也非常具有指导意义。在推广行政协议的大趋势下,法院应当尽可能维护行政协议的安定性,缩小无效行政协议的范围,否则不仅会导致行政机关与行政相对人达成的共识消失,浪费行政资源,而且不利于发挥行政协议有效调动行政相对人积极性、促进行政管理方式改革的制度功能。因而,对于行政协议是否无效的认定,司法实践应当采取严格谨慎的态度,对于当事人双方通过补充协商或者其他积极行动而消除效力瑕疵的,法院应当予以认可。这也正是《行政协议规定》第 12 条第 3 款规定"行政协议无效的原因在一审法庭辩论终结前消除的,人民法院可以确认行政协议有效"的理由所在。

Ⅱ 认定无效行政协议的学理反思

1. 超越法定权限的行政协议未必无效。《行政诉讼法》第 75 条规定的是重大且明显违法的行政行为才无效,那么违法未达到重大且明显程度的行政行为就不能说是无效的。而且,缔结行政协议的行政机关虽然超越法定权限,但是行政相对人未必谙熟诸多由规范性文件规定的行政职权分工秩序。如果行政相对人善意信赖行政机关具有相应的缔约职责权限而与行政机关缔结行政协议,此时以行政机关超越权限为由一概认定协议无效,对行政相对人的善意信赖难免造成过度伤害。因此,应当将超越法定权限导致无效的行政协议限于重大且明显的范围,即行政机关明显违背了法律法规规章中的专属管辖规定而缔结的行政协议无效,行政相对人若未合理注意专属管辖规定,也就不得主张对协议有效的信赖保护。

2. 行政协议中相对人所承担的义务也未必要有法律规范依据。法律保留强调的是“无法律,无行政”,要求一定的行政活动保留给法律授权方可实施。但是,依学说上的普遍见解,法律保留原则上并不适用于行政协议(严益州:《论行政合同上的情势变更基于控权论立场》,载《中外法学》2019 年第 6 期),除非行政协议所替代之给付行政决定须有法律依据或相对人承诺之给付义务系依法不得抛弃之基本权利。(林锡尧:《行政契约与依法行政原则之关系》,载《台湾法学杂志》2016 年总第 310 期)因为相对人完全可以依其自主意志自愿承担一定义务或者放弃不属于不得抛弃之基本权利(如选举权、人格尊严权等)的权利,这实际上是权利主体对自身权利的正当处分。如果要求行政协议中对限制行政相对人权利或增加其义务的约定都必须依据法律规范,不仅可能导致实践中大量行政相对人处分其财产权的行政协议可能违法,而且行政协议灵活调整法律关系的功能优势将无从发挥。这说明行政协议具有不同于单方具体行政行为的特点。司法实践对于无效行政协议的认定,需要在《行政诉讼法》第 75 条、《行诉解释》第 99 条等规定的基础上,兼顾行政协议作为双方行政行为的特殊性,合理地理解和把握《行政协议规定》第 12 条第 1 款所指向的无效行政协议之范围。

Ⅲ 本判例的意义

2019 年发布的《行政协议规定》第 12 条规定,行政协议存在《行政诉讼法》第 75 条规定的重大且明显违法情形的,法院应当确认行政协议无效。法院可以适用民事法律规范确认行政协议无效。本判例是最高人民法院在《行政协议规定》发布之后直接审理的第一个根据《行政协议规定》第 12 条判断案涉行政协议是否有效的判例,较为明显地彰显了最高人民法院对认定无效行政协议所持的立场,对于未来司法实践对无效行政协议的认定具有非常重要的指导意义。

参考文献

王敬波:《司法认定无效行政协议的标准》,载《中国法学》2019 年第 3 期。

王贵松:《行政协议无效的认定》,载《北京航空航天大学学报(社会科学版)》2018 年第 5 期。

梁凤云:《行政协议司法解释讲义》,人民法院出版社 2020 年版。

107 抽象监管职责与行政赔偿

刘恩仁等诉沈阳市人民政府不履行法定职责案 | 最高人民法院（2016）最高法行申616号行政裁定书

张 红 北京师范大学法学院

■ 事实概要

2015年5月18日，刘恩仁、刘恩宝、刘桂梅（以下简称刘恩仁等）向沈阳市中级人民法院起诉称：沈阳市人民政府及其相关职能部门违法招商引资，批准设立中美合资沈阳万象生物技术有限公司（以下简称万象公司），并在媒体号召城乡居民、下岗职工、农村富余劳动力参与合作养殖。刘恩仁等为此向万象公司缴纳集资款745,000元。由于沈阳市人民政府疏于监管，万象公司从事非法金融业务，于2003年12月被公安机关依法查封。刘恩仁等因此遭受巨大经济损失。请求判令沈阳市人民政府返还刘恩仁等集资款745,000元，以及自2003年12月13日至今的银行同期贷款利息。一审法院沈阳市中级人民法院（2015）沈中立行初字第3号行政裁定认为，提起诉讼应当属于人民法院受案范围，对刘恩仁等人的起诉不予立案。刘恩仁等不服提起上诉。二审法院辽宁省高级人民法院（2015）辽立行终字第74号行政裁定认为，刘恩仁等人因参与企业集资而遭受经济损失，请求政府返还集资款及利息，该请求不属于行政诉讼调整范围。刘恩仁等的上诉理由没有法律依据，不予支持，裁定驳回上诉，维持原裁定。刘恩仁等认为，沈阳市人民政府对万象公司负有执法失职、监管不严的责任，致使人民群众遭受巨大的经济损失，因此提出再审申请。

■ 裁判要旨

Ⅰ.行政机关和行政机关工作人员的行政行为使公民、法人或者其他组织合法权益遭受侵犯的，向人民法院提起诉讼，属于行政诉讼的受案范围。行政机关以外的公民、法人或者其他组织实施的行为造成当事人损害的，应当由造成损害的人承担法律后果，不应当由行政机关承担法律后果，故此类非行政行为不属于行政诉讼的受案范围。本案中，万象公司实施的集资行为给刘恩仁等人造成经济损失，应由该公司承担相应的法律责任。刘恩仁等人请求沈阳市人民政府返还集资款及利息，没有事实和法律根据。一审、二审据此对刘恩仁等人的起诉裁定不予立案，并无不当。

Ⅱ.行政机关不履行法定职责造成公民、法人或者其他组织人身、财产损害的，应当依法承担相应的行政赔偿责任。但其前提条件有以下三点：第一，必须存在对具体的当事人不履行特定职责义务的违法事实;第二,造成了当事人人身、财产实际损失;第三,不履行特定法定职责义务的行为与当事人实际损失之间存在因果关系。本案中,刘恩仁等人虽主张沈阳市人民政府未尽监管职责导致其集资款不能返还,但其所主张的未履行监管职责仅仅是认为沈阳市人民政府未履行法律规定的抽象监管职责,而不是沈阳市人民政府对其负有的特定职责义务。因此,该项主张亦不能成立。

■ 评 析

Ⅰ 行政诉讼的受案范围

行政诉讼受案范围是人民法院受理行政争议案件的界限,即可以受理什么样的案件,不能受理什么样的案件,哪些行政活动应当由人民法院审查,哪些不能被人民法院审查。《行政诉讼法》对人民法院受理行政案件的范围作出了明确的规定。《行政诉讼法》第 2 条作出原则性规定:“公民、法人或者其他组织认为行政机关和行政机关工作人员的行政行为侵犯其合法权益,有权依照本法向人民法院提起诉讼。前款所称行政行为,包括法律、法规、规章授权的组织作出的行政行为。”该法第 12 条第 1 款明确列举了人民法院受理公民、法人或者其他组织提起的诉讼类型,在第 12 条第 2 款作出兜底性规定,并在第 13 条明确了人民法院不受理公民、法人或者其他组织提起的四类诉讼,包括:(1)国防、外交等国家行为;(2)行政法规、规章或者行政机关制定、发布的具有普遍约束力的决定、命令;(3)行政机关对行政机关工作人员的奖惩、任免等决定;(4)法律规定由行政机关最终裁决的行政行为。

回顾《行政诉讼法》的发展历程,随着我国经济社会的发展和司法制度的完备,人民法院受理行政案件的范围在不断扩大。从条文来看,1989 年《行政诉讼法》第 2 条表述为:公民、法人或者其他组织认为行政机关和行政机关工作人员的具体行政行为侵犯其合法权益,有权依照本法向人民法院提起诉讼。2014 年修正的《行政诉讼法》第 2 条第 1 款表述为:公民、法人或者其他组织认为行政机关和行政机关工作人员的行政行为侵犯其合法权益,有权依照本法向人民法院提起诉讼。这次修改明确将“具体行政行为”修改为“行政行为”,并在第 12 条概括列举中增加了相应的受理情形规定,扩大了行政诉讼的受案范围。

行政行为是享有行政权的组织或者个人运用行政权对行政相对人所作的法律行为。合法的行政行为应当具有明确的法律授权和法律规定的职责。法律授权和法定职责是行政行为的基本前提和要素。比如,交通管理部门具有管理道路交通安全的职责,税务部门具有合法征税的职责。这些监管职责都是来自道路交通安全法、税法等法律法规的明确规定。

无论行政诉讼的受案范围如何变化,当前行政诉讼的基本前提仍然是针对行政机关的某种行政行为。这是《行政诉讼法》调整行政诉讼受案范围的限定,非行政行为不在行政诉讼受案范围之内。本案中,再审法院认为刘恩仁等的经济损失是由行政机关以外的万象公司实施的集资行为造成的,这种集资行为并非行政行为,不属于行政诉讼的受案范围,符合法律的规定。

Ⅱ 抽象监管职责是否可诉

行政行为既可以是作为的形式,也可以是不作为的形式。以交通违章为例,行政机关针对交通违章行为进行行政处罚是行政机关履行自身职责而作出的具体行政行为;若行政机关忽视了交通违章,没有履行应尽的管理职责,则是行政不作为。行政不作为是行政主体拒绝履行或者迟延履行法定职责的消极行为方式。这种不作为是相对于作为义务而言的,行政主体不履行或迟延履行作为的义务,违反了法律法规的规定,具有违法性,从而具有可诉性基础。因行政不作为侵权,公民、法人或者其他组织提起诉讼的,人民法院应当依法处理。

在本案中,再审申请人刘恩仁等提出沈阳市人民政府的招商引资对万象公司负有执法失职、监管不严的责任,致使人民群众遭受巨大的经济损失。该诉求的逻辑是再审申请人认为沈阳市人民政府具有监管职责,未履行监管职责是不作为。在司法实践中,行政不作为是否属于行政诉讼受案范围,由于不作为行为表现具有较强的隐蔽性等原因,时常出现争议。行政不作为须同时具备以下条件:

1. 行政机关具有法定义务。这是行政不作为的基本前提。行政机关的不作为是行政机关没有履行作为的义务,违反了法律法规的明确规定。若没有法定职责则不构成行政不作为。比如,交通管理部门不履行管理道路交通安全的职责可能构成行政不作为,但交通管理部门由于没有法律上规定的征税职责,所以不可能构成不征税的行政不作为。

2. 具有作为的可能性。只有当行政主体有可能履行作为义务而没有履行时,才可能构成不作为。比如,公安机关具有保护公民人身和财产安全的职责,如果公安机关在公众场合发现抢劫事件发生而没有制止,没有履行相应的职责,则可能构成不作为。如果是公民个人遭遇盗窃,但没有报警,公安机关在无从知晓的情况下,通常不构成不作为。

3. 程序违法。行政不作为在客观上具体表现为行政主体在程序上逾期有所不为,它不仅表现为行政主体在程序上有所不为,而且该不为已经逾期。如果行政主体在程序上已经积极作出或完成了一系列动作,例如,对行政相对人的申请已经依法给予答复或作出了相应的决定,无论其内容是肯定或否定的,都是一种行政作为。

从不作为的特征来看,不履行监管职责若要构成行政不作为的前提,必须有法律法规明确规定的监管义务。本案中,当前法律法规并没有明确沈阳市人民政府负有何种监管职责和义务,沈阳市人民政府的监管职责只是普遍意义上的,是一种抽象职责。在没有法律法规明确规定的情形下,行政机关不负有某项具体直接的监管义务,不负有法律义务则自然没有违法可能性,沈阳市人民政府的抽象监管义务不能构成行政不作为。《行诉解释》第1条第2款第8项也规定,上级行政机关基于内部层级监督关系对下级行政机关作出的听取报告、执法检查、督促履责等行为不属于人民法院行政诉讼的受案范围。可见,行政机关的监管职责应当源于对行政相对人而言具有明确的法律规定和具体的监管义务,抽象的、普遍意义上的监管职责并不是行政诉讼的受案范围。

Ⅲ 不履行抽象监管职责的赔偿责任

《国家赔偿法》第2条第1款规定:“国家机关和国家机关工作人员行使职权,有本法规定的侵犯公民、法人和其他组织合法权益的情形,造成损害的,受害人有依照本法取得国家赔偿的权利。”关于行政不作为的国家赔偿责任问题,最高人民法院曾于2001年作出《关于公安机关不履行法定行政职责是否承担行政赔偿责任问题的批复》(已失效):“……由于公安机关不履行法定行政职责,致使公民、法人和其他组织的合法权益遭受损害的,应当承担行政赔偿责任……”这一批复当时确定了公安机关不履行法定行政职责的行政赔偿责任。但关于行政不作为的国家赔偿问题,还有许多问题处于争议状态。

国家赔偿责任需要满足相应的条件。再审法院在裁定中指出行政赔偿责任的构成要件包括以下三点:第一,必须存在对具体的当事人不履行特定职责义务的违法事实;第二,造成了当事人人身、财产实际损失;第三,不履行特定法定职责义务的行为与当事人实际损失之间存在因果关系。

1. 行政机关不履行特定义务。首先,行政机关负有特定的作为义务。认定不作为违法应当以法定的或职责确定的义务存在为前提,也就是说,如果国家机关或国家机关工作人员没有履行法定的或本身职责确定的义务,其不作为行为给受害人造成了损害,那么,国家应当对此承担赔偿责任。其次,行政机关在程序上不履行特定义务。行政不作为在客观上具体表现为行政主体在程序上逾期有所不为,它不仅表现为行政主体在程序上有所不为,而且该不为已经逾期。本案中,沈阳市人民政府并不负有特定的监管义务,因此并不具备赔偿的基础。

2. 具有损害事实。国家是否承担侵权赔偿责任,要看该行为是否造成了对特定人的损害。首先,《国家赔偿法》第2条采用了“合法权益”标准,对于非法利益的损害,国家不予赔偿。其次,损害既包括人身权和财产权的损害,也包括精神损害。最后,损害应当具备现实性、特殊性和直接性等特征。损害的现实性是指必须导致现有权益的实际损害,损害的特殊性是公共负担平等原则的体现,损害的直接性即指损害为直接损害,而非间接损害。

3. 不履行特定法定职责义务的行为与当事人实际损失之间存在因果关系。民法理论上,因果关系是客观事物之间的前因后果的关联性。若这一现象的出现是另一现象的存在必然引起的,则二现象之间就为因果关系。关于因果关系,学界有条件说、原因说、相当因果关系说、法规目的说等四种学说。作为国家赔偿责任构成要件的因果关系应当采相当因果关系说。确认国家赔偿责任必须符合两个条件:(1)因果之间具有逻辑联系,此案符合逻辑联系的条件;(2)因果之间有直接相关性,即依正常人的经验和理解,行为和结果之间有牵连。只有当行政行为与损害事实之间具有相当的因果关系时才能产生赔偿责任。如果损害事实的发生与行政行为没有因果关系,而是行政相对人或者其他第三人的过错造成,那么就不应当由国家负责赔偿。本案中,刘恩仁等的合法权益虽然遭受了损害,但这种损失并不是行政行为导致的,而是第三人万象公司的集资行为导致的,没有行政行为和损害事实之间的因果关系,因此不能获得国家赔偿。

□ 参考文献

江必新、邵长茂:《新行政诉讼法修改条文理解与适用》,中国法制出版社 2015 年版。
陈聪富:《因果关系与损害赔偿》,台北,元照出版有限公司 2004 年版。
张红主编:《国家赔偿法学》,北京师范大学出版社 2011 年版。
马怀德主编:《行政诉讼法学》(第 4 版),北京大学出版社 2015 年版。

108 私有财产征收中的行政赔偿

许水云诉金华市婺城区人民政府房屋行政强制及行政赔偿案 | 《最高人民法院公报》2018 年第 6 期

章剑生 浙江大学光华法学院

■ 事实概要

2014 年 8 月 31 日，婺城区人民政府在《金华日报》上发布婺城区人民政府《关于二七区块旧城改造房屋征收范围的公告》，并公布了房屋征收范围图，明确对二七区块范围实施改造。2014 年 9 月 26 日，许水云位于金华市婺城区五一路迎宾巷 8 号、9 号的房屋（以下简称案涉房屋）由婺城区人民政府组织拆除。2014 年 10 月 25 日，婺城区人民政府作出金华市婺城区人民政府《关于迎宾巷区块旧城改造建设项目房屋征收的决定》（以下简称《房屋征收决定》），该决定载明，因旧城区改建的需要，决定对迎宾巷区块范围内房屋实行征收；房屋征收部门为金华市婺城区住房和城乡建设局，房屋征收实施单位为金华市婺城区二七区块改造工程指挥部（以下简称改造工程指挥部）；签约期限为 45 日，搬迁期限为 30 日，具体起止日期在房屋征收评估机构选定后，由房屋征收部门另行公告；附件为《征收补偿方案》。2014 年 10 月 26 日，《房屋征收决定》《征收补偿方案》在《金华日报》上公布。案涉房屋被纳入本次房屋征收范围。

浙江省金华市中级人民法院于 2016 年 12 月 27 日作出（2015）浙金行初字第 19 号行政判决，确认婺城区人民政府强制拆除许水云位于金华市婺城区五一路迎宾巷 8 号、9 号房屋的行政行为违法，责令婺城区人民政府于判决生效之日起 60 日内参照《征收补偿方案》对许水云作出赔偿。许水云不服提起上诉后，浙江省高级人民法院于 2017 年 5 月 2 日作出（2017）浙行终 154 号行政判决，维持（2015）浙金行初字第 19 号行政判决第一项，撤销（2015）浙金行初字第 19 号行政判决第二项，驳回许水云的其他诉讼请求。许水云仍不服，在法定期限内向最高人民法院申请再审。最高人民法院于 2017 年 12 月 27 日作出（2017）最高法行申 8183 号行政裁定，提审本案。

■ 裁判要旨

Ⅰ. 本案在强制拆除前，既无征收决定，也无补偿决定，许水云也未同意先行拆除房屋，且双方未达成补偿安置协议，许水云未得到任何形式的补偿，强制拆除已构成重大且明显违法，应当依法赔偿。

Ⅱ. 对许水云房屋损失的赔偿,不应再以《国有土地上房屋征收与补偿条例》第 19 条规定的《房屋征收决定》公告之日被征收房屋类似房地产的市场价格即 2014 年 10 月 26 日的市场价格为基准确定,而应按照有利于保障许水云房屋产权得到充分赔偿的原则,以婺城区人民政府在本判决生效后作出赔偿决定时点的案涉房屋类似房地产的市场价格为基准确定。

Ⅲ. 根据《国家赔偿法》第 36 条第 8 项"对财产权造成其他损害的,按照直接损失给予补偿"的规定,许水云在正常征收补偿程序中依法和依据当地征收补偿政策应当得到的利益损失属于其所受到的直接损失,也应由婺城区人民政府参照补偿方案依法予以赔偿。

■ 评　析

Ⅰ 征收补偿转为行政赔偿的决定因素

基于公共利益的需要,私人财产权负有服从行政征收的义务,但私人同时有权获得因财产权被征收而应得的"公平补偿"。对此,《国有土地上房屋征收与补偿条例》第 2 条规定:"为了公共利益的需要,征收国有土地上单位、个人的房屋,应当对被征收房屋所有权人(以下称被征收人)给予公平补偿。"本案中,许水云的房屋已经被划入二七区块旧城改造房屋征收范围,属于被征收的房屋应当没有异议。政府在没有作出征收决定、补偿决定之前即对其实施了强制拆除,二审法院依照以往"习惯"性裁判方式,确认强制拆除程序违法,对被征收人房屋依照征收补偿方案进行补偿。从遵循先例原则出发,二审法院的裁判似乎也是可以接受的。但是,在再审程序中,最高人民法院认为:"但本案在强制拆除前,既无征收决定,也无补偿决定,许水云也未同意先行拆除房屋,且至今双方仍未达成补偿安置协议,许水云至今未得到任何形式补偿,强制拆除已构成重大且明显违法,应当依法赔偿……本案存在行政赔偿项目、标准与行政补偿项目、标准相互融合的情形,一审法院判决第二项责令婺城区人民政府参照《征收补偿方案》对许水云进行赔偿;二审法院判决认为应当通过后续的征收补偿程序获得救济,并据此驳回许水云的行政赔偿请求,均属对《国家赔偿法》《征收与补偿条例》等相关规定的错误理解,应予纠正。"根据最高人民法院这一裁判理由,本案从征收补偿转为行政赔偿的决定因素如下:

1. 无征收、补偿决定。征收决定是政府作出的将被征收人的房屋所有权强制收归国有的一种行政决定。征收决定依法公告生效之后,被征收人所有的房屋权属在法律上即归为国有,尽管此时被征收人仍然"占有""使用"此房屋。基于"地随房走"原则,被征收房屋的国有土地使用权也被收回。由此可见,征收公告仅仅是划定本次征收房屋的范围,并未产生该范围内私人房屋所有权转移至国家的法效力,对私人房屋所有权转移产生法效力的是征收决定。基于"唇齿条款"的要求,征收与补偿必须形影相随,不可或缺。因此,若没有补偿决定,征收决定的执行力将被阻却。回到本案,许水云的房屋被划入了征收范围,在政府作出征收决定并向许水云送达之前,其房屋所有权并没有发生转移,即使政府作出征收决定,但若没有补偿决定,该征收决定也没有执行力。由此可见,政府对许水云的房屋实施强制拆除,便不是"违反征收法定程序"意义上的违法行政行为,而是没有实体法依据的违法拆除行为。尽管这种拆除行为发生在国有土地上房屋征收与补偿过程中,但其本质上已不属于征收补偿的范畴了。

2. 无补偿协议。行政补偿协议是政府与被征收人之间就补偿方式等达成一致的意思表示。《国有土地上房屋征收与补偿条例》第 25 条第 1 款规定:"房屋征收部门与被征收人依照本条例的规定,就补偿方式、补偿金额和支付期限、用于产权调换房屋的地点和面积、搬迁费、临时安置费或者周转用房、停产停业损失、搬迁期限、过渡方式和过渡期限等事项,订立补偿协议。"行政协议订立之后,被征收人的补偿利益获得了法律保障,行政征收决定执行力阻却因素消除,被征收的房屋也就不存在强制拆除的必要性。"补偿协议与补偿决定相比,更有利于被征收人。首先,征收补偿协议是一种合意,双方当事人可在签订协议的过程中,反复协商或讨价还价,无疑被征收人的利益会得到充分考虑;而且被征收人会相信自己的利益已得到了充分考虑,所以其精神需要也得到满足。其次,由于补偿协议与一般合同相比具有行政优益权的特点,作为一种补偿,行政主体征收部门往往会在补偿协议中给予被征收人一定的优惠条件。这意味着其中的可期待利益也增加很多。这也是被征收人往往十分乐于接收补偿协议的主要原因。"但是,本案中"许水云也未同意先行拆除房屋,且至今双方仍未达成补偿安置协议,许水云至今未得到任何形式补偿",在这样的情形下,政府强制拆除许水云的房屋没有任何实体法律依据。对于这样的强制拆除行为,如果置其于征收补偿程序中加以处理,那么一方面因为行政机关没有承担任何实体法的责任,从而会"激励"行政机关在没有征收决定的情况下强行拆房,另一方面如果行政机关只要发布一个"征收范围"公告即可动手拆除征收范围内的私人所有房屋,那么被征收人不仅在程序上没有抗辩的机会,实体上合法的房屋所有权也得不到有效的法律保护。

基于上述两点的判断,法院认定本案政府"强制拆除已构成重大且明显违法"应该说是十分精当的。另外,最高人民法院以"本案存在行政赔偿项目、标准与行政补偿项目、标准相互融合的情形"为由,否定二审法院"习惯性"的裁判方式,这也是上述裁判逻辑之下的当然结论。

Ⅱ 充分赔偿原则的内容及适用范围

以什么样的原则指引行政赔偿才能给受害人提供实效性的权益保护,这是国家赔偿制度的拱顶石。可惜的是,《国家赔偿法》并没有明确对此作出相应的规定。1993 年公布的《关于〈中华人民共和国国家赔偿法(草案)〉的说明》载明,国家赔偿的标准和方式,是根据以下原则确定的:第一,要使受害人所受的损失能够得到适当弥补;第二,考虑国家的经济和财力能够负担的状况;第三,便于计算,简便易行。由此可见,国家赔偿所采用的是"适当弥补原则"。从文义上讲,"适当"意味着损失并不一定都能得到赔偿,不具有"填满"之意。从国家赔偿立法当时的国家财政状况来看,"适当弥补原则"未必不妥。但 2010 年修正《国家赔偿法》时不基于"国家的经济和财力"状况作再思考是说不过去的。一方面,在国家赔偿中,对受害人的赔偿不能低于其实际损失,这是赔偿的基本要义。另一方面,当年国家赔偿法制定的客观情况已经发生了重大变化,国家赔偿原则应当随之修改。在本案中,当法院确定对许水云被强制拆除房屋的补救应当从征收补偿转为行政赔偿之后,对于如何计算赔偿作出了如下法律指引:“对许水云房屋损失的赔偿,不应再依据《征收与补偿条例》第19条所规定的《房屋征收决定》公告之日被征收房屋类似房地产的市场价格,即2014年10月26日的市场价格,为基准确定,而应按照有利于保障许水云房屋产权得到充分赔偿的原则,以婺城区人民政府在本判决生效后作出赔偿决定时点的案涉房屋类似房地产的市场价格为基准确定。”最高人民法院用“充分原则”发展了《国家赔偿法》的“适用弥补原则”,其法律意义不可低估。

1.补偿不足以保护许水云所受损害的合法权益。本案中,如果采用补偿方式,那么许水云的房屋损失就应当以《房屋征收决定》公告之日被征收房屋类似房地产市场价格即2014年10月26日的市场价格为基准予以确定。但在政府对征收范围内的房屋作征收决定之前,许水云的房屋已经被强制拆除了。从法律上说,既然许水云的房屋没有被征收过,那么若将政府对其他房屋作出征收决定的时点作为对许水云房屋价值评估基准时,显然是不合理的。本案裁判的一个逻辑如下:(1)用国有土地上房屋征收与补偿相关规定来解决本案争议显然不足以弥补许水云因房屋被强拆而受到的损害;(2)许水云涉案房屋在未征收之前被政府违法强制拆除,应属于行政赔偿。因此,法院要求按照有利于保障许水云房屋产权得到充分赔偿的原则,以婺城区人民政府在其判决生效后作出赔偿决定时点的案涉房屋类似房地产的市场价格为基准确定。

2.“充分赔偿”原则。如果说国家赔偿“适当弥补”原则意味着损害并不一定都能得到赔偿,那么“充分赔偿”原则就具有“填满”损害之坑的含义:(1)本判例否定了补偿方式适用的可能性。在私有财产征收过程中发生的财产损失并非当然都是补偿,在特定条件下也能产生行政赔偿。就此而言,本判例对行政机关在国有土地上房屋征收与补偿中可能的违法行为具有一定的预防作用。(2)本判例并非仅仅将结果处理方式由补偿改为赔偿,还确立了“充分赔偿”原则。从这个意义上看,本判例确立“充分赔偿”原则,在相当程度上可以看作最高人民法院通过判例发展法律的一种努力。当然,本判例确立的“充分赔偿”原则具有严格的适用范围,地方法院切不可无限地扩大适用。就本案而言,政府已经发布征收范围公告,但在征收决定作出之前强制拆除征收范围内的房屋是适用“充分赔偿”原则的一个基础性事实要件。

Ⅲ 直接损失的拓展性解释

《国家赔偿法》第36条第8项规定:“对财产权造成其他损害的,按照直接损失给予赔偿。”在这里,如何界定“直接损失”是正确适用本项的前提。学理上认为:“侵害财产权的直接损失,就是指国家侵权行为侵占或损坏公民、法人或者其他组织的财产,致使受害人现有的财产价值量实际减少。”从这一观点看,“现有的财产价值量实际减少”构成了“直接损失”的核心内容,而“财产价值量”评估是确定“直接损失”的关键。本案中,如果对许水云房屋进行正常征收并依法给予补偿,那么除了被征收的房屋补偿外,许水云还可以获得搬迁费、奖励费等。但因为政府对其房屋实施了违法强制拆除,所以行政补征转为行政赔偿,如果这些费用不计入赔偿范围,那么许水云得到的赔偿款项就可能低于补偿款,这就难以体现"充分赔偿"原则,对此,最高人民法院认为:"许水云在正常征收补偿程序中依法和依据当地征收补偿政策应当得到的利益损失,属于其所受到的直接损失,也应由婺城区人民政府参照补偿方案依法予以赔偿。"在这里,"直接损失"被作了拓展性解释:(1)政府违法强制拆除许水云的房屋致使正常的征收补偿程序不能继续进行。这个阻却原因之过不在于许水云,而在于政府;(2)如果征收补偿程序正常进行下去,许水云可以获得"当地征收补偿政策应当得到的利益",因此这部分补偿中应得的"利益"不得因为行政赔偿而予以克扣。在最高人民法院后来的一个判例中,这一关于"直接损失"的拓展性解释获得了继续肯定:"再审申请人的房屋属于征收范围,他本来可以在征收程序中得到相应补偿,只是因为在未达成房屋拆迁安置补偿协议的情况下被违法拆除房屋,因此才走向了行政赔偿之路。但在同一个征收项目中,如果因为行政机关违法强拆而使得当事人所获得的赔偿低于正常情况下所能获得的补偿,显然是一件非常荒唐的事情。因此,尽管已经不能选择补偿程序,但在行政赔偿中,应当将受害人在正常征收补偿程序中依法和依据当地征收补偿政策所应得到的利益损失,视为《中华人民共和国国家赔偿法》第三十六条第八项规定的国家赔偿中的'直接损失'。"[最高人民法院(2017)最高法行申370号行政裁定书]

◻ 参考文献

胡康生:《关于〈中华人民共和国国家赔偿法(草案)〉的说明》,载肖峋:《中华人民共和国国家赔偿法的理论与实用指南》,中国民主法制出版社1994年版。

高家伟:《国家赔偿法》,商务印书馆2004年版。

江必新、梁凤云、梁清:《国家赔偿法理论与实务》(下卷),中国社会科学出版社2010年版。

王达:《国有土地上房屋征收与补偿条例解读》,中国市场出版社2011年版。

109 滥用职权与行政赔偿

王丽萍诉中牟县交通局行政赔偿纠纷案 |《最高人民法院公报》2003 年第 3 期

杜仪方 复旦大学法学院

■ 事实概要

原告王丽萍是开封市金属回收公司的下岗工人,在中牟县东漳乡小店村开办了一个养猪场。2001 年 9 月 27 日上午,王丽萍借用小店村村民张军明、王老虎、王书田的小四轮拖拉机,装载 31 头生猪,准备到开封贸易实业公司所设的收猪点销售。路上遇被告中牟县交通局的工作人员查车。经检查,中牟县交通局的工作人员以没有交纳养路费为由,向张军明、王老虎、王书田 3 人送达了《暂扣车辆凭证》,然后将装生猪的 3 辆两轮拖斗摘下放在仓寨乡黑寨村村南,驾驶 3 台小四轮主车离去。卸下的两轮拖斗失去车头支撑后,呈 45 度角倾斜。拖斗内的生猪站立不住,往一侧挤压,当场因挤压受热死亡 2 头。王丽萍通过仓寨乡党庄村马书杰的帮助,才将剩下的 29 头生猪转移到收猪车上。29 头生猪运抵开封时,又死亡 13 头。王丽萍将 13 头死猪以每头 30 元的价格卖给了开封市个体工商户刘毅。同年 11 月 22 日,王丽萍向中牟县交通局申请赔偿,被中牟县交通局拒绝,遂提起诉讼,请求判令中牟县交通局赔偿生猪死亡损失 10,500 元、交通费损失 1700 元。

■ 裁判要旨

I. 行政赔偿是一种国家赔偿,只有在符合行政赔偿责任构成要件的前提下,国家才会对行政侵权行为造成的损害承担赔偿责任。因此在行政赔偿诉讼中,解决行政赔偿责任的构成是首要问题。行政赔偿责任的构成要件包括以下四点:(1)侵权行为主体,是指谁实施的行为有可能引起行政赔偿责任。原告王丽萍指控被告中牟县交通局的工作人员扣车使其遭受财产损失。中牟县交通局是行政机关,其工作人员是行政机关的公务员。根据《国家赔偿法》第 3 条的规定,中牟县交通局符合侵权行为主体这一要件。(2)行政违法行为,是指什么性质的行为有可能导致国家承担行政赔偿责任。根据《国家赔偿法》第 3 条、第 4 条以及第 5 条第 1 项的规定,行政机关及其工作人员只有"在行使行政职权时"侵犯行政相对人合法权益的,国家才负责赔偿;行政机关工作人员"与行使职权无关的个人行为"的,国家不承担赔偿责任。具体行政行为的合法性不仅包括认定事实清楚、适用法律正确、符合法定程序,还包括行政机关在自由裁量领域合理使用行政自由裁量权,明显不合理的具体行政行为构成滥用职权。(3)实际损害,是指违法职务行为只有造成一定的损害后果,才会引发国家的行政赔偿责任。这里所说的"损害"是指人身自由的损害、生命健康的损害以及财产的损害,而且这些损害应该是实际发生的损害。原告王丽萍的15头生猪因长时间受热受压而死亡,这个实际损害足以构成请求国家赔偿的理由。(4)因果关系,是指违法职务行为和损害后果之间存在可以让国家承担行政赔偿责任的联系。原告王丽萍的15头生猪因长时间受热受压而死亡,是被告中牟县交通局的工作人员在执行暂扣车辆决定时实施了不合理、不适当的行政行为造成的,二者之间存在因果关系。暂扣车辆的行政决定是中牟县交通局工作人员自主执行的,执行措施不当造成的后果自然应由中牟县交通局承担。

Ⅱ.原告王丽萍因被告中牟县交通局工作人员滥用职权的行政行为给自己造成了财产损害,起诉请求赔偿,其诉讼请求合法,应当支持。扣除出卖死猪得款390元,王丽萍遭受的经济损失是10,500元,中牟县交通局应当赔偿。王丽萍请求赔偿交通费1700元,但其提交支持该请求的相应证据无法核实认证,故对该部分请求不予支持。本案证据足以证明,15头生猪是因小四轮主车被扣后,长时间在倾斜的车斗内挤压受热而死亡;扣车地点离生猪收购点远远超出200米,王丽萍在离开车辆运送的情况下,无法保证生猪安全;出售生猪必须经过检疫,王丽萍把生猪卖给开封贸易实业公司,如何履行检疫手续、如何成交、财产所有权何时转移,是双方约定范围内的事务,他人无权干涉;到了开封后发现的死猪也为王丽萍所有。中牟县交通局关于王丽萍应当向小四轮车主索赔,生猪因中暑死亡证据不足、王丽萍不应坐视损失扩大以及对运抵开封后死亡的生猪没有索赔权等辩解理由不能成立。

■ 评　析

Ⅰ 滥用职权的学理框架

1989年的《行政诉讼法》第54条将"滥用职权"规定为司法审查标准之一。但是至于何为"滥用职权",学理中对其存在一定分歧。最狭义的滥用职权倾向于从主客观两个方面来考察,认为在行政裁量权限范围内恣意行使权力造成显失公正的才构成滥用职权。在此基础上,一些学者认为无须强调主观恶意,将滥用职权定位为行政主体在自由裁量权限范围内不正当行使行政权力的违法行为称为狭义的滥用职权。广义的滥用职权可被定义为行政决定在法定职权、事实根据、法律依据或程序要件等方面存在违法情形,包括具有不适当的目的、不正当的考虑、行为反复无常或者结果显失公正等情形。

Ⅱ 以往判例观点

司法实践就"滥用职权"存在多种判断。一方面,法官会宽泛地以滥用职权来指称行政机关的一种或多种违法行为,将滥用职权作为其他司法审查标准的上位概念,统领主要证据不足,适用法律、法规错误,违反法定程序,超越职权等具体的违法情形。例如在薛谊花诉青铜峡市城乡建设局行政赔偿案[最高人民法院中国应用法学研究所编:《人民法院案例选》2000年第3辑(总第33辑),人民法院出版社2001年版,第449-454页]中,被告青铜峡市城乡建设局工作人员在执法过程中违法要求原告薛谊花开设的毛衣编织店提前缴纳下一个月的城市卫生费。在被薛谊花拒绝后,青铜峡市城乡建设局工作人员不仅扣押了薛谊花的电熨斗,还对她实施了殴打行为。银南地区中级人民法院经审理后认为,青铜峡市城乡建设局工作人员"超标准征收城市卫生费,并提前预收,强行扣押公民个人财产,殴打致伤他人"的行为属于《行政诉讼法》(1989 年)第 54 条中的滥用职权。可以看出,法官在此对滥用职权审查标准的含义采取了非常宽泛的理解,此情形下的滥用职权已经基本等同于于"违法"。

另一方面,实践中法官适用滥用职权标准时还会和其他违法标准发生交叉。行政主体在作出行政决定时必须依据法定的事实、依据和程序作出。但若行政决定在法定职权、事实根据、法律依据或程序要件方面存在违法情形,法官也往往会认定上述违法情形背后存在行政主体不适当的目的、不正当的考虑、行为反复无常或者结果显失公正等情况,进而认定该行为同时构成滥用职权。此时,滥用职权就会与超越职权,主要证据不足,适用法律、法规错误,违反法定程序等标准在适用对象上发生交叉。例如在路世伟不服靖远县人民政府行政决定案(《最高人民法院公报》2002 年第 3 期)中,法院针对靖远县人民政府在其职权范围外对清算组作出的行为指出:"即使县政府乐于管这种不属于自己管的事,那也只能形成清算组与县政府二者之间的独特关系。县政府无权用这种于法无据的独特关系去影响他人,去为他人设定新的权利义务,去妨碍他人的合法权益。县政府在靖政发〔1999〕172 号文件中实施的这些行政决定,不仅超越职权,更是滥用职权。"类似地,在谢培新诉永和乡人民政府违法要求履行义务案(《最高人民法院公报》1993 年第 1 期)中,法院认为,被告的行为违反了"取之有度、总额控制、定项限额"的原则,具有任意性和随意性,属于超越职权,适用法律、法规错误和滥用职权。

然而,司法实践中将"滥用职权"视为各种违法情形的上位概念或者交叉适用的做法无疑会打破《行政诉讼法》(1989 年)第 54 条中五种审查标准之间相并列的逻辑结构,导致其他标准被"滥用职权"架空或者覆盖。

Ⅲ 本判例的规范性逻辑

在本判例中,法院遵循以下逻辑并得出成立行政赔偿的结论。法院认定本案所涉行政决定属于滥用职权。本判例中,被告中牟县交通局工作人员在执行暂扣车辆决定时不考虑该财产的安全,甚至在王丽萍请求将生猪运抵目的地后再扣车时也置之不理,上述行政决定不符合合理、适当的要求,是滥用职权。法院认定滥用职权行为违法。行政决定的合法性不仅包括认定事实清楚、适用法律正确、符合法定程序,还包括行政机关在自由裁量领域合理使用行政自由裁量权,明显不合理的行政决定构成滥用职权。本判例中,法院将滥用职权标准作为唯一的裁判依据,判决确认被告的行为违法。法院判决被告中牟县交通局承担行政赔偿责任。本判例中,行政侵权行为主体被告中牟县交通局属于行政赔偿认定的行政机关,被告中牟县交通局滥用职权行为违法,原告王丽萍的 15 头生猪因长时间受热受压而死亡的实际损害足以构成请求国家赔偿的理由,且违法行为和损害结果之间存在因果关系。法院判决被告中牟县交通局赔偿原告王丽萍经济损失 10,500 元。

Ⅳ 后续立法和理论发展

在《行政诉讼法》于2014年修正时，法律界对于强化法院对行政裁量的审查具有高度共识。所以，在《行政诉讼法》(2014年)第70条司法审查标准中保留“滥用职权”的同时，新增“明显不当”。一方面，“滥用职权”继续被作为法院判决行政决定撤销或者部分撤销的依据。另一方面，增加“明显不当”的审查标准后，立法为司法审查行政裁量配备了更强大的武器。据此，在《行政诉讼法》(2014年)的审查体系下，一般认为应将对行政裁量合理性的审查放在“明显不当”的标准下进行。而为与“明显不当”相区分，学界将“滥用职权”的含义限缩至最狭义范围，也就是限于行政机关违背法律目的、恶意行使权力的情形。据此，《行政诉讼法》中所规定的滥用职权应当包含主观恶意，情形主要有徇私枉法、打击报复、任性专横、反复无常等。

Ⅴ 本判例的意义

可以看出，尽管滥用职权的审查根据从《行政诉讼法》制定时起就确立了，其含义却有一定分歧，实践中的做法也存在不同。本判例是最高人民法院就“滥用职权”标准进行正本清源的重要尝试。在本判例中，法院指出“行政决定的合法性，不仅包括认定事实清楚、适用法律正确、符合法定程序，还包括行政机关在自由裁量领域合理使用行政自由裁量权，明显不合理的行政决定构成滥用职权”，并最终将滥用职权标准作为唯一的裁判依据，判决确认被告行为违法且承担行政赔偿责任。本判例明确将“滥用职权”标准适用于行政裁量领域，认为明显不合理行使裁量权构成滥用职权，从而将其认定为违法。应该说，将“滥用职权”审查标准适用于行政权限范围内并仅就裁量问题进行评价，符合《行政诉讼法》(1989年)的立法原意。

参考文献

何海波:《论行政行为“明显不当”》，载《法学研究》2016年第3期。

胡建淼:《有关行政滥用职权的内涵及其表现的学理探讨》，载《法学研究》1992年第3期。

余凌云:《对行政机关滥用职权的司法审查——从若干判案看法院审理的偏好与问题》，载《中国法学》2008年第1期。

110 责任交织与行政赔偿

中国银行江西分行诉南昌市房管局违法办理抵押登记案 | 最高人民法院(2002)行终字第6号行政赔偿判决书

杜仪方 复旦大学法学院

■ 事实概要

1995年4月5日,天龙公司以抵押方式向信托公司申请贷款700万元。同年4月14日,天龙公司法定代表人颜桂龙向南昌市房交所提出对该公司所属房屋办理贷款抵押登记手续的申请,并提交购房协议书及005518号房屋所有权证。同日,信托公司在委托第三方对天龙公司作为贷款抵押的房产进行价格评估后,与天龙公司签订了借款额为700万元的借款合同。同年4月26日,南昌市房交所作出No.0005005《房屋抵押贷款通知书》,认定抵押人颜桂龙提交的房产的产权人为天龙公司,产权证号为005518,抵押权人为信托公司,抵押贷款金额为700万元。据此,信托公司之后分三次共支付700万元贷款给天龙公司。同年6月13日,南昌市房管局以其下属部门南昌市房产评估所的名义函告信托公司,发现颜桂龙未在市房屋产权监理处办理房屋产权证书,即用假产权证办理了房产抵押贷款手续。信托公司得知情况后,于次日收回天龙公司尚未使用的部分贷款。同年6月16日,江西省南昌市公安局对颜桂龙利用假房产证诈骗贷款一案立案侦查,追缴部分款项。1996年5月7日,信托公司以南昌市房管局为赔偿义务机关向其提出行政赔偿申请,南昌市房管局在法定期限内未作出是否赔偿的决定,同年8月28日,信托公司向法院提起行政赔偿诉讼。

在本案审理期间,信托公司于1998年2月10日经江西省工商行政管理局核准,注销企业法人登记,其债权债务由中国银行江西分行承担,故本案原告由信托公司变更为中国银行江西分行。2000年10月20日,江西省南昌市中级人民法院作出(2000)洪刑一初字第89号刑事判决,认定颜桂龙用假房产证作抵押,诈骗银行贷款650万元,案发后公安机关共为中国银行江西分行挽回经济损失199.5万元,造成实际损失450.5万元,其行为已构成诈骗罪,依法判处颜桂龙无期徒刑,剥夺政治权利终身,并处没收个人全部财产。该判决已于同年11月5日发生法律效力。

■ 裁判要旨

Ⅰ.法院认定南昌市房管局抵押登记行为违法。根据《城市房地产管理法》和《担保法》(已失效)的有关规定,办理房地产抵押登记是抵押合同生效的前提条件。南昌市房管局作为负责办理房产抵押登记的行政主管部门,在办理房产抵押登记的过程中对当事人的申请应当以高度负责的态度认真履行必要的注意义务,对于抵押房产及其权属证书的真伪有条件加以核对与识别。然而,南昌市房管局在本案中违反职业规范,未尽必要的注意义务,为持有假房产证实施诈骗的天龙公司办理抵押登记手续,并明示信托公司可以办理贷款。具体行政行为认定事实错误,其违法性已为南昌市房管局下属单位南昌市房产评估所于 1995 年 6 月 13 日给信托公司的函所确认。

Ⅱ.法院认定抵押登记行为与损失之间存在因果关系。信托公司基于对房产登记机关所办抵押登记行为的信赖为天龙公司发放贷款,致使信托公司遭受了财产损失。虽然本案贷款人天龙公司是造成信托公司财产损失的直接责任人,但是南昌市房管局的违法行为客观上为天龙公司骗取贷款提供了条件,其违法出具他项权利证明的行为与信托公司财产损失之间存在法律上的利害关系和因果关系。

Ⅲ.南昌市房管局承担过失赔偿责任,且有权就其承担的数额行使追偿权。根据《国家赔偿法》(1994 年)第 4 条第 4 项、第 7 条第 4 款、第 28 条第 7 项和最高人民法院《关于审理行政赔偿案件若干问题的规定》(法发〔1997〕10 号,已失效)第 29 条的规定,南昌市房管局对其违法办理抵押登记而酿成信托公司财产损失的后果应当承担赔偿责任。但是对于具体赔偿责任的承担方式,一审和二审法院存在一定分歧。一审判决认定南昌市房管局应当承担补充赔偿责任。二审判决则指出,南昌市房管局对其违法办理抵押登记而酿成信托公司财产损失的后果,在天龙公司无法偿还贷款的情况下,应当承担相应的过失赔偿责任,并进而纠正一审判决所认定的补充赔偿责任。南昌市房管局承担行政赔偿责任后,有权就其承担的数额向天龙公司行使追偿权。

■ 评 析

Ⅰ 责任交织下行政责任承担的相关规定

《国家赔偿法》和最高人民法院《关于审理行政赔偿案件若干问题的规定》并未就国家机关及国家机关工作人员行使职权行为与民事行为共同侵权导致的损害如何进行责任分担作出规定。

在本判例作出前,就责任交织下行政赔偿责任承担及赔偿数额确定的问题,最高人民法院曾先后作出过两项批复。最高人民法院《关于劳动教养管理所不履行法定职责是否承担行政赔偿责任问题的批复》(〔1999〕行他字第 11 号)指出:“……重庆市西山坪劳动教养管理所未尽监管职责的行为属于不履行法定职责,对刘元林在劳动教养期间被同监室人员殴打致死,应当承担行政赔偿责任。人民法院在确定赔偿的数额时,应当考虑重庆市西山坪劳动教养管理所不履行法定职责的行为在造成刘元林死亡结果发生过程中所起的作用等因素……”在李茂润诉阆中市公安局案中,针对公安机关未能及时出警、第三人对当事人所造成的人身和财产损害,最高人民法院《关于公安机关不履行法定行政职责是否承担行政赔偿责任问题的批复》(法释〔2001〕23 号,已失效)指出:“……由于公安机关不履行法定行政职责,致使公民、法人和其他组织的合法权益遭受损害的,应当承担行政赔偿责任。在确定赔偿的数额时,应当考虑该不履行法定职责的行为在损害发生过程和结果中所起的作用等因素……"

可以看出,上述两项批复仅仅着眼于个别行政领域中行政不作为赔偿责任的确定,并未涉及行政作为行为与民事侵权的责任分担,也未能覆盖全部行政领域。同时,尽管两项批复都明确了行政主体应承担行政赔偿责任,但是对于行政主体究竟应承担何种责任,以及后续能否追偿等均未明示。

Ⅱ 行政与民事侵权责任分担的学理梳理

在行政决定和民事侵权共同造成损害的案件中,往往存在三方主体的两个行为,也就是行政主体的违法行政决定以及民事主体的民事侵权行为。就行政赔偿和民事赔偿交织可能产生的责任分担而言,如果借鉴民事侵权理论,可能存在以下五种情形:(1)行政主体和民事侵权人承担连带责任;(2)行政主体和民事侵权人承担不真正连带责任;(3)行政赔偿和民事赔偿并行;(4)行政主体承担保证责任:先主张民事赔偿,要求第三人就损失进行全额赔偿,得不到满足时,再主张行政赔偿;(5)民事侵权人承担补充责任:先主张行政赔偿,要求行政主体进行全额赔偿,得不到满足时,再主张民事赔偿。上述各种情形均具备一定的理论自洽,但考虑我国行政赔偿和民事赔偿在诉讼程序上存在分离,且二者在事实认定和法律适用上也不完全一致的情况,故现阶段在实践中确实较难通过合并审理或诉讼衔接的方式来实现对损害的一体化救济。

Ⅲ 后续判决和制度发展

在最高人民法院2015年1月公布的"人民法院关于行政不作为十大案例"中,张美华等五人诉天水市公安局麦积分局行政不作为赔偿案(《人民法院报》2015年1月16日,第4版)中再次涉及行政赔偿责任的承担问题。针对此案件,2013年公布的最高人民法院《关于公安机关不履行、拖延履行法定职责如何承担行政赔偿责任问题的答复》指出:"……公安机关不履行或者拖延履行保护公民、法人或者其他组织人身权、财产权法定职责,致使公民、法人或者其他组织人身、财产遭受损失的,应当承担相应的行政赔偿责任。公民、法人或者其他组织人身、财产损失系第三人行为造成的,应当由第三人承担民事侵权赔偿责任;第三人民事赔偿不足、无力承担赔偿责任或者下落不明的,应当根据公安机关不履行、拖延履行法定职责行为在损害发生过程和结果中所起的作用等因素,判决其承担相应的行政赔偿责任。公安机关承担相应的赔偿责任后,可以向实施侵权行为的第三人追偿……"

可以看出,尽管该批复依然仅针对具体领域(公安机关)的行为不作为,但是就责任交织下违法行政决定是否应承担行政赔偿责任,该批复在判断路径和结果上都沿用了本判例的模式。

Ⅳ 本判例的意义

本判例是最高人民法院就责任交织下行政责任的承担与追责作出明确说明的重要判

例。通过本判例,法院确定了在责任交织的情况下,当行政主体的违法行政决定和损失之间存在因果关系时,在民事侵权主体无法承担赔偿责任的情况下,行政主体应承担相应的过失赔偿责任,并在之后有权在赔偿数额内向民事主体追责。

简言之,当民事途径无法对损害进行完全填补时,行政主体在其过错范围内承担责任,且有权向民事主体追责。上述责任分配和承担方式既明确了先民后行的赔偿顺位,又在填补受害人损失的同时摆脱了基于行政责任和民事责任之间的差异而可能产生的理论和实践困境。

参考文献

肖峋:《中华人民共和国国家赔偿法的理论与实用指南》,中国民主法制出版社 1994 年版。
杜仪方:《行政不作为中行政与民事赔偿的责任分担》,载《社会科学》2009 年第 10 期。

111 违法建筑材料与行政赔偿

张文胜诉沈阳市于洪区人民政府行政赔偿案 | 最高人民法院(2016)最高法行申6号行政裁定书

徐肖东 绍兴文理学院法律系

■ 事实概要

张文胜在自家承包菜田上建设的彩钢房于2013年3月13日被行政机关认定为违法建筑,并于当年5月被于洪区人民政府强制拆除。张文胜对于洪区人民政府强制拆除其建筑的行为不服,诉至法院。法院认为,于洪区人民政府对违反《土地管理法》的行为适用《城乡规划法》实施强制拆除,适用法律错误、程序违法,故判决确认于洪区人民政府于2013年5月20日对张文胜彩钢房实施的强制拆除行为违法。基于确认违法判决,张文胜另案提起行政赔偿诉讼。

张文胜申请再审称:(1)姚家村村民在承包地上自建彩钢房是于洪区人民政府违法收储集体土地、违法拆迁造成的,依法应予赔偿。(2)一审、二审判决以拆除时彩钢房闲置否定其农业设施性质的做法错误。彩钢房既可作看护房,也可作种植大棚,还可用于动迁过渡期存放农具、粮食和杂物。(3)于洪区人民政府处理彩钢房程序违法,加大了损失,应予赔偿。请求依法撤销辽宁省高级人民法院(2015)辽行终字第00136号行政赔偿判决,对本案进行提审,并判决于洪区人民政府赔偿张文胜被违法强制拆除72平方米彩钢房所造成的损失38,820元。

于洪区人民政府答辩称:(1)建设彩钢房与土地征收没有关联性。(2)生效判决认定拆除彩钢房行为违法的理由是适用法律错误,并未否认张文胜私自建设的违法性。张文胜建设彩钢房违法,没有合法权益可保护,不应得到赔偿。请求驳回张文胜的再审申请。

■ 裁判要旨

Ⅰ.违法建筑物、构筑物中的建筑材料属于当事人的合法财产。行政机关对违法建筑物、构筑物实施强制拆除,手段、方式必须科学、适中,不得以野蛮方式实施强制拆除。

Ⅱ.强制拆除手段、方式不当导致当事人建筑材料合法权益损失的,行政机关应当依法予以赔偿。

■ 评 析

Ⅰ 以往判例观点

本判例之前已存在不少违法强制拆除违法建筑的行政赔偿判例。这些判例均注意到了违法建筑中的建筑材料，但对于什么情况下给予行政赔偿问题存在差异。有判例认为，原告无法证明被告拆除方式不当，且被拆除的建筑材料放在原地的，不予赔偿。如在石参祖、张金亮等与青岛市黄岛区铁山街道办事处行政赔偿案[山东省青岛市中级人民法院(2016)鲁02行终768号行政判决书]中，法院认为“被上诉人已经给予上诉人充分的自行拆除时间，上诉人未自行拆除，且上诉人亦不能举证证明被上诉人存在拆除方式不当的问题，被拆除的建筑材料亦存放在原地，因此上诉人以该生效判决为证据主张被上诉人应予赔偿其可回收建筑材料不能成立”。上海彭浦电器开关厂诉上海市闸北区人民政府确认侵占行为违法并要求行政赔偿案[江必新主编，中华人民共和国最高人民法院行政审判庭编:《中国行政审判案例》(第2卷)，中国法制出版社2011年版，第237页]的裁判要旨明确，“在强制拆除违法建筑过程中，当事人明确表示仍需使用被拆除的违法建筑材料，拆违实施部门未将该建筑材料返还当事人的，其行为构成违法，对因此给当事人造成的直接损失应承担赔偿责任”。

由相关判例可知，违法建筑强制拆除的行政赔偿之争议焦点主要有两个方面:一是对拆除行为的合法性评价;二是对建筑材料的处理(拆除行为是否超出自己拆除的限度，建筑材料是否有移交或者放至原处)。

1. 确认违法不一定存在赔偿。在马新国与临澧县城市管理和行政执法局规划行政处罚、行政强制及行政赔偿案[湖南省常德市中级人民法院(2017)湘07行终92号行政判决书]中，法院确认了强制拆除行为因违反法定程序而违法，但法院认为被告在保障了原告自救权利后才实施了强拆，未对原告的合法权益产生实质影响，被告不应承担赔偿责任。

2. 对建筑材料的处理包括拆除行为对建筑材料的影响及拆除后建筑材料的去向问题。已有不少判例会对强拆行为的适当性进行评价，如在盘县柏果层成养殖场、盘州市柏果镇人民政府乡政府行政赔偿案[贵州省六盘水市中级人民法院(2018)黔02行赔终15号行政判决书]中，法院认为:“行政机关在对违法建筑实施强制拆除时违反法定程序，未采取适当的手段、方式，造成建筑材料损失的，行政机关依法应当承担赔偿责任。本案中，被上诉人对上诉人修建的附属设施及搭建的建筑材料采取统一拆除的方式，未对可回收的建筑材料进行区分，客观上造成了上诉人建筑材料的损失，依法应予赔偿。”

综上可知，目前判例已明确了违建者在建筑材料上的合法权益，是否应予赔偿主要考虑强拆的手段、方式是否正当，以及有无对违建者的合法权益造成损害。

Ⅱ 违法强拆赔偿的学理研究

目前已有一些研究聚焦于强制拆除违法建筑赔偿的原因和法院如何审查违法强拆的行政赔偿问题。首先，通过已有文献可以肯定的是，强制拆除违法建筑的赔偿原因均指向明显不当的强拆方式，主要有两个方面:(1)强拆行为违反比例原则。有学者提出强制拆除违法建筑应当采取对当事人损害最小的方式。对于强制拆除违法建筑所造成的损害应当与目的相均衡,并维护好民生。有民法学者进一步提出违法建筑的财产权属性在法益均衡原则的考量下,执法机关应当慎重选择拆除方式。执法机关违反法律规定侵害违法建筑的,需承担赔偿责任。(2)存在违法的事实行为。有法官结合个案分析认为,除"违法的行政事实行为致原告失去相关建筑材料的所有权,应承担相应的行政赔偿责任"外,还应当对超范围强制拆除违法建筑的进行赔偿。但也有学者反对对建筑材料损毁进行赔偿,认为这是"强制拆除行为的附随结果,当事人无权对该部分损失要求赔偿"。

除了明显不当的强拆方式,有学者通过案例研判得知,强拆行为赔偿的原因还包括相对人"自行拆除权"被剥夺的违法程序。此外,该学者还提出,法院应当聚焦于所有的违法面向,对强拆行为的合法性作全面审查。

Ⅲ 本判例的规范性逻辑

在本判例中,法院的审理思路其实是从行政赔偿的构成要件出发的,关注的是当事人的合法权益有无受到损失,损失与拆除实施主体的强拆行为是否存在因果关系等。《国家赔偿法》第 2 条第 1 款规定:"国家机关和国家机关工作人员行使职权,有本法规定的侵犯公民、法人和其他组织合法权益的情形,造成损害的,受害人有依照本法取得国家赔偿的权利。"本判例中,法院经审查认为,违法建筑物、构筑物中的建筑材料属于当事人的合法财产。行政机关对违法建筑物、构筑物实施强制拆除,手段、方式必须科学、适中,不得以野蛮方式实施强制拆除。强制拆除手段、方式不当导致当事人建筑材料合法权益损失的,行政机关应当依法予以赔偿。

1. 对于违法建筑物、构筑物中的建筑材料属于当事人的合法财产的问题,法院并没有予以论证。本判例中,一审、二审判决以彩钢房系违法建筑,当事人不具有合法权益可保护为由,判决驳回原告的诉讼请求,主要事实不清。在最高人民法院看来,建筑材料虽然是违法建筑的组成部分,但其作为违建者的合法财产是毋庸置疑的。在前述最高人民法院行政审判案例第 79 号中,法院同样没有讨论建筑材料是否为合法财产的问题,而主要考虑建筑材料有无价值。该案例评析部分指出,"即使对于所谓'建筑垃圾',只要没有证据证明其对所有人均已没有任何价值,且其所有权人并未作出抛弃的意思表示,该'建筑垃圾'仍属其所有权人所有,任何人不得侵犯"。

2. 对违法建筑物、构筑物实施的强制拆除,手段、方式是否科学、适中。对照学理上的相关分析,也就是强拆行为是否违反比例原则。在本判例中,最高人民法院认为,于洪区人民政府组织人员使用铲车等大型机械,强行将当事人建设的彩钢房拍倒,可能造成当事人彩钢房建筑材料合法权益的损失。也就是说,法院认为强拆行为是不科学、不适中的,有可能对建筑材料造成损坏。这是行政赔偿的行为要件,"可能对建筑材料造成损坏"意味着其与建筑材料的毁损存在因果关系。有学者担心在本案中,如果最高人民法院没有指出行政强制拆除明显不当亦是违法行为,而是沿着行政强制拆除行为程序违法的思路继续论证,得出的结论很可能是程序违法与建筑材料的损失扩大之间没有因果关系,行政赔偿责任不能证立。强拆行为属于国家侵权行为,修正后的《国家赔偿法》(2010 年)第 2 条已经否认“违法”作为侵权行为的要件。由此可见,对强拆行为的评价可围绕手段、方式的科学、适中与否展开。

3. 对当事人建筑材料之合法权益的侵害。事实上,司法实践已就是否存在行政赔偿达成共识——关键看是否存在损害原告合法权益的情形。损失的判断主要集中在不适当的强拆与适当强拆的比较上,通过对比来酌定合法权益的损失。王德友与织金县城乡规划局城乡建设行政赔偿案[贵州省黔西县人民法院(2018)黔 0522 行赔初 27 号行政判决书]中,法院认为“通过适当、合法方式拆除可得的能重复利用的建筑材料和废旧建筑材料,属于当事人的合法权益”。科学、适中的强拆所对应的建筑材料是行政赔偿的参考标准。在姜仙云不服冷水滩区城市管理局行政执法局行政处罚决定案[湖南省永州市中级人民法院(2018)湘行 11 行终 135 号行政判决书]中,法院认为,“被告对宋家洲违法建筑物所采取的强制拆除均是使用挖掘机或者铲车之类的机械拆除的,建筑物、构筑物被该种方式强制拆除后,可回收的建筑材料价值几乎为零,该强制拆除的方式显然不当,考虑到本案违法建筑形成的历史原因以及被告对同类违法建筑物签约拆除可回收材料价值的补偿标准,兼顾公平原则,故对原告的 048 号建筑物可回收的建筑材料应当给予适当的赔偿,赔偿数额酌情按照永州宏达勘测有限公司测定的建筑物主房面积,签约拆除应获得的可回收材料价值 80% 的标准予以赔偿”。

在司法实践中,拆违实施主体对建筑材料最后处置的赔偿问题同样多见,裁判思路与本判例基本一致。在王桂莲诉西安市长安区太乙宫街道办事处行政赔偿案[西安铁路运输法院(2018)陕 7102 行赔初 37 号行政判决书]中,法院认为,“考虑到被告强拆后对原告的建筑材料未作妥善保留处理,强制拆除行为给原告造成了损失,对于原告违法所建房屋内的尚未与违法建筑混同的可取回财产仍属于合法财产,原告仍具有处分权,被告应予赔偿”。该案对于合法权益受损的认定还是以妥善保留处理为参照的。

综上所述,本判例所抽象之规则是,违法建筑物、构筑物中的建筑材料属于当事人的合法财产。行政机关对违法建筑物、构筑物实施强制拆除的,手段、方式必须科学、适中,不得以野蛮方式实施强制拆除。参照科学、适中的强拆方式、手段可酌情认定,强拆行为对当事人造成的建筑材料合法权益损失,行政机关应当赔偿。

Ⅳ 本判例的意义

本判例是违法强制拆除违法建筑之行政赔偿问题的一个重要案例。按照传统观点,任何人不能在错误行为上获益,违法建筑本身就是违法的,不存在行政赔偿。该案对此进行了纠正,明确区分了违法建筑与违法建筑中的建筑材料。法院进一步提出,违法建筑物、构筑物中的建筑材料属于当事人的合法财产。行政机关对违法建筑物、构筑物实施强制拆除时,其手段、方式必须科学、适中,不得以野蛮方式实施强制拆除。同时明确,拆违实施主体的强制拆除手段、方式不当导致当事人建筑材料合法权益损失的,行政机关应当依法予以赔偿。

该案为同类案件提供了审理思路,考虑两方面:一是强制拆除手段、方式的适当性,考虑是否以野蛮方式等实施强制拆除;二是强拆行为造成的影响,考虑是否对建筑材料之合法权益造成损害。这为法院有效化解违法建筑拆除类纠纷提供了思路,也有助于保障当事人在建筑材料上的合法权益,使公共利益与私人合法权益之间达到有效平衡。

参考文献

姜明安主编:《行政法与行政诉讼法》(第7版),北京大学出版社2019年版。
沈岿:《国家赔偿法:原理与案例》(第2版),北京大学出版社2017年版。
蒋拯:《违法建筑处理制度研究》,法律出版社2014年版。

112 行政协议无效的信赖利益赔偿

宁海县辛岭橡塑五金厂诉浙江省宁海县人民政府房屋拆迁补偿案 | 最高人民法院(2020)最高法行申1095号行政裁定书

蒋成旭 浙江大学立法研究院

■ 事实概要

2005年,被告宁海县人民政府(以下简称宁海县政府)开始对甬台温铁路建设所影响的土地进行征迁。原告宁海县辛岭橡塑五金厂所占用的集体土地及其房屋并未被列入征收范围内,尽管如此,铁路指挥部、被告宁海县政府跃龙街道办事处(以下简称跃龙街道)于2008年8月与原告达成了《企业房屋拆迁补偿安置协议》(以下简称补偿安置协议),该协议约定:(1)被告跃龙街道支付原告土地补偿费、房屋补偿费等600,123元;(2)被告宁海县政府、被告跃龙街道提供位于辛岭工业区的4.5亩拆迁安置用地;(3)原告必须在安置用地落实后1年内将房屋搬迁腾空并移交给两被告。其中,600,123元已于2008年8月支付完成,但安置用地迟迟没有得到落实,同时原告所占用的土地与房屋始终没有移交,厂房也一直没有拆除。2016年1月,原告起诉要求两被告按约定为其提供安置用地4.5亩,并赔偿原告2008年8月至2016年1月的停产歇业损失及房屋租金损失70万元。法院认为补偿安置协议违反了法律、行政法规的强制性规定,属于无效行政协议,判决驳回其诉讼请求。2018年12月,原告以补偿安置协议无效系两被告的过错所致,其信赖利益尤其是对安置用地的可期待利益受损为由,提起本案诉讼,请求两被告赔偿2008年8月至2018年12月的停产停业损失、设备设施贬值损失、厂房贬值损失共计350万元。

■ 裁判要旨

Ⅰ.一般而言,人民法院审理行政协议案件,可以参照适用民事法律规范关于民事合同的相关规定。

Ⅱ.(关于停产停业损失)涉案协议在"搬迁期限"中约定,"乙方(辛岭橡塑五金厂)必须在安置用地落实后一年内将房屋搬迁腾空",即该协议并未要求再审申请人立即停工、限期交房,而是明确约定在落实安置用地后再行搬迁腾空。在安置用地落实前,被诉行政协议的履行并不会对再审申请人的权益产生实际影响。因此,再审申请人(原审原告)所主张的停产停业损失与涉案协议无效之间并无因果关系。(关于设备设施贬值损失)因被申请人宁海县政府及跃龙街道并未实际占有、使用涉案土地,亦未拆除涉案厂房及设备设施,再审申请人主张设备设施贬损,不能成立。(关于厂房贬值损失)再审申请人所主张的厂房贬值实为规划实施导致周边交通、地、地理环境变化所产生的影响,不属于涉案协议无效造成的损失范畴。

Ⅲ.信赖利益所产生的赔偿应当以行政相对人基于合理信赖而实际履行了涉案协议为前提。根据涉案协议关于"厂房搬迁腾空"的明确约定,再审申请人主张其损失系基于合理信赖,理由亦不能成立。

■ 评　析

Ⅰ 本判例的意义

在行政协议被确认无效或撤销之前,行政协议的当事人基于对行政协议有效性以及行政协议将会得到履行的信赖,可能已经为签订协议或为履行协议采取了必要的行动,如支付了合理的费用、投入了适当的成本等。当行政协议被确认无效或被撤销后,这些利益就会成为当事人的损失。法院应当如何审查这类损失的赔偿请求,从契约性的角度来看,关涉缔约过失责任和信赖利益赔偿,而从行政性的角度来看,或有行政法上信赖保护原则的适用余地。对此,本判例提供了一种审查思路,即参照适用合同法上的信赖利益来审查行政协议被确认无效所引发的信赖利益赔偿请求。

首先,民法上的信赖保护原则与行政法上的信赖保护原则虽然在某些方面存在相似之处,但整体上分属不同制度。大陆法系民法上的信赖保护原则源于一种社会伦理因素([德]卡尔·拉伦茨:《德国民法通论》(上卷),王晓晔等译,法律出版社2013年版,第58页),"信赖利益"的概念主要被用作对财产状态差额的一种描述,与"履行利益"相区分。行政法上的信赖保护原则源于法治国原则,"信赖利益"概念主要用于描述公民对国家的维持违法授益性行为所享有的利益,通常与公共利益相对。

其次,行政协议兼具契约性与行政性,行政协议被确认无效或被撤销导致当事人信赖利益损失的,是适用合同法上的信赖利益还是行政法上的信赖利益予以救济,并不明确。合同法上的信赖利益主要体现在原《合同法》第58条和《民法典》第157条,2020年1月1日施行的《行政协议规定》第15条第2款显然受到上述条文的影响:"因被告的原因导致行政协议被确认无效或者被撤销……给原告造成损失的,人民法院应当判决被告予以赔偿。"但该条中的"赔偿"是合同法意义上的赔偿还是国家赔偿法意义上的赔偿,尚无明确的解答。最高人民法院的适用指引也模棱两可,认为当行政机关行使优益权给原告造成损失时,应纳入行政赔偿的受案范围,其他情况则可适用合同法上的信赖利益赔偿,但又指出"赔偿损失包含履行利益",这与合同法上的信赖利益赔偿是矛盾的。(最高人民法院行政审判庭编著:《最高人民法院关于审理行政协议案件若干问题的规定理解与适用:条文主旨·起草背景·条文释义·实务指导》,人民法院出版社2020年版,第223-227页)

在此前的最高人民法院裁判中,信赖利益主要在审查行政协议效力的过程中出现,信赖利益得到保护意味着行政协议效力得到维持[最高人民法院(2019)最高法行申2322号行政裁定书],但对于行政协议无效或被撤销后的信赖利益赔偿问题尚未形成明确的裁判观点。本判例中,最高人民法院首先指出“一般而言,人民法院审理行政协议案件,可以参照适用民事法律规范关于民事合同的相关规定”,继而引用原《合同法》第58条对当事人的信赖利益赔偿请求进行了审查,这也为《行政协议规定》第15条的适用提供了一种思路。法院没有选择适用行政法上的信赖保护原则进行说理,推测可能存在以下考虑。一是此案并不涉及行政机关行使优益权的问题,若法院贯彻前述适用指引的审查思路,自然会选择适用合同法上的信赖利益赔偿。二是行政法上的信赖保护原则缺少一般性的实定法规范,而原《合同法》第58条和《民法典》第157条规定的赔偿就是信赖利益赔偿,不存在争议。

Ⅱ 合同法上信赖利益赔偿的规范框架

合同法上的损害根据致害原因可区分为履行损害与信赖损害。履行损害指一方当事人因另一方没有履行而遭受的损害(原《合同法》第113条、《民法典》第584条)。发生履行损害时,合同效力通常并无问题,法律对守约方的救济乃使其恢复到合同被履行时的财产状态。合同若被履行时守约方的财产状态与守约方的实际财产状态之间的差额即履行利益。信赖损害指一方当事人由于信赖合同的有效性而遭受的损害(原《合同法》第58条、《民法典》第157条)。信赖损害主要在合同被确认无效或被撤销的场合较为常见,法律提供的救济主要是使双方恢复到合同若从未订立时的财产状态。(胡康生主编:《〈中华人民共和国合同法〉释义》,法律出版社1999年版,第105页)合同若从未订立时当事人的财产状态与合同被确认无效或被撤销后当事人的实际财产状态之间的差额即信赖利益。

信赖利益赔偿是缔约过失责任的效果[崔建远:《合同法总论》(第2版上卷),中国人民大学出版社2011年版,第447页],当事人要获得信赖利益赔偿,需有缔约过失责任的成立。典型的缔约过失责任类型如恶意缔约、欺诈缔约规定在原《合同法》第42条(《民法典》第500条),而原《合同法》第58条“合同无效或者被撤销后……有过错的一方应当赔偿对方因此所受到的损失,双方都有过错的,应当各自承担相应的责任”的规定属于“合同无效时的缔约过失责任”。缔约过失责任的成立一般需要四项要件:缔约人一方违反先合同义务,相对人受有损失,违反先合同义务与损失之间有因果关系,违反先合同义务人有过错。

Ⅲ 行政协议信赖利益赔偿的因果关系要件

本判例中,法院在引用原《合同法》第58条后只讨论了因果关系,对于原告所主张的损失是否客观存在、被告是否违反先合同义务以及是否有过错没有作出说明。结合语境来看,推测法院应认为损失要件、违反先合同义务要件和过错要件均已成就。根据裁定书的前后文,原告主张的信赖利益包含停产停业损失、设备设施贬值损失、厂房贬值损失,对于这三项损失,法院分别作了因果关系的论证。

关于停产停业损失,法院着墨最多,认为涉案协议明确约定在落实安置用地后原告再行搬迁腾空,并未要求立即停工、限期交房,在安置用地落实前,协议的履行并不会对原告的权益产生实际影响,因此原告停产停业的损失与协议无效之间没有因果关系。停产停业损失作为信赖利益,在行政协议领域是较为常见的,对比本案的二审裁判理由,法院的论证也隐含了这样一个前提,即停产停业损失本身作为信赖利益是值得保护的。假设原告依约在安置用地落实后停产停业若干天,减少了销售收入若干元,这笔费用原本将因协议的完整履行(获得履行利益)而得到抵消,此时这笔费用是正常履约的成本,并不会成为损失;而当协议最终被确认无效后,原告无法获得履行利益,停产停业减少的销售收入就成为原告的损失。由此,该损失与协议无效之间建立起了"无此即无彼"的因果关系:若非协议无效,则无该笔损失。再来看本案的实际情况,原告未按约定等待安置用地落实后再停产停业,而是选择提前停产停业。从因果关系的角度来看,协议被确认无效这件事本身并不必然导致该笔损失的产生,该笔损失产生的直接原因是原告提前停产停业的行为。

关于设备设施贬值损失,法院认为被告宁海县政府及跃龙街道并未实际占有、使用涉案土地,亦未拆除涉案厂房及设备设施,原告主张设备设施贬损,不能成立。这一理由与停产停业损失的论证逻辑是共通的,仍然是在讨论因果关系。具体而言,在安置用地落实之前,设备设施处于原告的支配之下,协议被确认无效这件事本身并不必然导致设备设施贬损,原告自己的行为如提前停止使用设备设施是产生该笔损失的直接原因。

关于厂房贬值损失,法院认为原告所主张的厂房贬值实为规划实施导致周边交通、地、地理环境变化所产生的影响,不属于协议无效所造成的损失范畴。这一理由虽仍在讨论因果关系,但与前述逻辑稍有不同的是,法院强调厂房贬值损失与协议被确认无效完全无关,因为即便协议仍然有效并得到完整履行,原告的厂房贬值也仍然会发生。

Ⅳ 信赖利益赔偿是否以实际履行协议为前提

原告所提出的三项损失均缺乏与协议被确认无效之间的因果关系,原本足以支持再审理由不能成立的结论,但法院继而指出:"信赖利益所产生的赔偿,应当以行政相对人基于合理信赖而实际履行了协议为前提。根据涉案协议关于'厂房搬迁腾空'的明确约定,再审申请人主张其损失系基于合理信赖,理由亦不能成立。"所谓"涉案协议关于'厂房搬迁腾空'的明确约定"就是原告应当在落实安置用地后再停产停业、搬迁腾空,法院的意思应当是:原告所主张的损失不是基于其实际履行协议而产生的,因此信赖利益赔偿的理由不能成立。这两句话本质上只是重复了前述因果关系的分析结论,其中的"信赖利益所产生的赔偿,应当以行政相对人基于合理信赖而实际履行了协议为前提"却产生了一定的误导性。

合同法上,合同当事人有没有履行协议与其信赖利益能否得到赔偿没有关联。如前文所述,信赖利益赔偿的目标是使双方恢复到契约若从未订立时的财产状态,为此,赔偿的范围不仅包含实际履约阶段的损失,也包含缔约前阶段的损失——如为签订协议而合理支出的交通费,以及履约准备阶段的损失——如为履行协议而向银行货款所支付的利息。在协议尚未得到履行就被确认无效或被撤销的情况下,若构成要件已成就,缔约前的损失、履约准备的损失当然也是值得保护的信赖利益。[最高人民法院《关于适用〈中华人民共和国民法典〉合同编通则部分的解释(征求意见稿)》]本判例中,虽然原告所主张的损失均为履约阶段的损失,但这并不意味着他在缔约前和履约准备阶段的损失就是不受保护的。法院的这句话或许对本案来说没有问题，但恐怕无法被推广为一般性的裁判规则。

一种可能是法院在表述这句话时受到了行政法上的信赖保护原则的影响。通常认为行政法上的信赖保护原则有三个适用要件——信赖基础、信赖表现和信赖的正当性，其中的信赖表现要件要求行政相对人出于对信赖基础的信赖作出一定的处置行为。法院提出信赖利益赔偿必须以实际履行了行政协议为前提，或许是将信赖表现局限在了协议的实际履行，认为缔约前的支出和履约的准备都不属于信赖表现，然而这样的限制对行政协议而言并不恰当。假定在行政协议领域，信赖利益赔偿必须以实际履行了行政协议为前提，则会导致一种扭曲的现象：甲、乙各自与同一行政机关签订了内容一致的行政协议，基于合理信赖投入了数额相当的费用后，甲已实际履行部分，乙尚未实际履行；此时因行政机关的原因，两份协议同时被确认无效，若构成要件均已成就，甲即便只履行了非常微小的一部分也能获赔全部信赖利益，乙却分文不得。

总之，"信赖利益所产生的赔偿，应当以行政相对人基于合理信赖而实际履行了协议为前提"这句话本质上只是对本案原告的损失与行政协议无效之间缺乏因果关系的重复，无法推广到更一般的行政协议无效或被撤销情形。至于行政协议是否还存在未被发现的某种区别于民事合同的特殊性质，需要将实际履行协议作为协议无效后信赖利益赔偿的前提，单从本判例的文本中已无从判断，有待另作探讨。

参考文献

韩世远：《合同法学》（第2版），高等教育出版社2022年版。

朱广新：《信赖责任研究：以契约之缔结为分析对象》，法律出版社2007年版。

王贵松：《行政信赖保护论》，山东人民出版社2007年版。

刘飞：《行政法中信赖保护原则的适用要件——以授益行为的撤销与废止为基点的考察》，载《比较法研究》2022年第4期。

113 行政公益诉讼适用“一事不再罚原则”的特殊性

铜仁市万山区人民检察院诉铜仁市万山区林业局不履行林业行政管理职责行政公益诉讼案 ｜ 最高人民法院指导案例211号

刘　艺　中国政法大学法治政府研究院

■ 事实概要

2014年5月至8月，铜仁市万山区武陵农木业生产开发有限公司（以下简称武陵公司）系自然人独资企业法人，公司法定代表人为沈中祥。沈中祥以修建养殖、种植场为由，先后租用万山区茶店街道办事处梅花村隘口山组、鱼塘乡、大坪乡的林地，在没有办理林地使用许可证的情况下，雇用施工队使用挖机和装载机等施工机械对林地地表植被予以剥离、挖掘，致使原有植被被毁坏。经相关技术专业人员结合现场勘验结果和卫星影像图片进行鉴定，确定占用的林地面积为305.27亩（其中鱼塘乡占29.1亩，重点公益林68.89亩，重点商品林89.42亩，一般商品林面积44.95亩，一般公益林面积72.91亩）且林地被全部挖掘、平地，植被严重毁坏，恢复难度大。2015年1月，万山区林业局发现违法行为，经调查认为已达刑事立案标准，于同年2月4日、4月30日分别移送万山区公安分局林业派出所，该所于2015年2月9日、6月3日立案，后万山区公安分局于6月17日批准撤销本案。万山区林业局重新立案，于2015年7月17日和7月21日分别作出（2015）第9、10、14号3个行政处罚决定：责令限期恢复原状并共处罚款2,035,134元。武陵公司在2015年7月共缴纳194,000元罚款，后称资金困难而未缴纳罚款。2016年1月21日，万山区公安分局重新立案侦查。2016年1月21日，万山区林业局作出万区林撤字（2016）1号决定，决定撤销3个行政处罚。但武陵公司已缴纳的罚款是否退还不明确。2016年12月6日，万山区人民法院判决沈中祥犯非法占用农用地罪，判处有期徒刑2年，并处罚金5万元［参见万山区人民法院（2016）黔0603刑初67号刑事判决书］。

万山区人民检察院认为万山区林业局未对沈中祥非法占用农地的违法行为采取有效措施予以应对，导致林地被破坏的状态持续存在；故于2016年12月26日向万山区林业局发出检察建议。2017年2月8日，万山区林业局书面回复万山区人民检察院，将案件移送刑事司法部门的情况予以说明；对于责令沈中祥补植复绿的问题，万山区林业局称因沈中祥在服刑，公司因沈中祥被羁押而倒闭，公司人员已全部解散，要求其恢复林地原状不具有操作性；并表明将争取项目计划于2016年3月12日前在沈中祥非法占用林地处（茶店梅花村隘口山、大坪马鞍山)复绿造林,对难以就地复绿地块进行异地补植复绿。万山区人民检察院对万山区林业局复植的情况进行了跟踪调查,发现异地复植面积未达标,效果也不佳。公益诉讼人于2017年3月29日向人民法院递交了行政公益诉讼起诉状。最终,播州区人民法院审理后判决,应由被告铜仁市万山区林业局对沈中祥以武陵公司名义毁坏铜仁市万山区茶店街道梅花村隘口山组、大坪乡大坪村马鞍山林地补植复绿恢复原状依法履行监督管理法定职责,并于2019年9月完成复绿工程验收。

■ 裁判要旨

Ⅰ.在违法行为人的同一行为既违反行政法应受行政处罚,又触犯刑法应受刑罚处罚的情形下,行政机关在将案件移送公安机关时不应因案件移送而撤销已经作出的行政处罚。对刑事判决未涉及的行政处罚事项,行政机关在刑事判决生效后作出行政处罚决定的,人民法院应予支持。

Ⅱ.违法行为人在刑事判决中未承担生态环境修复责任的,林业等行政主管部门应当及时责令其依法履行修复义务,当违法行为人不履行或者不完全履行时应组织代为履行。林业等行政主管部门未履行法定生态修复监督管理职责,行政公益诉讼起诉人请求其依法履职的,人民法院应予支持。

■ 评　析

Ⅰ “一事不再罚原则”的适用

行政法学理上把《行政处罚法》第35条作为“一事不再罚原则”的核心内容,即“违法行为构成犯罪,人民法院判处拘役或者有期徒刑时,行政机关已经给予当事人行政拘留的,应当依法折抵相应刑期。违法行为构成犯罪,人民法院判处罚金时,行政机关已经给予当事人罚款的,应当折抵相应罚金”。然而,《行政处罚法》第8条第2款“违法行为构成犯罪,应当依法追究刑事责任的,不得以行政处罚代替刑事处罚”的规定也是“一事不再罚原则”的主要内容之一。按此规定,一旦违反行政法义务的行为同时需承担刑事责任时,行政机关应及时移送案件。但无论是行政执法机关还是刑事司法部门,都不具有全景式的判断力。所以,在行刑衔接程序中,通常由行政机关进行优先判断。实践中会出现行政机关直接移送,或先作出处罚再移送,或者先作出处罚再撤销后移送等诸多情形。

当行政机关作出行政处罚之后再决定移送给刑事司法机关时,人民法院在作出拘役或者有期徒刑或者罚金时则需要考虑“一事不再罚”的折抵问题。本案涉及行政罚款金额高于罚金时该如何折抵的问题。林业部门作出的罚款金额为2,035,134元,武陵公司已缴纳194,000元罚款,未收缴的罚款金额是1,841,134元。人民法院在介绍案情时只提了未缴纳的1,841,134元。沈中祥非法占用的276.17亩折抵为184,113平方米。按《森林法实施条例》第43条“并处非法改变用途林地每平方米10元至30元的罚款”的规定,以最低每平方米10元的罚款,也应处以184,130元的罚款。人民法院处以的罚金是2万元。当罚款金额高于罚金时该如何折抵的问题现行法律并没有规定。但是在税务行刑衔接领域有“首违不罚”的规定。通常税务领域作出的罚款金额较大,刑事罚金很难折抵。然而《刑法》第201条第4款规定了“税务首违不罚”的制度,即“经税务机关依法下达追缴通知后,补缴应纳税款,缴纳滞纳金,已受行政处罚的,不予追究刑事责任;但是,五年内因逃避缴纳税款受过刑事处罚或者被税务机关给予二次以上行政处罚的除外”。当税务处罚高于罚金无法完全被罚金吸收时,也需要行政机关继续收缴罚款。但由谁通知行政机关,是人民法院通知还是人民检察院通知,立法上并没有规定,实践中的做法也五花八门。2021年修订的《行政处罚法》第33条第1款规定,初次违法且危害后果轻微并及时改正的,可以不予行政处罚。但本案所涉违法行为的后果十分严重,非法占用土地面积较大,并导致地上林地被严重毁坏,并不适用“首违不罚”的规定。

本案不属于税务领域,也不适用“首违不罚”的规定,但行政罚款金额明显高于罚金,人民法院该如何折抵呢?万山区林业局主动撤销行政处罚之后再移送刑事案件的话,就不会面临“一事不再罚”的适用困境。出现这种情况时,有的行政机关会采取以已移送刑事部门或者“刑事部门已经处罚”为由,不对违法行为人处以罚款或者主动撤销已作出的行政处罚行为的做法。当然,这样的局面反而让行为人逃避了数额更高的行政罚款。本案是发现了此问题,并以办理行政公益诉讼案件的方式予以化解。人民法院在判决中指出,“‘一事不再罚’的折抵是执行上的折抵,只需移送行政处罚的相关材料,而不是惩罚决定本身的折抵。而且‘一事不再罚原则’仅折抵惩罚功能相同的处罚,功能不同的处罚内容不能折抵。因此,在刑事侦查立案前已经作出的行政处罚,特别是处罚内容并非只涉及罚款或者拘留时,并不一定需要撤销”。检察机关从全面实现公益保护效果的角度出发,认为行政机关发现同一行为既违反行政法应受处罚,又触犯刑律应受刑罚处罚时,并不应该主动撤销已作出的行政处罚,而建议行政机关继续履行职责。

本案能成功办理得益于检察机关在“行刑衔接”中发现了行政公益诉讼的案件线索。2012年《刑事诉讼法》第173条第3款规定,人民检察院决定不起诉的案件,若对被不起诉人需要给予行政处罚、行政处分或者需要没收其违法所得,人民检察院应当提出检察意见,将案件移送回有关主管机关处理。而已经由刑事部门处理过的案件,不会出现案件回移的情况。但是检察机关内部有线索移送和共享机制。在信息化手段的帮助下,部分检察机关已经实现了特定刑事案件办理与公益诉讼检察部门的实时共享,根本不需要人工进行线索移送。本案的成功办理受益于公益诉讼部门共同追踪刑事案件。检察机关发现,公安机关重新立案之后认定了武陵公司非法占用茶店街道办事处138.8亩、大坪乡137.37亩林地的犯罪事实,而未认定非法占用鱼塘乡29.1亩林地的犯罪事实。人民检察院在刑事审查起诉环节曾经将案件退回侦查,要求公安机关对此问题进行说明。公安机关回复“危害不大……决定撤销此案”,并认为“该行为已进行了处理,不应再追究责任”。刑事检察部门认可了公安机关的回复,没有将占用鱼塘乡29.1亩林地的犯罪事实作为遗漏犯罪行为予以公诉。但公益诉讼部门认为万山区林业局主动撤销行政处罚的行为不利于公益保护,从而办理了公益诉讼案件。

Ⅱ 本判例的意义

本案首次确立了林业行政主管部门在“行刑衔接”中应履行的职责。本案争议的焦点是万山区林业局在“行刑衔接”案件中应该承担什么职责，以及是否需要继续履行的问题。检察机关认为万山区林业局未对违法行为进行处理属于怠于履行法定职责。万山区林业局在收到检察建议之后并没有重新作出行政决定，万山区林业局的理由是沈中祥被羁押再责令沈中祥恢复原状不具有可操作性。面对检察机关的监督，万山区林业局争取计划独自承担了补植复绿的责任。万山区林业局在2017年3月20日至4月20日，会同大坪乡政府、茶店林业环保站在案涉被毁林地种植马尾松苗，在大坪村马鞍山种植129.2亩，在梅花村隘口山组种植约30亩。检察机关经调查发现因地表毁坏严重、岩石裸露，约有40亩林业未种植，余约78亩未补植。万山区林业局在没有作出责令违法行为人修复环境决定的情形下，会同乡镇人民政府等在被毁坏的林地上代为种植了部分树苗，后续还会因缺乏责令违法行为人承担费用的理据而无法向违法行为人追讨代履行的费用。所以，即便万山区林业局代为补植复绿了，也属未正确履行职责。根据原国家林业局林函策字〔2001〕80号复函（已失效）所指，《森林法实施条例》第43条关于“责令限期恢复原状”规定的具体应用，是指由县级以上人民政府林业主管部门责令擅自改变林地用途的公民、法人或者其他组织，在一定期限内将擅自改变用途的林地恢复到改变前的状态。万山区林业局未明确具体的恢复期限，仍可视为怠于履行职责。

2017年4月12日，遵义市播州区人民法院在案件开庭之前进行了现场查看，发现被毁坏林地满目黄土，一片荒凉。代为补植的新植马尾松苗，苗木低矮枯黄，地表干涸破碎；部分山岩裸露、碎石堆积，形如戈壁，修复效果较差，难以保证成活率，难以达到环境修复的目的；部分需恢复地块尚未种植植物。最终人民法院支持检察机关的诉求，认为万山区林业局代为补植树木的行为虽已部分履行职责，但尚未正确、全面履行，仍应继续履行。即便沈中祥在羁押中，人民法院认为依据《森林法》（2009年）第44条第3款的规定，对于拒不补种树木或者补种不符合国家有关规定的，林业部门负有代为补种的职责，只是所需费用由违法者支付。但是《森林法》（2009年）第44条第3款规定的“代为补种”的前提是“拒不补种树木或者补种不符合国家有关规定的”，而沈中祥的情况并不属于此情形。虽然人民法院已确定林业部门有代为补种的职责，并明确要求林业部门于判决之后两年内完成补种，但从立法规范性角度看，建议立法机关下次修改《森林法》时，补充上在“行刑衔接”案件中，违法行为人被羁押时，林业部门也应承担补种责任的规定。

参考文献

章剑生：《行政罚款适用规则的体系性解释——基于〈行政处罚法〉第29条展开的分析》，载《政法论坛》2022年第4期。

张明楷：《法条竞合与想象竞合的区分》，载《法学研究》2016年第1期。

王强：《法条竞合特别关系及其处理》，载《法学研究》2012年第1期。

练育强：《完善行政执法与刑事司法衔接机制之反思》，法律出版社2017年版。

114

行政公益诉讼中"不履行法定职责"的认定

剑川县人民检察院诉剑川县森林公安局不履行法定职责行政公益诉讼案 | 最高人民法院指导案例 137 号

张旭勇 浙江财经大学法学院

■ 事实概要

2013 年 1 月,在未取得林地征占用手续的情况下,玉鑫公司委托王寿全在国有林区开挖公路 494.8 米,平均宽度为 4.5 米、面积 2226.6 平方米。2013 年 2 月,剑川县森林公安局以剑川县林业局的名义对王寿全及玉鑫公司作出行政处罚:责令限期恢复原状;罚款 22,266 元。2013 年 3 月 29 日,玉鑫公司缴纳罚款,剑川县森林公安局即对该案予以结案。剑川县森林公安局一直没有再督促玉鑫公司和王寿全恢复林地原状。2016 年 11 月 9 日,剑川县人民检察院向剑川县森林公安局发出检察建议,建议履职落实行政处罚决定,采取有效措施,恢复森林植被原状。2016 年 12 月 8 日,剑川县森林公安局回复检察建议,称派民警到王寿全家催告其限期履行恢复原状义务,鉴于王寿全死亡,执行终止。对玉鑫公司,剑川县森林公安局没有催告。剑川县人民检察院提起行政公益诉讼,请求确认剑川县森林公安局怠于履行法定职责的行为违法,判令剑川县森林公安局在一定期限内履行法定职责。

■ 裁判要旨

Ⅰ. 剑川县森林公安局在查明玉鑫公司及王寿全擅自改变林地的事实后,以剑川县林业局的名义对玉鑫公司和王寿全作出责令限期恢复原状和罚款 22,266 元的行政处罚决定符合法律规定,但在玉鑫公司缴纳罚款后 3 年多时间里没有督促玉鑫公司和王寿全对破坏的林地恢复原状,也没有代为履行,致使玉鑫公司和王寿全擅自改变的林地至今没有恢复原状,且未提供证据证明有相关合法、合理的事由,其行为显然不当,是怠于履行法定职责的行为。

Ⅱ. 环境行政公益诉讼中,人民法院应当把相对人的违法行为是否得到有效制止,行政机关是否充分、及时、有效采取法定监管措施,以及国家利益或者社会公共利益是否得到有效保护作为审查行政机关是否履行法定职责的标准。行政处罚决定没有执行完毕,剑川县森林公安局依法应该继续履行法定职责,采取有效措施,督促行政相对人限期恢复被改变林地的原状。

■ 评　析

Ⅰ “全链条式”监督理念与通过公益诉讼监督行政机关履职的范围

本案一审法院剑川县人民法院认定，剑川县森林公安局在处罚作出后3年多时间里没有督促玉鑫公司和王寿全对破坏的林地恢复原状，也没有代为履行，致使行政处罚决定部分内容没有实现，是怠于履行法定职责的违法行为。法院承认检察机关通过公益诉讼程序监督行政机关履职的范围包括生效行政处罚的执行，具体有督促履行、依法强制执行或申请法院强制执行三种手段。由此可见，检察机关和法院普遍将法定职责的履行视为一系列连续性的监管行为，行政机关在任何一个环节的失职而导致公共利益受损都构成行政公益诉讼中的“不依法履行职责”。这种行政公益诉讼观念，可以称为“全链条式”监督理念。

“全链条式”监督并非个案，而是普遍性的行政公益诉讼理念。2017年1月4日，最高人民检察院发布了第八批指导性案例（第28—32号），其中3个是行政公益诉讼案件（第30—32号）。在这3个指导性案例中，有2个是检察机关以行政机关没有充分履行后续督促执行、申请法院强制执行职责为由，提起行政公益诉讼，并且全部获得法院判决支持的。在最高人民检察院第30号指导性案例中，郧阳区人民法院判决确认郧阳区林业局在作出行政处罚决定后，未依法履行后续监督管理和申请人民法院强制执行的行为违法，责令郧阳区林业局继续履行监督被毁林地生态修复的职责。尽管郧阳区林业局已经作出了罚款、责令停止违法行为以及恢复原状决定，但是没有及时履行保障行政决定内容全部实现的相关法定职责，检察机关和法院都认为其构成了行政公益诉讼中的“不依法履行职责”。在最高人民检察院第32号指导性案例中，在2015年12月18日检察机关提起公益诉讼之前，锦屏县环保局已经两次作出立即停止生产决定和罚款决定，但是这些决定都还没有执行到位。对此，福泉市人民法院判决确认锦屏县环保局怠于履行监督管理职责的行为违法。

Ⅱ “全链条式”公益诉讼监督与行政非诉执行监督的冲突

不容否认，检察机关的“全链条式”监督理念对督促行政机关依法行政、保护国家利益和社会公共利益作出了巨大贡献。但是，对行政处罚、责令停止违法行为、恢复原状等生效行政决定的执行或强制实现，由检察机关提起行政公益诉讼予以监督的道路选择并非没有疑问，至少不是一种最佳的制度选择。

在现行行政诉讼制度与理论框架下，生效行政决定的执行问题不宜、不应也不能再次进入审判程序。这是因为，行政管理链条上发生的两类“不依法履行职责”以及由此引发的纠纷具有本质区别：行政机关对行政相对人违法行为没有履行职责并作出处理决定，涉及行政机关是否应当履行以及如何履行职权的争议，这直接影响行政相对人行政法上的权利义务，是一个权利（力）义务纠纷；行政机关没有依法强制实现生效行政决定所确定的相对人义务，权利义务内容本身没有争议，只是生效行政决定如何实现或强制执行的问题。对于前一类权利义务争议，需要法院围绕事实证据和法律解释展开审理和判断，应当将其纳入行政公益诉讼程序解决；但是后一类争议只是生效行政决定的非诉执行问题，不存在权利义务内容争议,不需要纳入行政公益诉讼。诉讼审判是对权利义务的确认和宣示,执行程序是对裁判所确定的权利义务内容的强制实现,我们不能混淆解决行政决定合法性问题的诉讼程序和保证生效行政决定内容实现的执行程序。对检察机关而言,应当坚持和遵守行政公益诉讼与行政非诉执行监督的界限,不能把生效行政决定的执行问题重新纳入审判程序。也就是说,检察机关通过公益诉讼监督行政机关履职的范围不应包括行政处理决定作出之后的督促履行、强制执行或申请法院执行等职责。

本案中,法院认定剑川县森林公安局在玉鑫公司缴纳罚款后3年多时间里一直没有督促玉鑫公司和王寿全对破坏的林地恢复原状,也没有代为履行,致使被毁坏的林地没有恢复原状,构成不依法履行法定职责。依据《行政强制法》的相关规定,对生效行政处罚决定中恢复原状内容的执行,剑川县林业局在督促无效的情况下,可以依法代履行强制实现,或者申请人民法院强制执行。这三种监督执行手段与权利义务内容的确认与宣示的诉讼活动无关。法院判决责令被告剑川县森林公安局继续履行法定职责,相当于重申了剑川县森林公安局督促履行、依法代履行或者申请法院强制执行的义务,没有任何新的实体权利义务内容判断。

当然,督促执行、依法强制执行或申请法院强制执行生效行政处罚都是行政机关的法定职责,不否认执行状况如何直接影响国家利益和社会公共利益,更不否认行政决定的执行需要检察机关监督。但是,检察机关通过提起行政公益诉讼监督和推动行政决定执行,可能会造成有限司法资源的浪费。在现行制度安排中,检察机关应当建议行政机关及时督促履行、依法强制执行或申请法院强制执行。如果行政机关仍然不依法执行或拒绝申请法院强制执行,可以移交纪委监委追究相关人员的失职渎职责任。行政诉讼法已经安排了行政决定的非诉执行监督,检察机关可不用提起行政公益诉讼。

Ⅲ “不依法履行职责”判断的行为标准与结果标准

关于“不依法履行职责”的判断,本判例裁判要点明确指出:“应当以相对人的违法行为是否得到有效制止,行政机关是否充分、及时、有效采取法定监管措施,以及国家利益或者社会公共利益是否得到有效保护,作为审查行政机关是否履行法定职责的标准。”这个判断标准包括两个方面的内容:一是看行政机关是否充分、及时有效采取了法定监管措施;二是看国家利益或公共利益是否得到有效保护。前者是行为标准,后者为结果标准。

所谓行为标准,就是以行政机关是否全面充分履行法律规定的行政职责为判断是否构成“不依法履行职责”的标准,要求法院只对行政机关的履职行为是否全面充分进行审查,而不论相对人违法行为是否已经停止或被纠正、国家利益或社会公共利益受侵害的状态是否已经完全消除等。所谓结果标准,就是不仅要看行政机关是否积极全面地履行了法定职责,还要看行政相对人的违法行为是否已经停止或被纠正、国家利益或社会公共利益是否仍然处于受损害的状态。检验和区分行为标准与结果标准试金石式的问题是:当行政机关已经根据检察建议依法全面履行了法定职责,但是国家利益或社会公共利益受侵害的状态仍然未完全消除,是否构成“不依法履行职责”? 这个“试金石”式的问题之所以存在,主要是因为行政机关履行法定职责过程要受严格的法律程序控制,生态环境和自然资源的修复改善也要受各种自然条件限制,行政机关的履职行为具有程序性和阶段性,从履职行为到国家利益或社会公共利益受侵害状态的完全消除可能有一个逐渐实现的过程。

从行为标准与结果标准的内涵看,这两个标准并非完全相互排斥,而是一种层级递进关系,即结果标准是在行为标准的基础上提出的更高标准。行政机关依法全面充分履行法定职责是基础和前提,国家利益或公共利益受侵害的状态得以消除是追求实现的目标。在行为标准的基础上还要求实现更高的结果目标,就是秉持“不依法履行职责”判断的结果标准。有学者认为,在实践中,检察机关对“不依法履行职责”的判断往往兼采行为标准与结果标准。实际上,这个兼采行为与结果的双重标准就是结果标准,因为纯粹的结果标准无法独立存在,必须以行为标准为基础和前提。本判例裁判要点看似是一个兼采行为与结果的标准,实质是结果标准。当行政机关没有全面充分履行职责而导致国家利益或社会公共利益受侵害时,法院据此判定行政机关“不依法履行职责”的,则属于行为标准。所以,尽管行为标准和结果标准的内涵是递进关系,但是在概念外延上,两者之间呈相互排斥关系。

Ⅳ 判断标准争议及其选择

尽管本判例裁判要点似乎确立了结果标准,但是这个提炼显然超出了一审裁判的范围。一审法院剑川县人民法院认为,剑川县森林公安局没有督促玉鑫公司和王寿全恢复原状,也没有代为履行,致使林地至今未恢复原状,属于怠于履行法定职责。从这个裁判说理的逻辑看,一审法院显然采纳适用了行为标准,林地未恢复原状只是剑川县森林公安局不督促或不代为履行之违法行为的自然结果。

面对行政公益诉讼司法实践,学界对“不依法履行职责”认定标准也有争议。有学者认为,结果标准不契合环境公益诉讼制度设计的价值目标,就生态环境与资源保护的自然规则角度而言,对行政机关提出了过于严苛的要求。相反的观点认为,判断行政机关是否履行职责,以及是否应当从诉前程序转入诉讼程序应当符合一个总体的标准,即行政机关是否通过其行政行为及时制止损害的发生,国家和社会公共利益是否仍然处于受到侵害的状态或者处于受到侵害的潜在威胁的状态。这是典型的结果标准,只看结果是否满意,不管行政机关是否已经全面充分采取监管措施。

有学者认为,在贵州省贞丰县检察院诉兴仁县环保局不作为案(2018 年贵州省发布环境资源审判十大典型案例)中,兴仁县环保局收到检察建议之后,对远程煤矿加强环境监管并作出相关处罚,但是由于远程煤矿产生的大气污染、固废污染、水环境和土壤污染依然存在,贞丰县检察院提起行政公益诉讼,这是坚持结果标准的典型案例。实际上,这是一种片面的误解。普安县人民法院在该案一审判决中认为:“尽管环保局对远程煤矿的环境监管做了大量工作,也对远程煤矿作了相关的处罚。但其存在履职不及时和履职不适当,比如只是责令远程煤矿改正环境违法行为,没有采取更为严厉的处罚措施,直到 2015 年 4 月 28 日接到黔西南州环境保护局信访交办通知书后,才于 2015 年 5 月 18 日下达仁环停产字(2015)01 号停产整治决定书。”可见,法院在这个案件中仍然坚持了行为标准,而不是结果标准。

为何司法实践普遍选择行为标准而不是结果标准?可能是由于这两个原因:一是职权法定原则是现代行政法的一个基本原则,它要求行政机关只能行使法律授予的职权,只能采取法定的措施手段,还必须按照法定的程序行使权力。也就是说,检察机关通过行政公益诉讼督促行政机关履行法定职责,必须在行政法治框架内进行。二是由于自然条件限制,从行政机关积极履行法定职责到彻底消除国家利益或者公共利益受侵害的状态,不可能一蹴而就,需要有一个自然分解消化的实现过程。在环境和自然资源保护领域的公益诉讼案件中,公共利益保护效果受自然条件的限制最为明显。由于上述两个原因,"不依法履行职责"的判断只能选择行为标准。这就要求检察机关在行政公益诉讼中主要从行政机关的法定职权、法定措施手段、法定条件、法定程序等角度判断行政机关是否全面充分履行法定职责。

参考文献

卢超:《从司法过程到组织激励:行政公益诉讼的中国试验》,载《法商研究》2018 年第 5 期。

刘超:《环境行政公益诉讼诉前程序省思》,载《法学》2018 年第 1 期。

王亚新:《通过强制执行的权利实现——执行程序的实际操作及其功能》,载《当代法学》2018 年第 1 期。

练育强:《行政公益诉讼第三人制度的实证反思与理论建构》,载《行政法学研究》2019 年第 4 期。

黄锫:《行政执法中责令改正的法理特质与行为结构》,载《浙江学刊》2019 年第 2 期。

115 法律解释与漏洞填补

贝汇丰诉海宁市公安局交通警察大队道路交通管理行政处罚案 | 最高人民法院指导案例 90 号

尹培培 南京师范大学中国法治现代化研究院

■ 事实概要

2015 年 1 月 31 日，原告贝汇丰驾驶浙 F1158J 汽车（以下简称案涉车辆）沿海宁市西山路行驶，遇行人正在通过人行横道，未停车让行。海宁市公安局交通警察大队（以下简称海宁交警大队）执法交警当场将案涉车辆截停，核实了贝汇丰的驾驶员身份，适用简易程序向贝汇丰口头告知了违法行为的基本事实、拟作出的行政处罚、依据及其享有的权利等，并在听取贝汇丰的陈述和申辩后，当场制作并送达了公安交通管理简易程序处罚决定书，给予贝汇丰罚款 100 元，记 3 分。贝汇丰不服，于 2015 年 2 月 13 日向海宁市人民政府申请行政复议。2015 年 3 月 27 日，海宁市人民政府作出行政复议决定书，维持了海宁交警大队作出的处罚决定。贝汇丰收到行政复议决定书后于 2015 年 4 月 14 日起诉至海宁市人民法院。贝汇丰诉称：其驾驶案涉车辆靠近人行横道时，行人已经停在了人行横道上，故不属于"正在通过人行横道"。而且，案涉车辆经过的西山路系海宁市主干道路，案发路段车流很大，路口也没有红绿灯，如果只要人行横道上有人，机动车就停车让行，会在很大程度上影响通行效率。所以，其可以在确保通行安全的情况下不停车让行而直接通过人行横道，故不应该被处罚。被告海宁交警大队辩称：行人已经先于原告驾驶的案涉车辆进入人行横道，而且正在通过，案涉车辆应当停车让行；如果行人已经停在人行横道上，机动车驾驶人可以示意行人快速通过，行人不走的，机动车才可以通过；否则构成违法。浙江省海宁市人民法院于 2015 年 6 月 11 日作出（2015）嘉海行初字第 6 号行政判决：驳回贝汇丰的诉讼请求。宣判后，贝汇丰不服，提起上诉。浙江省嘉兴市中级人民法院于 2015 年 9 月 10 日作出（2015）浙嘉行终字第 52 号行政判决：驳回上诉，维持原判。

■ 裁判要旨

Ⅰ. 机动车和行人穿过没有设置红绿灯的道路路口属于一个互动的过程，任何一方都无法事先准确判断对方是否会停止让行，处于强势地位的机动车在行经人行横道遇行人通过时应当主动停车让行，而不应利用自己的强势迫使行人停步让行，除非行人明确示意机动车先通过，这既是法律的明确规定，也是保障作为弱势一方的行人安全通过马路、减少交通事故、保障生命安全的现代文明社会的内在要求。

Ⅱ.《道路交通安全法》第 47 条规定:“机动车行经人行横道时,应当减速行驶;遇行人正在通过人行横道,应当停车让行。机动车行经没有交通信号的道路时,遇行人横过道路,应当避让。”贝汇丰驾驶机动车行经人行横道时遇行人正在通过而未停车让行,违反了《道路交通安全法》第 47 条的规定。海宁交警大队根据贝汇丰的违法事实,依据法律规定的程序在法定的处罚范围内给予相应的行政处罚,事实清楚,程序合法,处罚适当。

■ 评 析

Ⅰ 争点归纳

本案的争议焦点在于,机动车未礼让停留在人行横道上的行人的行为是否违反了《道路交通安全法》第 47 条的规定,即“行人停留在人行横道上的情形”是否属于《道路交通安全法》第 47 条规定的“正在通过”。《道路交通安全法》第 47 条规定:“机动车行经人行横道时,应当减速行驶;遇行人正在通过人行横道,应当停车让行。机动车行经没有交通信号的道路时,遇行人横过道路,应当避让。”从该条规定可知,《道路交通安全法》仅规定了机动车在“遇行人正在通过人行横道”时负有让行义务。换言之,我们无法从现有条文中直接推导出机动车在遇到“行人停留在人行横道上”情形时的让行义务。那么,是否可以通过法律解释的方法从现行规定中推导出对“机动车未礼让停留在人行横道上的行人”的处罚依据呢?文义解释是法律解释的起点。从字面上看,“正在通行”显然不能涵盖“停留”。因此,无论通过何种解释方法,显然都无法得出对于未礼让停留在人行横道上的行人的行为进行处罚的法定依据,《道路交通安全法》第 47 条的规定存在一定的法律漏洞。

Ⅱ 漏洞填补的学理框架

法律需要经解释方能适用。法律解释在某种意义上具有弥补法律漏洞的作用,但当穷尽所有的解释方法仍得不到合目的性的解释结论时,法的漏洞即刻呈现,即解释尽,漏洞现。对法的漏洞的处理方法是填补,而不是解释。学理上,进行漏洞填补的前提在于确实存在法律漏洞。关于法律漏洞的认定,法律的“漏洞”并非“未为任何规定”,而是欠缺特定——依法律的规定计划或其整体脉络,可以期待的规定,即立法者在立法时并非有意排除关于争议问题的规定;对于现实中存在该漏洞范围内的行为,不适合放任不管。当运用一般的法解释方法无法推导出意向的结论时,就要使用漏洞填补的特有方法。学理上,漏洞填补的方法主要有目的性限缩、目的性扩张、举重以明轻、举轻以明重以及反向推论等方法,根据法律目的、历史材料等素材对法律漏洞进行填补。然而,漏洞填补并非需要同时适用上述全部方法,而是根据实际情形分别从上述填补方法中作出选择。

学理上,法律漏洞补充又称法律内的续造;法律续造包括超越法律的创设性法律续造。法律续造是有界限的。在行政处罚领域,处罚法定原则要求“法无明文规定不得处罚”。因此,超越法律范围的创设性法律续造是被严格禁止的。而作为漏洞填补的法律内续造亦应当遵循严格的界限。这个界限包括:法律续造必须且只能基于公共利益,鉴于公共利益的不确定法律概念属性,对其认定需要严格依照所涉条文的立法目的进行;法律续造的结果不能超出一般大众的可接受范围。

Ⅲ 本判例的规范性逻辑

在本判例中,从文义解释出发,显然无法将“停留在人行横道上的行为”解释为《道路交通安全法》第 47 条规定的“正在通过”行为,进而作出机动车“未给停留在人行横道上的行人”让行行为是违法的判断。但结合《道路交通安全法》“保护人身安全”这一立法目的,该规定的欠缺显然不是立法者有意为之,因此,法院认定这里存在一个法律漏洞。在确认存在法律漏洞之后,二审法院通过利益平衡和反向推论填补了法律漏洞,丰富了“正在通过人行横道”的内涵。本判例的裁判理由并未超出前述学理框架的内容,亦未超出普通大众对于该行为的认知。

1. 法院通过利益平衡将人行横道界定为“法律为行人横过道路时设置的保护线”,由此推导出了行人在未设置红绿灯路口的“优先通过权”。法院认为:“机动车作为一种快速交通运输工具,在道路上行驶具有高度的危险性,与行人相比处于强势地位,因此必须对机动车在道路上行驶时给予一定的权利限制,以保护行人。”利益平衡又称法益衡量,个案中的法益衡量有助于答复一些法律未明确规定解决规则的规范冲突的情形。在本判例中,法院认为面临的两个法益分别是机动车的通行权和行人人身安全的权利。法院在权衡之下认为,行人与机动车相比显然处于弱势地位,应当给予其优先保护,因此得出了行人在未设置红绿灯路口拥有“优先通过权”这一推论。

2. 法院通过反向推断将“行人停留在人行横道上的情形”界定为“正在通过”行为。法院认为,“如果此时案涉车辆有明显减速并停止行驶,则行人肯定会连续不停止地通过路口”。事实上,在反向推论的应用上,该案中即便车辆让行,仍然存在两种可能,一种是行人主动示意车辆继续通过;另一种是行人继续通过路口。为排除第一种情况,法院将“行人明确示意机动车先通过”这一条件作为排除机动车未让行的明示要件。就完整的论证过程来看,法院适用反向推论已经符合了“构成要件一方被充分列举”这一要求,因此这一推论是成立的。法院据此进一步展开论证:是否“正在通过”,应当根据行人在案发时间段内的一系列连续通过的行为作出判断,而不能以某个时间点行人的某个特定动作为标准。在本判例中,案发时行人正在快速通过人行横道,由于看到车辆没有让行的意思,所以被迫停在人行横道上给车辆让行,即本案中行人所作出的“停留”行为是被迫行为,是由于机动车未让行而不得不暂时中断“正在通过”行为。至此,法院通过利益平衡和反向推论完成了对《道路交通安全法》第 47 条的漏洞填补工作。

最高人民法院在该指导案例的裁判要点中指出,礼让行人是文明安全驾驶的基本要求。机动车驾驶人驾驶车辆行经人行横道,遇行人正在人行横道上通行或者停留时,应当主动停车让行,除非行人明确示意机动车先通过。公安机关交通管理部门对不礼让行人的机动车驾驶人依法作出行政处罚的,人民法院应予支持。尽管最高人民法院在裁判规则的提炼中采用了与终审法院并不完全相同的表述,将“正在通过人行横道”和“停留”视为两种不同的行为,但依然体现了对终审法院作出的漏洞填补的认可和肯定,《道路交通安全法》中的“正在通行”的内涵也得到了进一步丰富和发展。

Ⅳ 本判例的意义

本判例是司法机关在面对法律漏洞时如何平衡处罚法定与“保护处于弱势一方的行人出行安全”之间的利益尝试。处罚法定作为行政处罚领域的根本原则,始终遵循“法无明文规定不得处罚”,也就是说,只有具备《行政处罚法》上明文依据的违法行为才能受到处罚。这一点同处罚法定原则的学理框架是一致的。而在本判例中,从文义解释的角度出发,显然无法将“停留在人行横道上的行为”解释为《道路交通安全法》第 47 条规定的“正在通过”行为,即并不能作出机动车“未给停留在人行横道上的行人”让行行为的违法性判断。本判例使用反向推论和利益平衡填补了法律漏洞,丰富了“正在通行”的内涵,通过司法技术有效弥补了立法不完善的缺陷,实现了《道路交通安全法》所承载的法益保护功能,最大限度地保护了行人的出行安全,是法官在司法过程中运用法律适用技术对法律漏洞进行填补的一个较为典型的案例,对于实现处罚法定和保护行政相对人权益之间的平衡具有较为重要的示范意义。

□ 参考文献

黄茂荣:《法学方法与现代民法》(第 5 版),法律出版社 2007 年版。

[德]卡尔·拉伦茨:《法学方法论》,陈爱娥译,商务印书馆 2003 年版。

黄锴:《法律续造在行政处罚法中的适用及限制——以“黄灯案”为分析对象》,载《政治与法律》2013 年第 8 期。

116 兜底条款适用的法解释技术

季频不服宜兴市公安局宜城派出所治安其他行政行为案 |《最高人民法院公报》2020 年第 12 期

章剑生 浙江大学光华法学院

■ 事实概要

2017 年 1 月 11 日 9 时左右,沈占良、沈涛及案外人徐锋到季频家找其父季盘鸿(季频与季盘鸿同住)索要债务(保证金),双方在季盘鸿房间内发生争吵,季频及闵卫金、妹妹季斐听到争吵声后进入该房间,后双方发生肢体冲突,季频受伤被送往医院治疗。宜城派出所于当日接到季斐报警后指派民警到现场处理,于当天传唤季盘鸿与沈占良、沈涛分别进行询问调查。同年 1 月 15 日、1 月 22 日,宜城派出所对季斐、季频分别进行了询问调查。

2017 年 1 月 27 日,宜城派出所根据前期调查情况予以受案登记。同年 2 月 2 日,宜城派出所对徐锋进行询问调查。同年 6 月 30 日、7 月 1 日,宜城派出所再次对沈占良、沈涛分别进行询问核实。2017 年 7 月 4 日,宜城派出所办理延长案件办理期限的审批,延长办案期限 30 日。2017 年 7 月 5 日,宜城派出所对案外人史国平进行询问调查。2017 年 8 月 4 日,宜城派出所作出终止调查决定,认为因季频被故意伤害案具有证据不足、办案期限届满的情形,根据 2014 年的《公安机关办理行政案件程序规定》(以下简称《程序规定》)第 233 条第 1 款之规定,决定终止调查,并于次日将终止调查书决定送达季频。

■ 裁判要旨

Ⅰ. 设置兜底条款作为一种立法技术,固然是为了避免法律的不周延性,以适应社会情势的变迁。但是,行政机关通过行政裁量适用兜底条款时,不得任意适用,应与同条款中已经明确列举的情形相联系,参照同条款中已经明确列举的情形所设置的标准来确定能否适用。适用兜底条款的情形应与同条款中已经明确列举的情形具有相同或相似的价值,在性质、影响程度等方面具有一致性,且应符合该条款的立法目的。2014 年的《程序规定》第 233 条第 1 款明确列举的"没有违法事实""违法行为已过追究时效""违法嫌疑人死亡"这三种情形都是确定性的事实,该事实的出现使得公安机关无法或没有必要再针对该案件采取任何调查措施,即该事实的出现足以产生终局性的、不可逆的终止案件调查的效果。

Ⅱ. 宜城派出所以"证据不足、办案期限届满"为由终止调查,显然该情形与上述条款明确列举的情形在性质、影响程度上并不具有相同或者相似的价值。"办案期限届满"并非终止案件调查的合理理由,而"证据不足"也不应产生终止案件调查的效果。即使确如宜城派出所在上诉状及二审询问中所称的"证据不足、办案期限届满"这一终止案件调查的理由存在书写表达欠妥,实际终止原因是"证据不足",即结合案情不能完全排除涉案人员存在违法事实的可能性。但是,根据依法行政原则,在没有充分的证据证明涉案人员违法事实成立的情况下,宜城派出所应当按照 2014 年的《程序规定》第 147 条第 1 款第 3 项的规定,对涉案人员作出不予处罚决定。其后公安机关又发现新的证据,使违法行为能够被认定时,可以根据 2019 年 1 月 1 日起施行的《程序规定》第 172 条第 2 款的规定,依法重新作出处理决定,并撤销原不予行政处罚决定。所以,即使确如宜城派出所所言,在实际终止调查的原因是"证据不足"的情况下,宜城派出所作出终止调查决定也是缺乏依据的。

■ 评　析

Ⅰ 兜底条款适用及其限定

1. 兜底条款适用与裁量。在法规范结构上,兜底条款列于例示情形之末,在适用时优先考虑例示情形,只有在穷尽例示情形之后,兜底条款才有适用的空间。从这个意义上讲,在兜底条款的适用上并无裁量空间。本案裁判理由说,"行政机关通过行政裁量适用兜底条款时,不得任意适用",这个判定值得商榷。所谓行政裁量,是指当法规范构成要件成就后发生 N 种法效果时,由行政机关从中选择一种最为妥当的法效果。可见,适用例示情形条款还是兜底条款,适用者并没有所谓的行政裁量。也就是说,只要例示情形被全部排除,就只能适用兜底条款。

那么,对于兜底条款本身的适用是否存在行政裁量呢?答案也是否定的。在比较法上的确有要件裁量之说。([日]盐野宏:《行政法总论》,杨建顺译,北京大学出版社 2008 年版,第 82 页)但就我国实定法规定看,应该并不承认要件裁量。(《行政诉讼法》第 60 条第 1 款规定:"人民法院审理行政案件,不适用调解。但是,行政赔偿、补偿以及行政机关行使法律、法规规定的自由裁量权的案件可以调解。")因为一旦将要件成立与否当作裁量问题,若是行政处罚争议,那当事人行政违法行为构成与否也可以调解方式结案?正如陈敏教授所言:"就'构成要件'部分,法治国家之行政法并不许可有裁量权。在法律之构成要件中使用不确定法律概念时,虽然法律之拘束亦因之而放松,但并未容许行政有如同裁量之选择自由。"[陈敏:《行政法总论》(第 7 版),台北,2011 年自版发行,第 180 页]本案误用"行政裁量"的裁判理由,虽无关乎裁判结论,但也需要加以指明。

2. 兜底条款适用前提。如前所述,只有在例示情形被全部排除时,才能考虑适用兜底条款。除此之外,本案裁判理由还给出了另外两个前提:(1)应与同条款中已经明确列举的情形相联系。也就是说,即使在适用上转向兜底条款,也并不能当然推断应当适用兜底条款,只有与明确列举情形"相联系",才能适用兜底条款。由于兜底条款是因为例示情形不能穷尽时采用的一种立法技术,"隐含"于兜底条款中未被例示情形,与已被例示情形逻辑上必然具有同质性,因此,这里所谓的"相联系"应是两者在实质内容上存在某种关联性。

(2)参照同条款已经明确列举的情形所设置的标准。例示情形表述虽然各异,但它明示或者暗含某种统领各种例示情形实质性内容的准则。这种统领各种例示情形实质性内容的准则即这里的“标准”。

在本案中,2014 年《程序规定》第 233 条第 1 款规定:“经过调查,发现行政案件具有下列情形之一的,经公安派出所、县级公安机关办案部门或者出入境边防检查机关以上负责人批准,终止调查:(一)没有违法事实的;(二)违法行为已过追究时效的;(三)违法嫌疑人死亡的;(四)其他需要终止调查的情形。”在这里,终止调查情形有一个共性,即确定性事实,如同裁判理由所说,它具有终局性的、不可逆的终止案件调查的效果。在这里,确定性事实是例示情形的暗含标准。由此可见,本案中“证据不足、办案期限届满”与同条款中已经明确列举的情形没有联系,也不能参照同条款中已经明确列举的情形所设置的标准,其违反了兜底条款适用的条件。

3. 同类解释规则。同类解释规则早已有之。如在“罗马法上的‘同类规则’(eusdemgeneris)是指在证书、制定法等文件中先写上特定的事项,然后再附加一般事项,应当解释为:一般事项只限于与特定事项同类的事项。这里所说的一般事项,就是指那些‘概括用语’。根据同类规则,对概括用语的解释结果,应当与法律规定的原有内容同源,与法律中已经规定的事项或其他可以参照的因素同类。即使文本中没有出现概括用语,这一规则也同样适用”。[致远:《文义解释法的具体应用规则》,载《法律适用(国家法官学院学报)》2001 年第 9 期]同类解释规则在解释兜底条款时是为我们提供判断兜底条款适用所指向的情形与例示情形是否属于同类事项的一种逻辑指引。这种逻辑指引既能确保解释内容的体系性,又能提供类型化的思维方式。

在本案中,“没有违法事实”“违法行为已过追究时效”“违法嫌疑人死亡”这三种法定情形都是确定性的事实,而“证据不足、办案期限届满”与之没有同类性,因为正如法院所说,根据依法行政原则,在没有充分的证据证明涉案人员违法事实成立的情况下,宜城派出所应当按照 2014 年的《程序规定》第 147 条第 1 款第 3 项的规定,对涉案人员作出不予处罚决定。其后公安机关又发现新的证据,使违法行为能够认定时,可以根据 2019 年 1 月 1 日起施行的《程序规定》第 172 条第 2 款的规定,依法重新作出处理决定,并撤销原不予行政处罚决定。在法院看来,“证据不足、办案期限届满”不具有确定性事实之本质,与例示情形没有同类可比性。

4. 重叠适用之禁止。一般而言,兜底条款是“立法者在面对欲调整的事项难以穷尽时,先列举几个典型事项,再连缀助词‘等’或代词‘其他’,最后加上抽象的上位概念以作全面涵盖的法条形式”。(刘风景:《例示规定的法理与创制》,载《中国社会科学》2009 年第 4 期)列于兜底条款之前的例示情形与兜底条款中的“上位概念”之间是一种包含关系,即例示情形都属于兜底条款中上位概念的“种类”。进而“法条中的‘等’与‘其他’所指代的事项处于上位概念语义的模糊区域,它与列举的典型事项之间不是全同、包含或被包含的关系,也不是全异的排斥关系,而是一种类似关系。因此,针对一个具体的事项,只有考虑相关因素,才能相对准确地判断其是否被‘等’与‘其他’所指代”。(刘风景:《例示规定的法理与创制》,载《中国社会科学》2009 年第 4 期)基于这样的逻辑关系,在适用时不得将例示情形与兜底条款重叠适用,否则将构成法律适用不当。

Ⅱ 兜底条款适用条件的展开

具备兜底条款适用前提之后,我们需要进一步讨论兜底条款适用的条件。关于兜底条款适用条件,本案提出了"价值"、"性质、影响程度等"和"立法目的"三项内容,可称之为"三条件说"。分述如下:

1. 价值上相同或相似性。任何法律规范都需要某种价值上的指引,如此方能达成立法目的。一般来说,"立法预留了价值判断空间的情形可以区分为两种类型:一种是限于立法技术水平或者不宜由立法者预先作出价值判断的事项,立法者有意在实在法秩序中为法官预留下价值判断空间;另一种是立法虽然无意交由法官进行价值判断,但是,因为价值冲突、立法漏洞或者现实操作性等原因,仍然需要法官继续通过价值判断来实现立法目的,两者显然都属于法官对立法价值判断的补充"。(姚辉:《民法学方法论研究》,中国人民大学出版社 2020 年版,第 458 页)兜底条款属于前者。

在本案中,兜底条款表述为"其他需要终止调查的情形"。在这一兜底条款中,"终止调查"并没有明显的价值内容,因此它可以被看作立法者有意留给适用者进行立法价值判断的空间,由适用者根据具体个案加以价值证成。被告以"证据不足、办案期限届满"为由作出终止调查的决定,显然是认为"证据不足、办案期限届满"属于终止调查的情形之一,在价值上与"没有违法事实"、"违法行为已过追究时效"和"违法嫌疑人死亡"的情形一致。在诉讼中,"证据不足、办案期限届满"是否属于"终止调查"情形,需要经过两个层次价值判断:(1)假设"没有违法事实"、"违法行为已过追究时效"和"违法嫌疑人死亡"的立法价值为 X,那么在逻辑上,"终止调查"的立法价值也应当是 X。(2)假设"证据不足、办案期限届满"为 Y,若能够证明 $Y = X$,那么原告的诉讼请求就不能成立。从价值上我们可以认识到,对于 Y("证据不足、办案期限届满"),无论是哪一种情形,它们都内含了主观努力与客观事实之间的某种紧密关系,即只要尽到足够的主观努力,就存在改变客观事实情况的可能性。而对于 X("没有违法事实"、"违法行为已过追究时效"和"违法嫌疑人死亡")来说,无论哪一种情形,都是人的主观努力所无法改变的客观事实。因此,两者所体现的价值完全不一致,即 $Y \neq X$。

2. 性质、影响程度等一致性。例示情形是具体的,如"违法嫌疑人死亡",可以直接确定它的性质、影响。而"其他需要终止调查的情形"中的"情形"是抽象的,难以确定它的性质、影响。兜底条款适用的"性质、影响程度等一致性"所要求的有以下两点:(1)具象化。将兜底条款中的"情形"具象化,其方法是个案,离开个案,就无法展开这样的论证。(2)类比。类比通常从两个面向展开,一是事物的性质,即对事物本质的定性。在性质面向上,强调两者的同质性。二是事物的影响,即对他者产生的作用。在影响面向上,重在影响程度的相当性。兜底条款适用涉及两个对象之间性质、影响程度等一致性的判断。

在本案中,被告提出的"终止调查"情形是个案中的"证据不足、办案期限届满"。从本案查明的事实看,“证据不足”是因为季频及其母闵卫金不予配合,未到宜城派出所接受询问。如果以这样的理由终止调查程序,那么当事人就可能以此方法规避不利的法律后果,相关法益也难以获得充分保护。法律设置“办案期限”的目的是督促公安机关及时履行法定职责,提高行政效率。对于办案期限长短,公安机关自身努力与否是一个决定性因素。如果将“办案期届届满”纳入可以“终止调查”情形,那么是否终止调查完全可能被公安机关自身的“努力”掌控。可见,本案中公安机关提出终止调查的情形在性质上具有很强的主观性,与例示情形的客观性不一致。在影响方面,例示情形作为一种确定性事实,可以终止行政处罚程序,对当事人(违法嫌疑人死亡的除外)来说,他可以回归到正常的生活状态。但是,“证据不足”可以通过其他方法补足,而“办案期限届满”也可以程序重开,当事人仍处于可能要被追究法律责任的状态之中。可见,两者在影响上也是不一致的。

3. 合立法目的性。立法者设置兜底条款都有特定的立法目的,因此,欲将例示之外的情形划入兜底条款,必须与兜底条款立法目的保持一致。“任何法律均有其意欲实现之目的,解释法律应以贯彻目的为主要任务,故法律目的为何?解释之初,首须予以掌握。”[杨仁寿:《法学方法论》(第2版),中国政法大学出版社2013年版,第172页]本案中,例示情形“没有违法事实”、“违法行为已过追究时效”和“违法嫌疑人死亡”的立法目的是,在此种情形下,不予追究当事人的法律责任,若要追究,则失去法理上的正当性。而“证据不足、办案期限届满”并不能满足兜底条款的立法目的。因为“证据不足”若存在人为的因素,不予追究行为人的法律责任与法理不合;以“办案期限届满”为由不追究法律责任也与法律责任创设法理相悖,所以,将两者列入本案所涉的兜底条款都没有法理上的正当性。

Ⅲ 兜底条款适用条件变迁

1.《适用法律座谈会纪要》的“两条件说”。最高人民法院在《适用法律座谈会纪要》中说:“以‘等’、‘其他’等概括性用语表示的事项,均为明文列举的事项以外的事项,且其所概括的情形应为与列举事项类似的事项。”由此,我们可以提炼出兜底条款适用的条件:(1)除外事项。《适用法律座谈会纪要》“明文列举的事项以外的事项”说明兜底条款指代事项与例示事项之间应构成“全异的排他关系”。此条件可以推导出重叠适用之禁止规则。前文引用的北京三正通联科技有限公司诉国家知识产权局商标权无效宣告请求行政纠纷案便是一例。(2)类似事项。兜底条款情形与例示情形之间必须类似。此条件可以推导出兜底条款适用必须遵守同类解释规则。兜底条款中的“兜底”并非无所不包之意,在适用到具体个案中时,必须对它的边界作出明确的限定。当然这种限定并非内容限定,而是解释方法限定,否则,立法可以消灭兜底条款。这里所提到的解释方法就是同类或类似解释,即例示情形应当与兜底条款情形同类或者类似,亦可以称为“类比推断”。它可以被认为法律赋予了适用者作“类比推断”的解释权。此规则前文已详述,不再重复。

2. 本案的“三条件说”。在本案中,最高人民法院归纳的裁判摘要是,“适用兜底条款的情形,应与同条款中已经明确列举的情形具有相同或相似的价值,在性质、影响程度等方面具有一致性,且符合该条款的立法目的”。本文将其称为“三条件说”。与《适用法律座谈会纪要》中的“两条件说”相比,无论是形式上还是内容上似乎都有很大的差异,两者之间看不出其中的“变迁”关系。其实,细究起来,“三条件说”是对“两条件说”中的“类似事项”这一条件的细化、深化,两者之间变迁印迹明显。本案是最高人民法院公报案例,它代表了最高人民法院审判委员会的意见,对各级人民法院审理类似案件具有事实上的拘束效力。从某种意义上说,它与《适用法律座谈会纪要》具有相当的效力。如果说《适用法律座谈会纪要》是“旧法”,本判例是“新法”,那么今天无论是司法还是行政,在适用兜底条款时均应当采用“三条件说”。

□ 参考文献

[日]盐野宏:《行政法总论》,杨建顺译,北京大学出版社 2008 年版。

陈敏:《行政法总论》(第 7 版),台北,2011 年自版发行。

姚辉:《民法学方法论研究》,中国人民大学出版社 2020 年版。

杨仁寿:《法学方法论》(第 2 版),中国政法大学出版社 2013 年版。